国家林业和草原局普通高等教育"十三五"规划教材

林木种苗培育学

Cultivation of Forest Seeds and Seedlings

刘 勇 主编

中国林业出版社

图书在版编目(CIP)数据

林木种苗培育学 / 刘勇等主编 . —北京：中国林业出版社，2019.10(2024.9 重印)
国家林业和草原局普通高等教育"十三五"规划教材
ISBN 978-7-5219-0307-2

Ⅰ. ①林… Ⅱ. ①刘… Ⅲ. ①林木-育苗-高等学校-教材 Ⅳ. ①S723.1

中国版本图书馆 CIP 数据核字(2019)第 228647 号

中国林业出版社教育分社

策划编辑：肖基浒　吴　卉　　　　　责任编辑：肖基浒
电话：(010)83143555　　　　　　　传真：(010)83143516

出版发行	中国林业出版社(100009　北京市西城区德内大街刘海胡同 7 号) E-mail：jiaocaipublic@163.com 电话：(010)83143120 https：//www.cfph.net
经　销	新华书店
印　刷	三河市祥达印刷包装有限公司
版　次	2019 年 10 月第 1 版
印　次	2024 年 9 月第 3 次印刷
开　本	850mm×1168mm　1/16
印　张	25
字　数	593 千字
定　价	70.00 元

未经许可，不得以任何方式复制或抄袭本书之部分或全部内容。
版权所有　侵权必究

《林木种苗培育学》编写人员

主　　编：刘　勇
副 主 编：李国雷　侯智霞
编写人员：(以姓氏笔画为序)
　　　　　王　君(北京林业大学)
　　　　　韦小丽(贵州大学)
　　　　　白淑兰(内蒙古农业大学)
　　　　　刘　勇(北京林业大学)
　　　　　李国雷(北京林业大学)
　　　　　应叶青(浙江农林大学)
　　　　　沈海龙(东北林业大学)
　　　　　张　钢(河北农业大学)
　　　　　陆秀君(沈阳农业大学)
　　　　　林　娜(华南农业大学)
　　　　　郑郁善(福建农林大学)
　　　　　赵和文(北京农学院)
　　　　　侯智霞(北京林业大学)
　　　　　洑香香(南京林业大学)
　　　　　祝　燕(中国林业科学研究院)
　　　　　郭素娟(北京林业大学)
　　　　　曹帮华(山东农业大学)
　　　　　彭祚登(北京林业大学)

序

中国的工业化进程发展迅猛，生态环境问题已十分突出。森林对满足人们需求和改善人居环境发挥着不可替代的作用，林木种苗是森林培育的基础材料，研究树木种苗培育历来隶属森林培育学科。目前，我国的种苗学已发展出林木种苗和园林种苗两个方向，分别服务于林学和园林两个专业。随着城市林业专业的建立和发展，亟需在传统林木种苗的基础上，增加以城市森林营建所需的树木种苗为培育对象的内容，本教材正是在这样的形势和需求下应运而生，可以说是对种苗学和森林培育学的充实和发展。

本教材的一个亮点是两个体系的建立。第一，针对社会对林木种苗多样性的需求，以种苗定向培育理论为指导，融合林业和园林种苗培育的理论和技术，建立了林木种苗培育的技术体系。第二，考虑到教学过程中所采取的以问题为导向的参与式教学模式，建立了林木种苗培育学的教学体系。两个体系既满足了林业专业和城市林业专业的教学需求，又对园林、水保等相关专业有很好的参考作用。

参加本教材编写的是多年从事种苗教学和科研的教师，他们在种苗方面都有很好的积累和发展，其中有不少还是我指导过的学生，如今他们的学生有的已经成为教授，并参与了教材编写。他们经过多年不懈努力，编写完成的《林木种苗培育学》教材，对我国森林培育事业的发展有重要意义。作为新中国培养的第一代林业人，我很欣慰，我们开创和为之奋斗的事业后继有人。

沈国舫

中国工程院院士，原北京林业大学校长

2019 年 7 月 26 日

前 言

林木种苗是树木栽植的基础材料，数量充足、质量优良的种苗是林业建设和国土绿化的重要保障。林木种苗培育学就是关于种苗培育理论和技术的一门重要学问，是林业专业和城市林业专业的核心课程。

林木种苗培育隶属森林培育学科，目前我国的林木种苗学已发展出林木种苗和园林种苗两个方向。林木种苗学偏向于林业生产造林用种苗的培育，以人工用材林和生态林为主，最终目标是木材生产和生态建设；园林苗圃学侧重园林绿化所用种苗培育，以公园绿地为主，最终目的是园林景观构建。本教材既是林业专业，又是城市林业专业的教材，其特色在于：第一，既有用材林和生态林营建，又有景观林建设所需苗木培育技术；第二，以种苗定向培育理论为指导，融合林业和园林种苗培育的理论和技术，建立了林木种苗培育的技术体系；第三，考虑到教学过程中所采取的以问题为导向的参与式教学模式，建立了林木种苗培育学的教学体系。

本教材邀请了全国有关院校教师参与编写，分工如下：第 1 章刘勇，第 2 章彭祚登，第 3 章王君，第 4 章郭素娟，第 5 章浇香香，第 6 章沈海龙，第 7 章刘勇、郑郁善、白淑兰、应叶青、祝燕，第 8 章曹帮华，第 9 章李国雷，第 10 章侯智霞，第 11 章陆秀君，第 12 章赵和文，第 13 章侯智霞，第 14 章韦小丽，第 15 章张钢，第 16 章林娜。副主编李国雷和侯智霞对部分章节统稿，主编刘勇对全书统稿。

本教材属于国家林业和草原局普通高等教育"十三五"规划教材，得到中国林业出版社和北京林业大学教务处、林学院的大力支持，北京林业大学原校长沈国舫院士始终关心支持该教材的编写，并专门为此作序。许多研究生参与查询资料、整理图表、校对文字等工作，作者在此一并表示衷心感谢。

受编者学识、水平、精力所限，本教材必定存在许多不足之处，恳请读者批评指正。

编 者
2019 年 7 月 14 日

目　录

序
前　言

第1章　绪　论 (1)
　1.1　林木种苗学的发展演化 (1)
　1.2　林木种苗培育学的特点 (2)
　1.3　种苗定向培育技术体系 (3)
　1.4　我国种苗产业发展存在问题与展望 (8)
　1.5　种苗培育学教学体系 (12)
　复习思考题 (13)
　推荐阅读书目 (14)
　参考文献 (14)

第2章　苗圃规划设计 (15)
　2.1　苗圃规划设计概述 (15)
　2.2　苗圃规划设计的准备 (19)
　2.3　苗圃规划设计的内容 (21)
　2.4　苗圃规划设计成果 (30)
　复习思考题 (32)
　推荐阅读书目 (32)
　参考文献 (33)

第3章　树木种质资源与新品种选育 (34)
　3.1　树木种质资源意义 (34)
　3.2　树木种质资源的特点 (35)
　3.3　树木种质资源的收集与保存 (36)
　3.4　树木新品种选育与保护 (43)
　复习思考题 (51)
　推荐阅读书目 (51)
　参考文献 (51)

第4章　树木良种生产 (53)
　4.1　种源选择与种子区划 (53)
　4.2　树木良种生产基地 (56)
　4.3　树木结实规律、采种与调制 (60)
　4.4　无性繁殖材料采集与调制 (70)

复习思考题 ……………………………………………………………… (72)
　　推荐阅读书目 …………………………………………………………… (72)
　　参考文献 ………………………………………………………………… (72)
第 5 章　树木繁殖材料贮藏与种子质量评价 …………………………………… (73)
　5.1　种子贮藏生理与贮藏方法 …………………………………………… (73)
　5.2　无性繁殖材料贮藏生理与贮藏方法 ………………………………… (79)
　5.3　树木种子质量评价 …………………………………………………… (82)
　　复习思考题 ……………………………………………………………… (100)
　　推荐阅读书目 …………………………………………………………… (100)
　　参考文献 ………………………………………………………………… (100)
第 6 章　苗木生长与生理 ………………………………………………………… (102)
　6.1　苗木类型、特点、苗龄 ……………………………………………… (102)
　6.2　苗木生长规律 ………………………………………………………… (104)
　6.3　影响苗木生长的因素 ………………………………………………… (109)
　　复习思考题 ……………………………………………………………… (118)
　　推荐阅读书目 …………………………………………………………… (118)
　　参考文献 ………………………………………………………………… (119)
第 7 章　苗圃地管理与苗木管护 ………………………………………………… (120)
　7.1　土壤改良 ……………………………………………………………… (120)
　7.2　土壤肥力管理 ………………………………………………………… (122)
　7.3　水分管理 ……………………………………………………………… (135)
　7.4　共生菌接种及其管理 ………………………………………………… (139)
　7.5　杂草管理 ……………………………………………………………… (150)
　7.6　病虫害防治 …………………………………………………………… (159)
　7.7　越冬保护 ……………………………………………………………… (162)
　　复习思考题 ……………………………………………………………… (165)
　　推荐阅读书目 …………………………………………………………… (166)
　　参考文献 ………………………………………………………………… (166)
第 8 章　裸根苗播种育苗 ………………………………………………………… (168)
　8.1　种子的休眠与催芽 …………………………………………………… (168)
　8.2　育苗方式与苗床准备 ………………………………………………… (180)
　8.3　播种季节与播种量 …………………………………………………… (182)
　8.4　播种方法 ……………………………………………………………… (183)
　8.5　圃地和苗木管理 ……………………………………………………… (186)
　　复习思考题 ……………………………………………………………… (192)
　　推荐阅读书目 …………………………………………………………… (193)
　　参考文献 ………………………………………………………………… (193)

第9章　容器苗播种培育 (194)
- 9.1　容器育苗的特点 (194)
- 9.2　育苗容器 (195)
- 9.3　育苗基质 (205)
- 9.4　播种与容器苗管理 (209)
- 9.5　温室育苗环境控制 (216)
- 复习思考题 (216)
- 推荐阅读书目 (217)
- 参考文献 (217)

第10章　无性繁殖苗培育 (218)
- 10.1　扦插苗培育 (218)
- 10.2　嫁接苗的培育 (229)
- 10.3　压条苗培育 (240)
- 10.4　分株苗培育 (243)
- 10.5　组培苗培育 (243)
- 复习思考题 (255)
- 推荐阅读书目 (256)
- 参考文献 (256)

第11章　移植苗及大规格苗培育 (257)
- 11.1　裸根移植培育 (257)
- 11.2　带土坨移植培育 (263)
- 11.3　容器大苗培育 (269)
- 11.4　无性繁殖大苗培育 (276)
- 复习思考题 (278)
- 推荐阅读书目 (278)
- 参考文献 (278)

第12章　苗木修剪造型 (280)
- 12.1　苗木修剪造型的生物学基础 (280)
- 12.2　苗木的修剪造型原则 (281)
- 12.3　苗木修剪造型方法 (284)
- 复习思考题 (295)
- 推荐阅读书目 (296)
- 参考文献 (296)

第13章　植物促成培育 (297)
- 13.1　促成培育的理论基础 (297)
- 13.2　促成培育的途径与技术 (303)
- 复习思考题 (307)
- 推荐阅读书目 (307)

参考文献……(307)

第14章 苗木质量评价与苗木出圃……(309)
- 14.1 苗木质量评价……(309)
- 14.2 苗木调查方法……(322)
- 14.3 起苗分级及包装运输……(326)
- 复习思考题……(335)
- 推荐阅读书目……(335)
- 参考文献……(336)

第15章 苗圃管理……(338)
- 15.1 苗圃定位与目标管理……(338)
- 15.2 苗圃人力资源管理……(340)
- 15.3 苗圃生产管理……(341)
- 15.4 苗圃销售管理……(347)
- 15.5 苗圃档案管理……(351)
- 复习思考题……(355)
- 推荐阅读书目……(356)
- 参考文献……(356)

第16章 林木种苗培育典型案例……(357)
- 16.1 观叶型树种育苗典型实例……(357)
- 16.2 观花型树种育苗典型实例……(361)
- 16.3 观果型树种育苗典型实例……(365)
- 16.4 观干型树种育苗典型实例……(368)
- 16.5 芳香型树种育苗典型实例……(373)
- 16.6 用材林和生态林造林树种育苗典型实例……(378)
- 16.7 种苗培育相关技术标准目录……(386)
- 16.8 国内外种苗产业相关网站目……(386)
- 复习思考题……(386)
- 推荐阅读书目……(387)
- 参考文献……(387)

第1章 绪 论

【本章提要】本章介绍了林木种苗学的发展演化、特点、种苗定向培育技术体系、我国种苗产业发展存在问题与展望，以及林木种苗学的教学体系。目的是让读者对林木种苗学的教学内容、教学方法以及与本学科有关的种苗产业状况有一个整体了解和把握，这对于学好本课程有重要的指导作用。

林木或树木种苗，这里指乔木和灌木的种子和苗木，是森林营建和城市绿化的基础材料，数量充足、质量优良的种苗是改善人居环境和美化人们生活的重要保障。随着我国城市化进程的加快，越来越多的人将生活在城市。据统计，我国城镇化率2015年达到56.1%，城镇常住人口达到了7.7亿，发达国家这一数字则普遍超过70%。当高度密集的人口被塞进钢筋水泥构成的建筑物时，人们对绿色的渴望可想而知。家家户户的阳台被绿植和花卉占满，城市建筑物和道路之外的露地是树木和草地，甚至连房顶和墙壁都长满了植物。这是因为绿色支撑生命，绿色慰藉心灵，没有绿色，生命会枯萎，心灵会扭曲。可见，培育绿色起点的种苗学就是一门重要的学问，与此相关的种苗产业必定是朝阳产业。

种子、苗木、苗圃是种苗学中三个最核心的概念。种子在植物学上是指由胚珠发育而成的繁殖器官，在农林业上则泛指农作物和林木的繁殖材料，包括籽粒、果实、根、茎、苗、芽和叶等营养器官，甚至植物组织、细胞、细胞器和人工种子等。苗木是指由种子繁殖而来的具有完整根系和茎干的栽植材料。苗圃则是指生产种苗的场所，现多指能够通过多种技术途径繁育和经销各种造林绿化种苗的独立经营实体。学习树木种苗学的目的是要系统掌握树木种苗生产的理论和技术，熟悉苗圃经营管理的基本知识，增强提出问题、分析问题和解决问题的能力。

1.1 林木种苗学的发展演化

我国很早就有关于种苗培育的记载，相传轩辕黄帝"时播百谷草木"，就是通过适时播种而繁殖树木。殷商时期的甲骨文中已出现"园""圃"等文字。"园"是果树、经济林木、瓜果蔬菜的种植地。"圃"是在房前屋后的空地上，用篱笆围起，种植果树、蔬菜、花木等植物的一片土地。春秋战国时期的思想家庄子就曾做过漆园吏，即漆树林的护林员，说明当时树木种植已有相当大的规模。随后的秦、汉、三国至魏、晋、南北朝，逐渐积累了丰富的种苗培育资料，西汉《氾胜之书》、北魏《齐民要术》、明代《群芳谱》等书中都对采种、种子催芽、播种、扦插、苗圃抚育管理等有了较为详尽的记述。但是这些知识和经验的积累尚处于零散状态，未能形成完整的体系。

种苗培育成为现代科学技术的一部分与欧洲工业革命有关。18 世纪开始的工业革命，导致森林被大量破坏，随着生态环境恶化，人们对恢复森林产生了强烈需求。世界上第一部森林培育学教材于 18 世纪由德国的 Hager R. 编写完成，标志着森林培育学的诞生，德国也成为现代林业鼻祖。20 世纪上半叶，美国、英国、日本、苏联等国出现了多本森林培育学专著，并相继传入我国。陈嵘于 1933 年发表的《造林学概要》和《造林学各论》成为我国森林培育学奠基之作。1959 年由华东华中协作组和 1961 年由北京林学院造林教研组分别编写的《造林学》，成为新中国森林培育学的里程碑。孙时轩 1981 年主编的《造林学》反映了改革开放前的科技成果。2001 年沈国舫主编的《森林培育学》集中反映了 20 世纪中国在森林培育方面积累的经验和知识，并且将"造林学"正式更名为"森林培育学"。

种苗培育是森林培育学的重要内容，但由于种苗自身就可以是最终产品，且在市场上形成了种苗产业，因此，种苗培育学在随森林培育学发展的同时，自身逐渐形成了以造林用苗为培育目标的完整知识和技术体系，《林木种苗手册》《森林种苗学》等教材于 1982 年以后陆续出版。

同时，种苗培育也是园林和园艺的重要内容。16~17 世纪，法国出现了大批苗圃，最终扩展到整个欧洲，逐渐形成种苗产业。比利时 1366 年就有《园丁指南》，1598 年建立第一个玻璃温室。英国 1804 年建立了皇家园艺学会。19 世纪种苗产业扩展到美国，早期主要以选育和嫁接果树为主，随后扩展到观赏植物与造林树种。近几十年来，种苗产业在发达国家不断发展，美国成为最大的种苗生产国。中国的种苗产业起步虽晚，但发展速度快、规模大、势头迅猛。以园林和园艺植物为培育目标的知识和技术逐渐形成体系，《园林苗圃》《园林苗圃学》教材在 1982 年和 1988 年出版。

至此，种苗学形成了林木种苗和园林种苗两个方向。随着全球城市化的迅速发展，城市生态环境不断恶化，中国的城市化进程更是迅猛，生态环境问题已十分突出，从而催生了以改善城市生态环境为主要目标的城市林业，城市树木栽培技术受到前所未有的重视，与之相应的兼顾林木种苗和园林种苗的树木种苗学应运而生。

1.2　林木种苗培育学的特点

种苗培育学，严格来说，应该叫林木或树木种苗培育学，因为这里的种苗是指树木（乔木和灌木）的种苗，而不是农作物或草本植物的种苗。它融合了林业和园林种苗培育的理论和技术，有如下几个特点：

1.2.1　培育目标更丰富多样

城市的特点是环境复杂，既有自然环境，又有人为建筑，还有以人为主的各种生物环境，加上城市人口的各种需求，必然导致对城市森林、树木和绿地的不同要求，用苗需求自然也就存在巨大差异。因此，种苗培育目标就会更多样，如适合城市山区生态林营造的小规格但抗逆性强的苗木；适合城市风景区森林营造的彩叶树木苗木；适合办公区和居民区栽植的大规格苗木等。

1.2.2 非标准化生产方式凸显

林木种苗学强调苗木标准化，通过制定苗木标准和技术规程，对同一种苗木类型采取统一技术措施、统一生产流程和统一苗期管理，最终生产出达到标准的整齐划一的苗木。这是因为林业生产面对大面积人工林营造，同一种苗需要量大，标准化苗木质量一致，成活率有保证；相反，质量不统一会严重影响造林成活效果。而城市种苗培育由于培育目标多样，每一种苗木需求量又不一定很大，很难做到标准化生产，甚至有时根据单株苗木的情况制定相应的培育措施。例如，2008年北京奥运会前，常绿针叶树大苗供不应求，价格飞涨，北京一些苗圃主任就曾带领技术人员，到田间地里针对每棵需要修剪的苗木制订修剪计划。随着人们需求的多样化，这种非标准化生产方式会越来越受到重视。

1.2.3 苗圃功能多样化

城市周边的苗圃既是城市的永久性规划绿地，又是城市树木种苗的生产基地。其培育目标不仅越来越丰富，苗木种类越来越多样，而且，苗圃的功能也在不断拓展：有的成为具生产功能的城市公园，人们不仅可以来买苗买花，还可以欣赏千姿百态的树木花草（图1-1）；有的附带科普教育功能，让市民和学生了解与绿色相关的知识和种苗生产环节；还有的与科研院所合作，开展与种苗培育相关的科学研究，成为科研教学基地。随

图1-1 色彩丰富的花园式城市苗圃

着人民生活水平进一步提高，人们的需求会越来越多样，苗圃功能还将继续多样化。

1.3 种苗定向培育技术体系

面对培育目标多样化、非标准化生产方式凸显的种苗生产和种苗市场形势，技术上采取种苗定向培育是必然选择。种苗定向培育是指苗圃以目标种苗（订单）为导向，根据树木栽植地立地条件和用户的栽植目的，在种苗培育过程中采取相应调控技术措施，定向培育种苗，使种子和苗木在色彩、形态、生理、抗性等方面满足用户的要求，最终做到适地适苗栽植，保证造林绿化效果。

适地适苗则是从用苗方的角度来看同一个问题，就是要充分发挥不同苗木特长，使其更好地适应造林栽植地立地条件，同时使造林绿化工作与苗圃结合起来，在造林设计时就对苗木种类、大小和生理特性做出明确规定，苗圃育苗时根据设计要求定向培育苗木，从而保证为造林绿化提供有针对性的苗木。

种苗定向培育和美国林业苗圃界的目标苗木概念(target seeding concept)异曲同工，都是为了将苗圃育苗和造林绿化有机结合，防止我国以前苗圃盲目育苗，不管将来苗木用处，易导致苗木在数量上出现结构性过剩或结构性短缺，在质量上出现苗木类型、大小、生理等特征与栽植地立地条件不相符的情况；也防止用苗单位不顾栽植目的和栽植地立地条件，有什么苗就栽什么树，从而严重影响了造林绿化效果的问题。

1.3.1 种苗定向培育的基础

要真正实现种苗定向培育，需要三个基础条件：

第一，种苗培育技术多样。经过多年发展，形成了多种多样的种苗培育技术。例如，仅种子催芽技术就有水浸催芽、低温层积催芽、高温层积催芽、变温层积催芽、浓硫酸浸种、植物激素催芽、静电场催芽、渗透调节催芽、高锰酸钾处理、稀土处理等。对苗木抗逆性的调控方法有营养调控技术、水分调控技术、化学调控技术、生物调控技术、机械调控技术等，技术多样性为苗木定向培育奠定了基础。

第二，苗木可塑性。苗木在形态、生理、抗性等方面都是可塑的。采用不同育苗技术措施，如水分胁迫处理、施肥、生长抑制剂、菌根菌、光周期等培育的苗木，在形态、生理、活力、抗性及栽植成活率等方面均存在较大差异。如在夏末周期性地给苗木造成一定程度的水分胁迫，有助于苗木形成顶芽，进入休眠状态，木质化程度提高，抗性增强；或者夏季对苗木进行短日照处理，能把本该快速生长的苗木诱导形成顶芽，促进木质化，增强抗逆性，有利于夏末或秋季造林栽植；施肥技术可以用来促进苗木生长，增加生物量，也可以通过秋季施肥，在不引起苗木徒长前提下，增加其体内营养元素含量，为造林栽植后生长做好准备。因此，苗木可塑性使苗木定向培育成为可能。

第三，苗圃和用户是合作者。"定向"其实就是针对用户而言，用户的造林栽植目的是什么，栽植地立地条件如何，根据这两个方面确定苗木类型、大小、生理状况、抗性特点等要求，苗圃从品种选择、育苗技术、苗木活力保护等方面组织生产，按时按地点将符合要求的苗木提供给用户。用户将苗木栽植后，观察其成活与生长情况，并将信息反馈给苗圃。苗圃根据反馈信息调整相应育苗技术措施，培育出更加符合用户需要的苗木。在这个过程中，苗圃介入了用户的造林栽植目的和栽植地立地评价，而用户参与了苗木类型和育苗技术的确定，两者互相介入，成为合作者。如此生产出的苗木才能真正做到定向培育和适地适苗，更好保证造林绿化效果。

1.3.2 种苗定向培育技术体系

种苗定向培育技术体系是一个信息循环系统。用户首先确定树木栽植目的，评价栽植地立地条件，并将其与苗圃协商，确定所需目标苗木特征，如树种、品种、苗木类型、年龄、规格、生理及抗性等，苗圃开展品种选育或引种、良种繁殖、种子生产和育苗，在育苗过程中根据目标苗木特征对生长环境进行调控，最终生产出目标种苗提供给用户，用户栽植后观察其成活和生长状况，并将信息反馈给苗圃，苗圃在下一次生产中改进和完善培育技术(图1-2)。

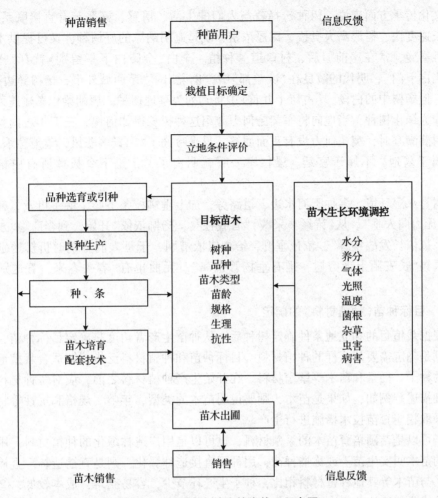

图1-2 种苗定向培育技术体系示意图

1.3.2.1 树木栽植目的与栽植立地条件

树木栽植目的及其栽植立地条件决定所需苗木的特征。树木的栽植目的多种多样，栽植立地条件也千差万别，苗木的树种、品质、类型、年龄、抗性等各种特征必须适应这些条件。同时，如果是城市，城市为人居住而建，有人的地方就有文化，树木栽植也要符合城市历史文化，才能实现栽植目的。

仅从树种与苗木特性来看，栽植目的和立地条件是决定性因素。例如，营建山区大面积生态保护林，可以采用规格较小的苗木，如果是山区，立地条件较差，则在树种选择上要选抗性较强的树种，苗木类型可采用容器苗；对于市区政府办公楼周围绿化，要选择较大规格苗木，从视觉审美角度，还要考虑色彩搭配，既有常绿树种，保证四季常青，又有彩叶树种，使春、夏、秋色彩丰富。对于城市道路绿化，由于要保证车辆和行人通行，既需要大规格苗木，还要对苗木枝下高有明确要求，如果有双层公交通过，枝下高必须在5 m以上(标准双层巴士至少离地4.8 m)。地下水位较高的河边立地，可选较耐水的杨树、柳树、水杉等树种；地下水位较低，较干旱的地方可用松柏类等抗旱性较强的树种。

从文化传承方面来说，树种选择就与人们的生活、情感、好恶等有直接联系。例如，杨树生长速度快，树形高大挺拔，树冠浓密，既是遮阴纳凉的好树种，又可提供木材，深受老百姓喜爱，常在房前屋后、村口道旁种植。李白《金陵白下亭留别》就有"驿亭三杨树，正当白下门"；明代的戴良在《次益都》中，也说出了"茅庐城外市，杨树驿边亭"的相同景观。但杨树中的白杨，《古诗十九首》中将其列为墓地树种。唐朝梁仁孝建蓬莱宫，选了白杨作为绿化树种，当他向将军契苾何力介绍这种树长得如何快，三五年之内就可以让蓬莱宫树荫满庭时，契苾何力没有正面回答，只是吟诵了"白杨多悲风，萧萧愁杀人"，说明白杨属于墓地，不属于宫廷。梁仁孝一听就明白了，于是下令拔掉所有白杨，改种梧桐。

柳树喜水湿环境，多种于河水边、道路旁，加上垂柳枝条下坠，触手可及，韩偓把这叫"全身无力向人垂"。从《诗经·采薇》"昔我往矣，杨柳依依"开始，到李商隐"永定河边一行柳，依依长发故年春"，依依垂柳，恰如依依惜别，于是人们分别时折柳送别成为时尚。刘禹锡"长安陌上无穷树，唯有垂杨管别离"。元曲也有"春去春来，管送别依依岸柳"。

1.3.2.2 目标种苗（种植材料）的确定

在根据栽植目的和立地条件确定树种后，从种苗生产者角度是确定目标种苗，而从用户角度则是确定需要什么样的种植材料。目标种苗和种植材料泛指能够适合栽植地立地条件生长的种子、插条和苗木等繁殖材料。在开始生产种植材料之前，应对每种材料的特征应有详细描述。例如，如果是苗木，则要说明苗木的类型、年龄、规格和抗性等特征，以便苗圃采取相应育苗技术措施进行生产。

种子可以是苗圃培育苗木的繁殖材料，也可以是用户造林绿化的种植材料。用种子播种繁殖的苗木叫实生苗，或称播种苗；用种子直接造林绿化，则是直播造林。直播造林的优点：①与苗木等其他种植材料相比，种子生产环节少，容易获得，成本较低；②操作简便，造林绿化速度快，适合于边远山区交通不便的地方；③由种子发芽生长的树木能够形成自然伸展的根系，抗性强，对后期树木生长有利。但是，是否需要用种子造林绿化，则取决于树种、立地条件和树木栽植目的。适合直播造林的树种有栎类、油松、马尾松、云南松，以及一些灌木树种等。例如，北京曾在山区采用飞机播种油松种子，重庆也曾采用飞机播种马尾松、柏木、火炬松、刺槐、湿地松、大叶女贞、木荷、枫香等树种，均获得良好效果。

裸根苗是在大田培育，起苗时根系裸露的苗木。裸根苗是传统苗木类型，技术上相对简单，成本低；但由于在起苗时要切断一部分根系，且起苗到栽植过程中有一定时间根系处于裸露状态，会降低苗木活力，影响栽植成活率。因此，适合于容易成活的树种和立地条件较好的地方。

容器苗是在装有培养基质的育苗容器中培育，培育过程中育苗基质与根系形成根团，起苗时根系受容器和根团保护，不伤根，不影响苗木活力，栽植成活率高，是比裸根苗更新的苗木类型，适合于较困难立地栽植。

无性繁殖苗是利用植物根、茎、叶、芽等营养器官或植物组织、细胞及原生质体等材料培育的苗木。其突出特点是繁殖材料采用植物营养器官，不经过传粉受精形成种子过程，能够很好地遗传母本优良性状，是培育优良品种的重要途径，在树木新品种选育中有重要意义。例如，北京十三陵苗圃在黄栌育苗过程中，发现一株变异苗，叶色为紫色，如果采用种子繁殖，叶色又会变回通常的绿色，而用变异苗上枝条，进行扦插繁殖，紫色叶就能保持，从而培育出紫叶黄栌这一新品种。

大苗是指经过多次移植，苗木胸径在 8~10 cm 以上的苗木。由于规格较大，栽植后就能形成景观，是城市道路、公园、办公场所和居住小区等绿化常用苗木类型。

随着林业生产和科学技术的发展，苗木类型越来越多。如根据苗木繁殖材料不同，可分为实生苗（播种苗）和营养繁殖苗；根据苗木培育方式不同，可分为裸根苗和容器苗；根据苗木培育年限不同，可分为 1 年生苗和多年生苗；根据苗木在培育期是否进行移植分为移植苗（换床苗）和留床苗。根据育苗环境不同，可分为试管苗、温室苗、大田苗；根据苗木规格大小可分为标准苗（有国家苗木质量标准的苗木）和大苗等。

由于没有统一分类标准，在详细确定种植材料的苗木类型时，就可能出现多种分类方法交叉的情况，这在生产上已经出现，如移植容器苗是裸根苗移植在容器中培育形成的容器苗；容器移植苗（plug + 1）是容器苗移植到大田后又生长一年的裸根苗；组培大田苗是组培苗移植在大田后培育的裸根苗。

1.3.2.3 目标种苗的基因和性别确定

目标种苗，或称种植材料，将来是要在特定立地条件下生长，要适应特定环境。因此，其繁殖材料就要在遗传基因和性别方面有要求。种源就代表了树种的遗传基因，种源（provenance）是指取得种子或其他繁殖材料的地理来源。同一树种由于长期处在不同的自然环境条件下，必然形成适应当地条件的遗传特性和地理变异，如栽植地条件与种源地条件差异太大，会出现林木生长不良，甚至全部死亡的现象，我国在这方面曾有过不少惨痛的教训。例如，1958 年北京引种新疆核桃成功的消息报道后，全国十几个省（自治区）争相引种，一年调种量高达 10×10^4 kg，结果很多地方因气候条件不适宜而失败，造成巨大损失。

一般来说，本地种源最适宜当地的气候和土壤条件，应尽量采用本地种子，就地采种，就地育苗栽植。但如果本地没有，需要从外地调运时，有的树种可以参考《中国林木种子区划》，如区划中没有的树种，要尽量选用与本地气候、土壤等条件相同或相似地区所产种子。

目标种苗的性别或称树种的性别也很重要。采用无性繁殖方法育苗时，由于繁殖材料是树木的营养器官（根、茎、叶、芽等），其苗木性别和提供繁殖材料的母树完全一致，雄株繁殖雄株，雌株繁殖雌株。如果一个地方全栽植一种性别树种，由于没有传粉雄株，雌株也不会结果。另一方面，结果太多也会成为问题。杨树、柳树是我国重要的城市绿化树种，杨柳的一个特点是雌雄异株，即雌花和雄花分别长在不同的树上。当雄花成熟时，只是传粉，没有花絮，不飞毛。而雌花成熟，也就是果实成熟时，杨、柳絮承载着种子，漫天飞舞。很多城市前些年栽植时没有考虑性别，种植了大量雌株，现在春天杨、柳絮也成为城市环境污染的一个重要方面。因此，目标苗木的基因和性别在种苗培育的一开始就需要慎重决定。

1.3.2.4 目标种苗培育所采取的配套技术

对目标种苗采取什么样的育苗技术与栽植地影响苗木成活和生长的因素有关。因此，在进行立地评价时就要判断出不同立地条件影响苗木成活和生长的限制性因子，苗圃在种苗生产时就可针对性地安排相应技术措施，以加强种苗在某些方面的抵抗能力，以保证造林绿化成功。

例如，在我国北方山地阳坡，由于光照强，失水快，水分是限制苗木成活和生长的主要因素。在育苗时就应该采用水分调控措施，对苗木进行抗旱锻炼，增强苗木的抗旱能力。在高海拔或高纬度阴坡，低温则成为主要限制因素，在育苗时采取诸如营养加载等措施增强苗木抗寒能力就很重要。在土壤贫瘠地方种植油松、云南松等树种，接种菌根能极大提高苗木的成活和改善生长状况。

1.3.2.5 目标种苗出圃或栽植时间

苗木出圃是定向培育的最后一个环节，也是保护苗木质量的重要阶段，这时措施不当，轻则造成苗木活力降低，重则导致苗木死亡。只有根据栽植时间确定合适的起苗时间，根据树种特性和苗木规格确定起苗方法，根据运输距离选择恰当包装方法和运输工具等，每个环节都选择正确，才能保证苗木活力不受影响，保证栽植成活率。

1.3.2.6 信息反馈

苗圃销售要收集用户对苗木使用情况的信息反馈，以便苗圃对苗木培育技术进行相应的改进，从而更好地满足用户需要。

1.4 我国种苗产业发展存在问题与展望

我国种苗产业尚属发展初期，正处于从计划经济向市场经济转变过程中。过去生产种苗的是良种基地和苗圃，属于事业单位，按国家计划组织生产，而现在要转变为独立法人的企业，按市场需求生产。同时，很多独立法人的现代种苗企业正不断涌现，加之很多农户也利用自己承包的土地经营种苗，从而形成了巨大的种苗生产群体。与之相应的是国家生态文明建设、城市快速发展和人民生活水平提高等对种苗的巨大需求，这就促成了种苗产业的形成。但由于市场机制尚不完善，生产者和消费者的市场行为不规范，发展过程中存在一些问题。

1.4.1 存在问题

（1）种苗总量严重供过于求

由于种苗产业门槛低，与其他种植业相比，绿化苗木生产效益相对可观，其他行业资金大量涌入，改变了种苗行业原有的滚动发展模式，苗木种植面积突飞猛进。在新加入的种苗大军中，有原来从事煤炭、电力、房地产业的人员，还有很多农民在自留地就种植了苗木。这些种植户信息来源单一，销售渠道窄，视野不开阔，没有长远规划，仅看到眼前某个品种苗木价格好，而没有考虑苗木生产的滞后性特点，导致种苗生产的盲目性，市场总量供过于求。

(2) 结构性矛盾突出

种苗产业的结构性矛盾主要表现在两个方面。第一，树种和品种结构失衡。一般树种和品质供过于求，而名、特、优、稀、新品种不足，生产上大规模培育的还是常规的杨树、柳树、油松、侧柏、白皮松、玉兰、山杜英、鹅掌楸等少数树种，而当地许多优良乡土树种没有被开发出来，即使是常规树种，也缺少经过选育的优良品种。第二，树龄和规格结构失衡，城市景观绿化需要的大规格苗少，而小苗过剩，导致上山挖大树的现象普遍发生。例如，上海城市绿化需要大苗，江浙一带就上山挖树；北京百万亩造林要用大苗，周边的河北也上山挖树。其结果是山里的资源被毁，而大树造林的成活率不高，效果也不理想。

(3) 种苗生产的专业化和规模化经营不合理

当前我国种苗产业整体发展水平还较低，机械化程度不高，起苗机、耕作机、喷滴灌等设备应用少，苗圃作业主要依赖人力。设施化程度低，以荫棚、塑料棚等为主，环境可控程度低，抗御自然灾害能力差。市场外延后，运输半径扩大，成本增加。物流落后，运输过程中对苗木质量损害较大。这与专业化水平低、规模化程度不够有直接关系。

(4) 自主创新能力弱

种质资源研究与开发滞后，研究开发少，重要种质资源库构建工作亟待加强；苗木新品种依赖引进；品种创新的机制亟待健全，现在很多科研项目要求三年结题，结题后往往不再继续支持，品种研发缺乏长期扶持；植物新品种的侵权事件时有发生，育种者的权益、知识产权等得不到有效保护，企业不愿投入，品种创新积极性不高。

(5) 苗木生产者分化不够

苗木生产者在栽培品种方面缺乏分化，没有形成自己的独特栽培品种，看见市场上什么品种好卖，就一窝蜂跟进，导致结构性过剩。

1.4.2 种苗产业的机遇期

由于国家对生态文明建设的高度重视，在今后很长一段时间仍然有大量生态建设工程需要开展，对种苗的需求仍然旺盛，这对于促进种苗产业发展有重要意义。

从国土绿化来看，我国现有森林覆盖率是 21.63%，一般认为，要达到能够较好保护环境的程度，至少应该到达 31% 以上，即还有 $96\times10^4\ km^2$（$9\ 600\times10^4\ hm^2$）需要绿化，按每公顷栽植 2 000 株计算，需要苗木数量是 1 920 亿株，现在的绿化速度每年增长约 1% 覆盖率，每年需要的苗木数量是 192 亿株，至少需要 10 年才能完成。

从城镇化建设来看，推进城镇化已成为国家的重要部署，我国 2015 年的城市化率为 56%，发达国家的城市化率普遍超过 70%。若将 70% 作为目标，将有 14% 左右的空间，预计至少需要 10~20 年的时间。借鉴日本的经验，只要城市化在稳步推进，市政园林工程行业的投资就能够保持快速增长。据此预计，国内城市绿化至少还有 10~20 年的繁荣期。

从美丽中国角度看，国家已将"生态文明建设"提升到国家建设和发展总布局的高度，中国由过去的经济建设、政治建设、文化建设、社会建设"四位一体"，变成"五位一体"，努力建设"美丽中国"。在"美丽中国"背景下，大气治理、土壤修复、水域治理等环境建设力度不断在加大。有理由认为，未来中国种苗产业将会有更加具体的政策支撑、更加有力的政府支持以及更加充裕的资金保证。

总之，未来10~20年仍然是种苗产业快速发展的繁荣期。但是，发展并不是直线增长，而是有升有降，据估计大致5年左右为一个周期。

1.4.3 种苗产业发展趋势

1.4.3.1 良种化

良种是经国家级或省级种苗管理部门审定，或经过实践检验的优良品种，具有更好的观赏性、抗逆性，有更强的市场生命力。苗木生产，首先也是最重要的是选择良种，这直接关系到苗圃是赚是赔，赚多赚少。从国家林业和草原局提供的数据显示，目前已审（认）定推广了2 776个林木良种，全国主要造林树种良种使用率由1999年的20%提高到51%，部分商品林和经济林树种良种使用率已达到70%，预计到2020年良种使用率提高到75%。

1.4.3.2 品种多样化

由于起点较低，过去的造林绿化只要绿起来就行。但随着生活水平的提高，人的需求越来越多样，不光要绿起来，还要有色彩，要美起来。这也使得造林绿化对多样性、功能性树种更加重视，品种成多样化发展趋势，可以大致分为以下几个方面。

（1）新奇品种

种苗市场的一大亮点是彩叶树发展迅速。发达国家在城乡绿化过程中，十分重视彩叶树的搭配和使用，目前季节色相明显的彩叶树约占30%左右，而我国彩叶树比例还不足10%，即使大城市主要景观带也不足20%。彩叶树大致可以分为红叶、黄叶、蓝叶、紫叶和花叶等。①红叶树，有红叶石楠、红枫、红叶桃、红栌、红花檵木等；②黄叶树，有金叶榆、黄金杉、黄金叶、黄枫、黄金槐、金叶栾树、金冠柏等；③蓝叶树，有蓝冰柏、蓝艾等；④紫叶树，有紫叶李、紫叶紫檀、紫叶桃、紫霞黄栌等；⑤花叶树，有花叶木槿、银边黄杨、金心黄杨、花叶冬青、银边海桐、花叶桂花等。

由于城市绿化工程单位急于看到眼前效果，普遍采用大规格彩叶苗木，因此以大苗为主的彩叶树种十分畅销，但数量远远不够。大规格同科属常规树进行高接换头是增加数量的一种好办法，尤其是胸径在8 cm以上高接换头的各种彩叶苗木，价格及需求量在不断上升。如金叶国槐、金枝国槐、中华金叶榆、金叶复叶槭、金叶白蜡等。

彩叶树容器苗木将成为市场新宠，容器苗具有根系发达、移栽成活率高、株型完整、移栽不受季节限制、色彩表现优越、便于运输等优点，在园林绿化中已被大量使用。在国外彩叶容器苗的市场份额较大，而国内才刚刚起步，市场对彩叶容器苗的需求越来越大。

（2）抗逆性品种

很多需要造林绿化的地方对植物而言属于逆境环境，因此，抗旱、抗寒、耐热、抗盐碱等抗逆性强、有防护效果、能适应立地条件较差地区绿化的树种有特殊市场。

（3）低人工维护品种

面向特殊绿化空间，如屋顶的节水、生长慢、低人工维护树种。

(4) 功能型品种

功能型树种越来越受到重视，随着国家对环境治理力度加大，功能型树种市场也将越来越大，像北京一些单位就开展了吸收 PM2.5 树种的选育工作。还有满足新农村建设和生态林营建需要，兼具生态效益的经济林树种，其市场更大。

(5) 造型树种

目前，我国园林绿化上造型树的应用还很不充分，所见到的景观造型树极少。在发达国家的重要场景，造型树体现了强烈的民族传统和现代文化气息。把传统文化和现代艺术巧妙地应用到景观树木的造型和配置上，可能是今后苗木产业发展的基本趋势之一。适宜造型的树木，落叶树有榆树类、朴树类、海棠类、对节白蜡类、紫薇类等；常绿树有黄杨类、柑橘类、罗汉松类、赤楠类、海桐类、枸骨类等。

(6) 名贵树种

所谓名贵，大多属于稀少、濒危植物，也属国家重点保护植物，以往在园林绿化工程上应用较少。随着科学技术的发展和经济水平的提高，名贵树的人工繁殖进展加快。例如，红豆杉属国家一级保护植物，过去所见的红豆杉大都是野生的，不准起挖、运输和买卖，但现在人工繁育的红豆杉已开始形成市场，大规格苗已经出现，小规格苗的数量更是相当可观。

(7) 乡土树种

乡土植物是产地在当地或起源于当地的植物，这类植物在当地经历漫长的进化过程，最能够适应当地的生境条件，其生理、遗传、形态特征与当地的自然条件相适应，具有较强的适应能力。如我国华北地区的国槐、白榆、山杏、荆条等。随着对乡土植物造林绿化的进一步重视，苗圃采用乡土植物育苗已成为苗木培育的一个重要趋势。作者近年对美国苗圃的考察发现，很多苗圃的育苗树种发生了很大变化，不再是清一色的针叶树，而是出现了大量的阔叶树、灌木，甚至草本。田纳西州得蕾诺市东田纳西苗圃育苗树种就包括松树 5 个，栎类 17 个，还有其他阔叶树种。爱达荷州普林斯顿市的野生生物生境苗圃更是主要培育当地阔叶树、灌木、草等，用于湿地河岸等地的植被恢复造林活动。华盛顿州特叩市的野生植物苗圃主要培育草、灌木等 300 多个树种，可见培育树种多样化和乡土植物化已成为苗圃发展的一个方向。

1.4.3.3 育苗设施化和工厂化

随着科学技术的飞速发展，出现了以先进育苗设施设备为基础，以企业化、规模化方式组织苗木生产和经营的工厂化育苗。工厂化育苗是在人工创造的优良环境条件下，采用现代生物技术、无土栽培技术、环境调控技术、信息管理技术等新技术，达到专业化、机械化、自动化等规范化生产，实现高效稳定地生产优质苗木的规模化育苗方式（图1-3）。

工厂化育苗技术与传统的育苗方式相比具有用种量少，占地面积小；缩短出圃苗龄，节省育苗时间；减少病虫害发生；提高育苗生产效率，降低成本；有利于企业化管理和快速推广新技术等优点，可以做到周年连续生产。另外，设施化是降低成本、提高效率的有效措施，没有设施化就没有真正的标准化。

1.4.3.4 专业化

传统苗圃仅仅是育苗之地，因此，只要是有一块土地，就可以加入育苗行业。由于苗

图1-3 现代化温室是容器育苗重要设施之一

木行业进入门槛低,近些年资金大量涌入,育苗面积上去了,但经营方法和经营理念仍然落后,苗圃效益无法保证。而真正意义的现代化苗圃,它必须是现代企业,是在科学化和精细化指导下组织生产的专业化现代企业。既要根据市场容量确定企业的目标定位,又要根据市场需求选育或引进品种,按商品标准组织生产,控制成本和投入产出周期,实行严格的产品质量检验,最终打通销售渠道。将每个环节都做到专业化,才能在保证苗木质量的前提下获得最大利益。

1.4.3.5 网络化

苗木销售是苗圃管理者经常头痛的问题,而找到合适的苗木也是造林绿化单位或个人经常犯难的事,其根本原因是苗木产销脱节,设计施工用苗与苗木生产不衔接。互联网的出现为解决这一难题提供了契机,苗圃将自己的产品上网发布,用户上网选购已经给很多人带来了方便,随着网络化发展继续深入,更多、更方便的产销形式会不断涌现,苗木生产者不可错过这一机遇,应积极融入网络化进程中,将苗木生产、销售和信息反馈与网络进行深度融合,才能立于不败之地。

1.5 种苗培育学教学体系

种苗培育学的教学采用以问题为导向的参与式教学模式:以教师讲授内容为主线,通过课堂讲解,形成一个"骨架",学生围绕这一"骨架",以多种形式参与、补充完善课程,形成课程的"血肉"。师生互动使"骨架"和"血肉"有机融合,形成整体,在形式上形成一个创造群体,在内容上共同创造一门课,在理念上形成整体性的系统思想,对培养学生创造力大有裨益。

1.5.1 教学环节

课程由课堂讲授、实验、实习三部分构成。在课堂讲授中,教师讲育苗技术总论,同学生讲各树种育苗技术各论,所有学生参与讨论。实验内容是种子品质检验技术,学生在实验室操作完成。实习内容是在苗圃学习和具体操作播种、移植、扦插、嫁接、修剪、苗木调查、起苗等育苗技术环节。

1.5.2 教师讲授构建课程骨架

传统授课以老师讲解现有确定知识为基础,学生处于被动接受状态,其任务就是学会或理解这些知识,即便有一些参与活动,也只是教师提问,学生回答,或学生有疑问,老师解疑的问答方式。由于老师提前掌握了这些经过证明是正确的知识，因此，在整个教学过程中，教师就处于主导地位，在学生的心目中就是权威，是知识和正确的化身。学生在这种氛围中受到压抑和拘束，自己的思维受到限制，创造潜力无法发展。

以问题为导向的参与式教学模式首先在讲课内容上进行创新，在第一堂课就将学生需要参与讲解的问题提出，并落实到每个学生，也就是让学生带着问题来学。教师则以种苗定向培育技术体系为纲，分别讲解从苗圃建立、良种生产技术、苗圃土壤管理、各种苗木类型育苗技术、苗木质量评价、苗木出圃等总论的主要内容，形成课程的骨架。由于有上台讲解的任务，学生就会提前预习和查找相关资料，从而促使学生自己学会去发现问题、解决问题，使他们成为知识发现者，而不是被动接受者，这就为学生参与丰富课程内容提供了切入点。

1.5.3 学生参与丰富课程内容

丰富课程内容是指课堂的相当一部分内容由学生来完成，由于课堂的骨架已由老师搭建，它起引导作用，学生围绕着这一课程主线，通过各种形式进行补充，使得课程更丰满、更生动、更容易被学生接受。更重要的是，学生通过自己收集素材，自己整理思路，独立思考，并用不同形式在课堂上呈现出来，本身就是一个创造过程，起到了在创造中学习创造的作用。而传统课堂教学中，老师教什么，学生就学什么，没有主动性，自然也就没有创造性。

学生参与补充的内容是各树种的相关育苗技术。由于老师讲的主要是育苗技术总论，而学好种苗培育学的关键是如何将一般育苗技术总论运用到各个树种上。因此，学生必须从被动接受知识中解放出来，积极准备，主动思考。学生呈现自己观点的形式可以多种多样，可以在讲台上借助 PPT 演讲，也可以脱稿自由发言。教师应及时对每个同学的表现进行点评，并根据学生的观点，适当拓展发挥，将其同本课程的核心内容联系起来。其他学生则通过提问，与讲解的同学进行讨论。

为保证每位学生都积极参与其中，将学生的参与活动作为平时成绩，并加大平时成绩在整个课程成绩的比重。

1.5.4 师生互动形成整体

将教师搭建的骨架和学生补充的内容融为一个有机整体，才能使学生真正体会到创造的微妙，并从中得到从未有过的感悟。因此，课程从一开始就已明确提出，这不是一个普通的课堂教学，而是一个创造团队，由学生和教师组成的团队。学生是创造主体，担负起创造一门创新课程的任务；教师则以引导为主，起教练的作用。这个团队，既要发挥和促进每个人的创造力，又要在团队层次上形成创造集体。其目的是让学生亲身感到群体在提高创造力中的重要作用。只有亲身体验过团队的创造，才能更好地培养团队精神，提高个人和群体的创造力，从而灵活掌握本课程的相关内容。

（刘 勇）

复习思考题

1. 林木种苗培育学的特点除了文中指出的三个方面，你认为还有哪些？

2. 在种苗定向培育技术体系中，需要做好哪几个方面才能培育出目标苗木？
3. 根据不同苗木的培养目标，将全部育苗技术归纳成一张框图。
4. 从种苗产业存在问题和发展趋势思考大型苗圃和小苗圃各自应该如何发展。
5. 本课程教学采用的是以问题为导向的参与式教学模式，你如何从中培养自己提出问题的能力？

推荐阅读书目

1. 森林培育学(第3版). 翟明普，沈国舫. 中国林业出版社，2016.
2. 苗木培育学. 沈海龙. 中国林业出版社，2009.
3. 园林苗圃学. 成仿云，等. 中国林业出版社，2012.
4. Nursery Manual for Native Plants：A Guide for Tribal Nurseries. Dumroese R K. U. S. Department of Agriculture, Forest Service，2009.

参考文献

乌丽雅斯，刘勇，2004. 造林树种苗木定向培育理论探讨[J]. 北京林业大学学报，26(4)：85 – 90.

刘勇，郭素娟，李国雷，2014. 采用参与式教学模式将系统思想融入"森林培育学"课程教学[J]. 中国林业教育，32(2)：50 – 52.

刘勇，邵勇，李勇，2014. 采用参与式教学模式培养学生的创造力[M]//于志明，等. 秉烛者的思考与实践——北京林业大学教学改革研究文集. 北京：中国林业出版社.

第 2 章 苗圃规划设计

【本章提要】 本章对苗圃规划设计进行了概述，说明了苗圃建设的定位，苗圃建设的规模，以及苗圃建设的标准。为苗圃规划建设应进行的准备工作包括圃地测量，苗圃自然条件调查，社会经济状况调查。阐述了苗圃规划设计的内容包括总平面规划，苗圃工程设计，苗木培育工艺与技术设计，组织机构与经营管理，投资概算与苗木成本估算等。最后，简述了苗圃规划设计的成果。

苗圃是具有一定面积且满足培育种苗目的的土地，是进行种苗生产的重要场所。在新建苗圃以及为适应生产发展需要而进行的苗圃改扩建过程中，为便于各项种苗生产活动的开展和高效地开发利用土地资源，针对拟建苗圃用土地进行科学合理的总体规划和设计是十分必要的。苗圃建设及科学地组织种苗生产是林业生产的重要环节，也是苗圃规划设计的重要任务和必须关注的内容。苗圃规划设计事关苗圃的生产经营和长远发展，不仅直接影响未来苗圃的产品——苗木的产量和质量，而且对造林绿化的任务和成效，以及对森林培育的经济、生态和社会效益都有极大影响。

2.1 苗圃规划设计概述

苗圃的规划设计是对拟定的具有苗木生产潜力的土地进行总体规划和服务设施的技术设计。苗圃规划设计的目的在于根据种苗木的特性，进行科学合理布局，充分利用土地，合理安排投资，既减少损失和浪费，又能培育多品种高质量的苗木，最大限度地提高苗圃的经济效益和社会效益。

在进行规划设计前，设计者必须根据苗圃建设的可行性研究报告明确和深入地理解苗圃的建设目的与规模。从概念上说，苗圃既是培育苗木的土地，也是培育、供应或销售植树造林用苗木的独立经营管理单位。根据使用时间的长短，苗圃一般分为固定苗圃和临时苗圃两类。固定苗圃又称永久苗圃，其特点是经营时间长，面积大，培育的苗木种类多，适于通过机械化实现集约经营和设置现代化的育苗生产设施。而临时苗圃一般是指为短期完成一定地区的造林任务而设置的苗圃，分为山地苗圃和林间苗圃。临时苗圃的特点是距造林地近、经营时间短、面积小、培育的苗木种类单一。临时苗圃一般在考虑水源和土壤等条件符合所培育苗木基本需要的情况下，利用现有土地及设施开展育苗，无需进行较大资金投入的基本设施建设，大多也不进行规范化的规划设计。因此，一般所论述的苗圃规划设计仅针对固定苗圃。

2.1.1 苗圃建设目标的定位

由于农林业生产对象、范围和条件的复杂性,苗圃作为培育苗木的场所也具有多功能性的特点,即一个苗圃既可以培育用材林树种苗木,也可以培育防护林树种、园林绿化树种、果树等的苗木;既可以是生产型苗圃,同时也可以作为科学研究性质的苗圃,甚至带有旅游观光型特点。因此,在进行苗圃规划设计之前,首先必须明确苗圃的主要经营服务对象,包括育苗树种、出圃苗木的等级及其可能的应用地区和造林立地条件等。

2.1.1.1 苗圃经营服务对象的定位

苗圃的主要功能是培育苗木,一般按所培育苗木种类和服务对象大致可以分为农业苗圃、林业苗圃、园林苗圃、教学实习与实验苗圃及综合性苗圃,其中林业苗圃一般还可以分为用材林苗圃、防护林苗圃、果树苗圃、特用树种苗圃等。由于农业生产本身具有精耕细作的特点,有时农业苗圃和农业用地并没有严格的界限。因此,以农业苗圃作为独立的建设项目进而开展规划设计的很少。一般苗圃规划设计多针对其它类型的苗圃。

一般来说,在规划建立苗圃之前,建设单位对今后苗圃的经营对象都有初步的考虑,在经过项目可行性论证之后应更为明确。建设单位需要在签订设计合同和下达的任务书中明确苗圃的建设性质。

2.1.1.2 苗圃建设标准的定位

在进行苗圃规划设计之前,需要明确该苗圃应该或需要建设成为什么标准的苗圃。苗圃建设标准一般指苗圃设施、育苗经营技术等级与管理的效率。主要取决于苗圃的机械化水平、生产专业化程度、苗圃设施设备的先进性与适用性、苗圃生产经营的组织管理效率、苗木产品质量与生产成本、苗圃产品的市场与技术开发能力、苗圃在区域内的影响或技术示范性等。苗圃的建设标准大致可以分为以下几种:

(1) 现代化苗圃

主要特征是:苗圃育苗生产作业机械化;苗圃工厂化育苗产量占整个苗圃产量的50%以上,且生产工序实现自动化;培育的所有树种苗木都有很高的专业化水平;出圃苗木质量全部达到国标《主要造林树种苗木标准》Ⅰ级苗木标准;苗圃生产经营与营销管理网络化、信息化;苗圃具备开展新产品开发、推广的物质条件与技术能力;在森林植被带区域内有广泛的影响与示范效应。

(2) 机械化苗圃

主要特征是:苗圃育苗生产作业实现机械化;具备一定的工厂化育苗的设施条件,在有市场需求的情况下,可以生产;培育的主要树种苗木有较高的专业化水平;出圃苗木质量全部达到国标《主要造林树种苗木标准》Ⅱ级苗木标准以上;苗木销售实现了网络化、信息化;苗圃具备推广各类育苗新技术和培育新品种的能力。

(3) 专业化苗圃

主要特征是:苗圃部分育苗生产作业可根据生产的需要采用专业生产机械;可以无温室大棚育苗设施;苗圃培育所有树种苗木均有很高的专业化水平;育苗工艺达到或超过国标《育苗技术规程》的要求;出圃苗木质量达到国标《主要造林树种苗木标准》Ⅱ级苗木标准以

上；苗木销售基本实现了网络化；苗圃具备推广各类育苗新技术和培育新品种的能力。

(4) 普通苗圃

主要特征是：苗圃生产作业基本以手工为主；一般没有温室大棚育苗条件；育苗工艺达到国标《育苗技术规程》的要求；出圃苗木质量符合国标《主要造林树种苗木标准》的规定；按传统方式进行苗木销售和经营管理。

2.1.2 苗圃规划建设规模

苗圃的建设规模是苗圃规划设计必须面对的重要问题之一。苗圃的建设规模主要体现在苗圃面积与投资额度上。

2.1.2.1 苗圃面积的确定

苗圃面积的确定，主要依据以下因素：

(1) 本地区林业建设与造林绿化事业的发展规划

苗圃的面积决定于苗圃的生产任务，而苗圃生产任务与本地区林业及城镇绿化的发展是密切相关的。林业建设的发展阶段与建成稳定时期植树造林、森林人工植苗更新的年度规模、造林树种组成及年际间可能的变化会造成对苗木需求的较大变化。一般地区造林更新任务重，林业发展规划用地面积大，规划苗圃面积大。但是对于年际造林任务与人工更新任务变化大的地区，在规划建设苗圃面积规模时，既不宜取个别年份需苗量的极端上限，也不宜取平均值，而应按历史各年最大需苗量的70%~80%或本地区林业规划年度最大需苗量的90%作为确定苗圃面积的依据。

(2) 本地区苗圃分布密度和供苗半径

一般苗圃间平均距离越小，苗圃分布密度越大，供苗半径小，供苗面积也小，则此苗圃面积就小；反之亦然。

(3) 苗圃土地有效利用率

苗圃育苗生产用地占总面积的比例即苗圃土地有效利用率，它决定了苗圃育苗生产的土地潜力，有效利用率越低，苗圃面积应越大。

(4) 苗圃设计的育苗技术措施与机械化程度

苗圃如果期望主要育苗工序实现机械化，且计划装备大型设备，则苗圃面积宜大；反之，如果育苗作业主要靠人工，则苗圃面积宜小。

(5) 苗圃所在地区自然与社会经济条件

苗圃所在地区的自然条件，如地形地势、水源等因素，以及如劳动力资源、交通条件等也会限制苗圃规模。

2.1.2.2 苗圃投资规模的确定

反映苗圃建设规模的另外一个常用指标是建设投资。苗圃投资受苗圃面积、苗圃的现代化或机械化程度、苗圃建设单位或投资部门的经济实力、苗圃建设决策依据等因素的影响。

2.1.2.3 我国苗圃建设规模划分标准

我国的苗圃建设工程根据生产目标和任务量一般划分为特大型苗圃、大型苗圃、中型苗圃和小型苗圃4个类别，划分标准见表2-1。

表2-1 我国苗圃建设规模划分标准

类型	面积（hm²）	年总产苗量（万株）	年原种穗条产量（万根/条）	年容器苗产量（万株）
特大型	≥100	≥5 000	≥1 000	≥1 000
大型	≥60	≥2 000	≥500	≥300
中型	≥20	≥500	≥100	≥50
小型	<20	≥100		

注：引自国家林业局《林木种苗工程项目建设标准》（试行），2003。

特大型苗圃要求能够面向全国和大的生态区域，批量生产优质苗木，能对全国的苗木生产进行宏观调控。可以通过引进国内外先进技术、繁殖材料和管理经验，实现按产业化、工厂化要求组织生产，生产和管理技术与国际接轨。

大型苗圃要求能够面向一个省（自治区、直辖市）或重点生态工程，批量生产优质苗木，具有区域调控作用和示范、试验功能。可以通过引进国内外科研成果、新技术和新品种，按规模化、工厂化要求组织生产。

中型苗圃要求能够面向一个市（州）或重点生态项目，生产优质苗木，并具有一定的调控功能和示范作用。可以通过引进国内外先进技术、管理经验和良繁中心的原种繁殖材料，按规模化要求组织生产。

小型苗圃要求面向一个地、县（市、局）和一般林业、园林等工程项目，部分采用国内外先进技术，依托大、中型苗圃和良种基地提供的新品种和良种，定量生产苗木。

2.1.3 苗圃规划设计程序

苗圃建设是一项资金投入量较大的工程，一次性投入资金少则几十、几百万，多则上亿元，国家对设计单位和规划设计前后的程序有严格要求，对于较大规模的项目，一般要求设计单位具有甲级设计资质，在具体开始苗圃规划设计之前，有一系列程序需要完成。一般程序如下：

2.1.3.1 可行性研究报告

一般建设单位应委托设计单位编制项目可行性研究报告，报告要阐明如下内容：项目背景与市场需求预测，建设条件及优势，初步建设方案，初步投资估算，效益分析及项目可行性分析。

2.1.3.2 设计单位招投标

项目立项后，对选择哪家设计单位来进行设计，应采取招投标制度，建设单位将编制好的招标书发往有意承担此项设计的单位，设计单位根据要求，向建设单位递交投标书，建设单位组织有关专家对各标书进行评标，最后综合确定中标单位。

2.1.3.3 签订合同与下达任务书

建设单位应向中标单位下达设计任务书，明确设计单位的任务、完成期限及有关要求。双方必须签订合同，以明确各自的权利和义务。

2.1.3.4 初步设计

初步设计又称苗圃总体规划设计,是整个苗圃规划设计的核心部分。在接到任务书并签订合同后,设计单位就应组织力量进行初步设计。

2.1.3.5 初步设计审定会

完成初步设计后,建设单位应组织有关专家对设计进行审定,在对设计作出综合评价的基础上,更应指出其不足之处,提出修改和完善意见。

2.1.3.6 施工设计

初步设计修改、完善后,可以开始苗圃有关土建单项工程等的施工设计。主要是对苗圃土建工程,如建筑物、道路、桥梁、温室、种子库等的设计。其设计深度应达到能够进行施工的程度,由于这些建筑物涉及人身和财产安全,施工设计必须是具有设计资质的单位和个人来进行,并同时遵守国家有关规定。如果与建设单位达成协议,苗圃总体规划设计中包含施工设计内容,那么,设计单位就要在一开始组织设计队伍时考虑吸收土木工程方面的设计人员。

苗圃规划设计主要指以上程序中的初步设计,也可包括施工图设计,具体包含内容应同建设单位协商,并在任务书与合同中明确。

2.2 苗圃规划设计的准备

苗圃规划设计工作正式开展之前,应从委托设计单位接受苗圃规划设计任务委托书,委托书中要明确进行规划设计的地点、范围、完成任务的期限及有关要求。会同有关单位组成领导机构,组建规划设计队伍,收集文字、图面材料,并作好仪器、表格、文具、经费、食宿、交通、通信等准备工作。

2.2.1 圃址勘察与测量

针对建设单位下达的委托设计任务书,设计规划单位应组织项目设计的技术骨干进行实地踏查。在踏查过程中,依据已收集到的图面资料,在当地熟悉规划苗圃地现状的有关人员陪同下,查看区域边界,熟悉规划占地范围内的房屋、灌排水渠、水井、水塘、道路、裸石、电桩、树木和林地等现有固定设施和建筑物,通过文字和照片记录其现状。同时核实苗圃地选址的地形地势和坡向等是否符合建设苗圃的要求。一般地形地势应尽可能平坦,如为坡地,自然坡度最好在3°以下;在山区及丘陵地区建苗圃,应在山脚下坡度在5°以下的缓坡地为好;如在台阶地建苗圃,每个台阶面应符合上述要求。苗圃地坡向根据不同地区有不同要求,北方林区宜在东南坡;南方林区宜在东坡、北坡和东北坡;高山地区宜在半阳坡的东南坡或西南坡。勘察过程中,发现苗圃选址不符合要求,应及时提出,请求协商重选苗圃建设地点。

圃址勘察后,应立即组织技术力量进行地形测量。测量应包括圃址范围内及其外部相关的道路等地段。施测时应将固定设施和建筑物等明显标志物标入地形图。土壤、土地利用类型、土丘的土方量以及病虫害分布区域等宜分别绘制现状地形图。地形图测量比例尺为1:500~1:2 000。绘制出的比例尺地形图(或平面图)是作为区划及最后成图的底图。如果苗圃建设区已有近期测量的此种图面材料宜尽量利用。

2.2.2 苗圃自然条件现状调查

苗圃的自然条件对苗圃育苗生产工艺的设计有重要影响,是苗圃规划设计的重要基础资料,苗圃自然条件调查主要包括以下内容。

2.2.2.1 圃地土壤调查

土壤调查采用土壤剖面调查,应在苗圃地内有代表性的地方设多个调查点,一般可按 1~5 hm² 设置1个剖面,但不得少于3个。每个点挖1个土壤剖面,剖面规格:长 1.5~2 m,宽 0.8 m,深至母质层(最浅 1.5 m)。依据土壤剖面确定土壤类型及各层土壤的特征及性质。每个剖面都要记载下列因子:

①剖面位置及编号(用草图标示位置)。
②海拔、坡度、地下水位。
③按层次记载土壤颜色、质地、结构、湿度、结持力、石砾含量、植物根系分布及整个剖面形态特征等,并确定其土壤的土类、亚类、土种名称。

每个点都需采集土样,进行室内土壤理化性质分析。分析指标包括 pH 值、有机质含量、全氮量、有效磷含量、有效钾含量、水解酸含量、盐基总量、土壤吸湿量等。一般苗圃地土壤以团粒结构、质地较肥沃的砂壤土、壤土或轻黏壤土为宜。

圃地土壤应根据调查结果进行作业区的区划,并根据需要提出土壤改良工程项目。

2.2.2.2 气象资料的调查与收集

苗圃所在地气象资料一般应从当地气象部门收集,收集范围包括历史上该地区的极端气象因子,最近5年的全部气象资料,当年或上年各月气象资料等。具体指标包括:

①气温 年、月、日平均气温,1月平均气温,7月平均气温,绝对最高最低日气温,土表层最高最低温度,日照时数及日照率,日平均气温稳定通过 10 ℃ 的初终期及初终期间的累积温度,日平均气温稳定通过 0 ℃ 的初终期。
②降水 年、月、日平均降水量,最大降水量,降水时数及其分布,最长连续降水日数及其量和最长连续无降水量日数,年蒸发量。
③风力 平均风速、主风方向、各月各风向最大风速、频率、风日数。
④霜雪 降雪与积雪日数及初终期和最大积雪深度、早晚霜的起至时间、无霜期、雾凇日数及一次最长连续时数、雹日数及沙暴、雷暴日数、冻土层深度、最大冻土层深度及地中 10 cm 和 20 cm 处结冻与解冻日期。
⑤当地小气候情况 光照不足,温度过低,多风风大的小地形宜作苗圃地。

2.2.2.3 水文状况调查

水源是苗圃不可或缺的环境因子,苗圃规划建设必须调查灌溉水源情况,不仅要求水源充足,而且水中盐含量不得超过 0.15%。在地下水位适宜的深度:砂土地区 1~1.5 m 以下,砂壤土 2.5 m 以下,黏性壤土 4 m 以下为宜。因此,苗圃水文调查应包括水质含盐量、地下水位等因子。

长期积水的沼泽地、洪水线以下的河滩地不宜作苗圃地。

2.2.2.4 病虫害调查

病虫害调查包括当地的林木病虫害情况：病虫害的种类、发生频率、危害程度等。苗圃地病虫害状况调查一般采用挖土坑分层调查。样坑面积 1.0 m×1.0 m，坑深挖至母岩。样坑数量：5 hm² 以下挖 5 个土坑；6~20 hm² 挖 6~10 个土坑；21~30 hm² 挖 11~15 个土坑；31~50 hm² 挖 16~20 个土坑；50 hm² 以上挖 21~30 个土坑。土坑调查病虫害的种类、数量、危害植物程度、发病史和防治方法。通过调查在苗圃规划设计中提出病虫害防治工程项目。

2.2.2.5 植被

调查当地的主要植被种类，主要是草本种类，了解其对将来苗木生产可能形成杂草危害的程度。调查采用样方调查法，样方面积 2.0 m×2.0 m，每公顷均匀设置 5~10 个样方。

2.2.3 社会经济状况调查

社会经济状况对苗圃的经营与发展有重要影响，是苗圃规划设计必须认真考虑的内容之一，其调查内容包括：苗圃地所在的位置、四邻单位和乡村经济状况、社会发展情况、交通条件、电力供应、水资源状况以及劳动力供应等。对苗圃周边地区的苗木生产能力和生产水平也要进行调查，以掌握苗木的市场行情和相应的生产能力。

2.2.4 设备与定额的相关材料收集

苗圃生产中需要用许多专业生产设备，尤其是现代化的大型苗圃，因此，在进行苗圃规划设计过程中，要注意收集苗圃专业设备信息或苗圃所需机械设备的情况，包括种类、型号、厂家、价格等。对于有的苗圃由于一次性投入有限，不可能购置所有设备，则要调查在当地租用的可能性。

收集当地有关基建、用工等建设及生产费用的定额及市场价格变化情况。

2.3 苗圃规划设计的内容

苗圃规划设计最核心的工作是在野外调查和相关资料收集的基础上，对苗圃进行总体规划设计，即初步设计。苗圃规划设计应根据主管部门批准的可行性研究报告进行设计，内容包括苗圃总平面规划和苗圃工程设计。

2.3.1 苗圃总平面规划

苗圃总平面规划应根据自然地形、生产工艺、功能区划以及与外部衔接等要求，因地制宜地做好苗圃面积的计算和土地利用区划，这是做好生产、减少消耗、美化圃容、提高土地利用率的重要环节之一。

2.3.1.1 苗圃面积计算

在土地资源紧张的情况下，根据育苗生产任务，合理地安排育苗用地对于做好土地利用规划,杜绝可耕地资源的浪费是十分重要的。苗圃面积的大小应与其担负的任务相适应。苗圃地的总面积包括生产用地面积和辅助用地面积。

(1)生产用地面积的计算

生产用地是指直接用于育苗的土地,它包括播种育苗区、营养繁殖区、移植育苗区、试验区、果树苗培育区、采穗圃、工厂化育苗区等地。它根据各树种苗木生产任务、单位面积产苗量以及所采取的轮作制来确定。

苗圃生产用地应根据计划培育苗木的种类、数量、规格要求、出圃年限、育苗方式及轮休或休闲等因素以及各树种的苗木单位面积产量,某一树种育苗面积按下式计算生产用地面积:

$$P = \sum_{i=1}^{n} \frac{N \times A}{E_i} \times \frac{B}{C}$$

式中 P——某树种育苗面积(hm^2);

N——每年需要该树种的苗木数量(株);

A——苗木培育年数;

E_i——该树种单位面积产苗量(株);

n——树种数量;

B——轮作区的区数;

C——该树种每年育苗所占轮作区数;

B/C——实行育苗轮作区情况下使用。

培育 2 年以上移植苗,其生产用地,用上述公式分别播种区和移植区计算,然后相加即可。在确定生产用地总面积时,应考虑育苗生产过程中经过抚育、起苗、贮存等工序的苗木损耗,可按计算结果增加 3%~5% 面积。

分别计算出各树种苗木生产用地和其他生产用地后,再将这些面积汇总,即得总的生产用地面积。

(2)辅助用地面积规定

辅助用地指除圃地以外的用地,包括道路系统、排灌系统、建筑物、场院、防护林带等所占用地。我国《林业苗圃工程设计规范》(LYJ 128—1992)规定:大型苗圃的辅助用地不应超过苗圃总面积的 25%;中、小型苗圃的辅助用地面积不应超过苗圃总面积的 30%。

生产用地面积加上辅助用地面积,即为苗圃地总面积。但在实际规划设计过程中,由于涉及征地与土地产权等问题,苗圃总面积常常在规划之前已经确定,很少有完全根据育苗生产需要来确定苗圃面积的情况。因此,苗圃面积的计算主要是根据所培育苗木种类的常用育苗方式、苗圃地的区位特点、水源及土壤肥力状况等区划出各生产作业区,以及其他辅助用地,然后再测算各种占地面积后汇总。

2.3.1.2 苗圃区划

为了充分利用土地,便于生产和管理,必须对苗圃地进行全面区划。区划时以外业测量的 1∶500~1∶2 000 比例尺地形图为底图。然后根据各类苗木的育苗特点、树种特性和圃地的自然条件进行区划。苗圃土地区划包括生产用地区划和非生产用地区划。

(1) 圃地区划的原则

①土地利用规划应便于苗圃育苗生产和经营管理。

②苗圃区划应根据综合考虑苗圃的各种自然条件和培育树种的生物学特性及生态习性的要求，进行作业区区划。

③苗圃区划应与所设计的育苗生产工艺与经营管理水平一致。

④生产作业区宜循南北走向，且有比例适当的长度与宽度。一般要求作业区长度：大型苗圃或机械化程度高的现代化苗圃以200～300 m为宜，中型苗圃或畜耕为主的苗圃以50～100 m为宜；作业区宽度：以长度的1/2或1/3为宜。在排水良好的地区可宽些；反之，则窄些。

(2) 生产用地区划

苗圃育苗生产区根据苗圃经营的目的与面积大小不同，生产区的内容有很大的差异，但林业苗圃按苗木培育的方式，一般都包括有播种育苗区、营养繁殖育苗区、移植苗培育区、温室大棚育苗区等。区划时必须根据各类苗木生产的特点和苗圃地条件(主要是地形、土壤、水源、管理等条件)确定适宜的位置。要尽量使各生产区保持完整，不要分割成互不相邻的几块(图2-1)。

图2-1 规划整齐的苗圃生产区(摄影：刘勇)

各种苗木生产区的面积大小不尽相同。为便于生产和管理，通常以道路为基线，将生产区再细划分为若干个作业区，其大小视苗圃规模、地形和机械化程度而定。每个作业区的面积以1～3 hm²为宜，形状采用正方形或长方形，为了计算方便尽量使面积为整数，如长100 m、宽100 m，则每个作业区为1 hm²。

苗圃面积较大、苗木种类较多时，应对各类苗木的培育区进行合理布局。

①播种育苗区　由于实生幼苗对外界环境条件的抵抗力弱，要求育苗管理精细。因此，应选择地势平坦，坡度小，土层较厚，肥力好，灌排水方便，背风向阳的地段。

②营养繁殖育苗区　应依据树种生物学特性，以满足扦插、嫁接、埋条、压条、分株等育苗工艺的条件，土质疏松，肥力较好，灌排水良好的地段。

③移植育苗区　应依据苗木培育规格和树种生长速度及其特性，选择独立完整的地段。移植苗根系发达，抵抗力较强，应设置在土壤条件中等的地段。

④试验区　应根据引种、组培和新种引植及新品种的特性及其采用工艺条件，选择便于观察和管理的场部附近，宜结合温室统一区划。

⑤温室大棚区　大型现代化苗圃都有温室大棚设施，所占地段属于苗圃生产区。温室大棚的建造要求地势平坦，如稍有坡度绝不能大于1%，要尽量避免在向北面倾斜的斜坡上建造温室群，减少因遮挡朝夕的阳光而加大占地面积。对于建造玻璃温室，还要求地基必须稳固。对于进行有土栽培的温室大棚，要求土层应深厚，有机质含量高，排水良好，地下水位不能过高。同时，温室还要求有稳定的水源、电力和供热条件，因此，苗圃规划

时，一般都将其安排在场部区附近。

⑥采穗圃　土壤条件与营养繁殖育苗区相同。

⑦种质资源圃　选择地段和土壤条件与移植育苗区相同。

(3) 非生产用地的区划

①道路网　应根据苗圃地的地形、地势及育苗生产的便捷性确定。一般在纵贯苗圃中央设主干道，在苗圃内主干道联结场院、仓库、机房；对外与外部交通干线相连。其宽度视通过的车辆为准，中小型苗圃一般 3~4 m，大型苗圃 5~8 m。圃内道路根据保障生产、方便管理和生活，适应机耕需要，布设副道或支道。副道或支道应能通达各作业区，宽度 2~5 m。必要时还可在作业区内设临时性的步道，宽 0.5~1.0 m。大型苗圃，机械化程度高，在苗圃周围可设环圃道，便于车辆通行，一般宽 3~5 m。

②灌溉系统　灌溉系统主要由水源、提水、输水和配水系统组成(图 2-2)。对苗圃布局影响最大的是输水系统，输水渠道分主渠和支渠，主渠的作用是直接从水源引水供给整个苗圃地的用水，规格较大，一般渠道宽 1~3 m。支渠是从主渠引水供应苗圃某一耕作区用水的渠道，规格较小，宽 0.7~2.0 m。渠道的具体规格因苗圃灌溉面积和一次灌水量等因子而异，以能保证干旱季节最高效率供应苗圃灌水，而又不过多占用土地为

图 2-2　苗圃灌溉系统的输水设备(摄影：刘勇)

原则。渠道的比降为 0.003~0.007。以上明渠灌溉方式容易建设、成本低，在我国应用最广，但缺点是浪费土地，渗漏多，管理费工，耕作不便。较现代化苗圃应采用的管道输水和喷灌，大型苗圃宜采用固定喷灌系统，中小型苗圃宜用移动式喷灌系统。

③排水系统　排水系统主要由堤坝、截流沟和排水沟组成。排水沟应设在地势较低的地方，如道路两旁。排水沟的规格根据当地降水量和地形、土壤条件而定，以保证盛水期能很快排除积水及少占土地。一般主沟深 0.6~1.0 m，宽 1~2 m；支沟深 0.3~0.5 m，宽 0.8~1.0 m。灌排水系统应综合考虑，并结合道路网统一协调规划。

④防风林带　有风、沙危害，需要设置防护林带的苗圃，应按林带树种的防护性能，结合苗圃用地设计防护林带，林带宜与道路网配合设置(图 2-3)。

苗圃的房屋、场院、仓库、机房

图 2-3　远处的苗圃防风林带(摄影：刘勇)

图2-4 苗圃的房屋(左上),库房(右上),机房(左下),场院(右下)(摄影:刘勇)

等应设在地势较高、土壤条件差、便于管理、交通方便的地方。大型苗圃一般设在苗圃地中心位置;中、小型苗圃的职工宿舍及住宅可以在圃外适宜的地点建设(图2-4)。

区划完成后,根据区划的结果绘制苗圃平面图,图的比例尺一般为1∶2 000。平面图要表示各类苗木生产区、作业区,以及道路、水井、灌溉和排水渠、建筑物、场院、防护林等位置,并用不同颜色绘制,平面图至少要标注出比例尺、方位和图例(图2-5)。

2.3.2 苗圃工程设计

一个标准化的苗圃应有多个相对独立而又互相联系的工程项目构成。这些工程包括生产作业区改造与土壤改良、给水、排水、道路、供电、通信、防护林及仓库棚窖、机具检修、化粪池、气象站、温室大棚、行政与生活设施等工程。

2.3.2.1 土壤改良工程

为了有效地利用土地,对含水量过多和土地瘠薄或连续育苗地力衰退的圃地应进行土壤改良工程。

土壤改良工程设计的内容包括:确定土壤改良类型;确定土壤改良的方式和改良的措施;确定土壤改良的工艺、机械化作业比重和设备造型,计算土壤改良的工程量。

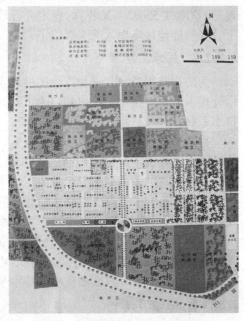

图2-5 苗圃平面图(摄影:刘勇)

2.3.2.2 给水工程

苗圃必须设有给水系统，以保证苗木生产的灌溉和满足生活用水需要。给水系统应充分利用当地水源，合理确定工程项目及其规模和构筑物类型。

给水工程设计主要包括：水源工程、引水工程、灌溉系统工程。

当利用河川迳流等自然水源，需要建筑坝（闸）引水工程时应按水电部国家能源局《水电工程动能设计规范》（NB/T 35061—2015）的规定进行设计。

当利用地下水源需要开凿机井时，应按照住房和城乡建设部《供水水文地质钻探与凿井操作规程》（CJJ/T 13—2013）和《管井技术规范》（GB 50296—2014）的规定设计机井井型、深度和机井密度。

为了提高灌溉水温和蓄水灌溉的需要，可根据实际需要设计蓄水池或水塔，其类型和规模应根据贮水量确定。

当采用漫流灌溉时，主渠（管）道、支渠（管）道宜为永久性结构；作业区四周为临时性灌溉渠道。各种渠道设置，应根据育苗生产的用水量、流速、地质等因素，确定渠道的宽度和深度，主、支渠道结构类型选择要本着就地取材、简单有效的原则确定，一般可采用片（卵）石铺砌。

漫流灌溉渠道的设计要求：①渠道设置 应根据育苗灌溉的需要进行设计，其平面走向应顺沿地势由高往低布设。②渠道坡降为 0.1%~0.4% 之间，最大不宜超过 1%。对于落差过大处，应设置跌水构筑物。③渠道边坡宜 1:1。

当采用喷灌时，设计应根据灌区地形、土壤、气候、水文与水文地质以及经济条件，通过技术经济比较确定，本着因地制宜的原则，做到充分利用现有水利设施、切合实际、技术先进、经济合理、安全适用。

苗圃喷灌有管道式喷灌系统和机组式喷灌系统，具体喷灌系统设计应进行灌溉技术参数论证、水源分析、管道水力计算、设备选择及其工程施工设计。可参照《喷灌工程技术规范》（GB/T 50085—2007）的规定进行设计。苗圃喷灌的固定管道应埋入距地表 50 cm 以下，在寒冷地区应埋入冻土层以下。

2.3.2.3 排水工程

为防止苗圃外水入侵和排泄圃内积水，应根据苗圃地形、地势、暴雨迳流和地质条件设计排水工程。排水工程包括：为了防止外水入侵而设置的截水沟和圃内排水沟网组成的排水系统。

排水工程设计要求：

①大排水沟 为排水沟网的出口段并直接通入河、湖或公共排水系统或低洼安全地带。大排水沟的截面根据排水量决定，但其底宽及深度不宜小于 0.5 m。

②中排水沟 宜顺支道路边设置，底宽 0.3~0.5 m，深 0.3~0.6 m。

③小排水沟 宜设在岔道路旁，宽度与深度可根据实际情况确定。

④大、中排水沟 宜采用片（卵）石铺砌的永久性结构，其边坡可采用 1:1。

⑤排水沟网与灌溉渠道网 宜各居道路一侧，形成沟、渠、道路并列设置。

⑥圃外截水沟 其截面应根据排水量决定，但其底宽与深度不宜小于 0.5 m。

2.3.2.4 道路工程

苗圃道路按使用性质分为主道、副道和支道 3 种。

①苗圃主干道的设计要求　大型、特大型苗圃可按林区公路二级标准；中、小型苗圃可按林区公路三级标准进行设计。

②副道的设计要求　路基宽度按3.5 m，其他技术指标按林区公路四级标准进行设计。环圃道按副道标准设计。

③支道的设计要求　作业区内的机耕道路和人行道路，路基宽度宜按2 m进行设计。

2.3.2.5　供电通信工程

苗圃供电工程应根据电源条件，用电负荷和供电方式，本着充分利用地方电源，节约能源、经济合理的原则进行设计，在没有电源的地方，可设小型发电机组供电。

苗圃用电负荷较小，当变压器容量在180 kW以下，而且环境特征允许时，可架设杆上变压器台；用电负荷较大的苗圃可采用独立变电所。变电所或变压器台的周围应设置安全防护设施。

苗圃通信一般采用架空明线的有线通信，在条件具备时可采用无线通信。

2.3.2.6　防护林工程

苗圃设置防护林带，应根据苗圃风沙危害程度进行设计。林带设计应以防护效益好，坚持合理利用土地，本着因害设防，美化圃容，改良生态环境，结合考虑经济效益。

一般规定为：小型苗圃与主风方向相垂直设置一条林带；中型苗圃四周应设置林带；大型、特大型苗圃除周围设置环圃林带外，圃内应根据树种防护性能结合道路、渠道设置若干辅助林带。

林带宽度应根据气候条件、土壤结构和防护树种的防护性能决定，一般规定为主林带宽度8~10 m，辅助林带2~4 m。

林带宜选择生长迅速、防护性能好的树种，其结构以乔木、灌木混交的半透风式为宜；应要避免选用病虫害严重的和苗木病虫害中间寄生的树种。为了保护圃地避免兽、禽危害，林带下层可设计种植带刺且萌蘖力强的小灌木和绿篱。

2.3.2.7　生产设施配套工程

苗圃应根据育苗任务、生产经营管理水平和实际需要，本着"有利生产、经济、有效"的原则，配备生产机械设备、交通运输设备和手工操作工器具等设备。

苗圃生产机械设备包括轮式、履式拖拉机及其配套的各式犁、铧犁、各式耙、镇压机、旋耕机、作垄机、播种机、喷洒机、推土机、切根机、起苗机和容器装播机等，苗圃交通运输设备包括汽车、手扶拖拉机、胶轮车、粪车、板车等交通运输车辆设备，苗圃手工生产工具包括犁、耙、镐、锄等工器具。

苗圃应根据规划生产机械设备，设计配套工程。配套工程包括储藏物资、农药、肥料、种子、粮食、油料、工具等生产资料和物资的仓库，停放各种车辆的车库；苗木窖、积肥场(化粪池)、晒场、围墙、牧畜廊舍、机具修理间、消防站及气象站等。

苗圃温室、塑料大棚应根据生产任务和科研项目安排的需要，合理地确定建设规模，进行选型和工程设计。

2.3.2.8　苗圃管理与生活设施工程

苗圃从有利生产、便于经营管理，方便生活出发，统一合理地安排和布局苗圃行政管理与生活设施建筑工程。

在城镇附近建圃的管理与生活建筑用地,应按国家或地方规定的标准执行;在林区内建圃时可参照《林业局(场)民用建筑等级标准(试行)》(LYJ 111—1987)中林场标准的有关规定执行。同时,在设计时应考虑苗圃生产用工季节性临时工多的特点。

公共及生活福利设施,应充分利用当地的社会服务和协作条件,不宜单独建设,必要时可采用联建方式。

苗圃各项工程设计应根据苗木生产的规模和技术要求,合理安排工程项目。具体控制参数见表2-2。

表2-2 苗圃主要工程项目设计技术经济指标控制表

工程分类	项目名称		单位	特大型	大型	中型	小型	参考基价(万元)	备注
育苗生产工程	综合实验楼	组培室	m²	≤1 500	≤500	≤200		0.08~0.1	框架、轻钢
		实验室	m²	≤500	≤300	≤200		0.07~0.08	砖混
		检验室	m²	≤200	≤100	≤80	≤60	0.07~0.08	砖混
		档案室	m²	≤200	≤80	≤30	≤30	0.08~0.1	砖混
		办公室	m²	≤100	≤80	≤60	≤50	0.05~0.07	砖混
		生产用房	m²	≤300	≤150	≤50	≤50	0.05~0.07	砖混
		库房	m²	≤400	≤200	≤80	≤80	0.08~0.09	砖混
		苗木窖	座	≤10	≤10	≤5	≤3	4~5	
	温室	自动控制温室	m²	≤5 000	≤3 000	≤1 000		0.08~0.1	含设备
		日光温室	m²	≤8 000	≤5 000	按需要确定		0.04~0.05	
		塑料大棚	m²	≤8 000	≤6 000	按需要确定		0.003~0.005	
		炼苗场	m²	≤20 000	≤10 000	≤6 000	≤1 000	0.005~0.008	
		遮阴棚	m²	≤10 000	≤7 000	≤5 000	≤3 000	0.008~0.009	
	土壤改良		hm²	按需要确定				2.5~3	不超过总面积2/3
生产设备		自动装播生产线	条	1	1			30~50	
		简便装播生产线	条		1	1	1	10~15	
		温室设备	套/万元						
		组培设备	万元	≤150	≤100	≤50			
		贮藏设备	套	2	1	1	1	10~20	
		检验设备	套	2	1	1	1	10~15	
		育苗机具设备	套	5	3	3		20~30	
	排灌设备	移动喷灌系统	hm²	按需要确定				2.4~2.6	
		固定喷灌系统	hm²	按需要确定				3~3.5	
		滴灌系统	hm²	按需要确定				1.5~2	
		排灌渠	m	按需要确定				0.005~0.006	
	生产用车	农用运输车	台	≤4	≤3	≤2	1	8~10	
		拖拉机	台	≤4	≤3	1	1	8~10	
		叉车	台	≤5	≤3				
		摩托车	台	≤2	1				

(续)

工程分类	项目名称		单位	特大型	大型	中型	小型	参考基价（万元）	备注
辅助工程	供电系统		万元	≤200	≤100	≤60	≤40	10~30	
	水、暖系统		万元	≤150	≤100	≤60	≤40		
	机井		眼	4	3	2	1	20~35	含提水等配套设备
	水塔		座	2	1	1	1	10~15	砖混
	蓄水池	可用于晒水	座	≤8	≤5	≤3	≤2	4~5	水泥
	通讯设备		套	2	2	1	1	1~2	
	信息设备		套	2	2	1	1	3~4	
	气象设备		套	2	2	1	1	5~10	
	宣教设备		套	1	1			20~30	
	办公设备		套	2	2	1	1	5~8	
	消防设备		套	5	2	1		5~8	
道路	圃外干道		km	≤5	≤4	≤3	≤1	30~50	
	圃内干道		km	按需要确定				8~10	
	支道		km	按需要确定					
围墙	一般围墙		m	≤2 000	≤1 500	≤1 000	≤1 000	0.01	砖围墙
	生物围墙		m	≤2 000	≤1 500	≤1 000	≤1 000	0.005	
	场区绿化		万元	≤100	≤40	≤20			

注：引自国家林业局《林木种苗工程项目建设标准》（试行），2003。

2.3.3 苗木培育工艺与技术设计

育苗工作是一系列连续栽培工艺组成的系统工程，任何环节措施不当，都会对最终苗木产量和质量造成影响。同时，每一种苗木的培育技术都有很大灵活性和地域性。因此，必须根据培育树种的生态特性，结合当地条件，设计育苗技术及工艺，以达到最大限度地控制不利苗木生长发育的条件，发挥有利于苗木生长的资源优势，以便在最短的时间内，用最低的成本，达到优质、高产、高效的目的。

由于苗圃培育的树种很多，一般不可能对每一种树种进行详细育苗工艺与技术设计，可以按苗木类型分别进行设计。应设计出生产各种类型苗木所需的主要工艺与技术，要求技术上先进，经济上合理。例如，播种苗培育，就要求阐明土地管理技术、施肥技术、种子处理技术、播种技术和苗期管理技术等；容器苗就要设计有关容器类型、培养基配比与装填、播种、环境控制、苗木包装与运输等技术工艺。

苗圃生产的苗木质量应达到《主要造林树种苗木质量分级》（GB 6000—1999），育苗工艺应按照国标《育苗技术规程》的要求设计。

2.3.4 组织机构与经营管理

组织机构和经营管理体制对苗圃的建设起着十分重要的作用。在确定机构设置、管理体制、人员定编时，要以培育优质高产苗木为中心，创造良好经济效益为目的，以市场为导向，开展多种经营，摒弃行政和事业单位管理的旧模式，按社会主义市场经济法则建立现代企业的管理模式和运行机制，实行自主经营、独立核算、自负盈亏。

林木种苗工程由国家、省（自治区、直辖市）、地（市）、县四级种苗管理机构负责管理。我国规定，苗木生产基地人员配备按 1 人/hm^2 标准核定。

2.3.5 投资概算与苗木成本估算

2.3.5.1 投资概算

做完以上各部分之后，应进行投资概算。项目包括一次性投入和流动资金两部分。建圃一次性投入是指建立苗圃时各项基本建设与机械设备投资，如圃地测量、平整土地、土壤改良、建筑物、道路、排灌系统、防护林、绿化工程、电力设施、机械设备等，以明细表和分项汇总表的形式进行统计。

流动资金应参照当地种苗生产的实际情况，结合苗圃的具体条件，采用分项详细估算法估算。

在苗圃工程建设项目总投资中，用于苗木生产等项目的投资不应低于60%，辅助及配套工程投资不应超过30%。

2.3.5.2 苗木成本估算

苗木成本包括直接成本和间接成本两部分。直接成本是指直接用于苗木的生产费用，如种子费、苗木费、用工费、材料费等；间接成本则为不直接用于苗木生产的费用，如建圃一次性投入的折旧、苗圃每年支出预算等。建圃一次性投入分年度平均折旧，其中土建部分按综合折旧年限30年平均折旧，设备部分按综合折旧年限12年平均折旧，无形及递延资产分10年平均摊销。苗圃每年支出预算包括干部和管理人员的工资、办公费、建筑物的每年维修费和工人的福利费等开支。

在计算苗木成本时，将间接成本总额按各种苗木每年所占地的面积或育苗费的总额成正比地分配给有关苗木。最后将各种苗木的直接生产费用和间接生产费用相加即得苗木的成本。

2.3.6 建设工期和年度资金安排

根据建设单位对建设工期的要求，做好年度建设计划及资金安排。

2.3.7 效益评估

苗木生产基地工程的效益评价主要体现为经济效益和社会效益两方面，要强调投入产出比较。

2.4 苗圃规划设计成果

苗圃规划设计最终要提交的成果一般包括总体规划设计说明书和苗圃规划设计图件两部分。

2.4.1 苗圃规划设计说明书的编写

设计说明书是苗圃规划设计的文字材料，它与设计图是苗圃设计两个不可缺少的组成部分。图纸上表达不出的内容，都必须在说明书中加以阐述，一般分为总论和设计两部分进行编写。

2.4.1.1 总论

主要叙述该地区的经营条件和自然条件等苗圃现状进行分析，指出其对育苗工作的有利和不利因素，对不利因素相应的应对措施。提出苗圃规划设计的指导思想、设计依据与设计原则。

(1) 经营条件

①苗圃位置及当地居民的经济、生产及劳动力情况；②苗圃的交通条件；③动力和机械化条件；④周围的环境条件(如有无天然屏障、天然水源等)。

(2) 自然条件

包括：①气候条件；②土壤条件；③病虫害及植被情况。

2.4.1.2 设计部分

(1) 总体规划设计

①苗圃建设目标与产品方案。

②苗圃土地区划、分区面积的计算与总平面设计说明，包括：耕作区的大小；各育苗区的配置；道路系统的设计；排、灌系统的设计；防护林带及篱垣的设计。

③基本建设方案与设备选型。

④育苗技术工艺的设计。

⑤安全生产、节能减排、环境评估与保护措施。

⑥技术支撑方案。

⑦组织机构与经营管理方案。

⑧建圃投资概算。

⑨苗木成本测算和效益评估。

(2) 苗圃专项设计说明

在施工设计阶段，需要对苗圃的重点土木工程，如温室工程、道路工程、给排水工程、场区建筑工程、主要树种的育苗工艺等单独进行设计并编制说明书。说明书主要对各单项建设项目的设计依据、设计思路、具体内容、技术参数与经济技术指标、投资概算等进行具体地解释和说明。

2.4.2 苗圃规划设计图绘制

2.4.2.1 苗圃现状图的绘制

在绘制设计图时首先要明确苗圃的具体位置、圃界，收集有关自然条件、经营条件以及气象资料和其他有关资料等。现状图一般包括地形图、土地利用平面图、土壤分布现状图、水文状况图、灾害影响分析图、植被图、地质状况图等。各种图件是否需要应根据实际现状确定。在设计过程中，现状图一般要求甲方随同任务书一起提供。

2.4.2.2 苗圃设计的基本图件

根据确定的苗圃生产区布局及设计方案，在比例尺为 1:500~1:2 000 的地形图上绘出苗圃的路、渠、沟、林带、建筑区等的位置、布局及具体设计图纸。其主要设计图纸包括：

(1) 总体设计方案图

根据规划的各作业区占地面积，绘出苗圃设计平面草图，经多方征求意见，进行修改，在正式设计方案确定后，绘制正式图。正式设计图的绘制，应依地形图的比例将道路沟渠、林带、建筑区、育苗作业区等按比例绘制，排灌方向要用箭头表示。总体设计图应准确标明图例、比例尺、指北方向等内容，同时各区应加以编号。

(2) 道路总体设计图

确定干道、副道、支道的位置及各种路面的宽度、排水纵坡。标注各类道路的路面材料，铺装形式等。在图纸上用虚线画出等高线，用不同粗细的线表示不同级别的道路，并将主要地段的控制标高注明。

(3) 景观植物种植设计图

根据总体设计的安排，绘制场部区、道路旁及防护林带植物的配置图。按园林造景设计要求，标注出采用树种、绿篱及花卉的名称。

(4) 灌排水系统总体设计图

根据总体规划的要求，设计灌溉系统及排水渠道。同时对场部区排污管道、供暖方式及管线均要绘制成图。

(5) 电气规划图

苗圃设计应绘制分区供电设施、配电方式、电缆敷设及路网照明方式及通讯、广播等的位置。

(6) 苗圃建筑设计图

分别对苗圃涉及的各种建筑物及园林建筑进行设计，按建筑设计要求绘制设计图件。

所有设计图纸均要注明图头、图例、比例尺、指北方向、标题栏及简要的图纸设计内容的说明。

(彭祚登)

复习思考题

1. 苗圃的种类有哪些？
2. 苗圃地选择要考虑哪些条件？
3. 在对城市苗圃进行规划设计时，如何体现其城市的特点。

推荐阅读书目

1. 森林培育学（第3版）. 翟明普，沈国舫. 中国林业出版社，2016：315-323.
2. 园林苗圃学. 成仿云. 中国林业出版社，2012：35-80.

参考文献

沈国舫,翟明普,2011. 森林培育学[M]. 2版. 北京:中国林业出版社.

金铁山,1992. 树木苗圃学[M]. 哈尔滨:黑龙江科学技术出版社.

国家林业局国有林场和林木种苗工作总站,2014. 林木种苗工程项目建设标准[M]. 北京:中国林业出版社.

第3章　树木种质资源与新品种选育

【本章提要】 种质资源(germplasm resources)是植物遗传多样性(genetic diversity)维持和新品种选育的基础，本章从种质资源的基本概念入手，介绍了树木种质资源的意义和特点，并讲述种质资源收集、引种及保存的原理、方法与需要注意的问题，尤其阐述了新品种选育的方法以及新品种保护和审定的基本程序等。使读者对树木种质资源的重要性有深入的理解，并掌握种质资源收集和保存、新品种选育的基本方法和品种保护的基本程序。

自然界树种变异丰富，不同的变异类型或具有一定的适应性意义，或具有一定的观赏、经济或生态价值，都是进行树木新品种选育的物质基础。任何一个树种都有其一定的自然分布范围，这是树种在长期进化或人工栽培过程中形成的。当它在自然分布区内生长时称为乡土树种(indigenous tree species)；当它被栽种到自然分布区以外时称为外来树种(exotics)。造林绿化树种的选择，可以是当地乡土树种，其往往具有良好的适应性，也可以引入外来树种，经驯化(domestication)后形成适宜当地栽培的品种。通过对树木种质资源进行收集、引种和评价，进一步筛选优异种质并选育新品种的过程是解决种苗学"种"的问题的必要程序。因此，对树木种质资源和新品种选育的了解和掌握，是种苗学研究和教学的必要内容。通过本章的学习，希望读者能充分理解种质资源对于树木新品种选育和物种多样性维持的重要性以及树木种质资源的特点，掌握种质资源收集、引种和保存的基本原理、方法和程序，并能综合运用多种育种技术选育树木新品种，建立正确的新品种保护意识，理解新品种保护和品种审定的关系。

3.1　树木种质资源意义

种质资源也称为基因资源(gene resources)，是以种为单位的群体内控制生物性状的全部遗传物质。根据《中华人民共和国种子法》（以下简称《种子法》）第92条规定，种质资源是选育植物新品种的基础材料，包括各种植物的栽培种、野生种以及特殊类型等的繁殖材料以及利用上述繁殖材料人工创造的各种植物的遗传材料。可见，种质资源既包括野生资源，也包括人工创制和栽培的资源。树木种质资源是指具有造林绿化、景观美化、调节气候、改善环境、吸收污染等功能的木本植物资源材料，包括乔灌木等资源。从选育树木新品种的目的出发，为使当前的育种工作取得成效，也为保证品种选育工作得以长期、持续地开展，不仅要有明确的育种目标，采用适当的育种策略和技术，更必须拥有并合理地利用丰富的树木种质资源。

第一，丰富的种质资源是树木新品种选育的物质基础。人类历史发展表明，农作物和果树等栽培品种的形成就是人类根据自己的需求选择并利用自然资源的过程。树木育种工作所需要的各种遗传材料，同样蕴藏于广博的自然资源之中，通过选择、杂交等育种手段可以将优异基因进行聚合，从而培育出符合人类生产、生活需求，环境适应性强的新品种。城市绿化中使用的很多景观树种，如'红花玉兰'（*Magnolia wufengensis*）、'中华金叶榆'（*Ulmus pumila* cv. 'Jinye'）、'金枝槐'（*Sophora japonica* cv. 'Golden Stem'）、'龙爪槐'（*Sophora japonica* var. *japonica*）等，均是从自然变异类型中选育获得的。

第二，丰富的种质资源是树木可持续育种利用的有力保障。在品种选育过程中，由于育种目标主要集中在少数性状上，其结果会导致群体的遗传基础不断变窄，不利于可持续育种。因此，在育种过程中需要不断收集、扩充种质资源，并将优良的种质材料加入到育种群体中，以提高遗传多样性水平，保障育种工作的可持续性。同时，随着社会发展和环境变化，人类对新品种的要求也在不断更新。比如，近年来人们对颗粒污染物，尤其是对PM2.5危害的认识越来越深入，圆柏（*Sabina chinensis*）、槐树（*Sophora japonica*）、臭椿（*Ailanthus altissima*）等具有较强微粒吸滞能力的树种资源在城市绿化建设中受到广泛认可。

第三，种质资源的有效保护，对于维持地球物种多样性和生态系统稳定具有重要意义。城市化过程是一个自然生态系统不断遭到破坏，并且人为干扰不断加强的过程。保护树木种质资源，不仅能为濒危生物资源提供异地保护的场所，还能充当动植物迁移过程的"驿站"，甚至形成濒危生物的适生生境，有效地增强森林生物多样性，缓冲城市发展对生态系统的破坏。树木种质资源的有效保存和保护也有助于调节城市气候，改善城市环境，提高宜居质量，降低城市化过程的负面影响。

3.2 树木种质资源的特点

树木种质资源服务于造林绿化建设和生态系统维持，形成了其特有的功能定位。同时，在悠久的人类社会发展历程中，树木的栽培和利用不仅供给了重要生产和生活资料，而且形成了树木独特的人文内涵，已深刻融入人类文化之中。

第一，树木种质资源及新品种选育的目标性状主要取决于绿化建设需要。不同的森林用途需求的目标性状存在差异。用材林一般要求树木具有生长迅速、树干通直、侧枝较细、材质优良、抗性较强等特点；经济林树种则要考虑生殖周期、结实能力、果实品质等目标性状的表现。而城市树木主要用于园林绿化、景观装饰等，要求树种树形美观、景观效果好、有利人类健康、抗逆性强、生态功能较强，尤其对城市污染的吸滞和防护能力以及花粉致敏性的评估是当前重要的考量指标。

第二，树木往往具有较强的人文内涵。杨树（*Populus* spp.）是我国栽培历史最悠久的树种之一，可追溯至公元前7世纪《诗经》中即有"东门之杨，其叶牂牂"的语句。战国时期《惠子》一书也有杨树繁殖记载。《古今注》中有对白杨、青杨等叶片特征的描述。公元6世纪的农书《齐民要术》，对杨树的造林技术已有较详细的记载。1300多年前《晋书》中《关陇之歌》有"长安大街，夹树杨槐"的描述，说明当时杨树已成为城市街区绿化树种。许多树种在我国传统文化中具有美好的寓意，如"玉堂富贵"中的玉兰（*Magnolia denudata*）、海棠(*Malus spectabilis*)、牡丹(*Paeonia suffruticosa*)和桂花(*Osmanthus fragrans*)，代表了吉祥如意；松柏则代表了长寿等。在西方国家，很多树种也被赋予了宗教或神话内涵，如冷杉(*Abies*)树形美观、常绿，通常被用作圣诞树，橡树(*Quercus*)在古希腊神话中是最早被创造的树种，因其长寿、木质坚硬，代表了荣耀、力量和不屈不挠的精神。这些人文属性也成为选择树木种质资源的重要指引。

第三，树木种质资源的选择要重视对乡土树种资源的利用。乡土树种是自然进化和长期栽培选择的结果，一般对当地自然环境条件具有良好的适应性。我国已发现的木本植物约8 000余种，其中乔木树种约2 000余种，灌木约6 000余种。有过人工栽培历史的树种约1 000种。丰富的乡土树种资源为我们进一步选育造林绿化和景观树木提供了有利条件。但是，大部分乡土树种资源仍然缺乏必要的生物学、林学特性等研究，为保证种质资源的有效利用，加强对乡土树种的基础研究乃是当务之急。

第四，外来树种也是树木种质资源的重要来源。由于植物种系发生和自然分布区的历史变迁，许多植物可以在其自然分布区以外的区域进行生长，并具有良好的性状表现，从而提高当地林业生产力。而且，随着近代工业污染、土壤侵蚀加剧，一些乡土树种难以完全适应不良的环境变化，某些外来树种可能对当前生境具有更强的适应性。如原产北美的刺槐(*Robinia pseudoacacia*)在我国北方大部分地区均具有较强的适应性。原产巴西、阿根廷的蓝花楹(*Jacaranda mimosifolia*)在南非、澳大利亚以及我国南方地区均有很好的适应性。此外，引入外来树种也是拓宽树木遗传多样性的重要手段。

3.3 树木种质资源的收集与保存

为了保护树木遗传多样性，有效地开展遗传改良工作，首先需要系统地对树木种质资源进行收集和保存，并对种质资源进行综合评价。树木种质资源的收集既要考虑有价值的乡土树种，也要重视对外区或国外表现优良的树木资源进行引进。收集的种质资源要进行系统保存和评价，并共享交流，发挥其最大效益。近年来，我国建立了国家林木种质资源平台，有效整合了涉及不同地区、不同树种的国家林木种质资源库，对于推动我国林木种质资源的合理利用，提高林木遗传改良效果具有重要意义。

3.3.1 树木乡土种质资源的收集

乡土树种经历了当地自然条件长期的自然选择或人工栽培历史，对当地环境条件有良好的适应性，可直接投入生产或稍加改良即可充分发挥作用，不会造成适应性灾害，而且在自然分布区内，乡土树种资源丰富，易于进行遗传改良。因此，在树木遗传改良工作中，要特别重视乡土树种种质资源的收集和利用。例如，毛白杨(*Populus tomentosa*)、槐树(*Sophora japonica*)、垂柳(*Salix babylonica*)等乡土树种在我国造林绿化建设中发挥了重要的作用。

在收集树木乡土种质资源之前，应组织适实考察，对种质资源的基本情况、分布范围、特殊类型等进行系统调查，以便为收集工作的开展提供依据。调查的内容包括地区经济和自然条件、植物概况、资源储备情况、资源的生物学和形态学特征及经济性状等，尤其对一些特殊类型的种质材料的特征要有所记录。

种质资源的收集要选择在树种全分布区的不同环境梯度内进行，尽可能覆盖物种分布区中有代表性的所有地点。其中，植物中心分布区的种源(provenance)，基因组成复杂，具有多种优良经济性状和较为广泛的适应性变异，遗传多样性丰富；而边缘分布区的种源，则经历了极端环境条件下的自然选择，较强的选择压对群体内基因频率造成了影响，从而可能产生具有潜在价值的种质材料，对极端环境条件具有较强的适应性。因此，在收集和保存种质资源时，对中心种源和边缘种源都应予以重视。

同时，还应注意收集不同层次变异材料。国内外大量的观察研究表明，树木种内遗传变异包括地理种源变异、种源内林分变异、林分内个体变异以及个体内不同部位变异等多个层次。其中，地理种源变异和林分内个体间变异最为重要。对火炬松(*Pinus taeda*)耐寒性的长期研究发现，地理种源变异和林分内个体变异各占据了70%和30%的变异分量。因此，要收集具有不同层次遗传变异的种质资源。此外，收集树木种质资源时，还要重视收集同一树种的栽培种和野生种，收集性状表现优良、景观效果独特、抗逆性强、有特殊生态功能的特殊类型，包括有价值的古树、大树等资源。古树、大树等种质经历了长期的环境选择保存至今，往往具有良好的适应性和性状表现，经过繁殖后可以直接进行利用。

在种质资源收集过程中，要对选定的材料进行基本性状的测量，采集地进行 GPS 定位，绘制采集图表等。外业工作结束后，要及时对收集的种质材料做好名称、来源、产地自然条件、生物学特性和经济价值等记录和归档，为保存和利用提供较完整的基础信息。

3.3.2 树木种质资源的引进

人为地将一种树种从原有分布区引入到新的地区栽培的过程称为引种(introduction of exotics)，这是树木种质资源在其使用范围内的迁移，是种质资源利用的一种重要形式，具有简单易行、迅速见效的特点。尤其在城市绿化建设中，通过引进具有观赏价值高、生态功能稳定和适应性强的外来树木种质资源，满足园林绿化对树种多样性的需求，已经取得了显著的成效。我国有悠久的树木引种历史。悬铃木(*Platanus*)早在公元401年已引进到西安。雪松(*Cedrus deodara*)、广玉兰(*Magnolia grandiflora*)、大叶黄杨(*Buxus megistophylla*)等引进树种也早为人们所熟知，在城市绿化中广泛栽培。天津地区引进的绒毛白蜡(*Fraxinus velutina*)，耐盐碱能力强，在1984年已经定为天津市的市树。

3.3.2.1 引种要考虑的因素

由于物种自身遗传特点及其自然分布区环境条件的差异，为保证引种的有效性，在引种前应充分考虑如下因素。

(1) 外来树种在原产地的表现

要根据引入地的需求确定明确的引种目的，从而选择引种树种。在城市绿化树种引种时，要充分考虑树形是否美观、是否耐污染、粉尘滞留能力、有无过敏源等，同时要兼顾树种的生长特性、适应性、抗病虫害能力等。虽然林木经济性状与环境条件有密切关系，但一般而言，在原产地表现低劣的树种，引入新的地区后也很难有好的遗传表现。大量引种实践表明，外来树种在新地区的经济性状与原产地相似。例如，一些柏科(Cupressaceae)树种在原产地表现为树干纹理不直，引入我国后依然扭曲；我国的板栗(*Castanea mollissima*)抗栗疫病，引入美国后，已成为当地抗栗疫病育种的重要种质资源。

(2) 外来树种的遗传学特性

引种前要对目标树种的遗传学特性有深刻的认识，包括树种的适应能力及其种内遗传变异特点等。不同树种适应性差别很大，如北美红杉(*Sequoia sempervirens*)原产于美国加利福尼亚州和俄勒冈州南部沿太平洋海岸海拔1 000 m以下地区，气候特征表现为冬温夏凉、冬季多雨，由于适应性窄，在不同立地条件下引种红杉均未能成功。而我国的银杏(*Ginkgo biloba*)由于适应性强，在日本、美国东部、中部及欧洲的部分地区已有超过100年的引种历史。此外，自然分布区广的树种，其种内遗传变异丰富，在引种时要重视不同地理小种和生态型的引进，充分利用种内遗传变异对生态适应性的差异，保障引种效果。因此，在现代树木引种工作中，已普遍认识到不同种源在生长、适应性和经济性状方面的差异，十分重视对种源的搜集和试验。

(3) 原产地与引入地的主要生态条件的相似程度

当进行远距离引种时，应详细研究外来树种的原产地与引种地主要生态条件的相似程度，生态条件越接近，引种成功的可能性越大。德国林学家马伊尔(H. Mayr)在1906年出版的《欧洲外来园林树木》和1909年出版的《在自然历史基础上的林木培育》著作中，提出了"气候相似原则"的思想，认为木本植物引种成功与否，最重要的是要看原产地与引入地气候条件是否相似。"气候相似论"可以避免引种的盲目性，对于引种成功具有一定的指导作用。然而，该理论在强调气候对树木生长的制约作用的同时，却忽视了温度、光周期、降水、土壤条件等其他环境因素的综合作用，也低估了树种自身遗传潜力和变异性对环境适应的改变能力以及人类驯化树木的能力，从而限制了引种的范围。如刺槐适应能力强，尽管其在北美的原产地雨量充沛，年降水量达1 016~1 524 mm，1月平均气温为1.7~7.2 ℃，7月平均气温为21.0~26.7 ℃，但引种到我国西部降水量400~500 mm，最低气温和最高气温均突破原产地的地区也能正常生长。可见，在气候条件有差异的地区间进行引种，也可能成功，甚至可能比原产地生长更好。一般情况下，地中海气候型树种很难适应大陆性气候条件，反之则较容易；气候条件变化温和地区容易接受来自气候变化剧烈地区的树种，反之不然；高纬度高海拔树种不易向低纬度低海拔引种，反之亦然；高纬度低海拔向低纬度高海拔引种，较易成功；适宜酸性土壤的树种不宜向碱性土壤地区引种，反之亦然。

(4) 树种的历史生态条件

树种的适应性大小不仅与其现代分布区的生态条件有关，而且与其系统发育历史上所经历的生态条件有关，因此，在原产地与引入地生态条件存在很大差异的情况下，外来树种仍然可能引种成功。1953年，苏联植物学家库里奇亚索夫根据对3 000多种植物的试验分析，提出了植物引种驯化的"生态历史分析法"，认为一些植物的现代分布区是地质史上冰川运动时被迫形成的，并不一定是它们最适宜的分布范围，当将它们引种到别的地区，有可能生长发育得更好。许多树木在漫长的进化过程中，都曾经历过复杂的历史生态条件，选择压促使其产生了广泛的适应性变异，并被后代遗传了下来。当引入地现实生态条件与引种树种某历史生态条件相近时，特别是与该树种曾经历过的适应历史生态条件相同或相近时，即使两地现实生态条件差异很大，仍可能引种成功。例如，水杉(*Metasequoia glyptostroboides*)在第四纪冰川期之前曾广泛分布于世界各地,遗传适应性广泛,但在冰川期的地质变迁中几乎全部灭绝,仅在我国川东、鄂西及湖南龙山县境边少量遗存,被誉为"活化石植物"。1946年被重新发现后,为世界各地纷纷引种并广泛栽培。

3.3.2.2 引种程序

引种程序包括从外来树种选择、材料采集、种苗检疫、登记、引种试验到摸索驯化措施,直至成为当地栽培树种的全部过程。引种是一个系统而复杂的工作。

(1) 外来树种的选择

树木引种的树种选择要充分考虑造林绿化行业的实际需求,选择绿化效果好、树形美观、观赏价值高且适应性强的树种或品种。同时,要全面考虑引种的可能性,分析引种对象的生态适应性,从生态条件相似的地区选择引种材料。引种前,要进行充分论证和科学的风险评估,要研究分析引入物种与当地原有物种的依存和竞争关系,要充分评估其对当地环境的影响,特别注意外来树种可能的潜在危害。

(2) 引种材料的收集

引种材料主要包括种子或无性繁殖材料。可以组织专门人员赴原产地进行采集,也可以委托原产地机构或人员进行采集。除此之外,通过正规途径进行商业购买也是可行的。收集引种材料时要严格遵守原产地或原产国有关植物保护的法律或规定。为保证种子质量,应从优良健壮、无病虫害的植株上采集饱满充实的成熟种子,采集后要进行必要的调制,及时运送到引入地保存、播种。而对于插条、接穗等无性繁殖材料,采集后要立即蜡封切口,防水包装,保证无性繁殖存活率。

(3) 种苗检疫与登记

引种材料可能携带引入地没有的病原菌或昆虫,由于缺乏天敌而造成病虫危害,不仅导致引种失败,还可能对乡土树种森林资源造成损失。由引种不当造成生态灾害的例证不胜枚举。源于美国的美国白蛾(*Hyphantria cunea*),先后传入欧洲、日本和朝鲜,于1979年传入我国辽东半岛,现已蔓延到我国三北地区,严重威胁各地的园林绿化和林业生产,经济损失巨大。因此,必须严格执行国家有关动植物检疫的规定,对引种材料按规定与程序进行报审,并经过检疫合格后方可引进。

对于引种材料,要进行详细的登记、编号和记载,以备查看和存档。登记的项目包括树木的种类与品种名称,繁殖材料的类型、来源与数量,采集日期和调制处理措施,运送方式,收到引种材料的日期及保存措施等基本内容,同时还应包括引种对象的各种性状特征及其在原产地的表现等相关内容。

(4) 引种试验

①初试　对引进树种进行初步的观察试验,分析其目标性状的表现,了解其生态适应性表现,摸索种子处理、育苗和栽培技术,初步筛选出有希望引种成功的树种(种源)。初试试验一般要求在隔离试种区进行,以防止外来有害生物入侵带来的损失。为避免由于引种初期栽培、管理措施失当对引进树种性状表现的影响,可适当延长初试观察时间,从而保证引进树种性状的真实体现。对目标性状、适应性等表现较好的材料,可进一步扩大试种。

②评价性试验　对经过初试筛选,生长表现良好、具有潜在生产价值的引进树种(种

源)进行对比试验和区域性试验,进一步了解各引进材料的遗传变异特点及其与引入地区环境条件的交互作用,比较、分析其在新环境下的适应能力,研究发生的主要病虫害及防治措施,配套栽培技术,初步确定引进材料的适生条件和范围,并评选在不同立地条件下具有发展前途的树种(种源)。对比试验与区域性试验可同时进行,选择立地和气候条件不同的多个地点,按照规范的试验设计,为引种材料的综合评价提供可靠的依据。

③生产性试验 经过评价性试验成功的引种材料,在大面积推广应用前,必须进行生产性试验,按照生产上允许的技术措施,通过一定面积的生产试种,验证评价性试验入选材料的综合表现。通过生产性试验可以反映入选材料在大面积栽培的复杂条件下的综合表现,解决在小面积评价性试验过程未能出现的问题。

④鉴定与推广 经生产性试验达到引种目标的材料可申请鉴定和推广。鉴定内容包括在生产上的使用价值,主要是经济效益、适生范围与条件以及关键性栽培措施。鉴定后,由林业部门和生产单位在指定区域内推广。引种成果要及时鉴定,及时推广,同时要坚持未经鉴定不能推广的原则。树木生长周期长,为加速引种进程,可在试验观察的同时,有选择地进行扩繁,适当缩短引种推广时间。

3.3.2.3 引种成功的标准

衡量一个树种或品种引种是否成功,需要从引进栽培后的适应性、引种效益和繁殖能力等多方面进行综合评价。包括:①适应引入地的自然或栽培环境条件,不需要特殊的栽培保护措施能正常生长;②不降低原有的经济价值和观赏价值;③能用固有的繁殖方式进行繁殖,并保持其优良性状;④没有明显或致命的病虫害;⑤形成了有性或无性品种可供推广应用;⑥无生态入侵、传播病原等不良生态后果。

3.3.2.4 引种过程需要注意的问题

引种过程需要很强的科学性和系统性,为保证引种效果和效益,有效利用引种资源,在引种工作中要注意如下问题:

(1)引种工作要坚持"积极慎重"的原则,切勿急功近利

尽管引种工作具有投资少、见效快、简单易行等优点,但是引种过程必须尊重树木发生、发育的客观规律,一方面积极利用外区或国外已有的优良品种资源,另一方面要提倡引种的科学性,防止盲目引种和以偏概全,避免损失。因此,切实进行引种的可行性论证是非常重要的环节,并要坚持"少量试引、多点试验、长期试验、逐步推广"的原则,严格按照引种程序进行。

(2)引种要结合配套技术的引进

良种与良法相配套是生产力提升的有效保证。由于引进树种遗传背景的差异,其配套的繁殖和栽培技术各不相同,因此,在开展引种工作时,要注意对其配套的繁殖技术和栽培措施的引进,一方面保证引种的成功,另一方面通过转化吸收,形成与引入地立地和生态条件适应的配套技术,减少对原产地相关技术的依赖,加速引种推广的进程。此外,也要注意与引种树种相伴生的树种和林下灌木,甚至土壤微生物的引进。1974年,广东省从洪都拉斯引进加勒比松(*Pinus caribaea*),当年就有许多苗木死亡。调查发现其与菌根缺乏有关,接菌后苗木成活率显著提高。

(3) 引种与育种相结合

将树木引种、驯化过程与育种技术相结合,能充分利用引进的种质资源,可持续地发挥引进材料的价值,使引种产生的效益最大化。因此,在开展引种工作时,要注意不同地理种源、家系和优良无性系的收集,丰富遗传多样性,在性状评价的基础上,结合杂交育种、倍性育种等技术手段,进行新品种选育研究。南京林业大学把引进的北美鹅掌楸(*Liriodendron tulipifera*)与中国鹅掌楸(*Liriodendron chinese*)杂交,培育的杂交鹅掌楸具有显著的杂种优势,其适应性强、生长旺盛、树干挺拔、冠形美观,已在造林绿化中进行推广。

(4) 防止外来有害生物入侵

引种在带来巨大利益的同时,也面临着严重的风险,尤其是外来有害生物的入侵,包括外来病原菌、害虫等危害,外来种对乡土树种生存的威胁,甚至对生态系统、人类健康的损害等。原产于墨西哥的紫茎泽兰(*Eupatorium adenophora*),自19世纪作为一种观赏植物在世界各地引种后,因其繁殖能力强,挤占了其他植物生存的空间,使其他植物难以生长,严重破坏了生物多样性,已成为全球性的入侵物种。火炬树(*Rhus typhina*)原产欧美,1959年引入中国,因其适应能力好,繁殖能力强,已逐渐挤占了许多绿化树种的生存空间,目前对火炬树的种植已产生了一定的争议。

(5) 注重外来树种种质资源的保存

引种过程实际是植物种质资源的转移和利用。对外来树种种质资源进行保存是林木引种策略的重要组成部分,是外来树种长期育种改良的基础和可持续经营的前提。在对种质资源进行保存和评价的同时,要开展持续的引种和改良,不断对资源进行丰富和补充。我国油橄榄(*Olea europaea*)的引种从20世纪初期即开始,之后陆续有1964年周恩来总理出访阿尔巴尼亚时受赠了5个品种1万多株树苗,1978—1987年间联合国粮农组织资助的引进项目等,先后引种了170余份种质资源,为筛选油橄榄在我国的适生区域和品种区划研究提供了重要的材料。

3.3.3 树木种质资源的保存

收集和引进的种质资源必须妥善保存,以免丧失。目前,保存树木种质资源的主要方式有原境保存(conservation *in situ*)、异境保存(conservation *ex situ*)和设施保存(facility preservation)。原境保存是不改变保护对象自然生境的保存方式,其主要目的是防止通常由于人类活动造成的进一步损失。自然保护区、国家森林公园、湿地以及优良天然林分等均具有原境保存的功能。异境保存是改变保护对象生境的保存形式,用搜集到保护对象的种子、穗条等繁殖材料在适宜条件下营建新的植物群体。设施保存是在人工控制环境下排除环境压力和破坏,有效保存种质材料的方式。

种质资源圃是对收集和引进的树木种质资源进行集中保存和评价的特殊圃地和设施。通过营建种质资源圃,不仅可以防止树种种质资源丢失、维护遗传多样性,而且可以系统地评价种质资源的遗传特性,为持续开展育种研究提供原始材料,保证种质资源的可持续利用。种质资源圃属于公共资源,应开放利用。

(1) 圃址选择

种质资源圃的营建应根据引进和收集的树木种质资源的特性,在适宜的气候带和生态区合理布局、设立保存点。为满足林业发展需要，树木种质资源圃应选择地势平坦，土层深厚肥沃的地区进行营建，土壤条件以排灌良好的砂壤土或壤土为宜。圃址所在地的土地权属要清楚，应具有较好的、长期稳定的保护管理基础。

(2) 布局规模

种质资源圃的建设规模应以充分保存树种群体的生态和遗传稳定性和多样性为目的。一般要求每个种源至少保存50个家系，每个家系保存50株以上单株，无性系的保存要求至少10株以上，对于珍稀树种而言，每种不少于100株，濒危树种每种不少于50株，引进树种每种不少于100株。

种质资源圃应包括种质资源收集和繁殖区（图3-1）、种质保存区等功能分区，如有必要还应建立种质隔离区，防止外来树种的潜在危害。其中，种质资源收集和繁殖区的主要功能是对采集的种子、穗条等种质资源进行育苗繁殖，并开展种子出苗率、苗木生长等苗期性状的观察和育苗技术的研究，为进一步开展品种扩繁奠定基础。种质保存区是种质资源圃的核心区域。在种质保存区内，将收集的种质资源按照适宜的密度进行定植，采用常规的栽培方式进行管理，以便于对种质资源的遗传表现进行长期的观察和评价。遗传评价包括群体遗传结构、地理变异模式、群体遗传多样性等遗传分析，也包括对生产性状、景观性状、生育性状、适应性等的观察，筛选经济价值较高或具有改良潜力的种质进行后续的生产或育种利用。

图3-1 山西省桑干河杨树丰产林实验局杨树种质资源收集区

种质资源圃的建设要有完善的生产基础设施，制定健全的管理规范和制度，人员配备合理，具备开展林木种质资源收集与保存工作相适应的专业技术人员，并与科研、教学单位长期合作，形成技术支撑，同时合理适度开展科普教育工作。

(3) 设施保存库

设施保存库利用低温贮藏室、液氮贮藏罐等设施对植物的种子、花粉、离体繁殖材料等进行保藏，可以在相对较小的空间范围内保存成千上万份种质材料，省却大量的人力、物力和土地资源。设施保存库是对种质资源保存圃的有力补充。中国西南野生生物种质资源库和英国皇家植物园丘园千年种子库（图3-2）是目前世界上仅有的两个按照国际标准建立的野生生物种质资源保藏设施。

随着我国对林木种业安全的不断重视，国家林木种质资源设施保存库已经开始建设，将在北京建立一座高水准的设施保存主库及其辅助设施，在全国建设6个设施保存分库，这对于实现我国林木种质资源的长期、安全保存，防止我国林木种质资源丢失、推动林木种业科技进步、维护生物多样性、促进生态建设等方面具有重要意义。

图 3-2　英国皇家植物园丘园千年种子库（图片由山东省林木种质资源中心韩彪博士提供）

（4）种质资源信息管理系统

开发并建立完备的种质资源信息管理系统，将资源管理各个环节中取得的所有信息，包括来源、分布、栽培状况、形态特征及生物学特性、经济与生态价值、收集或引进地点和数量、保存地点和数量、存活情况、性状观测和评价、推广和利用过程、联系人信息等资料，统一存储于系统内。信息管理系统不仅方便信息资料的保存和交流，而且便于对数据信息进行深层次的处理、分析和利用。近年来，国家林业和草原局建立了国家林木种质资源平台，各级林木种质资源保存中心（库）可通过该平台对种质资源数据进行整合，有力地显著推动了种质资源的实物共享和信息交流。

3.4　树木新品种选育与保护

随着城市化进程和社会发展的不断加速，林业生产和城市建设对树木新品种的需求也在不断扩大。收集和引种的树木种质资源，在妥善保存和综合评价的基础上，可根据育种目标直接选择具有潜力的材料，还可以通过育种技术创造新的变异类型，这是种质资源创新的过程。树木种质创新的最终目的是选育新品种，并在城市绿化和林业生产中推广利用，推动社会发展。

3.4.1　种质资源创新的基本方法

尽管基因工程（genetic engineering）等基于现代生物技术发展的育种方法不断更新，但是目前树木新品种选育最常用的方法仍然是选择育种（selective breeding）、杂交育种（hybrid breeding）和多倍体育种（polyploidy breeding）等。

3.4.1.1　选择育种

选择育种是指从自然界现有树种及其类型中，按照一定的标准和目标，挑选符合人们愿望的、具有优良观赏或经济性状的群体或个体，通过比较、鉴定和繁殖，获得优良类型或品种的育种方法。选择育种可直接利用自然存在的多层次遗传变异类型，选择出目标性状优良的种源、家系及无性系，其生产周期短、见效快、成本低廉，改良效果显著。

(1) 选择育种的基础

树木生长周期长，大多处于野生和半野生状态，且多为异花授粉，长期的有性繁殖导致种内丰富的遗传变异。对于分布区较广的树种而言，由于分布区内气候—土壤条件的差异，受自然选择的作用，地理种源变异明显。除此之外，变异还来自于林分间、个体间以及个体的不同部位。变异的存在为选择提供可能。对于树木选择育种而言，地理种源变异和林分内个体间变异是最重要的变异来源。

芽变在经济树种和观赏树种的选育过程中经常被利用，属于同一个体不同部位的遗传变异，由体细胞突变产生。彩叶树种'中华红叶杨'(*Populus euramericana* cv. 'Zhonghua-hongye')就是从'中林2025'杨(*Populus euramericana* cv. 'Zhonglin2025')的突变枝条选育出的一个芽变品种。城市绿化中常用的'龙爪槐'也是槐树的芽变品种。

(2) 选择育种的基本方法

根据树种遗传变异的来源，选择育种通常包括种源选择(provenance selection)、优树选择(plus tree selection)和芽变选择等。种源选择是指为用种地区选择生产力高、稳定性好的种源的过程。收集不同种源材料后，需要开展系统的种源试验(provenance trial)，为种源选择提供科学依据，确定不同种源的供种范围。基于种源试验结果，在优良种源内选择优良单株可以产生更好的选择效果。

优树选择是指根据选种目的在适宜林分条件下按照一定标准评选优树的过程。优树选择要在实生起源的林分中进行，林分产地清楚、树龄适宜，以中龄林为佳，要有适宜的郁闭度和林分结构，尤其要避免在已经过负向选择或上层疏伐过的林分中进行选择。

芽变选择是指发现并固定符合育种目标的芽变材料的过程。芽变的固定通常采用嫁接、扦插等无性繁殖方法，为避免嵌合体的产生，芽变选择有时可能需要多次固定。

3.4.1.2 杂交育种

杂交育种是指围绕一定的育种目标，将不同基因型个体进行人工有性杂交，获得杂种并进一步选择、鉴定，从而获得优良品种的过程。杂交育种技术操作简便，容易掌握，成本低廉，是现阶段育种工作最重要的方法之一，是培育树木新品种的主要途径。它的实质是对杂种优势的利用。杂种优势(heterosis)是指两个基因型不同的亲本杂交后产生的杂种一代在生长势、生活力、繁殖力、抗逆性、产量和品质等方面优于双亲的现象。

(1) 杂交方式

杂交方式是指在杂交育种中参与杂交的亲本数目及其次序。在杂交育种中，为了聚合优良性状，获得预期效果，可以选择多种杂交方式，包括单交(single cross)、复式杂交(multiple cross)、回交(backcross)，甚至多父本混合授粉杂交等。

①单交 指简单地用两个亲本进行一次杂交。例如，将毛白杨与新疆杨(*Populus bolleana*)杂交培育出了毛新杨(*Populus tomentosa* × *P. bolleana*)。单交可分为正交和反交。由于细胞质等因素的影响，正交和反交的结果可能会存在差异。

②复式杂交 指采用两个以上亲本经过两次以上杂交的方式。复式杂交既可以综合多个亲本的优良性状，又可以丰富杂种的遗传基础，从而选择优良品种。根据第二次杂交使用亲本的遗传组成，可分为三交和双交。其中，三交是以两个亲本杂交后的杂种再与第三个亲本进行杂交。南林杨就是以河北杨(*P. hopeiensis*)和毛白杨的杂种再与响叶杨

(*P. adenopoda*)杂交选育获得。双交则是 4 个种先配成两个单交组合，然后再对两个单交杂种进行杂交。

③回交　指由两个亲本产生的杂种再与亲本之一进行杂交的方式。其中，用于回交的亲本称为轮回亲本。根据遗传学原理，回交过程使得非轮回亲本的核基因组逐渐被轮回亲本所置换。因此，通过回交可以使轮回亲本的优良性状在后代中得以恢复或加强，也可以在一定程度上克服远缘杂交的不可配性。

④多父本混合授粉　指以一个以上的父本花粉混合授给一个母本的杂交方式，其操作简单，后代变异丰富，利于选择，还可能在杂种中综合多个父本的遗传物质。中国林业科学研究院选育的群众杨(*Populus popularis*)就是以小叶杨(*P. simonii*)为母本，钻天杨(*P. pyramidalis*)和旱柳(*Salix matsudana*)的混合花粉授粉杂交后选育而成，经同工酶、免疫化学等测定，发现其遗传基础中含有旱柳成分。

(2) 亲本选择与选配

亲本选择(parental selection)是根据育种目标，从育种资源中挑选具有优良性状的亲本类型。亲本选配是指从入选亲本类型中选定具体能获得杂种优势的杂交父母本。正确选择和选配亲本是杂交工作成败的关键。

在选择亲本时，需要遵循一些基本原则：首先，要从收集的大量种质资源中精选亲本；其次，要选择主要育种目标性状突出的种质作为亲本；第三，要重视适应性好的地方品种的利用。此外，杂交亲本要具有良好的杂交亲和性和育性。

亲本选配要考虑双亲的优缺点能互补，以综合性状好、优点多的种质作为母本。为使杂交产生较大的遗传分离群体以供选择，通常选择地理起源、生态类型差异较大的种源，或亲缘关系较远的种质作为双亲。当杂交亲本间遗传关系较远，如种间杂交或属间杂交，称为远缘杂交(distant hybridization)。小胡杨(*Populus simonii* × *P. euphratica*)即为小叶杨和胡杨(*Populus euphratica*)远缘杂交的产物，其兼具了小叶杨易繁殖、抗寒和胡杨抗旱、耐盐碱的特点。此外，选配亲本时还要考虑亲本性状的遗传力大小以及亲本的配合力大小。

(3) 杂交方法

根据种子成熟期和营养供给等因素，杂交可选择在树上和室内切枝水培等方法进行。一般而言，杨树、柳树(*Salix*)、榆树(*Ulmus*)等种子成熟期短、种子小的树种，可以在开花前将花枝剪下，在温室内水培进行控制授粉杂交；而蔷薇科(Rosaceae)、松科(Pinaceae)、柏科(Cupressaceae)等树种，由于种子成熟期长，切枝水培营养无法满足，则采用树上杂交的方法。

(4) 人工杂交的操作步骤

开展人工杂交前，应明确亲本树种的开花授粉习性，了解花的结构和着生方式、开花及种子成熟物候、花期一致性等，为杂交操作奠定基础。对于花期不遇的亲本，还要研究有效的花粉贮藏方法，以保证提前采收的花粉在授粉时保有活力。

人工杂交过程，要首先选取生长健壮、发育正常的植株或花枝作为杂交母株，对于两性花而言，在花瓣开放、雄蕊成熟之前进行去雄，并及时套袋隔离，防止自花授粉和外源花粉的污染。去雄时，操作要小心、彻底，不能损伤雌蕊或刺破花药。单性花树种则可在雌花开花或雌球花突破芽鳞前进行套袋隔离。当观察到雌蕊柱头大量分泌黏液时，说明柱头进入可授期，可进行授粉操作。由于不同部位花朵开放的时间存在差异，为保证授粉充分，可每天授粉1次，持续2~3 d。每次授粉后均应立即重新套袋隔离。授粉时要做好标记，注明杂交组合、授粉日期等信息。当观察到柱头萎蔫后，可除去套袋，以便幼胚的正常发育。种子成熟时及时采收和调制，详细记录各采收批次信息后，进行贮藏或播种。

(5) 杂种测定和选择

取得杂种只是杂交育种的起点。杂交获得的杂种后代需要经过进一步的测定和选择才可能形成新品种。杂种子代的测定主要包括苗期测试、初选无性系或家系的对比试验等。由于树木生长周期长，一些目标性状的表现需要等待植株发育成熟，因此，杂种的测定和选择的周期也较长。为了加速杂交新品种选育的进程，早—晚期性状相关、生理生化性状相关、分子标记辅助选择(marker-assisted selection)等间接选择方式越来越受到重视，提高了品种选育的效率。

图3-3　'北林雄株1号'三倍体杨树新品种

3.4.1.3　多倍体育种

多倍体(polyploid)是指细胞核含有3套及以上染色体组的个体。通过一定的途径选育多倍体林木新品种的过程，称为多倍体育种，包括多倍体的诱导、鉴定、扩繁、测试以及品种认证等。事实上，普通小麦(*Triticum aestivum*)、香蕉(*Musa nana*)、无籽葡萄(*Vitis vinifera*)等重要的作物和水果都是多倍体，很多海棠多倍体品种也在用于城市观赏用途。近年来，北京林业大学培育的'北林雄株1号'(*Populus* 'Beilinxiongzhu 1')(图3-3)等三倍体杨树良种，生长迅速、树形美观、材质优良、抗性强，尤其具有雄株不飞絮的特点，特别适合于城乡绿化和用材林建设。

(1) 多倍体育种的意义

①多倍体植株由于细胞核内基因组的增多，往往导致细胞具有巨大性的特点，在细胞数量不变的情况下，植株也表现为巨大性的特征。三倍体毛白杨苗期长枝叶巨大，叶片宽度可达53 cm。1935年，Nilsson-Ehle在瑞典首次发现的三倍性巨型欧洲山杨与相同立地条件下的同龄二倍体相比，在树高、胸径和材积生长方面分别高出11%、10%和36%。欧洲山杨(*Populus tremula*)×美洲山杨(*P. tremuloides*)杂种三倍体的材积生长比本地山杨快1~2倍。四倍体刺槐单叶面积是普通二倍体刺槐的1.91倍，厚度增加0.68倍，复叶鲜重提高2.27倍，干重提高2.13倍。因此，通过多倍体育种可有效改善植物的生长过程，快速获取营养器官和生物量。

②多倍体基因组倍增，基因表达形成剂量效应，使得植物的一些生理生化过程加强，新陈代谢旺盛，次生代谢产物的含量也相应提高。因此，多倍体育种是改善次生代谢产物，提高经济林木的利用价值，降低生产成本的有效育种途径。研究报道，四倍体橡胶树(*Hevea brasiliensis*)的产胶量比二倍体亲本提高34%，三倍体漆树(*Toxicodendron vernicifluum*)的产漆量比二倍体高出 1~2 倍，三倍体桑树(*Morus alba*)新品种'鲁插 1 号'与二倍体品种相比，产叶量提高 18.21%，叶品质好，万蚕收茧量提高 6.5%。

③多倍体往往表现为高度败育性。根据遗传学原理，多倍体植物减数分裂过程染色体配对松散、不规则，从而引起染色体分离紊乱，导致配子染色体数目不完整或不平衡，因此，多倍体植物产生的配子往往高度败育。许多无籽瓜果的培育都是基于该原理。西南大学利用多倍体植物高度败育的特性培育出了'华玉无核 1 号'三倍体枇杷(*Eriobotrya japonica*)新品种，果实比普通品种大，而且没有种核，推广价值巨大。

④多倍体植物往往还具有较强的生活力和环境适应性，在应对病虫危害、干旱及寒冷等生物和非生物胁迫方面具有优势。作为物种形成和进化的推动力之一，自然界多倍化事件的发生往往伴随着极端的环境变化，多倍体植株大多也出现在高海拔、高纬度以及北极、沙漠等气候环境变化剧烈的地区，表明多倍体植株对不利自然条件的适应能力强于二倍体。因此，多倍体育种途径在植物抗性育种方面也具有较好的应用潜力。如三倍体山杨杂种'Astria'比较耐干旱瘠薄，且抗锈病能力较强，四倍体柳杉(*Cryptomeria fortunei*)表现出更强的抗寒性特征等。

（2）多倍体的诱导途径

植物多倍体的诱导主要包括有性多倍化(sexual polyploidization)和无性多倍化(unsexual polyploidization)两条途径。有性多倍化是指利用未减数($2n$)配子杂交形成多倍体的过程。无性多倍化则不涉及 $2n$ 配子参与的有性过程，通过体细胞染色体加倍、胚乳培养(endosperm culture)或原生质体融合(protoplast fusion)等方式形成多倍体。

①由于减数分裂过程的异常，很多植物能产生天然的 $2n$ 配子，因此利用天然 $2n$ 配子杂交可实现有性多倍化。对秋海棠属(*Begonia*)的 70 个品系研究表明，其中 10 个能产生 $2n$ 花粉。我国乡土树种毛白杨种群也存在天然 $2n$ 花粉植株，最高 $2n$ 花粉比率可达 21.9%。北京林业大学的朱之悌院士等(1995)利用毛白杨天然 $2n$ 花粉给毛新杨、银腺杨(*Populus alba* × *P. glandulosa*)授粉，最终获得了 27 株生长与材质俱优的人工三倍体，这些三倍体已经得到大面积推广。然而，天然 $2n$ 花粉的产生受树种遗传因素和外部环境因素的共同影响，其产生具有不稳定性，且 $2n$ 花粉比率大多较低，降低了其利用效果。

②人工诱导配子染色体加倍可显著提高 $2n$ 配子频率，改善多倍体诱导效果。秋水仙碱和高温处理是常用于配子染色体加倍的诱变剂。有关树木 $2n$ 配子的人工诱导，在杨树中研究最为系统。北京林业大学研究人员利用秋水仙碱处理白杨雄花芽实现了 80% 以上的 $2n$ 花粉稳定诱导效果，并通过施加一定剂量的 $^{60}Co-\gamma$ 射线处理，刺激 $2n$ 花粉的萌发，提高了 $2n$ 花粉在参与受精过程的竞争力，显著改善了三倍体诱导率。而利用 $2n$ 雌配子杂交则可避免单倍性配子的竞争问题，受精后可 100% 产生三倍体。因此，有关 $2n$ 雌配子的人工诱导日益重视。北京林业大学研发了杨树大孢子和胚囊染色体加倍高效诱导 $2n$ 雌配子的技术方法，实现了 60% 以上的三倍体诱导率，为实现"大群体、强选择"的杨树多倍体育种策略奠定了基础。

③当一个树种存在可育的不同倍性植株时，利用多倍体材料产生的多倍性可育配子杂交也是产生多倍体的重要途径。在北欧和美国的有些地区，甚至把育成的四倍体山杨雌株直接栽在优良的山杨林分中自由授粉，每年在四倍体山杨雌株上采种后育苗，选育三倍体

后代。桑树、桦木(*Betula*)、刺槐、猕猴桃(*Actinidia chinensis*)等植物也均有利用不同倍性体杂交产生多倍体后代的报道。

④体细胞染色体加倍在自然界广泛发生，其主要利用机械损伤、高温和低温、辐射、化学试剂等理化处理方法处理植物种子、顶芽、愈伤组织等分生组织细胞，从而获得多倍体。然而，由于细胞分裂的不同步性，很难做到使所有的细胞染色体加倍，因此，最终获得的大多是倍性嵌合体。合子作为1个单一细胞，对其加倍后能形成纯合的四倍体，不易形成嵌合体植株，是人工诱导四倍体植株的最理想选择。

⑤在大多数被子植物中，双受精(double fertilization)过程除了形成二倍性的受精卵外，还产生了三倍性的胚乳，因此，通过胚乳培养也可以获得三倍体植株。1973年，印度学者 P. S. Srivastava 首次由 *Putranjiva roxburghii* 的成熟胚乳培养获得了三倍体胚乳再生植株。此后，胚乳培养研究进展迅速。林木胚乳培养主要集中在桑树、猕猴桃、枸杞(*Lycium brabarum*)、枣(*Ziziphus jujuba*)、柿树(*Diospyros kaki*)等经济树种，获得了多倍体苗木。然而，很多研究也发现胚乳培养过程可能导致一定程度的染色体畸变。

⑥细胞融合包括体细胞融合和体配融合，是克服植物远缘杂交障碍、创造多倍体的一条新途径。该技术建立在原生质体游离与再生的基础之上，通过化学或物理处理的方式使原生质体发生融合，目前已有近百种种内、种间和属间原生质体融合获得了再生植株。细胞融合已成为柑橘(*Citrus*)远缘种质创新的重要手段。

(3) 多倍体的鉴定

植物体经历多倍化过程导致染色体数目增加的同时，其细胞体积、生理生化特性等也随之发生变化。基于这些特点，目前已发展出染色体计数法、流式细胞术检测法、形态学鉴定法、分子标记鉴定法等植物多倍体鉴定方法。

①染色体计数法　直接对染色体进行计数是最为可靠的多倍体鉴定方法(图3-4)。用于检测的细胞可以是体细胞，多以茎尖、根尖、愈伤组织等分生组织区为材料；也可以是花粉母细胞。如果待鉴定材料的体细胞染色体数目出现一定倍数的增加，则可判定该材料是多倍体植株。然而，染色体计数法对制片技术水平要求较高，而且当面对大量待鉴定材料时，染色体检查是一项费时、费力的工作。

②流式细胞术检测法　该方法主要通过利用流式细胞仪对植物细胞核DNA含量进行估测，并与已知倍性水平的对照进行比较，从而判定待鉴定植株的倍性水平。其检测速度快、可靠性高，但是流式细胞仪设备昂贵。

③形态学鉴定法　该方法主要是利用多倍体植株巨大性的特点，从形态上对叶片、花等器官大小或者气孔、花粉等细胞大小等进行比较，可初步判定待鉴定植株是否为多倍体植株。形态学鉴定法可对大量待鉴定材料进行初步筛选，但是仍需通过染色体计数法等进一步确定倍性水平。

④分子标记鉴定法　利用SSR(simple sequence repeats)等分子标记技术，筛选在父母本中呈现共显性、单拷贝的标记位点，结合毛细管荧光电泳分析，根据位点所在连锁群，可判断待鉴定植株的倍性水平，甚至可准确检测单条染色体的数目和结构变异。该方法在杨树、柳树、康乃馨(*Dianthus caryophyllus*)等植物的倍性鉴定和染色体畸变分析中已有所应用。

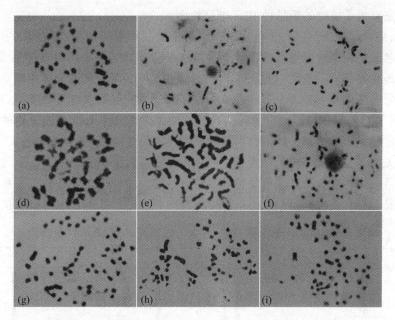

图 3-4　杨树染色体形态(引自康向阳和王君，2010)

(a)~(e). 毛白杨(a、b)、银白杨(*Populus alba*)(c)、新疆杨(d)、河北杨(e)的染色体形态与数目($2n=2X=38$)；(f)~(i). 毛白杨天然三倍体 B381、B382、B383、B385 染色体数($2n=3X=57$)

3.4.2　品种保护与审定

植物新品种是指经过人工培育的或者对发现的野生植物加以开发，具备新颖性、特异性、一致性和稳定性并有适当命名的植物品种。品种保护与审定是育种工作的延续，也是新品种投入生产或面向市场前的重要环节。通过对城市树木新品种进行保护和审定，既保护了育种者的权益，又规范了品种的生产经营。

3.4.2.1　品种保护

品种保护也称"植物育种者权利"(plant breeders rights, PBR；或 plant variety rights, PVR)，是授予植物新品种培育者利用其品种排他的独占权利，是知识产权的一种形式，在我国受《中华人民共和国植物新品种保护条例》(以下简称《植物新品种保护条例》)的保护。植物新品种保护的作用是保障育种者的权益、调动育种者的积极性，是知识产权保护的一种形式，与专利权、著作权、商标权等具有等同的法律特点。任何单位或者个人未经品种权人许可，不得为商业目的生产或者销售该授权品种的繁殖材料，不得为商业目的将该授权品种的繁殖材料重复使用于生产另一品种的繁殖材料。

在国际上，为保护育种者的权利，1961 年 12 月 2 日通过了《国际植物新品种保护公约》，同时成立了国际植物新品种保护联盟(Union Internantionale pour la Protection des Otentions Vegetales, UPOV)。为使各国在植物新品种审查测试方面具有共同的基础，UPOV 制定了一套详尽的关于植物新品种特异性(distinctness)、一致性(uniformity)和稳定性(stability)的测试原则，即 DUS 测试。我国于 1999 年 4 月 23 日正式加入 UPOV。目前，我国正不断制定和完善重要植物的新品种 DUS 测试指南。

根据《新品种保护条例》第 13 条规定,申请植物品种权的植物新品种应当属于国家植物品种保护名录中列举的植物属或者种。国家林业局于 1999—2016 年先后发布了 6 批《国家林木植物新品种保护名录》,包括 206 个属和种(具体名录可从国家林业和草原局植物新品种保护办公室网站 http://www.cnpvp.net 查询)。品种权的申请与批准都必须遵照一定程序进行(图 3-5),具体由国家林业局植物新品种保护办公室负责实施。品种权的保护期限自授权之日起,藤本植物、林木、果树和观赏树木为 20 年,其他植物为 15 年。一经授权,审批机关将对品种权依法予以保护。品种在其取得保护权的期限内,未经品种权人许可,以商业目的生产或者销售授权品种的繁殖材料的,品种权人或者利害关系人可以请求省级以上人民政府农业、林业行政部门依据各自的职权进行处理,也可以直接向人民法院提起诉讼。

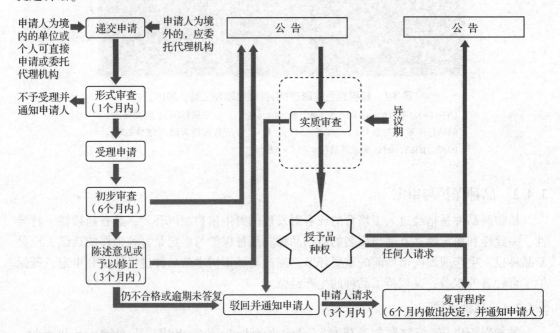

图 3-5　植物新品种权审批流程(根据国家林业和草原局植物新品种保护办公室审批流程修改)

3.4.2.2　品种审定

品种审定是指由权威性专门机构对新选育出的品种进行审查,并确定其能否推广以及推广适生范围的法定过程。《种子法》第 15 条和第 23 条规定,主要林木品种在推广应用前应当通过国家级或省级农林主管部门设置的品种审定委员会审定,未经审定通过的,不得作为良种推广、销售,但生产确需使用的,应当经林木品种审定委员会认定。通过审定,在一定的区域内,其产量、适应性、抗性等方面应明显优于当前主栽材料的林木繁殖材料和种植材料可称为林木良种,并颁发良种证书。实行品种审定制度,有利于品种管理,充分发挥良种的作用,从而更经济、更充分地利用国土资源。

需要注意的是,品种审定与品种保护是受两种性质不同的国家法规所规定的。已经获得植物新品种权的植物材料,如未能通过品种审定,仍不能进行生产推广,而品种如要进入生产经营环节则必须通过品种审定，与能否取得植物新品种保护权无关。

（王　君）

复习思考题

1. 为什么要对树木种质资源进行收集、保存和利用？
2. 树木种质资源的主要特点有哪些？
3. 如何系统开展树木种质资源的收集？如何对待中心产地和边缘产地的关系？
4. 引种选择外来树种时主要应考虑什么因素？
5. 树木引种的程序是什么？如何判断引种是否成功？
6. 收集的树木种质资源如何进行保存？试分析不同保存方式的优缺点。
7. 什么是杂交育种？人工杂交的步骤有哪些？
8. 试运用遗传学知识，阐述杂交育种中亲本选择和选配的基本原则。
9. 为什么多倍体育种在林木育种中被广泛采用？
10. 林木多倍体诱导的基本途径有哪些？如何对候选植株进行倍性鉴定？
11. 如何正确认识品种保护与品种审定的关系？

推荐阅读书目

1. 森林培育学（第3版）. 翟明普，沈国舫. 中国林业出版社，2016.
2. 园林苗圃学. 成仿云. 中国林业出版社，2012.
3. 林木育种学. 陈晓阳，沈熙环. 高等教育出版社，2005.
4. 城市林业. 李吉跃. 高等教育出版社，2010.

参考文献

翟明普，沈国舫，2016. 森林培育学[M]. 3版. 北京：中国林业出版社.

成仿云，2012. 园林苗圃学[M]. 北京：中国林业出版社.

陈晓阳，沈熙环，2005. 林木育种学[M]. 北京：高等教育出版社.

李吉跃，2010. 城市林业[M]. 北京：高等教育出版社.

沈海龙，2009. 苗木培育学[M]. 北京：中国林业出版社.

徐纬英，1988. 杨树[M]. 哈尔滨：黑龙江人民出版社.

康向阳，王君，2010. 杨树多倍体诱导技术研究[M]. 北京：科学出版社.

康向阳，2002. 毛白杨细胞遗传与三倍体选育[M]. 北京：中国环境科学出版社.

国家技术监督局，1993. 林木种质资源保存原则与方法：GB/T 14072—1993[S]. 北京：中国标准出版社.

程相军，2006. 中华红叶杨（中红杨）的科学研究与发展前景[J]. 现代园林，5：31-32.

朱之悌，林惠斌，康向阳，1995. 毛白杨异源三倍体B301等无性系选育的研究[J]. 林业科学，31(6)：499-505.

王玉玲，解孝满，韩彪，等，2013. 林木种质资源设施保护中的问题与思考[J]. 山东林业科技，3：107-109.

李云，姜金仲，2006. 我国饲料型四倍体刺槐研究进展[J]. 草业科学，23(1)：41-46.

饶静云，刘义飞，黄宏文，2012. 中华猕猴桃不同倍性间杂交后代倍性分离和遗传变异分析[J]. 园艺学报，39(8)：1447-1456.

陈传杰，王照红，杜建勋，等，2012. 三倍体桑树新品种鲁插1号的选育[J]. 蚕业科学，38(2)：337-342.

陈旭中，罗正荣，2004. '罗田甜柿'胚乳培养获得十二倍体再生植株[J]. 园艺学报，31(5)：589-592.

DUMROESE R K, LUNA T, LANDIS T D, 2009. Nursery Manual for Native Plants: A Guide for Tribal Nurseries [M]. Washington, D. C.: U. S. Department of Agriculture, Forest Service.

KUSER J E, 2000. Handbook of urban and community forestry in the Northeast [M]. New York: Springer Science + Business Meida, LLC.

WANG J, LI D L, KANG X Y, 2012. Induction of unreduced megaspores with high temperature during megasporogenesis in *Populus* [J]. Annals of Forest Science, 69(1): 59-67.

DEWITTE A, EECKHAUT T, VAN HUYLENBROECK J, et al., 2009. Occurrence of viable unreduced pollen in a *Begonia* collection [J]. Euphytica, 168: 81-94.

THOMAS T D, CHATURVEDI R, 2008. Endosperm culture: a novel method for triploid plant production [J]. Plant Cell Tiss Organ Cult, 93: 1-14.

THOMAS T D, BHATNAGAR A K, BHOJWANI S S, 2000. Production of triploid plants of mulberry (*Morus alba* L.) by endosperm culture [J]. Plant Cell Reports, 19: 395-399.

GUO W W, DENG X X, 1998. Somatic hybrid plantlets regeneration between *Citrus* and its wild relative, *Murraya paniculata* via protolast electrofusion [J]. Plant Cell Reports, 18: 297-300.

DHAWAN O P, LAVANIA U C, 1996. Enhancing the productivity of secondary metabolites via induced polyploidy: a review[J]. Euphytica, 87: 81-89.

SRIVASTAVA P S, 1973. Formation of triploid plantlets in endosperm cultures of *Putranjiva roxburghii* [J]. Z Pflanzenphysiol, 69: 270-273.

第4章 树木良种生产

【本章提要】 本章介绍用于城市森林营建和城市绿化的种子概念、种源选择与种子区划、树木良种生产基地建设、树木结实规律及种实和无性繁殖材料采集与调制技术。目的是通过本章学习，让读者深刻理解良种及其种源选择的重要意义，了解良种生产方式，并获得良种生产各环节的有关知识与技术。

种子在植物学上是指由胚珠发育而成的繁殖器官，而树木种子(forest tree seed)是林业生产中繁殖材料的统称。林业生产中的种子是广义的，不仅包括真正的种子、类似种子的果实，还包括可以用来繁殖后代的根、茎、叶、芽等无性繁殖器官，植物学上的果实用在林业上也可直接播种、育苗或造林。概括地说，凡在林业生产上可利用作为繁殖材料的任何器官或其营养体的一部分，不论由什么部分发育而来，也不论它在形态构造上简单或复杂，只要具有"传种接代""繁殖后代"的功能，林业上都称之为种子。2000年颁布实施的《中华人民共和国种子法》(以下简称《种子法》)中所称种子是指农作物和林木的种植材料或者繁殖材料，包括籽粒、果实和根、茎、苗、芽、叶等营养器官，甚至植物组织、细胞、细胞器和人工种子等。

树木种子是城市森林营建和城市绿化的物质基础，是承载林木遗传基因、促进森林世代繁衍的载体，其质量的优劣、数量的多少直接关系到森林质量的高低和林业建设的成败。良种是造林的重要基础保障。而林业生产上的良种必须是遗传品质和播种品质都优良的种子。遗传品质是基础，播种品质是保证，只有在两者都优良的情况下才能称为良种。只有采用良种才能为造林绿化树木培育提供优良的基因保障，才能为林业建设与发展储备战略资源。

4.1 种源选择与种子区划

4.1.1 林木良种的概念

国家标准《林木良种审定规范》对"良种"这样定义："林木良种是经人工选育，通过严格试验和鉴定，证明在适生区域内，产量和质量以及其他主要性状明显优于当地主栽树种或栽培品种，具有生产价值的繁殖材料"。《种子法》第七十四条对"良种"的定义："通过审定的林木种子，在一定的区域内，其产量、适应性、抗性等方面明显优于当前主栽的繁殖材料和种植材料"。林业生产上的良种必须是遗传品质和播种品质都优良的种子。优良的遗传品质主要表现在用此种子营建的森林和绿地树木具有观赏性好、抗逆性强、功能多样等特点，而播种品质优良则体现在种子物理特性和发芽能力等指标达到或超过有关国家标准。遗传品质是基础，播种品质是保证，只有在两者都优良的情况下才能称为良种。

4.1.2 良种的种源选择

良种是森林营建和城市绿化成功的重要保障，但并非良种就一定能获得造林成功。森林营建和城市绿化都必须遵循"适地适树"原则，不仅包括适地适树种，同时包括适地适种源，只有这样，才能保证营造的森林和绿地树木适应性、稳定性更强。可见，良种的种源在森林营建和城市绿化中的意义重大。

种源是指取得种子或其他繁殖材料的地理来源。同一树种由于长期处在不同的自然环境条件下，必然形成适应当地条件的遗传特性和地理变异，如造林地条件与种源地条件差异太大，会出现林木生长不良，甚至全部死亡的现象，我国在这方面曾有过不少惨痛的教训。例如，1958年北京引种新疆核桃成功的消息报道后，全国十几个省（自治区）争相引种，一年调种量高达 10×10^4 kg，结果很多地方因气候条件不适宜而失败，给林业生产造成了巨大损失。大量研究证明，使用适宜种源区的优良种子造林，不仅能够保证造林用种的安全，而且增产效益一般可达10%以上。一项以28年生马尾松种源试验林为对象的研究发现，马尾松不同种源间存在极显著差异，这种差异主要表现在生长性状中，并强烈受到遗传因素控制。在选出的12个马尾松优良种源和33株优良单株中，平均材积遗传增益达34.75%，优良单株平均材积遗传增益达141.48%。

此外，随着引种交换和花卉贸易的发展，病虫害及其他有害生物不再受天然屏障的阻隔，一些危险性病、虫、杂草或有害生物随之侵入，致使其在无天敌制约的情况下泛滥成灾，例如，榆树枯萎病，1981年在荷兰、比利时发现，继而随着榆树传入欧美各国，20世纪30年代曾给该地区榆树造成毁灭性灾害。20世纪70年代，此病在欧洲猖獗流行，使欧洲千百万株榆树死亡，损失达几十亿美元，并严重破坏了城市绿化。

可见，适宜种源的正确选择可增强森林的适应性和抗性，从而提高森林和绿地树木的稳定性和经济效益。

4.1.3 选择适宜种源的途径

造林用种地区要找到合适的种源，一种重要方法是进行种源试验。通过种源试验，研究造林主要树种的地理变异规律，掌握变异模式，才能准确地选择、培育人工林栽培所需的性状。

种源试验就是将各地种源的种子收集到用种地进行栽培试验，观察其生长发育状况，从中选出最适合当地的种源。我国种源研究始于20世纪50年代，70年代后全国各地进行了大规模的种源试验和种子区划试验研究，涉及树种达10多个。研究发现，同一树种由于地理起源不同，其生长特点、适应能力存在着明显的变异。以兴安落叶松为例，生长在相同环境（哈尔滨）条件下26年的7个种源（塔河、满归、根河、新林、三站、乌伊岭、鹤北），以胸径、边材宽度、边材面积、心材半径、平均边材生长速率等特征为参数，种源间差异显著，其中最南种源地鹤北的生长特征参数的平均值最大，三站的平均值最小（鄂文峰等，2009）。这就为在哈尔滨地区种植兴安落叶松选出了合适的种源。再以华山松为例，不同种源的生产力差异很大。在云南腾冲试点，云贵种源10年生树高生长远大于秦巴山区种源，达4.7倍，比贵州坪坝和德江的种源大2.3~2.6倍，比湖南安化的种源大1.4倍，再往北比宜昌的种源大1.2倍。由此可见，种源地理变异的基本规律是，种源间在绝大多数性状上存在显著差异，从中心产区到边缘产区，多数性状呈南北渐变趋势，中心产区生长快，但适应性不如非中心产区。将这些规律同种源试验的结果结合起来，才能更好地指导生产上的合理用种。

一般来说，种源试验的结果通过以下几种途径服务于生产：一是为制定种子区划提供依据；二是为用种单位合理调运和用种提供科学依据；三是为用种单位建立良种基地提供最佳种源数据。

4.1.4 林木种子区划

种子区划是针对某个树种各地所产种子的供应范围，根据生态条件、遗传性状以及行政界等进行的区划。同一树种，特别是分布广的树种，长期生长发育在不同的自然环境条件下，必然发生适应特定条件的遗传特性和地理变异，形成形态特征、生理特性、生态习性等各异的群体。这类具有共同的祖先、占有特定地域、遗传性状相似的群体称为地理小种。通常把同一树种分布区中，取得种子或繁殖材料的地理来源或原产地称为种源。众所周知，造林必须遵循"适地适树"原则，包括适地适树种，适地适种源，只有这样，才能保证营造的人工林生产力高、稳定性强。然而，早期常把采自不同地区的同一树种的种子或繁殖材料用于造林，结果因为造林地条件与种源地条件差异太大，出现了林木生长不良，甚至全部死亡的现象，国内外在这方面曾有过不少惨痛的教训。

为避免因种源不明和种子盲目调拨使用而造成的重大损失，林业发达国家对种源实施法律控制，并进行种子区划工作。19世纪末，北欧等一些国家，如瑞典曾用德国产的松树种子造林导致失败。德国从法国南部和匈牙利产的松树种子几乎全部死亡。由此认识到，调用外地种子造林，种源选用不当会导致造林失败。为避免因种源不明和种子盲目调拨使用而造成的重大损失，林业发达国家对种源实施法律控制，并进行种子区划工作。

德国种源控制的一般做法是，针对某一个特定树种，首先根据其生长地区的海拔、土壤、地理位置及自然条件等进行种源区的划分，在种源试验的基础上，专家认定的结果以法律形式确定，通过专门的种源区划手册向社会公告，所有林业生产活动均要严格遵循。美国划定了全国林木种子区，并且规定了采种范围标准。不仅要考虑纬度的差异，还要考虑海拔高度对不同种源的影响。加拿大每个省都有全省林木种子区划，有相应的种源区划图，在实际工作中严格按照该区划实施采种和造林工作。在各个种子区有固定的采种员，定期定点采种，附上标签和记载档案，送到省级种子中心进行加工、贮藏、育苗，培育出的苗木必须回到其采种区内造林。

我国于20世纪50年代开始种源试验，根据试验结果，参考主要造林树种的在不同分布区域气候特征和生长特性，对种子区进行划分。种子区是生态条件和林木遗传特性基本类似的种源单位，也是造林用种的地域单位。种子亚区是在一个种子区内划分为更好的控制用种的次级单位，即在同一个种子亚区内生态条件和林木的遗传特性更为类似。因此，在造林用种时，应优先考虑造林地点所在的种子亚区内调拨种子，若种子满足不了造林要求，再到本种子区内调拨。

4.1.5 无区划树种种子调拨的原则

种子区划给生产上的造林用种提供了很好的指南,但是,国家标准《中国林木种子区》(GB/T 8822.1~13-1988)仅包含13个树种,由于我国造林用种远远超过13个,而且这13个树种绝大部分是针叶树,所以区划远不能满足生产的需要,尤其对针阔混交林营造中的阔叶树种源指导意义不大。因此,在其他树种的种源选择上应遵循以下几个基本原则:

第一,本地种源最适宜当地的气候和土壤条件,应尽量采用本地种子,就地采种,就地育苗造林。

第二,缺种地区在调进外地种子时,要尽量选用与本地气候、土壤等条件相同或相似地区所产的种子。

第三,林木种子调运距离的一般规律是,由北向南和由西向东调运的范围可比相反方向的大。如我国的马尾松种子,由北向南调拨纬度不宜超过3°,由南向北调拨纬度不宜超过2°;在经度方面,由气候条件较差的地区向气候条件较好地区调拨范围不应超过16°。

第四,地势海拔变化对气候的影响很大,在垂直调拨种子时,海拔高度一般不宜超过300~500 m。

应该指出,不同树种的适应性是不同的,种子调用的范围不能千篇一律,在生产中要真正做到适地适树和适地适种源,最重要的是加强种源试验,在不同地区选用最佳种源的种子造林。当种源试验的规模和时间还不足以确定最适种源时,应选用当地或与当地立地条件相似地区的种源。种源试验的具体方法,请参考有关林木育种方面的书籍。

4.2 树木良种生产基地

依据种源试验和种子区划,遵循种子调拨原则,这样基本解决了造林用种的地理种源问题,但在实际生产中,即使选对了种源也还存在着用谁生产的种子的问题。比如有的种子是群众从山上采收来的,有的种子是专门的种子公司在良种基地生产的。造林单位应该如何选择种子?对此,我国专门制定了《中华人民共和国种子法》(以下简称《种子法》),并于2000年12月1日起施行。《种子法》规定,主要林木的商品种子生产和经营实行许可制度,希望从事种子生产和经营的单位和个人,需向当地林业行政主管部门提出申请,经批准获得种子生产和经营许可证后,方可进行种子生产和经营。同时,国家林业局发布的《全国造林技术规程》对造林用种也做了明确规定,"积极推广种源适宜的良种,优先选用优良种源和良种基地生产的种子。"

培育森林的周期长,一旦用劣种造林,不仅影响树木成活、成林、成材,而且损失严重,难以挽回。在种子生产上,过去由于是群众采种,组织管理不严密,采矮树不采高树,采小树不采大树。林分内的优良母树结实少,又难采收,更容易被采种者所舍弃。这种恶性循环的直接后果是使树种退化,提前衰老,形成小老树,严重影响林木的利用价值。所以建立专门的良种生产基地,实现种子生产的专业化是保证种子质量的关键。

目前,我国林木良种基地有3种形式,即母树林、种子园、采穗圃。所谓林木良种基地,是指按照国家营建母树林、种子园、采穗圃等有关规定的要求而建立的,专门从事良种生产的场所。

我国林木良种基地建设工作起步于母树林,通过以选择优良林分为手段,划定或营建采种母树林方法的研究,为生产上建立红松、油松、樟子松、马尾松、国外松、云南松、刺槐等树种的采种基地提供了技术支持。20世纪六七十年代以来,开始了主要树种优树选择和种子园营建技术的研究,发掘出数以万计的优树,为初级种子园、采穗圃的营建提供了宝贵材料,以及从嫁接、定植到早实丰产的配套技术。

4.2.1 母树林

母树林(seed production stand)是在优良天然林或确知种源的优良人工林基础上,按照母树林营建标准,经过留优去劣的疏伐、为生产遗传品质较好的林木种子而营建的采种林分。用母树林生产的种子造林,一般增益3%~7%。由于营建技术简单、成本低、投产快、种子的产量和质量比一般林分高,因此目前在一些地区仍然把母树林作为生产良种的主要形式之一。正确选择母树林,加以科学合理的管理,可在短期内获得优质良种(图4-1)。

图4-1 落叶松母树林(摄影:刘勇)

(1)母树林选择的条件

母树林所处的气候条件尽可能和造林用种地区的气候条件相同或近似,因此,母树林最好选择在与造林用种地区相接近的地方;要求交通方便,地形平缓,光照充足,背风向阳,以便于林木结实和经营管理;母树林林地应土层深厚、土壤较为肥沃,面积至少在$2\sim3hm^2$以上;在其周围不能有同树种的劣质林分。

为了便于经营管理,选择母树林的年龄以生长旺盛、具有良好结实能力的中、壮龄林为好。适宜建母树林的林龄,因树种结实规律、林分起源、生长环境、发育状况等不同而异。一般速生树种比慢生树种、人工林比天然林、生长环境和发育状况良好的林分,适宜建立母树林的林龄均早一些。杉木、马尾松、湿地松、火炬松等人工林10~15年;天然林林龄范围可宽些,如油松20~50年,红松120~200年。此外,拟建母树林的林分最好是同龄纯林,且林分的生长发育状况良好,林分郁闭度一般为0.5~0.7。

(2)母树林营建

选定采种林分后,要根据国家营建母树林标准选择优良母树。为提高采种母树的遗传品质,改善光照、水分、养分和卫生条件,促进母树生长发育,必须对选定的母树林进行疏伐。疏伐的原则是"去劣留优",同时要尽量使保留的母树分布均匀,但对劣株应坚决伐除,即使造成小块空地也要进行。对雌雄异株的树种,还须注意雌雄株比例和分布。疏伐强度直接影响母树生长发育和种子的产量与质量。确定疏伐强度的基本要求是:使保留母树能正常生长发育,保证母树有合理充足的营养空间,利于母树种子生产和质量提高;树体之间既不相互遮蔽,又不形成林中空地和林窗;保证母树不遭受风倒风折、雪压雪折和日灼等危害。为避免林地环境的剧烈变化,疏伐可分2~3次逐渐达到计划保留的母树株数。以郁闭度而言,疏伐后应保持在0.5~0.6,最后的郁闭度,多数树种以0.4~0.6为宜。

(3)母树林管理

疏伐后,郁闭度下降,林地暴露,容易滋生杂草,必须及时除草。同时,应加强水肥管理、树体管理、病虫害防治等。

①水肥管理　林木开花结实时期,消耗的营养物质较多,有时影响翌年种子产量,根据土壤水分、肥力、林木发育时期等进行合理施肥灌水,可避免大小年,有效提高母树林的产量、质量。施肥结合灌溉效果更好,有机肥与无机肥相结合。生长期间当田间持水量小于65%时应及时灌溉。在早春花芽萌发、幼果形成和晚秋土壤结冻前进行灌溉;每次施肥后,也要灌溉。

②树体管理　国内外研究资料显示,对采种母树进行适当修剪,即剪掉母树下部的枯枝以及妨碍母树冠层发育的枝条,能够调节母树冠层结构和光照条件,有效改善母树营养状况,促进母树开花结实,提高种子产量和品质。

③病虫害防治　为了保护采种林良好地生长,减少或杜绝采种林病虫害造成的损失,必须坚持"预防为主、早期防治、迅速消灭"的原则。应该经常性地进行调查研究,摸清采种林病虫害的危害程度、分布与发生规律,做到提前预报、预防。

4.2.2　种子园

种子园(seed orchard)是指用优树无性系或家系按设计要求营建、实行集约经营、以生产优良遗传品质和播种品质种子为目的的特种人工林。

图4-2　西黄松种子园(摄影:刘勇)

经大量研究和生产实践证明,采用种子园生产的种子造林能较大幅度地提高林木生长量的遗传增益,一般可达15%~40%。因此,种子园是当前世界林业先进国家良种生产的重要途径(图4-2)。

(1)种子园种类

根据母树的繁殖方法,可将种子园分为无性系种子园和实生苗种子园。无性系种子园是以优树或优良无性系个体为材料,用无性繁殖的方法建立起来的种子园,它具有能保持优树原有的优良品质,无性系来源清楚,开花结实早,树形相对矮化,便于集约经营管理等优点。实生苗种子园是用优树或优良无性系上采集的自由授粉种子,或控制授粉种子培育出的苗木建立起来的种子园,其特点是容易繁殖,投资少,适用于无性系繁殖困难的树种;对开花结实早、轮伐期短的树种,其子代测定可以与种子生产结合起来;自交现象没有无性系种子园严重。缺点是开花结实晚,优树性状不稳定,容易发生变异。

根据建园繁殖材料经选择鉴定的情况，分为一代种子园、一代去劣种子园、一代改良种子园和高世代种子园等。高世代种子园是经过多世代的选择和培育形成的，可以提高林木群体中优良基因频率，并组合出更能符合人们所需要的优良基因型，随着种子园世代增加，改良效果会能逐步提高，所以高世代种子园是今后的发展方向，美国南方松种子园有的已达到二代和三代。目前我国主要用材树种如杉木、马尾松、湿地松、火炬松、池杉、华山松、云南松、红松、樟子松、云杉及5种主栽落叶松等均已完成一代种子园营建，多数设置了大面积的遗传测验林，目前正处在向高世代种子园过渡时期。

(2) 种子园营建与管理

详细的内容请参考《林木育种学》。

4.2.3　采穗圃

采穗圃(cutting orchard)是以优树或优良无性系作材料，生产遗传品质优良的枝条、接穗和根段的良种基地。采穗圃的作用主要有两个：一是直接为造林提供种条或种根；二是为进一步扩大繁殖提供无性系繁殖材料，用于建立种子园、繁殖圃，或培育无性系繁殖苗木。

采穗圃的优点为：穗条产量高，成本低；由于采取修剪、施肥等措施，种条生长健壮、充实、粗细适中，扦插生根率较高；种条的遗传品质能够有保证；经营管理方便，病虫害防治容易，操作安全；采穗圃一般设置在苗圃中，劳力安排容易，采条适时，且可以避免种条的长途运输和保管，既可以提高种条的成活率，又可节省劳力。

4.2.3.1　采穗圃种类

采穗圃分初级采穗圃和高级采穗圃两种，初级采穗圃是从未经测定的优树上采集下来的材料建立起来的，其任务只为提供建立一代无性系种子园、无性系测定和资源保存所需要的枝条、接穗和根段。高级采穗圃是由经过测定的优良无性系、人工杂交选育定型树或优良品种上采集的营养繁殖材料而建立起来的，其目的是为建立一代改良无性系种子园或优良无性系、品种的推广提供枝条、接穗和根段。

4.2.3.2　采穗圃营建方式

采穗圃应选在气候适宜、土壤肥沃、地势平坦、便于排灌、交通方便的地方，尽可能设置在苗圃中。如在山地设置采穗圃，坡度不宜太大，选择的坡向日照不要太强，冬季不会受寒风侵袭。

在配置方式上，以提供接穗为目的的采穗圃，通常采用乔林式，株行距4~6 m；以提供枝条和根段为目的的采穗圃，通常采用灌丛式，株行距0.5~1.5 m。更新周期一般3~5年。以采杨树种条为主的灌丛式采穗圃为例，采穗植株无明显主干，一般用1年生插条苗或实生苗按规定株行距栽植，第二年萌发前距地表10 cm平茬，萌条高10 cm时选留3~5根分布均匀的粗壮枝条，其余摘除。当年进入休眠期后或翌春结合收种条再进行平茬，茬口较上年度提高5 cm，每一母树保留3~5个冬芽，反复3~5年后更新，重栽新种条。

在实际工作中由于优树直接提供的种条数量有限，因此，往往先建立优树采穗圃，然后建立无性系繁殖圃。

采穗圃无需隔离，但要注意防止品种混杂，并便于操作管理，可按品种或无性系分区，同一个品种应栽植在一个小区内。

4.2.3.3 采穗圃的管理

采穗圃的管理工作，包括深翻、施肥、中耕除草、排水、灌溉及病虫害防治等。

(1) 适时灌水

采穗圃内要挖好排灌沟渠，能灌能排，防洪排涝。灌水要适时，第一年扦插或定植后立即灌溉，全年灌水8~10次。第一遍水饱灌，2~3遍水浅灌少灌，6~8月要灌透、灌足，苗木生长后期要停止灌水。第二年以后每年可根据苗条的生长状况和当地的气候、土壤条件，适当减少灌水次数，增加灌溉量，一般每年可灌水6~8次。同时种植绿肥也是克服杂草丛生的办法之一，也是增加肥源的措施，应予以重视。

(2) 中耕除草

中耕除草可改良土壤，消灭杂草，促进苗条生长和根系发育。第一年扦插或定植初期以除草保墒为目的，采取浅耕除草，深度3~5 cm；6月中、下旬以后根系已木质化，降雨和灌溉易引起土壤板结，杂草易滋生，因此要深耕勤除草，深度6~8 cm。全年中耕除草6~9次，要求做到见草除净，无草浅松土，雨后松土，灌水必中耕，达到圃地土壤疏松无杂草。第二年以后除草可适当加深，次数可适当减少，全年5~6次即可。

(3) 合理施肥

采穗圃每年要割取大量种条，养分消耗过多、土壤肥力降低，为保证采穗圃能提供大量的优质种条，特别是为了提高枝条的发根率，要根据采穗圃地力，通过合理追施化肥和农家肥来改善苗木的营养条件。

4.2.3.4 采穗圃的复壮更新

采穗圃由于连年采条，树龄老化，长势衰退，加之留桩腐烂病渐重，影响条(穗)的产量和质量。为防止采穗圃的母树退化，要进行母树复壮更新。采穗圃复壮更新的年限因树种不同而异，如群众杨、小黑杨、北京杨等速生树种只能连续采5~6年。毛白杨应每年在秋末冬初进行平茬，使其从根基部重新萌发形成根桩，再生产条(穗)。一般5~6年后要挖根重栽，或另选择新的圃地，重新建立新的采穗圃。

不管哪种良种生产基地建立后，均应该建立技术档案，包括调查、营建等文字、图、表等材料，以及建后经营管理措施等。

4.3 树木结实规律、采种与调制

4.3.1 树木结实规律

树木开始结实以后，每年结实量有很大的差异。其中灌木树种大部分年年开花结实，而且每年结实量相差不大；而乔木树种则有的年份结实量多(丰年)，有的年份结实很少(歉年)或不结实。

林木结实丰歉现象因树种不同而有很大差别。例如，杨树、柳树、桉树等树种，种子产量年年较为稳定；而水曲柳、黄波罗、栎类等树种，丰歉年比较明显；高寒地带的针叶树种，如樟子松、红松等，不结实的现象经常发生。

造成林木结实丰歉现象的主要原因是树木的营养不足。在丰年树木光合作用的产物大部分为果实、种子发育所消耗，养分不能正常运送到根部，从而抑制了根系的代谢和吸收功能，造成在花芽分化的关键时期营养不良，进而翌年就出现歉年。

林木结实丰歉现象还与母树生长发育的环境有关。如气候条件好，土壤肥沃，则丰歉现象不明显。如欧洲云杉，在生长条件好的地方，结实周期为2年；在差的地方则要7年。灾害性天气可能对结实造成更大影响。

实践证明，树木结实丰歉现象并非不能改变，只要为树木生长创造良好的营养条件，加强抚育管理，科学的整枝修剪，合理施肥，消除自然灾害等，就能做到年年丰收。

4.3.2 采种

种实采集是林木种子生产中的重要环节，也是一项季节性很强的工作，这项工作进行得是否科学、适时，直接影响到种子的品质和产量，以及种子事业的发展。为了持续获得大量良种，必须正确选择采种母树、熟悉林木结实规律、预测种实产量、掌握种实成熟特征和脱落习性，做好采种前的一切准备工作，制订切实可行的采种计划，选用适宜的采种方法和采种工具，同时做好种子登记工作。

4.3.2.1 采种林分的选择

根据《种子法》的规定，采种林分包括种子园、母树林、一般采种林和临时采种林、群体和散生的优良母树。采种最好从本地或气候、土壤条件与造林地相近的地区的林木种子园或母树林中采种。在林木良种基地面积小，种子产量不足以满足造林要求的情况下，则可选择天然林或人工林的优良林分，甚至选择符合优良母树标准的散生树木采种。

4.3.2.2 种实产量预测

为科学制订采种计划，并为做好采种准备、种子贮藏、调拨和经营提供科学依据，有必要对种子、果实产量进行预测和预报。我国林业科技工作者，经过多年研究，并总结了我国林木结实预测预报的经验，提出了杉木、油松、樟子松等树种简单实用、精度较高的种实预测预报方法，如目测法、标准地法、平均标准木法等。对由国外引进的预测方法也根据本国实际进行了研究，提出了调整措施。如对可见半面树冠球果估测法的研究发现，该法在密度较大的林分中难以实行，其发明国瑞典应用该法的基本思路是把观测到的数值作为某个地区结实丰歉的相对指标，用于宏观决策，并不要求用来估测绝对产量。因此，可以设想，通过多年的观测验证，在林分密度较大的地区，能否选择某些易于观测的单株，如林缘木或稀疏林地的林木，把它们的平均半面树冠球果数作为该地区结实丰歉的指标，从而避免密度太大难以估测的困难(喻方圆等，1992)。

目前生产上正逐步建立一整套林木结实预测预报的体系，其内容包括：林木结实量预测在果实近熟期进行；预测方法可选用目测法、标准地法、平均标准木法、标准枝法、可见半面树冠球果估测法等；预测结果按树种、采集地区、采种林类别分别填写；将结果逐级上报。

(1) 目测法

又称物候学法。本法通过观测母树开花结实情况来预估种子产量等级。根据历年的资料推算种子产量，即在开花期、种子形成期和种子成熟期观测母树林的结实情况。

我国采用丰、良、平、歉四级制评定开花结实等级，各等级标准如下：

① 丰年　开花，结实多，为历年开花结实最高量的80%以上。

② 良年　开花，结实较多，为历年开花结实最高量的60%~80%。

③ 平年　开花，结实中等，为历年开花结实最高量的30%~60%。

④ 歉年　开花，结实较少，为历年开花结实最高量的30%以下。

具体观察时，应组织具有实践经验的3~5人组成观察小组，沿着预先决定的调查路线，随机设点，评定等级，最后汇总各点情况，综合评定全林分的开花结实等级。

此法要求观察者在开花和结实时，目测准确，技术熟练，否则将产生主观差异。为了核对目测的结果，可用平均标准木法或标准枝法校正。

（2）标准地法

又称实测法。在采种林分内，设置有代表性的若干块标准地，每块标准地内应有30~50株林木，采收全部果实并称重，测量标准地面积，以此推算全林分结实量。参考历年采收率和出籽率估测当年种子收获量。

（3）标准枝法

在采种林分内，随机抽取10~15株林木，在每株树冠阴阳两面的上、中、下3层，分别随机选1 m左右长的枝条为标准枝，统计枝上的花或种实的数量，再计算出平均1 m长枝条上的数量，参考该树种历史上丰年、平年、歉年标准枝的花朵、果实数，评估结实等级和种子收获量。

（4）平均标准木法

平均标准木是指树高，直径都是中等大小的树木。此法是根据母树直径的粗细与结实量多少之间存在着直线之间关系来计算产量的。主要作法是在采种林分内，选择有代表性的地段设标准地，每块标准地应有150~200株林木，测量标准地的面积，进行每木调查，测定其胸径、树高、冠幅，计算出平均值。在标准地内选出5~10株标准木，采收全部果实，求出平均单株结实量，以此推算出标准地结实量和全林分的结实量与实际采收量。全林结实量乘以该树种的出种率即为全林种子产量。

因立木采种时不能将果实全部采净，可根据采种技术和林木生长情况，用计算出的全林分种子产量乘以70%~80%，即作为实际采集量。

（5）可见半面树冠估测法

在采种林分内，随机抽取样木50株以上，站在距离与树高近似的一点，统计每株样木可见半面树冠的果实数并计算平均值，代入该树种可见半面树冠果实数与全树冠果实数的相关方程，得出平均每株样木果实数，乘以全林株数可得全林果实数。根据历年采收率和出籽率估测种子收获量。

用此法时，要先建立该树种可见半面树冠结实数与全树冠结实数的相关方程。

4.3.2.3　种实成熟

（1）种实成熟过程

种子成熟是受精的卵细胞发育成有胚根、胚芽、子叶、胚轴的完整种胚的过程。一般包括生理成熟和形态成熟两个过程。个别树种有生理后熟现象。

①生理成熟　当种子内部营养物质积累到一定程度，种胚具有发芽能力时，即达到生理成熟。这时种子含水量高，内部的营养物质还处于易溶状态，种皮不致密，种子不饱满，抗性弱。这时种子采后不易贮存，易丧失发芽能力。

②形态成熟　当种子内部生物化学变化基本结束，营养物质积累已经停止，种实的外部呈现出成熟的特征时，即达到形态成熟。这时种子含水率降低，酶的活性减弱，营养物质转为难溶状态的脂肪、蛋白质、淀粉等。种皮坚硬、致密，抗害力强，耐贮藏。呼吸作用微弱，开始进入休眠。具有发芽能力。外观上种粒饱满坚硬，并具有特定的色泽与气味。所以生产上常以形态成熟作为采种期的标志。

③生理后熟　多数树种是在生理成熟之后进入形态成熟。但也有少数树种如银杏等，虽在形态上已表现成熟的特征，而种胚还未发育完全，需经过一段时间才具有发芽能力，称为生理后熟。

(2) 种实成熟期

不同树种的种实成熟期不同。例如，杨树、柳树、榆树在春季成熟；桑树在初夏成熟；臭椿、刺槐在夏末成熟；麻栎、侧柏在初秋成熟；油松、白皮松、桦木、榛子、银杏在秋季成熟；杉木、马尾松、油茶在深秋成熟。

种实的成熟期除受树种本身内在因素的影响外，还受地区、年份、天气、土壤、树冠部位，以及人为活动等因素的制约。

同一树种，不同地区其种实成熟期存在差异。例如，小叶杨的种子成熟时间为：黑龙江南部为6月中旬，辽宁北部约在6月上旬，辽南一带约在5月下旬，北京一带则在5月上旬。榆树也有这样的情况。例如，榆树在北京的成熟期约在5月上旬，在黑龙江则迟至5月下旬至6月中旬。

同一树种，同一地区因所处地形及环境条件不同，成熟期也不同。例如，生长在阳坡或低海拔地区成熟期较早，生长在阴坡或高海拔则成熟较迟。不同年份，由于天气状况不同，种子成熟期也有很大差别。一般气温高，降水少的年份，种子成熟较早；多雨湿冷成熟晚。土壤条件也影响成熟期的早晚，如生长在砂土和沙质壤土上的树木比生长在黏重和潮湿土壤的树木种子成熟早。同一树种林缘木，孤立木比密林内的种子成熟早；甚至同株树上，树冠上部和向阳面的种子比下部和阴面的种子成熟早。

此外，人类的经营活动也会提早或推迟成熟期，如合理施肥给水，改善光照条件，能提早成熟期。

(3) 种实成熟特征

各个树种的种实达到真正成熟时，显示出各自不同的特征。主要表现在颜色、气味和果皮表面的变化，可以此来确定种实的成熟期(图4-3)。

①球果类　果鳞干燥，硬化，微裂，变色。如杉木、落叶松、马尾松等由青绿色变为黄绿色或黄褐色，果鳞微裂；油松、云杉变为褐色，果鳞先端反曲。

②干果类　果皮由绿色转为黄、褐至黑色，果皮干燥紧缩，硬化。其中蒴果、荚果的果皮因干燥沿缝线开裂，如刺槐、合欢、香椿、泡桐等果皮青色变成赤褐、棕褐、红褐色，果皮紧缩、硬化；皂荚等树种果皮上出现白霜。坚果类的栎属树壳斗呈灰褐色，果皮淡褐色至棕褐色，有光泽；水曲柳等树属翅果为黄褐色；乌桕、香椿、泡桐等果皮青绿色

图 4-3　栾树(左)和侧柏(右)的成熟果实(摄影：刘勇)

变黑褐，开裂、干燥、硬化。

③肉质果类　果皮软化，颜色随树种不同而有较多的变化，如樟、楠、女贞、黄波罗由绿色变为紫黑色；圆柏呈紫色；银杏、山楂呈黄色；有些浆果果皮出现白霜。肉质果多为绿色，成熟后果实变软，香、甜、色泽鲜艳，酸味和涩味消失。

(4)种实成熟的判断方法

确定种实成熟期的方法有多种：

①目测法　目测法最常用，是根据球果或果实的颜色变化来判断种实的成熟程度(图 4-3)。

②切开法　是根据胚和胚乳的发育状况判断，可切开用肉眼观察，或不切开而用 X 射线检查。

③比重法　适用于球果，在野外可操作，较为简单易行。先将水(比容 1.0)、亚麻子油(比容 0.93)、煤油(比容 0.8)等配制成一定比重的混合液，再将果球放入，成熟的球果飘浮，否则即下沉。

④生化法　是指通过测定分析还原糖含量和粗脂肪含量等判断种实成熟程度。

上述判断方法①、②、③是快速判断法。而科学准确采种，保证种子产量和品质的方法则是生化法。

4.3.2.4　种实散落

(1)种实散落期

大多数树种种实成熟后，由于果柄产生离层，种实散落。种实的散落期因树种不同而异。有些树种，如杨、柳、桦、榆等，种实成熟后立即散落；油松、侧柏、栎类、桑树、黄栌等，种实成熟后经过较短时间才散落；樟子松、马尾松、二球悬铃木、臭椿、楝树、刺槐、紫穗槐、白蜡、复叶槭等，种实成熟后需经较长时间才散落。

种实的散落期除与树种本身遗传特性有关外，还受外界环境因素的影响，如气温、光照、降雨、空气相对湿度、风和土壤水分等。气温高、空气干燥、风速大，种实失水快，则脱落早；反之则脱落晚。

种实脱落的早晚与种子质量密切相关。一般情况下，早期和中期(即盛期)脱落的种子质量好，而且种子的数量也大，后期脱落的种子质量较差。但栓皮栎最早脱落的种实，种子多发育不健全，质量不好。

（2）种实散落特点

种实散落的特点多种多样，如球果类的红松果实成熟后是整个球果脱落；杉木、落叶松、马尾松、侧柏等成熟时果鳞张开，种实散落；金钱松、雪松、冷松等树种果鳞种子一起飞散。蒴果和荚果类的树种一般是果实开裂，种子脱落；杨柳类是种子与种絮飞散，裂开的果穗渐渐脱落；栎、槠、栲类、肉质果以及翅果类，常常整个果实脱落。

4.3.2.5 确定采种期的原则

适宜的采种期是获得种子产量和质量的重要保证。种子的采集必须在种子成熟后进行，采集时间过早，会影响种子质量；过晚，小粒种子脱落飞散后则无法收集。因此，必须正确制定采种期。

采种期应根据种实成熟和脱落的时间、特点以及果实大小来确定，采种时应遵循以下原则：

①成熟后立即脱落或随风飞散的小粒种子，如杨、柳、榆、桦、泡桐、杉木、冷杉、油松、落叶松、木荷、木麻黄等，种子脱落后不易收集，应在成熟后脱落前立即采种。成熟后立即脱落的大粒种子，如栎类、板栗、核桃、油桐、槠栲等，一般在果实脱落后，应及时从地面上收集，或在立木上采集，落地后不及时收集，会遭受虫、兽危害及土壤温湿度的影响而降低质量。

②有些树种如樟、楠、女贞等种子脱落期虽较长，但因成熟的果实色泽鲜艳，久留在树上容易招引鸟类吸食，应在形态成熟后及时从树上采种，不宜拖延。

③成熟后较长时间种实不脱落的，如樟子松、马尾松、椴树、水曲柳、槭树、苦楝、刺槐、紫穗槐等，采种期要求不严，可以在农闲时采集。但仍应尽量在形态成熟后及时采种，以免长期悬挂在树上受虫、鸟危害，造成种子质量下降和减产。

④有些长期休眠的种子如山楂、椴树，可在生理成熟后形态成熟前采种，采后立即播种或层积处理，以缩短休眠期，提高种子发芽率。

种子成熟常受制于天气条件，在天气情况不同的年份里，成熟期会有很大变动，必须对该年的物候进程作细致观察，以便科学合理地确定采种期。

4.3.2.6 种实采收的组织实施

（1）采种前的准备

①组织准备　采种前要做好组织准备工作。首先实地检查采种林，确定可采林分地点、面积、采种日期，估测实际可能采收量；然后制订采种方案，组织采种人员学习采种技术，进行安全生产和保护母树的教育；母树必须严加保护，不允许伐树或砍截大枝采种，严防抢采掠青。

②物资准备　在采种前要根据采种林面积的大小、远近、地形、分散程度、采种方法、交通条件、可能采收数量等做好物资准备工作。采种前，要准备好采种、上树、计量、运输、调制机具，包装用品、劳动保护用品、临时存放场地、晒场、库房。

《种子管理条例》规定：在林木种子生产基地内采种时，由基地经营管理者组织，采掠青、损坏母树，在劣质林内采种的，由林业主管部门责令停止采种，赔偿损失，没收种子，并可以处以罚款。

(2) 采种方法

采种方法要根据种实成熟后的散落方式、果实大小以及树体高低来决定，有以下几种：

①树上采种 适用于小粒种子或散落后易被风吹散的树种，如杨、柳、桦木、桉树、马尾松、落叶松、樟子松、杉木、侧柏、木荷等。一般多用于树干低矮或借助工具能上树采摘的树种。常用的采种工具有采种叉、采摘刀、采种钩、高枝剪、采种梳。上树用的工具有绳套、脚踏蹬、上树环、折叠梯等，也可采用升降机上树。近年来，湖南省林业科学研究院研制出了上树采种设备，解决了高大树木优良种子采摘难的技术难题。

瑞士、美国、墨西哥等国广泛采用具有升降设备的伸缩台采种。德国、瑞士等国采用直升机、氢气球采种。

②地面采种 种子成熟后，直接脱落或需要打落的大粒种子，如核桃、板栗、油桐、油茶等，可从地面收集。此法需在种实脱落前，清除地面杂物，以便收集。对于中小粒种子，散落后不易收集时，可在母树周围铺垫尼龙网，再摇动母树，使种子落入网内。美国有专门的收网机，在收网过程中去除杂物，可获得较纯净的种子。

此外，还可结合采伐作业，从伐倒木上采摘种实。池塘、水库边缘的母树种子落在水面，可采用水面收集。

③机械采种 对于树干高大，果实单生，用树上采种有困难的树种，如红松、杉木、马尾松、水杉、侧柏、樟、黄波罗、核桃楸等，通过机械动力震动摇落果实，用采种网或采种帆布收集种实。我国早在20世纪80年代研制成功杉木震动式采种机。

近年来，国外采用震动式采种机和真空清扫机采种。震动式采种机把球果震荡之后，用与扫路车近似的真空清扫车收集球果，效率相当于人工采种的数十倍。

(3) 采种时注意事项

上树采种时系好安全带、安全绳、安全帽。采种时间最好选无风的晴天，种子容易干燥，调制方便，作业也安全。阴雨天采集的种子容易发霉。有些树种的果实，空气过干易开裂，可趁早晨有露水时采集，能防种子散落。四级风以上的天气，禁止上树操作。

树下收集种子作业者，随时注意树上操作的工具滑落或折枝掉下砸伤，并注意行人。注意保护好母株资源，特别是公园风景区，防止破坏有价值的树木，并避免大量损伤种枝、种条，要保护种源。

(4) 种子登记

在采种过程中，为了分清种源、防止混杂，合理使用种子，保证种子质量，对所采用的种子或就地收购的种子必须进行登记。要分批登记，分别包装。种子包装容器内外均应编号，放上标签。

4.3.3 调制

种子调制是采种后对果实和种子进行的脱粒、净种、干燥和种粒分级等技术措施的总称。调制的目的是为了获得纯净而适宜贮藏运输和播种的优质种子。

由于树种种类很多，种子调制方法必须根据果实及种子的构造和特点而定。为生产上加工便利，通常将不同树种的种子分为球果、干果和肉质果3类。对同类种子采用相近的调制方法。

4.3.3.1 脱粒

脱粒是种实调制过程中最重要的环节之一。脱粒就是将种子从果实中分离出来。因此，脱粒的第一步则是使种实的果皮干燥开裂。但在干燥脱粒过程中，应遵循以下原则：含水量高的种实采用阴干法，含水量低的种实采用阳干法。种子含水量是指安全含水量，即种子能维持其生命活动所必需最低限度的含水量。树种不同，种子的安全含水量也不同（表4-1）。大部分树种的安全含水量为5%~12%之间。当种子的安全含水量大于20%时，即为高含水量。

表 4-1　北方主要树种种子的安全含水量

树种	安全含水量(%)	树种	安全含水量(%)
油松	7~9	椴树	10~12
华北落叶松	8	白蜡	9~11
圆柏、侧柏	8~10	桦树	7~8
杨树、柳树	5~6	皂荚	5~6
刺槐	7~8	复叶槭	10
臭椿	9	元宝枫	9~10
白榆	7~8	杜仲	10
银杏	20~25	麻栎、栓皮栎	25~30
山楂	20~25	板栗	40~45

（1）球果类的脱粒

在自然条件下，成熟的球果渐渐失去水分，果鳞反卷开裂，种子脱出。因此，要从球果中取种，关键是使果鳞干燥开裂。球果的脱粒方法有自然干燥法和人工加热干燥法。

①自然干燥法　即在无人工干燥室及气候较温暖的地方，将球果放在日光下暴晒或放在干燥通风处阴干而使种子脱出的方法。如油松、侧柏、杉木、落叶松、云杉等的球果，暴晒3~10 d，球果鳞片开裂后，种子即可脱出。马尾松和樟子松的球果，用一般的方法，开裂较慢而脱粒不彻底。马尾松可用堆沤法或堆沤时用2%~3%的石灰水或草木灰水浇淋球果，可使堆沤时间缩短7~10 d。樟子松球果浸没水1~2 d后，可用日光暴晒法，提早脱落。红松和华山松的球果采后晾晒或阴干几天，待果鳞失水，用木床棒打法脱粒。

②人工加热干燥法　是把球果放入干燥室或其他可加温的室内，进行干燥的方法。干燥室一般设有加热间，并可调控温度和湿度。20世纪80年代由辽宁昌图林机厂研制成功的 IHT 型热风式林木球果烘干机，效果较好；2004年，由国家林业局哈尔滨林业机械研究所研制的新型林木球果干燥设备通过安装验收，这台由工业计算机自动控制的设备，球果开裂程度达到99%，种子成活率达到98%。在国外，如美国、日本、原苏联、瑞典等国都设计了生产效率较高的人工干燥室(图4-4)。球果干燥机可以脱粒、净种、干燥、分级一次性完成。

人工加热干燥球果温度不宜过高，温度过高会降低种子的发芽率。落叶松、云杉的适

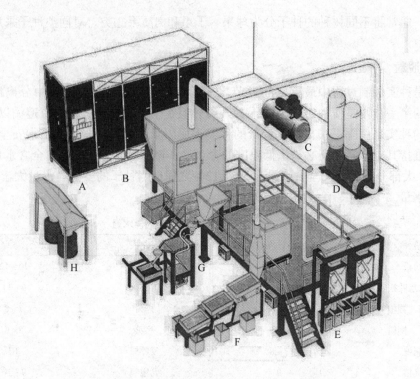

图 4-4 瑞典 BCC 公司球果/种子调制装置
A. 球果/种子干燥箱　B. 去翅/脱粒设备　C. 空气压缩机　D. 过滤装置
E. 重力分选机　F. 净种和种子分级机　G. 水选机　H. 球果分装站

宜温度为 40~45℃；杉木、柳杉、樟子松、湿地松等一般不得超过 50℃；欧洲松适宜干燥的温度为 54℃。对于含水量较高的球果，要先在 20~25℃温度下预干，然后干燥室再逐渐升温，以免突然高温，使种子的生活力受到损失。

（2）干果类的脱粒

干果的种类较多，果实成熟后开裂者，称为裂果，如蒴果、荚果；果实成熟后不开裂者，称为闭果，如翅果、坚果。因果实构造、含水量不同，脱粒方法各异。

①蒴果类　含水量较高且种粒细小的杨、柳等，以及含水量较高的大粒蒴果，如油茶、油桐等，采用阴干法脱粒。香椿、木荷、乌桕等蒴果，晒干后种粒即可脱出。种子细小的蒴果如桉树、泡桐等，收回室内晾干脱粒。

②荚果类　刺槐、皂荚、合欢、相思等，一般含水量低，种皮坚硬致密，采用阳干法干燥脱粒。

③翅果类　枫杨、槭树、臭椿、白蜡等果实，调制时一般不用去翅，只需适当干燥后，清除杂物即可。榆、杜仲的种子含水量虽然较低，但失水过多影响发芽率，应用阴干法调制。

④坚果类　栎类、槠栲类、板栗等大粒坚果因含水量较高，不能在阳光下暴晒，用阴干法调制。桦木、赤杨等小坚果，可薄摊（厚 3~4 cm）晾晒，然后用棒轻打或包在麻布袋中揉搓取种。悬铃木的小坚果，采后晒干，敲碎果球，去毛脱粒。

(3) 肉质果类的脱粒

肉质果类包括浆果、核果、聚花果以及包有假种皮的种子。其果皮多为肉质，容易发酵霉烂，采集后应及时调制。调制过程包括：软化果肉、弄碎果肉、用水淘出种子再干燥与净种。例如，银杏、桑树、沙棘、山杏、楝树、圆柏等，采用堆沤软化果皮，或用木棒捣碎果皮，也可放在筛子上揉搓，再用流水淘洗漂去果肉，分离出潮湿的种子，然后进行阴干。

4.3.3.2 净种

净种就是除去夹杂在种子中的鳞片、果皮、种皮、果柄、枝叶碎片、空粒、废种子、土块等。其目的是提高种子纯净度。净种方法一般是根据种子、夹杂物的大小和比重不同，分别采用风选、水选、筛选或粒选。

(1) 风选

适用于中、小粒种子，由于饱满种子与夹杂物的重量不同，利用风力将它们分离。风选的工具有风车、簸箕等。

(2) 筛选

利用种子与夹杂物的大小不同，选用各种孔径的筛子清除夹杂物。筛选时，还可利用筛子旋转的物理作用分离空粒及半空粒的种粒。

(3) 水选

利用种粒与夹杂物比重不同的净种方法。例如，银杏、侧柏、栎类、花椒等树种，水选时可将种子浸入水中，稍加搅拌后饱满种子下沉，杂物及空、蛀粒均上浮，很易分离。

(4) 粒选

粒选是从种子中挑选粒大、饱满、色泽正常、没有病虫害的种子。这种方法适用于核桃、板栗、油桐、油茶等大粒种子的净种。

4.3.3.3 种子干燥

净种后的种子还应及时进行干燥，种子干燥的程度一般以达到安全含水量为准，达标的种子才能安全贮藏或调运。如果采后立即播种，则不必进行干燥。

种子干燥主要采用自然干燥法。根据种子含水量的高低，可采用阳干或阴干法。无论采用哪种方法，都应将种子摊薄并勤翻动，以使种子水分尽快散失，保证种子质量。

在林业发达的国家，种子调制的全过程都实现了机械化，常用的机械包括：种子和球果干燥箱、种子脱粒生产线、净种和分级机、去翅机、水选机、重力分选机等(图4-4)。

4.3.3.4 种粒分级

采用不同孔径的筛子，将大小种子分开；利用风选，将轻重不同的种粒分级；或利用种子介电分选技术实现种子分选，有利于提高种子品质。用分级后的种子播种，出苗整齐，生长均匀，便于更好地进行抚育管理。

分级标准参考国家《林木种子质量标准》。该标准根据种子净度、发芽率(或生活力、优良度)和含水量等品质指标，将我国115个主要造林树种种子质量划分为3个等级。

我国林业工作者经过多年研究，基本摸清了我国主要造林树种结实规律，确定了相应的种子成熟期和采集期，提出了科学的种子采集和调制方法。由南京林业大学、北京林业大学等教学、科研和生产单位共同完成的中华人民共和国国家标准《林木采种技术》（GB/T 16649—1996），详细列出了我国主要树种种子成熟特征、成熟期、采集期、采集方法、调制方法、出种率和千粒重等重要特征、方法和数据，是该领域多年成果的科学汇总，为指导我国林木种子的采集和调制提供了科学依据和实用方法，对我国林木种子生产有重要意义。

4.4 无性繁殖材料采集与调制

无性繁殖材料包括用于扦插繁殖的插穗和嫁接繁殖的接穗。

4.4.1 插穗采集与调制

4.4.1.1 插穗采集

果树插穗采集时应选择品种纯正、品质优良、生长健壮、无病虫害的树木作为采穗母树，不应该在表现不良、病虫害较为严重和尚未结果的幼树上采集插穗，以防造成苗木质量变劣和导致退化；观赏花灌木选择花大色艳、色彩丰富、观赏期长的植株作为采穗母株。用材林和绿化乔木插穗采集地应首选采穗圃，如需要在大树上采集，应从树干基部的萌条或树干基部附近的根萌条上采集。插穗的采集时间因树种、扦插繁殖方法不同而存在差异。

嫩枝扦插一般在树木生长最旺盛期，截取半木质化的幼嫩枝条作为插穗。多数树木在5~7月，如桂花以5月中旬采集为好；银杏、葡萄、山茶的插穗采集以6月中旬为好。采集过早，枝条幼嫩容易失水萎蔫干枯；采集过晚，枝条木质化，生长素含量降低，抑制物质增多，不利于生根。开花类植物，如月季，截取插穗的时间在谢花后进行。一天中适宜的采集时间为早晨和傍晚，此时插穗含水量高，空气湿度大，温度较低，插穗易于保存，严禁在中午采集插穗。

硬枝扦插时，落叶类树木插穗的采集一般在秋末树木缓慢生长或停止生长后，至第二年春季萌芽前进行，以充分木质化的枝条作为插穗；常绿类树木在春季萌芽前采集；采集过早，树木体内积累的营养物质较少，导致插穗质量下降，或者是由于枝条生长量小，导致可利用的插穗量少，从而降低了繁殖系数；采集过晚，枝条上的芽膨大，会消耗营养物质，不利于生根，或枝条木质化程度过高，不利于扦插成活。

插穗可结合母树夏、冬季修剪进行采集，通常应采集母树中上部枝条。夏季的嫩枝，生长旺盛，光合作用效率高，营养及代谢活动强，有利于生根。冬剪的休眠枝，已充分木质化，枝芽充实，贮藏营养丰富，也有利于生根。

4.4.1.2 插穗调制

硬枝扦插时，截取母树树冠上中部向阳充分成熟、节间适中、色泽正常、芽眼饱满、无病虫危害的1年生中庸枝作为插穗，过粗的徒长枝和细弱枝均不适合作为插穗。剪去枝条梢端过细及基部无明显芽的枝段后，剪成7~8个芽(50 cm左右)，每50~100根捆成一捆，并使插穗的极性方向保持一致，且下切口对齐，标明品种名称和采集地点，以免混杂。

嫩枝扦插时，选择母树上成熟适中、腋芽饱满、叶片发育正常、无病虫害的枝条为宜，枝条过嫩容易腐烂，过老则生根缓慢。插条一般随采随插，不需要贮藏。采集后立即放入盛有少量水的容器中，使插穗的基部浸泡在水中，让其吸水补充蒸腾失去的水分，以防插穗萎蔫。如果从外地采集嫩枝插穗，可将每片叶剪去一半，以减少水分蒸腾损耗，再用湿毛巾放入一些冰块降温分层包裹，枝条基部用苔藓包好，运到目的地后立即打开包裹物，用清水浸泡插条基部。

采集的插穗应分树种和品种捆扎，拴上标签，标明品种、采集地点和采集时间等。

4.4.2 接穗采集与调制

4.4.2.1 接穗采集

接穗的采集，必须选择品质优良纯正、观赏价值或经济价值高，生长健壮，无病虫害的壮年期的优良植株为采穗母本。从采穗母本的外围中上部，好选向阳面，光照充足，发育充实的 1~2 年生的枝条作为接穗。一般采取节间短、生长健壮、发育充实、芽体饱满、无病虫害、粗细均匀的 1 年生枝条较好；但有些树种，2 年生或年龄更大些的枝条也能取得较高的嫁接成活率，甚至比 1 年生枝条效果更好，如无花果、油橄榄等，只要枝条组织健全、健壮即可；针叶常绿树的接穗则应带有一段 2 年生的老枝，这种枝条嫁接成活率高，且生长较快。

春季嫁接应在休眠期（落叶后至翌春萌芽前）采集接穗并适当贮藏。若繁殖量小，也可随采随接；常绿树木、草本植物、多浆植物以及生长季节嫁接时，接穗宜随采随接。

芽接用的接穗最好是随采随接，采集的接穗要立即剪去叶片保留一段叶柄。枝接接穗在落叶后即可采集，最迟不得晚于发芽前 2~3 周。

4.4.2.2 接穗调制

春季嫁接用的接穗，一般在休眠期结合冬季修剪将接穗采回，每 100 根捆成一捆，附上标签，标明树种或品种、采条日期、数量等，在适宜的低温下贮藏。对有伤流现象、树胶、单宁含量高等特殊情况的接穗用蜡封方法贮藏，如核桃、板栗、柿树等植物接穗，用此法贮藏效果很好。

蜡封方法是：将枝条采回后，剪成 8~13 cm 长（一个接穗上至少有 3 个完整、饱满的芽）的插穗；用水浴法将石蜡溶解，即将石蜡放在容器中，再把容器放在水浴箱或水锅里加热，通过水浴使石蜡熔化；当蜡液达到 85~90 ℃时，将接穗两头分别在蜡液中速蘸，使接穗表面全部蒙上一层薄薄的蜡膜，中间无气泡；然后将一定数量的接穗装于塑料袋中密封好，放在 0~5 ℃的低温条件下贮藏备用。

多肉植物、草本植物及一些生长季嫁接的植物接穗应随采随接，去掉叶片和生长不充实的枝梢顶端，及时用湿布包裹。取回的接穗如不能及时嫁接可将其下部浸入水中，放置阴凉处，每天换水 1~2 次，可短期保存 4~5d。

（郭素娟）

复习思考题

1. 种源选择在森林营造中的意义？选择适宜种源的途径有哪些？
2. 种子区划的意义？根据种子区划如何调拨种子？
3. 一般种实的成熟包括哪几个过程？确定采种期应遵照的原则有哪些？
4. 种实调制包括哪几个工序？阴干法和晒干法分别适合于哪些类型的种实？
5. 净种的方法有哪几种？林木种子干燥的方法有哪些？为什么要进行种粒分级？
6. 简述调拨种子的基本原则。
7. 如何建立母树林？
8. 简述种实成熟的过程及其特点。
9. 简述确定采种期的原则。
10. 简述种实干燥脱粒的原则。

推荐阅读书目

1. 森林培育学(第3版). 翟明普, 沈国舫, 等. 中国林业出版社, 2016.
2. 园林苗圃学. 成仿云. 中国林业出版社, 2012.
3. 苗木培育学. 沈海龙. 中国林业出版社, 2009.
4. 林木育苗技术. 孙时轩. 金盾出版社, 2002.
5. 森林培育学. 翟明普, 贾黎明, 郭素娟. 中央广播电视大学出版社, 2001.

参考文献

李书靖, 周建文, 王芳, 等, 2000. 甘肃地区油松种源选择的研究[J]. 林业科学(5): 40-46.

赵晴晴, 王傲楠, 王壹, 等, 2016. 油松26个种源苗期生长及光合特性比较[J]. 东北林业大学学报, 44(11): 19-23.

陈虎, 张明慧, 卢开成, 等, 2017. 修剪强度对马尾松成年种子园母树的影响[J]. 福建林业科技, 44(01): 38-42.

勒栋梁, 李永荣, 彭方仁, 等, 2018. 薄壳山核桃采穗圃的构建与质量评价[J]. 南京林业大学学报(自然科学版), 42(2): 134-140.

朱亚丽, 2018. 华北落叶松种子的采集和处理[J]. 现代园艺(15): 99-100.

陈松树, 赵致, 王华磊, 等, 2017. 不同采果期多花黄精的果实成熟度及种子调制研究[J]. 种子, 36(09): 30-34.

郭欢欢, 刘勇, 吴成亮, 等, 2017. 国外林木种子休眠与贮藏的研究进展[J]. 西北林学院学报, 32(4): 133-138.

王文舒, 郭素娟, 2011. 超干贮藏与回湿处理对白皮松种子萌发及生理特性的影响[J]. 种子, 30(10): 19-24.

第 5 章　树木繁殖材料贮藏与种子质量评价

【本章提要】 本章介绍了树木种子在贮藏过程中的生理变化、影响种子耐贮性的因素，并且阐述了适用不同类型种子的贮藏方法；同时还介绍了用于无性繁殖的营养繁殖材料的类型和特点、贮藏过程中的生理变化及贮藏方法；最后系统论述了树木种子质量评价的作用、内容，检验的依据和原则、检验程序和相关指标的检测方法。通过本章学习，使读者对树木有性繁殖材料（种子）和无性繁殖材料（营养器官）的贮藏特性、贮藏方法和质量评定有系统的了解，并对生产实践操作具有指导意义。

树木繁殖方法包括有性繁殖和无性繁殖。有性繁殖材料是种子，种子是一个完整的单元，为能够自我生存的个体，具有较好的耐贮性；无性繁殖材料主要是营养器官，为一种离体器官，难以自我生存，耐贮性较差。由于树木繁殖具有季节性，在生产上繁殖材料常需进行一定时间的贮藏。在贮藏过程中因繁殖材料的不同和贮藏时间的长短差异，贮藏方法具有很强的针对性；但贮藏目标完全一致，最大限度地保持繁殖材料的活力，在此基础上，降低贮藏成本。

繁殖材料常随着贮藏时间的延长发生劣变，其劣变的内在原因是贮藏过程中内在的生理变化。为了提高繁殖材料的耐贮性和降低贮藏成本，需要了解在贮藏过程中影响生理变化的主要因素、生理劣变的过程及时限；在此基础上，提出有针对性的贮藏方法，以满足繁殖材料的贮藏需求。

同时，为了提高和保障有性繁殖的效率，获得优质壮苗，需对种子质量进行评价。种子质量包括遗传品质和播种品质。遗传品质指来自于亲本的遗传特性，决定了苗木的"品种"特性，是优质的前提；而播种品质则强调采收后经加工处理后的种子品质，影响苗木的"生长"特性，是壮苗的保证。因此，了解和掌握树木种子质量的评价方法，为培育优质壮苗提供条件，为森林健康和可持续发展提供保障。

5.1　种子贮藏生理与贮藏方法

种子从收获至播种前需经或长或短的贮藏阶段。种子贮藏的任务是采用合理的贮藏设备和先进科学的贮藏技术，人为地控制贮藏条件，将种子劣变降到最低，以最有效的保持发芽力和生活力，确保种子的播种价值。

种子贮藏期限的长短，因树种和贮藏目的而不同。不同类型种子（正常型、中间型和顽拗型）的贮藏条件和贮藏寿命差异很大；用于种质资源保存的种子要求长期贮藏，生产上随采随用的种子可作短期贮藏;丸粒化种子和人工种子的贮藏要求则更高。因此,从提高种子的耐贮性来看,了解种子的贮藏特性可为提供适宜的贮藏条件、采用科学管理方法提供依据。

5.1.1 种子贮藏过程中的生命活动及代谢变化

5.1.1.1 呼吸作用对种子贮藏的影响

种子是活的有机体,即使在非常干燥或处于休眠状态时,呼吸作用仍在进行,但强度减弱。种子的呼吸作用与安全贮藏密切相关。

(1)贮藏种子的呼吸特点

种子呼吸(seed respiration)是种子内活组织在酶和氧的参与下,将贮藏物质进行一系列的氧化还原反应,放出 CO_2 和 H_2O,同时释放能量的过程。呼吸作用是贮藏期间生命活动的主要体现。

种子呼吸可分为有氧呼吸和无氧呼吸两种类型。有氧呼吸指在氧气的参与下,贮藏养分被彻底分解成 CO_2 和 H_2O,同时释放能量的过程。其过程如下:

$$C_6H_{12}O_6 + 6O_2 \rightarrow 6CO_2\uparrow + 6H_2O + 能量(2\,870.22\text{ kJ})$$

无氧呼吸指种子在缺氧条件下,种子内的某些有机物分解为不彻底的氧化产物(醇、醛和酸等),并释放较少的能量(见下式)。无氧呼吸产生的醇、醛、酸等对种胚细胞有毒害作用。

$$C_6H_{12}O_6 \rightarrow 2C_3H_4O_3 + 4H \rightarrow 2C_3H_6O_3 + 75.31\text{ kJ}$$

种子呼吸的性质随环境条件、种子类型和种子质量而不同。正常型种子和中间型种子处在干燥低温、密闭缺氧的条件下,以缺氧呼吸为主,呼吸强度低;反之,则以有氧呼吸为主,呼吸强度高。在贮藏过程中两种呼吸往往同时存在,通风透气的种子堆,以有氧呼吸为主,但在大堆种子底部仍可能发生缺氧呼吸;若通气不良,以缺氧呼吸占主导。含水量高的种子堆,由于呼吸旺盛,堆内温度升高;如果通风不良,无氧呼吸时间过长,呼吸产生的乙醇等有毒物质在堆内积累过多,会抑制种子正常呼吸代谢,或使种胚中毒死亡。

(2)呼吸对种子贮藏的影响

呼吸作用对种子有两方面的影响。一方面可以促进种子的后熟作用;另一方面过强的呼吸作用会引起下列问题:①旺盛的种子呼吸会消耗大量的贮藏物质,缩短贮藏寿命;②呼吸作用产生的水汽聚集在种子堆中,造成种子的"出汗"现象,反过来提高种子的含水量;③呼吸过程吸收 O_2 产生 CO_2,当呼吸强度大且通风不良时,种堆的中下层严重缺氧,导致无氧呼吸,产生有毒物质,加速种子劣变;④呼吸产生的热量,大部分散发到种堆中,使种堆温度提高,呼吸加强。由此可见,呼吸强度过大不仅提高了种子含水量和种堆温度,而且增强了种堆的呼吸强度,同时还促进了种堆内的仓储害虫和微生物活动,加剧了对种子的取食和危害;而仓储害虫和微生物活动又释放出大量的热能和水汽,反过来促进了种子的呼吸强度。

5.1.1.2 贮藏过程中种子代谢变化

种子在贮藏过程中活力发生不可逆的老化现象。种子老化一般指种子的自然衰老,通常先发生生物化学的变化，然后产生生理的变化，最后反映出细胞形态结构的变化。

(1) 贮藏物质的变化

种子贮藏物质主要有淀粉、蛋白质和脂肪。在贮藏过程中，呼吸作用以淀粉、蛋白质和脂肪为呼吸底物。其中脂肪比糖类和蛋白质更容易水解和氧化；含油量高者，贮藏物质容易损耗变质；含蛋白质和淀粉较多者，贮藏物质较稳定、耐消耗。

(2) 生理生化水平上的变化

种子贮藏老化时，内部的膜系统因过氧化而受到破坏、透性增加，同时产生和积累脂质氢过氧化物(ROOH)、丙二醛(MDA)等多种有毒物质；赤霉素、细胞分裂素及乙烯等植物激素的产生系统逐渐衰退；贮藏物质代谢缓慢，RNA 合成速率降低，蛋白质合成能力降低。

5.1.2　影响种子耐贮性的因素

尽管种子劣变是贮藏过程中不可避免的，但合理贮藏可以延长种子寿命。正常型种子在低温、干燥的条件下可长期贮藏；顽拗型种子不耐脱水及低温，在常温和一定含水量条件下可短期贮藏。当然，种子贮藏寿命的长短，还取决于种子本身特性和贮藏条件。

5.1.2.1　种子本身特性

种子本身特性包括种子的遗传特性和种子本身状态。受遗传特性的影响，种子寿命差异悬殊，有的长达数千年，如古莲子、北极羽扇豆；有的仅为几天，如杨树和柳树种子。遗传特性对种子寿命的影响主要表现在种子类型、种皮结构和种子内贮藏物质类型等。根据种子寿命的长短，可将种子分为下列 3 种类型。

(1) 短命种子

短命种子的寿命一般在 3 年以下，多为顽拗型种子和中间型种子，如杨、柳、坡垒、板栗、茶等。其特点是不耐低温和脱水，或脂肪含量较高，或种皮薄脆等。

(2) 中命种子

又称常命种子，寿命一般在 3~15 年，大部分正常型种子属于此类，如柏木类、鹅掌楸类种子。

(3) 长命种子

长命种子的寿命一般在 15 年以上，硬实性种子均为此类。通常种子的含油量低，种皮较坚韧致密；有的还具有不透水层，如刺槐、皂荚等。

种子本身状态主要指种子的成熟度、完整度和播种品质。未充分成熟的种子含水量高、水溶性物质多、呼吸强、易感病、贮藏物质不稳定、极易消耗，其种子活力低、寿命也较短；成熟度高的种子，贮藏物质积累多且稳定、耐呼吸消耗，活力高、寿命也长。子粒完整、饱满充实者，贮藏物质积累多、不易损耗变质，活力较高、寿命较长；机械损伤或害虫及微生物侵蚀者、种皮破损者，呼吸增强、贮藏物质容易损耗变质，活力低、寿命较短。

种子播种品质包括种子净度、含水量、发芽力(生活力、饱满度)、健康状况等，种子的成熟度、完整度及种子加工处理都会影响播种品质，其中种子含水量对种子的耐贮性影响最大。

种子贮藏时水分过高，呼吸作用旺盛，产生大量呼吸热和水分，引起种子堆发热；呼吸旺盛使氧气消耗较多，易造成缺氧呼吸并产生大量乙醇，使种胚细胞受毒害丧失活力；高水分的种子还易招致细菌、霉菌、仓储害虫的侵染和危害，使种子发芽率降低。研究表明，种子含水量的高低对贮藏寿命影响很大。不同类型种子贮藏时对水分要求不同：当正常型种子的含水量较低时，有利于种子贮藏，但顽拗型种子则需要保持一定含水量才有利于贮藏。

总体来说，种子播种品质越高，寿命越长；反之，则会降低种子的耐贮性。

5.1.2.2 贮藏条件

影响种子贮藏寿命的条件主要包括空气相对湿度、温度、气体、光照、微生物和害虫等。

(1) 空气相对湿度

种子在贮藏期间水分的变化，取决于空气相对湿度。当空气相对湿度大于种子平衡水分时，种子就从空气中吸收水分，使含水量增加，代谢加快，使种子活力下降较快，寿命变短；相反，种子向空气释放水分并渐趋干燥，使代谢变缓，种子活力下降趋缓，有利于种子贮藏。因此，贮藏期间保持空气干燥是安全贮藏的必要条件。

控制空气相对湿度可根据实际情况而定。正常型种子耐干藏，常用于中长期保存，其种子含水量较低，要求相对湿度控制在30%左右；越冬贮藏（临时贮藏）贮藏时间相对较短，要求控制在与种子安全含水量平衡的相对湿度即可，大致在60%~70%。从种子的安全水分标准和实际情况考虑，贮藏环境的相对湿度一般控制在65%以下为宜。

(2) 贮藏温度

种堆温度随气温的变化而变化。贮藏温度升高会加速种子的呼吸作用，同时促进微生物的活动，使种子活力下降，缩短种子寿命；低温则能降低种子生命活动，减缓代谢，抑制微生物的活动，有利于种子贮藏，延长种子寿命。

一般情况下，需要中长期保存的种子宜在0℃、-10℃、-18℃或更低温度条件下贮藏；而越冬贮藏（临时贮藏）的种子可在15℃或室温条件贮藏。

(3) 通气状况

空气中除了O_2、CO_2等气体外，还有水汽和热量。将种子贮藏在通气条件下，呼吸所需的氧气充足，加上吸湿增温，使种子代谢加强，缩短种子寿命。因此，对于正常型和中间型种子，将干燥种子贮藏在密封条件下有利于保持种子活力；密闭隔绝了氧气，阻止了水汽和热量交换，从而抑制了种子的生命活动，减少物质消耗，可长时间保持种子活力。但对于含水量较高的种子，由于其呼吸活动旺盛，呼吸所产生的CO_2、有毒物质、水汽和热量等较多，进行适当通气，可以保证种子的有氧呼吸和降低仓内的温、湿度，可减缓种子的劣变进程。

(4) 其他

除上述因素外，种子贮藏还需考虑避光保存；光照加速种子劣变，不利于种子贮藏。另外，仓内应保持清洁干净，减少仓储害虫和微生物的感染。由于仓储害虫和微生物的繁殖和活动放出大量的水和热，使贮藏条件恶化，从而直接或间接危害种子；保持仓内干燥、低温、密闭可以抑制仓储害虫和微生物的生命活动。

综上所述，影响种子耐贮性的因素之间相互影响、相互制约。其中，种子含水量常常是影响贮藏效果的主导因素：低含水量种子即使在较高温度下，其呼吸强度要比高含水量种子在同样温度下低得多；同样，高含水量种子在低温条件下的呼吸强度比在高温下低得多；因此，干燥和低温通常结合使用。贮藏条件中的空气相对湿度、贮藏温度不仅受种子呼吸强度的影响，而且随通气状况而变化；同时这些因素也影响了仓储害虫和微生物的活动，反之亦然。因此，在贮藏时须对种子特性及各种环境条件进行综合分析，采用最适宜的贮藏方法，才能提高种子的耐贮性。

5.1.3 种子贮藏方法

贮藏方法的选择需根据种子的特性和贮藏目的而定。对于生产用种，首先要考虑经济效益，并结合本地区的气候条件、贮藏时间和种子价值等来确定贮藏方案；对于种质资源保存来说，更侧重于贮藏设施的性能、贮藏年限和贮藏效果。下面阐述不同种子的贮藏方法。

5.1.3.1 干藏法

将气干的种子贮藏于干燥的环境中称为干藏。该法要求一定的低温和适当干燥的环境。正常型和中间型种子适于干藏。由于贮藏时间长短和采用的具体措施不同，干藏法又可分为以下几种方法。

(1) 普通干藏

将干燥达到安全含水量的种子，装入容器或包装中，放在经过消毒的干燥、通风的室内进行贮藏。大多数植物种子的短期贮藏均可采用此法。由于种子未密封，种子温度和含水量均随贮藏库内的温度、湿度的变化而变化；由于未安装降温、除湿设备，因此，贮藏库内的温度和湿度均难以控制。

该方法简单、经济，适合于贮藏大批量的生产用种。贮藏时间一般控制在 1~2 年，贮藏 3 年以上的种子活力明显下降。为了提高贮藏效果，种子入库前需进行严格的清选、分级和干燥，贮藏库也要做好清理和消毒工作。种子入库后，要登记存档、定期检查检验，做好通风散热等管理工作。

(2) 低温干藏

将适于干藏的种子置于低温条件下(0 ℃以下)进行中长期贮藏。适于干藏的种子均适用此法。低温干藏法要求贮藏库有控温和控湿设备，低温贮藏的温度范围一般为 0~5 ℃和 -20~-10 ℃。由于低温库建库投资和运转费相对较高，尤其在热带地区，贮藏成本更高，因此，一般适于小规模的种子贮藏或种质资源保存。

(3) 密封干藏

把种子干燥到符合密封要求的含水量标准，再用各种不同的容器或不透气的包装材料密封起来贮藏的方法。在一定的温度条件下，密封贮藏不仅能较长时间保持种子生活力、延长种子寿命，而且便于交换和运输。

密封贮藏法之所以有良好的贮藏效果，是因为它控制了氧气供给，杜绝了外界空气湿度对种子含水量的影响，使种子处于低强度呼吸；同时，密封条件也抑制了好气性微生物的生长和繁衍，从而起到延长种子寿命的作用。密封贮藏法在湿度变化较大、雨量较多的地区，贮藏效果好且成本低。

但需要注意的是，密封贮藏容器不能置于高温条件下，否则会加快种子死亡。因为高温会加快种子的呼吸，从而造成密封容器内严重缺氧，使种子呼吸变成无氧呼吸而产生大量的有毒物质，加速种子劣变；高温还会促进真菌等厌气性病害的发生，尤其是种子含水量较高的情况下更甚。因此，密封贮藏的种子，只有在温度较低的条件下进行，其贮藏效果才更为明显。

(4) 超干贮藏

将种子含水量降至5%以下，密封后在室温或低于室温条件下贮藏种子的方法。该法常用于种质资源保存和育种材料的保存。多数正常型种子可以进行超干贮藏。不同类型的种子耐干程度不同：脂肪类种子具有较强的耐干性，可以进行超干贮藏；淀粉类和蛋白质类种子的耐干性差异很大，有待深入研究。超干贮藏的关键技术包括：

①超低含水量的获得　一般的干燥条件难以将种子含水量降至5%以下；如采用高温烘干，会降低种子活力甚至丧失生活力。目前常用的方法有冷冻真空干燥、鼓风硅胶干燥、干燥剂室温下干燥，不仅可使含水量降到5%以下，还不会降低种子生活力。

②超干种子萌发预处理　超干种子在吸胀时易受到损伤，将超干种子直接浸水萌发效果不佳。因此，根据种子"渗控"和"修补"的原理，采用聚乙二醇(PEG)引发处理或回干处理和逐渐吸湿平衡水分的措施可有效地防止超干种子的吸胀损伤，获得高活力的幼苗。

(5) 超低温贮藏

将干燥种子置于超低温条件下(-196℃)贮藏，使其新陈代谢基本处于停止状态，达到长期保存种子的贮藏方法。

超低温贮藏通常以液氮为冷源，技术上提供了种子"无限期"保存的可能性。在液氮中冷却和再升温过程中能够存活的种子，延长其在液氮中贮存的时间不会对种子有害。超低温保存不需要机械空调设备和其他管理，冷源是液氮，容器是液氮罐，设备简单，但液氮使用的成本高，一般适用于需要长期保存的珍贵稀有种质。超低温保存技术主要包括：

①确定适合液氮保存的种子含水量　具适宜含水量的种子才能在液氮中存活。

②冷冻和解冻技术　适宜的降温和升温速度。

③包装材料的选择　使种子和液氮隔绝。

④添加冷冻保护剂　常用的冷冻保护剂有二甲基亚砜(DMSO)、甘油、PEG等。

⑤解冻后的发芽方法　确定种子解冻后的适宜发芽条件。超低温保存技术为种质资源的长期保存提供了可能性，但相关技术还需进一步完善。

5.1.3.2　湿藏法

湿藏法是将种子贮藏在湿润、低温而通气的环境中。适于湿藏的种子包括休眠类种子和顽拗型种子。休眠类种子经过湿藏可以逐渐解除种子休眠，播种后发芽迅速而整齐，具深休眠特性的种子播种前应进行湿藏，如械树属的大部分种子。不耐脱水和不耐低温的顽拗型种子，适宜的种子水分对该类种子生活力的保持至关重要，因此，必须湿藏，如银杏、栎属、栗属、核桃、油茶等的种子。

湿藏的基本要求是：①将种子贮藏在潮湿、疏松介质中；②由于种子含水量高、需氧量大，因此，需保持良好的通气以防止发热；③贮藏前用杀菌剂处理，可以防止微生物和菌类的生长,同时适度低温可以控制霉菌生长和抑制种子发芽。湿藏种子在贮藏过程中呼吸强度较大,因此贮藏时间较短,常用于临时(越冬)贮藏。

湿藏的方法主要有露天埋藏和室内堆藏。

(1)露天埋藏

在室外选择地势高燥、排水良好、土质疏松又背风的阴坡地,挖坑贮藏。原则上要求将种子贮藏在土壤结冻层以下、地下水位以上。坑挖好后,将种子和湿沙混和(种沙比1∶3),沙子湿度为饱和含水量的60%;其上覆盖砂土和秸秆,保持通气。种子层不宜过厚,防止呼吸发热和通气不足。

露天埋藏法贮藏量大,但埋藏后不易检查。适于冬季低温干燥的北方地区,但在南方多雨和地温较高地区,或土壤黏重板结、排水不良的地区,种子易提早发芽或腐烂,贮藏过程中需加强检查。

(2)室内堆藏

选择干燥、通风、无直射光的室内、地下室或草棚,将种子与湿沙分层放置或种沙(种雪)混合堆放(种沙/雪比1∶3)。为了便于检查和有利于通风,可堆成垄,垄间留出通道。当种子数量不多时,也可把种子混沙装于通气容器中,置于通风的地下室内。

5.2 无性繁殖材料贮藏生理与贮藏方法

造林绿化涉及的树种很多,大部分苗木可以通过有性繁殖获得,但有些树木的观赏品种、栽培品种或特殊造型的苗木只能通过无性繁殖进行培育。

无性繁殖,亦称营养繁殖,是利用植物营养器官(如干、枝、叶、芽和根等)通过无性繁殖方法培育而成的苗木。营养繁殖的特点在于保持母本的优良性状、可提早开花结实,特别适合于选育周期长、童期长的观赏价值高、生长迅速和果实性状优良(经济林)的栽培品种等。营养繁殖苗幼年生长迅速、均匀,管理简单省事,在生产中已广泛运用,如桉树造林用无性系组培苗、杂种鹅掌楸优良子代的组培苗、红叶石楠的扦插苗、观赏型海棠和四照花品种的嫁接苗等。

大规模无性繁殖方法主要包括扦插、嫁接、组织培养等,育苗所需的营养器官为植物的离体器官。在实际生产过程中,无性繁殖材料常来源于采穗圃或优良的成年植株,往往与育苗地有一定距离,或采集后由于季节、气候等原因不能马上进行繁殖,因此,需要对繁殖材料进行阶段性贮藏,以在适宜的地方和适宜的时间进行生产。

在自然界中,种子进化形成了相应的保护结构以适应季节和气候的变化;基于此,在适宜条件下种子可以长时间保持活力。与种子不同的是,营养器官离体后本身没有相应的保护机制,在常规条件下很快丧失活力,不利于营养繁殖的顺利进行。根据无性繁殖的特点,营养繁殖材料一般为树液流动前的休眠器官(适于硬枝扦插或春季嫁接),或生长旺盛的营养器官(适于嫩枝扦插和秋季嫁接的半木质化枝条或饱满芽,组织培养的嫩叶、嫩茎或芽)。由于休眠器官具有较丰富的大分子贮藏养分,促进生长类激素含量少、酶活性低,生命活动几乎处于静止状态,因此较易贮藏且贮藏时间长;而生长旺盛期的营养器官,其内部养分多以可溶性小分子物质为主,生长类激素含量高、酶活性强,生命活动处于旺盛阶段,因此较难贮藏且贮藏时间短。

5.2.1 无性繁殖材料的类型

随着无性繁殖技术的发展,由常规的营养繁殖技术如扦插、嫁接,发展到植物工厂化生产的组织培养,以及由此形成的人工种子。这些均成为生产上广泛应用的无性繁殖材料。

(1) 常规无性繁殖材料

常规无性繁殖材料指用于扦插繁殖(插穗)和嫁接繁殖(接穗)的穗条,包括休眠期和生长期的无性繁殖材料,即穗条、芽、根、叶等。

(2) 微型无性繁殖材料

微型无性繁殖材料主要指在组织培养过程中所产生的阶段性的生物组织,包括原生质、细胞、愈伤组织、器官和胚(胚状体)等分生材料;其中胚状体具类似于叶、根、茎分生组织的结构。这些繁殖材料在常规条件下贮藏几乎不能存活,仅适宜于超低温贮藏。

将上述分生组织经人工包埋于胶囊中即可形成人工种子,生产上人工种子是微型繁殖材料的主要类型之一。人工种子结构和功能与天然种子相似,由人工种胚、人工胚乳和人工种皮三部分组成。人工种胚可分为体细胞胚和非体细胞胚两大类:体细胞胚通过组织培养获得,它与天然种子中的合子胚功能相同;非体细胞胚指无生长极性的营养繁殖体(vegetative propagules),如茎尖(shoot tips)、节茎段(nodal segments)、发根(hairy roots)和愈伤组织(calli)等分化材料,及具有生长极性的原球茎(protocorm)和类原球茎(protocorm-like body, PLB)。人工胚乳可以提供胚状体新陈代谢和生长发育的营养物质及生长素等;人工种皮的作用主要是保护种胚,要求具备透气、透水、固定成型和耐机械冲击的特性。目前人工种子已广泛应用于药用植物、观赏植物、果树和林木上。

5.2.2 无性繁殖材料的贮藏生理

在贮藏过程中,无性繁殖材料的生理指标,包括组织的含水量、贮藏养分及抑制性物质等的变化显著,并影响繁殖成活率。一般来说,繁殖材料的体积大小对生理变化的影响较大:体积越大,所包含的养分和水分越多,耐贮性较好;体积越小,所包含养分和水分越少,耐贮性降低。

(1) 含水量

研究表明,含水量与繁殖成活率成显著正相关。当桑树和俄罗斯杨的穗条含水量小于50%时,繁殖成活率急剧下降。为了减缓失水速率,贮藏时常采用塑料或石蜡进行密封贮藏。

(2) 相对电导率

随着贮藏时间的延长和含水量的下降,相对电导率呈明显的上升趋势,它也是衡量繁殖材料活力下降的重要生理指标。研究表明,对于贮藏的俄罗斯杨,与扦插成活率相关性最大的生理指标是相对电导率,其次是脯氨酸,最后是组织含水量。

(3) 脯氨酸

一般来说,在失水前期,脯氨酸含量升高速率较快;随着失水程度的增大,积累速率逐渐减缓；失水严重时，含量开始下降。因此，在贮藏初期，营养繁殖材料内的脯氨酸含量大量积累；随着组织材料活力的下降，脯氨酸含量也下降。

(4) 贮藏养分

贮藏过程中，大分子贮藏物质被降解成小分子的可溶性养分被利用。从含量变化上来看，随着贮藏时间的延长，大分子贮藏物质呈下降趋势，而可溶性的小分子物质则表现为先上升后下降的趋势，上升主要是由于大分子物质的降解所引起。同时小分子的可溶性糖在贮藏失水过程中起渗透调节的作用，其含量的增加有利于组织材料的贮藏。

(5) 生长调节物质

生长调节物质主要指5大类植物激素，具有调节作用的次生代谢产物如茉莉酸、水杨酸、油菜素内酯等甾类激素，以及组织进入成熟期大量积累的单宁、酚酸类物质。上述调节物质中的脱落酸、单宁、酚酸类物质对营养繁殖和繁殖成活率往往有抑制作用。

研究表明，通过低温贮藏，可以降低穗条中的抑制物质的含量，提高生长促进类物质的浓度，从而提高营养繁殖的成活率。低温贮藏时间的长短因种(品种)而异。

5.2.3　无性繁殖材料的保存方法

无性繁殖材料的保存是指在人工控制条件下的保存，保存条件应尽可能保证繁殖材料的最低限度消耗和最大程度保持活力。

5.2.3.1　常规无性繁殖材料的保存

(1) 休眠期的无性繁殖材料

休眠期繁殖材料适宜在低温下贮藏越冬，待树液流动前进行扦插或在树液流动后进行嫁接。由于休眠期穗条(芽)处于休眠状态，穗条内的营养物质消耗较少；在低温条件下，贮藏时间相对较长。生产上此类材料一般采用越冬贮藏，具体贮藏方法可采用塑料薄膜包扎或蜡封处理后于冷库(0~5 ℃)或地窖中低温保存，也可湿沙埋藏。储藏期间每1~2周检查1次，一般可贮藏1~2个月。

(2) 生长期的无性繁殖材料

生长期的无性繁殖材料如芽和叶需即采即用；穗条尽可能随采随用，或作短暂贮藏。穗条贮藏时可适当保留1~2片叶，但不可过多，否则易失水过快，不利存活。具体可采用下列方法：

①湿沙贮藏　将穗条插于湿沙中，深度以穗条基部第1个芽贴近沙面为准，保持沙子湿度。

②水培储存　将穗条插入水中，深度以穗条基部第1个芽贴近水面为准，每天换水1次。

③低温储存　将穗条用保湿材料包裹切口，贮藏于0~4 ℃的低温条件下。

④常温储存　将穗条用保湿材料包裹切口，贮藏于室温条件下，室内空气相对湿度保持80%以上。

试验表明，上述贮藏方法贮藏时间一般为5~7 d，具体贮藏时间因树种(品种)、材料的老化程度及材料种类而异。

5.2.3.2 微型繁殖材料的保存

对于原生质、细胞、愈伤组织、器官和胚(胚状体)等分生材料,由于体积小,本身所携带的养分极少,其有效的保存方法是超低温贮藏。在超低温条件下,分生材料基本处于"生机暂停"的状态,大大减少或停止了与代谢有关的劣变,为长期保存创造了条件。

而人工种子本身含水量较大,常温条件下易于萌发,也容易失水,也需要在特定的条件下保存。目前报道的方法有低温法、干燥法、抑制法、液体石蜡法等多种方法的结合。其中干燥法和低温法应用最广,也是目前贮藏研究的热点之一。

(1) 干燥法贮藏

正常型种子成熟后种胚进入静止期,提高了种胚的耐贮性。种胚干化是种子发育和成熟的必经之路,它可刺激萌发基因、并可将多余的 mRNA 贮藏起来,以作萌发时的需要;因此,干化处理是延长体胚贮藏寿命的最有效方法。干化过程中要注意提高胚的干燥耐受性,ABA 处理可提高人工种子的干化耐受性。

(2) 低温法贮藏

低温可抑制人工种胚的呼吸作用,使之进入休眠。在 4 ℃ 条件下人工种子可以储存 1~2 个月;在超低温条件(-80 ℃ 以下)下可长期保存,此时植物活细胞内的物质代谢和生命活动几乎完全停止,故不会引起人工种子遗传性状的改变,也不会丢失形态发生的潜能。人工种子超低温保存的方法主要是预培养干燥法,即将人工种子经一定的预处理干燥后,置于超低温条件下保存。

除此,液体石蜡作为经济、无毒、稳定的液体物质,常被用来贮藏植物愈伤组织。

5.3 树木种子质量评价

种子是森林最重要的生产资料,森林营建所需的苗木主要通过种子繁殖;它不仅受种子来源(如采种林、采种母树)的影响,还因采种(时间、方法)、加工、贮藏和运输等环节的不同而存在很大的差异。随着《种子法》(2016 修订版)的实施,不仅强调了林木种子的地位和作用,更强调了林木种子质量监督管理办法,制定了各地林木种子质量管理办法和地方标准,以适应种子质量管理的需求。树木种子质量不仅关系到育苗的成败和苗木质量的好坏,影响了森林林相景观效果,而且关系到种苗对造林绿化环境的适应能力。因此,开展树木种子质量评价,可满足森林营造对种苗的多树种、多目标和多规格的需求,提供优质的树木种子。

5.3.1 树木种子质量评价概述

5.3.1.1 种子质量评价作用

种子质量评价的目的是保证使用符合质量标准的种子,为森林的营建奠定基础。种子质量评价的作用具体表现在种子的生产、加工、贮藏、销售和使用过程中(图 5-1)。

种子质量评价首先体现在种子生产过程中,不同林分、不同产地、不同立地条件和不同年度种子成熟期存在差异,通过成熟过程中种子质量监测可以确定采种时间。其次,是种子加工过程，即对种子的发芽、净度、水分及纯度的影响；通过种子质量评价可确定适宜的加工程序和加工机械参数等。第三，体现在贮藏过程中，不同林木种子对贮藏条件的要求各不相同，其贮藏寿命相差很大；通过对贮藏过程中种子质量的监测，可掌握在不同条件下的贮藏效果，并优化贮藏条件。最后，体现在销售和使用过程中，通过种子质量评价确定种子等级，提供定价依据；还可防止假冒伪劣种子的流通，以保障种苗市场的健康发展。另外，在生产上还可根据种子质量确定播种量，为制订生产计划和生产管理提供依据。

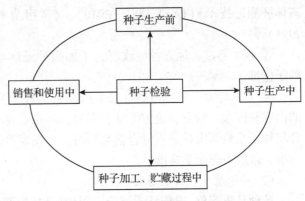

图5-1 树木种子质量评价体系

5.3.1.2 种子质量评价内容

(1)种子质量的含义

根据新修订《种子法》规定，种子是指农作物或林木的种植材料或繁殖材料，包括子粒、果实和根、茎、苗、芽、叶等。在生产实践中，子粒和果实是最为常见的类型，也是种子质量评价的主要对象。

广义上看，林木种子质量包括两个方面：一是内在品质(品种品质或遗传品质)，指与品质的遗传基础有关的种子质量性状，如生产性能、适应性、抗逆性、营养和加工品质，它由遗传特性所决定的。品种品质包括种子的真实性和一致性，真实性涉及栽培品种的真伪；而一致性则关系到品种纯度。二是播种品质，主要指种子的质量性状，包含净度、发芽力、生活力、活力、含水量、千粒重和健康状况等。

(2)种子质量评价内容

种子质量评价包括两个方面：①品种品质/遗传品质，即指品种的真实性和一致性；②播种品质，其中种子净度、发芽率、含水量3项指标必须达到有效规定(种子质量标准、合同约定、标签标注)的最低要求。

5.3.1.3 种子质量评价依据和原则

(1)种子质量评价的依据

种子质量评价主要是通过种子质量检测来判定；种子质量判定是将检测结果与目标要求(或值)进行比较，并给出相应结论的过程。相关质量标准是种子质量评价的主要依据。种子质量标准一般可分为4级：

① 国家标准　指国家颁布的有关种子生产、经营的种子质量标准和技术规程；如《林木种子检验规程》(GB 2772—1999)、《林木种子质量分级标准》(GB 7908—1999)、《林木种子贮藏》(GB/T 10016—1988)等。

② 行业标准　指国家行业主管部门(林业、建设)根据需要颁布的种子质量评价规程和有关种子质量标准；如《木本植物种子催芽技术》(LY/T 1880—2010)、《木本植物种子

离体胚测定技术》(LY/T 1881—2010)、《常用苗木产品主要规格质量标准》(CJ/T 34—1991)等。

③ 地方标准　地方各级政府为了加强种子质量管理、促进种子产业发展颁布的有关种子标准。

④ 企业标准　企业根据自己生产经营的种子类型制定的企业内部标准。当企业标准的内容和国家、行业、地方标准相同时，其参数要求必须高于国家、行业、地方标准。在开展种子检验判定种子质量合格与否时，首先参照国家或行业标准的要求，其次考虑地方标准，最后考虑企业标准。

(2) 种子质量评价的原则

品种品质评价(遗传品质评价)。品种品质的好坏取决于品种的真实性和一致性。品种的真实性和纯度评价以田间和实验室检验为依据。对品质纯度而言，若同一批种子的田间和室内检验纯度不一致时，应以纯度低的为准。若田间检验纯度结果达不到国家分级标准的最低要求时，应严格去杂，经检验合格后作为种用；若实验室检验纯度低于国家分级标准的最低标准时，不能作种用。

播种品质的评价主要通过检验种子净度、发芽率(优良度、生活力)、千粒重、含水量和种子的健康状况等指标来评价。评价方法是根据上述指标对种批进行质量分级，以确定其播种品质。

总之，品种纯度高、种子净度高、发芽率(生活力、优良度)高、种子水分含量适中、籽粒饱满、健康无病虫害感染的种子在生产上为优良种子。要获得高质量的种子，就必须在种子生产、收购、加工、贮藏和销售各个环节上把好种子质量评价关。

5.3.1.4 种子质量评价的分类和程序

(1) 分类

第一，根据职能，种子质量评价可分为：

① 内部检验　又称为自检。种子的生产单位、经营单位或使用单位，对种子进行质量评价，以确定种子质量的优劣，为进一步的种子采收加工、价格确定和制订生产计划提供依据。

② 监督检验　种子质量管理部门或管理部门委托种子检测中心对辖区内的种子质量进行检测，以便对种子质量进行监督管理。

③ 仲裁检验　仲裁机构、权威机构或贸易双方采用仲裁程序和方法，对种子质量进行检测，提出仲裁结果。

以上3种的评价目的虽然不同，但都发挥着共同的作用，即控制和保证种子质量。

第二，根据检测场所的不同，可分为：

① 田间检验　在种子生产过程中，根据植株的特征、特性，对田间的纯度进行测定，同时对异株、杂草、病虫害感染等项目进行调查。

② 室内检验　种子采收后在加工、贮藏、销售及使用过程中进行扦样检验。室内检验的内容包括种子真实性、品种纯度、净度、发芽率(生活力)、千粒重、含水量及种子的健康状况等。

③ 小区种植检验　将种子样品播到田间小区中，以标准品种为对照，以生长期间表现

的特征、特性,对种子真实性和品种纯度进行鉴定。

田间检验和小区种植检验主要针对品种的真实性和纯度,涉及品种品质评价;而室内检验主要涉及播种品质的评价。

(2)检验程序

种子质量评价必须按一定程序进行,才能保证评价工作的科学、公正和可靠性。当评价一批种子时,应先划分种批,然后进行抽样(初次样品、混合样品和送检样品)获得送检样品;检验机构收到送检样品后,先登记再进行检测。检测时应先检验种子净度,再对净度测定后取得的纯净种子测定其发芽率、生活力、优良度、千粒重等指标。含水量和种子健康状况测定则需分别单独抽样,密封包装,并以最快的速度进行检验。具体程序如图5-2所示。

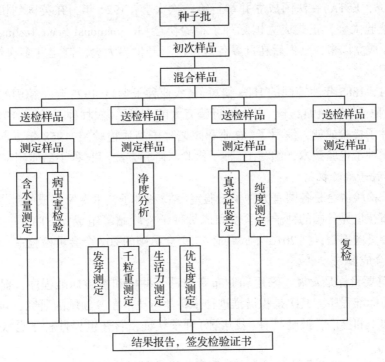

图 5-2 林木种子质量评价程序

5.3.2 树木种子品质检验进展

5.3.2.1 国际种子品质检验概述

(1)起源和发展

种子检验起源于欧洲。18世纪中叶至19世纪中叶,随着种子贸易的发展,欧洲各国发生了多起贩卖伪劣种子的案件。为了维护种子贸易的正常开展,种子检验应运而生。1869年,德国诺培博士在萨兰德建立了世界上第一个种子检验室,开展了种子的真实性、种子净度和发芽率检验工作,并于1876年编写出版了《种子学手册》。因此,诺培博士被公认为种子科学与种子检验学的创始人。

继第一个种子检验室后,在丹麦、奥地利、荷兰、比利时和意大利等国也相继建立了种子检验室。1875 年,在奥地利召开了第一次欧洲种子检验站会议,讨论了种子检验的要点和控制种子质量的基本原则。1876 年,美国建立了北美洲第一个负责种子检验的农业研究站;1897 年,美国颁布了标准种子检验规程。1890 年和 1892 年,北欧国家分别在丹麦和瑞典召开了制定和审议种子检验规程的会议。20 世纪初,亚洲和其他洲的许多国家也陆续建立了种子检验站,开展种子检验工作。

随着国际种子贸易的发展,种子检验技术急需规范化、标准化,以加强国际间的种子贸易,因此,国际间种子联合检验被提到议事日程上来。1906 年,在德国汉堡举行了第一次国际种子检验大会;1908 年,美国和加拿大两国成立了北美洲官方种子分析者协会(Association of Official Seed Analysts,AOSA);1921 年,欧洲种子检验协会(European Seed Testing Association,ESTA)在法国成立并举行第一次大会;1924 年,在英国剑桥召开了第四次国际种子检验大会,正式成立国际种子检验协会(International Seed Testing Association,ISTA)。ISTA 成立以来,已先后在世界各地多次召开世界大会,制定并多次修订了《国际种子检验规程》。

与此同时,1885 年,德国的 Harz 编写了《农业种子学》;1922 年,德国的 Wittmach 也编写了《农业种子学》;1932 年,日本的近藤万太郎出版了《农林种子学》;1944 年,Porter 总结了美国种子检验成就,编写了《农业和园艺种子品质检验》;1958 年,苏联的菲尔索娃总结了苏联种子检验技术,编写了《种子检验与研究方法》和《种子品质测定方法》等。

(2)国际种子检验机构

国际种子检验协会是各国官方种子检验室(站)和种子技术专家组成的世界性的政府间协会,由分布在世界各国的种子科学家和成员种子检验站等组成。ISTA 是一个非赢利组织,经费由会员国捐赠;到 2016 年底共有 77 个会员国的 202 个会员检验室、46 个个人会员和 43 个协会成员。

ISTA 的首要目标是发展、采用和颁布有关种子抽样和检验标准程序,促进国际贸易中广泛一致的标准程序;其次是积极推进种子科学与技术在各领域的研究,包括抽样、检测、贮藏、加工和推广,鼓励品种(栽培种)种子认证,召开世界性种子会议和开展培训工作。

ISTA 下设 19 个技术委员会,负责运用最先进的科学知识使种子抽样和质量检测方法标准化和合法化。其中乔灌木种子委员会(Forest Tree and Shrub Seed Committee,FTS)是唯一侧重林木种子检测的技术委员会,其成员主要来自美国、加拿大和马来西亚。FTS 着力于林木种子检验及相关的研究工作,如种子贮藏、种子预处理(层积处理)和种子病害;同时发展适于林木种子检测的方法并引入到 ISTA 规程中,以应用于林木种子国际贸易。

北美官方种子分析者协会(AOSA)其宗旨为协调各州不同种子检验站(实验室)间种子检验方法、结果和报告的一致性。AOSA 成员由美国和加拿大的联邦、州(省)和大学的种子实验室组成,会员资格扩大至联合实验室(成员国以外的政府机构和研究所)和荣誉会员(对 AOSA 或行业有突出贡献的人)。

AOSA 的职能包括三个方面:① 建立 AOSA 种子检测规程;② 完善和修订种子检验规程和程序;③ 推进和协助州和联邦政府的种子立法。

5.3.2.2 我国树木种子品质检验概况

1949年以前,我国无专门的林木种子检测机构,相关工作由粮食部门和商检机构代理。20世纪50年代初一些科研、教学和生产单位开始了种子检验研究工作,50年代中期各省林木种子检验机构相继建立。1956年林业部颁发了《林木种子品质检验技术规程》,1978年林业部又制定了《林木种子经营管理试行办法》。1978年以后,各省纷纷成立了林木种苗管理站,建立了种子检验室。1982年成立了2个国家级的林木种子质量检测中心,此后陆续成立了4个国家级检测机构,分布于6个省(自治区)。检测中心的主要任务是承担国家林木种苗质量检测,对国家重大林业工程项目的种子和苗木质量进行评价和监督,为国家林业工程的宏观调控提供依据;通过对市场林木种苗质量评价,监督和调控林木种苗市场运行。

5.3.2.3 种子质量标准

(1)国际林木种子质量标准

由于大部分树种分布具有明显的地域性,制定国际性种子质量标准没有很大的必要性,因此,林木种子的相关标准很少。现有标准仅有ISTA出版的《乔灌木种子手册》、美国出版的《种子初始混合标准规范》(Standard Specification for Seed Starter Mix,1994)、英国出版的《苗圃》(Nursery Stock,1905)和法国出版的《苗圃》(Nursery Stock,1990)。

(2)我国林木种子质量标准

我国于1978年在《林木种子检验规程》(ISTA,1976年版)、《种子检验和研究方法》和《种子品质测定方法》(菲尔索娃,1958)的基础上,结合我国林木种子生产实际,制定了《林木种子检验方法》(GB 2772—1981)和《林木种子》(GB 7908—1987)。

20世纪90年代后,随着林业新形势和种子产业的发展,对《林木种子检验方法》和《林木种子》进行了修订,并于2000年正式发布实施《林木种子检验规程》(GB 2772—1999)和《林木种子质量分级》(GB 7809—1999)。除此,有关林木种子的主要国家标准还有《林木种子贮藏》(GB 10016—1988)、《林木采种技术》(GB/T 16619—1996)等;行业标准有《木本植物种子催芽技术》(LY/T 1880—2010)等。与此同时,各省(自治区、直辖市)也结合各自的地域特点,制定并颁布了一系列的地方种子质量标准,对未列入国家标准的树种进行了补充。这些种子检验规程和质量标准的颁布实施,满足了我国林木种子产业的发展,对规范行业行为、市场贸易和保护林业生产安全起到了积极作用。

5.3.2.4 种子质量评价证书的签发

(1)国际种子检验证书

当完成整个申请程序及获得该国政府批准后,便可签发下列证书:

①橙色国际种批质量评价证书 样品收集及检验工作均由ISTA的同一个会员站在该国进行。

②绿色国际种批质量评价证书 样品收集及检验工作分别由两个在不同国家的ISTA检验站进行。

③蓝色国际种子样品质量评价证书 ISTA检验站只负责进行种子样品的检验工作。

三种证书填写的原则相同,但要求填写的内容有所不同,因为签发蓝色国际证书不负责扦样。在国际种子贸易中,应以橙色或绿色国际种批质量评价证书为有效质量证明。

(2)我国种子检验证书

根据我国种子质量评价工作的实际情况和《林木种子检验规程》(GB 2772—1999)的要求,林木种子质量评价证书必须由具有检验资格的权威检测机构签发。根据抽样单位的不同,林木种子质量评价证书分两种类型:种批质量检验证书和种子样品质量检验证书。

①种批质量检验证书　送检样品由授权的检验机构或在其监督下进行抽样获得,由授权的检验机构检验后签发的质量检验证书。

②种子样品质量检验证书　送检样品由非授权的检验机构抽取,但由授权的检验机构检验后签发;检验机构只对送检样品负责,不对送检样品的代表性负责。

5.3.3　种子播种品质检验原理和方法

播种品质检验主要基于种子净度、发芽能力、千粒重和含水量等指标的综合评定,以此确定种子质量等级。另外,基于种子生活力及活力的评价方法也得到逐渐推广。

5.3.3.1　抽样

抽样是种子质量评价的前提工作。要获得送检样品和测定样品,需进行科学抽样。抽样是抽取有代表性的、数量能满足检验需要的样品,其中某个成分存在的概率仅仅取决于该成分在该种批中出现的水平。因此,扦样的基本原则就是扦取的样品要有代表性,即要求送检样品具有与种批相同的组分,并且这些组分的比例与种批中组分比例一致。

(1)影响抽样的种子物理特性

样品的代表性受多种因素的影响,除扦样人员的自身素质外,还受到种子物理特性的影响。

①种子的散落性　从高处落到平面上的散粒物体,常会形成具有一定倾斜面的圆锥体。这种决定倾斜面倾斜角度大小的特性称为散落性,而斜面的倾斜角度称为自然倾斜角。种子也是一种散落物体,因此,不同的种子都具有不同的散落性以及由它决定的自然倾斜角。种子的自然倾斜角依种子的形状、种皮构造特性以及种子含水量的高低而不同。种子形状愈近于球形,种皮愈光滑,种子的自然倾斜角愈小。同一种批,当含水量增高,种皮变得粗糙,种粒之间的摩擦力增大,种子的自然倾斜角就变大。此外,种子在发热生霉的时候,它的自然倾斜角也常常增大。

②种子的自动分级　一个种批都包含着饱满的、空瘪的、完整的、损伤的种子和各种混杂物。由于它们各自的比重不同、散落性不同,各组成部分的自流角和自然倾斜角也不一样。所以,当种堆移动时常常引起种子组成部分的重新分配,出现种子自动分级现象。如从上方往贮藏库中倾倒种子时,最饱满最重的种粒总落在种子流的中央部位,而空瘪粒和轻浮的混杂物则聚集在周围靠墙壁的地方。当种子从贮藏库的下部流出时,中央部分的种子最先流出,然后才是靠壁处的种子。因此,当种子从大贮藏库向下流出时,其自动分级的现象更为严重。

种子的自动分级造成了种子堆各部位的分布差异,给抽样工作带来许多困难。因此,在抽样时必需充分注意到这个问题,尽量排除自动分级的不利影响,力争所取样品具有充分的代表性。

(2) 种批划分

种批是指具备下列条件的同一树种的种子：在一个县范围内采集的、采种期相同、加工调制和贮藏方法相同、种子经过充分混合，使组成种批的各成分均匀一致地随机分布且不超过规定数量的一批种子。

对于数量较大的同一种批，还需根据种子重量进行种批划分。根据重量划分种批（上限）的规定如下：特大粒种子如核桃、板栗等为 10 000 kg；大粒种子如油茶、山杏等为 5 000 kg，中粒种子如红松、华山松、沙枣等为 3 500 kg，小粒种子如油松、落叶松、杉木、刺槐等为 1 000 kg，特小粒种子如桉、桑、泡桐、木麻黄等为 250 kg。重量超过 5% 时需另划种批。

(3) 扦样（sampling）

通过从种批扦样获得初次样品，将其混合后获得混合样品，从混合样品中抽取送检样品。

①初次样品（primary sample） 一个种批由多个容器所盛装，随机选定取样容器，从选定容器的上、中、下各个部位通过各种扦样器或徒手（适于不易流动、带壳带翅种子）扦取初次样品。

②混合样品（composite sample） 将所有初次样品充分混合均匀，即得混合样品；混合样品不应小于送检样品的 10 倍。

③送检样品（submitted sample） 从混合样品中通过分样法提取送检样品。其重量要求如下：

净度测定样品一般应含不少于 2 500 粒纯净种子，送检样品的重量至少应为净度测定样品的 2~3 倍，大粒种子重量至少应为 1 000 g，特大粒种子应不少于 500 粒；种子健康状况测定所需样品为净度测定样品的一半；含水量测定样品最低重量为 50 g，需要切片的种子需 100 g；品种真实性鉴定根据测定方法的要求进行送检。

送检样品须用适当的容器包装：种翅不易脱落的种子，须用木箱等硬质容器盛装；供含水量测定和经过干燥含水量很低的送检样品，须密封包装在防潮容器内；高含水量种子（湿藏）送检时既要保证湿度又要保证通气；种子健康状况测定用的送检样品应装在玻璃瓶或塑料瓶中。

④测定样品（working sample） 从送检样品中分取具有代表性的种子，用于室内测定某项品质指标的测定样品。

上述送检样品和测定样品均通过分样法获得。常用的分样法有：

①分样器法（divider method） 用分样器按规定程序分取样品的方法。

②四分法（manual halting, sample quartering; diagonal method） 又称"对角线法""十字区分法"。用分样板分样的一种方法。将混合样品或送检样品摊成正方形，用分样板沿两对角线把种子划分为四份；除去相对三角形区的种子，剩下种子充分混合。重复上述过程获得所需的数量为止。

③点取法（spoon sampling） 从送检样品中分取测定样品的一种方法。将送检样品摊成正方形，用取样匙随机在至少 5 个点上取出所需的种子量。

5.3.3.2 直接评价指标的测定

用于种子质量直接评价的指标包括净度、发芽率和含水量。

(1) 净度分析(purity analysis)

净度即纯净种子重量占测定样品各成分总重量的百分率。它是播种品质的重要指标,是种子分级的主要依据之一。种子净度的高低会影响种子的贮藏寿命,因为夹杂物通常是种子堆致热的源头;净度也影响了播种量的控制,影响苗木的均匀性和整齐性;对于自动播种生产线而言,要求净度达98%以上,以降低空穴率和提高成苗率。净度测定的关键是将纯净种子(pure seed)、其他植物种子(other seeds)和夹杂物(inert matter)区分开来。纯净种子包括完整种子、带(去)翅种子和带(去)壳斗种子和复粒种子;其他植物种子指的是分类学上与纯净种子不同的其他植物种子;夹杂物包括丧失发芽能力的种子、严重损伤和裸粒种子及其他非种子杂质。

(2) 发芽测定(germination test)

发芽率是种子质量评价最直接和可靠的指标。田间条件下,环境错综多变,发芽条件的不一致性导致发芽结果不稳定;在实验室条件下,可使种子发芽整齐、迅速,结果准确可靠。

一粒种子发芽是指在实验室条件下,幼苗出现并生长到某个阶段,其基本结构的状况表明它是否能在正常的田间条件下进一步长成一株合格幼苗。种批发芽率是在规定的条件下及规定的期限内生成正常幼苗的种子粒数占供检种子的百分比。

①发芽条件 发芽测定是在规定的条件和规定的期限内测定种子的发芽能力。规定条件包括发芽基质、发芽温度、水分、通气和光照。

发芽基质可采用消毒无菌的纸床、沙床和土床,且pH值在6.0~7.5范围内。纸床可用滤纸、纱布或脱脂棉,常用于中小粒种子的萌发;沙床可用粒径为0.05~0.8 mm的细沙、珍珠岩或蛭石,适于大粒种子、顽拗型种子或具有休眠特性种子的萌发;土床宜选择理化性状较好的壤土,主要用于上述基质上萌发时出现病害的种子。

发芽测定温度大致分为两类:恒温和变温。多数林木种子发芽温度采用25 ℃或30 ℃的恒温;有些树种则采用20~30 ℃变温,变温周期常模拟昼夜交替的温度变化,日变化周期设定16 h的低温(20 ℃)和8h的高温(30 ℃)。一般认为休眠种子采用变温或低温发芽更为有利。

水分是种子发芽的必要条件。沙床需水量为其饱和含水量的60%~80%;棉(纸)吸足水分后,沥去多余水即可;土床加水至手握土黏成团,轻轻一压即碎为宜。空气相对湿度应保持在90%~95%。

发芽测定时种子要保持良好的通气和光照。大部分种子均可在光照和黑暗条件下萌发,仅少数为需光种子,即必须在有光条件下才能萌发。

②种子预处理 研究表明,有近1/3的林木种子存在休眠,因此种子发芽前需解除种子休眠。Baskin等将种子休眠分为5个类型:物理休眠、形态休眠、生理休眠、形态生理休眠和综合休眠,针对不同的休眠类型提出了相应的解除方法。如槭树科的植物种子大部分为生理休眠,需要层积处理;物理休眠的种子则需采用物理方法使软化种皮,使种皮透气透水。

③发芽测定方法 一般而言，大粒种子、中粒种子和小粒种子均可根据标准检测程序进行；但对于难以进行净度分析的极小粒种子，宜采用称重发芽测定法。

a. 标准发芽测定法（standard method for germination test）：指将经净度分析所获得的纯净种子采用四分法将纯净种子区分成4份，从每份中随机数取25粒组成100粒，共取4个100粒，即4次重复；也可用数粒仪提取4次重复。将所取得的种子在适宜条件下进行发芽测定。

b. 称重发芽测定法（testing seeds by weighted replicates）：称取一定重量的种子用于发芽测定，取4个重复，0.1~0.25 g为一个重复；测定结果用单位重量长出的正常幼苗数来表示，即株/g。该测定方法适于按常规方法提取纯净种子存在困难的极小粒种子，如桉属、桦木属和桤木属种子。

④观察记载及幼苗评定 发芽测定情况要定期观察记载，当幼苗必要的基本结构已展现，需根据下列规定进行幼苗评定。

a. 正常幼苗（normal seedling）：表现出具有潜力，能在土质良好，水分、温度和光照适宜的条件下继续生长成为合格苗木的幼苗。包括：完整幼苗、带有轻微缺陷的幼苗和受到次生感染的幼苗。

b. 不正常幼苗（abnormal seedling）：表现出没有潜力，在土质良好，水分、温度和光照适宜的条件下不能长成合格苗木的幼苗。包括：损伤苗、畸形苗或不匀称苗和腐坏苗。

判断正常幼苗与不正常幼苗的具体要求与树种特性有关，不同树种的判断标准有所差异。ISTA出版的种苗评定手册可作为幼苗评定的依据。

发芽测定结束时仍未发芽的种子，需逐粒切开鉴定。未发芽种子包括硬粒、新鲜健康粒、死亡粒、涩粒、无胚粒和虫害粒。如出现较多新鲜健康粒或硬粒，应通过测定种子生活力，分析未发芽原因。

⑤结果计算 发芽测定结束，可对发芽测定结果进行计算。

a. 发芽率：在规定的条件和时间内，长成正常幼苗的种子数占供试种子总数的百分比。发芽率可用下式计算：

$$发芽率(\%) = \frac{n}{N} \times 100$$

式中 N——供试种子数；

n——在规定条件下、规定时间内长成正常幼苗的种粒数。

b. 绝对发芽率：指供试种子中饱满种子的发芽率。可用下式计算：

$$绝对发芽率(\%) = \frac{n}{(N-a)} \times 100$$

式中 n——在规定条件下、规定时间内长成正常幼苗的粒数；

N——供试种子数；

a——供试种子中的空粒数和涩粒数。

c. 发芽势：发芽达到高峰时，长成正常幼苗的种子数占供试种子总数的百分比。发芽势反映的是发芽迅速整齐的程度，发芽率相同的两批种子，发芽势高的种子品质更好。

d. 平均发芽时间（MTG）：供试种子平均所需的发芽时间称为平均发芽时间，通常用天来表示，发芽特别快的种子可用小时表示。计算公式如下：

$$MTG = \frac{\sum d \cdot n}{\sum n}$$

式中　d——从置床之日算起的天数；
　　　n——在规定条件下、规定时间内长成正常幼苗的粒数。

MTG是衡量种子发芽快慢的指标。同一种批，MTG短的种子生命力旺盛，发芽迅速整齐。

e. 发芽指数(GI)：一批种子综合的发芽速度和发芽数量，可用下式计算：

$$GI = \sum \frac{n}{d}$$

式中　n，d含义同前。

发芽率相同的两个种批，发芽指数越高，种批质量越好。GI在一定程度上说明种子活力的高低。

(3) 水分测定(determination of moisture content)

种子含水量指种子样品烘干失去重量占样品原始重量的百分比。它是影响种子安全贮藏的重要因素，也是种子分级的主要指标之一。因此，需要进行贮藏、销售和使用的种子均需测定种子含水量。

种子水分通常有两种存在状态，即自由水和束缚水。自由水也称游离水，具有普通水的性质，存在于细胞间隙，能在细胞间隙中流动；它很不稳定，在温度、湿度等影响下极易蒸发。束缚水也称吸附水或结合水，被种子中的淀粉、蛋白质等亲水胶体吸附的水分；不易从种子中蒸发出去，仅在较高温度下，经较长时间的加热才能全部蒸发出来。此外，在种子中还有一种化合水，又称组织水；它以一种潜在的可以转化为水的形态存在，如糖类中的H和O元素；若高温长时间加热，易被分解而导致碳化，减重增加，使水分测定结果偏高。

种子水分测定须保证种子中自由水和束缚水充分挥发，并减少内含物质氧化、分解或其他挥发性物质的损失。

含水量测定方法包括标准测定法和快速测定法两种。

a. 标准测定法：测定原理是烘干减重法，包括低恒温烘干法、高温烘干法和预先烘干法。

低恒温烘干法指在103℃±2℃的烘箱中烘17 h±1 h，样品内的自由水和束缚水被烘干，根据减重法即可求得水分含量。此法适用于所有树木种子；测定时，要求空气相对湿度低于70%。

高恒温烘干法则在130~133℃的烘箱中烘1~4 h，自由水被蒸出，根据减重法即可求得水分含量。测定时，对实验室的空气相对湿度没有要求。

预先烘干法适用于初始含水量较高(>17%)的种子；在70℃的烘箱中预烘2~5 h，使水分降至17%以下，计算含水量；然后将种子切片，再用低恒温烘干法或高恒温烘干法测定含水量。

一些树木种子内含有不饱和脂肪酸、易挥发性物质如芳香油等，在温度过高时易被蒸发，使水分测定结果偏高，这类种子宜采用低恒温烘干法或减压烘干法。减压条件下，可以降低干燥温度，因此，适用于熔点低、受热不稳定及水分难以挥发样品的含水量测定。对于可溶性糖含量高的种子，如未完全成熟的种子，在烘干时糖分容易形成栅状结构，影响水分的扩散，这类种子宜采用真空干燥箱进行烘干。

b. 快速测定法：是指利用电子仪器（如电容式水分测定仪、电阻式水分测定仪）和红外线水分测定仪快速测定种子水分。根据测定原理的不同将其分为：电阻式水分测定仪、电容式水分测定仪、红外水分测定仪和微波式水分测定仪。目前该法主要应用于作物种子的测定，树木种子的测定结果精度不高，还未得到推广应用。

正式检验报告和质量标签中应采用标准法测定的种子水分，在种子收购、调运、干燥加工等过程中可以快速法测定值作为参考。

上述水分测定方法均为破坏性检测，对于植物来说，无损快速测定法更具有使用价值。随着技术的发展，快速无损测定方法如运用可见光和近红外光谱测定种子含水量受到关注，并已尝试应用于作物种子含水量的测定，但其技术仍需进一步完善。

5.3.3.3 间接评价指标的测定

对于树木种子而言，直接评价指标发芽率常由于种子休眠特性或发芽周期较长难以快速测定，因此，需要通过间接测定来评价种子质量。间接评价指标主要包括：种子优良度、千粒重、种子生活力和种子活力。

（1）优良度测定（seed soundness testing）

采用感官方法，根据种子外观和内部状况判断种子优劣程度的指标。对于目前无适当方法测定其生活力的树木种子，或在生产现场收购种子时，可以根据种子优良度鉴定种子品质。优良度测定方法有解剖法、挤压法和压油法。

（2）重量测定（weight determination）

种子重量是评价品质的重要指标之一，常用千粒重表示。千粒重指在气干状态下1 000粒纯净种子的重量，以克为单位。千粒重可反映种子的大小及饱满程度，千粒重越大种子质量越好。

千粒重测定方法有百粒法、千粒法和全量法。其中最常用的是百粒法，即从纯净种子中用手或数粒仪随机数取8个重复，每重复100粒种子；分别称取8个重复的重量，根据8个重复的重量计算平均重量、标准差及变异系数：

$$方差\ S^2 = \frac{1}{n-1} \sum_{i=1}^{n} (x_i - \bar{x})$$

$$标准差\ S = \sqrt{S^2}$$

$$变异系数\ Var = \frac{S}{\bar{x}} \times 100\%$$

式中　x——各重复重量（g）；

　　　n——重复次数；

　　　S——标准差；

　　　$\bar{x}$——100粒种子的平均重量（g）。

种粒大小悬殊的种子，变异系数不超过6.0，一般种子的变异系数不超过4.0。符合要求即可按 8 个重复计算测定结果；如果变异系数超过上述限度，则应再测定 8 个重复，计算 16 个重复的平均数和标准差。凡与平均数之差超过 2 倍标准差的重复略去不计，剩余重复换算成 1 000 粒种子的重量（即 千粒重 $= \bar{x} \times 10$）。

(3) 生活力测定 (seed viability testing)

指用物理或化学方法测得种子潜在的发芽能力。它可快速估测种子的发芽力，特别是休眠类种子；或用于评价发芽结束仍有较多的新鲜粒种子。常用方法有染色法、离体胚测定法和 X 射线测定。

①染色法 常用的有四唑染色法和靛蓝染色法。

a. 四唑染色法 (tetrazolium stain)：用 2, 3, 4-氯化（或溴化）三苯基四氮唑 (2, 3, 4-triphenyl tetrazolium chloride (or bromide))，TTC(TTB) 或 TZ 的无色溶液作为染色剂，以显示活细胞中所发生的还原反应。测定时，无色 TTC 溶液被种子吸收，在组织内与活细胞的还原过程起反应，从脱氢酶接受氢；在活细胞中 TTC 经氢化作用，生成一种稳定且不扩散的红色苯基甲臜，从而识别出种子中红色的有生命部位和不染色的无生命部位。

四唑染色是一酶促反应，不仅受到酶活性的影响，还受底物浓度、反应温度、pH 值等因素的影响。常用 TTC 浓度为 0.1%~1%，适宜 pH 值为 6.5~7.5。在一定温度范围内，染色速率随温度的升高而加快；温度每升高 10 ℃ 反应速率提高一倍。如 20 ℃ 时需染色 4 h，30 ℃ 时则需 2 h，但反应最高温度不能超过 45 ℃。

图 5-3 秤锤树种胚四唑染色测定生活力
（沈永宝提供）

注：前 5 个有生活力，后 5 个无生活力

依据四唑染色部位和状况，可判断种子的生活力。除完全染色的有生活力种子和完全不染色的无生活力种子外，还会出现一些部分染色的种子。在部分染色种子的不同部位能看到其中存在着或大或小的坏死组织，它们在胚和（或）胚乳（配子体）组织中所处的部位和大小（不一定是颜色的深浅），决定着种子的生活力状况（图 5-3）。

种子生活力不完全等同于发芽率，以 TTC 法测得的生活力比实际发芽率略高。因此，此值仅用于估测种子潜在的发芽能力，不能完全取代发芽试验，但可以根据生活力和发芽率的相关关系建立回归方程，对种子的实际发芽率进行预测。

四唑染色法的优点是可靠性高、反应速度快，目前广泛应用于木本植物种子生活力测定，尤其是休眠类种子。

b. 靛蓝染色法 (indigocarmine stain)：靛蓝亦称靛蓝洋红，分子式为 $C_{18}H_8O_2N_2(SO_5)_2Na_2$，为蓝色粉剂，能溶于水。靛蓝能透过死细胞组织使其染上颜色，因此染上颜色的种子是无生活力的，根据各组织染色的部位和比例大小可判断种子有无生活力。

靛蓝染色时用蒸馏水配成浓度为 0.05%~0.1% 的溶液，最好随配随用，并避光保存。其优点是染色速度快、较准确。但因为靛蓝染色是一个物理渗透扩散过程，受损伤的活组织也可能染色，对结果判定有一定的影响。

二种染色法相比，四唑染色法测定结果与发芽率最为接近，而靛蓝染色法与发芽率存在较大差异。刘小金等（2013）比较了染色法对檀香种子质量评价的效果，认为四唑染色法的结果更为可靠。

染色结束后,根据染色部位、比例大小来逐粒判断种子生活力;通过鉴定,将种子评为有生活力和无生活力 2 类。《林木种子检验规程》列出了部分树种种子四唑染色和靛蓝染色的判定标准。

②离体胚培养(excised embryo test for viability) 离体胚在规定的条件下培养 5~14 d,有生活力的胚仍然保持坚硬新鲜的状态,或者吸水膨胀、子叶展开转绿,或者胚根和侧根伸长、长出上胚轴和第 1 叶;而无生活力的胚,则呈现腐烂症状(图5-4)。

离体胚测定已应用于木本植物种子的生活力测定,特别适用于发芽缓慢或休眠期较长的种子生活力,如乌桕种子。《国际种子检验规程》和《木本植物种子离体胚培养》列出了部分树种的离体胚培养条件,如槭属、松属、花楸属和椴属。

图 5-4 乌桕种子的离体胚培养
(李淑娴提供)

③X 射线检验(X-ray test) 将种子置于波长为 0.1~1.0 nm 的软 X 射线和感光材料间,X 射线照射种子时,由于种子厚度、密度和组成不同,透过种子的射线产生差异,并在感光材料上形成样品的射线图像,即射线照片。照片上最暗的部位对应于样品中 X 射线最容易穿透的部位,较亮的部位是样品密度较大的部位。通过 X 射线图像可见的形态特征,为区分饱满种子、空瘪种子、虫害种子和机械损伤种子提供一种无损的快速检测方法。

目前 X 射线检验的发展趋势是应用数字成像技术,仪器有 Faxitron Ultro Focus X 射线成像系统,在林木种子上也得到广泛运用。我国主要应用照相纸直接造影,使用仪器有 Hy-35 型农用 X 射线机。相比较而言,数字成像拍摄效果好、简单快速;而相纸造影技术效果较好,但操作繁琐,逐渐被数字成像取代。

根据摄影方法和判定依据的不同,可将射线摄影分为直接射线拍摄法和衬比射线拍摄法。

a. 直接射线摄影法(X 射线法):未经处理种子的图像投射在荧光屏、X 射线胶片或相纸上,或直接采用数字成像技术。X 射线法不仅可以检测到种子的发育状况和饱满程度,还可以检验种子受机械损伤、虫害等情况;而且用此法可准确判断新鲜种子的生活力。通过图像判读可将种子分为饱满粒、空粒、虫害粒和机械损伤粒(图5-5)。

b. 衬比射线摄影法(X-ray Contrast Radiography,XC):摄影之前用衬比剂处理种子,死亡组织由于丧失了选择透性,被衬比剂浸渗。衬比剂能强烈吸收 X 射线,被浸渗的组织在射线照片上呈现密度反差,从而判断种子的发芽能力。由于各种组织对衬比剂的选择性和亲和力不同,经预处理的种子在射线照片上更易区分活组织、受伤组织或死亡组织。

常用液态衬比剂有 $BaCl_2$、$AgNO_3$、NaI、KI 等溶液。用衬比剂溶液处理后,死亡种粒或机械损伤种粒会吸收这些盐,盐中的重元素强烈吸收 X 射线,在射线照片中便表现得清晰可见;活组织部分由于未吸收衬比剂,射线易于穿过,使胶片曝光变黑。值得注意的是,上述衬比剂通常有毒,对受检种子有毁灭性伤害。

水也可作为衬比剂,因为水能强烈地吸收 X 射线。用水作衬比剂,即所谓的 IDX(I=

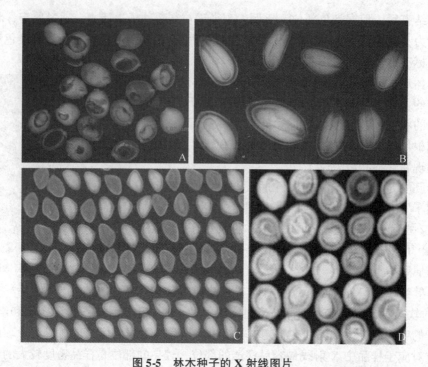

图 5-5 林木种子的 X 射线图片

注：A(加拿大紫荆)和 B(油松)为数字成像；C(湿地松)和 D(南京椴)为相纸成像

培养，D = 干燥，X = X 射线摄影)法。培养过程中活种子和死亡种子都吸收水分，但在干燥过程中二者失水速度不同。干燥时活种子失水慢、含水量高；死种子失水快、含水量低。死亡种子或受伤种子相对较干，在图像上种子组织的细部清晰；活种子大量吸收软 X 射线，其图像亮度均匀，种子组织的细部之间模糊不清（图 5-6）。IDX 法是无损检验法，检验过的种子还可以用于对照发芽测定，因此，IDX 法在树木种子上得到了广泛应用。

图 5-6 IDX 法测定云南松种子生活力

注：D 为无活力种子，V 为有活力种子

(4) 活力测定(seed vigour testing)

种子发芽测定的结果只能说明种子在实验室的发芽能力，与田间表现可能存在偏差。因为发芽测定是在最适宜的环境条件下进行的，而田间发芽条件往往复杂多变，可能出现实验室发芽率很高而田间发芽率不高的情况，在逆境环境下更是如此。因此，种子活力的测定是十分有意义且有必要了。

①定义 指种批在广泛环境条件下，所测活性和性能等有关特性的总和。种子活力不是一个简单的测定指标，而是一个综合概念，包含种子发芽和幼苗生长的整齐度、种子在不利条件下出苗能力和经贮藏后种子保持发芽能力的性能。

种子活力不仅是质量评价的重要指标，在生产上也具有重要意义：播种前测定种子活力，可选用高活力种子；在种子干燥、清选、贮藏和处理等过程中，活力测定可以及时改善种子加工、贮藏和处理条件，保证和提高种子质量；活力测定还有助于育种工作者选育抗逆植物新品种。

②测定方法　种子活力测定方法可分为直接法和间接法两类。直接法是在实验室条件下模拟田间不良条件测定出苗率或幼苗生长速率、健壮度，如低温处理试验、希尔特纳试验等；间接法是在实验室内测定某些与种子活力相关的生理生化指标和物理特性，如酶活性、浸提液电导率、呼吸强度、加速老化试验等。常用于树木种子活力的主要评价方法如下。

a. 幼苗生长测定法：用活力指数（VI）来表示，计算方法如下：

$$VI = GI \times S$$

式中　GI——发芽指数；

S——幼苗生物量（g）或幼苗平均根长（cm）。

VI 包含种子的发芽速率和幼苗的生长两个变量，它比单独用发芽指数表示种子活力更为有效。

b. 电导率测定（conductivity test）：是最常用的生理生化测定方法，也是目前唯一被列入 ISTA 规程的活力测定方法。其基本原理是种子吸胀初期，细胞膜重建和修复能力影响电解质（如氨基酸、有机糖及其他离子）渗出程度，膜完整性修复速度越快，渗出物越少。高活力种子能够更加快速地重建膜，且最大限度修复任何损伤，而低活力种子的修复能力较差。因此，高活力种子浸泡液的电导率低于低活力种子，而且电导率与田间出苗率呈现负相关。

c. 加速老化试验（accelerated ageing test）：主要用来预测种子的耐贮性。其基本理论依据是在高温（40~50℃）高湿（相对湿度100%）条件下会加速种子老化，其劣变程度在几天内相当于数月或数年之久。高活力种子经老化处理后仍能正常发芽，低活力种子则产生不正常幼苗或全部死亡。研究表明，超干种子能显著提高抗老化能力。

(5) 种子生活力和种子活力的关系

种子活力与种子生活力容易混淆，两者既有联系又有区别。种子生活力是指种子生命的有无，即成活度；而种子活力是一个综合概念，它不仅涉及种子生命的有无，更重要的是显示在不同环境条件下成苗的能力。在种子劣变过程中，种子生活力和种子活力表现呈显著差异。从图 5-7 可见，当种子刚开始劣变时（A 点），种子生活力变化不明显，但种子活力已开始下降；当种子劣变发展到一定程度时（B 点），种子生活力开始下降，但种子活力已呈现急剧下降的趋势；当种子严重劣变时（C 点），种子生活力仍可保持在 50% 左右，但种子活力已很低，失去使用价值。

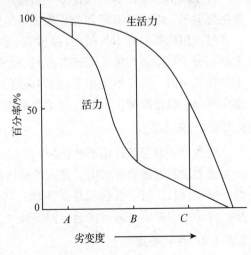

图 5-7　种子劣变过程中生活力与活力的关系
（引自 Delouche et al., 1960）

5.3.3.4 包衣种子检验

包衣种子(coated seeds)指种子与特制的种衣剂按一定"药种比"充分搅拌混合,使每粒种子表面涂上一层均匀的药膜而形成的种子。包衣处理的种子需经过精选加工、籽粒饱满、并具优良商品品质和播种品质;其种衣剂由杀虫剂、杀菌剂、微量元素、生长调节剂等经特殊加工工艺制成。包衣种子有利于精量播种,可节省种子使用量3%左右,而且还可大大提高种子的成苗率。

根据包衣种子的特点,可将包衣种子分为:包膜种子、重型丸粒种子、速生丸化种子、扁平丸粒种子、快裂丸粒种子。

包衣种子的质量评价程序和步骤与常规种子检验基本一致,但在细节上存在差异。根据ISTA的规定,在对包衣种子进行净度分析时,需将样品分为纯净丸粒种子、未丸粒化种子和夹杂物。发芽测定时样品则从纯净丸粒种子中提取;因丸化种子的包裹材料可能对种子吸水和萌发有影响,因此,发芽测定的持续时间可适当延长。

5.3.4 树木种子的真实性鉴定

近10年来,林木新品种选育取得了令人瞩目的成果,用材林树种、经济林树种和园林观赏树种都取得出了丰硕成果。经国家或省林木品种审定委员会审定或认定的栽培品种繁多且数量庞大,但其种子(幼苗)从形态上难以区分;与此同时,栽培种(品种)的经济价值和观赏价值较高,在市场经济利益的驱动下,以劣充优、以假乱真的现象常有发生,给林业生产带来了巨大损失。因此,迫切需要建立有效的技术体系,以快速准确地鉴定林木种苗的真实性。

种子真实性是指一批种子所属品种、种或属与文件(标签、品种证书或质量检验证书)描述是否相同。这是鉴定种子样品的真假问题。

种子真实性鉴定的方法很多,根据所依据的原理可分为形态鉴定、物理化学鉴定、生理生化鉴定、细胞学鉴定和分子生物学鉴定。

目前国内外对林木种苗种(品种)的鉴定以形态鉴定为主,辅以生理生化法鉴定(以同工酶和种子贮藏蛋白电泳图谱为主);随着分子生物技术的发展,给品种(种)鉴定带来了革命性的突破。分子鉴定由于具有高度的专一性和特异性,不受季节和环境条件的影响,操作简单、快速准确,因此,分子鉴定成为当今最先进的种质鉴定技术。

5.3.4.1 形态鉴定

树木种子形态特征由于种(品种)的不同而形态各异,表现在种子的形状、大小、种皮表面光滑度和附属物等方面。鉴定所采用的性状根据其明显程度、稳定情况等分为主要性状、细微性状、特有性状和易变性状;其中易变性状由于其稳定性较差,鉴定时不常采用。种子形态测定虽简单快速,但仅适合于种子较大、形态性状丰富的种(品种)。

5.3.4.2 生化鉴定

生化鉴定主要指电泳测定。它利用电泳技术对种(品种)的同工酶及蛋白质的组分进行分析,找出种(品种)间差异的生化指标来加以区分。

目前电泳鉴定主要以同工酶和蛋白质为电泳对象。从遗传法则知道,蛋白质或酶组分的差异最终是由种(品种)遗传基础的差异造成的。因此，分析酶及蛋白质的差异从本质上来说是分析遗传差异，即种(品种)的差异；利用先进的电泳技术可非常准确地分析种子蛋白质或同工酶的差异，并进行种(品种)的鉴定。

电泳图谱的鉴定是根据种(品种)谱带的数目、谱带位置、宽窄、颜色及深浅加以鉴定。主要依据如下：

①谱带数目　不同种(品种)之间的谱带数目有所不同。

②谱带位置(Rf 值)　不同种(品种)的谱带数目可能相同，但特征谱带的位置不同。

③谱带浓度深浅　不同种(品种)之间由于基因的剂量效应，谱带颜色有深浅之分。

④谱带颜色　经显色后电泳图谱中的谱带颜色有差异。如淀粉酶同工酶经显色后，α-淀粉酶显示白色透明条带，β-淀粉酶为粉红色条带，R-淀粉酶为浅蓝色和条带，Q-淀粉酶则为红色或褐色条带。

尽管电泳技术在林木种(品种)鉴定上得到了推广应用，如落叶松属不同种通过蛋白电泳的 PI 值得以鉴定，通过过氧化物酶、脂酶、淀粉酶 3 种谱带组合可将枣品种加以区分。但电泳鉴定存在位点少、易受环境和植物发育阶段的影响，因此存在一定的局限性。

5.3.4.3　细胞学鉴定

细胞学鉴定是基于种(品种)的核型和染色体带型差异，主要包括染色体数目、大小、核型、分带带型、减数分裂行为等；带型包括 C 带、G 带、Q 带、R 带等。三倍体毛白杨就是通过核型分析发现的，而利用荧光显带技术则揭示了松属的种间差异。

细胞学鉴定种(品种)虽然简单，但存在种(品种)间核型和带型的差异较小、制片技术不成熟等困难；对于染色体数量多而小的树种，核型不易区分，因此，在应用上有较大的局限性。

5.3.4.4　分子鉴定

分子标记是继形态标记、细胞标记和生化标记之后发展起来的一种较为理想的遗传标记形式。它是以生物大分子，尤其是生物体的遗传物质核酸的多态性为基础的标记方法。

与上述标记方法相比，DNA 分子标记具有下列优点：

①以植物的遗传物质 DNA 为研究对象，不受组织类别、发育阶段等影响。从植物任何部位提取 DNA 都能用于分析，因此可对种苗品种进行早期鉴定。

②不受环境影响。其变异只源于等位基因 DNA 序列的差异，这种稳定性便于揭示品种间的遗传差异而排除了环境差异所造成的表型变异。

③标记数量多，遍及整个基因组。

④多态性高，可发现许多等位变异。

⑤共显性标记类型，能够鉴别纯合基因型和杂合基因型。

从种(品种)真实性鉴定角度而言，选择分子标记方法要尽可能简单；标记类型要可靠、稳定、重复性好；鉴定结果要快速，在较短的时间内就可获得准确的结果。

研究表明，可有效运用于种(品种)真实性鉴定的分子标记方法有：随机扩增长度多态性 DNA(RAPD)、扩增片段长度多态性(AFLP)、简单序列重复(ISSR)、微卫星(SSR)等。从可靠性和简易性来看，种(品种)真实性鉴定应首选 SSR 标记，其次是 ISSR、RAPD 和

AFLP 标记。当然，如能先用 RAPD 或 ISSR 检测到种的特异片段，可经过克隆和序列测定将其转化为序列扩增特征区域(SCAR)标记，实现由随机 PCR 向特异 PCR 的转化则更为有效。具体选择哪种分子标记方法，除了分子标记的特点，还应考虑鉴定材料的特点和研究背景。

（浣香香）

复习思考题

1. 影响树木种子贮藏寿命的因素有哪些？它们之间是如何相互影响和相互制约的？
2. 树木种子的贮藏方法有哪些？并举例说明不同贮藏方法的适宜种子类型。
3. 无性繁殖材料在贮藏过程中哪些生理指标变化反映了繁殖材料的活力状况？阐述这些生理指标在贮藏过程中的变化趋势。
4. 无性繁殖材料有哪些类型？其相适应的贮藏方法。
5. 人工种子作为无性繁殖材料的重要类型，与自然种子相比有哪些特点？
6. 简述树木种子质量评价的流程。
7. 阐述种子生活力和种子活力的区别与联系。
8. 运用分子标记方法对树木种子进行真实性鉴定的原理是什么？相较于其他鉴定方法，有哪些优缺点？
9. 贮藏期间种子的生理活动有哪些？
10. 影响种子生命力的因子有哪些？
11. 如何根据种子安全含水量贮藏种子。

推荐阅读书目

1. 森林培育学(第 3 版). 翟明普，沈国舫. 中国林业出版社，2016.
2. 种子生理研究. 郑光华. 科学出版社，2004.
3. 种子生物学. 胡晋. 高等教育出版社，2006.

参考文献

国家林业局国有林场和林木种苗工作总站，2001. 中国木本植物种子[M]. 北京：中国林业出版社.

胡晋，2006. 种子生物学 [M]. 北京：高等教育出版社.

李宏，程平，郑朝晖，等，2011. 低温贮藏对俄罗斯杨种条生理指标及扦插成活率的影响[J]. 东北林业大学学报，39(3)：12-14.

刘小金，徐大平，杨曾奖，等，2012. 檀香种子生活力快速测定法[J]. 南京林业大学学报(自然科学版)，36(4)：67-70.

沈永宝，金天喜，1998. X 射线水衬比法测定云南松种子生活力[J]. 林业科学，34(2)：111-114.

翟明普，沈国舫，2016. 森林培育学[M]. 3 版. 北京：中国林业出版社.

郑光华，2004. 种子生理研究[M]. 北京：科学出版社.

郑章云，张明海，杨义，2014. 果桑十大冬季接穗采集与贮藏技术[J]. 陕西农业科学，60(4)：121，128.

中华人民共和国国家质量监督局，1999. 林木种子质量检验规程：GB 2772—1999 [M]. 北京：中国标准出版社.

BASKIN J M, BASKIN C C, 2004. A classification system for seed dormancy[J]. Seed Science Research,

14: 1-16.

CHEN S Y, CHOU S H, TSAI C C, *et al.*, 2015. Effects of moist cold stratification on germination, plant growth regulators, metabolites and embryo ultrastructure in seeds of Acer morrisonense (Sapindaceae)[J]. Plant Physiology and Biochemistry, 94: 165-173.

DELOUCHE J C, CALDWELL W P, 1965. Seed vigor and vigor tests[J]. Proc. Assoc. Official Seed Anal., 50: 124-129.

GOODMAN R C, JACOBS D F, KARRFALT R P, 2006. Assessing viability of northern red oak acorns with X-rays: application for seed managers[J]. Native Plants Journal, 7(3): 279-283.

International Seed Testing Association (ISTA), 2017. International Rules for Seed Testing[S]. Switzerland: ISTA

ROBERTS E H, 1983. Loss of seed viability during storage[M]. Thompson R J. Advances in Research and Technology of Seeds[M]. Wageningen: Pudoc.

第6章 苗木生长与生理

【本章提要】 本章对苗木类型、苗木生长发育时期与特点、苗木培育的非生物和生物环境因子与苗木培育的关系等进行了简要的讨论。要在充分理解和掌握苗木类型、苗木生长发育时期与特点基础上，深入把握各个非生物环境因子与苗木生长发育的关系，并结合以前学过的有关知识，了解病虫害和杂草等对苗木培育的影响；菌根菌、根瘤菌和人工基质等与现代育苗技术发展关系密切，对其发展状况要有足够的关注。要运用植物生理学和森林生态学的原理去综合考虑苗木生长发育指标和生物与非生物环境因子的关系，以及各个指标与因子之间的相互协调和相互作用，注意各生态因子的综合作用、主导因子和限制因子的作用特点、生态因子间的补偿作用、生态因子间的不可替代等，以便在苗木培育的实践中自觉运用这些原理，提升苗木培育技术水平。

6.1 苗木类型、特点、苗龄

6.1.1 苗木类型及特点

苗木(nursery stock)是指由林木种子繁殖而来的具有完整根系和茎干的造林材料。根据分类依据的不同，苗木可以划分为很多类型(沈海龙，2009)，概述如下。

根据苗木繁殖材料不同，可分为实生苗和营养繁殖苗两类。实生苗是直接用种实繁殖而来的苗木；营养繁殖苗是利用树木根、枝、叶等营养器官和组织繁殖而来的苗木。根据使用的器官或组织不同及技术手段不同，营养繁殖苗又分为插条、插根、压条、埋条、根蘖、插叶、嫁接苗等。插条苗是切取树木枝条的一部分，通过扦插在土壤(基质)中生根而繁殖得到的苗木；插根苗是切取树木根的一部分通过扦插在土壤(基质)中生根而繁殖得到的苗木；压条苗是将树体上正在生长的枝条的一部分压埋在土壤(基质)中或用土壤(基质)包裹，待这部分生根后，再从母树上切下培育而得到的苗木；埋条苗是将整个树木枝条水平埋在土壤(基质)中，使其生根而培育成的苗木；根蘖苗是对根部萌蘖性强的树种，在其根部附近破土或挖沟，对其根部造成机械损伤，促使其根部产生大量萌蘖而培育的苗木；插叶苗是利用阔叶树树叶或树叶一部分、针叶树的针叶束扦插在土壤(基质)中生根而繁殖得到的苗木。嫁接苗是切取树木枝条的一部分枝或只切取芽为接穗，连结在同种或异种树木的树干、根桩等砧木上，使二者愈合成为一体而得到的苗木。

根据苗木培育方式不同，可分为裸根苗和容器苗。裸根苗是在大田中培育、出圃时不带有基质与根系一起形成的根坨、根系裸露没有保护的苗木；容器苗是在装有育苗基质的育苗容器中培育、出圃时带有由育苗基质与根系一起形成的根坨的苗木。

根据苗木培育年限，可分为 1 年生苗和多年生苗。1 年生苗是通过播种或插条等有性或无性繁殖方法繁殖获得的当年生苗木，其中通过播种育苗而得到的 1 年生苗称为播种苗。多年生苗木指在苗圃中培养 2 年或 2 年生以上的苗木，按育苗过程中有无移栽而分为留床苗和移植苗。留床苗指在原育苗地上未经移栽继续培育的苗木，也称留圃苗；移植苗则是经过一次或数次移栽后再培育的苗木，又称换床苗。城市森林建设使用的大苗可能是多次移栽培育而来。

根据育苗环境是否受人工控制，可分为试管苗、温室苗、大田苗。试管苗是在实验室内试管（含其他容器）中无菌环境下的人工培养基上培养而成的苗木，也称组培苗或微繁苗；温室苗是在温室中培养而成的苗木；大田苗是在露天圃地培育而成的苗木，裸根苗多为大田苗。

根据苗木规格大小可分为标准苗和大苗。标准苗即为当前生产上普遍使用的苗木，针叶树多为 1~4 年生苗，阔叶树多为 1 年生苗；大苗则是在苗圃中培育多年的苗木，城市森林建设用苗很多情况下为大苗，园林绿化大苗由于在培育过程中多数要整形，所以又称形体苗或定型苗。

根据苗木培育基质不同可分为有土育苗和无土育苗。常规育苗都属于有土育苗。无土育苗通常指水培育苗，即用营养液直接培育苗木的方法，采用人工培养基培养苗木也属于无土育苗。

根据苗木质量不同分为等外苗、合格苗、目标苗和最优苗。等外苗指苗木规格和活力等指标没有达到育苗技术规程或标准规定的要求、不能出圃用于造林的苗木；合格苗指苗木规格和活力等指标达到育苗技术规程或标准规定的要求、能够出圃用于造林的苗木；目标苗指苗圃中试图大量培养的能够出圃造林的苗木，或生理、形态、遗传特性等适应造林地立地条件的苗木；最优苗木则指可以使造林整体成本最低、但却能达到造林成活率和早期生长量要求的苗木。

6.1.2 苗龄

苗木的年龄以经历一个年生长周期作为一个苗龄单位，用阿拉伯数字表示。

裸根苗的苗木年龄，第一个数字表示由种实或无性繁殖材料形成苗木后在初始育苗地生长的年数，第二个数字表示第一次移植后在移栽地上生长的年数，第三个数字表示第二次移植后在移栽地上生长的年数，依此类推。数字之间用短横线间隔，各数之和即为苗木的年龄。表示方法举例如下：

1-0　　　表示 1 年生未移植的苗木，即 1 年生苗木。

2-0　　　表示 2 年生未移植的苗木，即为留床苗。

1-1　　　表示 2 年生移植 1 次，移植后培育 1 年的移植苗。

1-1-1　　表示 3 年生移植 2 次，每次移植后各培育 1 年的移植苗。

0.5-0　　表示约完成 1/2 生长周期的苗木。

0.3-0.7　表示 1 年生移植 1 次，移植前培养 3/10 年生长周期，移植后培育 7/10 年生长周期的移植苗。

1_1-0　　　表示1年干1年根未移植的插条苗(插根苗或嫁接苗)。

1_2-0　　　表示1年干2年根未移植的插条苗(插根苗或嫁接苗)。

1_2-1　　　表示2年干3年根移植1次、移植后培育1年的插条(插根或嫁接)移植苗。

注：GB 6000—1999《主要造林树种苗木质量分级》标准中,把下脚标用括号括了起来,即1(2)-0、1(2)-1等,含义相同,即表示插条苗、插根苗或嫁接苗等在原育苗地(未移植前)的根系年龄。

对于容器苗苗龄,目前尚没有统一的表示方法,北美一般使用"容器类型+体积"或"容器类型+容器直径深度+移植时间"的方式表示。前者如"styro 4",表示使用styrofoam公司生产的泡沫塑料集成块容器,容器的体积约4立方英寸($65 cm^3$);后者如"PSB 313 B 1+0",表示在styrofoam公司生产的泡沫塑料集成块容器中培育1年没有移植,容器直径3 cm,深度13 cm,在B型立地条件下栽植的1年生(没有移栽过)的容器苗。我国可以参照上述办法表示,但由于我国容器育苗状况复杂,与国外不能完全对应,今后应该研究建立自己的容器苗苗龄表示方法。

6.2　苗木生长规律

苗木生长类型与生长发育节律,与苗木培育措施的正常选用具有密切的关系(沈海龙,2009)。实际育苗生产中,必须根据生长类型的不同和生长时期的不同,采取相应适宜的育苗技术措施。

6.2.1　苗木高、径和根系生长的一般特点

(1)苗木高生长

通常根据生长期的长短,分为春季生长型和全期生长型2种类型。

①春季生长型　又称前期生长型。苗木的高生长期及侧枝延长生长期很短,北方地区只有1~2个月,南方地区为1~3个月,而且每个生长季只生长1次。一般到5~6月前后高生长即结束。春季生长型苗木的实生苗,从2年生开始明显地表现出高生长期短的特点,即春季经过极短的生长初期就进入速生期;速生期持续时间短,且速生期过后高生长很快便停止。以后主要是树叶生长、叶面积扩大,新生的幼嫩新梢逐渐木质化、出现冬芽。春季生长型苗木在短期内完成主干高生长和侧枝延长生长所用的营养物质主要是在上一年所积累的,所以前一年的营养物质积累很重要。

②全期生长型　指苗木高生长期持续在全生长季节的树种。北方树种的生长期为3~6个月,南方树种的生长期可达6~8个月,有的达9个月以上。全期生长型苗木的高生长持续在全生长季节中,树叶生长和新生枝条的木质化都是边生长边进行,到秋季达到充分木质化。在年生长周期中一般要出现1~2次高生长暂缓期。

两种生长类型的实质是有限生长(前期生长型)和无限生长(全期生长型),其实际表现与否,既受树种的影响,又受有无芽存在的影响,生长量取决于种胚大小、种子中积累的能量的多少及发芽生长的环境条件是否有利。第一个生长季结束时,一般前期生长型的树种形成特定的顶芽,而全期生长型不形成特定的顶芽。第二个及其后各个生长季的高生

长，绝大多数树种表现它们特定的高生长类型。前期生长型的种类，如松树，一般只表现出受顶芽等控制的有限生长。而全期生长型只受环境条件影响而决定生长与否，如杨树、柳树、落叶松等。

(2) 苗木直径生长

苗木的直径生长高峰与高生长高峰是交错进行的。直径生长也有生长暂缓期。夏秋两季的直径生长高峰都在高生长高峰之后。秋季直径生长停止期也晚于高生长，这是很多树种的共同规律。2年生以上的苗木，在春季顶芽先萌动，产生激素，通过形成层往下运输，刺激形成层生长，因而直径先出现生长小高峰；而后，高生长才出现第一个速生高峰。

(3) 根系生长

根系生长在一年中有数次生长高峰。根系生长高峰是与高生长高峰交错的。夏、秋两季根的生长高峰都在高生长高峰之后。根系生长的停止期也比高生长停止期晚。根系生长高峰期与径生长高峰期接近或同时。根系生长量以夏季最多、春季次之、秋季最少。根系生长对环境条件的要求，除了温度、土壤水分和养分外，有的树种苗木还要求通气条件，如落叶松和松属苗木对土壤通气条件较敏感。

6.2.2 播种苗年生长规律

播种苗即为1年生实生苗。播种苗从播种开始，到当年生长结束进入休眠期，在不同的时期有不同的生长发育特点，对环境条件和管理要求也不相同。一般将其分为出苗期、幼苗期、速生期、苗木木质化期4个阶段。不同树种的1年生播种苗都有各自的生长发育规律，在苗木培育过程中要有针对性地进行管理，对不同的苗木采取不同的管理措施。

(1) 出苗期

从播种开始到幼苗出土、地上部分出现真叶（针叶树种壳脱落或针叶刚展开），地下部分长出侧根以前的阶段为出苗期。本期长短因树种、催芽方法、土壤条件、气象条件、播种方式、播种季节的不同而有差异。一般树种需要 10~20 d，发芽慢的树种需要 40~50 d。出苗期种子生长发育成幼苗，阔叶树子叶出现（子叶留土的树种真叶未展开），针叶树子叶出土、种皮未脱落、尚无初生叶；地下部分尚无侧根、生长较快；地上部分生长较慢；幼苗靠种子贮存的养分生长，还没有自身制造营养物质的能力，苗木抗性较弱。

(2) 幼苗期

幼苗期是指从地上部长出第一片真叶、地下部分出现侧根，到幼苗开始高生长的一段时期。本期长短因树种不同有所差异，一般 3~8 周。幼苗期地上部出现真叶，地下部分长出侧根，开始光合作用，制造营养物质；树叶数量不断增长，叶面积逐渐扩大；前期幼苗高生长缓慢而根系生长速度快，长出多级侧根；后期主要吸收根系长达 10 cm 以上，地上部分生长速度由慢变快；幼苗个体明显增大，对水分、养分要求增多。

(3) 速生期

速生期是苗木生长最旺盛的时期，是在正常条件下，从苗木高生长加快到高生长减慢之间的时期。本期长短因树种和环境条件的不同而有差异。北京春播树种的苗木，速生期一般在5月中旬至8月中旬，约3个月。速生期是苗木生长的关键时期。速生期的苗木生物量增长迅速加快，达最大值；叶量增多，单叶增大。苗木的高生长量、地径生长量和根系生长量达到全年生长量的60%以上，形成发达的根系和营养器官。速生树种在这个时期有侧枝长出，苗木根系生长幅度较大。

(4) 苗木木质化期

苗木木质化期是指苗木的地上、地下部分充分木质化，进入越冬休眠的时期。从苗木高生长大幅度下降开始，到苗木直径和根系生长停止为止。木质化期的苗木高生长速率迅速下降，不久高生长便停止，形成顶芽；直径和根系继续生长并可出现一个小的生长高峰，继而停止；苗木含水量逐渐下降，干物质逐渐增加；苗木地上、地下部分完全木质化，苗木对低温和干旱抗性增强，落叶树种树叶脱落，进入休眠期。

以上各个生长时期中苗高生长、苗径生长、苗根生长和芽的形成之间关系，可以用图表示出来(图6-1)。

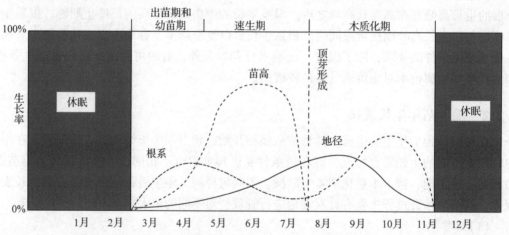

图6-1 各生长时期苗高生长、径生长、根生长和芽的形成之间关系

(引自 Landis 等，1998)

6.2.3 留床苗年生长规律

留床苗的年生长一般分为3个时期，即生长初期、速生期和生长后期。与1年生播种苗最大的区别是没有出苗期，并且表现出前期生长型和全期生长型的特点。

(1) 生长初期

生长初期是从冬芽膨大时开始，到高生长量大幅度上升时为止。苗木高生长较缓慢，根系生长较快。春季生长型苗木生长初期的持续期很短，约2~3周；全期生长型苗木历时1~2个月。

(2) 速生期

速生期是从苗木高生长量大幅度上升时开始，全期生长型苗木到高生长量大幅度下降时为止，春季生长型苗木到苗木直径生长速生高峰过后为止。本期是地上部分和根生长量占其全年生长量最大的时期。但两种生长型苗木的高生长期相差悬殊。春季生长型苗木高生长速生期的结束期到5、6月。其持续期北方树种一般为3~6周，南方树种为1~2个月。

春季生长型苗木速生期的高生长量占全年的90%以上。高生长速率大幅度下降以后，不久苗木高生长即停止。从此以后主要是树叶生长、叶面积扩大、叶量增加，新生的幼嫩枝条逐渐木质化，苗木在夏季出现冬芽。高生长停止后，直径和根系还在继续生长，生长旺盛期（高峰）约在高生长停止后1~2个月左右。全期生长型苗木速生期的结束期，北方在8月至9月初，南方到9~10月才结束。其持续期北方树种为1.5~2.5个月，南方树种3~4个月。高生长在速生期中有2个生长高峰，少数出现3个生长高峰。

（3）苗木木质化期

苗木木质化期是从高生长量大幅度下降时开始（春季生长型苗木从直径速生高峰过后开始），到苗木直径和根系生长都结束时为止。两种生长型的留床苗木质化期的生长特点也有不同。春季生长型苗木的高生长在速生期的前期已结束，形成顶芽；到木质化期只是直径和根系生长，且生长量较大。全期生长型苗木，高生长在木质化期还有较短的生长期，而后出现顶芽；直径和根系在木质化期各有1个小的生长高峰，但生长量不大。

6.2.4　移植苗年生长规律

移植苗年生长一般分为成活期、生长初期、速生期和苗木木质化期（生长后期）。与一年生播种苗及留床苗最大的区别，是有一个成活期（缓苗期）。注意保证成活后，其他与留床苗相同。

（1）成活期

成活期是从移植时开始，到苗木地上部开始生长，地下部根系恢复吸收功能为止。苗木根系被剪断，吸收水分和养分的须根被切掉一部分，降低了苗木吸收水分与无机养分的能力，因此，移植后要经过缓苗期。由于株行距加大，改善了光照条件，营养面积扩大了，未切断的根很快恢复了功能，被切断的根在切伤面形成愈伤组织，从愈伤组织及其附近萌发许多新根，因而移植苗的径生长量加大。成活期的持续期一般约10~30d。

（2）生长初期

生长初期是从地上开始生长，地下长出新根时开始，直至苗木高生长量大幅度上升时为止。地上部生长缓慢，到后期逐渐变快。根系继续生长，从根的愈伤组织生出新根。两种生长型苗木的高生长期表现同留床苗。

（3）速生期

速生期的起止期同留床苗，但出现期较迟。地上与地下的生长特点与留床苗的速生期一样。全期生长型苗木在速生期中的生长暂缓现象，移植苗有时比留床苗出现的晚。

（4）苗木木质化期

苗木木质化期的起止期和苗木生长特点都可参照留床苗。

6.2.5　扦插苗年生长规律

扦插苗的年生长周期可分为成活期、幼苗期（生长初期）、速生期和苗木木质化期4个时期。

（1）成活期

落叶树种自插穗插入土壤中开始到插穗下端生根、上端发叶、新生幼苗能独立制造营养物质时为止；常绿树种自插穗插入土壤中开始到插穗生出不定根时为止，这段时期为成活期。本期插穗无根，落叶树种也无叶，在成活过程中养分的来源主要是插穗本身所贮存的营养物质。插穗的水分除了插穗原有的以外，主要是从插穗下切口通过木质部导管从土壤(基质)中吸收的。成活期的持续期，各个树种间的差异很大。生根快的树种需2~8周，如柳树、柽柳和杨树(青杨和黑杨)2~4周，毛白杨和黄杨需5~7周。生根慢的针叶树种需3~6个月甚至达1年左右，如水杉需3~3.5个月；雪松需3.5~5个月。嫩枝插穗也从愈合组织先生根，但比休眠枝条快，所以成活期持续时间短，如水杉需3~6周，雪松需7~9周。

(2) 幼苗期

落叶树种的插穗，地上新生出幼茎，故称为幼苗期，是从插穗地下部分生出不定根、上端已萌发出叶开始，到高生长量大幅度上升时为止的时期。常绿树种因已具备地上部分，但生长缓慢，所以称为生长初期，是从地下部已生出不定根、地上部开始生长时起，到高生长量大幅度上升时为止的时期。扦插苗扦插当年即表现出两种生长型的生长特点。幼苗期或生长初期的持续期，春季生长型约2周，全期生长型1~2个月。这一时期插穗产生的幼苗因地下部已生出不定根，能从土中吸收水分和无机营养元素，地上部已有树叶能制造碳水化合物，所以前期根系生长快，根的数量和长度增加都比较快，而地上部生长缓慢；后期地上部分生长加快，逐渐进入速生期。

(3) 速生期和苗木木质化期

扦插苗速生期和苗木木质化期的起止期及生长特点与留床苗相同。

嫁接苗和扦插苗的区别主要是有一个砧穗愈合期，相当于扦插苗的成活期。其他与扦插苗基本一致。埋条苗的年生长过程与扦插苗基本相同。

6.2.6 容器苗年生长规律

容器苗由于大多数情况下是在人工控制的优化环境下生长，生长较快，可控性强，所以一般划分为3个基本时期。

(1) 出苗期(生长初期)

实生苗从播种经过种子萌发，直到长出真叶为止。扦插苗从插穗插入容器中到插穗生根、茎开始生长为止。可细分为发芽阶段和早期生长阶段。这一阶段主要保证种子发芽成苗或插穗生根。

(2) 速生期

从苗高以指数或较快的速度生长开始，到苗木达到预定的高度结束。春季生长型苗木在顶芽形成时也就达到了要求的高度(需要采取措施避免未达到预定高度即形成顶芽)，而全年生长型苗木不形成顶芽，不能自动结束，需要通过观察确定它达到要求的高度时，停止高生长促进措施来人工控制该时期的结束。

(3) 木质化时期

从苗木形成顶芽或达到预定的高度开始，到进入休眠为止。在这一阶段开始把高生长的能量转移给苗木的加粗生长和根生长，保证苗木直径也达到要求的粗度，侧芽形成，根继续生长，并完成休眠诱导和胁迫适应两个生理过程。

6.2.7 组培苗生长规律

目前已经有一些阔叶树,如杨树、桉树、丁香、杜鹃、白桦等的特殊品种,通过组织培养微繁的技术来培育苗木。树木微繁从把外植体接种到培养基上开始,到长成生根的完整植株的全过程,一般可分为5个时期:①稳定的无菌培养体系的建立时期;②稳定培养系的增殖、生长和增壮时期;③诱导茎芽生根形成小苗时期;④生根小苗移栽和驯化时期;⑤商品苗培育时期。前3个时期,都是在完全人工控制条件下的小植株建立时期;第4个时期相当于移植苗或扦插苗的成活期,主要是空气湿度调控促进成活;第5个时期相当于留床苗或容器苗培育,可参照相应阶段划分和采取相应培育措施。

6.2.8 大规格苗木年生长规律

大规格苗木实际上相当于数次移植培育的苗木。移植当年按照移植苗划分生长时期,其他年份按照留床苗划分生长时期。

6.3 影响苗木生长的因素

6.3.1 影响苗木生长的环境因子

苗圃生态环境因子包括非生物和生物因子两方面,非生物因子包括大气(地上)和土壤(地下)两部分。大气因子和土壤因子之间相互联系、共同与生物因子一起,综合对苗木的生长发育产生影响。

影响苗木培育的大气因子主要包括温度、湿度(水分)、光照、二氧化碳等。二氧化碳、水蒸气和光参与光合作用、呼吸作用和蒸腾作用。这些生理过程都与叶片温度和气孔功能有关,而这又与二氧化碳浓度、光强、湿度和温度相关。此外,苗木生长与云量云状、风向风速、太阳辐射、降水量等都有关系(迟文彬和周文起,1991),但这些因子属于间接因子,通过影响空气温度、湿度、光照和二氧化碳浓度等起作用。

影响苗木培育的土壤因子包括土壤温度、土壤水分、土壤空气、土壤质地、土壤结构、土壤矿质营养、土壤有机质、土壤酸碱度、土壤热性质、土壤毒理性质等。苗木吸收利用的是土壤养分和水分,而土壤养分和水分的数量和有效性,则直接或间接地受以上各土壤因子的影响。

(1) 温度

温度直接对植物新陈代谢起作用,每种反应需要不同的温度。温度同样影响和控制生长的其他过程,如蒸腾、呼吸、光合等。适宜温度范围可以划为最低温度、最适温度和最高温度三个基点,最适温度时生长最好。温带树种的生长开始于0℃以上、10℃以下,15℃以下很慢,18~30℃最适,30℃以上生长受限;热带树种则相应提高。苗木正常生长发育要求土壤(基质)唯独保持18~20℃、苗木层间茎叶处气温25℃左右,这样就要求苗床(基质)表面温度应经常保持在30~35℃水平上;但苗床地面温度不要高于40~46℃、低于-2℃(持续时间不长于2 h)(迟文彬和周文起,1991)。

种子发芽也有其最适、最低和最高温度,这方面与树种特点有直接的关系,一般

5~8 ℃林木种子即可发芽，10~15℃发芽加快，20~25 ℃发芽最旺。麻栎发芽最适温度15 ℃，油松和侧柏为20~25℃，马尾松和杉木25 ℃，臭椿30 ℃；油松35 ℃比25 ℃萌发快但萌发率低，杉木36 ℃发芽率仍高达86%；红松需要经过0~5℃的低温和15~20 ℃的高温阶段催芽处理后，在气温达到15 ℃以后(地下5 cm达到8~13 ℃)播种才能顺利发芽(齐鸿儒，1981)。水曲柳先暖温15~20 ℃下90~120 d，再3~5 ℃低温90~120 d，播种后才能萌发出苗(张鹏等，2007)。

插穗生根要求的气温和地温是不尽相同，杨树、柳树等落叶阔叶树种，能够在较低的地温下生根，但大多数树种生根最适宜的地温是15~20 ℃；而有些常绿阔叶树种生根需要较高的地温，一般以23~25 ℃较为适宜。毛白杨的插穗在相当广泛的温度范围(4~30 ℃)内都能形成愈合组织和根原基，而银中杨只有在插床土层温度稳定通过12 ℃时扦插才能保证较高的生根率。辐射松扦插时的昼/夜温度以20 ℃/10 ℃生根率最高。

植物茎干在气温0 ℃以上(待平均气温稳定通过1~2 ℃)时就开始活动；而植物根系往往要求土壤温度超过5 ℃才开始活动。温带树种如红松等，必须经过一段时间春化处理(在0 ℃甚至-10 ℃以下，经过15 d以上的阶段)越冬芽才能解除休眠而萌发。

苗木各个发育阶段的最适温度不同。幼苗期要求温和而稳定的温度格局；速生期需要较高温度，但近苗木层温度不宜超过30 ℃；木质化期苗圃温度控制在最适温4~6周以促进直径和根系生长；稍高于0 ℃(特别是晚上)的温度4~6周促进芽形成，提高抗寒性。

过高过低的温度都不利于苗木生长。高温会导致日灼危害，春末夏初和冬季都比较容易发生日灼危害。低温会导致霜冻、冻拔危害等，霜冻多发生在春秋苗木开始生长或邻近结束生长的时期。

(2)水分条件

水分条件由空气湿度和土壤水分2个指标控制。

①空气湿度 通常指相对湿度。适宜的湿度可以促进苗木生长。有经验指出，出苗期(生长初期)需要高湿(60%~90%)；速生期湿度要适度(50%~80%)，苗冠郁闭时通风要好；木质化期要求低湿。综合来看，生长季节60%~80%的空气湿度可以保证苗木正常生长。树种不同，受湿度影响程度不同。樟子松对空气湿度反应不十分明显；而落叶松、红松、黄波罗等对湿度要求苛刻，空气湿度小于39%时，树叶停止生长，小于20%时出现生理失水、茎叶萎蔫、甚至干枯死亡(迟文彬和周文起，1991)。

无性繁殖时，湿度控制更重要，初期一般要求高湿(90%~100%)，因为插穗需要减少蒸腾保持膨压以形成根系，嫁接需要高湿环境避免水分胁迫。近年来国内外扦插实践证明，近苗木层空气湿度的重要性要大于土壤(基质)的湿度。在扦插后生根期间内，土壤含水量(湿土重减去干土重的差值与干土重的比值)60%~80%，空气相对湿度以90%至饱和，更有利于生根成活，而土壤(基质)的湿度不能过高。

②土壤水分 树木种子萌发要达到适宜的含水量，如红松种子萌发时相对含水量以50%~60%为宜；播种苗出土时相对含水量(苗木鲜重和干重的差值与苗木鲜重的比值)可达90%以上；苗木进入速生期后，相对含水量在70%~80%之间；到秋季，苗木地上部分停止生长，相对含水量65%~75%(金铁山，1985)。而种子和苗木水分主要由土壤供给，土壤供水不足种子和/或苗木自身水量平衡失调，就会严重影响萌发和生长发育。

苗圃土壤水分和空气湿度对苗木生长的影响有时比土壤矿物营养的作用更明显。土壤水分即使在凋萎含水量与田间持水量之间，对苗木生长的影响也是不等效的。在苗木生长期土壤水分不足，对苗高生长量的影响比对地径生长的影响表现明显。在苗木速生期内，土壤水分稍有不足，即可见到叶节间距短缩现象，严重时引起苗木停止高生长，并形成顶芽。水分对苗木形态的影响很大。水分条件差，苗木叶片厚度与叶面积比值明显增加、叶色黄、反射率降低、缺乏光泽；水分过多，也改变苗木的正常形态，如叶片薄，根系发育小(金铁山，1985)。

水分在苗圃生态环境调节中可起重要作用。夏季苗床表面温度过高时可少量灌溉降温，避免发生日灼；春秋苗木遭受霜冻危害时，灌溉可以抢救苗木；苗木遭受药害、风害、雹害时生长发育受阻，适当灌水有益处(金铁山，1985)。

(3) 土壤质地

土壤质地影响着土壤的蓄水、供水、保肥、供肥、导热、导温能力和适耕性(表6-1)，从而对苗木的生长发育有着重要作用。

砂土上不论垄作或床作育苗，床或垄的高度宜低。需施大量肥料，应以有机肥为主。追施化肥时，应本着"量少次多"的原则施用。砂土热容量较小，春季土壤增温快，俗称"热土"，播种、插条出苗快于黏土1~2 d。黏土上垄作或床作育苗时，床或垄高度宜高些。黏土热容量大，春季土壤增温慢，俗称"冷土"，播种、扦插出苗慢。黏土施肥时必须考虑土壤通气性差、好气性微生物活动弱的特点，避免施肥过深，延缓肥效。在一个生长季内，砂土上生长的苗木，前期生长比较好；黏土上生长的苗木，后期生长比较好（金铁山，1985）。壤土提供了育苗的一个最佳土壤环境条件，有一定数量的大孔隙和相当数量的小孔隙，通气性与透水性良好，保水性与保肥性强，土壤热状况良好，耕作性良好，适耕期较长。

表6-1 不同质地土壤的生态性质

生态特性	砂土	壤土	黏土
保水能力	弱	适中	强
保肥能力	弱	适中	强
增温速度	快	适中	慢
通气性	好	中	差
耕作性	好	中	差
养分转化速度	快	适中	慢
出苗难易	容易	容易	困难
苗木贪青状况	否	可控制	易

注：引自金铁山，1985。

(4) 土壤矿质营养

苗木吸收的氮、磷、钾、钙、镁、铁、硫及微量元素，都是由根系从土壤中吸收。土壤中各矿质元素总量一般可满足苗木的需要，但是可利用态含量(有效养分含量)并不总是充分的，例如，北方苗圃土壤有效磷素普遍缺乏。

苗床土壤中的速效态氮以硝态氮为主，但硝态氮含量受土壤温度的影响很大，夏季苗床土壤硝态氮含量很高，而春季苗床土壤硝态氮含氮较低。苗木吸收的氮素主要是铵态氮（NH_4^+）和硝态氮（NO_3^-），其次有少量的亚硝态氮（NO_2^-）、有机态氮（蛋白质态氮和腐殖质态氮）。氮素吸收量多少，与苗木生长发育、形态建成、苗木抗性（抗病、抗寒、抗旱等）等密切相关。树种不同，不同形态氮素的效应不同，需要量也有差异。在苗期要求低氮的树种有红松、水曲柳、蒙古栎、核桃楸等；要求高氮的树种有兴安落叶松、长白落叶松、黄波罗、红皮云杉、樟子松等；居中的树种有小叶杨、紫椴、白桦、沙松等（金铁山，1985）。

可供苗木根系吸收的磷素主要是磷酸态（PO_4^{3-}，HPO_4^{2-}）。磷素吸收量的多少与苗木生长发育和苗木的抗性密切关联。苗木磷素吸收不足的形态表现，在许多方面与氮素吸收不足十分相似，如植株矮小、根系发育不良、叶短缩等，叶色变化多呈紫色。树种不同对磷素的反应也不同。长白落叶松、樟子松，1年生播种苗对磷素需要量高于红松、水曲柳的当年生播种苗。

钾素以钾离子（K^+）形式由土壤进入根内，并以无机态存在。苗木吸收钾素不足，会降低生长量，影响木质化，减小苗木的抗病和抗寒能力。硫、钙、镁、铁及微量元素都各有自己的独立作用。钠对苗木有害，在土壤中加入钠含量5%的钙，即保持钙：钠 = 5：95，可消除钠离子危害。钙离子与氢离子可以互相消除含量过高的毒害（金铁山，1985）。不同树种的苗木，要求保持各自一定的钙、镁离子比。与此相类似，钙离子与钾离子、铁离子、铝离子之间的颉颃作用也是如此。

(5) 土壤酸碱度

土壤酸碱度以 pH 值标志，主要通过影响土壤养分有效性、土壤微生物活动等影响苗木生长发育。土壤中 pH 值过高或过低，都会打破矿质养分元素间的平衡，某些物质超量地溶解，使苗木中毒。如 pH 值过低时土壤中的铝、铁、锰、锌和铜可能发生毒害，而且氢离子（H^+）本身可直接伤害苗木。pH 值过高时氢氧根离子（OH^-）也会直接伤害苗木。在酸性土壤上，锰离子过量时，会产生毒害作用，施入钙可解除。在土壤中锰铵离子过多，产生毒害作用，施入钙可缓解。在酸性土中单独施钙，有助于吸收铵态氮。

苗木对 pH 值的适应能力差异很大，绝大多数树种在中性和微酸性条件下生长发育良好。一般针叶树 5.0 ~ 7.5，阔叶树 6.0 ~ 8.0。South（2017）通过总结前人研究并试验验证发现，在沙质土上培育松树苗木，pH 值 4.5 ~ 5.0 的似乎最佳，可以有效降低猝倒病引起的苗木损失（图6-2），减少线虫种群数量，增加整夜氮素水平（可减少氮肥施用量），减少圃地杂草数量，增加有益木霉菌数量，增加苗木生物量。这个问题也应该引起我国苗圃工作者的重视。

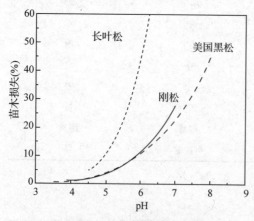

图 6-2 低水平土壤酸碱度（pH4.5 ~ 5.0）可有效降低松树苗的猝倒病

（引自 South，2017）

(6) 土壤有机质

土壤有机质可以提供苗木生长发育所需要的各种养分、增强土壤的保水保肥能力和缓冲性、改善土壤的物理性质、促进土壤微生物的活动等。世界各国在育苗过程中，用地、养地和护地的关键都是增加土壤有机质含量。苗圃保持较高的土壤有机质含量，对提高地温、保持良好的土壤结构、调节土壤的供水供肥能力都是十分重要的。有机肥一次施用量不宜过多，小兴安岭林区苗圃提供的改土经验，每公顷施草炭 4.5×10^4 kg 效果较好。试验表明，施有机物料一年后，可看到土体疏松，孔隙较多，0.005~0.1 mm 的小团聚体增多；2 年后，大团聚体形成，0.5~1.0 mm 团聚体增加；3 年后 1~2 mm 的团聚体出现。由于团聚体的形成，对蓄水保肥和调节土壤中水、肥、气、热的功能增强，从而为苗木生长创造了有利条件。

(7) 人工基质

栽培基质又称人工土壤、盆土、盆混合物、土壤混合物、混肥等，是人工配制的用于苗木培育基质。容器育苗一般使用人工基质。栽培基质要为生长在容器中的植物提供其生长所需要的水、空气、矿质营养和物理支持条件(图 6-3)。

基质应该具备微酸性、高度的阳离子交换能力(CEC)、较低的自身肥力、合理孔隙度、无害虫，以及合理的价格、充足而稳定的来源、高度匀质且体积稳定，持久耐藏和易湿润等特性(Landis, 1990)。应该特别注意基质 pH 值的调控，一般保持在 5.5~6.5 的范围内，但要根据具体树种而定。如美国赤松要求 pH 值 5.0~5.3 生长最好，4.5~6.0 可以生长，6.0 以上生长不良。

图 6-3　栽培基质的四项功能
(根据 Dumroese 博士图片调整)

(8) 光照条件

光照条件是影响植物生长发育的最复杂、最易变、也是最重要的因子。光通过光照强度、光照时间、光质形式影响苗木的生长发育。

就苗木的一片叶子来说，光合作用的最适光照要比全日照照度小得多，但就一株枝叶繁茂的苗木来说，即便在全日照下，由于上下叶片遮蔽，许多叶片仍得不到足够的光照来进行最大的光合作用。对于露天培育的苗木，所谓光合作用的最适光强，是指在一定时期中生态因子在某种综合情况下，光的净效应要比它在另一种综合情况下对光合作用更为有利。鱼鳞云杉、臭冷杉、沙松等阴性树种，在适度遮阴下比全光下育苗效果好(针叶色浓绿、叶量大、苗高生长也较大)；当育苗密度达到苗床郁闭时，只要具有一定苗高，阴性树种苗床横向断面呈现床两边苗高小、床中心苗高大的拱形，而喜光树苗床横向断面呈现床两边苗高大、床中心苗高低的"V"字形。光照的增强与减弱，影响苗木蒸腾的变化、影响钾肥对苗木的有效性、影响苗木茎杆的木质化程度(强光促进苗木茎杆木质化)。播种苗新出土时，给予充足的日照，可提高苗木的抗性。

红光下植物形成碳水化合物多些，在蓝紫光下则形成的蛋白质、脂肪数量多些。波长短于 280 nm 的紫外光对苗木具有强烈的破坏作用，波长稍长的紫外光、蓝紫光会抑制苗木伸长而使苗木矮粗,并诱导苗木趋光,波长650 nm左右则影响苗茎伸长、种子萌发。红外线则可提高苗木温度、蒸腾等。树木生理学研究证实,远红光能促进叶与叶之间的节间生长;冷杉、椴树种子在黑暗中或单色蓝光下发芽率不如在红橙光下高,而云杉、欧洲赤松、落叶松和白桦等种子,在黑暗或单色蓝光、红—橙光中无大差别。

南方系树种高生长时间与日照时数无关,而北方系树种则与日照时数有关。在林木种子萌发过程中,温度与光照之间交互影响。对于未冷冻的欧洲桦木种子,发芽温度为15 ℃时,在长日照下比在短日照下萌发的更好些,但在发芽温度为20 ℃时,长日照与短日照都能同样良好萌发,甚至只照射一次光也能萌发。

光照对于苗木并不总是有利的,强光可引起日灼害。春播新出土幼苗遭遇霜冻后,如果翌日晨受太阳光照射,常造成严重损失,如及时遮光,可减轻危害。

生长初期(建成时期)种子发芽不受光强影响,但光质和光照时间都有显著影响,如红光促进火炬松种子发芽,而远红外则抑制;多数树种每天8~12 h光照有利于萌发,而花旗松16 h好于12 h。萌发的针叶树苗木,子叶开始光合作用;真叶的发育依赖于子叶的光合产物。多数树种幼苗光强达到55 umol/(s·m^2)(3 000 Lux),即能满足要求;而美国赤松要求120 umol/(s·m^2)(6 500 Lux)以上,南方松苗圃更不能遮光。发芽需要强光,光、温度和湿度,以及覆盖物综合影响发芽,要注意调节各因子到最适状态。速生期要逐渐把光照调节到光饱和点附近,不是十分必要就不要遮阴,遮阴最好是每天都调节。当高度达到要求的80%~90%时,减少光照时间,促进顶芽形成。生长后期(木质化期),首先终止高生长,形成饱满顶芽,刺激径、根生长,并促进逐渐木质化,因此,减少光照时间是首选。

光照对扦插育苗非常重要,插穗新根的形成,一方面依靠插穗内所含的营养物质;另一方面还要依靠在同化过程中所形成的营养物质和植物激素。硬枝扦插育苗,光照能提高地温,促进生根;嫩枝扦插,适宜的光照强度有利于光合作用,制造营养物质、保持插穗营养物质平衡,促进生根。但光照过强,水分又不能及时补充时,容易使插穗失水,要适当遮阴。嫩枝扦插时,插穗叶量的多寡对发根状况常起着决定性的作用。

(9)二氧化碳

构成苗木体的基本元素碳、氧、氢,在苗圃生态环境中的含量是丰富的、充足的。碳素来自于空气和土壤中的二氧化碳。土壤中二氧化碳含量较高,可以超过空气中二氧化碳含量的数十倍,通过土壤呼吸放出二氧化碳,苗木叶部吸收。土壤二氧化碳逸出量与土壤温度关系密切,空气中二氧化碳的含量,除贴地面层1~2 cm厚空气中含量较高外,在整个苗木叶层高度上,空气中的二氧化碳含量是均匀的,但是叶面积系数大的郁闭苗床上,空气中的二氧化碳含量较高。空气中二氧化碳含量很少,尤其在温室育苗中更少。科学测定表明,植物光合作用理想的二氧化碳浓度为1%(1 000 mg/kg)左右,大气环境中二氧化碳280~350 mg/kg,苗圃中二氧化碳200~400 mg/kg,温室等密闭育苗设施内二氧化碳浓度又比室外低的多,是限制因素。提高空气中的二氧化碳浓度,可以促进插条尽早产生愈伤组织,并提高生根率。大田育苗,主要是加强通风,必要时可以施干冰来增加二氧化碳浓度;温室育苗,主要通过通风、施干冰、碳燃料燃烧来增加二氧化碳浓度。

6.3.2 影响苗木生长的生物因子

除了温度等环境因子外,苗木生长还受周围生物因子(杂草、病、虫、菌根等其他生物)的影响。苗木生物环境因子包括有益和有害两类,有益生物主要指菌根菌和根瘤菌,有害生物主要指病菌、害虫和杂草。鸟类、鼠类、兔、鹿等有时也会产生危害,但不普遍、不经常。

(1)菌根菌

植物根际微生物与高等植物吸收根往往形成寄生、共生和腐生三种关系的联合体。寄生关系的菌与根的联合体只对微生物有利,而对寄主植物会造成不同程度的危害;腐生是根际微生物从已死的植物根中获取所需要的营养物质;共生微生物对植物组织不造成侵害和破坏,微生物和植物两者之间互助、互利,所以称为有益微生物。菌根菌就是其中与苗木培育关系比较直接、影响比较大的一类。菌根有外生菌根、内生菌根和内外生菌根3种主要类型及其他次要类型如混合菌根、假菌根等。

菌根对苗木的作用主要在于强化苗木对水分和养分的吸收,特别是对磷和氮的吸收。此外,还具有增强植物抗逆性和免疫性、改良苗圃土壤、产生生长激素等作用,从而最终促进苗木生长、改善苗木质量、提高圃地生产力水平和造林成活率。菌根可以有效扩大寄主植物根系的吸收面积,宋福强等(2005)应用丛枝菌根(AM)真菌对大青杨苗木进行人工接种,菌根化苗木的主根长、地径、侧根数、根生物量均与对照苗木差异显著;菌根真菌使苗木根系体积增大、总吸收面积增加,特别是使苗木根系的活跃吸收面积显著增加。苗木有了菌根就可以通过无数细长的菌丝吸收水分,并持续不断地供给自己,尤其在干旱条件下,能提高土壤水分利用率;发育完好的菌根化根系的全部吸收根都形成了菌根,能使吸收输送水分的速度提高10倍(花晓梅,1999)。菌根菌可以同时利用有机态氮和无机态氮。菌根菌在氮代谢过中,可以将土壤中氮吸收进,并运输至植物的根部,可以将有机态氮传换成植物可以利用的无机氮。菌根可以有效促进寄主植物对磷素的吸收利用,VA菌根真菌可以从土壤中直接吸收磷,经转化后供植物利用;ECM菌根菌能使植物吸收到根系空间不能利用的磷。菌根菌能吸收和贮存土壤中的Zn、Cu、Mg、Fe、S、Ca等多种矿物养分,并转输给植物,满足它们生存的需要。菌根会通过分泌多种酶,扩大土壤有效利用空间,保持主动吸收率,降低吸收临界浓度等方式提高苗木对养分的吸收和利用率。

菌根真菌对环境温度的适应性、对土壤酸碱度的适应性及对土壤有毒物质的抗性均比苗木要强。菌根通过增强苗木的适应性、抗逆性,帮助苗木在不利的环境条件下正常生长。菌根可以有效增强苗木对环境的适应能力。菌根能通过生物作用、物理作用和化学作用提高植物的免疫性,防止或减轻根部病害;菌根有较强的络合金属元素的功能,在一些重金属含量高的土壤里,VA菌可增强植物对重金属离子的忍耐性。外生菌根具有保护植物根的功能。有些菌根菌形成菌根后,产生抗生物质,能排除根际其他微生物。菌根还具有减轻环境污染的作用,外生菌根菌能持久性地在较广的范围内通过羟基化来降解芳香属的污染物。

菌根可以改善土壤理化性质。菌根真菌能分解土壤中的有机质,加速土壤养分循环,改善土壤结构,提高土壤中养分的有效性。菌根通过产生的酶,使土壤中不溶的有机质或被固定的矿物质分解为植物能够吸收利用的养分,从而提高土壤肥力。菌根还通过增加土壤有机质含量、扩大根际的黏胶层范围、加速矿质土壤风化、形成独特的森林土壤微生境等改善土壤的化学性质。在改善土壤理化性质的同时,并能保持土壤结构,提高土壤的可耕性。

促进苗木生长,改善苗木质量,提高圃地生长力。这是以上作用的综合效果。弓明钦等(2000)对西南桦幼苗实施 VA 菌根和 ECM 菌根的接种试验,接种 ECM180d 后,平均苗高比对照增加了 92.98%~106.85%,地上干质量增加 206.43%~554.69%,地下干质量增加 202.83%~566.40%;接种 VA 菌根菌 90d 后,苗木平均高、地上干质量及地下干质量分别比对照增加 50.48%~63.41%、78.65%~151.04% 和 215.25%~311.86%;接种菌根的苗木可在 150~180d 后出圃造林,比对照苗木至少提前 5 个月。孟繁荣和汤兴俊(2001)用外生菌根真菌对盆钵播种的山杨实生苗进行接种试验,结果表明最好的 *Cortinarius russus* 菌根菌接种后,苗高、地径、侧根数及整株干物重增长率分别为 38.13%、20.27%、70.97% 和 33.39%。花晓梅等(1995)发现典型外生菌根真菌彩色豆马勃(*Pisolithus tinctorius*)(Pt)具有明显的菌根化效果和促进苗木生长、提高生物产量的作用,菌根化率均为 100%,提高合格苗产量 14.6% 以上,平均苗高、地径、干物重、侧根数和根系总长分别增加 28.1%~71.4%、22.8%~49.2%、66.7%~457.1%、128.0%~200.0% 和 82.4%~101.0%。

(2)根瘤菌

根瘤菌的应用在农业、园艺、牧草等方面研究很多也很深入,在木本植物苗木培育中应用研究尚且不多。近年来的少量研究基本集中在相思类树种上。

吕成群等(2003)从不同立地条件的 6 种相思林中采集根瘤并分离 14 株根瘤菌,将其接种到厚荚相思幼苗,多数菌株接种的厚荚相思幼苗与对照相比,其苗高生长量增加 4.5%~18.6%,地径生长量增加 2.5%~46.8%,固氮酶活性提高 7.6%~241.8%,叶绿素含量提高 11.0%~19.1%,叶片硝酸还原酶活性提高 3.3%~34.4%,叶片含氮量提高 7.4%~43.8%,叶片含磷量提高 9.1%~72.7%,叶片含钾量提高 8.3%,叶片含钙量提高 7.3%~41.5%,叶片含镁量提高 12.5%~25.0%,叶片含铁量提高 10% 以上。

根瘤菌接种直杆型大叶相思幼苗的结果表明,接种根瘤菌对相思苗木的生长有显著的促进作用。6 个月后,接种不同根瘤菌的直杆型大叶相思幼苗与不接菌的对照相比,株高生长量增加 1.1%~44.8%,地径生长量增加 6.8%~26.2%,总生物量增加 10.6%~104.3%,根瘤菌质量增加 18.8%~420.8%,固氮酶活性增加 28.6%~106.1%,叶片含氮量增加 0.5%~5.3%。同时,根瘤菌接种对土壤中全氮、有效磷、速效钾元素含量的影响明显(张慧等,2005)。

康丽华和李素翠(1998)研究表明,接种不同根瘤菌的相思苗木其苗高、总生物量和根瘤生物量分别比不接菌的对照苗木增加 35.38%~160.26%、17.85%~238.79% 和 2.4%~102.61%。接菌的不同相思树种/种源苗木其苗高、总生物量和根瘤生物量分别比各自不接菌的对照苗木增加 2.64%~109.82%、1.82%~281.48% 和 64.7%~211.15%。接菌苗木的氮含量和总氮量比对照高出 8.58%~77.55% 和 11.64%~262.50%。

(3)苗木病害

苗圃育苗中的病害通常指侵染性病害。苗木受害后,表现出变色、坏死、腐烂、萎蔫、畸形等病状，以及粉状物、霉状物、菌脓等病症。苗圃中由病菌引起的侵染性病害主要有苗木立枯病(包括种腐型立枯病、猝倒型与根腐型立枯病、烂叶型立枯病和立枯型立枯病)，叶部病害(锈病、白粉病、黑斑病、花叶病等)，枝干病害(杨、柳、槐树等腐烂病、溃疡病，刺槐的疫霉病，常绿树的枝枯病等)和根部病害(根癌病、线虫病、根茎日灼病、紫纹羽病等。

(4) 苗木害虫

苗圃中危害苗木的昆虫，种类繁多，习惯上划分为叶部害虫、茎杆害虫和地下害虫。其中危害严重的、给苗圃带来重大经济损失的种类有地下害虫(蛴螬、蝼蛄、沟眶象、地老虎、金针虫、大蚊等)，蛀干害虫(毛白杨透翅蛾、枝天牛、松梢螟等)，刺吸害虫(红蜘蛛、侧柏蚜虫、桑白介壳虫等)，以及食叶害虫(槐尺蠖、天幕毛虫、刺蛾、杨扇舟蛾、叶甲等)。

(5) 苗圃有害动物

蚂蚁对杨、柳等微粒种子播种育苗的威胁很大。它主要是盗食种子，大面积育苗可造成局部地块缺苗断垄，小面积育苗可能引起完全失败。

鸟害是播种育苗的大敌。小兴安岭林区林间苗圃播种樟子松、云杉、落叶松，常因鸟害而失败。大型国营苗圃播种区，每年驱除鸟类很费时。

鼠、兔、鹿害在某些地区或个别年份可能由于盗食种子、咬坏苗木而造成经济损失。

(6) 苗圃有害植物

苗圃有害植物就是我们通常所说的杂草。杂草是一类特殊的植物，指长错地方的植物，不受欢迎的植物，无价值的植物，干扰人类对土地使用意图的植物，不是人类有意识栽培的植物，无应用与观赏价值的植物(苏少泉，1993)。世界上危害严重的杂草见表6-2所示。

环境对杂草的生长和发育具有深刻的影响，在环境因素中尤以水、热状况的变化，对田间杂草的生育有着极其重要的作用。以东北地区为例，杂草经过长期自然选择，在该区

表 6-2　世界危害最严重的杂草

中名	学名	分布(原产地)
香附子	Cyperus rotundua	从热带到温带广泛分布(亚洲)
狗牙根	Cynodon dactylon	热带至温带(亚洲、非洲)
稗	Echinochloa crus-galli	世界各地(欧洲)
芒稷	Echinochloa colonum	热带、亚热带等地(印度)
牛筋草	Eleusine indica	除地中海沿岸以外的世界各地
假高粱	Sorghum halepense	热带、温带部分地区，寒带(地中海、中东)
凤眼兰	Eichhornia crassipes	南半球到北纬40°(南美洲)
白茅	Imperata cylindrica	东南亚、非洲
马缨丹	Lantana camara	高温地带(亚洲、非洲、中南美洲)
大黍	Panicum maximum	亚洲、中南美洲、非洲

注：引自苏少泉，1993。

干旱条件下,形成了适应不同水、热条件的类型和特性,其发生先后,生长旺盛期各不相同,基本可分为以下几个阶段(齐明聪,1992):第一阶段,3月中旬至4月中旬,为越年生杂草和大部分多年生杂草发生的时间,大量发生时期在4月上中旬;第二阶段从4月下旬至5月中旬,是1年生早春杂草大量发生期,个别多年生杂草这时也大量出土;第三阶段从5月中旬开始一直延续到7月上旬,是晚春杂草大量发生期;第四阶段从6月初开始是最晚发生的1年生杂草,如马齿苋、马唐、野西瓜苗等大量发生。而多年生杂草地上部铲除后又继续再生,而早春杂草仍有出苗的时期;第五阶段从8月初到9月中旬,是越年生杂草和多年生杂草重新大量发生期。

从杂草的生长速度来看,以6月上、中旬为一界限,6月以前1年生杂草生长较慢,6月中旬以后其生长速度明显增快,这和水、热条件有关。以稗草为例,每日生长高度可达$1\sim 2\ cm$,而且杂草的覆盖度和鲜重急剧增加。而这个时期苗木的生长还处在幼苗期,是小苗幼嫩,生长缓慢,生长量很小,抵抗力弱,枯损率很高的阶段。比杂草旺盛生长要晚$15\sim 20\ d$。这种旺盛期的"时差"对苗木生长极为不利。因此,6月是苗圃除草的关键月份。

杂草有高度的适应性(耐低温酷寒、耐干旱、抗涝害、耐瘠薄地、硬板地和草荒地),有惊人的繁殖能力(结籽数目多,多有无性繁殖能力,种子发芽有大幅度的适应性),种子成熟有很多特点(早熟性,种子成熟期拖得很长,种子成熟度不同、发芽率也不同),有多种多样的传播方法(杂草种子有巨大的传播能力)。

杂草是苗木的主要竞争者,夺取苗木所需养分、水分,影响光照和空气流通。试验证明,杂草消耗的养分比苗木多$2\sim 4$倍。以云杉为例,杂草消耗的养分为其3倍,氮平均为36.9%,磷为10.5%,钾为19.0%。杂草消耗的水量约为苗木的1倍。1株灰菜所消耗的水分比谷子、玉米要多$2\sim 3$倍。苍耳每生成1 kg干物质需水量为900 kg,灰菜为720 kg,而谷子只250 kg,玉米为330 kg。杂草对光的影响也很严重,绝大部分杂草生长都很迅速,而苗木大多有一个缓慢生长的幼苗期,杂草在较早时期的繁茂生长,其遮蔽作用限制了苗木的生长,造成生长条件变差,新陈代谢过程受到抑制,使各种物质积累减少,土壤温度下降(平均约为3℃),因而影响土壤有机物的分解和微生物的活动,从而影响到苗木的生长。

此外,许多杂草是病菌和害虫的中间寄主,容易助长病虫害的发生和传播。

(沈海龙)

复习思考题

1. 苗木都有哪些类型?各类型都有什么特点?
2. 苗木高、径、根有什么生长特点?各类型苗木生长发育时期划分方法及各时期特点如何?
3. 影响苗木生长的非生物和生物环境因子都有哪些?与苗木生长都有什么关系?

推荐阅读书目

1. 造林学. 孙时轩. 中国林业出版社,1993.
2. 森林培育学(第3版). 翟明普,沈国舫. 中国林业出版社,2016.

参考文献

迟文彬,周文起,1991. 高寒地区育苗技术[M]. 哈尔滨:东北林业大学出版社.

弓明钦,王凤珍,陈羽,等,2000. 西南桦对菌根的依赖性及其接种效应研究[J]. 林业科学研究,13(1):8-14.

花晓梅,1999. 菌根应用新技术[M]. 北京:科学普及出版社.

花晓梅,骆贻颙,刘国龙,1995. 松树Pt菌剂育苗菌根化研究[J]. 林业科学研究,8(3):258-265.

金铁山,1985. 苗木培育技术[M]. 哈尔滨:黑龙江人民出版社.

康丽华,李素翠,1998. 相思苗木接种根瘤菌的研究[J]. 林业科学研究,11(4):343-349.

吕成群,黄宝灵,韦原莲,等. 2003. 不同相思根瘤菌株接种厚荚相思幼苗效应的比较[J]. 南京林业大学学报(自然科学版),27(4):15-18.

孟繁荣,汤兴俊,2001. 山杨苗木的菌根类型及其对苗木促生作用的研究[J]. 菌物系统,20(4):552-555.

齐明聪,1992. 森林种苗学[M]. 哈尔滨:东北林业大学出版社.

沈海龙,2009. 苗木培育学[M]. 北京:中国林业出版社.

孙时轩,1985. 林木种苗手册(上册、下册)[M]. 北京:中国林业出版社.

宋福强,杨国亭,孟繁荣,等. 2005. 丛枝菌根(AM)真菌对大青杨苗木根系的影响[J]. 南京林业大学学报(自然科学版),29(6):35-39.

苏少泉,1993. 杂草学[M]. 北京:农业出版社.

张慧,余永昌,黄宝灵,等,2005. 接种根瘤菌对直杆型大叶相思幼苗生长及土壤营养元素含量的影响[J]. 东北林业大学学报,33(5):47-50.

张鹏,孙红阳,沈海龙,2007. 温度对层积处理接触休眠的水曲柳种子萌发的影响[J]. 植物生理学通讯,43(1):21-24.

LANDIS T D,TINUS R W,MCDONALD S E, et al., 1998. The Container Tree Nursery Manual[M]. USDA Forest Service:Agriculture handbook 674, Vol 1, 1990; Vol 2, 1990; Vol 6, 1998.

SOUTH D B, 2017. Optimum pH for growing pine seedlings[J]. Tree planters, Notes, 60(2):49-62.

第7章 苗圃地管理与苗木管护

【本章提要】 本章介绍了苗圃土壤改良、土壤肥力管理、水分管理、共生菌管理、杂草管理、病虫害防治等方面的理论和技术，对越冬苗木的保护方法进行了阐述。读者通过了解本章的内容，能从更广泛的角度掌握培育苗木时对外部因子调控方法和途径。

苗圃地是苗木根系的生存环境，苗木从土壤中吸收各种营养和水分。由于苗木培育周期长，而且是全株利用，土壤养分消耗大，为了持续培育出高产、优质的苗木，必须保持和不断提高土壤的肥力，并使土壤含有足够的水分、养分和通气条件。苗圃地管理就是通过物理、化学和生物等方式，改良土壤，为苗木生长提供适宜的环境条件。同时苗圃管理也是对苗木的抚育和管护，通过培养有益微生物、除草、病虫害防治、越冬保护等措施，使苗木避免各种生物和非生物因素的侵害，保证苗木健壮生长。

7.1 土壤改良

土壤是稀缺资源，最好的土壤一般要用于农业，以保障粮食生产。因此，苗圃地有可能会出现土壤条件不符合苗木生长的情况，这就需要对土壤进行改良，以满足苗木生长。

7.1.1 苗木生长对土壤的要求

土壤质地、结构、含盐量、酸碱度、有机质、营养元素等特性是影响苗木生长的重要方面，任何一方面出现问题都会对苗木质量产生负面影响。

土壤质地是指不同大小固体颗粒的组合百分比。固体颗粒可分为粗砂（2.0~0.2 mm）、细砂（0.2~0.02 mm）、粉砂（0.02~0.002 mm）和黏粒（<0.002 mm）。根据大小固体颗粒组合情况，可将土壤质地分为砂土、壤土和黏土三大类。砂土类土壤中以粗砂和细砂为主，粉砂和黏粒所占比重不到10%，其特性为土壤黏性小，空隙多，通气透水性强，蓄水保肥能力差，苗木容易出现干旱和营养缺乏的影响。黏土类土壤中以粉砂和黏粒占60%以上，质地黏重，结构紧密，保水保肥能力强，但空隙小，通气透水性能差，湿时黏，干时硬，苗木根呼吸会受到影响，从而导致生长不良。壤土类土壤中粗砂、细砂、粉砂和黏粒所占比例大致相同，土壤既不太松也不太黏，通气透水性能良好，且有一定的保水保肥能力，是比较理想的苗圃土壤。

土壤结构是指固体颗粒的排列方式、空隙的数量和大小，以及团聚体的大小和数量等。土壤结构可分为微团粒结构（直径小于0.25 mm）、团粒结构（直径为0.25~10 mm）和更大的各种结构。团粒结构是土壤中的腐殖质把矿质土粒黏结成直径为 0.25~10 mm 的小块，具有泡水不散的水稳性特点，它能协调土壤中水分、空气和营养物质之间的关系，改善土壤理化性质，形成良好的土壤结构，有利于苗木生长。而无结构或结构不良的土壤，土体坚实，通气透水性差，土壤微生物活动受到限制，苗木根系发育不良。

土壤化学性质包括土壤酸碱度、有机质、无机元素。土壤酸碱度可分为 5 级：pH 值小于 5.0 为强酸性，pH 值 5.0~6.5 为酸性，pH 值 6.5~7.5 为中性，pH 值 7.5~8.5 为碱性，pH 值大于 8.5 为强碱性。土壤酸碱度对土壤养分有效性有重要影响，在 pH 值 6~7 的条件下，土壤养分的有效性最高，最有利于苗木生长。在酸性土壤中容易引起钾、钙、镁、磷等元素缺乏，而在强碱土壤中容易引起铁、硼、铜、锰和锌的短缺。

土壤有机质包括非腐殖质和腐殖质两大类。腐殖质是土壤微生物在分解有机质时重新合成的多聚体化合物，占土壤有机质的 85%~90%，是植物营养的重要来源，并能与各种微量元素形成络合物，增加微量元素的有效性。土壤有机质能改善土壤的物理结构和化学性质，有利于土壤团粒结构的形成，从而促进苗木生长。

植物所需要的营养元素主要来自土壤中的矿物质和分解的有机质。土壤必须含有植物必须的各种元素且比例适当，才能使苗木生长发育良好。

7.1.2 土壤改良方法

从上面分析可见，最好的苗圃土壤应为壤土质地，团粒结构，酸碱度中性偏弱酸，丰富的有机质含量，并有植物所需各种元素且比例适当。但能够完全满足这些条件的土壤极少能用作苗圃，很多土壤如盐碱土、黏土、砂土、板结土等常常需要进行改良，才能适合苗木生长。

(1) 盐碱土改良

盐碱土是对盐土和碱土的统称。土壤中含盐量在 0.1%~0.2% 以上，或者土壤胶体吸附一定数量的交换性钠，碱化度在 15%~20% 以上，有害于植物正常生长的土壤为盐碱土。常用的改良方法为：首先洗盐、排盐、降低土壤盐分含量；再增施有机肥，种植耐盐碱的植物，培肥土壤；最后种植苗木。或采取换土，即挖出盐碱土，换上优质土。

(2) 黏土改良

可施草炭每公顷 90~150 t；或添加腐殖质、河底鱼塘的淤泥；还可结合深耕大量施入有机质含量高的牲畜肥，每公顷 75~150 t。

(3) 砂土改良

可施入大量黏土或河里底土，改善土壤结构，增加保水保肥能力；或施大量有机质含量高的农家肥，改变砂土物理性质，提高土壤肥力。

(4) 板结土改良

板结土结构不良，通气透水性差，对苗木根系生长不利。首先要加强耕作，加深耕作层，中耕松土，改善土壤结构；同时施大量有机肥；有条件可将灌水和松土结合起来，效果会更明显。

7.2 土壤肥力管理

土壤肥力，即土壤养分供给能力，是决定苗木生长健壮与否的重要因素。苗圃通常采用土壤耕作、施肥和轮作等措施来维持和不断提高土壤肥力。

7.2.1 土壤耕作

土壤耕作又称为整地，是采用物理方法翻耕土壤，其作用为：

第一，改善土壤物理性质。由于翻耕使土壤结构疏松，土壤透水性增强，能吸收更多降水；因为翻耕切断毛细管，减少水分蒸发，提高土壤蓄水保墒和抗旱能力；疏松的土壤透气性更强，既能为根呼吸提供更多的氧气，又能排除多余的二氧化碳，促进根呼吸；疏松的土壤孔隙度增大，空气热容量小，土壤温度较高，在早春有利于种子萌发和幼苗生长，同时也有利于微生物活动，促进有机质分解，增加土壤养分供应。

第二，翻耕上下层土壤，促使下层土壤更好地熟化，也有利于上层土壤形成团粒结构。

第三，平整土地可为灌水、播种、幼苗出土创造良好条件。

第四，浅耕可翻埋杂草种子和作物残茬，破坏病虫害生存环境，减少杂草和病虫害发生；如在浅耕之前将肥料撒在地表，可均匀混拌肥料。

简言之，耕作改善了土壤水、肥、气、热状况，提高了土壤肥力，改善了苗木生长环境。土壤耕作环节包括平地、浅耕、耕地、耙地、镇压、中耕等。

(1) 平地

新建苗圃，土地可能高低不平，不便于做床育苗。老苗圃在每年起苗后，尤其是起大苗后，圃地坑坑洼洼，难于耕作。所以，一般在耕地前应先进行平整土地，推平高处，填平低凹，同时检出石块、草根的残茬，为下一个耕作环节做好准备。

(2) 浅耕灭茬

在圃地起苗后，植物残根量多，或种过农作物、绿肥作物收割后地表裸露，土壤水分损失较大。起苗或作物收割后应马上进行浅耕灭茬，一般深度 4~7 cm。在生荒地、撂荒地或采伐迹地上新开垦苗圃地时，一般耕深 10~15 cm。浅耕灭茬机具可采用园盘耙、钉齿耙等。

(3) 耕地

耕地是土壤耕作的主要环节。耕地的效果取决于翻耕的季节与深度。

①耕地的季节 要根据气候和土壤而定，一般在春、秋两季进行。秋季耕地，可以减少虫害，保使土壤熟化，提高地温，保持土壤水分，在北方寒冷地区秋季起苗或作物收获后进行。耕地要做到早耕，因为早耕能尽早消灭杂草，减少土壤养分浪费，还可获得较长时间休闲，通过晒垡和冻垡，变死土为活土，有利于养分分解，特别是秋耕后增加了土壤孔隙度，扩大了蓄水范围，增加了接收秋冬雨雪的能力，能变秋涝为春墒，但沙性大的土壤，在秋冬风大的地区，不宜秋耕。春耕往往是在前茬腾地晚或劳力调配不开的情况下所采用的一种耕作方法，但因春季多风，温度上升，蒸发量大，所以春耕常在早春地解冻

后，立即进行。

耕地的具体时间应根据土壤水分状况而定，当土壤含水量为其饱和含水量的50%~60%时，耕地质量最好，阻力最小，最适耕作。在实地观察时，用手抓一把土捏成团，距地面1 m高自然落地，土团摔碎则适宜耕地，或者新耕地没有大的垡块，也没有干土，垡块一踢就碎，即为耕地的最好时机。

②耕地深度　因圃地条件和育苗要求而定。深耕不仅对保水的效果显著，而且在促使深层的生土熟化，增加土壤的团粒结构，提高土壤肥力等方面都有很好的效果，耕地过浅，则达不到上述目的。故农谚说："深耕细耙，旱涝不怕。"确定适宜的耕地深度应根据育苗方法、气候条件、土壤条件和耕地季节等各种因素而定。

耕地深度对苗木根系的分布有很大影响，深耕则苗木根系向深处发展。育苗方法不同，对耕地深度的要求不同，一般播种育苗，主要吸收根系分布在20 cm左右的土层中，所以播种区的耕地深度，在一般土壤条件下，以20~25 cm为宜；插条苗和移植苗因根系的分布较深，在一般的土壤条件下耕地深度以25~35 cm为宜。

耕地的深度还要考虑气候和土壤条件，如在气候干旱的条件下宜深，在湿润的条件可浅些，土壤较黏的圃地宜深，砂土宜浅；盐碱地为改良土壤，抑制盐碱上升，利于洗碱，要深耕达40~50 cm的效果好，但不能翻土；秋耕宜深，春耕宜浅。总之，要因地、因时看土施耕，才能达到预期的效果。

耕地的质量要求：保证耕后不板结和形成硬土块；不漏耕，要求漏耕率小于1%；必须达到耕地深度要求，但也不得过深，不能将潜育化、盐碱化和结构差的犁底层翻到表层。常用的耕地机具，主要有悬挂式三铧犁、五铧犁、双轮双铧犁和畜力新式步犁等。

(4) 耙地

耙地是耕地后进行的表土耕作，其作用主要是破碎垡片和结皮，耙平地面，粉碎土块，清除杂草。耙地时间对耕地效果影响很大，应根据气候和土壤条件而定。在冬季雪少，春季干旱多风的气候条件下，秋耕后要及时耙地，防止跑墒。但在低洼盐碱和水湿地，耕地后不必马上耙地，以便经过晒垡，促进土壤熟化，提高土壤肥力，但翌年早春要顶凌耙地。春耕后必须立即耙地，否则既跑墒又不利于播种，农谚说："干耕干耙，湿耕湿耙；贪耕不耙，满地坷垃（土块）。"就是这个道理。

耙地的质量要求为耙透、耙实、耙细、耙平，达到平、匀、细。常用的耙地机具有钉齿耙、圆盘耙等。

(5) 镇压

镇压的主要作用是压碎土块，压紧地表松土，防止表层气态水的损失，有利于蓄水保墒。镇压时间，干旱多风地区多在冬季进行，一般地区在播种以后。在黏重的土壤上不要镇压，否则会使土壤板结，妨碍幼苗出土。此外，在土壤含水量较大的情况下，镇压也会使土壤板结，要等土壤湿度适宜时再进行镇压。常用机具主要有无柄镇压器、环形镇压器、菱形镇压器、木磙子和水泥磙子等。

(6) 中耕

中耕是在苗木生长期间进行的表层松土作业，作用是克服由于灌溉和降雨等原因造成的土壤板结现象，减少土壤水分蒸发，减轻土壤返盐碱现象；促进气体交换，增加土壤通透性；给土壤微生物的活动创造适宜的条件，提高土壤中有效养分的利用率；消灭杂草；在较黏的土壤上，能防止土壤龟裂；促进苗木的生长。中耕次数一般每年5~8次，多在灌水、降雨后和结合锄草完成。

中耕深度因苗木大小而异，一般小苗2~4 cm，随着苗木的长大逐渐加深到7~8 cm，以至十几厘米，原则是不能损伤根系，不能碰伤或锄掉苗木。常用中耕的机具有机引中耕机、马拉耘锄和锄头等。

7.2.2 轮作

轮作，又称为换茬或倒茬。即在同一块土地上把不同的树种，或把树种和农作物按一定的顺序轮换种植，是提高土壤肥力，保证壮苗丰产的生物措施。而在同一块土地上连年种植同一种苗木称为连作。

实践证明，连作容易引起病虫害和土壤肥力下降，使苗木质量降低，产量大减。具体原因如下：第一，某些树种对某些营养元素有特殊的需要和吸收能力，在同一块圃地上连续多年培育同一树种苗木，容易引起某些营养元素缺乏，致使苗木生长受到影响。第二，长期培育同一树种苗木，给某些病原菌和害虫营造适生环境，使其容易发展，如猝倒病和蚜虫等。第三，有些树种苗木本身能从根系中分泌酸类及有毒气体，长期积累也会对苗木生长产生毒害作用。

轮作就是针对连作的弊端而采取的相应措施。轮作在我国有悠久的历史，汉朝的《氾胜之书》指出："二岁不起稼，则一岁休之。"即连作两年收获不好，就休闲一年。农谚说："换茬如上粪"，就说明了轮作对增产的作用，概括起来，轮作的优越性主要体现在充分利用土壤养分；改良土壤结构，提高土壤肥力；改变病原菌和害虫的生活环境，使其失去生存条件而死亡，起到生物防治病虫害的作用；减免杂草为害等。

但有的树种连作效果好，如松类、橡栎等，这些树种有菌根，是合体营养树种，菌根可帮助植物吸收营养，而连作有利于菌根菌的繁殖。但立枯病严重时不宜连作。

轮作方法主要有树种与树种轮作，树种与农作物轮作，树种与绿肥轮作等。

(1) 不同树种苗木间的轮作

在育苗树种较多的情况下，将没有共同病虫害的和对土壤要求有所不同的树种苗木进行轮作，可以防止某些病虫害的发展，也可避免引起土壤中某些营养元素的过分消耗。要做到树种间的合理轮作，应了解各种苗木对土壤水分和养分的不同要求，各种苗木易感染的病虫害种类和抗性大小，树种间的互利和不利作用。从理论上讲，安排轮作最好是豆科与非豆科，深根性与浅根性，喜肥与耐贫瘠树种，针叶树与阔叶树，乔木与灌木等轮作是有利的。常用的苗木轮作模式见表7-1。

(2) 苗木与农作物轮作

农作物收割后有大量的根系遗留在土壤中，可增加土壤的有机质，改善土壤结构，起到补偿因起苗带走大量营养而降低肥力的作用。生产中与苗木轮作的主要农作物有豆类、高粱、玉米、水稻等。如在我国南方采用的杉木苗与水稻轮作，即培育杉木苗一年或几年后种一季水稻，再继续培育杉木苗，可有效地减免病害、地下害虫和旱生杂草的发生。但应注意，苗木与农作物轮作必须防止引起病虫害，例如，在育苗地种植蔬菜或马铃薯等，

表 7-1　适宜和不宜轮作、连作树种苗木

是否适宜轮作	轮作树种	轮作效果
适宜轮作树种	落叶松、红松、樟子松、油松、赤松、侧柏、马尾松、云杉、冷杉等相互轮作或连作	苗木生长较好，由于这些树种都有菌根，在病虫害不严重的情况下也适于连作
	杨树、榆树、黄波罗可相互轮作	苗木生长良好，病虫害较少
	油松与板栗、杨树、紫薇、紫穗槐、合欢、复叶槭、皂荚等阔叶树苗木等轮作	苗木生长良好，病虫害较少
	白皮松与合欢、复叶槭、皂荚轮作	苗木生长良好，立枯病减少
	杉木、马尾松与白榆、刺槐轮作	效果较好
不适宜轮作树种	落叶松与梨、苹果、杨树、桦木、刺槐、紫穗槐	易染病
	油松、白皮松与白榆、核桃、黑枣、刺槐	立枯病严重
	云杉与稠李	易感染锈病
	圆柏与花椒、糖槭、苹果、梨	易感染锈病

易感染猝倒病和招引虫害。某些针叶树种苗木，如落叶松、樟子松、云杉等与大豆轮作，易引起松苗立枯病和金龟子等地下害虫危害。

(3) 苗木与绿肥、牧草轮作

苗木与绿肥、牧草轮作，有利于改良土壤结构，提高土壤肥力。据研究，紫花苜蓿每公顷可固氮 202.5 kg，三叶草每公顷固氮 150 kg，紫云英每亩固氮 112.5 kg。生产上常采用的轮作绿肥或牧草有苜蓿、三叶草、紫云英、紫穗槐、胡枝子等。

7.2.3　施肥

施肥是以化学或生物措施直接提供苗木生长所需要的各种营养元素，并能提高土壤肥力，改善土壤理化性质，给苗木生长发育创造有利环境条件。由于在苗木培育过程中，苗木不仅从土壤中吸收大量营养元素，而且出圃时还将大量表层肥沃土壤和大部分根系带走，使土壤肥力大幅下降，仅仅依靠物理措施的土壤耕作和生物措施的轮作，无法完全弥补土壤营养元素不足，从而降低苗木质量。所以，施肥措施对土壤肥力管理而言就显得非常重要。

7.2.3.1　苗木对营养元素的需求

苗木生长需要有各种营养元素，从植物分析得知，组成植物体中干物质的元素有几十种，主要的有 16 种，包括碳(C)、氢(H)、氧(O)、氮(N)、磷(P)、钾(K)、钙(Ca)、镁(Mg)、硫(S)、铁(Fe)、锰(Mn)、锌(Zn)、铜(Cu)、硼(B)、氯(Cl)和钼(Mo)。其中碳、氢、氧三元素所占比例最大(96%)，植物从空气和水分中就可获得。其他 13 种元素则需要从土壤中获得，又可称为矿质元素。由于植物需要氮、磷、钾、钙、镁、硫元素的数量多(3.5%)，故一般将其称为大量元素。其中氮、磷、钾需要量最大，土壤中含量不足，又称为肥料三要素。其他元素需要量很少(0.5%)，称微量元素(表 7-2)。

各种元素在植物的生长和生理方面起着重要作用，缺乏任何元素，都会给植物正常生长带来不利影响，即使所占比例极其低的微量元素也不例外(表 7-2)。虽然影响苗木质量

的因素很多,但营养元素起着关键性作用,适时、适量、适比例地提供苗木所需营养,苗木生长率会高于不施肥的很多倍,能更快地达到苗木质量标准,且对造林后的生长也有促进作用。

表7-2 植物所需要的营养元素及其在植物组织中的比例和生理作用

元素名称	在植物组织中的比例(%)	生理作用
碳 C	45.0	光合作用
氢 H	6.0	光合作用
氧 O	45.0	呼吸作用
碳氢氧合计	96.0	
氮 N	1.5	氨基酸和蛋白质构成
磷 P	0.2	能量传输
钾 K	1.0	渗透调节
氮磷钾合计	2.7	
钙 Ca	0.5	细胞壁构建
镁 Mg	0.2	酶活化,叶绿素的成分
硫 S	0.1	氨基酸构建,蛋白质合成
钙镁硫合计	0.8	
铁 Fe	0.01	叶绿体成分,RNA 合成
锰 Mn	0.005	酶活化
锌 Zn	0.002	酶活化,叶绿体成分
铜 Cu	0.0006	叶绿体成分,蛋白质合成
硼 B	0.002	同化物输送和细胞生长
氯 Cl	0.01	保持细胞膨压
钼 Mo	0.00001	酶的组成
微量元素合计	0.5	
总计	100.0	

注:引自 Dumroese,2009。

7.2.3.2 苗木缺素症状及诊断

当土壤某些营养元素供应不足时,苗木代谢就会受到影响,外部形态随即表现出一定症状。苗木在生长过程中表现出叶片失去绿色,变成黄色、紫色、白色或其他颜色等现象,称为失绿症。当苗木营养失调时,为保证苗木正常的生长发育,必须对苗木的缺素状况进行营养诊断。

在诊断苗木是否缺素时,可采取以下方法。

(1)形态诊断即仔细观察苗木外部形态异常症状的特征,然后加以分析,判断是否属于缺素症和缺乏哪种营养元素(表7-3)。

(2)施肥诊断即根外追施某种速效营养元素,实地观察反馈效果。

(3)化学分析即检验土壤中有效营养元素的含量和异常苗木体内营养元素含量,与正常苗木比较。通常将(1)、(2)两种方法结合起来应用,即可得出诊断结论,如果还是无法判断,则需借助化学分析法,虽然化学分析法工作量大,但诊断结果准确可靠。

在营养诊断时,要注意以下事项:①注意区别苗木缺素症与病虫感染的差异。苗木病虫感染通常是从点、块状逐渐向周围蔓延，而缺乏某种营养元素只局限在一点或一块，不向外蔓延。②注意区别苗木缺素症与遗传因素的差异。遗传原因引起苗木白化症，只单株发生，缺素症则是呈现斑点或片状发生。③注意区别大量元素与微量元素的差异。氮、磷、钾大量元素缺乏，往往先从下部老叶发生病症，而铁、硼、锰等微量元素缺乏，往往先从顶部嫩梢部位发生症状。

表 7-3　苗木部分营养元素缺乏的症状

缺素	主要症状
氮	叶色黄绿而薄，茎干矮小、细弱，下部老叶枯黄、脱落，枝梢生长停滞
磷	先出现在老叶上，叶色紫色或古铜色，苗木瘦小，顶芽发育不良，侧芽退化，根少而细长
钾	叶色暗绿或深绿，生长缓慢、茎干矮小，木质化程度低
钙	先表现在新叶上，叶小、淡绿，叶尖叶缘发黄，枝条软弱，根粗短、弯曲
镁	针叶叶尖发黄，阔叶叶脉间发黄
铁	苗梢呈现黄色、淡黄色、乳白色，逐渐向下发展，严重时全株黄化
锰	叶片缺绿并形成小的坏死斑
锌	节间生长受到抑制，叶片严重畸形
硼	枯梢，小枝丛生，果实畸形或落果严重，叶片变厚，叶色变深，叶片小

7.2.3.3　施肥理论和原则

合理的土壤养分供给要通过人工施肥来调节，因此，如何做到合理施肥是发挥施肥效益的关键。施肥理论和施肥原则是在生产实践和科学研究基础上形成的施肥指南，对有针对性地科学施肥有重要意义。

(1) 施肥理论

① 最低量法则　植物必需的矿质营养元素有16种之多，任何一种不足或缺乏，都会对植物生长产生抑制。可是，到底哪种元素对植物生长影响最大呢？利比希的最低量法则指出，植物生长受控于最缺乏的矿质营养。也就是说，即使其他所有元素都很充足的情况下，单个元素的不足或缺乏则成为植物生长的唯一限制因子。最形象的说法是"木桶原理"，盛水的木桶是由多块木板箍成的，盛水量则是由这些木板共同决定。若其中一块木板很短，则此木桶的盛水量就被限制，该短板就成了这个木桶盛水量的"限制因素"。若要使此木桶盛水量增加，只有换掉短板或将其加长才行（图7-1）。施肥其实就是加长"短板"。

② 稳态营养理论（steady-status nutrient）　其核心是3个方面：第一，应按照植物相对生长速率，及时、定量地供应各种营养物质，使植物生长速率和体内营养状态均保持稳定状态。最适营养是以最高生长速率等量的速率供应各种营养物质。由于植物的生长速率为指数增长，为使营养物质的供应速率与之保持稳定，指数施肥技术便应运而生。

第二，植物吸收和利用外界营养物质的适宜浓度极低

图 7-1　用"木桶原理"说明植物生长中营养元素限制因子

（引自 R K Dumroese, 2009）

(<1μM)。Ingestad等人在以稳态营养理论对植物进行的喷雾溶液培养中,用相当于传统培养液浓度1/640和1/35的低浓度,获得了植物生长的最高速率,说明植物最适生长时所需要的外界营养物浓度并不高,而营养物质从介质到根表面的通量才是保持其有效性及平衡流入根系所需要的,同时,低浓度更能充分发挥植物根系吸收营养元素的能力。

第三,各种营养元素以最适比例提供是获得植物最高生长量的基础条件。维持植物体内各种营养元素间的合理平衡,就能减少甚至避免传统方法中因元素间的比例失调而导致的相互颉颃作用,使以低浓度、且按植物生长速率提供的稳态营养供应发挥出最大潜力,极大地促进植物生长。

植物稳态营养理论对造林苗木培育有重要指导作用。新造林的苗木根系尚在恢复之中,从土壤中获取养分的能力较差,因此,造林初期苗木的生长,很大程度上依赖于体内储存的营养物质转移至新根和新梢,可见,苗木初始养分浓度就成为制约造林后苗木初期生长的关键因素。以稳态营养理论发展起来的营养加载技术是在苗圃培育苗木过程中,根据苗木生长发育对养分需求规律,每次施肥量呈指数增加,提供苗木养分的量同步于苗木生长量,把肥料尽可能多地固定在苗木体内以形成养分库,造林后苗木就会利用这一养分库促进新根生长和新梢伸长,这也是稳态营养加载技术与常规施肥技术的根本区别所在,这一技术培育的苗木对在困难立地造林更具优势。20世纪90年代以来,稳态施肥技术已广泛应用于栎属(*Quercus*)、云杉属(*Picea*)、松属(*Pinus*)等主要造林树种。

(2)施肥原则

第一,明确施肥目的。施肥目的不同,施肥的种类和方式也各异。如果主要目的是为了增加营养元素,施矿质速效肥料最合适;如何在增加营养元素的同时,还要提高土壤有机质,改善土壤结构,则施有机肥、绿肥、塘泥肥等恰当。

第二,根据气候条件施肥。气候条件直接影响土壤中营养元素状况和苗木吸收营养元素的能力。一般在寒冷、干旱的条件下,由于温度低,雨水少,肥料分解缓慢,苗木吸收能力也低,施肥时应选择易于分解的"热性"肥料(马粪、羊粪等),且待充分腐熟后再施,可少次多量施肥;在高温、多雨的条件下,肥料分解快,吸收强,且养分容易淋失,施肥时应选择分解较慢的"冷性"肥料(猪粪、牛粪等),应多次少量施肥。气温偏高的年份,第一次追肥应适当提早。降雨多的年份,尤其在生长末期,施肥量大的苗圃地容易发生贪青徒长,造成霜冻害。

第三,根据土壤条件施肥。苗圃施肥应根据苗木对土壤养分的需要量和苗圃土壤的养分状况,有针对性地进行。缺什么肥料补什么肥料,需要补充多少就施多少。圃地养分状况与土壤的种类、物理性状和化学性状(如酸碱度)等有密切关系。砂土保水保肥能力差,施肥应少量多次,宜使用猪粪、牛粪等冷性肥料,施肥深度宜深不宜浅。黏土保水保肥能力强,施肥可多量少次,宜用马粪、羊粪等热性肥料,施肥深度宜浅不宜深。壤土特性和施肥原则介于砂土和黏土之间。

酸性土壤要使用碱性肥料,碱性土壤要使用酸性肥料。在酸性或强酸性土壤中,磷易被土壤固定成磷酸铁、磷酸铝,植物不能吸收,故应施用钙镁磷、磷矿粉、草木灰或石灰等;氮肥选用硝态氮较好。在碱性土壤中,氮肥以铵态氮(如硫酸铵、氯化铵等)效果较好;磷易被固定为磷酸三钙,不易被苗木吸收,应选用水溶性磷肥,如过磷酸钙或磷酸铵等。

第四,根据苗木特性施肥。不同树种苗木,对各种营养元素的需要量不同。据分析,在苗木的干物质中,主要营养元素含量的顺序为:氮>钙>钾>磷,一般树种需氮较多,施肥要以氮肥为主。但豆科树种有根瘤菌固定大气中的氮素,磷能促进根瘤菌的发展,所以,豆科树种对磷肥的要求反而比氮肥高。同一树种的苗木在不同生长发育时期,对营养元素的要求不同。就1年生苗木而言,幼苗期对氮、磷敏感;速生期对氮、磷、钾的要求都很高;生长后期,追施钾肥,停止施氮肥,可以促进苗木木质化,增强抗逆性能。随着年龄的增加,需肥数量也逐渐增高,2年生留床苗比1年生苗的需用量一般高2~5倍。苗木密度越大需肥数量越多,应酌情多施。

第五,根据肥料性质施肥。合理施肥还必须了解肥料的性质及其在不同土壤条件下对苗木的效应。例如,磷矿粉在强酸条件下,磷容易溶解释放,适合于南方酸性土壤,不适合北方石灰性土壤;钙镁磷肥最好集中使用,以防磷被土壤固定;氮素化肥应适当集中使用,因为少量氮素化肥在土壤中分散使用往往没有显著增产效果;磷钾肥的施用,必须在氮素充足的土壤上效果才好。

7.2.3.4 肥料种类与性质

肥料种类很多,一般根据肥料的成分将其分为有机肥、无机肥和微生物肥三类。

(1) 有机肥料

有机肥是由植物的残体或人畜的粪尿等有机物质经过微生物的分解腐熟而成的肥料。它不仅含有氮、磷、钾等多种营养元素,而且肥效时间长,在苗木整个生长过程中源源不断地提供苗木所需的营养。更为重要的是,有机肥能改良土壤理化性质,促进土壤微生物活动,提高土壤肥力,对砂土和黏土有很好的改良作用。但有机肥也有不足之处,所含各种营养成分的数量与比例不能完全保证各种苗木的生长需要,某些养分特别是速效养分少,氮、磷、钾的比例可能不当,在苗木速生期尚须补充一定量的无机肥。苗圃中常用的有机肥主要有堆肥、厩肥、绿肥、泥炭、人粪尿、家禽粪、海鸟粪、饼肥、腐殖质和骨粉等。

(2) 无机肥料

无机肥又称化学肥料,主要由矿物质构成,包括氮、磷、钾3种主要元素和微量元素等。无机肥的有效成分高,肥效快,苗木易于吸收。但肥分单一,对土壤改良作用远不如有机肥。如果常年单纯施用,会使土壤结构变坏,地力下降。苗圃常用的无机肥有氮肥、磷肥、钾肥、复合肥、微量元素肥等五大类。

① 氮肥 常用氮肥有如硫酸铵(生理酸性)、碳酸氢铵(接近中性)、硝酸铵(中性)、尿素(中性)、铵水(弱碱性)、硝酸铵钙(弱碱)和石灰氮(碱性)等。主要作用是促进植物茎、叶生长茂盛,叶色浓绿。

硫酸铵[$(NH_4)_2SO_4$]:是速效铵态肥,含氮量20%~21%,施入土壤后,铵离子很容易被植物或土壤胶体吸附,但硫酸根离子残留在土壤溶液中,长期施用易造成土壤酸性增强和板结,最好和有机肥配合施用。

硝酸铵(NH_4NO_3):为速效氮肥,含氮量33%~35%,含有铵态氮和硝态氮,均易被植物吸收,不宜残留土壤,适宜作追肥。

尿素[$CO(NH_2)_2$]：速效氮肥，含氮量44%~46%，长期施用对土壤没有破坏作用，适宜作追肥。

碳酸氢铵(NH_4HCO_3)：含氮量17%，该肥料不稳定，容易分解，易失去有效性，可作为基肥和追肥，应深施并覆土，立即灌溉，以防氮挥发。

②磷肥　常用磷肥有过磷酸钙(酸性)、钙镁磷肥(微碱性)、磷矿粉肥(弱酸性)和骨粉等。主要作用是促进植物根系发达，增强抗寒抗旱能力。

过磷酸钙：是$Ca(H_2PO_4)_2 \cdot H_2O$和硫酸钙的混合物，水溶性肥料，其中硫酸根离子容易被土壤吸附和固定，流动性小，当年不能被植物全部利用而有一定后效作用。

③钾肥　常用钾肥有氯化钾(生理酸性)、硫酸钾(生理酸性)、草木灰等。主要作用是促进植物生长健壮，茎秆粗硬，增强对病虫害和倒伏的抵抗能力。

硫酸钾(K_2SO_4)：为速效肥料，施入土壤后钾离子被土壤胶体吸附，移动性较好，适宜作基肥。

氯化钾(KCl)：其特性与硫酸钾相似，但对于忌氯的苗木不要使用氯化钾。

④复合肥　肥料中含有2种或2种以上的化学营养元素。如磷酸二铵含有氮和磷2种元素；硝酸钾含氮和钾2种元素；氨化过磷酸钙含磷素和氮素。施用时要注意其特性，如含铵离子的复合肥，不宜在盐碱地上施用；含氯离子的复合肥不要在忌氯的植物或盐碱地上施用；含硫酸钾的复合肥，不宜在酸性土壤中使用。施肥时应尽量避免地表撒施，应深施覆土，因为氮容易挥发，磷易被土壤固定，施于土壤表面不宜被植物根系吸收利用，肥效差。

⑤微量元素肥　铁、硼、锰、铜、锌和钼等肥料，由于苗木需要量很少，一般土壤中的含量能满足苗木的需要，所以不做为施肥必需的肥料。但是，有些土壤有时也会出现缺少微量元素的症状，故有时需要用微量元素进行施肥。常用的微量元素肥料有硫酸亚铁、硼酸、硫酸锰、硫酸铜、硫酸锌、钼酸铵等。多采用根外追肥，容易被植物吸收利用，又不易被土壤固定。

缓释肥(slow-release fertilizer)又称控释肥料(control release fertilizer)，指由于化学成分改变或表面包涂半透水性或不透水性物质，而使其中有效养分慢慢释放，保持肥效较长的氮肥。缓释氮肥的最重要特性是可以控制其释放速率，在施入土壤以后逐渐分解，逐渐为作物吸收利用，使肥料中养分能满足作物整个生长期中各个生长阶段的不同需要，一次施用后，肥效可维持数月至1年以上。主要肥料有脲甲醛、亚异丁基脲、亚丁烯二脲、草酰脲、硫包衣尿素等。

(3)微生物肥料

微生物肥料是利用土壤中对苗木生长有益的微生物，经过培养而制成的各种菌剂肥料的总称，包括：固氮菌、根瘤菌、磷化细菌和钾细菌等各种细菌肥料和菌根真菌肥料。

实践证明，有机肥料适宜用作基肥，一般无机肥料适合追肥，磷肥制成颗粒状作为种肥效果好。为了充分发挥肥效，多种肥料可以混合施用或采用多元肥料，如磷酸二铵、磷酸一铵、磷酸二氢钾、复合肥等。通常使用有机肥与无机肥混合，速效肥料与迟效肥料混合，氮、磷、钾三要素按一定配比混合。据实验，过磷酸钙与有机肥混合提高磷肥效率25%~40%，且会减少氮的淋失，今后应大力发展复合肥。

混合施肥应根据肥料的性质合理配制，否则，会收到相反效果。各种肥料能否配合使用可参阅图7-2。

○ 表示可以混合

△ 表示可以混合，必须随混随用

× 表示不可混合

1	氨水																								
2	硫酸铵	△																							
3	氯化铵	○	○																						
4	碳酸氢铵	○	×	×																					
5	硝酸铵	○	○	○	△																				
6	尿素	○	○	○	△	△																			
7	石灰氮	△	△	△	△	△	△																		
8	过磷酸钙	×	○	○	×	×	○	△																	
9	钢渣磷肥	△	△	△	△	△	△	△	△																
10	钙镁磷肥	△	△	△	△	△	○	△	○	△															
11	磷矿粉	△	○	×	○	○	○	△	○	○	○														
12	硫酸钾	×	○	○	○	○	○	×	○	×	○	○													
13	氯化钾	×	○	○	○	○	×	×	○	×	○	○	○												
14	窑灰钾肥	△	△	△	△	△	△	△	△	○	○	○	○	○											
15	磷酸铵	×	○	○	×	○	○	△	○	△	×	○	○	○	△										
16	氨化过磷酸钙	×	○	○	×	○	○	△	○	△	×	○	○	○	○	○									
17	石灰质肥料	△	△	△	△	△	△	△	△	△	△	△	○	○	○	△	△								
18	硫酸镁	×	○	○	×	○	×	△	○	○	○	○	○	○	△	○	○	△							
19	硫酸锰	△	○	○	△	○	○	△	○	△	△	○	○	○	△	○	○	△	○						
20	硼酸肥料	○	○	○	○	○	○	△	○	△	○	○	○	○	△	○	○	△	○	○					
21	骨粉类	○	○	○	△	○	○	△	○	△	△	○	○	○	△	○	○	△	○	○	○				
22	粪尿肥	×	○	○	△	×	×	△	○	△	○	○	○	○	△	○	○	△	○	○	○	○			
23	厩肥·堆肥	○	○	○	○	○	○	○	○	○	○	○	○	○	○	○	○	○	○	○	○	○	○		
24	草木灰	△	△	△	△	△	△	○	○	○	○	△	○	○	△	△	△	○	○	△	○	○	△	△	
		1	2	3	4	5	6	7	8	9	10	11	12	13	14	15	16	17	18	19	20	21	22	23	24
		氨水	硫酸铵	氯化铵	碳酸氢铵	硝酸铵	尿素	石灰氮	过磷酸钙	钢渣磷肥	钙镁磷肥	磷矿粉	硫酸钾	氯化钾	窑灰钾肥	磷酸铵	氨化过磷酸钙	石灰质肥料	硫酸镁	硫酸锰	硼酸肥料	骨粉类	粪尿肥	厩肥·堆肥	草木灰

图 7-2　肥料配合施用图

7.2.3.5 施肥量

(1) 传统施肥量计算方法

合理施肥量,应根据苗木对养分的吸收量(B)、土壤中养分的含量(C)和肥料的利用率(D)等因素来确定。如果以合理施肥量为A,则可根据下式计算:

$$A = \frac{B - C}{D}$$

但准确地确定施肥量是一个很复杂的问题。因为苗木对养分的吸收量、土壤中养分的含量,以及肥料的利用率受很多因素影响而变化。所以,计算出来的施肥量只能供施肥参考。每个树种的最佳施肥量需要通过试验才能确定。

我国苗圃施肥,一般1年生苗木每年每公顷施肥为:氮45~90 kg,五氧化二磷30~60 kg,氧化钾15~30 kg;2年生苗木在此基础上增力2~5倍。然后再按照每公顷需施用营养元素的数量和肥料中所含有效元素量,即可粗略计算出每公顷实际施肥量。

有机肥对提高地力有重要作用,多用作基肥,每公顷用量一般为$4.5 \times 10^4 \sim 9.0 \times 10^4$ kg。基肥营养元素不足部分应由追肥补充。一般每公顷每次土壤追肥量为:人粪尿3 750~5 250 kg,硫酸铵75~112.5 kg,尿素60~75 kg,硝酸铵、氯化铵、氯化钾为75 kg左右。

【例】计算油松1年生播种苗各种肥料的施肥量。肥料元素比例为氮:磷:钾 = 4:3:0.5。苗木密度每平方米为500株。设计每公顷施氮素160 kg,磷素120 kg,钾素20 kg。

基肥用堆肥每公顷施90 000 kg,折合氮磷钾元素量为:

氮素 = 90 000 kg×0.004(含氮率)×0.3(利用率) = 108 kg

磷素 = 90 000 kg×0.002(含磷率)×0.15(利用率) = 27 kg

钾素 = 90 000 kg×0.005(含钾率)×0.4(利用率) = 180 kg

要补充的氮素:160 kg - 108 kg = 52 kg

52 kg ÷ 0.20(含氮率) ÷ 0.5(利用率) = 硫酸铵520 kg

磷和钾的施肥量也照此计算。

(2) 稳态营养理论最佳施肥量确定方法

根据稳态营养理论,增大苗木体内的养分储量,对造林苗木的初期生长至关重要。为确定苗木最佳施肥量,需要根据经验或资料人为制定出多个施肥量,根据每个施肥量下的生物量,模拟出生物量对施肥量的响应曲线,充足施肥量和最佳施肥量则根据这一曲线通过寻找拐点的方法来确定(图7-3)。生物量开始达到最大时的施肥量即为充足施肥量。随着施肥量的继续增加,苗木生物量基本维持不变,而苗木继续吸收氮,体内氮浓度逐渐增大,当施肥量持续增大到一定量时,土壤溶液中氮浓度过高,胁迫效应出现,苗木生物量开始下降,苗木即将受到胁迫时的生物量所

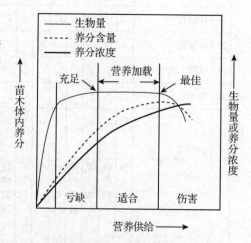

图7-3 施肥量与苗木生长、苗木体内养分含量和浓度的关系(引自 Salifu, 2003)

对应的施肥量称为最佳施肥量。Salifu(2006)对红桎容器苗进行指数施肥发现,施肥量为 25 mg/株时,苗木生物量最大;施肥量超过 100 mg/株,苗木生物量开始下降。因此,红桎容器苗充足施肥量、最佳施肥量分别为 25 mg/株时、100 mg/株(表7-3)。

7.2.3.6 营养元素最佳施肥比例

与施肥量同样重要的是各种营养元素之间的施肥比例,大量研究表明,各种植物在最大生长量所需的外界养分浓度并不高,但营养元素间必须均衡供应。Ingestad 指出,一般植物大多符合以下施肥比例:100 氮:50 磷:15 钾:5 镁:5 硫(重量比),但各树种间存在差异(表7-4),具体到每个树种需要通过试验才能找到最佳比例。

表7-4 几种树木施肥最佳营养元素比例(重量比)

树种	大量元素						微量元素
	N	P	K	Ca	Mg	S	
毛泡桐	100	75	14	7	7	9	Fe 0.7,Mn 0.4,
兰考泡桐	100	75	18	7	8.5	9	B 0.2,Cu 0.03,
小叶杨	100	70	14	7	7	9	Zn 0.03,Cl 0.03,
刺槐	100	60	15	8	9	9	Mo 0.007,Na 0.003
杉木	100	60	16	7	7	9	
湿地松	100	60	18	6	6	9	

注:引自郑槐明等,1999。

7.2.3.7 施肥方法

(1)基肥

基肥是在播种或栽植以前施用的肥料。目的在于改良土壤、提高地力,供应苗木整个生长周期所需要的营养。用作基肥的肥料主要是有机肥料和不易淋失的无机肥料,如硫铵、过磷酸钙、硫酸钾、氯化钾等。有机肥必须充分腐熟后再施用,以免灼伤幼苗、引进杂草和病虫害等。过磷酸钙施入土壤后易被固定,应与有机肥混合沤制后再施用。施基肥一般在耕地前将肥料撒于土壤表面,通过翻耕将其混入 15~20 cm 耕作层中。基肥要充足,一般占全年施肥量的 70%~80%。

(2)种肥

种肥是在播种时施用的肥料。主要目的在于比较集中地提供苗木生长所需的营养元素,用作种肥的肥料多是以磷为主的无机肥和人粪尿、饼肥等精制的有机肥料。通常在播种沟内施颗粒磷肥,因其与土壤接触面积小,被土壤固定量小,利于根系吸收。切忌用粉状磷肥作种肥,它容易灼伤种子和苗木。

(3)追肥

追肥是在苗木生长期中根据苗木生长规律施用的肥料。目的在于补充基肥和种肥的不足。用作追肥的肥料多为速效性的无机肥和人粪尿等,如尿素、碳酸氢铵、氨水、氯化钾、腐熟人粪尿、过磷酸钙等。一般需加几倍的土与肥拌匀或加水溶解稀释后使用。按肥料施用的位置可被分为土壤追肥和叶面追肥。

①土壤追肥 是将肥料追施于土壤中。方法有沟施、浇施和撒施。沟施应在行间、距

苗木 10 cm 内开沟,深 6~10 cm,施后随即覆上。浇施是将肥料稀释后全面喷洒于苗床上,或配合灌溉于苗畦中。撒施是将肥料与数倍或十几倍的细土混匀后均匀地撒在床面。3 种方式施肥后都需要灌水,有喷灌条件的可用清水冲洗苗木,以防有肥料撒在苗木茎叶上而灼伤苗木。从肥料利用率来看,沟施效果最好,以尿素追肥为例,沟施追肥苗木当年利用率为 45%,浇施 27%,撒施不盖土 14%。

②叶面追肥　又称根外追肥。是将营养元素的溶液,喷洒在苗木茎叶上,营养液通过皮层,被叶肉细胞吸收利用的一种施肥方法。叶面追肥避免了土壤对肥料的固定,灌溉和降水的淋失,肥料用量少,吸收率高、速度快,是一种比较好的追肥方法。叶面追肥使用的溶液浓度,一般尿素为 0.2%~0.5%,每次用量 7.5~15 kg/hm^2;过磷酸钙为 0.5%~2.0%,每次用量 22.5~37.5 kg/hm^2;K_2SO_4、KCl、KH_2PO_4 为 0.3%~1.0%;其他微量元素为 0.25%~0.50%。根外追肥时间以早、晚或阴天、空气湿润时为宜。喷后两天内如遇到降雨,肥料失效,应补施。根外追肥不宜用迟效肥料,而且浓度稍高容易灼伤苗木。所以,根外追肥只能作为补充营养的辅助措施,不能完全代替土壤追肥。

追肥时期要根据苗木的生长规律,特别是苗木从土壤中吸收营养的季节变化动态,通过田间试验和总结经验来确定。1 年生苗木的追肥时间通常在夏季,把速效氮肥分多次施入,补充苗木旺盛生长时期对养分的大量需要。有些地区在秋季也施用磷、钾肥作后期追肥,以促进苗木直径生长和苗木木质化,以增强抗逆性。我国苗圃追施氮肥的时间一般不迟于 8 月。但生长期长的苗木以及无霜期很长或基本无霜的地区,追施氮肥的时间可适当延长。移植苗和留床苗的追肥时间有所不同,容易发根的某些阔叶树种(特别是扦插苗),移植后不久追肥就有效果,而有些针叶树移植后马上施肥往往不起作用,甚至会带来不良影响。对留床苗来说,由于在土壤中已形成完整的根系,在其生长期进行追肥,效果较明显。

(4) 营养加载

营养加载(nutrient loading)是根据稳态营养理论,在不对苗木生长造成伤害的前提下,通过追肥使苗木体内的养分浓度达到最大,从而形成较大的养分库,提高造林效果。一般采用指数施肥和秋季施肥两种方式。

①指数施肥(exponential fertilization)　是为适应植物在各生长阶段的相对生长率,采用指数递增添加养分的施肥方法。大量研究通过对比常规等量施肥(constant or conventional fertilization)和指数施肥发现,指数施肥在苗木生物量、体内养分浓度及苗木造林效果方面明显优于常规施肥。如将红栎容器苗设置 8 个处理,25 C 为常规施肥处理,每周施肥 1 次,施肥量为 1.56 mg/株,连续施肥 16 周,施肥总量为 25 mg/株;25 E 为指数施肥处理,施肥量呈指数增加,施肥总量也为 25 mg/株。结果表明苗木生物量和氮浓度后者均大于前者(陈闯等,2015)。目前,由于该方法多运用于容器育苗,具体施肥方法详见第 9 章容器苗播种培育。

②秋季施肥(fall fertilization)　一般是在秋季苗木停止高生长后进行的追肥,其目的不是促进苗木形态指标或生物量的增大,而是增加苗木体内营养元素含量,从而提高苗木抗逆性,并促进苗木翌年春的快速生长。这一技术在国外已被广泛应用于挪威云杉、黑云杉、火炬松、湿地松、美加红松、西黄松、花旗松、蓝桉、栎类等树种的苗木培育中。我

国仅在毛白杨、落叶松、油松、栓皮栎等树种上有一些研究。李国雷(2014)等通过对长白落叶松1年生播种苗进行营养加载，施肥量为60~90 kg/ hm^2，分两次于9月16日和10月1日进行施肥，结果表明，与对照相比，不仅苗木根和茎的干重有明显增加，而且苗木体内氮含量得到提高，抗寒性明显增强。

(5) 随水施肥

随水施肥(fertigation)是灌溉(irrigation)与施肥(fertilization)两项措施结合而形成的施肥技术，即在灌水过程中加入水溶性肥料，灌溉与施肥同时进行。施肥时在喷灌系统上加入一个肥料注入装置，如旁通施肥罐、文丘里施肥器、注射泵等，将根据树种需求配置好的水溶性肥料溶液放到肥料注入装置中，当打开喷灌系统灌水时，肥料便随水一起喷洒到苗木上。其优点是提高肥料利用率，节省劳力，能准确控制施肥量和施肥时间，苗木养分吸收快，有利于施用微量元素。但前提是必须要有喷灌设施，由于需要使用溶解度大的肥料，易产生盐分积累等缺点，因此，对该技术要求较高，管理要求严格，多用于温室和容器育苗中。

7.3 水分管理

水是植物生长和发育最重要的条件，没有水就没有生命。植物体大约95%的鲜重是水分。适宜的土壤水分状况是培育壮苗的基础，水分不仅直接参与苗木的生长和生理活动，而且还通过改变土壤溶液浓度而影响苗木养分吸收。苗木培育过程中只要漏掉一次浇水，苗木就可能受到严重伤害，甚至死亡。因此，水分管理是苗木生产的最关键环节。水分管理的关键在于确定灌水水质、灌水方式、灌水时间和灌水量。

7.3.1 水质控制

自然降水一般很难满足苗木生长需要，必须通过人工灌溉以补充土壤水分。苗木对水分的吸收与利用与水分性质直接相关。由于对劣质水分进行调节非常昂贵，在选择苗圃地时水质就是一个重要限制因子，水质不好的地方尽量不要选作苗圃地。影响水质的因素主要是含盐量和含杂质量。

一般要求灌溉水的含盐量低于0.2%~0.3%。水中含盐量过高会增加土壤溶液渗透压，给苗木造成生理干旱；破坏土壤结构，降低土壤通透性；还会改变土壤pH值和溶解度，降低苗木质量。

灌溉水以中性至弱酸性为好，即pH值5.5~6.5。pH过高或过低都会影响土壤养分有效性，不利于苗木生长。由于不同树种对酸碱度要求不一，生产上常采用磷酸、硫酸、硝酸和醋酸等对灌溉水的pH值进行调节。

灌水温度同样对苗木吸收水分和养分有直接影响。一般春秋季适宜的灌水温度大于10~15 ℃，夏季大于15~20 ℃，但低于37~40 ℃。高寒地区可通过建晒水池、或人工加温、太阳能加温等提高水温。

灌溉水中的杂质包括沙粒、土粒、昆虫、病菌孢子、草籽等。它们会影响灌溉系统，损坏灌溉设备，并给苗圃带来病虫和杂草。处理水中的真菌、细菌、虫卵时，可在水中加入次氯酸钠或次氯酸钙溶液，或向灌溉系统中注射加压的氯气；如处理细沙、杂草种子、藻类等可用过滤方式。

7.3.2 灌溉方法

灌溉方法有侧方灌溉、畦灌、喷灌、滴灌和渗灌。

(1) 侧方灌溉

侧方灌溉又称垄灌，水从侧方渗入床内或垄中的灌溉方式，一般应用于高床和高垄。其优点：因为水分由侧方浸润到土壤中，床面不易板结，灌溉后土壤仍有良好的通气性能。侧方灌溉的缺点：与喷灌相比，渠道占地多，灌溉定额不易控制，耗水量大，灌溉效率低，用工多等。

(2) 畦灌

畦灌又叫漫灌，水从床面漫过，直至充满床面并向下渗入土中的灌溉方式，适宜于低床和大田平作。漫灌的优点是比侧方灌溉省水，投入少，简便易行。缺点是灌溉时破坏土壤结构，易使土壤板结，水渠占地较多，灌溉效率低，需要劳力多，而且不易控制灌水量。

(3) 喷灌

喷灌是利用水泵加压或水的自然落差将水通过喷灌设施系统输送到苗圃地，经喷头均匀喷洒在苗木上的灌溉方式（也可称为上方灌溉），喷头安装有固定方式，也有移动方式（图 7-4）。适用于高床、低床、高垄、低垄、大田平作等各种作业方式。其优点省水，便于控制灌溉量，并能防止因灌水过多使土壤产生次生盐渍化。减少渠道占地面积，可提高

图 7-4　固定式喷灌系统（上）、移动式喷灌系统（左下）和喷头（右下）（摄影：刘勇）

土地利用率。土壤不板结,并能防止水土流失。工作效率高,节省劳力。在春季灌溉有提高地面温度与防霜冻作用,在高温时喷灌能降低地面温度,使苗木免受高温之害。灌溉均匀,地形稍有不平也能进行较均匀的灌溉。所以它是效果较好、应用较广的一种灌溉方法。其缺点是灌溉需要的基本建设投资较高,受风速限制较多,在3~4级以上的风力影响下,喷灌不均。

(4) 滴灌

滴灌是通过管道把水输送到灌水位置,以水滴形式给土壤供水的灌溉方法。由于可以将水直接输送到苗木根部的土壤中,具有节约用水(比喷灌能节水30%~50%)、灌溉效率高,不影响土壤结构等优点。但所需管线多,建设成本高。利用低压管道系统将水和溶于水中的肥料缓慢均匀地滴到苗木根部的土壤中,是目前最先进的一种灌溉方式。

(5) 渗灌

渗灌分两种:一种是裸根苗培育的大田渗灌;另一种是容器育苗的底部渗灌。

①大田渗灌　是用管道将灌溉水引入土壤中,湿润苗木根区土壤的灌溉。有暗管灌溉和潜水灌溉,前者灌水借设在地下管道的接缝或管壁空隙流出渗入土壤;后者通过抬高地下水位,使地下水由毛管作用上升到作物根系层。其主要优点是不破坏土壤结构,水分利用效率高,比喷灌节水50%~70%,缺点是建设投资大,施工技术复杂。

②底部渗灌(subirrigation)　主要由育苗架、渗水槽、储水箱、水泵、输水管和回水管、计时器等组成。在水泵作用下,把储水箱的水经输水管注入渗水槽,容器苗通过育苗基质的毛细管作用从容器底部吸取所需水分,未被利用的水通过回水管流回储水箱,可再次循环利用(图7-5)。其最大的优点是提高苗木质量,降低水资源浪费,减少肥料淋溶带来的污染。据研究,与上方喷灌相比,底部渗灌下的栓皮栎容器苗至少节约63.35%的灌溉水,

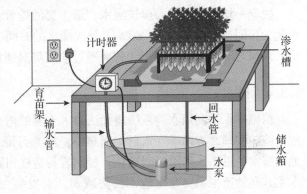

图7-5　底部渗灌系统示意
(根据Jim Mann的图修改)

苗高和地径提高约10%,生物量提高了18.4%以上,单株养分含量提高了18%以上,养分浓度提高了至少17%(陈闯等,2015)。底部渗灌不仅是一项节水和降低污染的灌溉技术,而且可培育出比上方喷灌质量更高的苗木。

7.3.3　灌溉时间和灌溉量

水分不足苗木生长受限,水分缺乏苗木死亡,但水分也不是越多越好。土壤水分过多会使种子和插穗腐烂,在过湿环境中根系呼吸受到限制,苗木常常生长不良或致死。此外,过量灌溉还会引起土壤次生盐渍化。只有适时适量地合理灌溉,才能产生良好效果。合理灌溉要考虑树种的生物学特性、苗木不同生长阶段、土壤条件、天气条件等诸多方面。

树种生物学特性各异，有的树种需水较少，有的需水较多，如杨树、柳树、桦木、落叶松等需水较多，灌溉次数要多些；白蜡、元宝枫、榆树次之；山楂、海棠、玫瑰、刺槐等，需水较少，在土壤水分过多时易产生黄化现象，可适当少灌；而油松、侧柏等常绿针叶树种，喜干、不喜湿，灌溉次数可适当减少，灌水量小些。

苗木各生长时期的需水量也不同，灌溉次数和灌溉量应作出相应调整。播种前应灌足底水，保证种子吸收足够的水分，促进萌发；播种后灌水易引起土壤板结，降低地温，一般出苗前尽可能不要灌水。幼苗期根系浅，对水分需要量虽不大，但比较敏感，灌溉次数要多，每次灌溉量要小；速生期苗木生长快，根系深，需水量大，灌溉次数可以减少，但每次的灌溉量要大；木质化期，为促进苗木木质化，防止徒长，应减少或停止灌水。每次灌溉湿润深度应该达到主要吸收根系的分布深度。

天气情况对灌水有较多影响。天气较干旱，土壤失水快，灌溉次数要多一些，灌溉量也要大些；在晴朗多风的天气，苗木及土壤的蒸腾量大，水分消耗多，应缩短灌溉间隔时间。

土壤情况也直接影响着灌水次数和灌水量。保水能力较差的砂土、砂壤土，可进行少量多次灌溉；保水力较强的黏土，灌溉间隔期可适当延长；低洼地和盐碱地应适当控制灌水次数。

决定一块苗圃地是否应该灌水，最主要的是看土壤墒情，一般适宜苗木生长的土壤含水量为田间持水量的60%~80%。每次灌水的时间，地面灌水在早晨或傍晚，此时蒸发量小，水温与地温差异也较小。若要通过喷灌降温则宜在高温时进行。

7.3.4 排水

苗圃排水是利用水沟系统将无法渗入土壤的雨水快速排出苗圃，是雨季进行苗木管护的措施。我国北方雨季降水量大而集中，7~8月降水量占全年降水量的60%~70%；南方地区降水量更多，降雨时间更长。特别容易造成田间积水，如排水不及时，就可能造成苗木尤其是幼苗根系窒息腐烂，长势减弱，引发病虫害，降低苗木质量，甚至造成苗木死亡。因此，应安排好排水工作，主要注意以下几个方面。

第一，在苗圃规划设计与建设时，应根据整个苗圃地的地势落差，统一安排由大、中和小排水沟组成的排水系统。每块作业区都必须与排水沟相连，所有雨水最终汇集到大排水沟，通过苗圃的最低处排出圃地。

第二，在雨季来临前，应清除排水沟内各种杂草和杂物，保证排水通畅，并将苗床畦口全部打开。在连续降雨或暴雨后，应安排专人检查排水路线，疏通排水沟，发现有积水地块，应设法及时将水引出。

第三，雨季过后应及时对苗床进行中耕，增加土壤通透性，以利于苗木根系的呼吸作用。

第四，由于苗圃在生产中使用的一些肥料或杀虫剂等会随水排出，污染环境。因此，大型苗圃应建立专门的废水沉淀池，使苗圃排水经过沉淀处理后，再把符合环保标准的水排放出去。

（刘　勇）

7.4 共生菌接种及其管理

共生(symbiosis)是指在自然界中,两种不同的生物,在一定条件下共同生活在一起,互利互惠,相互依存的现象;而能和其他生物发生共生关系的菌称为共生菌。共生菌与植物形成共生关系后即可与植物形成互利互惠的和谐关系。目前在苗圃苗木培育过程中共生菌的接种与应用最多的就是菌根菌及根瘤菌的接种。尤其在林业上困难立地生态恢复任务较为繁重的今天,对于共生苗木的定向培育是目前苗圃苗木培育的一项十分重要的工作。

7.4.1 菌根化育苗及其管理

7.4.1.1 菌根及菌根化育苗的概念及意义

菌根是高等植物的根系受某些土壤真菌的侵染而形成的一种互惠共生联合体。目前,根据菌根的形态解剖特征,菌根真菌的种类和植物的种类,通常将菌根分为外生菌根、内生菌根、内外菌根、浆果鹃类菌根、水晶兰类菌根、欧石南类菌根、兰科菌根等,其中,目前研究较多的是外生菌根(ectomycorrhiza)和内生菌根中的丛枝菌根(arbuscular mycorrhizal)。

(1) 外生菌根

菌根真菌菌丝体侵染宿主植物尚未木栓化的营养根形成的一种菌根。外生菌根形成后真菌菌丝体不穿透宿主根细胞组织内部,仅在宿主植物根细胞壁之间延伸生长,使宿主植物的根系具有3个主要特征:①宿主植物根部形态通常肉眼可见到变短、变粗、颜色变化以及不同的分叉特征(图7-6),无根冠和表皮,根毛退化,在菌套表面可见许多外延菌丝(图7-7);②在植物营养根表面,形成一层由真菌的菌丝体紧密交织而形成肉眼可见的菌套;③由于真菌菌丝体在根部皮层细胞间隙中生长,在宿主植物根系皮层间形成类似网格的结构,称之为"哈蒂氏网"(图7-7)。

(2) 丛枝菌根

丛枝菌根是内生菌根中的一种类型(强调一点,内生菌根与内生菌是截然不同的两个概念,内生菌根是植物的根与土壤真菌形成的一种联合体,它既不是"根"也不是"菌",是一种共生联合体;而内生菌是存在于所有生物体内的菌,植物体内、动物体内均存在各种各样的内生菌,包括我们人类体内也存在多种内生菌)。与外生菌根不同,植物根被丛枝菌根真菌感染后,根的外部形态一般用肉眼很难区别是否形成了菌根,只有通过显微镜检查才会明显地看到根部皮层细胞内形成丛枝,同时细胞内或细胞间有内生菌丝(图7-8)。

那么,菌根化育苗就是指通过人工接种菌根真菌促使苗木快速形成菌根的过程(包括各类菌根)。菌根化育苗的重要意义在于以下几个点(在此只列主要方面):

① 菌根能扩大宿主植物对水分与养分的吸收

a. 菌根形成后在根表面有许多外延菌丝,在土壤中形成庞大的菌丝体网(图7-9),它们的数量和长度远远超过根毛,从而在较大范围内帮助宿主植物吸收营养与水分;

b. 外生菌根根系上的菌套能使根系明显增粗(图7-10),这样就增大了根系与土壤的接触面积,进而增大了根系对营养与水分的吸收面积;

c. 菌根的吸收功能可维持一个生长季,而一般根毛的吸收功能只能维持几天,那么从

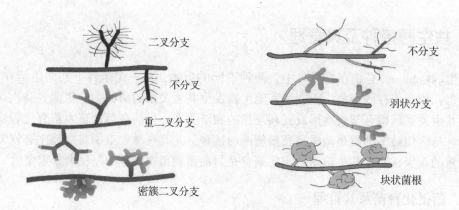

图 7-6　外生菌根分叉形状示意（引自 M Brundrett，1996）

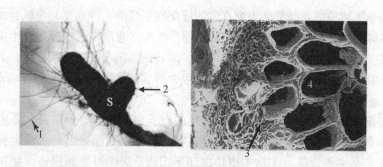

图 7-7　外生菌根的菌套及哈蒂氏网结构与形态（引自 M Brundrett，1996）
1. 外延菌丝　2. 菌套　3. 哈蒂氏网　4. 宿主细胞

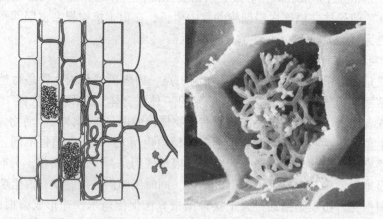

图 7-8　丛枝菌根的结构示意（引自 M Brundrett，1996）

时间的角度看菌根能更长时间帮助植物吸收水分与各种营养；

　　d. 菌根的根外菌丝非常纤细可以穿透容重为 $1.8g/cm^3$ 的土壤来帮助植物吸收所需营养与水分，也可以伸展到"贫磷区域"外或岩石缝隙中吸收矿质磷素，而一般植物的根系无法实现，这无疑扩大了宿主根系的吸收范围。

　　②增加宿主植物对磷及其他矿质营养的吸收　菌根能够促进植物对磷及其他矿质营养

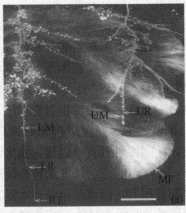

图 7-9　外生菌根的外延菌丝及其庞大的菌丝体网(引自 M Brundrett, 1996)

图 7-10　不同背景下观察的油松与牛乳肝菌形成的菌根

吸收的同时，菌根真菌可以分泌有机酸通过与铁、铝等螯合，释放出土壤中固定态的磷酸根离子，还可以产生磷酸酶，将不溶性的磷转变为可溶性的磷，从而为植物吸收矿质磷创造了有利条件。

③菌根真菌能产生植物生长调节物质　菌根真菌在生长和共生过程中可产生多种植物生长调节物质，例如：细胞生长素、细胞分裂素、赤霉素、维生素 B_1、吲哚乙酸等，这些激素同植物本身所产生的激素具有同样的性质。并且，菌根真菌产生的激素有时是在与植物形成菌根之前，在菌丝与宿主植物一接触就产生刺激作用。

④菌根形成后可以提高宿主植物抗性　对干旱、盐碱、pH 值及重金属、病虫害等胁迫的抗性，从而提高宿主植物在这些胁迫环境中的生存能力。

⑤提高苗木质量，提高造林成活率以及促进幼林生长　白淑兰等研究表明，通过对油松接种浅黄根须腹菌，2 年生油松苗根茎比是对照的 2 倍，高生长是对照的 1.5 倍，造林成活率提高 30%。

7.4.1.2　外生菌根优良菌树组合筛选的意义与方法

在很多国家和地区，应用菌根化育苗造林已取得了可喜的成就，尤其发达国家要求必须是菌根苗才能进行山地造林。但菌根并非万能，生产实践中应遵循"适地适菌，适树适菌"的原则。从菌根真菌专化性角度考虑，有些菌根真菌可与多种植物共生，称为广性共生真菌，而一些仅与少数几种树种共生，称为专性共生真菌，同时我们还应注意菌根真菌的生态型问题。例如，彩色豆马勃(*Pisolithus tinctorius*)是广谱性较强的菌根真菌，然而Smits报道，用彩色豆马勃接种龙脑香(*Dipterocarpus sp.*)幼苗未能成功形成菌根。也有人证实，将彩色豆马勃分别接种在多种桉树幼苗上，只有接种到该菌种的原分离种的植物根系时才能形成菌根。这是因为彩色豆马勃的不同菌株在某一特定环境中已形成了某些特定的生物学特征(即生态型)。所以，欲将菌根技术应用于生产，在不同地区分离乡土菌根真菌，然后对本地区主栽树种进行人工接种试验，选出侵染率高、对特定环境适应能力强的最佳菌—树组合是一项非常重要的工作。孟繁荣等用4种外生菌根真菌在盆栽条件下对山杨(*Populus davidiana*)实生苗进行了人工接种试验，结果表明，对山杨促生作用最明显的是赭丝膜菌(*Cortinarius russus*)，其次是臭红菇(*Russula foetens*)、劣味乳菇(*Lactarius insulsus*)，最差的为彩色豆马勃(*Pisolithus tinctorius*)，所以，菌根技术在生产上应用中首先涉及的就是优良菌树组合的筛选问题。白淑兰等多年来在内蒙古大青山植被严重退化的立地上分离了大量乡土菌根真菌菌株，并对当地几种乔灌木树种进行了较为系统的不同菌树组合的筛选，为油松(*Pinus tabuliformis*)、樟子松(*Pinus sylvestris var. mongolica*)和华北落叶松(*Larix principis-rupprechtii*)，以及为几种乡土灌木筛选到了相应的优良菌树组合，这将为不同地区菌根化苗木的定向化培育提供了重要的理论依据及科学借鉴。具体方法如下：

(1) 芽苗菌树组合的筛选

芽苗接种是在广口的容器中倒入适量的菌种培养基，然后经高温消毒后，根据不同树种及菌种的生长情况，或将菌种先接入容器中，然后再放入已经消毒或催芽的植物种子；如果菌种与芽苗生长同步，也可以二者同时接入。这样，当种子胚芽一开始生长，其胚根就可与菌根真菌充分接触，如果芽苗在容器中时间较长(40~50d)，同时，所接菌种确实是该树种的菌根菌即可在芽苗根上形成菌根；一般在接种15~20d后幼苗根系带菌率可达80%~100%，若需再移栽，则可在新的基质上继续生长并形成菌根。这种方法仅适合小粒种子植物幼苗的接种，不太适合于大粒种子的树种且需要在无菌条件下进行，但这种方法的接种成功率极高，很适合小规模的试验研究中接种使用(图7-11、图7-12)。通过芽苗接种在筛选侵染率高的基础上可进一步盆栽抗逆性组合筛选。

图7-11　芽苗菌根接种示意图及桉树芽苗法(引自 M Brundrett，1996)

(2) 盆栽菌根苗定向化优良菌树组合筛选

在芽苗菌根侵染率筛选研究的基础上，在盆栽条件下对菌树组合的不同抗逆性或促生长性进行优良菌树组合筛选，以利于进行不同菌树组合苗木的定向化培育。同时，也可以直接在盆栽条件下对选定的树种直接进行菌根菌接种，研究菌对树的侵染率，进而对菌树组合的不同培养方向的相关进行研究，筛选不同培育方向的优良菌树组合(图7-13)。

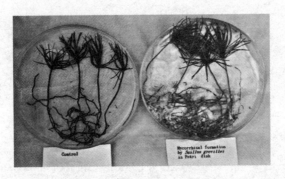

图 7-12　油松芽苗菌根接种法

图 7-13　油松抗旱性菌树组合的筛选

方法：首先是对育苗基质进行消毒处理（高温高压），再将消毒处理的种子在盆栽条件下进行不同菌种的接种处理。接种菌剂选用固体菌剂（接种量 50g/盆）、液体菌剂（接种量 5mL/盆）均可。培养一定时间后确定形成菌根后进行不同胁迫处理，以筛选不同抗逆性的菌树组合，或测定生长量以研究其促生作用，筛选促生作用的菌树组合。但对于我国西部区来讲以抗旱性菌树组合筛选研究最多（图 7-14、图 7-15）。

图 7-14　油松盆栽苗抗重金属（Zn、Cd）菌树组合的筛选（地上部生长状况）

(3) 苗圃优良菌树组合的筛选

从生产应用的角度考虑，在盆栽优良菌树组合筛选后还需要在苗圃地中进行生产小试研究，以检验优良菌树组合的稳定性效果。苗圃菌根化育苗方法主要包括：播种苗菌树组合筛选、移植苗菌树组合的筛选。具体方法：

① 播种苗菌树组合的筛选　将在实试验室条件下筛选的优良菌树组合在苗圃中进行验

图 7-15　油松盆栽苗抗重金属(Zn、Cd)菌树组合的筛选(根系生长状况)

证,探讨其重复性及稳定性。其主要方法为选择合适的苗圃地作为试验小区,将土壤进行蒸汽灭菌(用蒸汽灭菌机),然后将在实验室筛选的菌树组合在圃地条件下进行播种育苗的菌根合成研究,2~3 个月后检验菌根形态及菌根真菌的感染率,进而进行不同定向培育研究,评价圃地环境中不同菌树组合的优良特性。

②移植苗菌树组合的筛选　首先选对土壤进行蒸汽灭菌,或用 1%~2% 硫酸亚铁进行土壤消毒。再将实验室合成的菌根苗直接栽在设置的圃地试验小区内,或选择 1 年生播种苗进行容器苗菌根合成研究,2~3 个月后检验菌根形态及菌根真菌的感染率,进而进行不同定向方向研究,评价圃地环境中菌树组合的优良特性。

7.4.1.3　苗圃外生菌根苗培育方法

通过芽苗、盆栽及苗圃优良菌树组合的筛选,对于确定的优良菌树组合需要规模化菌根化苗木的生产,目前主要方法包括:

(1)组培苗菌根接种方法

组培技术是近年来林业生产中发展的一种新的生物技术,也是林业各种苗木工厂化生产的重要措施之一。菌根技术与组培技术无论基本原理及设备条件及无菌要求都几乎完全一致,因此,若将二者结合则可以成为一项新的生物技术,国内已在桉树及松树上完成了研究,其中桉树组培苗的瓶内菌根化技术已在生产中进行试用。这项技术与工厂化育苗完全紧密结合,而且所培育的幼苗可在组培与菌根两个水平上实现增产,取得较好的效益。

组培苗菌根化接种与芽苗接种大同小异。组培苗的菌根接种是在生根阶段进行。组培苗常用的生根培养基,对有一些菌种生长不适合,根据不同需要,应适当添加一定营养,使常规 MS 组培培养基改性,既有利于组培苗生根,又适合菌根菌的生长。目前组培苗接种多用于易生根的阔叶树(尤其桉树、杨树),桉树从芽条移栽到幼苗生根移栽,一般需 20 d 左右,菌根接种可在芽条移入瓶后第 5 d 左右进行,一般每瓶接入 2~3 个 0.5 cm² 大小的平板菌块即可,继续接入时若幼苗留在瓶内较长时间,则幼苗在瓶内可直接形成菌根。菌种接入时间、接入菌种量的大小,应根据菌种生长速度来决定,一般生长较快的菌种,可推迟接种或减少接种量;反之,则可提前接种或加大接种量。所有工作都必须在无菌条件下进行,否则会造成污染给育苗带来损失,这种菌根化措施无需更多的设备,无需另外制作菌剂,也无需对每株树苗接种,是实现工厂化组培苗菌根化最简单、最有效的方法。然而，这种方法目前只能在已开展组培研究及应用的树种上才有条件使用。个别菌种由于生长迅速，大量气生菌丝甚至可包围整株组培苗，虽然不会导致幼苗死亡，但会影响其生长。除了推迟接种和减少接种量外，还会降低室内气温以控制菌种生长速率(图7-16)。

(2)芽苗机械化接种

在已实现机械化播种的苗圃中，通常将通过实验室及苗圃中筛选的菌树组合在播种过程中进行菌根化，方法是将不同的菌剂类型，如固体菌剂、颗粒剂、胶囊菌剂等，用机械将其与种子同时播种，等芽苗生长发根后即可与菌种接触感染根系而形成菌根。这种方法只能在实现机械化育苗的苗圃试用。那

图 7-16　组培苗菌根接种法
（引自 M Brundrett，1996）

么，在芽苗机械化接种前需要将育苗床的土壤进行消毒处理以最大限度地杀灭土著菌(图7-17、图7-18)，减少土著菌的干扰。消毒处理方法以机械蒸汽灭菌为最好。也可采用1%硫酸亚铁混拌土壤的方法灭菌，硫酸亚铁一方面起到灭菌的作用，同时还可以酸化土壤，更适合菌根真菌菌丝的生长发育，因为多数外生菌根真菌喜欢偏酸性的土壤。

图 7-17　国内苗圃地蒸汽灭菌机　　　图 7-18　国外苗圃地蒸汽灭菌机

(3)苗床接种法

苗床接种也是实现苗木菌根化的集约方法，它不需对每株幼苗分别接种，可以一次接种较大数量的幼苗，在生产上推广应用有较好的使用前途。这种接种法适合于幼苗能在苗床上生长相对较长时间，如3~5个月以上方可取得较好效果，这种接种方法一般有几种形式的菌剂可以使用：

①固体菌剂接种　将适量的固体菌剂施入苗床土中，然后播种，使生长苗木带菌感染。

这种方法首先是将培养好的固体菌剂(图7-19)放在一个大容器中，混拌均匀撒在苗床上，用量一般为300 g/m²，然后翻入育苗土中(图7-20)，随即进行播种，播种后在苗床上筛一定厚度的潮润土壤(根据种子颗粒的大小决定覆土厚度，落叶松、樟子松覆土厚度0.5~1.0 cm，油松覆土厚度1.5 cm)(图7-21)，生长一段时间的苗木就可以感染菌根(图7-22、图7-23)。苗床接种法的苗期管理一般出苗期以土壤湿润为宜，出苗后尽量保持苗床的干燥，切忌水分过量和使用除草剂等化学试剂，适当人工除草松土，也不需要施肥。

图 7-19　塑料袋或罐头瓶培养的固体菌剂　　　　图 7-20　播种苗苗床拌菌剂

图 7-21　播种后苗床筛土　　　图 7-22　接种的油松菌根苗　　　图 7-23　形成菌根的
　　　　　　　　　　　　　　　　　　　　　　　　　　　　　　　　　　1 年生油松苗

②菌根真菌子实体接种　通过前期筛选对于确定的优良菌树组合的菌根真菌，在蘑菇出菇期可在林地内进行子实体的采集（图 7-24、图 7-25）。然后将采集的子实体进行粉碎制作子实体菌悬液（图 7-26、图 7-27）。

图 7-24　绒白乳菇子　　　　　　　图 7-25　乳牛肝菌子实体

图 7-26　粉碎的子实体　　图 7-27　配置子实体菌悬液

图 7-28　苗期子实体菌悬液接种　　图 7-29　苗期纯培养固体菌剂开沟接种

再将子实体悬液拌入苗床土壤或浇于苗木根部(图 7-28),以实现接种的目的。该接种方法对于乡土菌种的利用十分经济有效,同时省去人工菌剂生产的一系列工作,简单、方便、实用、易掌握,菌根形成也很快。

③菌土接种　利用已感染菌根菌的苗圃土壤,移施到苗床使生长的幼苗感染形成菌根。但这种方法由于受接种土壤来源的限制,在生产上应用较少。

④幼苗苗床接种　对于苗圃地中培养的幼苗在不移栽的情况下也可以进行苗床接种,通过苗床人工接种使生长的幼苗带菌,这种方法也很有效。接种剂可以选择子实体菌悬液(图 7-28),也可以选择纯培养的液体或固体菌剂(图 7-29 为固体菌剂接种)。接种后将菌剂覆好土壤即可。

(4)移植苗接种法

幼苗移植接种是我国目前使用最多的接种方法。我国目前的育苗工作中,有不少地方或对某些树种都要进行幼苗移栽,尤其针叶树很少采用直播造林,苗木经过移植可以形成发达的根系可以显著提高造林成活率。因此,幼苗在苗圃中移植过程中,可一次性进行菌根接种,这样既可节省用工,也可节省菌种,还可达到批量接种的目的,例如,将菌剂(也可将子实体粉碎)制作成泥浆,用于幼苗进行蘸根(图 7-30),然后进行移栽或装营养袋,达到接种的目的。也有的将菌种配制成黏稠状菌悬液,用它对苗木进行浸根一定时间,也可达到同样目的(图 7-31)。为了促进新根尽快长出,以便更好地感染菌根,还可在蘸根或浸根前适当剪去一些过长的根系以及受伤根系,移植苗接种法同样有较好的效果。

(a) (b)

图 7-30　固体菌剂幼苗接种

(a)用固体菌剂制泥浆　(b)蘸根

图 7-31　浸根后装入营养袋

7.4.1.4　丛枝菌根化苗木培育方法

丛枝菌根化苗木的培育与外生菌根化苗木的培育大同小异，首先必须获得菌种，再经过优良菌树组合的筛选获得不同生境中不同定向化培育的优良菌树组合(如抗旱性、抗重金属性、抗寒性、抗病性等)，然后可以采用苗床育苗、营养杯育苗等。但与外生菌根育苗不同的最关键一点是丛枝菌根真菌到目前为止尚无法进行人工纯培养，菌种也非蘑菇等大型真菌，而是肉眼无法观察到的土壤中存在的各种真菌孢子。它的接种体主要是具有菌根的苗木的根际土壤，这也是丛枝菌根技术在生产上大规模应用的制约因素，所以生产上的应用受到了很大的限制。另外，林业上丛枝菌根植物多为灌木。

7.4.1.5　菌根应用中应注意的问题

(1)适地适菌

造林提倡"适地适树"，而菌根技术的应用我们要强调"适地适菌"和"适树适菌"。只有理想的菌树组合才能最大限度地发挥菌根的有益作用，而且不同菌树组合对植物的生态作用也是有差异的。经过多年的研究白淑兰认为大青山分离的乳牛肝菌(*Suillus bovinus*)、褐环乳牛肝菌（*Suillus luteus*）对油松的促生作用远比厚环乳牛肝菌（*Suillus grevillei*）和点柄乳牛肝菌（*Suillus granulatus*）效果好，而大青山喇嘛洞分离的浅黄根须腹菌对油松的抗旱性提高较其他菌种更为显著。Theodoron 和 Bowen 认为，点柄乳牛肝菌和浅黄根须腹菌（*Rhizopogon luteolus*）对土壤中磷矿粉的利用比杂色牛肝菌（*Boletus variegatus*）和土生空团菌（*Cenococcum geophilum*）效果好；而泪珠乳牛肝菌（*Suillus plorans*）则适合在高海拔的寒冷地区接种松树或落叶松。显然，这些比较中，除了地区因素外，还有不同树种的原因在内。不同树种对菌根接种的效果也反映不一，白淑兰试验认为大青山劈柴沟采集的厚环乳牛肝菌株对华北落叶松的侵染速率比那日斯太林场分离的厚环乳牛肝菌株快得多，所以，菌种的生态型对树种的作用确实存在差异。

就我国的情况而言，在南方低海拔地区的多种松树，可考虑使用豆马勃属、硬皮马勃属和须腹菌属等真菌进行接种，而北方的一些松树，以牛肝菌属、乳牛肝菌属、须腹菌属等真菌效果更佳。以北方一些材料来看，除了上述真菌属以外，有些树种还可使用乳菇属、蜡蘑属和丝膜菌属等属的真菌。目前，人们很难找到一种既能适合不同地区、不同树种，而且都能表现出非常好的效果的菌种。

（2）林业技术的配合

无论是哪种类型的菌根，它的应用都必须与适当的生产措施相结合，必须为菌根真菌的继续生长与菌根形成创造最适合的条件。否则同样无法发挥菌根的优良作用，所以生产上尽量少使用农药和化肥。

（3）保持菌剂的活力

菌根菌剂是一种生物制剂，一定要在活力最强的时候进行接种，所以菌剂一定在低温（2~5 ℃）洁净的环境中保存，并且保存时间不能超过6个月。

（4）正确而灵活运用接种技术

无论使用哪种类型的菌剂，尽可能让菌剂与根直接接触，如直接施入根基、浸根、蘸根、浆根、根部注射等方法；接种时期一般以幼苗接种最好，幼苗接种不仅省工、省时、省菌，从而节约成本，而且幼苗接种便于操作，幼苗营养根生长旺盛，容易与菌根菌快速共生；接种量的大小与菌根能否尽快形成也有直接关系。对于幼小苗木，接种量可以小一些，大苗接种量可适当加大。一般应以新的营养根长出时能充分与菌剂接触为最佳。

7.4.2　根瘤菌接种及其管理

根瘤菌是与豆科植物共生，形成根瘤并固定大气中氮气供给植物营养的一类细菌，这种共生体我们称之为根瘤。根瘤与外生菌根不同点主要有：①根瘤是在植物木质化根上形成的瘤状物（图7-32），而外生菌根则是在植物尚未木栓化的营养根根尖上（图7-33）形成的不同的分叉特征的联合体（图7-6）；②形成根瘤的菌为细菌，而形成菌根的菌均为土壤真菌；③根瘤可以固氮，能够形成根瘤的植物多为豆科植物；而菌根不能固氮，能够形成菌根的植物占陆生植物的90%以上，菌根对宿主的作用是通过扩大宿主根系的吸收面积、分泌有机酸、酶等多种途径帮助宿主植物吸收土壤中的水分和养分，从而提高宿主的生长及抗逆性，所以菌根在逆境中对宿主植物的作用会表现的更为突出。

 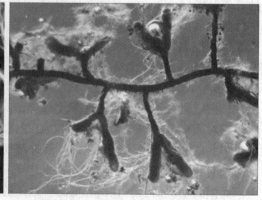

图 7-32　豆科植物根上形成的根瘤　　　　图 7-33　植物根上形成的外生菌根

根瘤菌的应用在农业、园艺、牧草等方面研究较多、也很深入。林业上接种根瘤菌的植物多为豆科灌木(乔木多见于相思树)，那么，我国的造林环境较差，尤其在我国西部区生态环境十分恶劣，土壤干旱贫瘠，实属困难立地，土壤中微生物十分缺乏，造林后靠自然感染根瘤菌难度极大，所以，在苗圃中接种根瘤菌对于造林质量的提高也是一个非常重要的研究方向。现简要介绍一下根瘤菌在生产上的应用方法。

(1) 菌种分离

由于根瘤菌的专化性很强，所以接种一般均采用同树种上分离的根瘤菌效果更好。方法是选择预培育苗木的母树进行根瘤采集，带回实验室后将根瘤清洗干净，消毒处理后通过组织分离的方法，以及多次纯化后获得菌种(具体方法略)。

(2) 接种方法

①浸种法　将分离的根瘤菌进行培养后制作成液体菌剂，再将目的树种的种子经过消毒催芽后浸入到液体菌剂中，根据种子特性确定浸种时间，一般浸泡时间 2~12h 为宜。捞出稍稍沥干即可播种。

②拌种法　先将种子消毒催芽处理后与菌剂混拌均匀，稍阴干后即可播种。也可以将根瘤菌菌剂与颗粒肥料混拌，再与消毒催芽的种子同时进行播种。

③浸根法　先培养苗木，在幼苗移栽前用液体菌剂浸泡幼苗根系，浸泡时间 20~30min 为宜，然后移栽到圃地或装营养袋均可。

④浇灌法　在苗木生长期，将苗床上培养的苗木根部土壤开一条 5~10 cm 的沟，再将培养的根瘤菌菌剂配置成液体浇灌在沟内，然后将沟覆平即可。

(3) 接种后的管理

接种根瘤菌后对苗木进行常规管理即可。

(白淑兰)

7.5　杂草管理

杂草是育苗的大敌。由于苗圃杂草与苗木争夺养分、水分，影响光照和空气流通，使苗木的生长发育条件恶化，新陈代谢过程受到抑制，使各种物质积累减少，严重影响苗木的生长发育，有时还会导致苗木病虫害大量发生，使育苗失败。根据试验测定，一棵灰菜所消耗的水分比当年落叶松苗多 3~4 倍。因此，杂草控制是苗木培育的经常性作业内容，也是苗圃地管理的重要方面。

杂草控制是通过除草作业而完成的，除草则是通过人为方法清除杂草，保证苗木正常生长的措施。常用的除草方法有人工除草、机械除草和化学除草，其中人工除草和机械除草可以和中耕结合起来，通常笼统地称为松土除草。

7.5.1 松土除草

松土和除草本是苗木培育过程中的两个不同措施，但一般都将其结合起来，因为这两个措施可以通过一次作业而完成。松土是在苗木生长期间对土壤进行疏松，属于土壤耕作的中耕环节，其主要目的是疏松土壤，增加通透性，为根系的呼吸作业提供充足的氧气。用锄头或机械对表土进行疏松，实际上就是破坏杂草的生存环境，完成对杂草的清除。通过一次作业，完成两项措施，达到两个目的。

7.5.1.1 松土除草的方式

松土除草的方式主要有人工作业和机械作业 2 种。人工作业是人工直接拔除或用锄头等工具铲除杂草的方法，是传统的无任何副作用的除草方法，但这种方式劳动强度大，效率低，随着人工费的上涨，费用也在增加。人工除草的用工一般约占整个苗圃作业用工的 20%~60%，据黑龙江省 30 个苗圃的统计，其费用占苗圃总用工量的 40%~60%。

机械作业是利用各种专用除草或中耕机械进行松土除草的方法，与人工作业相比速度更快，效率更高，成本也低。适合清除顺床条播时苗行间、垄间以及大苗区株行间的杂草，但无法清除小苗行内苗木间的杂草。例如，一般在株行距 1m 以上的大苗区，可用手扶拖拉机在苗床间进行松土除草。

7.5.1.2 松土除草的时间和要求

除草必须及时，原则是"除早、除小、除了"，雨季到来前应除净苗圃杂草。松土除草次数一般每年 5~8 次，多在灌水、降雨后完成。

松土深度因苗木大小而异，一般小苗 2~4 cm，随着苗木的长大逐渐加深到 7~8 cm，以至十几厘米，原则是不能损伤根系，不能碰伤或锄掉苗木。

7.5.2 化学除草

化学除草是指使用化学药剂如除草剂或除锈剂等防除苗圃杂草的方法。其优点是速度快、效率高、成本低，由于人工成本日趋昂贵且效率低下，杂草复发率高，而化学除草不但可以节约用工 60%~80%，降低成本 40%~80%，还有除草效率高、除草效果彻底等明显优势。但化学除草也存在突出的劣势，化学药剂在杀死杂草的同时，也可能会伤及其他生物，对人、畜和生物多样性产生不利影响，因此，对使用化学除草要慎之又慎，要做到科学使用除草剂，在保证人畜安全的前提下，尽量减少对生物多样性的破坏。

7.5.2.1 化学除草的特点

(1) 技术性强

除草剂种类多，使用要求严格，只有正确选择除草剂并掌握使用技术，才可能达到除草育苗的目的。否则，可能将苗与草一起杀死或出现更糟的结果。

(2) 除草效果持续时间长

人工除草只能起到暂时的效果，持效期短，在南方只有十几天。而化学除草持效期可达几个月，甚至整个生长季节(图7-34)。

图7-34　施用除草剂后的育苗地(摄影：刘勇)

(3) 使用方便、效果好

一般在苗圃施药可用喷雾器或洒水车、细眼喷壶及拌毒土等，施药作业速度快，除草及时、彻底。据试验，在油松、杨树育苗地上施用克芜踪等除草剂，除草效果均可达90%以上。

(4) 减少病虫害

有的除草剂和农药混合使用，如除草剂敌稗与杀虫剂西维因按不同比例混合使用，不但可除草，还可杀虫，同时还可增加除草剂的活性。除此之外，由于杂草的消灭，使一些以杂草为中间寄主的病虫害失去了传播、蔓延的条件，减少了病虫害的发生。

7.5.2.2　除草剂的种类

除草剂的种类很多，性质也各不相同。其产品性质、化学结构、作用方式、适宜对象、使用方法等多种多样。从不同角度对其进行分类，是正确认识与掌握其作用原理和使用方法的基础。

(1) 根据化学结构分类

① 有机除草剂　主要由苯、醇、脂肪酸、有机胺、有机磷等有机化合物合成。常用的有果尔、阿特拉津、敌草胺、盖草能、草灌净、农民乐等。由于其用药量少、适用性广、效果好，是目前国内外广泛使用的主要除草剂。

② 无机除草剂　由天然矿物质制成，不含有机碳素化合物，而含有铜、铁、钠等无机元素的一类除草剂，如氯酸钾、氯酸钠、氯化钠、硫酸铜等。由于无机除草剂的化学性质稳定，不易分解，大多可溶于水，常为内吸性、灭生性除草剂，不但对植物、人畜危害大，而且在土壤中易流失，对环境造成污染，因此，生产上已经很少使用。

(2) 根据作用特点分类

①触杀性除草剂　只能杀死植物接触药剂的部位，而对地下部分或有地下茎的杂草则效果较差，这类除草剂有果尔、毒草胺、灭草胺等。

②内吸性除草剂　可被植物根、茎、叶、芽鞘等部位吸收，并通过输导组织由局部传导至全株，破坏植物内部结构的生理平衡，造成植物死亡，如阿特拉津、扑草隆、敌草隆等。

(3) 根据选择性特点分类

①选择性除草剂　可将杂草杀死，而对苗木无害，如杀草醚、盖草能、扑草净、西玛津、果尔、禾草克等。

②灭生性除草剂　对所有植物都有毒性，只要接触绿色部分，无论苗木和杂草都会被杀死，这类除草剂有乙草胺、阿特拉津等。

(4) 根据使用方法分类

①茎叶处理型除草剂　采用溶液兑水，以细小的雾滴均匀地喷洒在杂草植株上，如盖草能、果尔、阿特拉津、拿扑净、森草净、禾草克等。

②土壤处理型除草剂　采用喷雾、喷洒、喷粉、毒土、泼浇、撒颗粒剂等方法将药剂施到土壤中，形成药层，接触杂草的种子、幼苗、幼根或被其吸收而杀死杂草，如毒草胺、杀草胺、西玛津、乙草胺、丁草胺、阿特拉津、果尔、森草净、扑草净等。

这两种处理方法是相对的，因为有的除草剂既可做茎叶处理，也可做土壤处理，如阿特拉津、绿麦隆、果尔、森草净等。

7.5.2.3　化学除草的原理

除草剂是通过干扰和破坏杂草体内一个或几个生理生化环节，使整个生化过程混乱，失去平衡，从而抑制了杂草的生长、发育或导致死亡。其杀草的原理大致可归纳为以下几个方面：

(1) 抑制光合作用

除草剂对光合作用的抑制是通过对光合作用光反应和暗反应的阻碍而起作用的。如阿特拉津、毒草胺、敌草隆等除草剂在极低浓度下，就能阻止希尔反应，而且强烈阻碍叶绿体的光合磷酸化作用，光越强，作用越迅速，使植物叶子表现出褪色、失绿和枯萎。上述除草剂能阻碍希尔反应与它们的化学结构有密切的关系。这类化合物分子内部有 NH 基，这个原子团容易与酶蛋白形成氢键。另外，除草剂中有 CO 或 CN 基的也可能与酶蛋白形成氢键，这些氢键在光合作用中妨碍生化活动的正常进行，对光反应产生影响，使光合作用的第二步反应——暗反应固定二氧化碳的过程无法正常进行，植物由于不能正常合成碳水化合物，最终饥饿而死亡。

(2) 干扰呼吸作用

植物的呼吸作用并不是一次完成的，而是要经过多次降解和转换。当其中某个重要环节受到破坏，就会影响植物体的生存。不同种类的除草剂对植物呼吸作用的机制影响不同，如二硝基酚等除草剂是通过破坏呼吸过程中的氧化磷酸化过程，使呼吸释放出的能量不能被利用，植物的生命就难以维持下去；而二苯醚类除草剂则是通过抑制脱氢酶，使植物在呼吸作用中高能键化合物 ATP 的形成无法实现，使杂草致死。

(3) 干扰正常的激素作用

某些化学除草剂本身就是激素，如 2,4,5-T、百草敌、二甲四氯等。激素对植物的作用有 2 种情况，即在适当的低浓度下能促进生长，而当浓度过高时，使植物生长失去平衡而抑制植物生长。如二甲四氯在高浓度时有强烈的触杀作用，主要是引起细胞异常增殖，并造成核酸、蛋白质代谢与合成的异常变化，形成了畸形的瘤状物，它堵塞输导组织，妨碍有机物运输，使植物根部因缺乏营养物质及根尖膨大，失去吸收水分和养分的能力而死亡。

(4) 干扰核酸代谢和蛋白质合成

某些除草剂可干扰或抑制核酸代谢、蛋白质合成以及酶的活性等。它们可以使植物顶端的核酸代谢"冻结"，造成顶端生长的抑制。又可以使植物基部组织增加核酸和蛋白质的合成，恢复成熟细胞的分裂能力，促使细胞分裂，造成生长异常，甚至形成瘤状物，阻碍有机物输导，使植物致死。硫代氨基甲酸酯类和 α-氯代乙酸胺类除草剂都是蛋白质和核酸合成的抑制剂。硫代氨基甲酸酯类除草剂被燕麦芽鞘吸收后，抑制 RNA(脱氧核糖核酸)的合成，使芽鞘内 RNA 含量大大降低，进而抑制蛋白质合成，阻碍了细胞的伸长和展开，造成细胞有丝分裂的紊乱。二甲四氯、百草敌等可重新激活植物敏感细胞的活力，引起过量的核酸和蛋白质合成，使植物组织增生，形成畸形生长。

7.5.2.4 除草剂的选择性

在苗圃中施用除草剂时，人们期望能消灭杂草而对苗木无害。有的除草剂本身具有一定的选择性，而有的不具选择性或选择性差，但可利用它们的某些特性或苗木与杂草间的差异来达到选择除草的目的。除草剂的选择性原理，可分为生物学和非生物学两种。

(1) 生物学选择

主要是利用苗木(种子)与杂草不同的萌发形态、结构和形态上的差异以及生理上的差异来除草的。例如，利用茵业杀型除草剂处理落叶松播种床时，一般在播种后苗木出土前进行，施药后在土壤表层形成一个药层，许多杂草种子萌发时幼芽与药层接触，在光照下就会被杀死。由于落叶松萌发时顶壳出土，幼芽包于种壳内，种壳把毒土顶开，从而使幼芽避开了毒土，不受药害；又如，马尾松幼苗出土后，在一定时期内，其生长点并不裸露，而是被子叶所包围，其子叶表层，又有很厚的一层蜡质层，并含有油类物质，除草剂不易渗入。而有的杂草如灰菜萌发后顶芽裸露，叶面角质层薄，一旦蘸上药液，易渗入植物体内而被杀死。

(2) 非生物学选择

可被分为位差选择和时差选择。位差选择是指苗木与杂草根系在土壤中分布深度的不同，如留床苗和换床苗其根系分布比有些 1 年生杂草根深，用西玛津或扑草净等在土壤中移动小的药剂杀死表层杂草，而苗木因接触不到药剂而免受药害。时差选择是指利用苗木和杂草的不同萌发期。在很多情况下，杂草种子比林木种子萌发早，在杂草已萌发、幼苗末出土时，用触杀型除草剂处理，可消灭已萌发的杂草。

很多阔叶树种，由于它们对除草剂敏感，在使用时要尽量避开苗木，如苗期可采用行间施药或者毒土(颗粒剂也可)，因为颗粒剂或毒土接触苗木后，不易沾在苗木地上部分而落到土壤表层，从而防除和消灭了行间和株间的杂草。

7.5.2.5 除草剂的使用方法

(1)除草剂的使用方法

由于除草剂的性能、剂型和用途不同，所以苗圃中使用的方法也不一样。目前一般采用茎叶处理法和土壤处理法。

①茎叶处理法　指将除草剂直接喷洒或涂抹到杂草茎叶上的方法。按施药时期又可分为播种前茎叶处理和苗后茎叶处理。播种前茎叶处理是在苗圃尚未播种或苗木移植前，用药剂喷洒到已长出的杂草上，要求使用具有广谱性而选择性差、无残留的除草剂。常用的除草剂有果尔等。这种施药方法仅能消灭已长出的杂草，对以后发生的杂草则难以控制。苗后茎叶处理指树木种子萌发出土后施用除草剂的方法。施用时若不采用保护措施，不论杂草和苗木都会接触到药液。因此，出苗后采用茎叶处理时必须对苗木采取保护措施，如遮盖苗木，喷药后立即水冲洗苗木等，以防止对苗木造成药害。对于宽行条播的苗木可采用灭生性除草剂来消灭行间的杂草，但喷雾器必须有保护板，使药液不能接触到苗床上。

茎叶处理一般采用喷雾法，适合喷雾的除草剂剂型有可湿性粉剂、乳油及水剂等。要求喷洒雾点直径 100~200 μm 以下。雾点过大，附着力差，容易流失；雾点过细，易被风吹走，附着量减少。水量以每公顷 450~750 kg 为宜。

配药时需要准备的用具有水缸、水桶、过滤纱布、搅拌用具等。为了配制药量准确、不出错，应当定容器、定药量、定水量。药量应根据容器大小，事先用天平或校准的小秤称量分包，每次配制 1 包。在固定水桶上画定量水线，每次定量取水。把称好的药用纱布包好，用少量水溶解，然后除去纱布中的残渣，加所需水量稀释，即配成药液。也可将定量的药溶于少量水中，充分搅拌成糊状，再加入定量的水搅拌均匀，即成药液。药水要现配现用，不宜久存，以免失效。

②土壤处理法　指采用喷雾、泼浇、撒毒土等方法将除草剂施入土壤，形成一定厚度的药层，通过接触杂草种子、幼芽，或被杂草其他部分(如芽鞘)吸收而起杀草作用。土壤处理一般用于防除以种子萌发的杂草或某些多年生杂草，最好在树木种子播种后出苗前处理。此时土壤墒情好，杂草大量萌发，有利于发挥药效。也可在播种前将除草剂喷洒于地表，雾点可以粗些，药量也可以大些，用钉齿耙等耙地，将药剂均匀分散到 3~5 cm 深的土层中。

毒土是由药剂与细土混合而成。适合制成毒土的除草剂剂型有粉剂、可湿性粉剂和乳油等。细土一般以通过 10~20# 筛子筛过较好，不要过干或过湿，以用手捏成团，松开土团自动散开为宜。土量以能撒均匀为准，一般每公顷 225~375 kg。如是粉剂，可以直接拌土；如是乳油，则先用水稀释，再用喷雾器喷洒在细土上拌匀。如果药剂用量较少，可先用少量的土与药剂混匀，再与全量土混合。毒土要随配随用，不宜久放。撒施毒土要求均匀一致，用量适宜。

(2)除草剂混用

除草剂之间或除草剂与其他农药、化肥正确混合施用，不仅可以省工、降低成本、扩大杀草谱，而且兼有除草、杀虫、防病和追肥的多种作用。

①除草剂之间混用　合理的混合用药，可以提高对杂草的防治效果，减少施药次数，发挥除草剂之间的互补作用，在除草作用、性质、速度以及效果上能取长补短，增加除草剂的黏着性能、分布性能或者增强对植物的渗透性能。在两种除草剂之间存在增效作用的

情况下，还可以减少用药量，降低除草成本。除草剂混合使用的原则。

a. 不影响药剂的化学性质：混合以后，各组分之间不发生化学反应，各种有效成分的化学性质不能发生变化。如有机磷类除草剂在碱性条件下容易发生碱性水解。因此，不宜与碱性物质混用，或者只能现配现用。同样的原因，酸性除草剂一般也不能和碱性物质混用。许多铜、锰、锌等金属离子的除草剂在碱性条件下往往形成可溶性金属盐类，容易引起药害或除草剂失效。

b. 不破坏药剂的物理性状：参与混合的除草剂原有的乳化、分散、湿润、悬浮等物理性状不消失，不减退，最好还能有所增强。

c. 毒性变小：最佳情况是毒性降低，包括对人、家畜、鱼类、蜜蜂，以及天敌昆虫和其他有益生物。

d. 药效不减退：最好能提高效果，触杀型极强的除草剂与内吸型除草剂混用，有的还会降低除草作用。

e. 不发生药害：混用的除草剂有时因为发生化学反应而产生一种引起苗木药害的物质。除草剂混用前，首先要了解除草剂的理化性质，只有在相互之间不产生颉颃作用的条件下，才能收到理想的效果。

生产上已成功应用的混合除草剂有：盖草能+果尔等。

②除草剂与杀虫剂、杀菌剂混合使用　除草剂与杀虫剂、杀菌剂的混用，可起到除草、灭虫和防病作用。

③除草剂与化肥混用　除草剂与化肥混用是一种行之有效的方法。例如，将2,4-D钠盐与硫酸铵等混用，杀草效果显著。2,4-D钠盐加入硫酸铵后，可降低溶液的表面张力和pH值，从而增加了药剂的附着力，并且由于除草剂溶液的酸化，使游离的2,4-D钠盐溶液中，每公顷加入0.5~0.8 kg硫酸铵或10 kg过磷酸钙或6~8 kg硝酸铵，均可提高药效，并对苗木生长有促进作用。

7.5.2.6　发生除草剂药害后的补救办法

苗木产生药害后，应视情况（表7-5）积极采取相应的补救措施。对于药害十分严重，估计最终产量损失在60%以上，甚至绝收的地块，应立即毁掉，进行重育（植）或改育（植）其他树种，以免因延误农时而导致更大的损失。对于药害较轻的地块，可采取以下几种补救措施。

(1) 喷大水淋洗

若是叶面和植株由于喷洒某种除草剂而发生药害，而且发现较早，可以迅速用大量清水喷洒受药害的苗木叶面，反复喷洒清水2~3次，尽量把植株表面上的药物冲刷掉，并增施磷钾肥，中耕松土，促进根系发育，以增强苗木恢复能力。同时，由于用大量清水淋洗，使苗木吸收较多的水，增加了苗木细胞中的水分，对苗木体内的药剂浓度起到一定的稀释作用，也可在一定程度上起到减轻药害的作用。

(2) 增施速效肥

对发生药害的苗木，迅速增施尿素等速效肥料，以增强苗木生长活力和恢复能力。该措施对受害较轻的幼苗有比较好的效果。

(3) 喷施缓解药害的药物

针对导致发生药害的除草剂性质，喷施一定的药剂可缓解苗木药害。如苗木受到果尔、二甲四氯、嘧磺隆等的药害，可在苗木上喷施赤霉素、叶面肥、细胞分裂素等。

表7-5　几种苗圃常用除草剂的使用方法及药害症状

名称	类型	适用范围	使用方法	药害症状
果尔	触杀型	针叶树苗圃，杨、柳插条育苗地	播后苗前或播穗萌动前；出苗40d后或苗后行间喷雾	叶表面出现斑点，局部组织或全株干枯
灭草灵	传导型	针叶树类	播种育苗前或苗期。茎叶处理，土壤处理	可被植物根、胚芽鞘叶片吸收，气温低于18℃，易发生药害

(4) 去除植株药害较严重的部位

在药害发生后，迅速去除苗木受害较重的枝叶，以免苗木体内的药剂继续下运传导和渗透；对受害的地块要迅速灌水，以防止药害范围继续扩大。

7.5.2.7　除草剂施用注意事项

(1) 正确选择除草剂

除草剂是选择性很强的农药，不同植物对药剂的敏感程度不同，必须根据苗木种类与杂草种类选择有效的除草剂。例如，针叶树种抗药性强，可选用盖草能和果尔等；阔叶树种抗药性差，可选用圃草封、圃草净、地乐胺、扑草净等。此外，影响除草剂选择的其他因素还包括土壤类型、土壤温度、土壤湿度、土壤pH值、有机质、杂草或苗木是否处于胁迫状态、使用除草剂的方式、除草剂在叶片或土壤表面的保持力和喷雾量等。在同一苗圃中，若同类型杂草连年使用单一除草剂，不仅会诱发杂草对该除草剂产生抗药性，而且在杀除了原先优势种群杂草的同时，促使原来次要的杂草逐渐上升为优势杂草，杂草种群发生变化，加大防除的难度。因此，可以采用除草剂混用的方法，还可循环使用。

(2) 合理掌握药量

除草剂与其他农药不同，对药液浓度没有严格要求，但对单位面积的使用量和均匀性要求严格。合理的使用量受苗木类型、苗龄以及施药时间与施药环境条件等因素的影响。一般来说，针叶树种的用药量可以大些，阔叶树种的用药量宜小些。随着苗木年龄的增大，用药量可相应加大，如防除松、杉苗的禾本科杂草，可每亩单独施用23.5%的果尔乳油50 mL，或23.5%的果尔乳油30 mL与50%乙草胺乳油100 mL混用；若用于阔叶树苗，用药量宜适当减少。对于1年生杂草，使用推荐用药量即可；对于多年生恶性杂草、宿根性杂草，需要适当增加用药量。

有机质含量高的土壤，颗粒细，对除草剂的吸附量大，而且土壤微生物较多，活动旺盛，药剂量被稀释，可适当加大用药量；而砂壤土颗粒粗，对药剂的吸附量小，药剂分子在土壤颗粒间多为游离状态，活性强，容易发生要害，用药量可适当减少。此外，在高温多雨条件下用药量要适当减少；杂草小时采用剂量下限，杂草大时采用上限。为追求除草效果随意加大剂量，或撒施拌药不匀，喷施兑水过少或重喷后局部浓度过大，都容易造成植物药害。在除草剂配制上要按推荐剂量和浓度配制，按比例配制，用量具称量，以保证用量准确。

(3) 正确选择施药时间和施药方法

杂草的不同生长时期对除草剂的敏感程度不同，只有在最敏感期用药，才能达到最佳除草效果。一般情况下，杂草在萌芽时对土壤处理型除草剂最敏感，2~3叶期对茎叶处理型除草剂最敏感。对于封闭类除草剂，务必在杂草萌芽前使用，一旦杂草长出，抗药性增强，除草效果差。对于茎叶处理类除草剂，应当把握"除早、除小"的原则。杂草株龄越大，抗药性越强。在正常年份，杂草出苗90%左右时，组织幼嫩，抗药性弱，易被杀死。

正确选择施药方法并提高施药技术，是获得理想除草效果的基本条件之一。要根据除草剂的性质确定正确的使用方法，如使用灭生性除草剂，务必做好定向喷雾，否则就会对苗木造成伤害。施药均匀是施用除草剂的基本要求，必须予以保证。此外，忌在有风时喷药，以免危及相邻植物，施药器具如喷雾器等最好专用，或用漂白粉冲洗后再用。

(4) 注意除草剂的淋溶性和持效性

土壤处理剂的除草剂，一般溶解度均较小，但在沙质土壤中，在降水量较多的情况下，会有少量药剂被淋溶到土壤的深层内，易使苗木受到药害。因此，在上述情况下施药量要适当降低。

各种除草剂在常规条件下，持效期长短也不一样。如杀草净为30 d左右，西玛津可达半年之久。持效期短的除草剂，应在杂草萌发期施用；持效期长的药剂，则应考虑后茬苗木的安全问题（表7-6）。

(5) 除草剂的安全性问题

除草剂在给苗圃除草带来方便的同时，又不可避免地引起一系列安全问题。如百草枯

表7-6 不同除草剂在土壤中的持效期

除草剂	有效剂量(kg/hm^2)	处理时间	持效期(d)
扑草净	0.500~1.500	土壤处理	45~70
二甲四氯	0.555~1.125	苗前或苗后(生育期)	7~30
杀草强	1.950~10.005	苗前或苗后(生育期)	21~35
西马津	1.125~1.500	出苗前	90~180
菲草隆	0.750~1.500	杂草萌发前	90~360
灭草隆	0.750~1.500	出苗前	90~180
敌草隆	0.750~1.500	出苗前或杂草萌动前	90~180
草不隆	0.750~2.400	出苗前或杂草萌动前	90~180
苯胺灵	4.485~8.955	出苗前或杂草萌动前	15~40
氯苯胺灵	4.485~8.955	出苗前或杂草萌动前	21~30
扑草净	0.495~1.500	出苗前和出苗后	100~180
果尔	0.150~0.300	出苗前和出苗后	60~90

毒性很高；二甲四氯的气味对人有刺激，对苗木会产生药害；2,4-D 会产生飘逸污染，已造成大面积蔬菜、棉花、高尔夫球场树木的严重药害。因此，自 2000 年起我国禁用除草醚、二苯醚、草枯醚、茅草枯、氟乐灵、拉索、五氯酚钠、百草枯、亚砷酸、亚砷酸钠、2,4-D、草苷膦等除草剂。欧洲许多国家禁用二甲四氯、2,4-D 等。

一些苗圃常用除草剂及其使用技术见表 7-7。

表7-7 苗圃常用除草剂及其使用技术

商品名称	剂型	参考用量	适用对象	使用方法	适用树种	备注
果尔	24%乳油	675~900 mL/hm²	广谱	茎叶、芽前土壤	针叶	触杀
盖草能	10.8%乳油	450~750 mL/hm²	禾本科杂草	茎叶处理	阔叶、针叶	触杀
森草净	70%可湿性粉剂	5~50 g/hm²	广谱	茎叶、芽前土壤	阔、针叶	内吸
		250~900 g/hm²	广谱	步道、大苗等	（杉木、落叶松除外）	
敌草胺	20%乳油	1 500~3 750 g/hm²	广谱，对多年生杂草无效	芽前土壤	阔叶、针叶	内吸
乙草胺	50%乳油	900~1 125 mL/hm²	广谱	芽前土壤	阔叶	触杀
扑草净	50%可湿性粉剂	500~1 500 g/hm²	广谱	土壤处理	阔叶	内吸
丁草胺	60%乳油	1 350~1 700 mL/hm²	禾本科杂草	芽前土壤		内吸
百草枯	20%水剂	100~300 mL/hm²	广谱	茎叶处理	阔叶、针叶	触杀
阿特拉津	40%胶悬剂	450~750 mL/hm²	阔叶杂草	茎叶处理	针叶	触杀
精禾草克	5%乳油	600~3 000 mL/hm²	禾本科杂草	茎叶处理		内吸
敌草隆	25%可湿性粉剂	2 750~4 500 g/hm²	广谱	芽前土壤	阔叶、针叶	内吸
拿扑净	12.5%机油乳油	200~400 g/hm²	禾本科杂草	茎叶处理	阔叶、针叶	内吸
西玛津	25%可湿性粉剂	1 500~3 750 g/hm²	禾本科杂草	芽前土壤	针叶	内吸

（郑郁善）

7.6 病虫害防治

7.6.1 苗木病害

7.6.1.1 病害及其症状特征

苗木在遭受病菌和其他生物寄生或环境因素侵染的影响时，会在生理、组织结构、形态等方面表现出病态，导致产量下降、品种变劣，减产甚至死亡的现象，统称为苗木病害。苗木病害是由在病理学上称之为病原的原因引起的，一般可根据病原分为侵染性病害与非侵染性病害两大类。由真菌、细菌、病毒、支原体、线虫与寄生性种子植物等病原侵染致病的称侵染性病害或寄生性病害；由环境条件不良或苗圃作业失当造成的苗木伤害称非侵染性病害或生理病害。

在苗圃育苗上，人们习惯将苗木病害只理解为侵染性病害，它们能够繁殖、传播与蔓延,且在适宜的条件下十分迅速,常引起危害性病害发生。苗木发病是以体内一定的病变过程为基础的,无论是哪种病害,首先病害部位会发生一些外部肉眼观察不到的生理活动的变化,细胞与组织随后也会发生变化,最后在外部形态上表现出各种不正常的特征,即症状,由病症和病状组成。感病部位病原物所构成的特征称为病症,感病后自身局部或全株表现的反常状态称为病状。常见类型如下:

(1) 病症类型

①粉状物(白粉、黑粉、锈斑)　病菌覆盖苗木器官表面,形成白色、黑色或锈色粉状物,如蔷薇叶与丁香叶白粉病、椴树叶与竹类叶黑粉病、杨树与落叶松叶锈病等。

②霉状物　染病部位出现毛霉状物覆盖,如板栗、水曲柳、核桃楸叶片上的霉菌层等。

③烟煤　病菌在苗木器官表面形成一层烟煤状物,如山茶烟煤病、紫薇煤污病等。

④菌脓　染病部位渗出含有大量病菌的汁液成胶状物,使苗木生长衰弱或芽梢枯死,如桃流胶病、红松根腐病等。

(2) 病状类型

腐烂苗木受病部位细胞与组织死亡,病原分泌酶使苗木组织细胞内物质溶解,表现为组织软化、解体,流出汁液,苗木根、茎、叶、花、果都可以发生。

①畸形　由于病原侵入而引起苗木组织局部或全部异常形态,其表现因病害及苗木种类而异,如碧桃缩叶病、樱花丛枝病等。

②萎蔫　苗木根部腐烂或茎部坏死,使内部维管组织受到破坏、输导作用受阻,引起局部或全苗凋萎的现象,如合欢枯萎病等。由病害导致的萎蔫是不能恢复的,对育苗威胁巨大。萎蔫现象也可能由不良的栽培条件如干旱、高温或水淹等引起,有时当这些逆境或胁迫因素解除后,有可能恢复。

③变色　苗木受病部位细胞的色素发生变化,通常细胞并不死亡。红松根腐病能引起红松针叶变黄,落叶松落针病的病状主要表现在针叶黄化,然后脱落。叶变色并不是侵染性病害所独有,许多非侵染性病害,如缺氧、缺水、土中毒害性物质的存在、低温等原因,以及许多苗木叶自然脱落前都有变色现象。实际发生时,要注意区分鉴别。

7.6.1.2 主要病害及其防治

苗木病害依其受害部位可以分为根部受害型(根部病害)、叶部受害型(叶部病害)和枝干受害型(枝干病害)。根部受害后会出现根部或根颈部皮层腐烂,形成肿瘤,受害部位有时还生有白色丝状物、紫色垫状物和黑色点状物,如苗木猝倒病、颈腐病、紫纹病、白绢病等。叶部或嫩梢受害后出现形状、大小、颜色不同的斑点,或上面生有黄褐色、白色、黑色的粉状物、丝状物、点状物等,如叶斑病、炭疽病、锈病、白粉病、煤污病等。苗期枝干受害后、病害往往在幼树和大树时期继续发病,如泡桐丛枝病、枣疯病、杨树溃疡病等。

①粉病防治　多见于阔叶树叶片。避免苗木长期处于高温、高湿的环境,保持通风凉爽的环境;清除病枝叶,集中销毁,防止传播;用50%代森铵溶液加水1 000倍,或75%百菌清加水800倍,喷洒受害叶面。

②锈病防治　锈菌是转主寄生的，苗木栽植时不能与转主寄主相邻或混栽；发病时，可用50%代森铵溶液加水1 000倍，喷洒防治。代森锌、百菌清、石硫合剂是很好的防治药剂。

③炭疽病防治　植株要合理密植，使苗木通风透光，及时清除病源，防止传播。

④猝倒病(立枯病)防治　做好土壤的消毒工作，避免重茬，使用充分腐熟的有机肥；南方苗圃，可每公顷撒施300 kg生石灰消毒土壤；北方苗圃，可用代森锌进行土壤处理，或发病后喷洒防治。

7.6.2　苗木虫害

苗圃中危害苗木的昆虫种类繁多，根据危害部位及危害方式，可以分为根部(地下)害虫、蛀干害虫、枝叶害虫等。

(1)根部(地下)害虫

这类害虫在土表下或接近地面处咬食苗木幼芽、根茎或心叶，对当年播种苗、慢长珍贵小苗以及某些品种的保养苗危害很大，降低出圃苗木质量。常发生的有蛴螬、蝼蛄、地老虎、金针虫、大蚊等。其中蛴螬和蝼蛄危害最为普遍。

①蛴螬　俗称壮地虫、白土蚕，即金龟子幼虫。蛴螬危害幼芽和幼根，成虫危害叶、花、果，比较难防治。许多鸟类、家禽喜食金龟的幼虫，可在成虫孵化期或结合耕地将幼虫耕出，招引鸟类和家禽来食；夜间利用灯光可以诱杀金龟成虫；化学防治可参照蝼蛄类的防治方法，还可以使用菊酯类、氧化乐果等杀虫剂。

②蝼蛄　终生在土中生活，是危害幼树和苗木根部的重要害虫，以成虫或若虫咬食根部或靠近地面的幼茎，使之呈不整齐的丝状残缺；也常食害刚播或新发芽的种子；还会在土壤表层开掘纵横交错的隧道，使幼苗须根与土壤脱离枯萎而死，造成缺苗断垄。在苗圃常见的有华北蝼蛄、非洲蝼蛄。在成虫羽化期，可以在夜晚利用灯光诱杀；危害期用毒饵诱杀，如辛硫磷0.5 kg加水0.5 kg与15 kg煮半熟的谷子混合，夜间均匀撒在苗床上或埋入土壤中；利用马粪诱杀，在苗圃地间隔一定距离挖一小坑，放入马粪，待蝼蛄进入小坑后集中捕杀；也可引鸟类捕食，如戴胜、喜鹊等。

(2)蛀干害虫

蛀干害虫钻进苗木枝干梢内部啃食苗木形成层、木质部组织，造成苗圃枝干枯死、风折等，降低苗木出圃合格率。常见危害严重的有透翅蛾、天牛、介壳虫、松梢螟等。

①白杨透翅蛾防治　危害各种杨、柳。成虫很像胡蜂，白天活动。幼虫蛀食茎干和顶芽，形成肿瘤，影响营养物质的运输，从而影响苗木发育。成虫活动期，可用人工合成的毛白杨性激素诱捕雄性成虫；或向虫孔注射氧化乐果、杀螟硫磷等农药稀释液，杀死幼虫；及时将受害枝干剪掉烧毁，避免传播。

②天牛类防治　如青杨天牛等，危害各种杨、柳。以幼虫蛀食枝干，特别是枝梢部分，被害处形成纺锤状瘤，阻碍养分的正常运输，以致枝梢干枯，或遭风折，造成树干畸形，呈秃头状。如在幼树髓部危害，可使整株死亡。可以人工捕杀成虫，消灭树干上的虫卵；利用杀螟硫磷100倍稀释液喷树干，可以有效地防治幼虫和成虫；招引啄木鸟等天敌

来食；集中销毁受害枝干。

(3) 枝叶害虫

这类害虫种类很多，可分为刺吸式口器和咀嚼式口器两大类。

①刺吸式口器害虫防治　以刺吸式口器吸取植物组织汁液，造成枝叶枯萎、枝干失水，甚至整株死亡，同时还传播病毒。吸汁类害虫个体小，发生初期危害症状不明显，容易被人们忽视。但这类害虫繁殖力强，扩散蔓延快，在防治时如果失去有利时机，很难达到满意的防治效果。常见的主要有蚜虫、螨类等。

蚜虫是一类分布广、种类多的害虫，苗圃中几乎所有植物都是其寄主。常危害榆叶梅、海棠、梨、山楂、桃、樱花、紫叶李等多种园林苗木，群集于幼叶、嫩枝及芽上，被害叶向背面卷曲。防治应以预防为主，注意观测蚜虫的动态，初发生时，立即剪去病枝，防止扩散；喷灌和大雨也可消灭蚜虫；危害严重时，可以用40%氧化乐果、50%杀螟硫磷等农药兑水1 000倍喷洒；春季，可在苗木根部开沟，将3%呋喃丹颗粒施入沟内，覆土、灌水，有效控制蚜虫发生。

螨类又称红蜘蛛，危害针叶树和阔叶树。防治要掌握螨类发生规律，提早进行；注意清理枯枝落叶，切断螨虫越冬栖息的场所；当危害严重时，可用氧乐果1 000倍液喷洒叶背进行防治。

②咀嚼式口器害虫防治　这类害虫种类多，以取食苗木叶片、幼芽等造成危害。常见的有尺蠖类、刺蛾类、枯叶蛾类等。

尺蠖类主要有槐尺蠖、枣尺蠖等。槐尺蠖主要危害槐树、龙爪槐等，以蛹在树下松土中越冬，翌年4月中旬羽化为成虫。夜间活动产卵，幼虫危害叶片，爬行时身体中部拱起，像一座拱桥，有吐丝下垂习性。防治以灯光诱杀成虫效果最好，也可在7月中、下旬，大部分幼虫在3龄以前，喷50%的杀螟松乳剂1 000倍液，或75%的辛硫磷1 500倍液。

(祝　燕)

7.7　越冬保护

低温是限制植物生长、发育和分布的一个主要环境因素。按照低温程度和植物受害程度，大体可分为冷害和冻害两大类。冷害是指0℃以上的低温对植物的伤害；冻害是指0℃以下的低温对植物的伤害。越冬保护即通过植物自身对逆境的调节和适应作用，以及人类对其外在实施的保护措施，来提高其抵抗寒冷逆境的能力。

7.7.1　冬季低温对种苗的伤害

冬季低温是影响植物生长发育和作物产量的非生物胁迫因子之一，直接影响改变生物热力学过程、生物分子的稳定性和功能及改变正常细胞过程。有的树种苗木越冬后，出现死苗现象，其原因在于冬季至早春苗木容易遭受冻害或"生理干旱"，早春干旱风的吹袭，使苗木地上部分失去大量水分，而此时因为土壤冻结，根系活动能力较弱而不能供应地上部分所需水分，致使局部枝条枯干，轻则部分枝条受害，重则全株死亡。同样，在低温胁迫条件下植物体积累活性氧自由基，积累的自由基对植物的膜系统造成伤害，使膜脂产生过氧化作用，导致细胞膜结构和功能受到破坏。

7.7.1.1 冬季低温对种苗生理的影响

植物受到低温胁迫时，植物体自身发生一系列的生理生化反应及细胞应答，以减少代谢过程产生的有害物质对细胞的伤害，提高抗寒能力，减轻低温对种苗的伤害。在低温胁迫条件下植物体内大量积累活性氧自由基，为了应对此变化，植物体内抗氧化保护系统启动，包括酶促抗氧化系统中超氧化物歧化酶(SOD)、过氧化氢酶(CAT)、抗坏血酸过氧化物酶(APX)、谷胱甘肽还原酶(GR)和脱氢抗坏血酸还原酶(DHAR)活性增强和非酶促抗氧化系统中抗坏血酸(AsA)、还原性谷胱甘肽(GSH)含量提高等，清除植物体内积累的氧自由基，减小代谢过程产生的有害物质对细胞的伤害。

低温能够引起植物体内水解作用增强，可溶性糖含量增高降低水势，增加保水能力。植物体内的脱水素开始发挥作用，与膜脂结合阻止细胞内水分的过多流失，维持膜结构的水合保护体系，防止膜脂双分子层间距的减小，阻止膜融合以及生物膜结构破坏。植物细胞可溶性蛋白先降低后升高，诱导产生冷激蛋白，保护细胞免受冰晶损坏；蛋白伴侣和脱水蛋白，防止生物大分子在冷适应过程中变性失活；解偶联蛋白，使植物可以在冰点以下维持生长一段时间，为冷适应过程争取时间，减少低温条件下细胞脱水、原生质结冰而受伤害致死的机会，从而提高植物体抗寒性。植物在长期的进化过程中，通过调节自身的生理及分子变化，形成了对低温胁迫一定的适应能力。

7.7.1.2 冬季低温对种苗形态的影响

初冬和早春期间，昼夜温差大，苗木皮部组织会随日晒温度增高而活动，夜间温度骤降而受冻。例如，初冬气温骤降，苗木主干皮层组织迅速冷缩，木质部产生应力将树皮撑开，导致主干冻裂，形成主干冻害；苗木枝条比较细、导管不发达，枝杈容易堆积积雪，雪水浸润树皮致使组织柔软，夜间温度骤降而受害，表现为皮层变色、坏死凹陷，或顺主干垂直下裂，形成枝杈冻害。

苗木根系停止生长最晚，开始生长又较早，所以抗寒性较差。苗木根颈部及接近地表的根系，容易受到低温和较大变温的迫害，使皮层受冻。尤其在冬季少雪又干旱的有砂土地更容易受害。根系受害往往不易及时发现，比如有的树木在春天枝干上已经发芽，但是过一段时间后，突然死亡，这种情况大多是因为根系受冻造成的。

7.7.2 种苗越冬保护

种苗安全越冬依赖于基因型的抗冻锻炼和休眠的定时、仲冬抗冻性大小、脱锻炼的速度、再锻炼的能力和芽萌的定时，通过确定适宜的树木栽植地点、选择抗冻树种和使用适宜的栽培技术能够降低生产损失。许多温带物种已经逐步进化出一种能力，即在秋季长时间寒冷但不结冰温度和光周期变化条件下增加它们的抗冻性，现有研究表明，通过外源脱落酸等化学诱导方式也可以增强苗木抗寒性。通过抗寒树种的选择、抗寒锻炼、人为的技术措施提高种苗的抗寒能力，最终保证植物安全越冬。

7.7.2.1 苗木抗寒诱导技术措施

脱落酸(ABA)作为触发植物对低温环境的信号传导物质,参与了植物对低温胁迫的调控,是调节基因的主要参与者,通过 ABA 依赖的转录因子的转录激活参与植物胁迫响应基因的调节。ABA 的积累对植物抵御低温胁迫起重要作用。植株通过 ABA 处理可以提高抗氧化胁迫系统的水平,提高在胁迫下的活性氧清除能力,减轻膜脂过氧化水平,从而维持膜结构和功能的稳定。

钙具有防止膜损伤和渗漏的作用,在维护细胞壁、细胞膜的结构和功能中起着重要作用。当植物感知低温信号后,胞质中的 Ca^{2+} 迅速增加,诱导 Ca^{2+} 浓度增加的温度与低温驯化温度相同。实验证明外源钙对低温胁迫有调节作用。钙处理可以提高低温胁迫下枇杷叶片细胞 CaM 含量并激活 Ca^{2+}-ATPase 活性,促进多功能调节蛋白 Ca^{2+}-CaM 的生成,激活低温胁迫下细胞保护酶 CAT 和 SOD 活性,减少胞内活性氧的积累,减轻膜脂过氧化的伤害程度,从而提高了枇杷的抗冻性。

7.7.2.2 苗木外部防护技术措施

(1)春秋时节苗木管理

春季浇灌及时充足的肥水可增强光合作用的转化利用,又有助于苗木体内营养物质的储存,从而可以促进苗木枝条和新梢的生长。秋季进行施适量的磷钾肥,进行深耕除草,可促进枝条尽早结束营养生长,有利于组织充实和木质化,延长营养物质的积累时间,从而增加抗寒能力。

(2)适时冬灌

在 10 月下旬至 11 月中旬期间各进行一次冬灌,能使苗木自身吸收充足的养分和水分,并且可以使地温提高 2 ℃左右,从而减轻苗木冻害的发生。在进行冬灌和封堰期间,对苗木根茎周围堆起直径 50~80 cm、高 30~50 cm 的土堆,能使土壤水分减少蒸发,并能使根系周围土壤的温度有所提高,从而增强树体的抗寒能力。

(3)防冻保温措施

①埋土法 用土壤将苗木埋下,能够防止各种寒害,尤其对防止苗木生理干旱效果明显。适合于北方大多数树种的小规格苗木。一般在苗木进入休眠以后至土壤冻结之前,从苗床的步道和垄沟取土埋苗 3~10 cm,对于稍大一些的苗木可将其压倒后埋土。翌春在起苗时或苗木开始生长之前分两次撤除覆土。埋土和撤土的具体时间是这一方法的关键,掌握不好会影响防寒效果或捂坏苗木。

②覆草法 用稻草或落叶等将幼苗覆盖,翌春撤除覆盖物。可降低苗木表面的风速,预防生理干旱,也可减少强烈的太阳辐射对苗木可能产生的伤害。

③风障法 用苫布或草帘等挡风材料,在苗木四周或与主风垂直方向建防风障,能够降低风速,减少苗木蒸腾,防止生理干旱;可提高风障背风面或阳面的地温和气温,防止或减轻苗木冻害。设风障时,一般在迎风面距第一苗床 1~1.5 m 处设第一行较高而窄的风障,风障间的距离一般为风障高度的 15 倍左右。

④涂白法 用特制的涂白剂涂于苗木枝干,可防害虫产卵和腐烂病、溃疡病的发生,

可使苗木减弱地上部分对太阳辐射的吸收,延迟芽的萌动期,有效预防早春温度的剧烈变化,避免枝芽冻害发生;还可减少局部温度增高,从而预防日灼危害。一般在10月下旬至11月中旬,用毛刷蘸取涂白剂均匀涂抹在苗干上,高度在地径以上 1.0~1.5 m 为宜。常用的涂白剂为硫酸铜、生石灰和水按 1:20:(60~80) 的比例配制而成的石硫合剂。配制时先用少量开水将硫酸铜充分溶解,再加 2/3 用量的水稀释,然后将生石灰另加 1/3 水慢慢溶化调成浓石灰乳,等两液充分溶解且温度相同后将硫酸铜倒入浓石灰乳中,并不断搅拌均匀,即可使用(图 7-35)。

⑤包裹法 可用草绳或者稻草对主干进行包裹,适合于较大规格的苗木(图 7-36)。

图 7-35　涂白法处理过的树干(摄影:刘勇)　　图 7-36　用草绳包裹苗干(摄影:刘晓娟)

(应叶青)

复习思考题

1. 土壤耕作的环节有哪些?
2. 苗圃施肥的原则是什么?
3. 阐述共生、共生菌、菌根、根瘤、菌根化育苗的概念?
4. 菌根和根瘤形成后对宿主的作用机制是什么?
5. 外生菌根和内生菌根的概念与形态上的区别是什么?
6. 菌根应用中最关键的问题是什么?外生菌根真菌的接种方法有哪些?
7. 菌根应用中应注意的问题有哪些?
8. 化学除草有何特点?
9. 化学除草剂的种类有哪些?
10. 为什么除草剂会选择杀死杂草而不是苗木?
11. 除草剂的正确使用方法是什么?
12. 苗木越冬受害的主要特征有哪些?
13. 如何做到苗木的安全越冬?
14. 苗圃病害主要有哪些?如何防治?
15. 苗圃虫害主要有哪些?如何防治?

推荐阅读书目

1. 林木育苗技术. 孙时轩, 刘勇, 等. 金盾出版社, 2013.
2. 森林培育学(第3版). 翟明普, 沈国舫. 中国林业出版社, 2016.
3. 苗木培育学. 沈海龙, 等. 中国林业出版社, 2009.
4. 园林苗圃学. 成仿云, 等. 中国林业出版社, 2012.
5. Nursery Manual for Native Plants: A Guide for Tribal Nurseries. Dumroese R K. U. S. Department of Agriculture, Forest Service, 2009.

参考文献

孙时轩, 刘勇, 等, 2013. 林木育苗技术 [M]. 北京: 金盾出版社.

翟明普, 沈国舫, 2016. 森林培育学 [M]. 3版. 北京: 中国林业出版社.

沈海龙, 2009. 苗木培育学 [M]. 北京: 中国林业出版社.

成仿云, 2012. 园林苗圃学 [M]. 北京: 中国林业出版社.

贾慧君, 郑槐明, 1991. 植物稳态矿质营养理论与技术[J]. 植物生理学通讯, 27(4): 307-310.

郑槐明, 贾慧君, 1999. 植物稳态矿质营养理论与技术研究进展与展望[J]. 林业科学, 35(1): 94-103.

李国雷, 刘勇, 祝燕, 等, 2011. 苗木稳态营养加载技术研究进展[J]. 林业科学, 35(2): 94-103.

陈闯, 刘勇, 李国雷, 等, 2015. 底部渗灌灌水梯度对栓皮栎容器苗生长和养分状况的影响[J]. 林业科学, 51(7): 21-27.

白淑兰, 等, 2011. 菌根研究及内蒙古大青山外生菌根资源[M]. 呼和浩特: 内蒙古人民出版社.

弓明钦, 陈应龙, 宗崇禄, 1997. 菌根研究及应用[M]. 北京: 中国林业出版社.

刘润进, 陈应龙, 2007. 菌根学 [M]. 北京: 科学出版社.

陈文新, 汪恩涛, 2011. 中国根瘤菌[M]. 北京: 科学出版社.

乌凤章, 王贺新, 等, 2015. 木本植物低温胁迫生理及分子机制研究进展[J]. 林业科学, 51(7): 121-122.

吴锦程, 陈宇, 等, 2016. 钙处理对低温胁迫下枇杷幼苗 Ca^{2+}-ATPase 活性和膜脂过氧化水平的影响[J]. 西北农林科技大学学报, 44(2): 124-126.

章锦涛, 王华, 等, 2017. 外施脱落酸对低温胁迫下山茶花生理生化指标的影响[J]. 安徽农业大学学报, 44(1): 144-145.

徐红霞, 陈俊伟, 等, 2009. 脱水素在植物低温胁迫响应中的作用[J]. 西北植物学报, 29(1): 199-206.

王储, 2015. 外源ABA及其抑制剂对茶树抗冷性的影响[D]. 南京: 南京农业大学.

金铁山, 1985. 苗木培育技术[M]. 黑龙江: 黑龙江人民出版社.

张素敏, 刘春雨, 徐少锋, 2014. 园林植物病害发生与防治[M]. 北京: 中国农业大学出版社.

DUMROESE R K, 2009. Nursery Manual for Native Plants: A Guide for Tribal Nurseries [G]. U. S. Department of Agriculture, Forest Service.

SALIFU K F, JACOBS D F, 2006. Characterizing fertility targets and multi-element interactions in nursery culture of *Quercus rubra* seedlings [J]. Ann For Sci, 63(3): 231-237.

SALIFU K F, TIMMER V R, 2003. Optimizing nitrogen loading of *Picea mariana* seedlings during nursery culture [J]. Canadian Journal of Forest Research, 33(7): 1287-1294.

BRUNDRETT M, BOUGHER N, DELL B, *et al.*, 1996. Working with Mycorrhizas in Forestry and Agriculture[M]. Canberra: ACIAR Monograph.

第8章 裸根苗播种育苗

【本章提要】本章介绍了裸根苗播种培育的技术环节，主要包括种子休眠原因与催芽方法，育苗方式与苗床准备，播种季节与播种量，播种方法，圃地和苗木管理等内容。这是苗木培育的基础性技术，很多后来培育成的大苗，都是从播种苗开始培育的。

裸根苗即起苗出圃时根系裸露在外，没有泥土等其他附着的苗木。相对于容器育苗，它重量小，起苗容易，栽植省工，包装运输储藏方便，是目前植苗造林中应用最广泛的一类苗木。裸根苗可以是露天培育，也可以在人工控制的环境下培育，可以在自然土壤上培育，也可以在人工基质上或培养液中进行。生产中以露天条件下自然土壤中培育的应用最为广泛，也是传统、有效、成本低、技术要求相对较低的苗木培育系统。裸根苗播种育苗包括育苗方式选择，土壤消毒和种子处理，播种期、播种量、播种方式的确定等工作，以及出苗前的播种地管理和出苗后的苗木管理等内容。

8.1 种子的休眠与催芽

8.1.1 种子的休眠

8.1.1.1 概述

在长期适应自然生态和人工栽培选择的过程中，林木的种子在成熟之后对适宜发芽的环境条件表现出了不同反应。有些种子只要外界条件合适就可立即发芽，而另一些林木的种子则不然，即使外界条件适宜也不能立即萌发。我们把具有生命力的种子，在适宜萌发的环境条件下，由于种子内部的原因而不能萌发的现象，称为种子的休眠。

从休眠的定义可知，并非所有种子都具有休眠的特性。对于给予适宜的条件就很快萌发的种子，称作静止性种子。而有些树种，如红树，既不休眠，也不静止，而是种子在母体上成熟后直接发芽，即所谓的"胎萌"现象。

从时期上划分，种子休眠又可分为初生休眠和次生休眠。多数林木种子在收获后仍可维持一个时期的休眠，称为初生休眠。休眠的种子在解除休眠状态，但尚未达到萌发之前，若环境条件突然起了变化，如不适的温度、低水势、缺氧或高二氧化碳等，就会导致种子再次进入休眠状态，称为次生休眠。初生休眠、次生休眠与萌发的关系可用图解表示（图8-1）。

种子休眠是植物发育过程中的一个暂停现象。对植物本身来说是一个有益的生物学特性，是植物长期自然选择的结果，是经过长期演变而获得的一种对环境及季节变化的生物

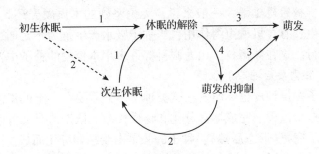

图 8-1 初生休眠与次生休眠的解除和萌发的关系（引自梁玉堂，1995）
1. 解除休眠的因子　2. 诱导休眠的因子
3. 萌发要求的因子　4. 非萌发条件或抑制萌发的因子

学适应性。休眠种子对不良环境抵抗力高，能耐长期贮藏而保持其生活力，能在恶劣的季节中存活下来，适应性很强，有利于种子的贮藏和调拨。但休眠种子对育苗造林有不利的影响。如未破除休眠的种子播种后，常常在 1~2 年内陆续萌发，苗木生长不齐且延长了育苗时间，直播造林易失败。因此，研究种子的休眠具有重要的理论和实践意义。

8.1.1.2　种子休眠的类型及成因

1) 种子休眠的类型

种子休眠方法很多，基本上可以划分为三大类型，即强迫性休眠、生理性休眠以及综合（混合）性休眠。

(1) 强迫性休眠

尽管有种种情况，多是由于覆盖物存在而引起。只要解除阻抑生长的因素之后，就跟无休眠的种子一样，能够迅速萌发生长，多是由种胚以外的物理因素引起。

(2) 生理性休眠

有种种成因，但都由胚生长的停顿和本身的生理状态所决定的，都属于种子内在的生理问题，解除休眠就是恢复胚的生长，不管哪种方法，都有一个生理的过程。

(3) 综合性休眠

属于上面两种休眠的混合的特征特性，有的可能同时具有 3~4 种休眠类型，这类种子多数难以发芽，常有"二年种子"之称。

2) 种子休眠的成因

(1) 种（果皮）机械阻碍

主要从三个方面影响种子休眠：不透水性、不透气性以及对胚具有机械阻碍作用。此外，种皮含有抑制物质也与休眠有关。

①种皮阻止水分的进入　种皮不透水常常是由于种皮表层由排列紧密的厚壁细胞所构成，种皮内还含有油脂和蜡质，农林业上常称之为硬实。常见于豆科植物的种子，在植物界中锦葵科、藜科、百合科、茄科也可见到。种皮内阻碍水分通过的物质，因植物种类而异，去掉种皮可显著提高发芽率。

②种皮不透气或氧气渗透率低　如欧洲白蜡、美洲椴、苹果等种子增加氧气的供应，能促进种子的萌发，这类种子的休眠是因为种皮或胚乳限制了氧气的供应。

③种皮对胚的机械阻碍作用 一般来说，无论坚硬的木质硬壳还是强韧的膜质种皮，都不同程度地对胚生长有着机械束缚作用，当种子吸水产生推力不足时，胚根不能穿破种皮，萌发便不能进行。这在蔷薇科、山龙眼科等许多木本植物的种子中普遍存在。

(2) 胚未成熟(胚需要后熟期)

许多植物的种子去掉种皮也不萌发。这类种子多数需要在一定的温度与较高湿度中完成其后熟过程，在这个过程中完成器官分化和物质代谢。依据情况又可区分为两种类型。

胚的器官分化不完善(形态后熟)：种子的胚是由受精卵分化而成。一个完整的胚有子叶、胚根、胚轴与芽。如同一个成年植物的雏形。但有些树木种子，如银杏、水曲柳、白蜡、野蔷薇、冬青、卫矛等植物的种子(果实)在采收时，从种子外部看来虽已表现成熟，但它们的胚尚未分化完善，需要在适宜条件下继续完成器官分化。

胚已分化完善，但未具生长能力(生理后熟)：这类胚休眠是胚的外形貌似成熟，完成了形态分化，但是生理上还未完全成熟，在适宜条件下，即使剥去种(果)皮亦不能萌发。如蔷薇科(苹果、梨、樱桃、桃、杏、山李)和一些松柏科种子。这类种子一般需要低温与潮湿的条件下经过几周到数月之后才能完成生理后熟萌发生长，这种处理方法称为层积法。

(3) 抑制发芽物质的存在

有些树木种子不能萌发是由于果实或种子内含有抑制萌发的物质，主要是有机酸(水杨酸、阿魏酸、脱落酸)及生物碱(咖啡碱)等。这类抑制物质因树种不同而异。其存在部位亦不一致，作用方式也各不相同。山楂种子中抑制物为氢氰酸；桃、杏树的种子中含有苦杏仁苷，在潮湿条件下不断分解释放出氢氰酸而产生抑制作用，当苦杏仁苷分解完毕，不再释放氢氰酸后，种子也解除了休眠；欧洲花楸果汁中含有花楸酸(不饱和内酯)也对种子萌发产生抑制作用。有些树木种子，种壳含有种壳酚，能与空气中氧气发生反应，消耗氧气，从而影响胚的供氧，引起休眠。

近来研究证实，存在于胚内的抑制剂，以脱落酸为主。它在胚内的含量与休眠深度成正比关系。

(4) 萌发需要严格的环境条件

许多树种在水分、氧气、温度都适宜条件下仍不能萌发，只有经过一定低温才能萌发。如对一些原系不同历史条件下演化生存下来的野生、半野生植物种子来说，25℃远不符合萌发的特殊需要；柑橘种子发芽要求30~35℃。这类有苛刻温度要求的种子实际上属于由遗传性决定的强迫型休眠的种子。光发芽与暗发芽，实质都是受光敏色素调控的结果。

必须指出，不少种子休眠原因不止一个，而且兼具强迫休眠与生理休眠两类休眠特性的综合休眠树种也不在少数。例如，欧洲白蜡，①胚不成熟；②胚长到应有大小后又受到种皮限制；③要求低温处理。

8.1.1.3 种子发芽过程

种子的发芽是指种胚开始了生长，幼根、幼芽突破种皮向外生长的现象。在发芽过程中，种子不仅在外部形态结构上发生了多样性变化，而且在内部也进行着一系列复杂的生理生化变化，此时还表现出对外界环境条件高度敏感性，了解种子发芽过程中的生理代谢，对种子催芽及种子利用具有十分重要的意义。

种子的发芽依次经过3个相互重叠的阶段。①吸水膨胀，最终导致种皮破裂；②酶活化，呼吸和同化速率增强，标志着营养物质向生长区域转运；③细胞增大并分裂，胚根萌出，种子发芽。现将这3个过程及其各个过程中的生理生化变化简述如下。

(1) 吸水膨胀

种子吸水后体积膨胀，这是种子发芽的第一步，不能吸胀的种子永远不会萌发，吸水膨胀是种子发芽的前提。

干燥种子内的细胞不具液泡，吸水作用不是靠活细胞的渗透作用，而是靠种子内有机物质亲水胶体的吸胀作用来吸收水分的。因此，种子的吸水膨胀过程是一个物理学过程，又称此阶段为物理阶段。种子愈干燥，吸胀能力愈强。

吸胀后的种子，种皮软化，不仅保证了水分继续渗入使整个种子膨胀，而且增加了对氧气及二氧化碳的透性，促进了气体交换，提高了种子的呼吸水平，有助于物质的转化和能量的供给。柔软了的种皮也有利于胚的伸出。

有生活力能萌发的种子具有快—慢—快三段式吸水特点，死种子与休眠种子则不出现第三阶段，据此可区别种子的死活。死种子和休眠种子相比，吸水常有"水肿"现象发生，这与蛋白质变性，细胞膜破坏，使大量自由水充满了细胞内外所有空间有关。

(2) 萌动

一旦种子具备了合适的外界条件，种子内部的矛盾就激化起来。物质代谢和能量代谢就从相对静止状态转入激烈活动状态，这种矛盾运动的外在表现就是萌动。萌动是指种子吸水膨胀后，胚部细胞分裂、伸长，胚的体积增大到一定限度时，胚根突破种皮的现象。农林业生产上，一般称之为"露白"，表明白色的胚部组织从种皮裂缝中开始呈现的状况，"露白"标志着萌动阶段的结束。绝大多数树木种子萌动时，首先冲破种皮的是胚根，因胚根尖端正对着发芽孔，而种子又主要通过发芽孔吸水，因而胚根首先获得水分，细胞代谢、分裂先行一步，所以先出胚根；但水分过多时，则先出胚芽，因为水也很快满足了芽的需要，另外在缺氧气条件下，胚芽所受的抑制作用比胚根小得多。因此，在做发芽试验时，可根据根、芽状况判断发芽床水分状况。

萌动是种子萌发的第二阶段，也称生化阶段。此期处于吸水过程中的停滞吸水阶段，种子含水量增加很小，但吸胀的种子内部生物化学变化开始加强，进入一个新的生理过程。这期间的生理代谢变化表现为三个方面：第一，物质转化。物质转化速度与酶活性有直接关系。研究表明，干燥种子中已有多种酶存在，吸水后很容易重新活化，活性大增。另外，胚中核糖体的活化，对蛋白质合成及胚的生长发育起着重要作用。第二，呼吸强度大大增加。种子萌发所需能量主要由呼吸作用供给，萌动阶段的呼吸以无氧呼吸为主，呼吸的变化主要与线粒体结构变化及有关酶活性增强有关。呼吸作用产生能量一部分用于新细胞建成，一部分用于生长运动，剩余的能量以热能形式散失。另外，呼吸作用分解有机物产生的许多中间产物，又可成为建造新细胞的原料。由此可见，种子在幼苗出土前的生命活动，全部靠胚乳（或子叶）中贮藏的养料。因此，大粒饱满的种子具有较强的萌发能力（发芽势）。第三，植物激素的变化。未萌发的种子通常不含生长素，种子萌发时，内源激素开始形成并不断变化，调节着胚的代谢进程和生长。如落叶松种子经层积处理后，种子的生长抑制剂含量逐渐下降，而赤霉素的含量逐渐增高，因此促进萌发。另外，人们发现细胞分裂素、生长素对种子萌发也起着重要调节作用；且因植物种类不同，需要的激素种类也不同。

总之，处于萌动阶段的种子，在适宜的外界条件下，细胞生理活性重新活化，酶活性增加；呼吸作用的迅速增强为蛋白质合成提供了物质和能量来源（ATP）；蛋白质的合成又为萌发提供了物质基础(酶蛋白、结构蛋白及可溶性蛋白)；经过利用种子里的转化物质，胚根就突破种皮进入可见萌发阶段。

(3) 发芽

种子内部生理生化活动的结果，导致胚细胞迅速分裂和生长，胚的体积增大，胚根到一定时候就突破种皮而出，开始了个体生命的另一个进程。发芽是指种子在萌动的基础上加速生长，胚根或胚芽达到一定长度时的状态。判断发芽结束的标志也随要求不同。播种育苗时，所谓发芽结束，对于一粒种子来说，是指幼芽伸出土面，甚至指子叶或真叶展开，形成一个能够制造和摄取营养的、不再依靠种子中贮藏物质为主的幼苗。对于一次播种的整个苗圃来说，所谓发芽结束，则是指绝大多数种粒发芽出土，形成幼苗。种子发芽测定中，一般树种种子，把幼根伸出长度达到种子长度一半时，作为种子发芽的标准。

发芽阶段，种子内部新陈代谢特别旺盛，呼吸强度达到最高极限，对外界环境高度敏感，对外界不良环境抵抗能力下降，因此，这个阶段应特别注意提供优良环境条件，尤其是保证氧气的供应，防止缺氧呼吸发生（图 8-2）。

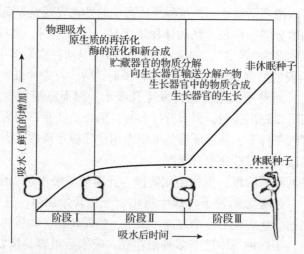

图 8-2　种子发芽三个阶段示意（引自梁玉堂，1995）

8.1.2　种子催芽

8.1.2.1　种子催芽的概念及其意义

种子休眠是树木发育过程中一个暂停现象，对树木本身来讲，是一种适应环境和延续生存的方式。从生产角度看，种子休眠对种子的贮藏也是有利的，但对育苗播种发芽却带来了一定困难。

种子休眠是可逆的。休眠可被一定时间的一系列综合处理条件所解除,但解除休眠种子,在萌发之前如果遇到不良环境条件往往又进入休眠状态,即所谓的次生休眠。种子休眠的可逆性使人工控制种子休眠成为可能。种子休眠的控制包括两个方面的内容,即延长休眠期和缩短休眠期。延长休眠期是种子贮藏的重要研究内容,而缩短休眠期,打破种子休眠措施,在种子处理技术上称为催芽。

催芽是解除种子休眠和促进种子发芽的措施。对不具备休眠的种子,有时也可通过催芽,促进发芽,提高场圃发芽率,通常情况下,南方常绿阔叶树种的种子没有休眠期或休眠期很短,只要采种后稍晾干,立即播种,在温度、水分和通气良好情况下随时都能发芽。但北方树种的种子普遍存在休眠特性,大多数树种的种子秋季成熟后,很快遇到严寒的气候,如果当时萌发,即会遇到冻害而被淘汰。因此,经过长期系统发育形成的种子休眠,是林木与环境条件矛盾统一的结果,是树种生存和繁殖的有利特性。秋季成熟后立即播种可不必催芽,但秋播种子在土壤中时间长,易受自然因素的影响及鸟兽等生物因素的危害,种子损失大,出苗率差,且管理费工费时。因此,多数树种选择春季播种,种子春播就需进行催芽。

种子催芽在生产中具有重要意义。通过催芽解除了种子的休眠,使种子适时出土,出土整齐,提高成苗率,提高苗木产量和质量。例如,红松、椴树、山定子等生理休眠的种子,若用未经催芽的种子播种,一般当年不发芽或极少数种子发芽。而经过催芽的种子可得到很高的场圃发芽率。以榉树为例,不催芽的种子场圃发芽率为3%,经过低温(1~3℃)层积催芽60 d 的,场圃发芽率为94%。强迫休眠的种子如落叶松种子,经过低温层积催芽也显著提高了场圃发芽率和苗木生产量,低温层积30 d,场圃发芽率提高了4倍,平均苗高和全株气干重比对照有很大提高(表8-1)。

表 8-1　长白落叶松种子的催芽试验

处理	发芽率 (%)	场圃发芽率 (%)	每米播种沟的 平均出苗数	平均苗高 (cm)	全株气干重 (g)
低温层积催芽30d	86.5	55.5	233.2	8.43	17.58
未处理	64.7	11.1	98.1	4.83	12.36

注:引自梁玉堂,1995。

8.1.2.2　种子发芽的条件

种子发芽所需条件,主要应具备充足的水分,适宜的温度和氧气。有些树种还需要光照条件。

(1)水分

种子必须吸收一定量的水分才能萌发。这是因为,吸水膨胀能使种皮柔软,有利于种子内外气体交换,利于呼吸,便于胚根胚芽突破种皮生长;种子吸水使原生质胶体由凝胶状态变为溶胶状态,使生理活性提高,酶活性增强,生化反应速度加快;有机物质只有溶解于水中才能在种子内转化和输导;胚细胞分裂与伸长也需要水分的参与。水分是种子发芽所需的第一个条件。

(2) 温度

种子生命活动都要求一定温度条件。种子必须在适宜的温度条件下才能萌发。发芽的速率也随温度而变化。

一般种子发芽能适应的温度范围都比较宽，有的树种甚至在一定范围之内的不同温度下发芽并无显著区别。不过多数树种所要求温度有最低、最适和最高温度之分，即所谓的温度三基点。种子萌发的温度三基点随树种及地理起源而异。起源于北方高纬度地区树种，种子萌发温度范围窄，起源于南方低纬度地区树种则相反。最适温度也因树种而不相同。例如，同为桉属树种，王桉(*Eucalyptus regnans*)为15℃，大叶桉(*E. robusta*)为20℃，柠檬桉(*E. citriodora*)和蓝桉(*E. globulus*)为25℃，赤桉(*E. camaldulensisc*)为30℃。多数树种发芽适温为25℃左右。

在自然条件下，昼夜温度是有变化的。试验证明，变温条件更有利于种子的萌发。

(3) 氧气

种子由相对静止状态转入发芽，呼吸强度大大增加，需要源源不断地供应氧气。大多数树木种子需要氧气浓度在10%以上才能正常萌发。当氧气浓度在5%以下时，很多种子不能萌发。

(4) 光照

大多数树木种子萌发不受光的影响。但有些树木种子萌发需要光，称为需光(或喜光)种子，如欧洲桦木；而另一类种子萌发受光的抑制，称为嫌光(或喜暗)种子。发芽不受光影响的种子，称中光种子。

对需光种子而言，最有利的照光时间为8~12h，试验证明，变温或低温沙藏有时能改变种子需光性。

8.1.2.3 种子催芽的实质

从种子催芽的内容来看，一方面，针对不同的休眠原因采取相应的技术措施，如针对种(果)皮透性差，可采取机械擦伤、酸蚀等方法，打破种(果)皮限制；针对胚休眠及种子含有抑制萌发物质，采取层积处理、植物激素处理等方法，可解除抑制物质的抑制作用，破除胚休眠。通过种子催芽解除了休眠，为种子萌发创造了适宜的条件，催芽过程中新陈代谢的总方向与发芽是一致的。

从种子发芽过程看，种子发芽要依次经过吸水膨胀、萌动、发芽3个阶段。自然条件下，种子是在冬天和春天受到低温的影响而通过发芽前的2个阶段的，有的树种甚至需要2年以上的时间，历时较长。种子催芽的实质，就是人为创造条件，打破种子休眠，让种子迅速完成发芽前的2个阶段，出苗迅速，出苗整齐，获得较高的苗木质量及产量。

8.1.2.4 种子催芽的方法及技术要点

种子的休眠可能是一种原因造成，也可能是几种原因综合形成的，如山楂和椴树种子的休眠主要是生理原因引起的，但种(果)皮的不透性也有影响。因此，首先要弄清休眠的原因，特别是其中的主导因素，然后确定适当的催芽方法。目前，常用的催芽方法有以下几类。

1) 机械擦伤

机械擦伤是处理种(果)皮不透性的一种方法。农业上广泛用于苜蓿、三叶草之类饲料作物的种子。林业上则主要用于种(果)皮不透性的"硬实",以及具有坚韧种皮的其他树种,如铅笔柏、山楂等。

通过机械擦伤处理,改变了种皮的物理性质,增加了透性。许多物理方法都可以起到擦伤种皮的作用。如锉刀锉、锤子砸、砂纸打擦、石滚碾压、人工剥皮等,但更方便的方法是用3~4倍的沙子与种子混合后轻捣或轻碾,种皮即可划破,容易吸水萌发。也可使用种子擦伤机。

皂荚种皮坚硬,用石碾压破种皮即可吸水萌发。石栎种壳极坚硬,种子不易萌发,除去种壳后不仅可提早萌发,而且萌发率高达75%以上。但某些植物种子未经后熟,去皮后的萌发往往产生矮化苗,对此尚需进一步研究。擦伤处理简单易行,无需控制环境条件,但种子很易因处理过度而受伤,导致种子因遭病原菌危害而丧失发芽能力。因此,必须通过试验,确定所需擦伤程度。一般说来可以浸水观察膨胀情况或用放大镜观察种皮,当种皮变暗,但并没有太深的麻点或种子开裂露出内部时即可。

2) 酸蚀

酸蚀是增加种(果)皮透性的常用化学方法,但在使用时要严防对胚的损伤。皂荚种子用98%的浓硫酸浸种后,用清水冲洗干净,再用40℃清水浸种86 h,可以提高萌发率,刺槐种子用浓硫酸(比重1.84 g/cm³)浸种25~60 min,亦可得到良好的效果。可用浓硫酸浸种处理的尚有合欢、沙枣、漆树、椴树、槐树、胡枝子、格木、凤凰木等树木种子。随着浓硫酸处理时间的适当延长,硬实比例减少,而发芽率提高。但处理时间过长,如二色胡枝子经硫酸处理30 min,会发生损伤,降低发芽率。酸蚀处理种子的具体做法是,用耐腐蚀的材料制成的网盛放种子,在18~25 ℃下连网浸入酸内,时间随树种而不同,一般10~60 min(为避免伤害种子,需仔细确定酸蚀时间,每个种批最适宜的浸渍时间应用少量样品试验确定),然后提起网沥干片刻后,用大量清水冲洗5~10 min。如不立即播种,可摊薄晾干待用。酸蚀的硫酸可以重复利用。酸蚀处理过的种子,存放1个月甚至更长,种粒也不像浸种烫种那样呈吸胀状态,因而易于掌握播种时机,同时便于播种操作。

酸处理过程中,每隔一段时间可取出样品检查一下,若种子满是坑凹疤痕,甚至露出胚乳,表示浸泡过度;若种皮仍有光泽,表明处理时间不够;处理得当的种子应是,种皮暗淡无光,但又没弄出很深的坑坑洼洼。

3) 水浸催芽

水浸催芽主要用于强迫休眠的种子。一般分浸水和催芽2步。即先用水浸种(目的是软化种皮、吸足萌发所需水分、杀死细菌、去除抑制剂),再放到适当的地方催芽。

(1) 浸水

种子的吸水速率因种皮结构、内含物成分、含水量高低和气温高低的不同而异。例如,种皮薄的比厚而坚硬的吸水快,含水量低的种子比含水量高的种子吸水快,温度高时比低时吸水快。种子的吸水量取决于种子特性(种子大小、内含物等)和浸种时间。含蛋白质多的种子比含淀粉多的种子吸水量大,一般种子吸水量达到本身干重的25%~75%,就能开始发芽。吸水过多反而不利,因水多,空气不流通,种子的呼吸作用就受妨碍。浸水关键要掌握以下几点。

①浸种的水温 冷水(0~10 ℃)浸种曾成功地加速了某些强迫休眠的种子发芽(如落

叶松、冷杉等），但时间较长，效果也不如低温层积催芽。因此，一般浸种是温水或热水浸种。不同树种要求浸种的水温差异较大。

　　a. 凡种皮薄、种子本身含水量较高的树种种子，如杨树、柳树等，用不高于20 ℃水浸种；

　　b. 凡种皮薄、种子本身含水量较低的树种种子，如泡桐、法桐、桑等，用30 ℃左右的水浸种；

　　c. 一般种（果）皮较厚的树种的种子，如油松、赤松、黑松、侧柏、杉木、湿地松、木麻黄、臭椿、文冠果等，可用40～50 ℃的温水浸种，而元宝枫、枫杨、苦楝、川楝、君迁子、紫穗槐等，可用60 ℃左右的热水浸种；

　　d. 凡种皮坚硬，含有硬实的树种，如刺槐、皂荚、合欢、相思树等，可用70 ℃以上热水浸种。

　　对于某些含有硬粒的树种种子，采用逐次增温浸种的效果更好。以刺槐种子以例，先用70 ℃的热水浸种，待水温自然冷却后，继续浸种1 d，待种子膨胀后，把膨胀的种子筛出进行催芽。未膨胀的种子再用90 ℃的水浸种，自然冷却1 d，再选出膨胀的种子催芽，以后再用同样方法处理1～2次即可。这种逐次增温浸种，分批催芽的效果好，而且安全。

　　②种子和水的比例　浸种时种子与水的容积比以1∶3为宜。将水倒入盛装种子容器中，并注意边倒水边搅拌，再自然冷却。

　　③浸种的时间　浸种时间的长短，视种子特性而定，一般种子1～3昼夜，种子薄的可缩短为数小时，种（果）皮坚硬的，如核桃，可延长到5～7 d。检查大粒种子的吸水程度可将种粒切开，观察横断面吸水程度，一般有3/5的部位吸收水分即可。

　　水温影响着浸种时间，要求水温高的树种种子浸种时间要长一些。一般阔叶树种考虑种皮厚薄。

　　凡浸种时间超过12 h，都应换水。可去除种子含有的杂质，减少二氧化碳，补充氧气。换水次数每天1～2次。生产实践证明，对泡桐等杂质多以及易发黏的小粒种子，浸种过程中要结合换水注意淘洗和揉搓，直到淘洗的水清亮为止；否则催芽效果不好。

（2）催芽

浸种后的种子催芽有2种方法。

　　①"生豆芽"法　无间层物，把湿润的种子放入无釉的泥盘中，用湿润的纱布覆盖，放在温暖处催芽，每天淘洗2～3次，直到催芽程度达到要求为止。种子量少时用此法。

　　②混沙层积催芽　把浸水后的种子，混以3倍湿沙（湿度为其饱和含水量的60%），然后覆盖保湿，再将混合物放在温暖处催芽。

　　无论哪种方法催芽，都要注意温度（一般25 ℃）、水分及通气状况。发芽快的种子经2～3 d（如刺槐）、发芽慢的7～10 d（如泡桐、苦楝）。当1/3种子"裂嘴露白"时，即可播种。

4）层积催芽

　　在一定时间里，把种子与湿润物混合或分层放置，促进其达到发芽程度的方法，称为层积催芽。层积催芽简单易行、效果好，对某些树种来讲，既是催芽又保存了种子，一举两得。

层积催芽适用的种子很广泛。如红松、圆柏、落叶松、冷杉、银杏、椴树、白蜡、水曲柳、元宝枫、黄檗、核桃、榛子、栗、栎、槭树、楝树、杜仲、枫杨、女贞、栾树、车梁木、山桃、山杏、海棠、黄栌、山定子、山楂、花椒、火炬树、卫矛等都可应用此法。

(1) 层积催芽的作用

①解除休眠。种子通过层积催芽,软化了种皮,增加了透性;在低温条件下,由于氧气溶解度增大,保证了胚在开始增强其呼吸活动时所必需的氧气,从而解除了休眠。

种子处在低温处理环境中,种子内部抑制物质(脱落酸等)含量显著减少,抑制萌发的能力大大减弱,打破了休眠。同时,促进发芽的生长刺激物质有所提高,促进了发芽。Khan 提出了激素三因子学说,该学说认为,GA 是主要的促长剂,ABA 为抑制剂,细胞分裂素则起着克服抑制剂的抑制作用和促进赤霉素起促进作用的物质。3 种激素在发芽和休眠中所起作用如图 8-3 所示。

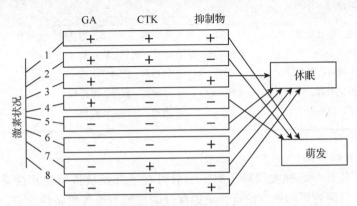

图 8-3　生长调节剂与休眠及发芽的关系(引自 Khan,1971、1975)

对于需要经过形态后熟的银杏等树种的种子,在层积过程中,胚明显长大,经过一定的时间、胚即长到应有的长度,完成了后熟过程,种子即可萌发。这类树种还有卫矛、野蔷薇、香榧等。

②种子在层积催芽过程中,新陈代谢总的方向和过程与发芽是一致的。

层积催芽克服种胚休眠的生物学机制尚未完全清楚。但是大量研究表明低温层积过程中所发生的变化,包括种子吸水力的提高,酶活性的增强,酸度的增加以及复杂贮藏物质的转化等,虽不是控制休眠机制因素的解除,却标志着种子发芽能力的提高,新陈代谢总的方向和过程与发芽表现出了一致性。

③在层积催芽过程中,种胚经历了一个类似春化作用的阶段,为发芽做好了准备。

(2) 层积催芽的条件

①温度　多数林木种子(特别是北方地区种子)都需一定的低温条件。一般而言,下限在冰点以上稍高于0℃,上限在10℃以下,适温2~5℃。有些树种为冻裂种皮,也可用0℃以下温度,如桃、杏、车梁木等。个别树种可延伸到15℃。低温有利于胚的形态发育及氧气的吸收,可以减少微生物活动,有利于某些生化过程,同时可防止完成后熟种子发芽,温度对催芽的效果起到决定性作用。

②水分 经过干藏的种子水分不足，催芽前应浸种。为了保证催芽过程中水分的需求，常把种子和间层物混合起来或分层放置给种子创造湿润环境条件。常用间层物是泥炭、蛭石和沙子。湿沙以饱和含水率的60%为宜（用手试，以手用力握时湿沙成团不滴水，松开时不散团）。如用湿泥炭，含水率可达饱和程度。

③通气 为满足催芽期间种子对氧气的需求，除选用通气保水良好间层物外，层积催芽必须有通气设施，以流通空气。种子数量少时用秸秆作通气孔，量大时要设施专门的通气孔。

④一定的催芽天数 不同树种，层积催芽要求的时间不同，日期过短达不到要求。部分树种层积催芽日数见表8-2。

表 8-2 种子低温层积催芽所需时间

树 种	所需时间（d）	树 种	所需时间（d）
油松、落叶松、糖槭、湖北海棠	30	车梁木、中国李、甜樱桃、文冠果	90～120
杜仲、侧柏、樟子松、云杉、冷杉	30～60	榛子、黄栌、白皮松	120
黄檗、沙枣、女贞、榉树、杜梨	60	核桃楸、板栗、椴树	150
白蜡、复叶槭、山桃、山杏、桦木	60～90	水曲柳、红松、酸樱桃	100～180
朴树、花椒、山定子、核桃		山楂、圆柏、山樱桃	180～210

(3) 层积催芽的方法

①低温层积催芽 处理大量种子时，一般可在室外挖坑进行层积催芽。选择地势高燥、排水良好、背阴背风的地方挖坑，坑的深度应根据当地气候条件而定，原则上沟底在结冻层以下，地下水位以上，使种沙混合物经常保持催芽所要求的温度为准。例如，在北京地区一般以60～80 cm即可。坑底宽0.5～0.7 m，最宽不超过1 m，以保持混合物温度一致。长度随种子数量而定。坑底铺10 cm左右的湿沙（或其他利于排水铺垫物）。

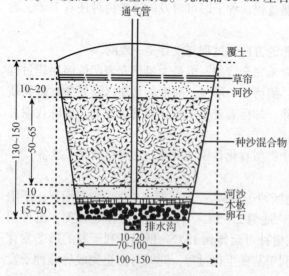

图 8-4 低温层级催芽坑示意

如果是干种子，在催芽前可先浸种，并进行种子消毒，然后将种子和沙子按一定比例分层放置或混合。大粒种子与湿润物一般分层放置，每放3～4 cm厚的种子，再放3～5 cm厚的湿沙。中、小粒种子与湿润物一般分层放置，每放3～4 cm厚的种子，再放3～5 cm厚的湿沙。中、小粒种子与湿润物充分混合均匀（容积比1:3），而后入坑。要设通气设施，每隔0.7～1 m设一个，下自沟底，上露20 cm（靠近种沙混合物部分最好用铁丝网制成）。放种沙混合物厚度以50～70 cm为宜，防上、下温度不均。其上再加湿沙10 cm左右，然后再覆土使顶成屋脊形以利排水。坑的四周要挖小沟,以便排水(图8-4)。

层积期间要定期检查温度、湿度及通气状况,并及时调节。如果种子催芽强度未达到要求时,在播种前1~2周(视种子情况而定),取出种子,转移到温暖处(一般15~25℃)再催芽,也可在室外背风向阳处挖坑催芽,即倒窖。待种子达到催芽强度时(1/3露白)为止。

②变温层积催芽　变温层积催芽是用高温与低温交替进行催芽的方法。即先高温(15~25℃)后低温(0~5℃),必要时再用高温进行短时间的催芽。例如,红松、水曲柳、山楂、圆柏等种子,只有低温需时较长,而用变温层积催芽则效果好、需时短。再如,鹅耳枥属、桑属和榛子等种子用低温层积催芽也可,但不如变温层积催芽效果好。变温层积的温度和时间因树种而异,一般高温时间短,低温时间长。个别树种高温、低温几乎相等,如水曲柳都是3个月。

红松种子用45℃温水浸种3~5昼夜,每天用同样温度的水换水一次,待自然冷却,然后消毒并与湿沙混合。经过高温(25℃左右)处理1~2个月,低温(2~4℃)处理2~3个月变温层积催芽,即可完成催芽工作,这样比室外低温催芽时间大大缩短。这种方法高温阶段对种子需经常翻动、喷水并定期变温,低温阶段若在室外进行,具体做法与低温层积催芽类似,所以比较费工,成本较高。

黄栌种子用30℃温水浸种一昼夜,然后混以湿沙,使种子在4昼夜内处于12~25℃,以后将种沙混合物移到寒冷地方,直到混合物结冻,再将它移到温暖处,4d后,再移到寒冷处,这样反复5次,25d即可完成种子的催芽。而用低温层积催芽法,需80~90d。

③混雪催芽　混雪催芽也是层积催芽的一种类型。它的特殊性在于以雪作间层湿润物,冬季积雪的地方可以应用。落叶松、樟子松、云杉、冷杉等大多数温带针叶树种都适于混雪催芽。

选排水良好,地下水位低,背阴积雪处挖坑,坑深40 cm,长、宽根据种子数量而定。坑不宜太深,太深种子仍结冻,化冻取种困难,也不宜太浅,太浅接近地表,严寒时易受冻害,春天地表温度高时,上部种子又易发芽。应在土未冻时先挖好坑,在冬季积雪不化时,先在坑底铺几厘米底雪,然后将种子与雪按容积比1:3的比例混合均匀(或种、沙、雪按1:2:3混合),把混合物放入坑内,上面培成雪丘,并盖草帘。春季逐渐撤去积雪,仍盖草帘。到翌年春季播种前1~2周,将种子取出置于暖处,待雪融化,使种子在雪水中浸泡1~2 d,再把种子取出进行高温催芽。当种子达到催芽强度时即可播种。

雪作为特殊湿润间层物,创造了一个良好的低温、湿润、通气条件,而且雪水具有很多优点。含水量少,抑制作用小;生理活性高,种子易吸收;氮化物含量多,有一定的营养价值。因此混雪催芽效果好,经过混雪催芽的种子发芽早,发芽率高,幼苗生长好。

5)其他物理化学处理方法

(1)植物激素处理

赤霉素可以代替休眠种子所需低温层积条件,赤霉素也是种子本身萌发所必具的物质,外加适当赤霉素有促进种子萌发、提高发芽力的作用。不同树种适用赤霉素的剂量不一样,但一般说来有效作用幅度较广,可从5~500 mol/L。如用10~30 mol/L处理落叶松种子,发芽率可达50%~58%,而对照仅43%。细胞分裂素能消除抑制发芽物质脱落酸

(ABA)的作用,因此对这类休眠种子萌发十分必要,但应用剂量应掌握在 10 mg/L 之下,偏高浓度则有相反效果。乙烯对解除种子休眠促进种子萌发也有一定作用,常通过乙烯利来释放乙烯,使用浓度在 1~1 000 mg/L 之间,作用幅度较宽。除此之外,IAA、IBA、NAA 等对种子萌发也有一定的促进作用。

激素类物质处理种子的传统办法是用它们的水溶液浸泡种子。近年来国外已改进成,有机溶剂渗透法,常用有机溶剂是丙酮和二氯甲烷。研究表明,溶剂本身对种子无害,但处理时间大为缩短,有时还有增效作用。

(2)微量元素及其他化学药剂处理

微量元素处理种子,可使种子生理生化过程加强,从而促进了种子萌发与其后幼苗的生长发育,提高抗逆能力。大量研究证明,处理种子有效的微量元素有铜、锰、锌、硼、钼等。采用浸种的浓度也依种子种类和元素种类而异,一般在 5~500 mg/L。

破除种子休眠,促进种子萌发的化学药剂;常用有效的包括:KNO_3(0.1%)、KCN(1×10^{-2} mg/L)、$NaNO_2$(5×10^{-1} mg/L)、巯基乙醇(5×10^{-2} mg/L)、H_2O_2(1%)、NH_2OH、甲基蓝、TTC、硫脲及各种硫氢基化合物。其作用机理是以呼吸抑制剂或作为电子受体,有利于磷酸戊糖途径,从而解除休眠、促进萌发。对于一些含有抑制物质种子来讲,用乙醇加 $HgCl_2$ 可以打破种子休眠。

此外,凡种壳外有油蜡质如车梁木、黄连木、乌桕、花楸等种子,用苏打水浸种 12 h,可以去油蜡并使其种皮软化,还有促进种胚新陈代谢的作用。用1%硫酸锌溶液处理落叶松种子可提高种子发芽势。0.2%的硝酸钾对油松种子萌发有良好作用。这类化学药剂还有氯化钙、石炭酸、硫酸钠、溴化钾、对苯二酚等。

(3)其他物理因素处理

应用 X 射线、放射性同位素、激光、超声波、磁化水、紫外线、红外线等处理种子,在有些情况下可打破种皮限制,而促进萌发。如乌桕用磁化水浸种 40 h,播后 55 d 出苗率 90%以上,而用温水浸种播种 60 d 出苗率 35%。

8.2 育苗方式与苗床准备

育苗方式又称作业方式,分为苗床育苗和大田育苗两种。

8.2.1 苗床育苗

苗床育苗是苗圃生产的主要育苗方式,有些树种生长缓慢,特别是小粒种子或珍贵树种的种子,需要精心管理,如马尾松、杨树、泡桐等,一般都采用苗床播种。作床时间应与播种时间密切配合,在播种前 5~6d 内完成。

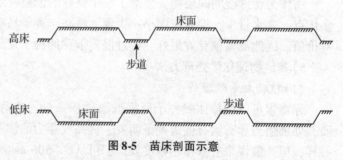

图 8-5 苗床剖面示意

苗床依其形式可分为高床、平床、低床 3 种(图 8-5)。

8.2.1.1 高床

床面高于地面，一般高出 15～25 cm。床的宽度以便于操作为度，一般宽度为 1.0～1.2 m，步道宽度为 30～50 cm；苗床的长度要根据圃地的实际情况而定，为提高土地利用率采用喷灌，长度可达 10～20 m 以上。如果采用水渠灌溉，一般以 10～15 m 为宜，太长了，苗床不易做平，高的地方水上不去。苗床的高度在地势较高、排水通畅的地方，床面可稍低；而在排水不畅的圃地，床面应较高（图 8-5）。

高床排水良好，通透性好，地温高，便于侧方灌溉，床面不致发生板结，通气，肥土层厚，苗木发育良好。适用于降水量多或排水不良的黏质土壤苗圃地，以及对土壤水分较敏感的树种或发芽出土较难、必须细致管理的树种。

作床时先由人行步道线内起土，培垫于床身，床边要随培土随拍实。然后再于床的四边重新排线拉直，用平锹切齐床边，最后再把床面土壤翻松。为提高育苗作业效率和育苗质量，可使用苗圃作床机。

8.2.1.2 低床

床面低于步道，步道也称为床梗，通常高出床面高 15～18 cm，床面宽 1～1.5 m，步道宽 30～40 cm，床的长度与高床的要求相同（图 8-5）。

低床保墒性较好，作床省工，灌溉省水，但不利于排水，灌溉后床面易板结。

适宜于降水量较少、雨季无积水的地区，或较干旱的地区应用。适用于喜湿、对稍有积水无碍的树种，如大部分阔叶树种和部分针叶树种。

作床时先按床面和步道的宽度画好线，然后由床面线内起土培起步道，随培土随压实，以防步道向床中坍塌。步道做好后，把床面耕翻疏松，将土面整平即可。适于做低床的机械较多。

8.2.2 大田式育苗

大田式育苗有垄作和平作两种形式，都可采取机械化作业。

对于生长快、管理技术要求不高的树种，一般均可采用。垄作是将苗木种植于高于地面的垄上。垄作育苗可以加厚肥土层，提高土温，有利于土壤养分的转化，苗木光照充足，通风良好，生长健壮。垄作育苗还便于机械化作业，提高劳动生产率，降低育苗成本。但垄式育苗的管理不如床式育苗细致，苗木产量也较床式育苗低。

(1) 高垄

高垄的规格，一般垄距为 60～80 cm，垄高 15～20 cm，垄顶宽度为 20～40 cm，长度依地势或耕作方式而定。作高垄时可先按规定的垄距画线，然后沿线往两侧翻土培成垄背，再用木板刮平垄顶，使垄高矮一致，垄顶宽度一致，便于播种。在垄面开沟，将种子播下或用播种机直接播种。

高垄具有高床的特点，适用于中粒及大粒种子，幼苗生长势较强，播后不需精细管理的树种。在干旱地区宜用宽垄以利于保墒，湿润地区宜用窄垄以利于排水。

(2) 低垄

又称平垄、平作。即将苗圃地整平后直接进行播种的育苗方法。优点是操作简单，节省土地，单位面积产苗量高，缺点是不便于灌溉和排水。采取多行式带状配置能提高土地利用率，适用于大粒种子和发芽力较强的中粒种子树种。

8.3 播种季节与播种量

8.3.1 播种季节

适时播种是壮苗培育的重要环节之一，通过选择和调整播种期能够间接改善苗木生长的环境条件和生长时间的长短，从而提高苗木的产量和质量。确定播种期的依据包括当地的气候条件和树种特性两个方面。在我国，南方一些地区春夏秋冬皆可播种，北方以春播为主。

(1) 春播

春播是播种的主要季节，生产上应用最广泛。春季播种种子在土壤中的时间短，减少了播种地的管理工作。但春季正值农忙，还要进行种子贮藏和催芽工作的树种，工作量较大。

春播的具体时间，在幼苗出土后不会遭受低温危害（晚霜）的前提下，越早越好，当土壤 5 cm 深处的地温稳定在 10 ℃左右或旬平均气温 5 ℃时，达到了大多数种子萌发的最低温度，一般即可播种。在内蒙古、西北地区一般为 4 月下旬，山东、河南等地为 3 月下旬至 4 月上旬。早播延长了苗木的生长期，当炎热的夏季到来时，幼苗已具有一定的抗逆性，因此苗木质量较好，过早过晚均显著影响苗木生长（表 8-3）。在我国北方春旱严重的地区，如配合以地膜覆盖、温室育苗等保护措施，早春播种对提高苗木质量的作用效果十分显著。

表 8-3 红松不同播种时间对苗木生长的影响

播种时间	干径部分		根系部分			播种当时地温（℃）			
	平均苗高（cm）	平均地径（cm）	平均主根长（cm）	平均侧根长（cm）	平均侧根数	地表	5 cm	10 cm	15 cm
04-03	5.5	0.22	11.8	4.06	9	13.5	7.0	4.0	2.7
04-11	5.3	0.23	9.9	4.03	9	15.1	9.3	6.0	5.2
04-19	5.8	0.23	13.6	6.24	9	11.0	10.4	6.6	6.1
04-27	5.1	0.23	0.23	5.15	8	25.5	19.7	14.1	9.0
05-05	4.8	0.22	9.1	4.33	7	24.5	18.7	14.0	6.7

注：引自谢伟等，2011。

(2) 夏播

杨、柳、榆、桑、桦、桉等树种的种子夏季成熟，且易丧失生活力，随采随播可省去种子贮藏，从而延长幼苗生长期。

夏季播种的具体时间也因土壤和气候条件而定，播种时土壤要湿润，保证幼苗顺利萌发出土，并要注意日灼，防止高温危害。

(3) 秋播

秋季的播种时间长，便于安排劳力；休眠期长的种子冬季在育苗地里完成催芽过程，翌春发芽早，出苗快，并省去了种子的贮藏工作。主要适于休眠期长的种子如红松、椴树等，核桃楸、山桃、山杏等种皮坚硬的大粒种子也可秋播。

在冬季有冻害的地区进行秋播，要保证当年秋季不发芽，休眠期长的可适当早播；在无灌溉条件的育苗地，早春土壤墒情差，可在早秋播种，幼苗萌发出土后用土埋法越冬。

(4) 冬播

南方冬季土壤不冻结地区，杉木、马尾松和桉树等树种可在冬季播种，特点是幼苗萌发出土早，生长期长，苗木抗性较强。

8.3.2 播种量

播种量是单位面积（或单位长度）上播种种子的重量。大粒种子有时用粒数表示。播种量太大，苗木密度大，浪费种子，间苗费工；若播种量太小，则苗木密度小。因此，要在合理密度的基础上，科学计算播种量。确定播种量，一是可根据生产实践的经验数据；二是可根据计划达到的苗木密度、种子品质指标及种苗的损耗系数计算播种量。具体可用下列公式：

$$X = \frac{A \times W}{P \times G \times 1\,000^2}(1+C)$$

式中　X——单位面积（或单位长度）实际所需的播种量(kg)；

A——单位面积（或单位长度）的计划产苗数；

P——种子净度；

G——发芽势；

W——千粒重(g)；

C——损耗系数；

$\frac{1}{1\,000^2}$——将千粒重换算为每粒种子的重量(kg)。

损耗系数 C 因树种、苗圃地环境条件及育苗技术水平而异，种粒越小 C 值越大，极小粒种子的 C 值大于4，如杨树种子为10~20；中、小粒种子的 C 值在0~4之间，如油松、樟子松、云杉、落叶松为0.4~0.8；大粒种子的 C 值接近于0。环境条件恶劣的地区 C 值大，管理集约则 C 值小。

采用单位面积的计划产苗数计算某生产区的播种量时，应按育苗的"净面积"（不包括步道、床埂、毛渠、垄沟等）计算。

8.4　播种方法

8.4.1　播种方法

播种是苗圃工作的重要环节，播种效果直接影响着种子的场圃发芽率、出苗的快慢和整齐程度。播种方法分为条播、点播和撒播3种，可根据种子的大小、种子特性、圃地条件，选择适宜播种方法。

(1) 条播

按照一定的行距开播种沟，将种子均匀地播于播种沟内的播种方法称为条播。它是应用最广泛的播种方法，适用于所有树种，尤其是中小粒种子。

条播的苗木有固定的行间距离，便于机械化作业，也方便于松土、除草、追肥等苗期抚育管理工作；苗木受光均匀，通风好，苗木生长健壮。

条播的行距因树种特性和土壤条件而定。条播时播种行的宽度称为播幅，一般情况下播幅为2~5 cm。适当加宽播幅有利于克服条播的缺点，提高苗木质量。阔叶树种可加宽至10 cm，针叶树种可加宽至10~15 cm。播种行的方向以南北为好，这样苗木受光均匀，但也因苗床方向而异，以有利于灌溉和进行其他抚育措施，多采用平行于苗床长边的纵行条播。但高床育苗时采用横行条播有利于侧方灌溉。

大田育苗时，为了便于机械化作业，可采用带状条播，若干个播种行组成一个带，加大带间距，缩小行间距。

(2) 撒播

将种子均匀地播于床面或垄面上的播种方法。适用于极小粒种子，如杨树、柳树、桉树等。

优点是产苗量高，能充分利用土地营养面积。但撒播的用种量加大，由于没有固定的行距，松土、除草等抚育管理十分不便，同时苗木密度大、不成行，也会造成光照、通风不良，影响苗木生长。

(3) 点播

在苗床或大田上按一定株行距挖穴播种的方法。一般用于大粒种子的育苗，如核桃、板栗、桃、杏、栎类、银杏等。

点播优点是节省种子，具有条播的优点，但产量比上述两种方法少。

8.4.2 播种技术要点

播种技术关系到幼苗能否适时出土，壮苗培育也要通过播种的各个环节才能实现。以人工播种条播为例，将播种工作分为4个环节。

(1) 人工播种

①划线 根据规划确定的行距和播种行的方向确定播种沟位置。

②开沟 根据播种沟进行开沟，要求通直、深浅均匀一致，沟的深度根据种粒大小而定。

③播种 要严格控制播种量，播种要均一。小粒种子可与细沙等混合播种，以保证下种均匀。

④覆土 目的是为种子创造发芽的良好条件。覆土厚度对种子周围的土壤水分、场圃发芽率、出苗早晚和整齐度都有很大影响。覆土过厚时，温度低，氧气缺乏，不利于种子发芽，发芽后出土也困难；若覆土过薄，则种子易暴露，得不到充足的水分，不利于发芽，且易遭鸟兽危害(表8-4)。

表 8-4 覆土厚度与种子发芽情况

覆土厚度 (cm)	每米长播种沟中幼芽数量（株）			覆土厚度 (cm)	每米长播种沟中幼芽数量（株）		
	落叶松	云杉	欧洲松		落叶松	云杉	欧洲松
0.5	—	—	130	3.0	20	—	13
1.0	22	198	173	4.0	0	13	0
1.5	24	197	148	5.0	0	—	0
2.0	23	194	145				

注：引自卢学义等《北方林木育苗技术手册》，1989。

图 8-6 红松种子人工播种环节（摄影：刘勇）
1. 仔细平整床面；2. 用特制的播种框播种，保证播幅和行距规整；3. 播种后的规整床面；4. 将种子镇压入土中；5. 覆土。这一方法将常规的开沟播种改为将种子直接播在平整的床面上，然后镇压入土，使播种更规整，覆土更均匀，出苗整齐度更好

确定覆土厚度的依据是：

a. 树种特性：大粒种子宜厚，小粒种子宜薄；子叶留土萌发的宜厚，子叶出土萌发的宜薄。

b. 气候条件：气候干旱宜厚，湿润宜薄。

c. 土壤条件：土壤疏松则厚，土壤较黏重宜薄。

d. 播种季节：秋播宜厚，春夏播种宜薄。

e. 覆土材料：小粒、极小粒种子用原土覆盖易造成覆土过厚，可改用沙子、泥炭土等疏松材料。

经催芽的种子，播种时土壤墒情较好，覆土厚度一般以短轴直径的2~3倍为宜。

极小粒种子以不见种子为度。为保证种子与播种沟湿润，要边开沟、边播种、边覆土（图8-6）。

（2）机械播种

采用播种器或播种机播种，能够大大提高大田式育苗等育苗方式的工作效率。开沟、播种、覆土和镇压等工序一次完成。不仅节省人力，同时幼苗出土整齐一致，是今后苗圃育苗的发展趋势。应用之前应检查机器的性能，如下种量、播种深度、覆土厚度等是否容易控制，会不会损伤种子等，在试验的基础上加以应用，各技术环节的要求同人工播种时的要求一致（图8-7）。

图8-7 机械播种（左）及出苗后的情况（右）

（左图，R K Dumroese 提供；右图，刘勇摄影）

8.5 圃地和苗木管理

8.5.1 播种地的管理

播种地的管理是指在出苗之前所采取的各项技术措施，其目的是创造良好条件保证种子适时出土、出土整齐均匀，提高场圃发芽率、出苗率。

（1）覆盖保墒

①覆盖的作用　覆盖能够保蓄播种地土壤水分，防止灌溉而引起的土壤板结，提高土壤温度，尤其在早春播种，覆盖对种子发芽和幼苗出土的促进作用十分明显。特别对覆土薄的播种地强调覆盖，使用薄膜覆盖，要经常检查薄膜内的温度。

②覆盖材料与方法　常用薄膜、稻草、帘子、树枝、作物秸秆等作覆盖材料，注意覆

盖材料中杂草种子和病虫害，否则应处理后再用。

塑料薄膜覆盖是常用的保蓄土壤水分和提高土壤温度的覆盖材料。出苗期间要注意监测中午薄膜下的温度，影响幼苗生长时可穿破薄膜使幼苗露出。其他材料覆盖播种地都有一定的保水效果，但效果较差，若覆盖过厚还会影响出苗，厚度以不见地面为宜。

③覆盖物的撤除　当幼苗大量出土时，为不影响幼苗的光照和正常生长，要及时撤除覆盖物。撤除覆盖物要分次进行，以便使幼苗逐渐适应外界环境，必要时要与降温措施相连贯。

播种后也可喷洒土面增温剂，形成一层均匀胶状薄膜，具有与塑料薄膜覆盖相同的作用，使种子提前 3~5d 发芽。

(2) 灌溉

种子发芽要求一定的水分条件。生产中强调在播种前灌足底水，保持良好墒情，出苗前不灌水。但若出苗期土壤水分不足，就需要适时适量进行灌溉，以保持土壤湿润。最好使用喷灌补充土壤表面水分，垄灌或高床灌溉水量不宜太大，水面不要漫过垄(床)背，以便保持土壤不板结。

对于种粒小、覆土浅的播种地可喷水或滴灌；出苗快、覆盖的播种地可少灌水或不灌。灌溉时要控制水量，严防冲刷苗床使种子裸露。

(3) 松土与除草

若播种地出现杂草，则要采取除草措施。播种地灌溉后为防止出现板结现象，应及时松土。松土与除草通常结合进行，播种地松土要浅，以免触及种子。出苗期较长的播种地，尤其是秋季播种的播种地，出苗前进行松土除草十分必要。

8.5.2　苗木的抚育管理

苗木抚育是从幼苗出土开始到起苗之前的全部抚育管理工作。苗期抚育的目的就是要给幼苗生长创造良好的营养和生长条件，为实现苗木速生、丰产与优质提供保障。包括土壤管理(如灌溉、施肥、松土、除草)，苗木的管理(如间苗、截根)，以及苗木保护(如遮阴、防治病虫害和越冬防寒措施)。其中，土壤管理和苗木保护主要作用于苗木生长的环境因子，而苗木管理主要作用于苗木本身。每个措施或环节都会直接影响苗木质量和产量。

8.5.2.1　遮阴

刚出土的幼苗组织幼嫩，不耐高温、干旱等不良环境，为避免幼苗被灼伤，必要时可进行遮阴。一般在覆盖物撤除后进行。遮阴可以降低育苗地的地表温度，减少土壤水分蒸发和苗木本身的蒸腾，有利于幼苗生长。但是遮阴也会因光照不足，降低苗木光合作用强度，造成苗木质量下降，因此，采取遮阴措施应掌握好适宜的透光度。

可采用遮阴网、苇帘、竹帘等，在苗木上方水平搭设活动阴棚，透光率为 50%~80% 为宜，一般每天 9:00~10:00 至 17:00 遮阴(图 8-8)。持续时间因树种、气候条件而异，以苗木免受高温日灼危害为原则，一般从进入生长初期第一次撤除覆盖物时开始，到苗木进入速生期时结束，持续 1~2 个月。夏季播种育苗，待苗木基部木质化后或高温干旱情况解除后停止遮阴。

8.5.2.2 灌溉

(1) 合理灌溉的意义

水分既是苗木生活的基本因子,是土壤肥力因素(水、肥、气、热)的重要组成部分。苗木的生理活动离不开水分,土壤养分也需要溶解在水中才能被吸收利用。田间水分不足或过多,都会抑制苗木的正常活动,甚至造成旱、涝等灾害。一般而言,在田间持水量的60%到田间持水量之间,土壤可保持良好的固、液、气三相比,土壤供水能力与根系吸收能力维持在较好的水平。当土壤

图 8-8　育苗遮阴棚

(照片由 Dumroese R K 提供)

含水量为田间持水量的60%~70%时,最有利于苗木根系吸水和土壤微生物的活动。当土壤含水量超过田间持水量时,因土壤通气条件不良,细胞呼吸减弱,根压降低,根系吸水、吸肥受阻,严重时根系致死,苗木生长停止或产生毒害。

一般情况下只靠降水和地下水不能够满足苗木全生长过程中的要求,而灌溉过量又会抑制苗木生长和引起土壤次生盐渍化,尤其在干旱、半干旱地区,灌溉是苗木培育不可缺少的措施,因此必须合理地进行灌溉。

(2) 合理灌溉的原则

灌溉应适时适量,即选定最佳的灌溉期和合理的灌溉量。具体应根据当地的气候条件、树种的生物学特性和苗木的生长发育阶段而定。以田间持水量为灌溉上限值,同时坚持以下原则:

①根据气候和土壤条件灌溉　气候干燥或天气干旱,此时水分消耗快,灌溉量相应增多,反之宜少。水分状况较好,土壤保水能力强灌溉间隔期可适当延长,而保水能力差的沙性土,灌溉间隔期要短。

②根据培育树种的生物学特性灌溉　一般来说,针叶树种比阔叶树种对水的要求少,生长慢的比生长快的对水的要求少。例如杨、柳、桦、落叶松等幼苗较幼嫩,需水也较多,灌溉次数也多;白蜡、元宝枫、榆等次之,而油松、侧柏等需水较少,灌溉次数也可适当少。

③根据苗木的生长时期　苗木不同生长阶段对水分的要求不同,灌溉强度也不同。播种前灌足底水利于幼苗的萌发和出土;出苗期和生长初期幼苗组织幼嫩,根系少而分布浅,对水分的需要量虽较少,但十分敏感,应适当灌溉。但生长初期应进行蹲苗,控制水分的供应,以增强幼苗的抗旱能力,促进其根系的生长,为速生期的旺盛生长打好基础;速生期苗木需水量最多,水分的利用率也最高,要及时足量灌溉;生长后期为防止苗木徒长,要及时停止灌溉。越冬前灌一次冻水可增强苗木抗寒性。

(3) 合理灌溉的技术

①灌溉时间　灌溉的具体时间,地面灌水以早晨或傍晚为宜,此时蒸发量小,水温与地温差异也较小。

②灌溉强度　保证每次灌溉深度达到主要吸收根系的分布深度。

③灌溉的连续性　即保证育苗地土壤水分经常处于适宜状态，防止出现较重的旱害，降低苗木质量。土壤追肥和灌溉相结合，土壤追肥后要及时灌溉。

④灌溉水质标准　灌溉水中可溶性盐分的含量，一般要求小于0.2%~0.3%。

⑤灌溉对水温的要求　春秋季灌水的水温一般应大于10~15℃，夏季灌水的水温应大于15~20℃。如水温过低或过高，采取适当措施调节。通常采用蓄水池蓄水以提高水温。

(4) 灌溉方法

灌溉方法有侧灌、漫灌、喷灌、滴灌等。参见第7章7.3.2内容。

8.5.2.3　中耕除草及排水

中耕是苗木生长期间的耕作方式。苗木生长期间，灌溉和降雨后土壤出现板结，不利于苗木根系生长。通过中耕结合除草，破除板结的表土层，切断毛细管，可减少土壤水分蒸发，提高通气性能，改善土壤微生物的生存条件，加速肥料的分解和土壤中有效养分的利用。通过除草消灭了杂草，减少了与苗木的竞争，改善了苗木生长环境。

中耕与除草通常结合进行，每逢灌溉或降雨之后，即可进行。除消灭杂草外，中耕也要有一定深度，效果才明显。生长初期松土宜浅，一般为2~4 cm，以后逐渐加深到8~12 cm。为促进苗木木质化，在生长后期停止灌溉之后松土工作也应相继停止。

中耕除草宜在土壤不过干或不过湿时进行，并注意不要碰伤苗木，可适当切掉生长在地表的浅根。中耕除草的次数和时期可根据当地具体条件及苗木生育特性等综合考虑确定。中耕的深度视苗木根系的深浅而定。

人工中耕除草目标明确，除草效果好，但方法比较落后，工作效率低。机械中耕除草比人工中耕除草先进，工作效率高，但要结合育苗方式选择合适机械。如果圃地杂草较重，清除杂草应重视除草剂的使用，以提高除草效率，可根据具体杂草种类选择适宜的除草剂种类，参见第7章7.5.1内容。如果降雨后圃地产生积水，则要及时排除。参见第7章7.3.4内容。

8.5.2.4　施肥

施肥主要采取基肥结合追肥的方式进行。基肥主要于播种前结合整地进行。苗期施肥的方法有土壤追肥和根外追肥两种。

苗木追肥一般采用速效肥，如草木灰、硫酸铵、尿素、氯化铵、过磷酸钙、氯化钾等，并遵循"少量多次、适时适量"的原则。氮肥在土壤中移动性较强，所以浅施即可渗透到根系分布层内，被苗木吸收；钾肥的移动性较差，磷肥的移动性更差，因此宜深施至根系分布密集处。

不同土质所含营养元素的种类和数量不同，因此，施用的肥料也不同。石灰性土壤易发生缺磷情况，要注意增施磷肥并加大用磷肥数量。一般土壤以氮肥为主，如果氮素充分的土壤就应加大使用磷、钾肥的比例。土壤保肥能力好，追肥每次用量可多些，次数可少一些；土壤保肥力差的沙壤苗圃，追肥次数宜多，而每次用量宜少。

一年生播种苗第一次追肥应在生长初期的前半期。出苗期的苗木幼苗营养来源主要靠种子内贮存的营养物质，不需施用过多肥料。幼苗期对氮和磷比较敏感，应注意增施。速生期是苗木生长旺盛时期，对养料的需求量增大，应增加氮肥用量及次数，并按比例施用磷钾肥。在生长后期为促进苗木木质化，提高抗性，应适时停施氮肥，到了木质化期要停止施用肥料，以提高苗木抗性。

留床苗春季生长初期开始追肥，磷肥要一次到位，氮肥分几次追施，以速生期的施用量最多。前期生长型苗木在进入生长后期仍需追施一次氮肥，以促进直径和根系的生长。

根外追肥又称叶面追肥，是在苗木生长期将速效肥料溶液直接喷洒苗木叶子上的方法。一般幼叶较老叶、叶背较叶面吸水快，吸收率也高，所以喷施时一定要注意喷到叶背和幼叶上有利于吸收。宜选用压力较大的喷雾器喷洒，并严格掌握浓度。尿素液浓度为 $0.2\%\sim0.5\%$，过磷酸钙浓度在 0.3% 左右为宜。喷洒时间以阴天或晴天 10：00 后为宜，以防高温时液肥浓缩，引起肥害。

关于施肥的更多内容，参见第 7 章 7.2.3 内容。

8.5.2.5　间苗和幼苗移植

(1) 间苗

间苗是将苗木密度调整到合理范围的措施。在生产实践中，播种量往往偏大，另外播种不均匀的现象也在所难免。为了调节苗木密度，避免光照不足、通风不良和单株苗木的营养面积小等情况，以获得数量多的合格苗木，使每株苗木都有适当的营养面积，保证苗木的产量和质量，必须及时间苗和补苗。

间苗时间因幼苗密度和幼苗生长速率而定，遵循"早间苗，迟定苗"的原则。密度较大、生长速率较快的应早。一般阔叶树种宜在生长初期的前期开始间苗，10~20 d 后进行第二次间苗，生长初期的后期要定苗。针叶树种生长缓慢且喜欢密生，间苗时间比阔叶树种晚，一般在生长初期的后期开始间苗，到速生期前期再定苗。在高温危害较重的地区宜在高温期过后定苗。

间苗的原则是"留优去劣，留疏去密"。间苗对象包括受病虫害的、机械损伤的、生长不正常的和生长不良的幼苗，密集在一起影响生长的幼苗也应去掉一部分。

间苗强度依树种而定。大部分阔叶树，如刺槐、榆树、臭椿等，幼苗生长快，抗逆性强，可在幼苗长出 2 片真叶时一次间完；大部分针叶树种，幼苗生长慢，可结合除草 2~3 次完成，每次间隔 10~20 d。定苗时要使苗木均匀分布，达到合理密度，比计划产苗量多 5% 左右。

间苗最好在雨后或灌溉后进行，也可结合除草进行，要注意保护保留的幼苗，如间苗后苗间出现的苗根孔隙较多，要立即灌水淤塞。

(2) 幼苗移植

对于一些需要集约经营的苗木，种子少的珍贵树种，以及生长迅速的阔叶树（如桉树、泡桐等），通过移植幼苗可达到合理的密度而不浪费幼苗，并能促进多生侧根和须根。幼苗移植的时期是生长初期，对于一般阔叶树种以幼苗长出 2~5 个真叶时为宜，此时移植成活率较高。一般在阴雨天进行移植，移植后及时灌水并适当遮阴。

8.5.2.6　苗木病虫害的防治

苗圃病虫害的防治应贯彻"防重于治"的原则，做到"治早，治了"。防治病虫害的基本原则是"预防为主、综合防治",合理运用培养、生物、物理、化学的办法及其他有用的生态学手法,把病虫害控制在最低程度以不致构成损害。在育苗技术的各环节上都要把好病虫害的关,如圃地的选择,土壤和种子处理等工作做得好就可以有效地预防病虫害的发生。一旦病虫害在某地段发生,要及时加以控制。

(1) 苗圃常见病害

常见病害有猝倒病、叶斑病、白粉病、锈病、炭疽病、根腐病、叶枯病、树干腐烂病流胶病等。常用药剂有多菌灵、百菌清、优乐净、绿盾、叶库、叶斑清等。猝倒病是苗圃最常见而且危害十分严重的病害,一般在幼苗出土 1 个月以内受害严重,如松属幼苗。可喷施波尔多液、甲基托布津等进行防治。白粉病常危害阔叶树苗木的叶子。施用波尔多液等化学杀菌剂,可有效地控制病害的蔓延。

(2) 苗圃常见虫害

常见食叶类害虫、蛀干害虫、介壳虫、蚜虫、螨类以及地下害虫。地上部害虫要预防为主,综合防治,如针对叶类害虫可以用高效氯氰菊酯;介壳虫用蚧尽;蚜虫用吡蚜酮等。苗圃常见的地下害虫有金龟子、地老虎和蝼蛄等。通过播种前种子及土壤的消毒可预防地下害虫危害。

关于病虫害防治的更多内容,参见第 7 章 7.6 节内容。

8.5.2.7　截根

用一定工具将生长在圃地中幼苗或苗木的根割断的方法即为截根,又称断根。截根可促使苗木多生侧根、须根,扩大根系的吸收面积;截根对茎叶生长形成抑制,加大了光合产物对根的供应,使根冠比加大,对苗木后期生长有利;通过截根还可以减少起苗时根系的伤害,使苗木移植的成活率得到提升。

截根措施具有与移植培育相似的效果,却比换床移植缓苗快,操作也简便,省工。据报道华北落叶松留床苗于早春截根处理后,经过一个生长季,其地径、侧根数、地下鲜重和合格苗率都比对照大幅度提高,造林成活率及造林当年高生长量也比对照大幅度提高。

(1) 截根的对象和时间

对于如樟树、核桃、栎类、梧桐等主根发达、侧根发育不良的树种,应在幼苗期幼苗展开 2 片真叶时进行截根。一般树种的 1 年生或 1 年生以上播种苗,若当年不出圃,可在秋季生长后期的初期进行截根,此时高生长减缓趋于停止,根系生长仍较旺盛,利于切口愈合和新根的发生。

(2) 截根深度与方法

截根深度与树种的根系分布深度有关,要保证主根保留部分产生足够的侧须根。幼苗期截根深度一般 8~12 cm。1 年生播种苗的截根深度 10~15 cm。

人工截根时使用特制的截根铲、截根刀等工具(图 8-9);机械截根则用专门的截根犁,截根后及时灌水,以保证根系与土壤的接触(图 8-10)。

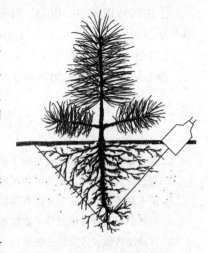

图 8-9　人工截根铲

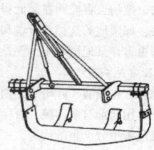

图 8-10　机械截根犁(照片由 R K Dumroese 提供)

8.5.2.8　苗木越冬防寒

(1) 苗木寒害的几种现象

① 冻死　或称冻坏，一般为秋末苗木未充分木质化，一旦遇到连续低温，苗木体内水分结冰，细胞的原生质就会脱水而冻结，细胞被损坏，苗木不能进行正常的生理活动，导致死亡。或早春苗木过早地发出新芽时，遇早、晚霜的低温，而导致细胞内或细胞间隙结冰所致。

② 干枯　生理干旱引起寒害。主要是西北、华北等地在冬春季节干旱多风，苗木地上部分大量蒸腾失水，而地下部又因土壤冻结，根系吸收不到水分，使苗木体内失去水分平衡而发生生理干旱，枝梢干枯而死。

③ 地裂伤根　潮湿黏重的土壤冬季冻结而开裂，会使苗木根系拉断或根系外露被风吹干致死。

④ 冻拔　又称冻举。土壤冻结引起寒害。冬季发生冰冻后，苗木的根系因土壤冻结膨胀被拔出土面或被拉断，之后又被风吹日晒，造成苗木死亡。多发生在昼夜温度变化剧烈，土壤含水量又较大的育苗地，如东北地区。

上述四种现象中，以第二种致死的最多，因此我国北方地区苗木越冬防寒要以防止生理干旱为主。

(2) 越冬防寒措施

越冬防寒措施参见第 7 章 7.7。

(曹帮华)

复习思考题

1. 什么是种子休眠？什么是种子催芽？生产中如何根据种子休眠类型确定催芽方法。
2. 育苗方式有几种？适用的地区和条件是什么？
3. 苗木越冬死亡的主要原因有哪些？
4. 论述裸根苗播种培育的主要技术措施。
5. 计算播种量要考虑哪些因素？
6. 播种方法有哪些？
7. 苗期管理的主要措施有哪些？

8. 论述1年生播种苗年生长规律及其育苗技术要点。

推荐阅读书目

1. 种苗学．梁玉堂．中国林业出版社，1995．
2. 园林种苗学．苏金乐．中国农业出版社，2003．
3. 苗木培育学．沈海龙．中国林业出版社，2009．

参考文献

梁玉堂，1995．种苗学[M]．北京：中国林业出版社．
苏金乐，2003．园林种苗学[M]．北京：中国农业出版社．
沈海龙，2009．苗木培育学[M]．北京：中国林业出版社．
翟明普，2011．现代森林培育理论与实践[M]．北京：中国环境科学出版社．
卢学义，1989．北方林木育苗技术手册[M]．沈阳：辽宁科学技术出版社．
谢伟，张利民，等，2011．红松播种育苗技术的研究[J]．辽宁林业科技（1）：39－41．

第9章 容器苗播种培育

【本章提要】本章主要介绍了容器苗培育的容器、基质、肥料、水分等生产要素，以及温度、湿度、光照等环境要素的控制方法。论述了容器播种苗主要发育阶段的概念和特征，并结合苗木发育阶段介绍了苗木水养及温度、光照等苗木质量关键调控技术。

9.1 容器育苗的特点

容器育苗是指在容器中装填固体基质，将种子直接播入、扦插插穗或移植幼苗，培育苗木的方法。所培育的苗木，称为容器苗。容器苗播种育苗根据种子胚根露出和幼茎生长情况，可分为容器中直接播种种子（direct sowing）、播种生出胚根的种子（planting germinants）、移栽幼苗（transplanting emergents）3种情况。容器苗可以在室外进行，尤其是培育较大规格的苗木或者培育多个生长季的苗木；容器苗也可以在温室内进行。容器苗与裸根苗在苗木质量的系统比较可以参考综述（Grossnickle and El-Kassaby，2016）。

容器育苗是工厂化育苗广泛采用的一项技术，与其他育苗方法相比，工厂化容器育苗具有育苗周期短，单位面积产苗量高，用种量小，育苗生产效率高，容器苗造林成效显著等优点。尽管容器苗本身以及工厂化容器育苗都存在许多优势，但是不同国家和地区均反映出育苗与运输成本高、育苗技术相对复杂等问题。

容器育苗工厂化是林业发达国家苗木生产集约化的一种新发展，也是各国容器育苗的发展方向。工厂化育苗是在人工创造的优良环境条件下，采用现代生物技术、无土栽培技术、环境调控技术、信息管理技术等新技术，达到专业化、机械化、自动化等规范化生产，实现高效稳定地生产优质苗木的规模化育苗方式。工厂化育苗技术与传统的育苗方式相比具有用种量少，占地面积小；缩短出圃苗龄，节省育苗时间；能够减少病虫害发生；提高育苗生产效率，降低成本；有利于企业化管理和快速推广新技术等优点，可以做到周年连续生产。目前世界上只有少数国家，如芬兰、加拿大、日本等已实现或部分实现容器苗工厂化生产。我国从20世纪80年代后期开始，陆续引进国外林木工厂化育苗技术，先后实施了桉树、马尾松、杨树、泡桐等优良无性系或优良单株组培苗工厂化生产等研究项目，并在北京、广西、广东、海南等地建立了多个林木组培育苗工厂，使桉树、杨树等一批木本植物先后进入了大规模工厂化生产，但目前我国的容器育苗主要是大田和塑料大棚内育苗。

9.2 育苗容器

9.2.1 育苗容器类型

育苗容器根据制作材料分为无纺布容器、塑料容器、草泥容器等；根据容器组合方式，可分为单体容器、穴盘等；育苗容器按照利用次数，可以分为一次性容器和可回收多次利用容器，前者在国内多为轻基质网袋，国外多为容器，可回收多次利用容器最为常见。同一容器按照不同分类方式可以归为不同种类，由于容器是制作材料、组合方式等要素的综合体现，归纳为表 9-1。

表 9-1　常见育苗容器

类　型	体积 （mL）	高度 （cm）	上口直径 （cm）	备　注
单体可独自站立型				
Polybags	1 474～15 240	10～20	15～20	无纺布
RediRoot™ singles	9 020～46 900	23.1～34	24.6～47	硬塑料
RootMaker® singles	3 110～18 440	19～25.4	16.5～33.7	硬塑料
Round pots	1 474～73 740	15～45	15～35	硬塑料
Treepots™	2 310～30 280	24～60	10～28	硬塑料
加仑盆	3 785～56 781	17～41.5	16.5～45	硬塑料，国内常见
控根容器		20～100	20～60	塑料，国内常见
美植袋		18～70	12～100	无纺布，国内常见
塑料薄膜容器		10～16	5～10	软塑料，国内常见
单体需辅助托盘型				
Ray Leach Cone-tainers™	49～164	12～21	2.5～3.8	硬塑料
Deepots™	210～983	7.6～36	5～6.4	硬塑料
Jiffy® Forestry Pellets	10～405	2～7	2.0～5.6	无纺布，一次性使用
Zipset™ Plant Bands	2 065～2 365	25～36	7.5～10.0	硬塑料
轻基质网袋		3.5～5	8～10	无纺布，国内常见一次性使用
穴盘式容器				
Forestry Trees	98～131	12.2～15.2	3.8～3.9	硬塑料
"Groove Tube" Growing System™	28～192	6～13	3.3～5.8	硬塑料
Hiko™ Tray System	15～530	4.9～20.0	2.1～6.7	硬塑料
IPL® Rigi-Pots	5～349	4～14	1.5～5.8	硬塑料
Redi Root™	173～956	9.7～16.5	5.6～9.7	硬塑料
Root Maker®	26～410	5.0～10.2	2.54～8.6	硬塑料
Styroblock™ and Copperblock™	17～3 200	7～18	1.8～15.7	聚苯乙烯
穴盘	32～288 穴孔			硬塑料，国内可见

(a) Polybags

(b) RediRoot™ singles

(c) RootMaker® singles 照片来自 www.stuew.com

第 9 章 容器苗播种培育

(d) Round pots

| CP59R | CP612R | CP412CH | CP512 | CP512CH | LP512 | LP512H | CP413CH |

| CP59R | CP612R | CP412CH | CP512 | CP512CH | LP512 | LP512H | CP413CH |

(e) Treepots™ 照片来自 www.stuew.com

(f) 加仑盆

(g) 控根容器　　　　　　　　　　　　　　(h) 美植袋

(i) 塑料薄膜容器

图 9-1　单体可独自站立型容器

9.2.2　育苗容器选择

育苗容器选择需要综合考虑容器特性、育苗密度、苗木质量、树种特性、苗木培育时间、造林地特征、育苗成本、苗圃经营水平等，因此对于特定树种选择合适的容器并非易事。由于大规格容器苗培育在后面章节中有专门论述，本章仅涉及小规格容器苗培育理论与技术，苗木所用容器规格不超过 50 000 mL，以在 1 000 mL 以内居多(图9-1~图9-3)。

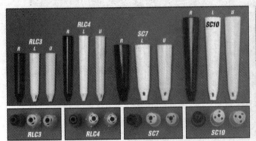

(a) Ray Leach Cone-tainers™

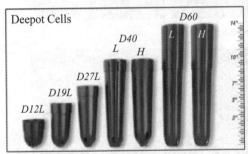

(b) Deepots™

(c) Jiffy® Forestry Pellets

(d) Zipset™ Plant Bands 照片来自www.stuew.com

(e)轻基质网袋

图9-2 单体需辅助托盘型容器

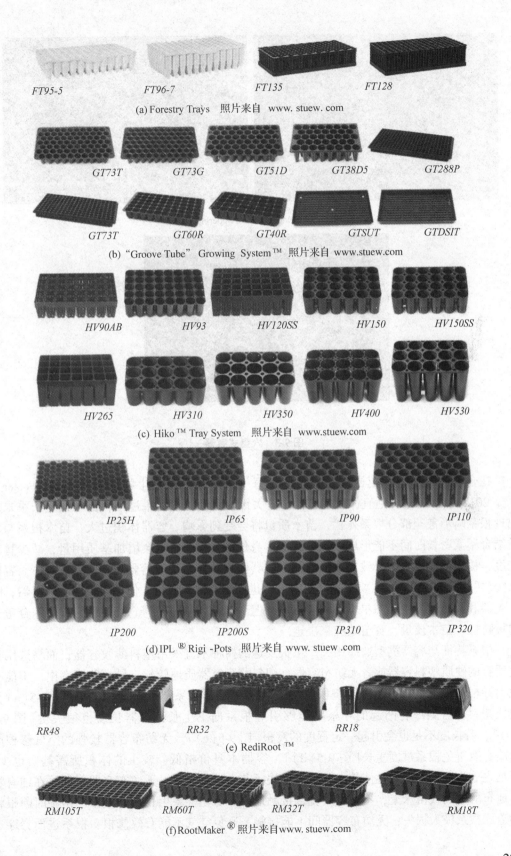

(g) Styroblock™ and Copperblock™

(h) 穴盘

图 9-3　穴盘式容器

在合理的容器体积范围内，容器体积每增加一倍，植物生物量增大 43%（Pooter et al.，2012），如何选择适宜体积的容器十分关键。容器体积如果过小，苗木在生长季末会出现根系畸形甚至部分根系死亡，苗木质量将会受到影响。容器体积过大，苗木根系与基质结合不紧密长时间不能形成根团，容器本身价格会提高，也会增加基质用量，减少育苗密度，提高运输成本，导致成本的增加。容器体积首先取决于容器的深度（图 9-4）。容器直径（常用上口径表示）主要影响育苗密度，进而影响苗木质量。使用口径较小的容器，降低容器和基质成本，提高单位面积产苗量，但引起苗木规格下降（表 9-2），需要综合考虑树种特性、苗木质量、育苗效应来决定。

根系特征与容器类型选择相关。主根发达的树种不宜采用塑料薄膜容器，而易选用长度适宜的硬质塑料容器或者无纺布容器。塑料薄膜容器质地较软，导根肋不突出，不能有效引导根系向下生长而出现缠绕根、"弹簧根"等畸形根系，影响造林效果[图 9-5(a)]。硬质塑料容器侧壁有凸起的导根肋能够引导根系向下生长，容器长度也很关键[图 9-5(b)]，若长度不足也会引起一定程度的窝根[图 9-5(c)]。无纺布容器较强的空气修根能力能有效避免根系过度生长[图 9-5(d)]，容器本身价格低，较小的体积所需基质也少；不足之处为较强的透气性使其水分散失也快，苗木灌溉频繁。无纺布容器需摆放在铺有塑料地布的地面或苗床上，不宜将其直接接触地面以防止根系生长至土壤中，出圃时断根将会造成根系极大损失；无纺布容器间不能接触，避免空气不能有效修根，根系进而会穿透

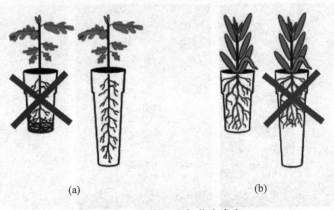

图 9-4 容器深度与苗木发育

(李国雷根据《Nursery Manual for Native Plant》改编)

(a)容器深度过小引起的窝根情况　(b)容器深度过大造成下部根系缺失

无纺布进入相邻容器,可以使用带有间隔孔的塑料托盘隔离无纺布容器[图 9-5(e)],苗木质量的提升、便捷的运输、后期断根劳务投入的避免均可以弥补托盘投入。

表 9-2　容器苗密度与 1 年生苗木规格的关系

树　种	学　名	育苗密度 (株/m²)	容器体积 (cm³)	苗高 (cm)	地径 (mm)
火炬松	*Pinus taeda* L.	535	94	25	4.5
		530	122	30	5.0
		364	165	36	6.0
		284	221	51	8.0
花旗松	*Pinus menziesii* var. *menziesii* Mirb. (Franco)	756	65	19	3.0
		530	80	24	3.2
		364	125	28	3.7
		284	220	35	4.4
		213	336	42	4.8
白云杉× 恩格曼云杉	*Picea glauca* (Moench) Voss × *P. engelmannii* Parry ex Engelm.	756	54	17	2.9
		681	60	18	3.0
		530	95	19	3.2
		364	80	20	3.3
		284	220	27	4.2
		213	336	35	4.8

注:引自 Grossnickle and El-Kassaby,2016。

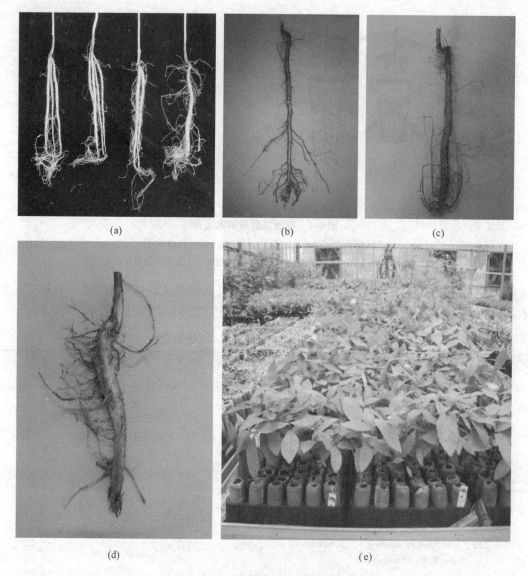

图 9-5　不同育苗容器培育的栓皮栎根系
(a)塑料薄膜培育的栓皮栎根系　(b)长度为 25 cm 硬质塑料 D40 培育的栓皮栎根系
(c)长度为 36 cm 硬质塑料 D60 培育的栓皮栎根系　(d)Jiffy® Forestry Pellets 培育的栓皮栎根系
(e)无纺布配用托盘以间隔无纺布容器

春季造林最为常见，苗木在苗圃培育一个、两个甚至更多完整的生长季，可随生长季的增多而选择较大规格的容器，或者不定期检查根系包围基质情况而适时移栽至更大的容器。春季培育的苗木，若利用夏季充沛雨水进行夏季造林，苗木在苗圃培育时间相对较短。此外，苗木地上部分和根系发育具有交叉进行的特点，秋季苗高停止生长后，根系发育进入高峰，夏季造林苗木缺少这个发育阶段，根系发育较差，容器如果选择过大，出圃造林时根系还不能充满基质形不成根团，即使小心从容器取出苗木，基质常会散落，"容器苗"变成了裸根苗，从而失去培育容器苗的目的。相反，如果春季培育的苗木第二年雨季造林，容器则可适当大些，因为苗木在苗圃培育时间的延长，需要预留出苗木发育空间。

造林地特征也是容器选择考虑的一个重要因素，容器选择技术已成为提高困难立地造林成活率的关键措施之一。在杂草竞争强的立地，苗木高度至少达到竞争灌草高度80%以上才能接收光照（Grossnickle and El-Kassaby，2016），因此，苗木规格尤其是苗高需要大，苗木在苗圃培育时间长，容器规格适当大。土壤深度也制约着容器长度选择，容器长度不能超过土壤深度，否则造林时需剪去部分根系或者特殊整地才能将苗木全部放入造林穴内。土壤深厚但干旱立地，尽可能选择深度大的容器以培育长根系的苗木，造林后苗木能从水分含量较大的深层土壤吸收水分，从而提高苗木耐旱性。

受机械化程度和智能化程度限制以及容器本身价格的影响，我国目前生产小规格容器苗所选用容器主要为塑料薄膜容器和无纺布容器，以直接摆放地面为主，容器空气修根效果尚不理想。塑料薄膜容器质地较软，导根肋引导根系效果不明显，为便于自由站立容器口径大而单位育苗量小；无纺布容器普遍缺少托盘，苗木间根系相互穿透，出圃时造成根系损伤和丢失。随着产业升级和劳动力成本压力驱动，我国苗木产业将会逐渐升级，以单位面积产苗量大、苗木质量高、容器一次投入大可循环利用为特征的硬质塑料容器将会得到更多应用。

9.3 育苗基质

9.3.1 基质组分

育苗基质需要具有支撑、透气、持水等功能。基质可由泥炭、蛭石、珍珠岩、土壤和有机堆肥中的一种组成或者几种混合而成，形成的基质颗粒大小、容重、透气性、持水能力、pH值、阳离子交换量（CEC）等均需满足植物发育要求。我国多用土壤配制基质，来源丰富且成本低，但育苗周期较长，土壤养分异质性大；近年来，一些地方利用机器设备实现了无纺布网袋轻基质育苗（图9-6）。林业发达国家多采用泥炭、蛭石和珍珠岩等无土基质进行育苗（图9-7）。泥炭、蛭石、珍珠岩的性质见表9-3。

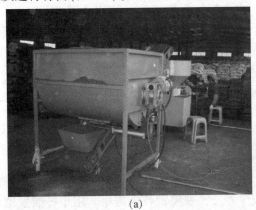

(a) (b)

图9-6 轻基质网袋容器生产线

(a) 基质搅拌机 (b) 轻基质装填与无纺布容器切割

图 9-7 常用轻基质组分

(a)草炭 (b)蛭石 (c)珍珠岩

表 9-3 常见轻基质组分理化性质

基质组分	干容重 (kg/m^3)	孔隙度(%)		pH	矿物营养	阳离子交换量	
		透气	持水			重量 (meq/100g)	体积 (meq/100m^3)
水藓泥炭	96.1~128.2	25.4	58.8	3.5~4.0	最低	180.0	16.6
蛭石	64.1~120.2	27.5	53.0	6.0~7.6	K-Mg-Ca	82.0	11.4
珍珠岩	72.1~112.1	29.8	47.3	6.0~8.0	无	3.5	0.6

注：李国雷根据 *Containers and Growing Media* 改编。

　　苗农和企业还可以利用树皮、锯末、园林树木修剪的枝叶、生产蘑菇的废弃菌袋等制造有机物基质，能够替换一定泥炭，而且提高废弃物循环利用和缓解环境污染。腐熟有机废弃物是由昆虫、真菌、细菌参与分解的过程，废弃有机物适宜的长度及合理的碳氮比、具有良好透气性和湿润的分解环境对于加速分解速率以及获得良好的有机产物非常重要。如果树皮和园林树木修剪枝条过长，堆沤前需要利用带有封闭舱的机械(减少粉尘)粉碎成小颗粒以便于分解。如果有机废弃物由于含有较高的碳，可以添加25%~50%的叶片、杂草等含氮较高的废弃物以降低混合物碳氮比，也可喷施氮肥溶液，加速分解(图9-8)。分解过程中保持透气性和湿润尤为重要，为避免扬尘可以在堆沤堆覆盖孔径较大的遮阳网但不能覆盖不透气的塑料布，空气流通也是保证参与分解的真菌、细菌和昆虫等呼吸需求；分解过程中也可适当喷施水提高分解速度，有机物质湿度保持在50%~60%较为理想。

　　堆沤的有机质颜色变为黑色时表明已经腐熟完毕(图9-9)，也可通过种子萌发试验进行验证。

9.3.2 基质配制

　　繁殖方法是配制基质时首先考虑的因素。用于播种育苗的基质，由于种子萌发需要消耗能量才能冲出基质，基质需要瘠薄而含有较少养分，基质颗粒也需小。用于扦插繁殖育苗的基质，由于插条生根过程中频繁的喷雾灌溉，基质透气性要求高，以免湿度过大影响生根。用于移栽的基质，选用的基质颗粒需要大些，培育乡土树种可以添加10%~20%的

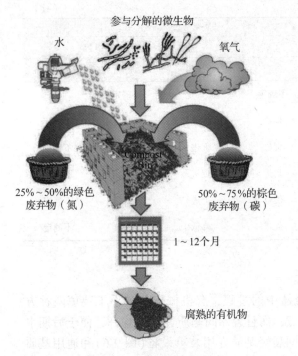

图 9-8　有机物堆沤过程　　　　　　　　图 9-9　腐熟有机质的颜色

（李国雷根据 *Nursery Manual for Native Plants* 改编）

土壤以利用菌根菌的形成。

基质组分是配制基质另一考虑的因素。配制基质时要充分考虑泥炭、蛭石、珍珠岩等透气、持水、养分等理化性质以及成本差异，选用合适比例的基质组分，见表9-4。

表 9-4　添加组分基质对于育苗基质配比的影响

基质性质	基质组分				
	无机			有机	
	沙子	蛭石	珍珠岩	泥炭	锯末或树皮
微酸性 pH	不确定	无影响	无影响	促进	不确定
高阳离子交换量	降低	促进	降低	促进	促进
低肥力	促进	促进	促进	不确定	促进
高孔隙度利于透气与排水	促进	不确定	促进	不确定	不确定
低孔隙度不利于持水	降低	不确定	降低	促进	促进
无病虫害	不确定	促进	促进	不确定	不确定
容重	促进	降低	降低	降低	降低
材料来源便利性	促进	不确定	不确定	不确定	促进

(续)

基质性质	基质组分				
	无机			有机	
	沙子	蛭石	珍珠岩	泥炭	锯末或树皮
节省成本	促进	不确定	不确定	不确定	促进
组分均一性	不确定	促进	促进	不确定	不确定
长时间贮存	促进	促进	促进	促进	不确定
体积变化	促进	促进	促进	不确定	不确定
利于混合	促进	促进	促进	不确定	不确定
利于根团形成	降低	促进	降低	促进	不确定

9.3.3 基质装填

基质装填是指把配好的基质装入特定容器中的过程，有机械作业和手工装填两种方式。机械装填不仅具有速度快、效率高的特点，而且容器间基质紧实度均一，便于后期水分管理。机械装填基质的设备主要有无纺布网袋轻基质专用装填设备（图9-6）和通用基质装填设备（图9-10）。手工装填基质在我国较为普遍，减少了昂贵设备的一次性投入，但人工成本投入累计投入较大，并且基质装填紧实度因人而已，容器间基质紧实度差异对于水分渗入量、排水量以及蒸发量均有影响，进而影响容器间基质水分差异较大，带来水分灌溉困难以及增加了苗木规格异质性，因此，如何又快又好的手工装填基质是个技术很强的工作。

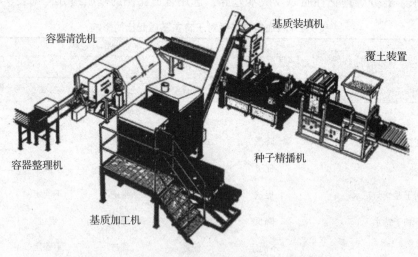

图 9-10　瑞典 BCC 容器育苗全自动装播作业生产线
（摘自翟明普，沈国舫，2016）

9.4 播种与容器苗管理

9.4.1 容器播种苗发育阶段

如果苗木能在苗圃生长一个完整的生长季，我国常将容器播种苗可划分为出苗期、幼苗期、速生期和木质化期等4个阶段；国际上常划分为建立期、速生期和木质化期等3个阶段。国际上，将第一片真叶形成之前统称为建立期，速生期从出现真叶开始算起。而我国幼苗期定义为形成真叶至苗高生长量开始大幅增长为止；速生期则从苗高加速生长开始至高生长速率下降为止。比较来看，国际划分方法更为科学，也便于生产上应用。

建立期定义为从播种开始至真叶形成[图9-11(a)]，历经发芽（胚根伸出种皮）、出土（胚轴伸出土壤）和真叶形成等。速生期定义为真叶形成至顶芽形成高生长基本停止为止[图9-11(b)]。木质化期指高生长停止至苗木贮藏[图9-11(c)]，生长中心由茎再次向根转移。每个时期的发育进程、生长特点、培育技术等均有所不同，见表9-5。

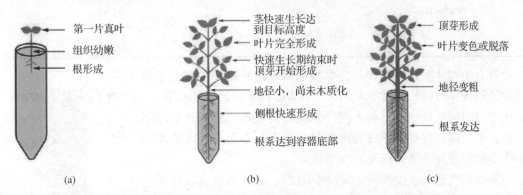

图9-11 容器播种苗发育阶段（李国雷根据 *Nursery Manual for Native Plants* 改编）
(a) 建立期 (b) 速生期 (c) 木质化期

表9-5 容器播种苗不同发育阶段特征及管理技术

阶段	建成期	快速生长期	木质化期
持续时间	出土需要14~21d；早期生长4~8周	因树种而异，一般10~20周	因树种而异，1~4个月
目标	萌发整齐性最高，成活率最高，猝倒病最少	促进地上部分生长，维持最佳环境条件，苗木达到目标高度，根系完全充满容器	苗高停止生长，促进根和地径生长，促进苗木休眠，适应室外环境，忍受胁迫
特殊需求	避免日灼，保持适宜环境，少量多次灌溉，少施或者不施肥	避免胁迫，最适温度，有规律灌溉，适量施肥，适当补充光照	减少灌溉，降低温度，缩短日照长度，在室外温度和湿度下生长，施用低N高P、K型肥料

9.4.2 容器苗播种

将小规格容器苗移植至较大规格的容器中，称为容器—容器移栽（miniplug transplants）。与之不同的是，容器苗播种根据种子胚根露出和幼茎生长情况，可分为容器中直接播种种子、播种生出胚根的种子、移栽幼苗3种情况。直接播种种子最为常见，每个容器播种粒数需要根据种子发芽率确定（表9-6），每个容器播种过多会增大间苗工作量。播种露出胚根的种子常出现在白皮松、文冠果、椴树等具有生理休眠特性的种子或者栓皮栎、蒙古栎等萌发异质性大的种子。移栽幼苗最费劳力，适用于极小粒种子。

表 9-6　种子发芽率与播种粒数的关系

种子发芽率(%)	播种粒数	每容器至少有1株幼苗的比例(%)
90 +	1~2	90~100
80~89	2	96~99
70~79	2	91~96
60~69	2	94~97
50~59	2	94~97
40~49	2	92~97

具有生理休眠特性的种子，播种前需要进行层积催芽，不同树种层积催芽时间长度可参考第8章内容。用于科研试验的种子，层积催芽时需要特别注意将不同种源或者其他不同处理置于相同深度，不同层积深度会导致温度差异，进而会引起催芽效果不同和出苗时间差异，最终掩盖处理差异。

播种深度是种子短轴的2倍（图9-12），太深或者太浅均不宜（图9-13），若覆盖太浅，种子容易风干失水或者被鸟和啮齿类动物取食；若覆盖太深，种子萌发的能量不足以将其带出土壤。覆盖物为浅颜色的无机物质，常用的为花岗岩颗粒、浮石、粗砂、蛭石等，珍珠岩由于质量太轻，浇水后易随水漂走，不能被用作覆盖物（图9-14、图9-15）。

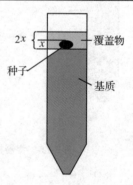

图 9-12　播种深度
（李国雷根据 *Nursery Manual for Native Plants* 改编）

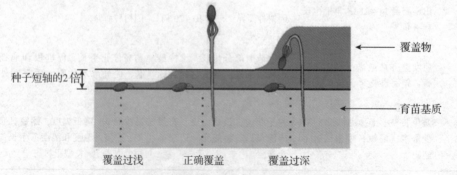

图 9-13　覆盖厚度对出苗的影响
（李国雷根据 *Raising Native Plants in Nurseries：Basic Concepts* 改编）

图 9-14 花岗岩砂粒用作栓皮栎播种苗的覆盖物

图 9-15 珍珠岩不易用作油松播种苗覆盖物

9.4.3 容器苗灌溉

灌溉水的水质是容器苗水分管理首先考虑的因素，表 9-7 列出了苗木灌溉用水的水质要求，生产和科研中需要不定期监测水质。

表 9-7 苗圃灌溉水的质量要求

指标	最佳	可接受	不可接受
pH 值	5.5~6.5		
盐度(μS/cm)	0~500	500~1 500	>1 500
Na(mg/L)			>50
Cl(mg/L)			>70
B(mg/L)			>0.75

容器苗灌溉是根据基质饱和水的百分比确定的，即灌溉参数。基质饱和水重是生产上为方便应用，常依据风干基质的饱和水重计算的；而科研上则利用烘干基质的饱和水重计算的，具体操作方法见 Dumroese and others(2015)。装填基质时，需要确定出特定容器下的基质饱和水重，然后根据发育阶段确定出灌溉参数(表 9-8)。相同发育阶段，灌溉参数因树种而不同，因此通过科研确定常见树种的灌溉参数尤为必要。灌溉的原则是每次灌溉需使基质充分饱和，何时灌溉则需不定期抽取一定量的容器称重法确定(图 9-16)，称重时间可参照每个发育阶段的灌溉参数进行预判，萌发期灌溉次数较多，称重较为频繁。灌溉过多时，表层基质将会产生苔藓(图 9-17)，由于苔藓会减缓灌溉水的下渗，基质缺少水分进而引起苗木质量下降。

表 9-8 容器苗不同发育阶段的灌溉参数

发育期	建立期		速生期	木质化期
	萌发期	生长初期		
灌溉参数(%)	90+	55~80	55~80	50~65

图9-16 称重法确定灌溉时间

图9-17 水分灌溉过多致使基质表层生长苔藓

灌溉方法有底部渗灌（图9-18）和上方灌溉两种主要方式。以后者最为常见，又可分为手工浇水、固定式喷雾系统、自走式浇水机浇水3种，其中以自走式浇水机（图9-19）效率最高。容器苗培育目前主要采用上方喷灌，由于苗木叶片的截流（图9-20），未被植物利用的灌溉水可达49%~72%。由于苗圃多采用随水施肥技术，灌溉水的流失导致养分大量浪费，育苗基质的淋溶液中氮、磷含量分别可达到施入量的11%~19%和16%~64%。富含矿质养分的水长期并且持续地流向地表或地下水系，极易造成水体富营养化和饮用水污染，对生态环境和人体健康构成威胁。美国许多州已立法对苗圃灌溉水排出量进行限制。随着公众资源环境保护意识的增强，苗圃在容器苗培育过程中存在的水肥资源浪费、环境污染等问题日益突显。因此，是否能够节能减排、保护环境成为容器苗可持续发展的关键。容器苗底部渗灌是针对以上难题所采取的一项灌溉新技术。自2002年美国密苏里州大学将渗灌技术应用于难生根阔叶树种扦插容器苗取得显著成效后，容器苗底部渗灌技术逐渐受到美国森林保护和容器苗培育业的重视。美国林务局林业研究所在不同树种上对该渗灌系统进行应用，证明了该系统可以减少育苗用水和养分淋溶，并且培育出与上方喷灌效果相同甚至更高质量的苗木。底部渗灌系统由储水箱、压力泵、输水管、施水槽和回流管等组成（图9-21）。渗灌时，灌溉水经输水管进入施水槽，育苗容器的底部孔隙接触到

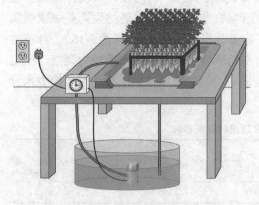

图9-18 底部渗灌系统示意

图9-19 自走式浇水机灌溉

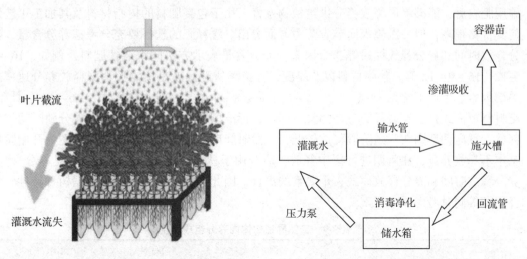

图 9-20　上方灌溉叶片截流水分与灌溉水流失示意　　图 9-21　渗灌系统工作原理示意

（李国雷根据 *Nursery Manual for Native Plants* 改编）

水分时，容器内的育苗基质即通过毛细管作用从下至上对苗木进行供水，当育苗基质达到田间持水量后，未经利用的水则从回流管返至储水箱循环利用。其中，育苗基质的孔隙度和类型是容器内基质饱和水分高度和吸水速度的决定性因素；水分蒸发和植物蒸腾作用会造成系统中水分消耗，储水箱中的水量需要定期进行补充；系统可以用电磁阀控制压力泵的工作时间来控制灌溉量。北京林业大学引进了渗灌系统，并加以改进，在栓皮栎、油松和华北落叶松上进行了应用，取得了较好的效果。

9.4.4　容器苗施肥

苗木从苗圃移栽到造林地后，根系生理活动尚未完全恢复，苗木成活和生长主要依赖于体内贮存的养分（源）向新生组织（库）转移。在苗圃培育过程中对苗木进行充足施肥，使苗木体内贮藏大量养分，对于提高其造林效果具有重要作用。此外，苗木造林后进行施肥可促进苗木发育，同时也促进了竞争物种的生长。而在苗圃培育苗木时，把肥料尽可能多地固定在苗木体内，造林后苗木就会利用这些养分库促进苗木快速发育，这样就避免了造林施用的肥料被其他竞争物种吸收。因此，同时重视容器苗在苗圃和造林地两个阶段的表现是现阶段施肥理论的关键。

植物体内含有 16 种元素，其中碳（C）、氢（H）、氧（O）最多，三者占植物干重的 96% 左右；氮（N）、钾（K）、钙（Ca）等 13 种元素约占植物干重的 4%。自然界植物体内元素比例见表 9-9，元素比例可为植物养分诊断以及施肥技术提供一定参考。

容器苗基质自身养分含有量较少，肥料选择需充分考虑元素含量、元素比例以及植物生长阶段。肥料主要有水溶性肥料（速效性肥料）和控释性（缓释肥）肥料两种，两种肥料均含有植物所需的大量元素及微量元素。尽管含有钙、镁、硫等大量元素以及铁、锌等微量元素，肥料常用 XX – YY – ZZ 等三个数字进行标示，分别代表 N – P – K 的比例，即氮、五氧化二磷（P_2O_5）、氧化钾（K_2O）的比例。例如，水溶肥 20 – 10 – 20 肥料，表示该肥料中氮（N）、磷（P_2O_5）、钾（K_2O）含量分别为 20%、10% 和 20%。控释肥的特点是一次性施用肥料后,能够缓慢释放养分供给植物发育,用于包裹肥料的树脂材料及其加工工艺致使其价格稍高,但一次施入而节省劳力方面突出。缓释肥的选择要充分考虑养分含量、养分释放时间和养分释放模式等 3 个因素。养分含量表示方法同水溶性肥料,例如,16-9-12、15-9-12 等。包膜材料以及厚度、育苗场所温湿度是决定控释肥释放养分速率的关键因素。生产上常见 3~4 个月、5~6 个月、8~9 个月、12~16 个月、16~18 个月等。肥料释放模式是选择缓释肥考虑的又一因素,标准型缓释肥是在有效期内养分随时间均匀释放;低启动型则在开始阶段释放较低,一段时间后释放速率提高;前保护型为开始阶段基本不释放养分,在后期进行集中释放,适合用于秋冬季施肥。控释肥肥料是养分含量、养分释放时间和养分释放模式 3 个要素的组合,因此选择控释肥时需要根据树种特性、培育周期等同时考虑 3 个要素。

表 9-9　自然界植物体内养分组成比例

元素名称		英文名称	简写	比例(%)
大量元素	碳	Carbon	C	45
	氧	Oxygen	O	45
	氢	Hydrogen	H	6
	氮	Nitrogen	N	1.5
	钾	Potassium	K	1.0
	钙	Calcium	Ca	0.5
	镁	Magnesium	Mg	0.3
	磷	Phosphorus	P	0.2
	硫	Sulfur	S	0.1
微量元素	铁	Ion	Fe	0.01
	氯	Chlorine	Cl	0.01
	锰	Manganese	Mn	0.005
	硼	Boron	B	0.002
	锌	Zink	Zn	0.002
	铜	Copper	Cu	0.000 6
	钼	Molybdenum	Mo	0.000 01

水溶性肥料和控释肥均有专业公司生产,这些商业性肥料不仅注重氮磷钾等元素配比合理而多样、微量元素附带添加,而且更注重植物组织对氮形态的选择利用,硝态氮有利于根系发育,铵态氮则有利于地上部分发育(图 9-22),氮组成包括硝态氮、铵态氮甚至尿素。例如,释放周期为 5~6 个月、15-9-12 的标准型奥绿控释肥,氮含量为 15%,其中硝态氮含量为 6.6% 和铵态氮含量为 8.4%。Peter® Professional 生产的 20-20-20 水溶性肥料,氮含量为 20%,铵态氮、硝态氮和尿素含量分别为 4.8%、5.4% 和 9.8%。植物发育阶段也是氮磷钾配比肥料选择的因素,在苗木建立期选择低氮、高磷、低钾配比的肥料,速生期选择高氮、中磷和中钾配比的肥料,木质化期选择低氮、低磷和高钾的肥料(表 9-10)。可见,肥料类型选择是施肥技术首先考虑的因素,在此基础上再考虑施肥量和施肥方法,这也是生产上和一些研究常忽视之处。

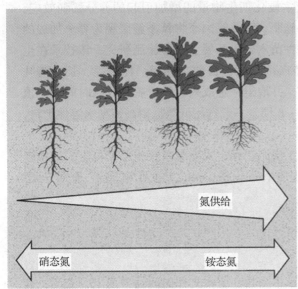

图 9-22 氮供给与氮形态对苗木发育的影响
(李国雷根据 *Nursery Manual for Native Plants* 改编)

表 9-10　苗木发育阶段与肥料类型选择及施氮量的关系

发育阶段	氮施入	比例		
		氮	磷	钾
建立期	中等强度	中	高	低
速生期	高强度	高	中	中
木质化期	1/4 强度	低	低	高

注：高强度可以用 100 mg/L 浓度的氮溶液。

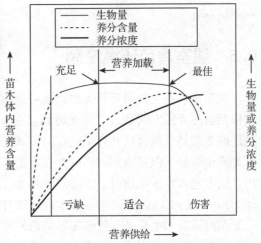

图 9-23　施氮量与苗木生长、养分含量和浓度的关系示意
(李国雷根据 Salifu and Timmer, 2003 改编)

容器苗施肥量常用苗木生长（生物量）、体内养分含量和浓度进行确定。例如，施氮量与生长、整株氮含量、整株氮浓度间的关系如图 9-23 所示。随着施氮量的增加，苗木生物量、氮含量和氮浓度均迅速增大；当施氮量继续增大时，苗木生物量增长缓慢，苗木氮浓度与含量持续增大，当生物量开始达到最大时所对应的施氮量成为充足施氮量；进一步提高氮施入量时，尽管苗木生物量不再增加，苗木体内养分含量和浓度持续增大，该阶段被称为营养加载，营养加载是个区间，苗木生物量和氮含量同时达到最大时所对应的施氮量成为最佳施氮量；随着施氮量的继续增大，苗木生物量和氮含量下降，表示苗木受到了毒害。

施肥量需要根据树种和发育阶段进行确定。建立期苗木需肥量较小，速生期高，硬化期次之。速生期苗木需肥多，生长周期也较长，该阶段施肥研究最为集中，生产应用也最广泛。若采用水溶肥，可依据苗木生长速率调整水溶肥的浓度以满足苗木需肥要求。指数施肥由于营养添加速率与生长速度相吻合，被广泛证明是一种高效的养分加载方式，但在生产上应用还较少，因为这种技术不仅需要随水施肥设备以克服 12～24 次甚至更多次数的施肥带来的劳工压力，而且频繁改变的施肥浓度需要专业的技术人员进行运算。若采用控释肥，需要根据树种发育规律，充分考虑控释肥的配方、释放速率和释放模式。在秋季，苗木进入硬化期，顶芽逐渐形成，高生长减慢，而苗木生物量特别是根系生物量继续增长，如果这时停止施肥，苗木从土壤中可获得的养分减少，体内养分浓度便会下降，进而影响苗木质量和翌年造林效果。为避免苗木硬化期生物量的增加引起的养分稀释效应，人们对硬化期的苗木进行适量施肥，即秋季施肥。欧美等国家将秋季施肥视为养分加载的重要手段，在松属、栎属、云杉属等主要树种苗木较早开展了秋季施肥研究，该技术在生产实践上得以广泛应用。我国对秋季施肥持谨慎态度，目前在油松、栓皮栎、长白落叶松、华北落叶松、毛白杨等树种上开始研究，并取得一定成果。秋季施肥开始时间需在顶芽形成之后进行，每周施肥1~2次，持续5~8周，一般选用低氮低磷高钾型水溶性肥料，施肥浓度为速生期的1/4左右。

水溶性肥料按照比例溶于水中，采用手工浇肥、固定式喷雾系统施肥或自走式随水施肥。控释肥可以在容器装填前，拌入基质（incorporation）；也可覆盖在基质表层（topdressing）。

9.5 温室育苗环境控制

在苗木快速生长期延长光照时间可加速苗木生长，苗木光照时间通常为16~18 h，其中包括自然光照时间和人工补光时间，白天自然光照充足的时候不需要补光。温室补光，最好的光源是金属卤灯和高压钠灯，前者光谱更好一些，后者价格较低，使用最多。荧光灯光质也很好，但要达到同样的光强，需要安装较多的灯。白炽灯对光照较低的苗木起作用。苗木进入木质化期时，需要停止补光。为加速苗木形成顶芽，可利用遮阳网将光照时间缩短为10~12 h，个别树种苗木短日照时间可为6~8 h，短日照周期为2~3周。过度缩短光照时间苗木生长受抑过多而影响苗木质量。

对于多数树种来说，温室白天最适温度为20~25℃，夜间最适温度为16~20℃。控制环境温度，途径主要有以设施设备条件调控温度和以栽培手段调节苗木根际温度两个方面。选用保温采光性能好并安装有加温设备的温室，这对于寒带地区尤为重要。温室加温目前主要以煤、油、汽为燃料的高效热风炉为主，其次有条件的地区也有用地热温泉加温。夏季温室降温更为重要，特别是南方。当室外温度过高时，首先考虑采取自然通风方式降温，如达不到要求，再配合采用外遮阳、内遮阳、湿帘、微喷等措施实现。苗木根际温度对苗木的生长发育很重要，首先可以通过采用床架式育苗来提供根际温度，其次还可采用优良的育苗基质以及通过专用蓄水池提高水温后用喷灌方式浇灌。

空气湿度直接影响植物的生长发育。当空气湿度过低时，植物将关闭气孔而减少蒸腾，间接地影响光合作用和养分输送；湿度过高时，则植物生长细弱，造成徒长，还会引发霉病。主要采用通风方式来降低湿度，喷水和喷雾增加湿度。

（李国雷）

复习思考题

1. 播种苗发育主要包括哪些发育阶段？对于苗木质量调控有什么作用？
2. 容器主要包括哪些类型？如何选择合适的容器进行育苗？
3. 灌溉参数对于容器苗灌溉有什么意义？如何确定灌溉参数？
4. 苗木施肥的理论基础是什么？稳态养分加载的内涵是什么？

5. 从肥料类型、肥料营养元素比例、施肥量、施肥方法、施肥时间等角度，结合苗木发育阶段，试述容器苗施肥关键技术。

6. 容器苗光照调控的关键技术是什么？

7. 容器苗的优缺点。

8. 容器苗培养基的成分与配比。

9. 容器育苗水肥控制技术。

推荐阅读书目

1. Nursery manual for native plants. Dumroese R K, Luna T, Landis T D. USDA Forest Service, Agricultural Handbook 730, 2009.

2. 穴盘种苗生产. 葛红英，江胜德. 中国林业出版社，2003.

3. 森林培育学(第3版). 翟明普，沈国舫. 中国林业出版社，2016.

参考文献

成仿云，2012. 园林苗圃学[M]. 北京：中国林业出版社.

葛红英，江胜德，2003. 穴盘种苗生产[M]. 北京：中国林业出版社.

李国雷，刘勇，祝燕，等，2012. 国外容器苗质量调控技术研究进展[J]. 林业科学，48(8)：135-142.

李国雷，刘勇，祝燕，2011. 秋季施肥调控苗木质量研究评述[J]. 林业科学，48(11)：166-171.

沈海龙，2009. 苗木培育学[M]. 北京：中国林业出版社.

翟明普，沈国舫，2016. 森林培育学[M]. 3版. 北京：中国林业出版社.

祝燕，刘勇，李国雷，等，2013. 林木容器育苗底部渗灌技术研究现状与展望[J]. 世界林业研究，26(5)：47-52.

DUMROESE R K, LUNA T, LANDIS T D, 2009. Nursery manual for native plants[M]. Washington (DC)：USDA Forest Service, Agricultural Handbook 730.

DUMROESE R K, MONTVILLE M E, PINTO J R, 2015. Using container weights to determine irrigation needs：a simple method[J]. Native Plants Journal, 16(1)：67-71.

GROSSINCKLE SC, El-KASSABY YA, 2016. Bareroot versus container stocktypes：a performance comparison[J]. New Forests, 47：1-51.

LANDIS T D, TINUS R W, BARNETT J P, 1998. The container tree nursery manual[M]. Volume 6, Seedling propagation. Washington (DC)：USDA Forest Service, Agricultural Handbook.

LANDIS T D, Tinus R W, McDonald S E, et al., 1989. The container tree nursery manual[M]. Volume 4, Seedling nutrition and irrigation. Washington (DC)：USDA Forest Service, Agricultural Handbook.

LANDIS T D, 1990. Containers and growing media[M]. Vol. 2, The container tree nursery manual, Agric. Handbk, 674, Washington, DC：U.S. Department of Agriculture, Forest Service, 41-85.

POOTER H, BÜHLER J, van DUSSCHOTEN D, et al., 2012. Pot size matters：a meta-analysis of the effects of rooting volume on plant growth[J]. Functional Plant Biology, 39：839-850.

第10章 无性繁殖苗培育

【本章提要】 本章分别介绍了扦插苗、嫁接苗、压条苗、分株苗和组培苗等5种无性繁殖苗木的培育方法。扦插苗培育部分主要介绍了扦插繁育的特点、种类及方法、成活机理、影响扦插成活的因素以及促进插穗生根的方法等扦插繁殖育苗的要点。嫁接苗培育方面着重介绍了嫁接苗的利用价值、嫁接成活的原理及影响因素、砧木与接穗间的相互关系、砧木与接穗的选择与培育、生产上常用的嫁接方法、提高嫁接成活率的关键以及嫁接后的管理等嫁接苗繁育要点。压条苗培育部分,介绍了压条繁殖的特点、种类和方法以及促进压条生根的方法。分株苗培育方面,介绍了分株繁殖的特点及方法。组培苗繁育方面,主要介绍了组织培养的原理、类型、应用领域、组织培养室构建与培养条件、培养基的种类及配制、外植体的制备以及组织培养育苗的主要过程。

无性繁殖又称营养繁殖,是指利用植物的营养器官(根、茎、枝、叶、芽等),或植物组织、细胞及原生质体等作为繁殖材料进行育苗的方法。利用无性繁殖方法繁殖的苗木称为无性繁殖苗。无性繁殖的方法很多,主要有扦插、嫁接、压条、分株和组织培养等。无性繁殖育苗的繁殖材料采用植物营养器官的一部分,不经过传粉受精形成种子的过程,遗传变异较少,能够很好地保持母本优良性状,利于优良品种和类型的快速繁殖;并且能够提早开花结实,尽早获得目标性状和产品,是培育优良品种的重要途径,在林木新品种选育中有重要意义,广泛应用于经济林木、园林植物、果树及多种用材树种的良种繁育。

10.1 扦插苗培育

10.1.1 扦插繁殖及其特点

扦插是植物繁殖的一种重要方法,是将离体的植物营养器官如根、茎(枝)和叶等的一部分制成插穗插到基质中,在一定条件下使其发生不定根或不定芽而培育成完整、独立的新植株的繁殖方法。用扦插方法得到的苗木称为扦插苗。经过截制的育苗材料称为插穗。扦插繁殖操作简便、成苗快、开花早、能保持母本的优良性状,繁殖容易,成本低,可以多季节繁殖,广泛应用于苗木培育中。扦插繁殖也有一些缺点,例如,一般地,相同种质的扦插苗寿命短于实生苗、分株苗及嫁接苗,根系较弱且分布较浅;树体适应性相对较差;某些树种需特殊措施。

10.1.2 扦插繁殖的种类及方法

根据插穗的取材部位和种类,扦插繁殖在林木中主要有枝插法、根插法。

10.1.2.1 枝插法

根据插穗的性质不同,可分为硬枝扦插(休眠期扦插)和嫩枝扦插(绿枝扦插、生长期扦插)。

(1) 硬枝扦插

利用充分木质化的枝条作为插穗进行扦插育苗,是生产上广泛应用的一种育苗方法。方法简单,成本低,适用于很多树种。

①插条选择 插条最好是选择采穗圃中1年生的健壮枝条,最能保持母树的优良特性,生活力强;截制的插穗质量高、容易成活。无采穗圃的条件下,可优先选择生长迅速、干形通直、无病虫害的健壮幼龄母树上发育充实的1~2年生枝条。

②插条采集 插条的采集时间,落叶树种宜于秋末冬初(落叶后)或春季萌芽前,此时枝条内营养充实,易生根;常绿树种宜于春季芽萌动前采集,生根率高,不易腐烂。

③插穗制作 制作原则是使插穗含有一定数量的根原始体、养分和水分,扦插后要深度适宜,扦插方便,节省种条。不同着生部位的枝条,扦插生根情况有差异。一般发育充实的中下部枝条生根率高。插穗剪制可在扦插前进行,首先剪去发育不充实的枝条梢头,然后按照规格剪制插穗。插穗的长度、切口形状,以及芽和叶的保留量,要根据树种生根特性、生长类型、插壤及环境的湿度等具体情况而定。阔叶树种插穗长度为10~20 cm,针叶树种插穗长度5~15 cm。截制插穗要在庇荫背风处进行,切口应平滑不劈裂,上切口多为平口,通常距芽或芽鳞痕最上端1~2 cm,下切口多为斜口,位置依植物种类而异,一般节附近薄壁细胞多、细胞分裂快,营养丰富,易形成愈伤组织和生根,因此,下切口宜紧靠节下,可在芽或芽鳞痕下端0.3~1 cm处。按照长度要求剪成插穗,截制时要注意保护好插穗上端的芽体,不能损伤。常绿树种插穗,应适当保留叶子及顶芽;防止插穗水分损失。插穗截制好后,按粗细分级捆扎,及时扦插或贮藏。

④穗条贮藏 采集好的穗条和截制好的接穗,要防止干燥失水,若不立即扦插,需要贮藏。穗条贮藏可以分短时贮藏和越冬贮藏。短时贮藏用于来不及迅速扦插的插穗,可置阴凉湿沙里放。越冬贮藏适用于秋冬季采集、翌春扦插利用的穗条或截制的插穗,多采用窖藏或室外沟藏法。选地势高燥、排水良好的地方挖沟或建窖,埋在湿沙中贮藏,温度保持0~5℃。

越冬贮藏时,截制好的插穗可以按每50根或者100根打捆,分层直立放置于沟内;若为贮藏穗条,可以按60~70 cm长剪截,每50根或者100根打捆,分层平埋。插穗和穗条要标明品种、采集日期及地点等信息。埋藏时,每放一层插穗(或穗条),均加一层10 cm的湿沙与之相间,当插穗(穗条)放置到距离地面10 cm左右时,用湿沙填平,再加土封堆成屋脊状。为了防止沟内穗条发热,在埋藏时要每隔1 m左右安放1个通气孔。早春在气温回升时,要注意检查,防止穗条因温度升高而提前萌发。

⑤整地扦插 扦插育苗必须细致整地,一般耕地的深度应达到25~30 cm。硬枝扦插主要用垄作和床作。垄作便于用机械作业进行苗期管理。对易生根的树种多用大田宽垄育

苗，干旱地区和花灌木多用低床扦插。

⑥扦插技术　硬枝扦插有直插或斜插两种，生产上以直插居多。土壤黏重时也可斜插；扦插时要注意插穗的极性，形态学上端朝上，不能倒插，下切口与土壤密接，避免擦伤下切口的皮层；扦插深度，一般以地上部露出1个芽为宜，多风、干旱地区和沙地苗圃，可将插穗全部插入土中，上端与地面齐平，扦插后踩实。

⑦圃地管理　扦插后的圃地要立即灌水，以利于插穗与土壤紧密结合，并满足插穗对水分的需求，利于成活。后续根据土壤墒情及时补充水分。生产上常采用塑料薄膜覆盖插床辅助扦插，可以起到增加地温和保墒的作用，促进扦插成活和苗木生长。

(2) 嫩枝扦插

利用生长力旺盛的幼嫩枝或半木质化的带叶枝条做插穗，在生长期扦插来繁殖苗木的方法，又称绿枝扦插。嫩枝含有丰富的生长激素，以及可溶性糖和氨基酸类，组织幼嫩，分生组织细胞分裂能力强，有利于形成愈伤组织和生根。通常嫩枝比硬枝容易发根，但嫩枝对空气湿度和土壤湿度的要求严格，需要一定的设备和细致的管理。例如，室内弥雾扦插繁殖，叶片被有一层水膜，达到降低蒸腾的作用，增强光合作用，减少呼吸作用，从而使难发根的插条保持生活力的时间长些，以利于发根生长。随着生产设施的改进，嫩枝扦插已经成为目前常用的规模化繁殖苗木的主要技术之一，在越来越多的树种中得到了应用。

①扦插时间　露地嫩枝扦插多在生长季进行，扦插的时期因地域、环境条件以及树种特性而异。南方地区一般在春、夏、秋三季均可进行，北方地区主要在夏季进行。例如，桂花、冬青等以5月中旬为好，银杏、侧柏、山茶、含笑、石楠以6月中旬为好。

②穗条采集　嫩枝扦插随采随插，穗条最好选自健壮生长的幼年母树，并以半木质化的幼嫩枝条为最好，内含充分的营养物质，生命力强，容易再生不定根。采条后应注意保湿，及时喷水或直接放在水桶或水箱中临时保存，在阴凉处迅速制穗。

③插穗剪制　插穗的长短要根据树种、枝条与插床基质的情况，结合考虑节省种条、扦插方便等因素来确定。一般带2~4个节，长5~20 cm。扦插时要适当摘除插穗下部的叶子以减少蒸腾，上部保留部分叶片以进行光合作用，保证营养供应，叶片较大时可以剪去一部分。下切口可平可斜，上切口要剪成平滑的平面。

④扦插技术　扦插一般在插床上进行，要遵循"随采集、随剪制、随扦插"的原则。基质采用疏松通气、保湿效果较好的草炭、蛭石、粗砂、砂壤土或专门的复合基质等。扦插深度2~5 cm，如能人工控制环境条件，保持高空气湿度，扦插深度可浅些，以直插较常用。扦插密度以两插穗叶片之间刚好搭接为宜，既能保持充足的光合作用，又不互相影响通风透光。这种扦插方式插穗在插床上密度较大，待生根后宜及时移植到圃地进行培育。

⑤插后管理　嫩枝扦插对温度和湿度条件要求较高，需要有能对温湿度进行控制的环境。生根困难的树种嫩枝扦插，多在温室、塑料大棚或小拱棚中进行，并应设有喷雾装置；为防止温度过高，需要采取遮阳措施。扦插初期，空气湿度应保持在95%以上，下切口愈伤组织生出后可降至80%~90%，一般每天喷水2~3次，如气温高时每天喷3~4次，每次喷水量不能过大，要达到降温、增加空气湿度而又不使插壤过湿为目的，插壤中不能积水，以免插穗腐烂。温度应控制在18~28℃为宜，超过30℃时应立即采取通风、喷水、

遮阳等措施降温。扦插生根需要插穗叶片合成物质的供应,需要有适宜的光照条件。因此,遮阳降温时,遮阳度不能过大,以免影响叶片进行光合作用。现在多采用全光自动间歇喷雾来提高嫩枝扦插的成活率(图10-1)。

⑥炼苗移植　扦插生根后,若用塑料棚育苗,要逐渐增加通风量和透光度,使扦插苗逐渐适应自然条件。插穗成活后要及时进行移植,或移植于苗圃地,或移植于较大容器中继续培育。

图10-1　日光温室欧李嫩枝扦插育苗
1. 苗床嫩枝营养杯扦插　2. 扦插后40d　3. 基质内生根　4. 根系状况

(3) 埋条繁殖

将剪下的1年生生长健壮的发育枝全部平埋于土中,使其生根、发芽,并最终形成多株小苗的繁殖方法,称为埋条繁殖。埋条繁殖是一种特殊的扦插方法,在操作技术上与压条繁殖相似,多适用于皮部易生根的树种,有时也可用于扦插生根困难的树种。埋条的时间多在春季,由于枝条较长,一旦一处生根,全枝条就可以成活,从而提高扦插的成活率。例如,杨树在生产中可采用此法进行繁殖,在悬铃木、泡桐的繁殖中均可取得较好效果。

埋条繁殖应在树木落叶后至萌芽前采集插条,在埋条前3~5 h内进行浸水催芽处理。通常有平埋法和点埋法。平埋法,是在做好的苗床上(通常用南北方向的低床)按一定行距开沟,沟深3~5 cm,宽4~6 cm,将枝条平放沟内,用细土覆盖1~2 cm厚。放条时要根据枝条的粗细、长短、芽的情况等搭配得当,并使多数芽向上或位于枝条两侧。点埋法,是在一些发芽处不覆土,使芽暴露在外,以利于生长。按一定行距开一深3 cm左右的沟,种条平放沟内,然后每隔40 cm横跨条行堆成长20 cm、宽8 cm、高10 cm左右的长圆形土堆。两土堆之间裸露枝条上应有2~3个芽,利用外面较高的温度发芽生长,在土堆处生根。平埋法,切忌覆土过厚影响幼芽出土;点埋法,土堆埋好后要踩实,以防灌水时土堆塌陷。点埋法出苗快且整齐,株距比平埋法规则,有利于定苗,且保水性能也比平埋法好,但操作效率较低,较费工。

埋条后应立即灌水,以后要保持土壤湿润。一般在生根前每隔5~6d灌一次水。在埋条生根发芽之前,要经常检查覆土情况,扒除厚土,掩埋露出的穗条。

10.1.2.2 根插法

根插法是利用植物的根作为插穗进行扦插的繁殖方法,成活的关键是根穗上要长出幼芽,进一步发育为完整植株。根插法繁殖是枝插生根较难的树木的一种选择。与枝插生根一样,根插生芽同样涉及器官分化的过程,其生理基础复杂,在不同植物中有不同的表现。一般来讲，易产生根蘖的树种较易于采用根插繁殖。例如，香椿、泡桐、毛白杨、香花槐等。在枝插不易成活或者生根缓慢的树种中，例如，枣、柿、核桃、山核桃、文冠果等根插较易成活。杜梨、楸梓、山定子、海棠果等砧木树种，可以利用苗木出圃剪下的根段或留在地下的残根进行根插繁殖。根段粗 0.3~1.5 cm 为宜，剪成 10 cm 左右长，上口平剪，下口斜剪。根段可以直插或平插，以直插容易发芽，但勿倒插（图 10-2）。

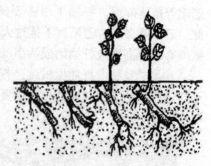

图 10-2　根插

10.1.3　扦插成活的机理

10.1.3.1　扦插生根的类型

扦插繁殖成活根据插穗类型，涉及不定根的形成以及不定芽的发生。枝插与根插的成活原理不同。其中，枝插生根是在枝条内的形成层和维管束鞘等组织形成根原始体，从而发育出不定根，并形成根系；而根插是在根的皮层薄壁细胞组织中发生不定芽，而后发育成茎叶。不定芽发生部位，幼根上多发自中柱鞘靠近维管束形成层的部位；老根上多发自木栓形成层或射线增生愈伤组织里。

枝插插穗能否成活，主要取决于插穗能否生根。按照插穗生根的部位和发生机制，可分为皮部生根和愈伤组织生根两种基本生根类型。

（1）皮部生根类型

以皮部生根为主或先从皮部生根的树种[图 10-3(a)]，扦插之前，在母树上插穗内就已经形成了根原始体，在离体扦插诱导的情况下生长、发育形成不定根。插穗皮部由特殊的薄壁细胞群组成，其细胞质较浓，排列紧密，多位于枝条内最宽髓射线与形成层的结合点上，其外端通向皮孔，从皮孔得到氧气，从髓细胞中获得营养物质。根原始体的产生部位和发育程度因树种而异，通常在枝条剪离母树之前处于休眠状态，在一定的环境条件下才进一步发育形成原基。制好的插穗插入基质后，根原始体获得营养和氧气，在适宜温、湿条件下，根原始体先端不断生长发育，并穿越韧皮部和皮层长出不定根，从土壤中吸收水分和矿质营养。插穗最先生根的位置，多数是在土壤温、湿、通气条件较适宜的深度（距地表 3~8 cm）。从这里先生出 1~2 条不定根，就保证了插穗的成活。随后，插穗的下切口也逐渐出现愈伤组织，其附近生出大量不定根。

通常，形成层发育越好，根原始体获得的营养物质就越多，生长发育就越好，生根也就越快。由于极性作用，根在插穗上的分布情况，以插穗下部及切口附近的根最多。树种或枝条的根原始体越多，成活率越高。这种类型生根较迅速，生根面积广，为扦插易生根树种的特点。

（2）愈伤组织生根类型

以愈伤组织生根为主的树种，插穗在脱离母树扦插之后，通过愈伤诱导才形成不定根[图 10-3(b)]。首先，插穗下端形成层或形成层附近的薄壁细胞分裂，下切口表面逐渐形成愈伤组织，进一步形成和插穗相应组织发生联系的木质部、韧皮部、形成层等组织，最后充分愈合。愈伤组织及其附近的细胞在生根过程中非常活跃，形成生长点。在适宜温、湿度条件下，从生长点或形成层中分化出根原始体，根原始体进一步生长发育，产生不定根。以愈伤组织生根为主或先从愈伤组织生根的树种扦插育苗较难成活。愈伤组织生根需时较长。

有的树种两种生根情况都存在，为综合生根类型。

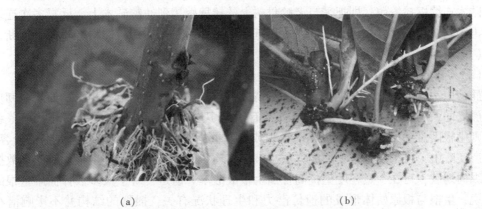

(a) (b)

图10-3 皮部生根和愈伤组织生根类型(http://www.360doc.com，2019.8.20)
(a) 桑树皮部生根为主 (b) 枇杷愈伤组织生根为主

10.1.3.2 扦插生根的生理基础

在扦插生根的理论方面，许多学者做了大量工作，从不同角度提出了很多见解，以指导扦插实践，取得了一定的效果。

(1) 生长素与扦插生根

植物扦插生根、愈伤组织的形成受生长素控制和调节，与细胞分裂素和脱落酸也有一定关系。枝条的内源生长素可以促进根系的形成，其主要是在枝条幼嫩的芽和叶中合成，然后向基部运转，参与根系的形成。目前，生产上使用的人工合成的生长素类有吲哚丁酸(IBA)、萘乙酸(NAA)、萘乙酰胺(NAD)及广谱生根剂 ABT 和 HL-43 等，用这些生长素处理插穗基部后可提高生根率，缩短生根时间。许多试验和生产实践也证实，生长素不是唯一促进插穗生根的物质，还须由芽和叶内产生的一类特殊物质辅助，才能导致不定根的发生。

(2) 生根抑制物质与扦插生根

生根抑制物质是指植物体内一类对生根有妨碍作用的物质，往往存在于较难生根的树种或插穗中。有研究显示，生命周期中老龄树抑制物质含量较高，而在树木年生长周期中休眠期含量最高。生产实际中，可采取相应的措施，如流水洗脱、低温处理、黑暗处理等，来消除或减少抑制物质，以利于生根。

(3) 营养物质与扦插生根

插穗的成活与其体内养分，尤其碳素和氮素的含量及其相对比例有一定的关系。一般来说 C/N 比高，对插穗不定根的诱导较有利。实践证明，对插穗补充碳水化合物和氮，可促进生根。一般在插穗下切口处用糖液浸泡或在插穗上喷洒氮素，如尿素，可提高生根率。但外源补充碳水化合物，易引起切口腐烂，要特别注意。

(4)植物发育状况与扦插生根

实践表明,插穗生根的能力与其发育状态有密切联系,尤其是随着母树年龄的增长而减弱。根据这一特点,对于一些稀有、珍贵树种或难繁殖的树种,为使其"返幼"可采取多种措施来提高扦插成活率:①绿篱化采穗,即将准备采条的母树进行强剪,使其萌发许多新生枝条做插穗。②连续扦插繁殖,即连续扦插2~3次,新枝生根能力明显增加。③用幼龄砧木连续嫁接繁殖,即把采自老龄母树上的接穗嫁接到幼龄砧木上。反复多次连续嫁接,再采其枝条或针叶束进行扦插。④用基部潜伏芽萌条作插穗,即将老龄树干锯断,使幼年(童)区产生新的萌芽枝用于扦插。

(5)插穗的解剖结构与扦插生根

插穗中不定根的发生和生长,在一些情况下与其皮层的解剖结构相关。如果在韧皮部与皮层之间、不定根起始发生部位之外,有一至多层由纤维细胞构成的圈环状厚壁组织时,则生根困难。如果没有环状厚壁组织或者厚壁组织间断发生不连续,则生根较容易。在生产实践中,可采用割破皮层的方法,破坏其环状厚壁组织而促进生根。对于多数插条采用纵向划破,可在一定程度上提高扦插生根成活率。但是,对于大多数扦插难生根的树种来说,生根与根原始体形成的遗传潜力和生理状况有关,插穗的结构并不影响潜在的生根。

可见,扦插生根机理十分复杂,至今尚无一种理论能较好地解释在不同植物中出现的所有问题。扦插繁殖中插穗能否生根受树种遗传特性与栽培环境综合影响。因此,生产中要充分利用植物本身的特性来克服生根困难,同时配以必要的技术措施,最大限度地提高扦插成活率。

10.1.4 影响扦插成活的因素

扦插后插穗能否生根成活,与插穗本身的内在因素和外界环境条件有密切的关系。

10.1.4.1 内在因素

(1)树种的遗传特性

树种不同,遗传特性不同,插穗的成活难易差别很大,依据树种生根的难易,可把树种分为4种类型:

①易生根树种 采自幼年母树上的1~2年生插穗,大田扦插时,一般在5周以内生根,生根率达80%以上。如大多数杨树(山杨、毛白杨等品种除外)、大多数柳树、杉木、紫穗槐、金银花、葡萄等。

②较易生根树种 采自幼年母树上的1~2年生插穗,在沙或蛭石等特制插壤中催根,需遮阴,生根时间6~7周以内,生根率80%以上。例如,黄杨、棣棠、猕猴桃、白蜡等。

③较难生根树种 采自幼年母树上的1~2年生插穗,用激素处理后,扦插在沙、蛭石或其他基质上需一定的遮阴及喷雾保湿,生根时间仍在5~7周以上,生根率仅在50%左右。例如,雪松、南洋杉、银杏、山茶、油橄榄、榛子、枣树等。

④极难生根树种 采自幼年母树上的1~2年生插穗,用激素处理,在特制理想扦插基质及较适宜的培养环境中,生根时间在7~10周以上,生根率和成苗率都比较低。例如,落叶松、赤松、油松、蒙古栎、柿树、核桃楸、白桦等。

随着科学研究的深入和扦插技术的改进，有些很难生根的树种也可能成为扦插容易的树种。有些树种枝插不易产生不定根，但其根部容易形成不定芽，这类树种可用根插繁殖。

(2) 母树生育特性、树龄、枝龄及枝条上的位置

一般灌木比乔木扦插容易生根，匍匐类型比直立类型树种扦插容易生根；地理分布在高温、多湿地区的树种比低温、干旱地区的树种扦插容易生根；幼龄树上获取的插穗比老龄树上的获取的容易生根；根颈部位的萌蘖枝比树冠上部的1年生枝容易生根；主干枝条上获取的插穗比侧枝尤其是多次分枝的侧枝上获取的容易生根。同一枝条不同部位采集的插穗生根也不同，具体哪个位置好，还要考虑植物的生根类型、枝条成熟度等。一般来说，常绿树种中上部枝条较好，代谢旺盛，营养充足，对生根有利。落叶树种的硬枝扦插以中下部枝条较好，枝条发育充实，贮藏养分多；嫩枝扦插则以中上部枝条较好，枝条内生长素含量较高，细胞分裂旺盛，对生根有利。

(3) 插穗营养物质含量

扦插后形成新器官及生长初期所需营养物质的主要来源，依赖于插穗贮存的营养物质，特别是碳水化合物。一般是插穗的碳水化合物、氮素化合物、氨基酸含量高，易生根，并且C/N比值大，插穗发根较易。由此，枝条生长健壮、组织充实、叶芽饱满比营养物质不足的细小枝容易生根。

(4) 生长和抑制物质的含量

抑制物质的含量越高，插穗越不易生根；吲哚乙酸、赤霉素等内源生长激素含量越高，插穗越易生根。

(5) 插穗的叶和芽

插穗上的芽是形成茎、干的基础，芽和叶子能提供插穗生根所必需的营养物质及生长调节物质、维生素等，促进生根，尤其对于针叶树、常绿阔叶树及各种嫩枝扦插更为重要，插穗应带些叶子。插穗留叶多少，要因具体情况而定，一般留叶2~4片，若有喷雾装置，能定时定量保湿，则可留较多叶片，以加速生根。

(6) 插穗的粗度

插穗的适宜粗度因树种而异。多数针叶树种粗度为0.3~1 cm，阔叶树种粗度为0.5~2 cm之间。插穗过细，贮存营养物质过少，扦插难生根，不易成活，插穗过粗，扦插后相当长时间下切口不能完全愈合，影响苗木生长。

(7) 插穗长度

一般情况下长插穗成活率高，苗木生长状况也好。不定根发芽、长叶都要消耗养分。插穗过短，会使插穗由于体内营养物质不够用而死亡，成活率低；但插穗过长，采条、制穗费工、费料、费时，扦插也不方便。插穗的长短取决于两个方面：一是插穗生根快慢（树种特性），生根快的，插穗可适当短些，反之应该适当长些；二是环境条件（插壤的湿润状况），湿润条件下，可适当短些，干旱条件下适当长些。在保证成活的基础上，插穗越短越好。

(8) 插穗的含水量

插穗失水过多，不利于生根，会降低成活率。剪制插穗后要尽量减少插穗的水分损

失，必要时可以用水浸插穗，增加插穗的水分，维持插穗水分平衡。

10.1.4.2 环境因素

影响扦插生根的外界环境条件主要有温度、湿度、通气条件和光照等，各因素之间有机协调，才能满足插穗生根的各种要求，达到提高生根率，培育优质苗木的目的。

(1) 温度

扦插基质温度和气温对插穗生根的快慢起重要作用，适宜的温度因树种而异。多数树种为15~25℃，以20℃左右最适宜。春季硬枝扦插，一般树种以15~20℃为适宜，也有的树种需要温度高于20℃，如木槿、石榴等；夏季嫩枝扦插，温度通常以25℃左右为宜。树种的生态习性不同，适宜温度也不相同，通常热带植物生根适宜温度要高于温带树种。基质温度高于气温3~5℃时，对生根较为有利。

(2) 湿度

除保持土壤或扦插基质适宜水分有利插穗生根外，还要控制空气的相对湿度，特别是嫩枝扦插，空气相对湿度最好在90%以上，降低蒸腾强度，以保持插穗不枯萎。生产上可采用喷水、间歇喷雾等方法提高空气相对湿度。随着插穗不断生根，逐渐降低空气湿度和基质湿度，有利于促进根系生长和培育壮苗。

(3) 通气

插穗生根过程中要不断进行呼吸作用，需要氧气供应，所以扦插基质的透气性对插穗生根有较大影响。基质不能积水，以免供氧不足，影响插穗不定根的发生和生长。因此，宜选择疏松的沙性土、草炭土、蛭石、珍珠岩等基质，其通透性好，有利生根和发育。

(4) 光照

扦插生根要有一定的光照条件，特别是嫩枝扦插。充足的光照可促进叶片制造光合产物，促进生根；尤其是在扦插后期，插穗生根后，更需要有光照条件。但在扦插前期，要注意避免直射强光照，防止插穗水分过度蒸发，造成叶片萎蔫或灼伤，影响生根和根的生长。生产实践中，在日照太强时可采取喷水降温或适当遮阴等措施。夏季扦插可用全光照自动间歇喷雾法，既可以保证土壤和空气湿度，又保证插穗获得较为充足的光照，有利于生长。

(5) 基质

插床基质的选择要能满足插穗对水分和通气条件的要求，才有利于生根。目前常用的扦插基质可以分为固态、液态、气态3种类型。固态基质是生产上最常用的，一般有河沙、蛭石、珍珠岩、石英砂、炉灰渣、苔藓、泥炭土、花生壳等，通气排水性良好。基质的选择应根据树种的要求，选择最适基质。在露地进行扦插时，通常选择排水良好的沙质壤土。液态基质是把插穗插于水或营养液中使其生根成活，称为液插，也叫水插，常用于易生根的树种。用营养液作水插基质时，插穗易腐烂，要注意预防病害的发生。气态基质是把空气造成水汽弥雾状态，将插穗吊于雾中使其生根成活，也称雾插或气插。雾插只要控制好温度和空气相对湿度就能充分利用空间，插穗生根快，缩短育苗周期。由于插穗在高温高湿下生根，炼苗就成为雾插成活的重要环节。

10.1.5 促进插穗生根的方法

10.1.5.1 采穗前的处理

(1) 机械处理

在生长季节将枝条基部环剥、刻伤，或用铁丝、麻绳等捆扎，以截断枝条上部养分向下运输的通路，使其在处理部位积累，待枝条受伤处膨大后，在休眠期将枝条从基部剪下进行扦插。由于养分集中贮藏有利生根，不仅提高成活率，而且有利于苗木的生长。

(2) 黄化处理

一般是在生长季，进行插穗剪取前，用黑布或泥土等封裹将要做插穗的枝条，遮断阳光照射，使其在黑暗条件下生长，形成较幼嫩的组织，并使枝条内所含的营养物质发生变化，待枝叶长到一定程度时剪下后采穗扦插，生根率明显提高。一些难生根的含有色素、油脂、樟脑、松脂等抑制物质的树种，对枝条进行黄化处理后，促进插穗生根效果显著。

(3) 幼化及促萌处理

对插穗进行幼化，设法促进母树产生大量萌蘖枝采集插穗，是促进扦插生根的有效措施，但这是一个较长的预处理过程，需要提前按计划进行。

10.1.5.2 扦插前的处理

(1) 生长调节物质处理

对插穗进行生长素类药剂处理，常用的植物生长素有萘乙酸(NAA)、吲哚乙酸(IAA)、吲哚丁酸(IBA)、2,4-D 等。低浓度(如 50~200 mg/L)溶液浸泡插穗下端 6~24 h。高浓度(如 500~10 000 mg/L)可进行快速处理(几秒钟到 1 min)；也可将溶解的生长素与滑石粉或木炭粉混合均匀，阴干后制成粉剂，用湿插穗下端蘸粉扦插；或将粉剂加水稀释成为糊剂，用插穗下端浸蘸；或做成泥状，包埋插穗下端。处理时间与溶液的浓度随树种和插穗种类的不同而异。一般生根较难的浓度要高些，生根较易的浓度可低些；硬枝浓度高些，嫩枝浓度低些。

(2) 生根促进剂处理

生根促进剂处理是目前苗木扦插繁殖中经常使用的措施之一，凡是具有像内源生长素那样能促进生根的合成物质或者有利于促进内源生长素形成及抑制生长素分解的化合物，以及能通过抑制叶片水分蒸发、减少叶内水分损失来增进不定根形成或促进根系生长的物质，都可以做生根处理剂。目前我国使用较为广泛的有中国林业科学研究院研制的"ABT 生根粉"系列；华中农业大学研制的广谱性"植物生根剂 HL-43"；山西农业大学研制的"根宝"；昆明市园林所等研制的"3A 系列促根粉"等，都能有效提高多种树木的扦插生根率。

(3) 生根抑制物质处理

通常利用洗脱处理，一般有温水处理、流水处理、酒精处理等，可降低枝条内的抑制物质，同时还能增加枝条内水分的含量，是促进扦插生根最简易的方法。

①温水洗脱处理 将插穗的下端在适当温度的温水中浸泡后再行扦插，也能促进生根，有些裸子植物如松、云杉等，因枝条中含有松脂，常妨碍切口愈合组织的形成且抑制

生根。为了消除松脂，可用温水处理插穗2h后进行扦插。

②流水洗脱处理　将插穗放入流水中，浸泡数小时，具体时间因树种而异，多数在24h以内，也有可达72h，甚至更长。对除去一些树种插穗中的抑制物质效果较好。

③酒精洗脱处理　可有效降低插穗中的抑制物质，一般使用浓度1%~3%，或用1%酒精和1%乙醚混合液，浸泡6h左右为宜。

(4) 营养处理

用维生素、糖类及其他氮素处理插穗，是有利于生根的措施之一，往往与生长素结合使用时效果更显著。如松柏类的可用糖类处理，将插条下端用4%~5%的蔗糖溶液浸24h后扦插，效果良好。可用的营养物质还有葡萄糖、果糖、尿素等。

(5) 化学药剂处理

有些化学药剂也能促进插穗生根，如醋酸、磷酸、高锰酸钾、硫酸锰、硫酸镁等。生产中用0.05%~0.1%高锰酸钾溶液浸泡插穗12h，除能促进生根外，还能抑制细菌发育，起消毒作用。

(6) 低温贮藏处理

将硬枝放入0~5℃的低温条件冷藏一定时期，能使枝条内的抑制物质分解转化，有利于插穗生根。

10.1.5.3　扦插后的处理

通过插床增温，是促进扦插生根的普遍措施。硬枝扦插多在早春进行，这时气温升高较快，较易先萌芽抽枝展叶，消耗插穗中贮藏的养分，同时增加了插穗蒸腾失水，但此时地温仍较低，不能满足生根需求，因而易造成插条的死亡成降低成活率。通常，当地温高于气温3~5℃时，有利于插穗生根。生产上可采用电热丝(电热温床)、热水管道或放入马粪等(酿热温床)等措施来提高地温，结合温室、拱棚、塑料大棚等设施的使用，不仅可以创造适宜生根的温度环境，且能延长适宜扦插繁殖与苗木生长的时间，以实现促进生根、培育壮苗的目的。

合理控制温度、湿度和光照。嫩枝扦插多在夏秋季节进行，夏季高温，枝条幼嫩，易引起枝条失水而枯死，所以，此时扦插育苗的关键时提高空气的相对湿度，减少插穗叶面蒸腾强度，提高离体叶片的存活率，进而提高生根成活率。扦插管理是围绕如何维持扦插环境的湿度、保证插穗成活为前提的。常用方法有塑料小拱棚扦插，在拱顶加装水管与喷头等喷雾设施，温室与塑料大棚内气插及全光自动间歇喷雾扦插等。

10.1.6　扦插季节

一般来讲，扦插繁殖在一年四季均可进行，但实践证明，在适宜时间扦插，生根成活率高。因扦插环境、气候条件和树种不同，扦插方法和扦插时期有较大差别。例如，落叶树硬枝扦插，春、秋两季均可进行，但以春季为多，并在春季芽萌动前及早进行扦插，成活率较高。北方在土壤开始化冻时即可进行，一般在3月中下旬至4月中下旬。秋插宜在土壤冻结前随采随插，我国南方温暖地区普遍采用秋插。在北方干旱寒冷或冬季少雪地区，秋插时插穗易遭风干和冻害，故扦插后应进行覆土，待春季萌芽时再把覆土扒开。为解决秋插困难，减少覆土等越冬工作，可将插条贮藏至第二年春天进行扦插，较为安全，同时结合贮藏，可进行生长素等各种促进生根的处理。落叶树种的嫩枝扦插，多在夏季第一次旺盛生长期终了后的稳定时期进行。南方常绿树种的扦插，多在梅雨季节进行。

随着科技的发展，阳畦、拱棚、温室以及全光喷雾、苗床增温等各种传统及现代设施与技术的应用，使植物的扦插繁殖技术不断改进，扦插季节和应用范围都在不断扩大，极大地提高了扦插繁殖的效率，同时各项技术措施的配套也显得更加重要。

10.2 嫁接苗的培育

10.2.1 嫁接繁殖及其特点

嫁接是将一株植物的枝段或芽等器官或组织，接到另一株植物的枝、干或根等的适当部位上，使之愈合生长在一起而形成一个新的植株的繁殖方法。利用嫁接方法繁殖的苗木称为嫁接苗。用做嫁接的枝或芽称为接穗，承受接穗的植株称为砧木。砧木和接穗的组合，称为砧穗组合。嫁接繁殖在苗木生产中应用广泛，与其优势密不可分。

(1) 保持母本的优良性状

嫁接苗接口以上部分是接穗的继续生长发育，从而表现出采穗母株的生物学特性。利用嫁接技术可以稳定接穗种质的优良性状。

(2) 提早开花结果

嫁接利用砧木的根系，能够为接穗供给充足的养分，使其发育旺盛，而且在砧穗接口处积累较多的碳水化合物，促进开花结果。由于嫁接接穗通常采自成龄植株，与实生苗相比，嫁接苗开花结实较早。并且，把幼龄的接穗嫁接到成熟的砧木上，也可以促进其提前开花。因此，在林木育种中常利用嫁接方法，可促进杂交幼苗提早结果，缩短对目标性状选择的时间，早期鉴定育种材料的价值，加快培育新品种的步伐。

(3) 增强抗逆性和适应性

嫁接苗可以利用砧木对接穗的影响，选用具有较强抗性和适应性的砧木，提高嫁接苗对环境的适应能力。生产中，常利用砧木的乔化、矮化、抗寒、抗旱、耐涝、耐盐碱、抗病虫、矮化等特性，以增强接穗品种的适应性、抗逆性，并可调节生长势，有利于扩大栽培范围和改良栽植方式。

(4) 克服不易繁殖现象

有些树种具有优良性状，但是结实不良或结实少，实生繁殖变异大，不适宜用种子繁殖；另外，有些用扦插、压条、分株不易繁殖，无核、少核的树种或品种，通过嫁接可以繁殖大量苗木。

(5) 培育新品种

芽变是林木新品种选育的途径之一，利用嫁接可以及时固定和繁殖芽变性状，培育新品种；在实生繁殖的后代中，当选出具有优良性状的单株时，嫁接通常是进行无性系扩繁、培育新品种的主要技术手段。

(6) 树木的调整及养护

可以利用嫁接，选用优良品种的接穗，对劣质品种的大树进行高枝嫁接，快速获得优良品种的大树，实现大树改良，即"高接换优"；对于病弱、受损树木进行"桥接"补枝，复壮树体，恢复树势；对于空膛树通过嫁接充实内膛空间，使树形圆满，充分利用空间；对于单一品种的栽植园，可以通过嫁接授粉品种等，满足有效授粉的需要求。同时，嫁接技术常用于园林特型苗木的培育，例如，选用矮化砧、乔化砧培育造型树木；利用多品种嫁接在同株苗木上，实现一树多花色、多果型等的应用也极为广泛。

近年来，在微体嫁接、脱毒苗检测等方面也有嫁接技术的应用。利用嫁接技术研究植物组织极性，砧木与接穗的相互影响及其亲和力，营养物质在树体内的吸收、合成、转移、分配，内源激素对树体生长、开花和根系生理活动等方面的应用也日益深入和广泛。

10.2.2 嫁接成活的原理及影响因素

10.2.2.1 嫁接愈合成活过程

嫁接双方能否愈合成活，除砧穗亲和力外，主要取决于砧木和接穗形成层能否密接，双方产生愈伤组织，愈合成为一体并分化产生新的输导组织而相互连接。愈伤组织增生越快，则砧穗连接愈合越早，嫁接成活可能性越大。嫁接愈合过程可包括以下几个阶段：

①砧木和接穗接切面细胞内含物氧化、原生质凝聚形成隔离层。
②砧木与接穗愈伤组织形成和增殖，冲破隔离层。
③输导组织分化，在砧木和接穗的愈伤组织中分化出维管束，维管束把砧木和接穗连接起来。
④嫁接共生体形成。

10.2.2.2 影响嫁接成活的因素

影响嫁接成活的因素是多方面的，可以分内因和外因。内因主要是砧木和接穗的亲和力及两者的质量；外因主要是嫁接技术和嫁接时的外部条件等。

（1）影响嫁接成活的内因

①嫁接亲和力 即砧木和接穗的亲和力，指砧木和接穗经嫁接能愈合并正常生长发育的能力。具体来讲，指嫁接双方在内部组织结构、生理代谢和遗传特性上的彼此相同或相近，因而能够互相结合在一起并正常生长发育的能力。与此相对应，把种种原因引起的砧木和接穗之间部分或完全愈合失败的现象称为嫁接不亲和。嫁接亲和力是嫁接成活的最关键因子和基本条件。嫁接亲和力强弱是植物在系统发育过程中形成的特性，与砧木和接穗双方的亲缘关系、遗传特性、组织结构、生理生化特性以及病毒影响等因素有关。一般认为，亲缘关系越近，亲和力越强，嫁接就越易成活。同种或同品种间的嫁接亲和力最强，这种嫁接称为"本砧嫁接"，例如，板栗接板栗，核桃接核桃，毛桃接毛桃等。同属异种间的嫁接亲和力因树种而异，例如，苹果接在海棠或山定子上，梨接在杜梨上，柿接在君迁子上，桃接在山桃上等，其嫁接亲和力都很强。同科异属间的亲和力多数较弱，但也有表现良好并在生产上应用的，例如，核桃接在枫杨上。科间植物进行远缘嫁接，虽然文献上有些记载，但是目前生产上尚未得到广泛应用。嫁接亲和力强弱表现形式复杂多样，通常可将嫁接亲和力分为：

a. 亲和良好：砧穗生长一致，接合部愈合良好，生长发育正常。
b. 亲和力差：嫁接虽能成活，但有种种不良表现，例如，接后树体衰弱，接口部位愈合不良，膨大或呈瘤状；结合部位上下粗细不均，即所谓"大脚"或"小脚"等。

　　c. 短期亲和：嫁接成活后生活几年后枯死。

　　d. 不亲和：嫁接后不产生愈伤组织并很快干枯死亡。亲和力虽然与亲缘关系远近有很大关系，但也有一些特殊情况。研究植物间的亲和力，寻找具有生产意义的亲和力好的砧木具有重大意义。

　　②砧木和接穗的质量　砧穗的愈合过程需要双方贮存有充足的营养物质做保证，才有利双方形成层正常分裂愈合及良好成活。砧木和接穗组织充实，贮存的营养丰富，嫁接后容易成活。其中尤以接穗的质量（营养物质和水分含量）具有更重要的作用。因此，应选择组织充实、芽体饱满的枝条做接穗。不同树种嫁接成活对接穗含水量要求有所差异，但多数均表现为接穗失水越多，愈伤组织形成量越少，嫁接成活率也越低。

　　③砧木、接穗的生理特性　是影响亲和力和嫁接成败的主要因素。在嫁接繁殖中，砧木和接穗对水分、养分的吸收和消耗、形成层的活动时期、根压等生理活动特性需求相近时，嫁接亲和力强，易成活。若砧木和接穗的根压不同，如砧木的根压高于接穗，生理活动正常，嫁接能够成活；反之则不能成活。这是有些嫁接组合正接能成活，反接却不能成活的原因之一。有些植物的代谢产物，例如，酚类（单宁）、树脂、树胶等会影响嫁接愈合。核桃、葡萄等树种根压较大，根系开始活动后，地上部伤口部位易出现伤流。因此，春季嫁接核桃或葡萄等树种，由于接口处易出现大量伤流，窒息切口处细胞的呼吸而影响成活。此外，桃、杏等树种伤口部位流胶，松柏类树种切口常流出树脂物质，核桃、柿等树种切面细胞内单宁氧化形成不溶于水的单宁复合物，都会影响愈伤组织的形成而降低成活率。

　　④嫁接的极性　愈伤组织具有明显的极性，砧穗双方愈伤组织的极性可影响接合部正常生长。任何砧木和接穗都有形态上的上端和下端，愈伤组织最初发生在下端部分，这种特性称为垂直极性。常规嫁接时，接穗的形态下端应插入砧木的形态上端部分（异极嫁接），这种正确的极性关系对接口愈合和成活是必要的。例如，桥接时将接穗极性倒置，虽然也能存活一段时期，但是接穗不能加粗生长。而极性正确，嫁接的接穗则正常加粗（图10-4）。

　　(2) 影响嫁接成活的外因

　　① 环境因素

　　a. 温度：形成层和愈伤组织的活动需要在一定的温度下才能正常进行。气温和土壤温度对砧

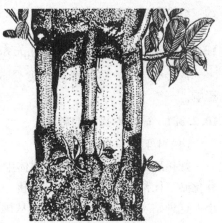

图 10-4　桥接中正接与倒接的加粗情况
（引自 Hartman and Kestor, 1975）
中间为倒接接穗

木、接穗的分生组织活动程度有密切关系。选择温度适宜的季节进行嫁接是保证成活的一个重要条件。早春温度较低，形成层刚开始活动，愈伤缓慢；过晚，气温升高，接穗芽子萌发，不利于愈合和成活。在生产实践中，各树种愈伤组织活动的最适温度有所不同，大多数在20～25℃的范围内，这与树种的自然萌芽、生长的生活习性有关。

b. 湿度：土壤水分和接口湿度是影响嫁接成活的重要环境条件。愈伤组织的形成和生长必须有一定的湿度环境。一般，枝接后需要3~4周，芽接后需要1~2周时间，砧木和接穗才能愈合，这段时间保证嫁接部位的湿度，是保证嫁接成活的关键。土壤水分影响砧木生长势和形成层分生细胞的活跃状态。当砧木容易离皮和水分含量充足时，砧穗双方形成层分生能力都较强，愈伤和结合较快，砧、穗输导组织容易联通。当土壤干旱缺水时，砧木形成层活动滞缓，影响嫁接成活率。接口湿度为砧、穗双方愈合和连接创造了适宜条件，对愈伤组织的大量形成有促进作用。因此，嫁接时需要用保湿材料绑缚、套袋或培土等方法，保持接合部位的湿度，促进嫁接成活。

c. 光照：对愈伤组织有明显的抑制作用，在黑暗条件，愈伤组织产生多，呈鲜嫩的乳白色，砧、穗易愈合；光照条件下，愈伤组织少且外层硬化，呈浅绿色或褐色，砧穗不易愈合。生产中使用不透光的材料进行绑缚，或者培土，有利于愈伤组织形成，提高嫁接成活率。

d. 空气：氧气是愈伤组织生长的必要条件之一。嫁接繁殖中，采取各种绑缚或材料保湿的同时，必须考虑嫁接愈合对空气的需要，以免造成氧气供应不足或者愈伤组织窒息死亡。因此，协调好保持湿度和保证空气的关系，是嫁接繁殖中要注意的问题。

② 嫁接技术　正常和熟练的嫁接技术，是嫁接成活的重要条件。砧木和接穗削面平滑，形成层密接，操作迅速准确，接口包扎严密者，嫁接成活率高；反之，削面粗糙，形成层错位，接口缝隙较大和包扎不严格等，均会降低成活率。同时，嫁接时要注意砧木和接穗的极性，接穗形态学下端与砧木形态学上端相接，倒置嫁接一般不能成活；绑缚方法和材料使用不当也常造成嫁接失败。

嫁接繁殖体系中，影响嫁接成活的因素很多，各种内外因素之间相互协调，又相互制约，综合影响着嫁接结果。

10.2.3　砧木与接穗间的相互关系

嫁接成活后，砧、穗双方愈合成为一个新的植株，在生长过程中，均会相互产生影响。

10.2.3.1　砧木对接穗的影响

(1) 对生长和结果的影响

嫁接后，某些砧木可促进树体生长高大，这种砧木称为乔化砧。例如，海棠是苹果的乔化砧，杜梨是梨的乔化砧，山桃、山杏是桃的乔化砧等。另一些砧木嫁接后使树体矮小，这种砧木叫矮化砧。例如，从国外引入的苹果矮化砧M_9、M_{25}、M_{27}和半矮化砧M_2、M_4、M_7、M_{106}等。砧木的生长势不同，对接穗枝条的总生长量影响明显。砧木还影响树体寿命，一般乔化砧寿命长，矮化砧寿命短。此外，砧木对嫁接树木的物候期，如萌芽期、落叶期等均有明显影响。

砧木对嫁接树种达到结果期的早晚、果实成熟期及品质、产量、耐贮性等都有一定的影响。例如，嫁接在矮化砧或半矮化砧上的苹果进入结果期早，嫁接在三叶海棠砧木上的则结果期较晚，嫁接在保德海棠上的红星苹果色泽鲜红而且耐贮藏。

(2) 对抗逆性、适应性的影响

砧木多用野生或半野生种类，具有较广泛的适应性，表现不同程度的抗寒、抗旱、抗涝、耐盐碱和抗病虫害等特性。利用这些砧木可提高嫁接树木的抗逆性和适应性，有利于扩大树木的栽培地区。例如，用山桃嫁接的桃树，抗寒、抗旱能力较强，用毛桃嫁接桃树耐湿能力较强。

砧木对嫁接树种虽有多方面的影响，但这些影响是接穗遗传性已经稳定的基础上产生的，属生理作用，并不涉及遗传基础的变化，因此不会改变接穗种质的固有特性。

10.2.3.2　接穗对砧木的影响

嫁接繁育的树体，其根系的生长是靠地上部制造的有机营养，接穗对砧木的生长也会产生一定影响。例如，以'益都林檎'为砧木，分别以'祝''青香蕉'和'国光'三个苹果品种为接穗嫁接形成的苹果树，其根系须根量明显不同，其中'祝'苹果的须根量最大。用杜梨做梨的砧木，用枫杨做核桃的砧木，则植株根系分布往往较浅，且多分蘖。此外，在接穗的影响下，砧木根系中的淀粉、碳水化合物、总氮、蛋白态氮的含量，以及过氧化氢酶的活性，也有一定的变化。

砧木和接穗之间的相互关系复杂，从已有的资料看，砧木对接穗影响机理的研究较多。主要集中在营养和运输、内源激素以及解剖结构和代谢关系等方面。

10.2.4　砧木与接穗的选择与培育

10.2.4.1　砧木的选择与培育

砧木的质量是培育优良嫁接苗的基础之一。砧木的选择和培育对于嫁接苗的培育来说非常重要。砧木对气候、土壤类型等环境条件的适应性，以及对接穗的影响都有明显的差异。一般在选择砧木时应具备以下条件：

①与接穗有良好的亲和力，愈合良好，成活率高。

②对栽培地区的环境条件适应能力强，如抗旱、抗涝、抗寒、抗盐碱、抗病虫害等，且根系发达，生长健壮。

③对接穗的生长、结果及观赏价值等性状有良好的影响。例如，生长健壮、丰产、提早结果、增进品质、寿命长等。

④材料来源丰富或繁殖容易。

⑤具有某些特殊需要的性状，如矮化等。

实生苗具有抗性和适应性强、寿命长、易繁殖等特点，通常采用播种繁殖培育砧木。对于种子来源不足，或者播种繁殖困难的树种，也可以采用扦插育苗的方法培育，有时也采用压条、分株等其他育苗方法培育砧木。嫁接使用的砧木苗以地径 1~3 cm 为宜，苗龄 1~2 年生，生长慢的树种也可以 3 年生。若用于高接，应培养成具有一定高度主干的砧木苗。育苗过程，除正常肥水管理外，可以采用摘心等方法来控制苗高的生长，促进苗粗的生长，使苗木尽早达到嫁接所要求的粗度。在商品化嫁接繁殖体系中，砧木的选择与培育关系到嫁接质量与效果，因此，要建立专门的砧木培育圃，按照标准化要求进行生产管理。

10.2.4.2　接穗的选择、培育、采集和贮藏

接穗是嫁接繁殖的主要对象，为保证嫁接苗品质的一致性，接穗应在无性系采穗圃或

采穗园中选择,若无采穗圃(园),接穗应从经过鉴定的优树上采取。接穗种质应具有稳定的优良形状,具有市场销售潜力;采穗母树应是生长健壮的成龄植株,具备丰产、稳产、优质等性状,并且无检疫对象。接穗应选用树冠外围中上部的1年生枝条;接穗枝条健壮充实,芽体饱满,充分木质化,匀称光滑,无病虫害。

接穗的采集因嫁接方法不同而异,芽接一般选用当年的发育枝新梢,随采随嫁接。从采穗母树上采下的穗条,要立即剪去嫩梢,摘除叶片,以减少枝条水分散失,应注意保留叶柄,保护腋芽不受损伤。采集的穗条及时用湿布等保湿材料包裹,以防止失水。采下的穗条如果当天不能及时使用,应浸于清水中,或用保湿材料包裹,短期低温冷藏保存。保存时间与穗条树种和枝条质量有关,应尽快嫁接使用,尽量避免存放。枝接使用的穗条,一般在冬春季节采集休眠期的枝条,于春季萌芽前嫁接。采回的枝条先整理打捆,标记清楚,然后采用沙藏方法进行贮藏,也可以使用蜡封法贮藏,放置于 $0 \sim 5$ ℃条件下贮藏备用。主要目的在于保护枝条湿度和活力,避免水分散失。

10.2.5 嫁接方法

生产上嫁接方法和方式很多,常用的嫁接方法主要有芽接、枝接和根接等。

10.2.5.1 芽接法

芽接是从穗条上削取芽(称接芽),略带或不带木质部,插入砧木上的切口中,并予绑扎,使之密接愈合,并成活萌发为新植株的一种嫁接方法。其优点是可经济利用接穗,当年播种的砧木苗即可进行芽接。而且操作简便、容易掌握、工作效率高,嫁接时期长,结合牢固,成苗快,未嫁接成活的便于补接,能大量繁殖苗木,是现代苗木生产中最常用的嫁接育苗方法。芽接穗枝多取用当年生枝的新生芽,随接随采,并立即剪去叶片,保鲜保存。但若采用带木质芽接,可用休眠期采集的1年生枝的芽。芽接时期在春、夏、秋3季,凡皮层容易剥离,砧木达到芽接所需粗度;接芽发育充实均可进行芽接。北方,由于冬季寒冷,芽接时期主要在7月初至9月初,成活后第二年萌发生长。过早芽接,接芽当年萌发,冬季易受冻害,芽接过晚,皮层不易剥离,嫁接成活率低。华东、华中地区通常于7月中旬至9月中旬芽接,华南和西南地区,落叶树种于$8 \sim 9$月、常绿树种于$6 \sim 10$月嫁接成活率较高。各地的具体芽接时间,应根据不同树种特点和当地气候条件而定。近年来,为加快育苗,利用塑料棚等设施,可提早播种,提早嫁接,当年育成苗。芽接的常用方法有"T"字形芽接、方块芽接及嵌芽接等。

(1) "T"字形芽接

"T"字形芽接是生产上常用的一种芽接方法(也称"丁"字形芽接,盾形芽接)(图10-5),操作简便,成活率高。选择当年生健壮、芽饱满的枝条作接穗,剪去叶片,留下叶柄,并用湿草帘包好或泡于水中备用。其削芽方法是:先在芽上方约0.5 cm处横切一刀,深达木质部,随后从芽的下方$1 \sim 1.5$ cm处斜向上削芽,刀要插入木质部,向上削到横口处为止,削成上宽下窄盾形芽片,用手捏住接芽向旁边轻轻掰动,即可使芽片与枝条分离,取下芽片备用。

在砧木距地面$2 \sim 5$ cm处选光滑部位切一"T"字形切口(可根据芽片大小而定),深达木质部。在嫁接时,用刀从"T"字形切口交叉处撬开,把芽片插入切口,使芽片上边与

"T"字形切口对齐，然后用塑料带捆扎紧实(图 10-5)。

在生产上可把"T"字形芽接改为一横一点芽接法，即在砧木横切口的中央，用刀尖轻轻一点，而不下刀，点后左右一拨，撬开皮层接口，然后把芽片顺接口插入皮层，徐徐推进，砧木皮层也就随着芽的推进而破裂，直至接芽上端与横切口对齐为止。这种方法使芽片与砧木木质部结合极为紧密，砧木皮层包裹接芽片也甚为严密。该方法嫁接快，成活率高。另外，根据树种特性，芽片可以削成不同的形状，如常用的方块形芽片，砧木要切成与芽片大小一致的"口"字形或"工"字形切口，被称为方块形芽接，在核桃等树种上，应用效果良好。

图 10-5　"T"字形芽接
1. 削取芽片　2. 取下的芽片
3. 插入芽片　4. 绑缚

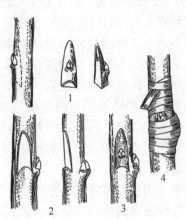

图 10-6　嵌芽接
1. 削接芽　2. 削砧木切口
3. 插入芽片　4. 绑缚

（2）嵌芽接

嵌芽接是芽片带木质部的一种芽接方法。用于接穗枝梢上具有棱角或沟纹的树种，如栗、枣、柑橘等树种的接穗，或者接穗和砧木不易离皮时带木质部芽接。削取接芽时倒拿接穗，先在芽的上方约 1 cm 处向下斜削一刀，再在芽下方斜切呈 30°角下刀，并向前推进，削透到第一刀口底部，取下芽片，即为接穗芽，芽片长 2～3 cm。以同样的方式在砧木上削出切口，砧木的切口比芽片稍长，插入芽片后使芽片上端露出一线砧木皮层，绑紧，如图 10-6 所示。

嫁接后半月左右，如接芽芽片新鲜，叶柄一触即落，说明已成活；芽片皱缩变枯，叶柄萎缩而牢固，说明未接活。未接活的应及时松绑进行补接。凡上年夏季嫁接成活的苗木，在翌年春剪砧，春季嫁接的苗木应在确定成活后松绑剪砧。剪砧高度在芽眼上 15～20 cm 处。

10.2.5.2　枝接法

枝接是指以枝段为接穗的嫁接方法。接穗的长短，依不同树种、品种节间的长短而异，一般每个接穗要带 2～4 个饱满芽，为节省接穗，也可以用单芽枝接。与芽接法相比，操作技术较复杂，工作效率相对较低。但在砧木较粗、砧穗处于休眠期不易剥离皮层、幼树高接换优或利用坐地苗建园时，采用枝接法较为有利。依据接穗的木质化程度分为硬枝嫁接和嫩枝嫁接。硬枝嫁接一般使用处于休眠期的完全木质化的发育枝为接穗，于砧木树液流动期至旺盛生长前进行嫁接。嫩枝嫁接是以生长期中末木质化或半木质化的枝条为接穗，在生长期内进行嫁接。树种不同，枝接的适期也有区别。

常用的枝接方法有切接、劈接、皮下接、腹接、靠接、髓心形成层贴接、合接等。

(1) 切接

切接法一般适用于地径较粗的砧木。具体嫁接步骤如下：

①削接穗　在接穗上端保留2~3个芽，上端从距上芽1 cm处剪齐，在接穗下部芽的背面下方1 cm处削切面，削掉1/3木质部，削面要平直，长约2~3 cm，再将斜面的背面末端削成约0.5 cm的斜面，两边削面要光滑。

②切砧木　在离地面5 cm左右处将砧木水平剪断，削平剪口面，选比较光滑平直的一侧，在砧木直径1/5~1/4位置带木质部垂直下切，深度约2~3 cm。

③插接穗　把削好的接穗插入切口，使接穗的长削面两边的形成层和砧木切口两边的形成层对准、贴紧，至微露大削面上端2~3 mm。若接穗较细时，必须保证一边的形成层对准。切忌砧、穗形成层错开，否则嫁接将不能成活。

④绑缚　用塑料薄膜条将嫁接处自下而上包扎绑紧，绑缚时要特别注意勿使切口移动，然后再避开接穗上的芽子，将接穗上端剪口封闭并绕下打结。若接穗顶部已蜡封过，可不绕上封顶(图10-7)。也可以用潮湿的泥土将接穗全部埋住，以促进嫁接成活。

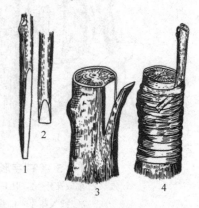

图10-7　切接法
1、2. 接穗的长削面和短削面
3. 切开的砧木　4. 绑缚

(2) 劈接

选择适宜的接穗，在接穗下部约3 cm处，将两侧削成长约2~3 cm的楔形削面。一般削面应在接穗上部芽的两侧下方，使伤口离芽较远，以减少对芽萌发的影响。如果砧木比较粗，接穗应削成扁楔形，接穗上部芽所在的一面较厚，反面较薄，以利于砧木夹持。如果砧木和接穗粗度相近，接穗可以削成正楔形，不仅利于夹持，而且砧木和接穗两者的接触面大，对愈合有利。根据砧木的大小，在适当部位截断砧木，削平切面以利愈合；然后在砧木切面中央垂直下劈，劈口长3~5 cm；砧木劈开后，用劈接刀轻轻撬开劈口，将削好的接穗迅速插入，如接穗较砧木细，可把接穗紧靠一边，保证接穗和砧木至少有一面形成层对准；粗的砧木还可两边各插一个接穗，出芽后保留一个健壮的。接合后立即用塑料薄膜带绑缚紧或埋土保湿，避免接穗和砧木形成层错开(图10-8)。

(3) 皮下枝接

又称插皮接(图10-9)，一般在砧木较粗，且离皮(形成层开始活动)时应用。接穗可为长8~10 cm的枝段，下端一侧削长3~6 cm的斜面，背侧削长不足1 cm的小斜面，削面要平直光滑。嫁接时，先剪断砧木，在砧木横断面边缘嵌开皮层，将削好的接穗长削面对准砧木的木质部，插入砧木的皮层与木质部之间，插入深度为上部露白约2 mm。插接穗动作要快，插缝口要紧密。用绑扎材料从上至下绑扎牢。本法操作简单，接穗插入皮层

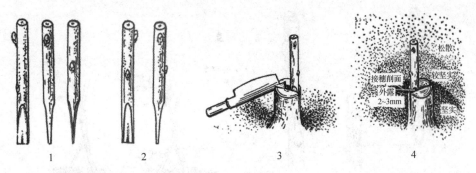

图 10-8　劈接法

1. 扁楔形接穗，侧面、正面与反面　2. 正楔形，正面与侧面　3. 劈接插接穗　4. 埋土

内侧，砧、穗形成层接触面广，容易成活。但接穗易松动，且愈合组织只在一侧产生，牢固性较差，需绑缚严紧，并在生长时期立支柱绑扶，免致风折。生产实践中，在此基础上，又发展出插皮舌接和插皮腹接等方法。

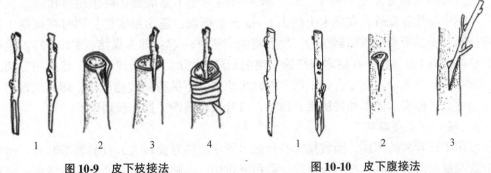

图 10-9　皮下枝接法　　　　　　　图 10-10　皮下腹接法

1. 削接穗　2. 切贴撬皮　3. 插入接穗　4. 绑缚　　　1. 削接穗　2. 切砧木撬皮　3. 插入接穗

（4）腹接法

可在树冠的枝干上进行嫁接，不剪除砧木树冠，故称腹接。待嫁接成活后再剪除上部枝条。接穗为长 5~8 cm，有两个饱满芽的枝段，在基部削两个削面，一侧厚（与顶芽同侧）一侧薄。在砧木中下部与枝条纵轴成 30°角斜切至枝条横径 1/3 处，将砧木切口撑开后插入接穗，砧穗形成层对齐，然后绑缚严密。

生产上也常用皮下腹接法（图 10-10）。在嫁接部位将砧木的树皮切一个"T"字形切口，按插皮接削接穗的方法削好接穗，插入"T"字形切口内，然后绑缚。

（5）舌接法

常用于枝接成活较难的树种，要求砧木与接穗的粗度大致相同。在接穗下部芽背面削成 3 cm 左右的斜削面，然后在削面由下往上的 1/3 处，顺着接穗往上切开一个长约 1 cm 的切口，形成一个舌状。砧木同样削成 3 cm 左右的削面，并分别于削面由上往下 1/3 处，向下切开长约 1 cm 的切口，恰与接穗的斜削面相对应，以便能够与接穗互相交叉、夹紧。然后将两者削面插合在一起，使砧木和接穗舌状部位交叉，形成层对准，并严密绑缚（图 10-11）。

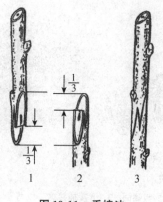
图 10-11　舌接法
1. 削接穗　2. 削砧木
3. 插合接穗和砧木

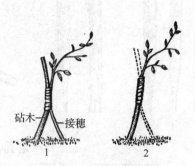
图 10-12　靠接法
1. 绑缚砧木和接穗
2. 剪去砧木上端和接穗

(6) 靠接

对于有些亲和力较差的树木，用一般的嫁接方法不易成活，可采用靠接法。在生长季，将砧木和接穗靠近，在砧木上削出 3 cm 长的削面，露出形成层，同时在接穗上削出对应削面，露出形成层或削到髓心，然后将两者绑在一起，即为靠接（图 10-12）。也可用舌接法（图 10-11）靠接，在砧木和接穗一侧削相应的切面，再切成舌状，然后相互插入接合。靠接后 1 个多月，在愈合处上端剪除砧木原枝，下端剪除接穗原枝，即完成嫁接。靠接成活率高，但要求砧木和接穗都有根系，愈合后再剪断，操作较烦琐。

(7) 髓心形成层贴接

多用于针叶树的嫁接。因接穗髓心和砧木形成层接触面较大，且易紧密贴合，接穗的髓射线和髓部薄壁细胞也在愈合过程中起积极作用，能够加速愈合，提高成活率。最佳嫁接时期是春季砧木芽开始膨大时期；在夏秋季当砧木和接穗新梢木质化时也可以嫁接。从穗条上取长 10 cm 左右带顶芽的 1 年生枝，保留近顶芽的 10 多束针叶和 2～3 个轮生芽，摘除其余针叶和芽。削穗时，从保留的针叶以下 1 cm 左右入刀，逐渐向下经髓心平直切削，削面长 5 cm 左右，切削面露出髓心，再于削面背面下端削一小斜切面。砧木利用中干顶梢，在略粗于接穗的部位 6～8 cm 范围内摘掉针叶，然后下刀略带木质部切削接口，露出形成层，削面的长度和宽度要同接穗切面相当，把接穗和砧木的切面贴合，上下左右对准，再紧密绑缚（图 10-13）。

嫁接 1 个多月愈合后，在靠近接口上端处剪去砧木枝头，使接穗代替砧木，同时剪除或剪短砧木上生长旺盛的侧枝，特别是靠近接穗的大侧枝，以保证接穗枝的主干地位。当年可以不全剪除侧枝，保留其为接穗提供营养的功能；以后随着接穗的生长，逐渐将砧木侧枝全部剪除。近年来，将形成层对接加以改进，在嫁接时就进行剪砧，称为"新对接法"，用于杉木、松树类效果良好，并利于嫁接苗茎干的直立生长。

(8) 合接

适用幼树，砧木与接穗的粗度要求基本一致。合接法与舌接相似，但不在削面上切成舌状，而是只将双方的斜削面接合在一起绑紧即成。具体做法：在砧木近地面 10 cm 左右处截断，然后削成一个斜面。选择与砧木粗度相当的接穗，把接穗的下端也削成斜面，斜

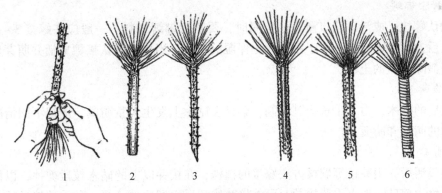

图 10-13 髓心形成层贴接

面的角度、长度与砧木一致。把接穗的斜面与砧木斜面贴紧在一块，然后用塑料薄膜把接口部位紧密绑缚。

10.2.5.3 根接法

以根段为砧木的嫁接繁殖方法，是以难生根的优良品种枝条做接穗，以亲缘关系相近的树种的根做砧木进行嫁接。多采用劈接、切接或者倒腹接等方法进行嫁接。根接应于休眠期进行，切勿倒置极性。若根段较接穗细，可将1~2个根段倒腹接插入接穗下部。根接完成后严紧绑缚（图 10-14）。

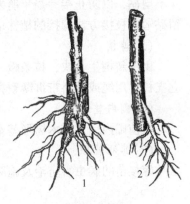

图 10-14 根接
1. 劈接　2. 倒腹接

10.2.6　提高嫁接成活率的关键环节

无论哪种嫁接方法，都必须严格把握好以下几个关键。

①在嫁接时，形成层要对准，削面要适当增大，也就是要增加接穗和砧木间形成层的结合面，增加愈合面积。

②嫁接速度要快，不管是枝条还是芽接，削面暴露在空气中的时间越长，削面越容易氧化变色，从而影响分生组织的形成。

③砧、穗结合部要绑紧，使两者紧密相接，促进成活。

④对嫁接后的结合部位，要保持一定的温、湿度，为伤口愈合创造条件。目前生产上常用塑料条带绑缚、套塑料袋或用湿土封埋结合等方法，都是保温、保湿的有效措施。

10.2.7　嫁接后的管理

(1) 检查成活

一般枝接在嫁接后 20~30 d，芽接在 7~15 d，即可检查成活情况。枝接成活的接穗上芽体新鲜、饱满，或已经萌发生长。芽接成活时，接芽呈新鲜状态，原来保留的叶柄轻触即可脱落，若芽体变黑，叶柄不易脱落，则是未接活。枝接未接活的，可以从砧木萌蘖条中选留一个健壮枝条进行培养，用于补接，其余剪除。芽接未接活的，可在砧木上选择适宜的位置立即补接。

（2）解除绑缚

当确认嫁接已成活，接口愈合已牢固时，要解除绑缚材料。一般应在嫁接 3~4 个月的时间之后方可考虑松绑。对于接后埋土保湿的枝接，当检查确认接穗成活并萌芽后，要分次逐渐撤除覆盖的土壤。

（3）除萌

嫁接后的砧木，由于生长受到抑制，容易在砧木上发生大量萌蘖，应视不同情况及时剪除砧木的萌芽和萌蘖。

（4）剪砧

嫁接成活后，用芽接等嫁接方法嫁接的植株，在接芽以上的砧木枝段剪掉，以保证接穗生长，称为剪砧。春夏季芽接的，可在接芽成活后立即剪砧；夏、秋季芽接成活后，当年不剪砧，以防止接芽当年萌发，难以越冬，要等到翌年春季萌发前剪砧。皮下腹接等保留砧冠的枝接方法嫁接的植株成活后，也要根据具体情况及时进行剪砧。

（5）缚梢

由于新梢生长快，枝条嫩，极易被风折断。因此，在新梢长达 10 cm 左右时，应当设立支柱，用绳或塑料带绑缚新梢。

（6）圃内整形

在苗圃内完成苗木树形基本骨架的培养。

（7）其他管理

嫁接苗的病虫害防治及施肥、灌水、排涝等，均与其他育苗方式相似。

10.3 压条苗培育

10.3.1 压条繁殖及其特点

压条繁殖是将枝条或茎蔓在不与母株分离的状态下包埋于生根介质中，待不定根产生后与母株分离而成为独立新植株的营养繁殖方法，由此产生的苗木称为压条苗。压条繁殖育苗，繁殖速度快，产生的新个体能保留母本的优良性状；方法简单，投入较少，生长快，成苗时间短，可以弥补扦插、嫁接不足之处。有些植物用剪下的枝条进行扦插或嫁接不易成活，而压条则能成活。因压条在其未发根之前，不与母体分离，能获得养分的供给，所以发根成活的几率较高。缺点是不易大量繁殖，局限于较小范围进行。因其费时，繁殖效率较低，应用范围要次于嫁接繁殖与扦插繁殖，一般来讲，当无法用嫁接或扦插进行营养繁殖时，才使用压条繁殖。

10.3.2 压条的种类及方法

压条的种类很多，根据枝条的状态，位置及操作方法，可分为地面压条法和高空压条法等。

10.3.2.1 地面压条法

根据压条的状态不同，又可分为普通压条、水平压条、波状压条及堆土压条等方法。

(1) 普通压条法

又称单枝压条法，适用于枝条离地面比较近而又易于弯曲的树种，如迎春、夹竹桃、无花果等。具体方法为：在秋季落叶后或早春发芽前，利用1~2年生的成熟枝进行压条；雨季一般用当年生的枝条进行；常绿树种以生长期为好。将母株上近地面的1~2年生的枝条弯到地面，在接触地面处，挖一深10~15 cm、宽10 cm左右的沟，靠母树一侧的沟挖成斜坡状，相对壁则垂直。将枝条顺沟放置，枝梢露出地面，并在枝条向上弯曲处插一木钩（或枝杈）固定。待枝条生根成活后（图10-15），从母株上分离即可。一根枝条只能压一株苗。对于移植难成活或珍贵的树种，可将枝条压入盆中或院中，待其生根后再切离母株。

(2) 波状压条法

适用于枝条长而柔软或为蔓性的树种，如紫藤、铁线莲、葡萄等。将整个枝条成波浪状压入沟中，波谷压入土中，波峰露出地面，使

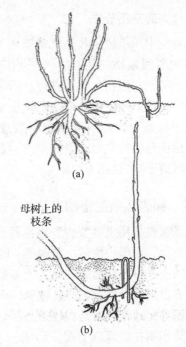

图10-15　普通压条法（引自成仿云，2012）
(a) 枝条埋压入土　(b) 压条生根

压入地下部分产生不定根，而露出地面的芽抽生新枝，待新枝成活后分别与母株切离而成为新的植株。

(3) 水平压条法

适用于枝长且易生根的树种，如连翘、紫藤、葡萄等。通常仅在早春进行。将整个枝条水平压入沟中，使每个芽节处下方产生不定根，上方芽萌发新枝。待成活后分别切离母体栽培。一根枝条可得多株苗木（图10-16）。

(4) 堆土压条法

也称直立压条法或壅土压条法，适用于丛生性和根蘖性强的树种，如榛子、栀子、贴梗海棠等。于早春萌芽前，对母株进行平茬截干，灌木可从地际处抹头，乔木可于树干基部刻伤，促其萌发出多根新枝。待新枝长到30~40 cm高时，即可进行堆土压埋。一般经雨季后就能生根成活，翌春将每个枝条从基部剪断，切离母体进行栽植（图10-17）。

图10-16　水平压条法

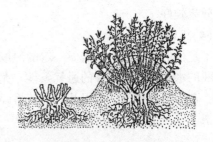

图10-17　堆土压条法

10.3.2.2 高空压条法

又称空中压条法。凡是枝条坚硬不易弯曲或树冠太高枝条不能弯到地面的树枝，可采用高空压条繁殖，如木兰、桂花等，一般在生长期进行。压条时先进行环状剥皮或刻伤等处理，然后用疏松、肥沃土壤或苔藓、蛭石等湿润物敷于枝条上，外面再用塑料袋或对开的竹筒等包扎好，以后注意保持袋内土壤的湿度，适时浇水，待生根成活后即可剪下定植（图10-18）。

图10-18 高空压条法
（引自成仿云，2012）

10.3.3 促进压条生根的方法

压条繁殖多用于茎节和节间容易自然生根，而扦插又不易生根或生根时间较长的树种，如玉兰、蔷薇、樱桃、龙眼等。除了一些很容易产生不定根的种类，如葡萄、常春藤等，不需要进行压条前处理外，大多数植物为了促进压条繁殖的生根，压条前一般在芽或枝的下方发根部分进行创伤处理后，再将处理部分埋压于基质中。这种前处理有环剥、绞缢、环割等，通常以为是将枝条上部合成的有机物质和生长素等向下输送的通道切断，使这些物质积累在处理口上端，形成一个相对的高浓度区。由于枝条的木质部又与母株相连，所以能继续得到源源不断的水分和矿物质营养的供给，再加上埋压造成的黄化处理，使切口处像扦插生根一样产生不定根。常用以下方法：

（1）机械处理

主要有环剥、环割、绞缢等。一般环剥是在枝条节、芽的下部剥去一定宽度的枝皮；绞缢是使用金属丝在枝条的节下面进行环缢；环割则是环状割1~3周，以上都深达木质部，并截断韧皮部的筛管通道，使营养和生长素积累在切口上部。

（2）黄化处理

又称软化处理，用黑布、黑纸包裹或培土包埋枝条使其黄化或软化，有利于根的发生和生长。在早春发芽前将母株地上部分压伏在地面，覆土2~3 cm；待新梢黄化长至2~3 cm再加土覆盖；至秋季黄化部分长出相当数量的根，将它们从母株切开即可。

（3）生长调节物质处理

促进生根的生长调节物质处理（种类和浓度）与扦插基本一致。IBA、IAA、NAA等生长素类能促进压条生根。为了便于涂抹，可用粉剂或羊毛脂膏来配制或用50%乙醇液配制，涂抹后因乙醇立即挥发，生长素就留在涂抹处，尤其是空中压条用生长素处理对促进生根效果较好。

（4）保湿通气

不定根的产生和生长需要一定的湿度和良好的通气条件。良好的生根基质，必须能保持不断的水分供应和良好的通气条件，尤其是开始生根阶段。松软土壤和锯屑混合物，或泥炭、苔藓都是理想的生根基质。若将碎的泥炭、苔藓混入在堆土压条的土壤中也可以促进生根。

10.4 分株苗培育

10.4.1 分株繁殖及其特点

分株繁殖育苗是利用母株的根蘖、匍匐茎、吸芽生芽或生根后，与母株分离而繁殖成独立新植株的营养繁殖方法。繁育出的新植株称为分株苗。优点是简便易行，对不易用其他繁殖方法来繁殖的植物有价值。它是最传统、简易的营养繁殖方法之一。为了增加分株繁殖系数，可在晚秋或早春，将母株树冠外围的部分骨干根切断或砍伤，能促使大量根蘖发生。必须在分株前数月将根蘖与母株连接的根部切断（但暂不挖起来），并施肥料，以促进母株和根蘖根系发育和地上部正常生长。分株苗由于具有完整的根、茎、叶，故成活率很高，缺点是繁殖系数低，繁殖的数量有限。分蘖力较强的树种常用此法，如石榴、腊梅、牡丹等。此外，如吊兰、虎耳草等匍匐茎上产生的小植株等可随时分离出来栽植。

10.4.2 分株的时期与技术

10.4.2.1 分株的时期

春、秋两季均可，开花早的需在秋季，开花迟的可在春季。春季分株在3～5月进行。分株过迟，由于母株生长消耗养分，影响成活或苗木生长不良；分株过早，天气太冷也不利于幼株生长。

10.4.2.2 分株的方法

(1) 根蘖分株法（普通分株法）

易生根蘖的树种，采用断根方式促发根蘖苗，脱离母体即可成为新个体。由母株根颈或根部的不定芽萌发新植株，在春季或秋季将所发生的新植株连带细根分别挖开栽植（图10-19）。例如，枣、石榴、梅、银杏等。

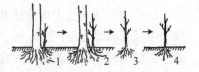

图 10-19　根蘖繁殖
1. 根蘖发生　2. 切断联络根
3. 脱离母体　4. 根蘖苗移植

(2) 吸芽分株法

香蕉在生长期能从母株地下茎抽生吸芽并发根生长到一定高度后与母株分离栽植。菠萝的地上茎叶腋间能抽生吸芽，选其健壮和一定大小的吸芽切带根切离母体也可成为新的植株。尽管现在生产上已采用脱毒种苗栽培香蕉，但吸芽分株法仍是广东、广西、福建等地不少蕉农的种苗繁育方法。

(3) 匍匐茎分株法

草莓等的长匍匐茎自然着地后，可在基部生根，上部发芽，切离母体可成为新的植株。

10.5 组培苗培育

组织培养是在无菌条件下，将离体的植物器官、组织、细胞或原生质体等材料，通过无菌操作接种于人工培养基上，在人工预知的控制条件下，使之生长发育成完整植株的繁殖方法。在无菌条件下进行组织培养的各种操作称为无菌操作；从植株上切割下来用作离体培养的植物材料称为外植体；利用组织培养技术在无菌条件下生产的苗木称为组培苗，它已成为规模化苗木生产的一种形式。

10.5.1 组织培养的原理

10.5.1.1 细胞全能性

组织培养技术得以建立的最重要的依据是植物细胞全能性理论，它是指正常生物体的每一个细胞，都含有该物种的全部遗传信息，在一定的条件下都具有发育成为完整个体的潜在能力。从理论上讲，生物体的每一个活细胞都应该具有全能性。细胞全能性的最高表现是受精卵(合子)，在组织培养中形成芽或根(能产生完整植株)也是植物细胞全能性的典型表现。在一个完整植株上某部分的体细胞只表现一定的形态，承担一定功能，是由于它们是受到自身遗传物质决定以及具体器官所在环境的束缚，但其遗传潜力并没有丧失，一旦脱离原来的器官或组织，成为离体状态，在一定的营养物质、激素和其他外界条件的作用下，就可能表现出全能性，发育成完整的植株。细胞全能性的表达要满足2个条件：一是把这些细胞从植物体其余部分的抑制性影响中解脱出来，即使这部分细胞处于离体的条件下；二是要给予它们必要的刺激，如提供一定的营养物质或者生长调节物质(激素)等。人工条件下实现这一过程，就是植物组织培养。

10.5.1.2 植物细胞的再生性

(1) 分化

分化指个体发生中由受精期产生的、具有相同遗传组成的细胞在形态、结构、化学组成和生理功能等方面产生差异，形成不同类型特化细胞的过程，即由于细胞的分工而导致的细胞结构和功能的改变或发育方式改变的过程。从分子生物学观点看，细胞分化的本质是发生差别基因表达、合成专一性蛋白质，细胞产生稳定的遗传表型。分化是相对的，多细胞植物体内各细胞分化程度不同。根据细胞特化程度和分裂能力可以将植物体的细胞分为3类：第一类如茎尖、根尖和形成层细胞，它们始终保持旺盛的分生能力，从一个细胞周期进入另一个周期；第二类是高度特化的细胞，如筛管、导管和气孔器的保卫细胞，永远失去分生能力；第三类如表皮细胞和各种薄壁组织细胞，在通常情况下不进行DNA合成和细胞分裂，但在受到适当的刺激后可以重新开始DNA合成和细胞分裂。

(2) 脱分化

脱分化是分化的逆转，指细胞失去已有的分化特征，恢复到相对不分化的分生组织。脱分化也是在基因选择性表达的基础上进行的一系列生理、生化变化，使分化细胞变成胚性细胞的过程。

(3) 再分化

再分化即经过脱分化的细胞、组织重新获得不同分化程度的特征。一般认为愈伤组织是脱分化的产物，在组织培养实践中可以看到，有的愈伤组织具有产生该种植物各种类型细胞、组织和器官甚至植物体的全部潜能，这是比较彻底的脱分化，差不多恢复到受精卵的状态；但是也有些在不同种类和不同浓度外源激素调控下既能分化出生殖器官，又能再生营养芽的情况，说明这类愈伤组织或外植体细胞只是部分地脱分化，只部分地恢复了细胞的全能性。因此，再分化的产物可以反映出脱分化也是相对的、分阶段的，而非一次完成的。

植物的再生，是指植物体上分离出的部分(器官或组织)具有恢复植物其余部分的能力。当从植物体上分离的根茎叶等器官或组织，在适当的培养条件下培养，有可能发育成新的完整植株。脱分化后的细胞进行再分化主要有 2 种方式：一种是器官发生方式，即茎、芽和根在愈伤组织的不同部位分别独立形成，它们为单极性结构，里面各有维管束与愈伤组织相连，但在不定芽和不定根之间没有共同的维管来将两者连在一起；另一种是胚胎发生方式，即在愈伤组织表面或内部形成很多胚状体，或称体细胞胚，它们是双极性的结构，有共同的维管束贯穿两极，可脱离愈伤组织在无激素培养基上独立萌发，形成完整的植株。

10.5.2 组织培养的类型

10.5.2.1 按外植体的来源分

(1) 植株培养

指对具有完整植株形态的幼苗或较大的植株进行离体培养的方法。

(2) 胚胎培养

指对植物成熟或未成熟胚进行离体培养的方法。常用的胚胎培养材料有幼胚、成熟胚、胚乳、胚珠、子房。

(3) 器官培养

指对植物体各种器官及器官原基进行离体培养的方法。常用的器官培养材料有根(根尖、切段)、茎(茎尖、切段)、叶(叶原基、叶片、子叶)、花(花瓣、雄蕊、雌蕊)、果实、种子等。

(4) 组织培养

指对植物体各部位组织或已诱导的愈伤组织进行离体培养的方法。常用的组织培养材料有分生组织、形成层、表皮、皮层、薄壁细胞、髓部、木质部等。

(5) 细胞培养

指对由愈伤组织等进行液体震荡培养所得到的能保持较好分散性的离体单细胞或较小的细胞团、花粉单细胞进行离体培养的方法。常用的细胞培养材料有性细胞、叶肉细胞、根尖细胞、韧皮部细胞等。

(6) 原生质体培养

指对除去细胞壁的原生质体进行离体培养的方法。

10.5.2.2 按培养过程分

(1) 初代培养

将植物体上分离下来的外植体进行最初几代培养的过程。其目的是建立无菌培养物，诱导腋芽或顶芽萌发，或产生不定芽、愈伤组织、原球茎等。通常是植物组织培养中比较困难的阶段，也称启动培养、诱导培养。

(2) 继代培养

将初代培养诱导产生的培养物重新分割，转移到新鲜培养基上继续培养的过程。其目的是使培养物得到大量繁殖,也称为增殖培养。

(3)生根培养

诱导无根组培苗产生根,形成完整植株的过程。其目的是提高组培苗田间移栽后的成活率。

另外,根据培养基的类型可分为:固体培养(多以琼脂、卡拉胶等做支持物,使培养基固化)、半液半固体培养、液体培养等多种培养方式。

10.5.3 组织培养的应用

(1)快速繁殖优良种苗

用组织培养的方法进行快速繁殖是生产上最有潜力的应用。快繁技术不受季节等条件限制,生长周期短。快速繁殖,可以通过茎尖、茎段等大量繁殖腋芽;通过根、叶等器官直接诱导或通过愈伤组织培养诱导产生不定芽;在较短的时间内迅速扩大植物的数量。组织培养法繁殖植物的明显特点是快速,每年可以数以百万倍的速度繁殖,因此,对一些繁殖系数低、不能用种子繁殖的名、优、特植物品种的繁殖,意义尤为重大。目前,观赏植物、园艺作物、经济林木、无性繁殖作物等部分或大部分都可用离体快繁提供苗木,试管苗已出现在国际市场上并形成产业化。

(2)脱除病毒

植物脱毒和离体快速繁殖是目前植物组织培养应用最多、最有效的方面。几乎所有植物都遭受病毒病不同程度的危害,有的种类甚至同时受到数种病毒的危害,尤其是很多园艺植物靠无性繁殖方法来繁育,亲代若染病毒,代代相传,越染越重。White 早在 1943 年就发现植物生长点附近的病毒浓度很低甚至无病毒。微茎尖培养可以得到无病毒苗,已经成为解决病毒病危害的重要途径之一,常与热处理相结合,可以提高脱毒培养的效果。

(3)培养新品种

植物组织培养技术为培育优良作物品种开辟了新途径。使育种工作在新的条件下更有效地进行,并在多方面取得了较大进展。例如,利用花药或花粉培养进行单倍体育种,具有高速、高效率、基因型一次纯合等优点;利用胚、子房、胚珠离体培养植物胚,可有效地克服远缘杂交不实的障碍,获得杂种植株;用原生质体进行体细胞杂交和基因转移,获得体细胞杂种、进行细胞突变体的筛选和培养等。

(4)种质资源保存

组织培养物,如试管苗、愈伤组织等,在液氮条件下,加入冷冻保护剂,可有效降低代谢水平,利于长期保存。利用组织培养保存植物种质资源具有体积小、保存数量多、条件可控制、避免病虫害再度侵染、节省人力和土地等优点,是一种经济有效的种质保存方法。"人工种子"的研究已有一定进展。所谓"人工种子",是指以胚状体为材料,经过人工薄膜包装的种子在适宜条件下萌发长成幼苗。我国已成功地研制出水稻人工种子。目前有 100 多种植物可以经组织培养获得大量的胚状体,为制成人工种子用于生产提供了基础。

(5)植物生物反应器

利用组织培养作为生物反应器,用于次生代谢物质生产。植物次生代谢物是许多医药、食品、色素、农药和化工产品的重要原料,其需求量逐年增加,组织培养技术为植物次生代谢产物的生产提供了有效的途径。由于植物的离体细胞在人工培养下仍具有合成药物成分的能力，可通过调节培养条件有效地提高其含量和质量，为此，利用组织培养生产药物，已发展成为组织培养在生产中应用的主流之一。利用组织培养技术，可以大量生产植物次生代谢物，以满足目前的需求量，同时有效地保护日益短缺的野生药用植物资源。

(6) 遗传转化

利用组织培养技术建立植物材料的遗传转化体系，是进行分子生物学尤其是基因功能等多方面研究的基础，已经广泛应用于遗传学、分子生物学研究的方方面面，成为组织培养的一个重要领域。

可见，组织培养已经成为一种常规的实验技术，广泛应用于植物的脱毒、快繁、基因工程、细胞工程、遗传研究、次生代谢物质的生产、工厂化育苗等多个方面。

10.5.4 组织培养室构建与培养条件

在规模大、条件好、科研任务多的情况下，理想的组培室或组培工厂应选在安静、洁净、远离交通线但又交通方便的区域。应该在城市常年主风向的上风方向，避开各种污染源，以保证工作的顺利进行。组织培养实验室布局的总体要求：便于隔离，便于操作，便于灭菌，便于观察。其设计应包括准备室、灭菌室、无菌操作室、培养室、观察室、辅助实验室，以及驯化室、温室或大棚。在规模小，条件较差的情况下全部工序也可以在一间室内分区完成。商业性组培室或工厂一般要求有 2~3 间试验用房，其总面积不应少于 60 m^2，划分为准备室、缓冲室、无菌操作室、培养室。必要时加一定面积的试管苗驯化室、温室或大棚。植物组织培养过程是在严格无菌条件下进行的，要做到无菌条件，需要一定的设备、器材和用具。一个标准的组培室应当包括准备室、配制室、无菌操作室、培养室、驯化室等。在实际中可结合现有条件，合并一部分。

(1) 准备室

主要用于进行一切与实验有关的准备工作，完成所使用的各种药品的贮备、称量、溶解、配制、培养基分装等。主要设备包括药品柜、防尘橱(放置培养容器)、冰箱、天平、蒸馏水器、酸度计及常用的培养基配制用玻璃仪器等操作。要求宽敞明亮，通风条件好，地面应便于清洁，并应进行防滑处理。

(2) 洗涤、配制室

主要用于完成各种器具的洗涤、干燥、保存、培养基的灭菌等。主要设备有水池、操作台、高压蒸汽灭菌锅、干燥灭菌器(如烘箱)等。

(3) 无菌操作室(接种室)

主要用于植物材料的消毒、接种、培养物的转移、试管苗的继代、原生质体的制备，以及一切需要进行无菌操作的技术程序。主要设备有紫外光源、超净工作台、消毒器、酒精灯、接种器械(接种镊子、剪刀、解剖刀、接种针)等。接种室不宜过大，根据生产能力而定，一般 7~8 m^2，要求地面、天花板及四壁尽可能密闭光滑，易于清洁和消毒。配置拉动门，以减少开关门时的空气扰动。干爽安静，清洁明亮。在适当位置吊装 1~2 盏紫外线灭菌灯，用以照射灭菌。最好安装一小型空调，使室温可控，这样可使门窗紧闭，减少与外界空气对流。接种室应设有缓冲间，面积 3~5 m^2 为宜。进入无菌操作室前在此更衣换鞋,以减少进出时带入接种室杂菌。缓冲间最好也安一盏紫外线灭菌灯,用以照射灭菌。操作前,至少开紫外灯20 min,室内定期用甲醛和高锰酸钾熏蒸。总的原则为:保证无菌操作,工作方便,防止污染。

(4)培养室

培养室是将接种的材料进行培养生长的场所。要求能控制光照、温度和湿度,为防止微生物感染,培养室应保持干燥和清洁。有换气装置,有适宜的培养架及照明光源。培养室大小可根据需要培养架的大小、数目及其他附属设备而定。原则是充分利用空间和节省能源,周围墙壁要求有绝热防火的性能。培养室的主要设备有培养架、摇床、培养箱、紫外光源等。培养材料放在培养架上培养。培养架一般设5层,最低一层离地高约10 cm,其他每层间隔30 cm左右,培养架高1.7 m左右。其长度可根据照明光源规格长度而设计,例如,采用40 W日光灯,则长1.3 m;30 W的长1 m,宽度一般为60 cm。

培养室最重要的因子是温度,一般保持在20~27℃左右,具备产热装置,并安装空调机。由于不同种类植物要求不同温度,最好有不同的培养室。室内湿度也要求恒定,相对湿度以保持在70%~80%为好,可安装加湿器。控制光照时间可安装定时开关调控装置,一般需要每天光照10~16 h,也有的需要连续照明。现代组培实验室设计通常考虑太阳光照作为主要能源,在此基础上补充必要光源,以节省能源,并提高组培苗生长及驯化成活的容易程度。在阴雨天可用灯光作补充。

图10-20 组织培养育苗设施
1. 准备室 2. 无菌接种室 3. 培养室 4. 驯化移栽温室

(5) 辅助实验室

①细胞学实验室　该室用于对培养物的观察分析与培养物的计数等。主要设备有双筒实体显微镜、显微镜、倒置显微镜等。小型仪器设备有分注器、血球计数器、移液枪、过滤灭菌器、电炉等加热器具、磁力搅拌器、低速台式离心机等。

②摄影室及暗室　其功能是进行培养材料的摄影记录和胶片冲印。

③生化分析室　在以培养细胞产物为主要目的的实验室中，应建立相应的分析化验实验室，以便于对培养物的有效成分随时进行取样检查。

④驯化移栽室　用于试管苗的移栽温室或大棚。

10.5.5　培养基的种类及配制

10.5.5.1　培养基的组成

在离体培养过程中，培养物生长分化需要的各种营养物质，都是由培养基提供的。一个完善的培养基至少应包括无机营养成分(包括大量元素和微量元素)、有机营养成分(维生素、氨基酸、糖类等)、生长调节物质(各种植物激素)，在固体培养时还应包括固化剂(一般为琼脂)。

(1) 无机营养成分

即矿质元素，在植物生长发育中非常重要。在离体条件下，植物进行各种生长发育需要的营养元素，与大田自然生长的植物一样，也包括了大量元素与微量元素，而获得的途径是培养基。根据国际植物生理学会建议，植物所需元素的浓度大于 0.5 mmol/L(每升毫摩尔)的称为大量元素，小于该浓度的称为微量元素。其中有些特殊的是铁，在离体培养中为避免其沉淀常以螯合铁(即 $FeSO_4$ 与螯合剂 Na_2-EDTA 的混合物)的形式提供。只含有大量元素与微量元素的培养基常称为基本培养基，其配方差异奠定了各种不同类型培养基的基础。

(2) 有机营养成分

为了保证培养物很好地生长发育，在基本培养基的基础上，常常必须加入一些有机物。培养基中的有多种有机营养成分，通常认为包括糖类、氨基酸类、维生素类以及有机附加物类。

①糖类　在植物组织培养中不可缺少的，不但作为离体组织赖于生长的碳源，还能使培养基维持一定的渗透压。最常用的是蔗糖(1%~5%)，有时也可用葡萄糖和果糖等。

②维生素类　能明显的促进离体组织的生长，培养基中的维生素主要是 B 族维生素，一般认为硫胺素(VB_1)是一种必需的成分，其他各种维生素如吡哆醇(VB_6)、烟酸(VB_3)、泛酸钙(VB_5)和肌醇，也能显著地改善植物组织的生长状况；抗坏血酸(VC)有很强的还原能力，常常用于防止组织氧化变褐。

③氨基酸类　培养基中最常用的氨基酸是甘氨酸，其次还用精氨酸、谷氨酸、谷酰胺、丙氨酸等，它们都是很好的有机氮源。

此外，肌醇、腺嘌呤以及其他一些化学成分不明的复杂营养物质，如水解蛋白、椰子乳、玉米胚乳、番茄汁与酵母浸出物等，也用来作培养基的有机成分。

(3) 生长调节物质

生长调节物质对组织培养中组织或器官分化、生长及发育等都发挥着不可替代的重要作用,在培养基中加入植物生长调节物质的种类和数量,常常是决定植物组织培养成败的关键。常用的植物生长调节物质包括以下几种。

①生长素类 影响植物茎和节间的伸长、向性、顶端优势、叶片脱落和生根等。在离体培养中,被用于诱导细胞分裂和根的分化。常用的有 IAA、IBA、NAA、NOA(萘氧乙酸)与 2,4-D 等。其中 IBA 和 NAA 广泛用于生根,并能与细胞分裂素合作促进茎的增殖,2,4-D 等对愈伤组织的诱导和生长非常有效。

②细胞分裂素类 主要作用是促进细胞分裂,诱导芽分化。有助于解除顶端优势对腋芽的抑制作用,可用于茎的增殖。常用的细胞分裂素有苄腺嘌呤(BA)、异戊烯腺嘌呤(2-iP)、激动素(KT)和玉米素(ZT)等。

③赤霉素类 种类很多,其中组培中常用的是 GA_3。它的主要生理作用是促进生长,尤其是茎的伸长,同时可以代替低温解除有关组织或器官的休眠。

④脱落酸类 在组培中对培养物有间接的抑制作用,可抑制外植体形成细胞胚状体,常在植物胚状体培养中应用。

此外,叶酸、水杨酸、多胺、黄腐酸等其他生长调节物质也被用于组织培养中,在不同植物中取得了较好的效果。

(4) 支持物

琼脂是组织培养中最常用的支持物(固化剂),一般使用浓度为 0.7%~1.0%,视所需培养基的硬度及气候而定,一般夏季用 0.8% 左右,冬季可用 0.7%。琼脂并非培养基的必需成分,在不加琼脂或其他固体剂时,培养基为液体状,进行的培养称液体培养,主要用于愈伤组织培养、胚状体培养等。

(5) 活性炭

加入培养基,主要是利用其吸附能力,减少一些有害物质的影响,如防止酚类物质污染而引起组织褐化死亡。另外,活性炭可使培养基变黑,有利于某些植物生根。但活性炭对物质的吸附无选择性,使用时应慎重。

10.5.5.2 培养基及配制方法

(1) 培养基配方选择

培养基根据其相态可以分为固体培养基、液体培养基;根据作用成分不同,可分为诱导培养基、增殖培养基、生根培养基;按其营养水平不同,可分为基本培养基和完全培养基等。

认真对比各种配方的特点,结合培养植物以及外植体的种类、培养目的等确定合适的培养基配方,是进行组织培养的关键环节。不同的培养基配方各有特点,选用之前要认真查阅相关资料或经过试验后确定。例如,有的培养基矿质元素含量较低,如常用于木本植物培养的 White 培养基;有的矿质元素含量丰富,如 MS 培养基含丰富铵盐;B_5 和 N_6 培养基含丰富的硝酸盐。Nisch 培养基在被子植物中应用最为广泛;B_5 培养基最初是为豆科植物培养设计的,现在应用日益广泛;WPM 培养基适合于椴属、杜鹃花属等木本植物;N_6 培养基更适应于禾本科植物。有的培养基维生素类比较丰富,如 B_5 培养基。与 B_5 培养基相反，Nitsch培养基不含包括维生素在内的任何有机附加物。

(2)培养基的配制

配制培养基，首先要选择合适的配方，按照配方要求先配制一系列浓缩储备液(即母液)，如大量元素、微量元素、铁盐和除糖之外的有机物质等，再量取定量的各种浓缩液进行稀释、混合，并加入蔗糖、琼脂后加热溶解，经过定容后调节pH值，分装入培养器皿中，最后进行高压灭菌，带冷却后贮存使用。

植物生长调节剂在培养基中使用量很小，但作用巨大。由于各种生长调节剂的性质不同，其溶解与配制的方法也有所差异。在此，对几种常用的植物激素做简单介绍。

①生长素类 IAA见光分解，要贮存于棕色玻璃瓶并置于冰箱中，它不能经受高温高压，一般经微孔滤膜过滤后加入培养基。IBA，2,4-D，NAA很稳定，可以高温灭菌。配制这类物质时可用少量1 mol/L的NaOH溶解，再加蒸馏水稀释至所需浓度。也可用少量95%乙醇溶解，然后加水稀释，稀释时用滴管将含生长素的乙醇溶液慢慢地滴入蒸馏水中，边滴边搅拌，否则生长素容易析出，溶解不完全时可稍稍加热。

②细胞分裂素类 ZT及其类似物2-iP为天然产物。BA及KT为人工合成物质，在120℃高温高压下都很稳定；ZT一般经过滤灭菌。KT见光易分解，宜存放于4~5℃暗处。这类物质宜先用少量0.5或1 mol/L HCl溶解，然后加水稀释。

③赤霉素类 GA_3受热不稳定，不能高温灭菌，它溶于醇类，在水中迅速分解。使用时先用95%乙醇配成母液存放于冰箱。

植物生长调节剂一般价格比较贵，易氧化变质，故配制时不宜一次配得过多，其母液应放在棕色试剂瓶中，保存在低温黑暗处，以免变质和分解。

(3)培养基的酸碱度

由于培养基的酸碱度直接影响外植体对离子的吸收，进而影响外植体的分化与发育，因此，pH值的调整是培养配制过程中的必要环节。一般用1 mol/L的HCl和NaOH调节pH值，通常，高压灭菌后培养基酸度会增加0.2左右，在调节pH值时应予以考虑，培养基的pH值也影响琼脂的凝固程度，有时培养基经过高温灭菌，冷却后不凝固，可能是因为调节pH值时搅拌不够，pH值太低，或者高温处理时间过长。当培养基pH值要求为弱酸性时，可适当多加一些琼脂粉。

(4)培养基灭菌

培养基灭菌可采用湿热灭菌法。瓶装溶液容积在1 000 mL以下者，在1.1 kg/cm^2，120℃条件下维持15~20 min可达灭菌效果。超过20 min，高温会使某些有机物(糖和维生素等)的分解增加，对培养不利。IAA，GA_3等应使用微孔滤膜过滤除菌，并在培养基温度降低但尚未凝固前加入其中，并摇匀。

(5)培养基存放

培养基应存放于背阴处。若含IAA，KT，则需放在暗处。刚配制的培养基凝固后表面会出现积水，最好过2~3 d，当表面的积水被吸收后再接种。若急需接种，需用无菌吸管吸去表面流动的积水以免污染源随水流扩散。灭菌后的培养基应该在15 d内用完，最多不得超过30 d。

10.5.6 外植体的制备

10.5.6.1 外植体的获取

一般常用作组织培养的材料有鳞茎、球茎、茎段、茎尖、花柄、花瓣、叶柄、叶尖、叶片等,它们的生理状态对培养时器官的分化有很大影响。一般来讲,年幼的实生苗比年龄老的成年树容易分化,顶芽比腋芽容易分化,萌动的芽比休眠的芽容易分化。此外,可以用未成熟的种子、子房、胚珠及成熟的种子为材料。用自来水将植物材料冲洗几遍,除去表面污垢后转入洗净的烧杯中。

10.5.6.2 外植体的消毒

消毒灭菌是将外植体表面的微生物杀死,同时又尽量不伤害植物材料中的活细胞。常用的消毒剂有乙醇、次氯酸钠、升汞等。使用消毒液的种类和处理时间因植物种类、器官类型和生长状况而异。一般,可在烧杯内倒入70%~75%乙醇,放入洗净的外植体材料并浸没,时间在1 min内,然后倒掉乙醇,换上0.5%的次氯酸钠水溶液消毒(要将外植体材料连同消毒液转移至无菌烧杯中,并放进超净工作台内操作)15~20 min后,倒掉消毒液并用无菌水洗3次,每次2 min。对于污染严重的材料,可选用0.1%(m/v)升汞消毒(剧毒,若非必须,尽量少用),也可连续2次使用次氯酸钠消毒,或次氯酸钠消毒1次后再用升汞消毒。用升汞消毒后,需经无菌水多次洗涤。注意防止消毒过度损伤植物组织。

10.5.7 初代培养接种

10.5.7.1 外植体接种过程

接种必需在无菌环境中进行,在接种前1h要打开接种室或超净工作台内的紫外灯照射30min。强烈的紫外灯会伤害人的眼睛和皮肤,而且照射氧产生的臭氧(O_3)会伤害呼吸系统,在开灯后要务必离开。关闭紫外灯后,要先打开超净工作台的泵吹风15min,除去紫外灯照射所产生的臭氧,并使无菌空气充满超净工作台。接种前必须先用肥皂洗手,接着用70%~75%乙醇浸湿的棉球将手擦净,然后用浸透0.1%苯扎溴铵溶液的纱布擦拭超净工作台的台面,再用浸透70%~75%乙醇的脱脂棉擦拭。随后将各类无菌器材摆放于不影响无菌过滤空气通道的侧面,做好无菌操作的准备。

将经过消毒和无菌水洗涤的外植体材料放置在垫有滤纸的无菌器皿中,加少许无菌水润湿滤纸。在接种室或超净工作台上用无菌镊子取出已消毒并用无菌水洗涤过的植物材料,放入垫有滤纸的无菌培养皿内。在酒精灯火焰上灼烧解剖刀并冷却,切去末端切口附近被消毒剂浸透的部分。再根据需要将植物材料切成小块,将其移到含培养基的培养皿或锥形瓶内,这些用作培养物的小块就是外植体。给培养皿或锥形瓶加封口膜后放置于培养架上进行培养。

接种要严防污染,要注意无菌空气的吹向,在进风口不能存放非无菌器皿;操作者最好戴上口罩,以免呼吸道排出的微生物进入培养皿;注意培养基表面不能积水,防止微生物随水流扩散;每切割几次或转移几块外植体材料后须灼烧解剖刀或镊子。

10.5.7.2 注意事项

①进行培养时,动作要准确敏捷,但又不必太快,以防空气流动,增加污染机会。

②不能用手触及已消毒器皿，如已接触，要用火焰烧灼消毒或取备品更换。

③为拿取方便，工作台面上的用品要有合理的布局，原则上应是右手使用的东西放置在右侧，左手用品在左侧，酒精灯置于中央。

④工作由始至终要保持一定顺序性，组织或细胞在未做处理之前，勿过早暴露在空气中。同样，培养液在未用前，不要过早开瓶；用过之后如不再重复使用，应立即封闭瓶口。

⑤吸取营养液、细胞悬液及其他各种用液时，均应分别使用吸管，不能混用，以防扩大污染或导致细胞交叉污染。

⑥工作中不能面向操作区讲话或咳嗽，以免唾沫把细菌或支原体带入工作台面发生污染。

⑦手或相对较脏的物品不能经过开放的瓶口上方，瓶口最易污染，加液时如吸管尖碰到瓶口，则应将吸管丢掉。

10.5.7.3 培养条件

温度、光照、氧气与水分都是影响植物离体发育的主要因子，需要通人为调节来满足。

(1) 温度

大多数植物组织的最适培养温度为 25~28 ℃，一般培养室温度用 25 ℃±2 ℃，高于 35 ℃，低于 15 ℃，对生长都不利。

(2) 光照

对于离体培养物的生长，光照对形态建成诱导，对细胞、组织、器官生长及分化发生都有重要作用。通常对愈伤组织的诱导，在黑暗条件有利，在有光条件下培养的愈伤组织质地和颜色不同，但分化器官需要光照，并随着芽苗的生长需要加强光照。一般培养是要求每日光照 12~16 h，光照强度 1 000~3 000 lx。

(3) 湿度

组织培养中湿度的培养主要有两个方面：一是培养容器内的湿度，一般可以保证 100%；二是培养室的湿度，随季节和天气变化。湿度过高会造成杂菌滋生，导致大量污染；湿度过低，会造成培养基失水干枯，或渗透压升高，影响培养物的生长和分化。一般要求培养室湿度保持在 70%~80% 的相对湿度。

(4) 氧气

植物组织培养中，外植体呼吸需要氧气。一般固体培养时，培养皿或锥形瓶上方的空气已满足培养物呼吸；液体深层培养时，可通过震荡或旋转解决通气。培养室的温度应均匀一致，因此，需要室内空气循环良好。

组培中的污染可以由 3 种原因造成：①由灭菌不彻底的外植体带入；②接种时由周围空气或接种工具带入；③接种后由封口膜边缘生长进入培养瓶内。接种后要勤观察，接种后 7 d 内是发现污染的关键时期。污染可由细菌或真菌引起，发现污染要及时清除污染。

10.5.8 增殖培养

外植体经初代培养诱导出无菌芽。为了满足规模生产的需要，必须通过不断地增殖培养，使无菌芽增殖，培养出大量的无菌芽。增殖培养基的种类因培养的植物种、品种及类型而异，可以与初代培养基相同，也可根据可能出现的情况，逐渐适量调整细胞分裂素的浓度和无机养分比例，或添加活性炭等，以防出现玻璃化或褐化现象。

繁殖体的最佳大小及切取方法因种而异。一般来说，要在以后的继代培养中获得均一而迅速的增殖，外植体必须达到一定大小。从原培养中切取已伸长的茎段继代培养，继代的外植体长度为2~4节。剪除叶片，将它们垂直插入培养基中或水平放置在培养基表面。增殖可以重复几次，以便增加充足的材料，为以后生根与移植奠定基础。但继代太多，繁殖体的生活力会下降，坏死率上升，生根能力下降。

10.5.9 生根诱导与培养

在茎段增殖到一定数量后，要考虑及时转入生根诱导培养，使其生根，获得完整植株，以便移植。与增殖培养和初代培养相比，生根培养基特点在于：

(1) 无机盐浓度较低

一般认为矿质元素浓度较高有利于茎叶发育，较低则有利于生根，因此，常采用1/2MS或1/4MS培养基。

(2) 细胞分裂素少或无

生根培养基中要去除或用很少的细胞分裂素，适量加入生长素，如NAA，IBA，IAA等。

(3) 糖浓度较低

生根阶段培养基中的糖浓度要减低到1.0%或1.5%，以促进植株增强自养能力，有利于完整植株的形成和生长。

培养室环境控制方面，生根阶段要增加光照强度。一般认为，在较强的光照下，植物能较好的生长，对水分的胁迫等抗性有所增强。生根时间因植物种类不同而异，一般，茎段在生根培养2~4周后，能产生根，成为可移植的完整植株。

10.5.10 驯化与移栽

组培苗生根后，必须经过驯化移植到正常的温室环境，并最后到自然环境中生长。由于组培苗在离体培养中，是在无菌、有营养供给、温度与光照适宜，以及较高相对湿度的环境中生长发育，移出培养瓶后，生长环境发生了十分强烈的变化。因此，要从水、温、光及培育基质、管理措施等多方面满足组培苗生长的需要。

为了适应移栽后的较低湿度以及较高的光强，完成试管苗从"异养"到"自养"的转变，在移植之前要对试管苗进行适当的锻炼，使植株粗壮，增强对外界适应能力，以提高移栽成活率。这一过程通常经过组培苗的过渡锻炼、驯化来实现。

驯化一般由瓶内驯化逐渐转为瓶外驯化。可以先将培养瓶置于强光下，逐渐打开封口通气，进行几天瓶内驯化；从培养室移出后定植到育苗容器或苗床，仍需要经过一段保湿遮光阶段的驯化。驯化过程应遵循逐步过渡的原则。一般来说，在开始数天内，驯化条件应与离体培养时的环境条件相近，而在驯化后期，应逐步过渡到与自然栽培条件相仿。移栽过程中需要注意以下几方面的问题。

(1) 保持组培移植苗水分平衡

这是驯化移植首先要解决的问题。在试管或培养瓶内高湿环境中生长的幼苗,其茎叶表面的角质层欠发育或没有发育,根系也不很发达,这使它们在移栽到瓶外环境时,保持自身的水分平衡变得十分重要。因此,通过喷雾、淋水、覆盖塑料薄膜或玻璃罩等不同方法,增加幼苗生长环境中的空气湿度,减少蒸腾,保持幼苗的水分平衡。

(2) 合理选择栽培基质

要求疏松通气并有很好的保水性,同时容易灭菌处理,最常用的有蛭石、珍珠岩、河沙、泥炭等。在实际使用中,往往把不同的基质按一定比例混合成混合基质后,经过灭菌、消毒后才能使用。

(3) 防病菌滋生

在移植时用一定浓度的杀菌剂(如百菌清、多菌灵等)处理,出瓶时清洗干净培养基,并尽量防止损伤幼苗,可减少与防止污染,有效提高成活率。

(4) 适宜的光照与温度条件

幼苗的适应性较差,光照最好为漫射光,并随着幼苗生长的强弱,以及植物的喜光或耐阴的习性进行调节,一般在 1 500~4 000 Lux 之间,甚至 10 000 Lux。同样,利用良好的温室设施,配合适宜的移植季节,提供适宜的温度条件,是促进其健壮生长的重要因素。对大多数植物来说,温度以 25℃左右较为适宜。控制温度时还涉及水分平衡、病菌滋生等问题,要与其他措施相结合,综合考虑。

总之,组培苗移栽后,幼苗根系吸水和自我调节能力比较弱,应加强管理,保持较适宜的温度、湿度和光照条件,并严格控制病菌传播,幼苗才能有较高的成活率。

(侯智霞)

复习思考题

1. 简述营养繁殖的主要类型、特点及其应用领域。
2. 什么是扦插苗?简述扦插繁殖苗的特点。
3. 简述插穗的极性及其在扦插繁殖中的重要性。
4. 简述扦插繁殖的类型及其特点。
5. 简述影响扦插繁殖的内在因素。
6. 简述影响扦插繁殖的环境因素。
7. 简述插条选择和插穗剪制时应考虑的关键问题。
8. 试述硬枝扦插和嫩枝扦插的特点及其应用。
9. 试述促进扦插成活的方法及其实施依据。
10. 针对某种生根较困难的树种,怎样提高其扦插成活率?
11. 什么是嫁接苗?简述嫁接繁殖的特点。
12. 简述嫁接繁殖的主要方法及操作要点。
13. 简述嫁接成活的过程。
14. 试述嫁接繁殖在苗木生产中的价值?
15. 试述影响嫁接成活的因素。
16. 试述砧木和接穗选择与培养对嫁接繁殖的重要性,在该过程中应注意哪些方面的问题?
17. 简述压条繁殖的特点及其应用领域。

18. 简述分株繁殖的特点及其主要类型。
19. 简述组织培养育苗的特点及其关键环节。
20. 简述植物组织培养的理论基础。
21. 植物细胞表现出全能性的条件有哪些?
22. 试述外植体选择对组织培养的影响。
23. 在植物组培过程中,为什么要进行一系列的消毒、灭菌,并且要求无菌操作?
24. 组织培养育苗成功的关键技术及其生理依据?
25. 怎样综合利用实生繁殖和营养繁殖育苗方式实现某种珍贵林木苗木的高效繁育?
26. 如何根据实际情况确定某一苗圃的育苗方法?

推荐阅读书目

1. 造林学(第2版). 孙时轩. 中国林业出版社,1992.
2. 森林培育学(第3版). 翟明普,沈国舫. 中国林业出版社,2016.
3. 林木育苗技术. 孙时轩. 金盾出版社,2013.
4. 苗木培育学. 沈海龙. 中国林业出版社,2009.
5. 园林苗圃学. 成仿云. 中国林业出版社,2012.
6. Nursery Manual for Native Plants: A Guide for Tribal Nurseries. Kastern Dumroese R. U. S. Department of Agriculture, Forest Service, 2009.
7. 植物生长调节剂在植物组织培养中的应用. 王小菁,陈刚,等. 化学工业出版社,2010.

参考文献

陈火英,柳李旺,2011. 种子种苗学[M]. 上海:上海交通大学出版社.
成仿云,等,2012. 园林苗圃学[M]. 2版. 北京:中国林业出版社.
龚学,耿玲悦,柳振亮,1995. 园林苗圃学[M]. 北京:中国建筑工业出版社.
刘晓东,韩有志,2011. 园林苗圃学[M]. 北京:中国林业出版社.
柳振亮,石爱平,刘建斌,2001. 园林苗圃学[M]. 北京:气象出版社.
沈海龙,2009. 苗木培育学[M]. 北京:中国林业出版社.
孙时轩,2013. 林木育苗技术[M]. 2版. 北京:金盾出版社,134-135.
王大平,李玉萍,2014. 园林苗圃学[M]. 上海:上海交通大学出版社.
王小菁,陈刚,等,2010. 植物生长调节剂在植物组织培养中的应用[M]. 北京:化学工业出版社.
吴少华,张钢,吕英民,2009. 花卉种苗学[M]. 北京:中国林业出版社.
吴少华,2004. 园林苗圃学[M]. 上海:上海交通大学出版社.
郗荣庭,2011. 果树栽培学总论[M]. 3版. 北京:中国农业出版社.
肖扬,1998. 林木培育[M]. 北京:中国农业科技出版社.
俞玖,1987. 园林苗圃学[M]. 北京:中国林业出版社.
翟明普,2011. 现代森林培育理论与技术[M]. 北京:中国环境出版社.
邹学忠,钱拴提,2015. 林木种苗生产技术[M]. 2版. 北京:中国林业出版社.

第 11 章　移植苗及大规格苗培育

【本章提要】随着绿化水平的提高，市场对大规格高端苗木的需求不断增加。移植是培育大规格苗木的关键技术环节，本章主要介绍了国内外在裸根移植培育、带土坨移植培育、容器大苗培育及以嫁接为主的无性繁殖大苗培育的关键技术。目的是让读者掌握现代移植苗及大规格苗培育的技术环节，为城市绿化培育出高品位优质苗木提供切实技术保障。

随着我国生态文明建设、城市快速发展和人民生活水平提高，绿色、健康发展的理念快速提升。特别是一带一路、长江经济带、生态环境建设、新型城镇化和特色小镇建设，以及旅游及休闲度假产业的兴起大大刺激了景区园林建设和旅游城市的绿化建设，对不同类型的大规格苗木需求越来越凸显。大规格苗木具有抗逆性强、景观形成快、绿化功能发挥早等优势，绿化中通过栽植大规格苗木可以在短时间内改变一个区域的自然生态面貌，改善城市园林布置，有效提高城市绿地率、绿化覆盖率，及时满足重点工程、大型市政建设绿化、美化等要求，在苗圃中占有越来越大的比例。但由于大规格苗木培育周期长、占地面积大、资金周转慢，长期以来大规格苗木供不应求，据此而引发的"大树进城"现象极大地破坏了已有的生态环境。因此，在苗圃培育各类绿化所需大规格苗木，是当前和未来一段时间内苗圃培育苗木的主要任务与内容，在苗圃生产与管理中所占的比重越来越大，特别是大规格高品质丛生乔木、原冠苗、优美的造型景观树等高端苗木更是大规格苗木培育中新的课题。而大规格苗木培育的前提是通过移植技术实现的。

移植，也叫移栽，是指把播种苗或栽培密度较大的小规格移植苗，从原圃地挖掘出来，再按一定株行距栽植的在另一指定地点的苗木培育技术。移植不仅扩大了苗木地上、地下部分的营养面积，改变了通风透光条件，而且使根系和树冠空间扩大，满足园林绿化发展要求。此外，移植切去了部分主、侧根，促进须根发展，使根系紧密集中，有利于苗木生长，特别是有利于提高园林绿化美化种植成活率；移植过程中伴随对根系、树冠必要的合理修剪，人为调节了地上与地下的生长平衡；淘汰了劣质苗，提高了苗木质量。移植是提高苗木栽植成活率的重要措施，是苗圃苗木生产的一道必须环节。

11.1　裸根移植培育

苗木裸根移植培育是国内苗木基地常用的移植方法。其移植过程不带土或部分"护心土"，操作简单，成本低廉，节省人力物力。裸根移植适用于幼小的繁殖苗或大多数休眠期的落叶乔灌木。

11.1.1 移植地准备

首先要根据苗木的生物学特性选择移植地。一般宜选择土层厚度适中、肥沃、质地疏松、排水良好、地下水位较低的壤土。

(1) 平整土地

移植用地多数都是苗木出圃后的空闲地，前茬苗木出圃时，有些带球出圃，造成土地坑洼不平，耕作层土壤被部分带走，同时，前茬苗木生长消耗较多养分。因此，移栽前填平树坑、适量回填质地较好的耕作土以平整圃地。

(2) 施基肥与土壤消毒

根据圃地养分状况施适量有机肥作为基肥，以恢复地力保证苗木生长。结合施入腐熟有机肥混入杀虫剂、杀菌剂和除草剂等对土壤消毒。对地下害虫严重的地块，可施入杀虫剂如毒锌 $20\sim25$ g/m^2，随圃地耕作施入深层土壤中，可有效防治蛴螬一类的地下害虫。

(3) 细致整地

可采取秋季整地和春季整地两季整地的方式。翻耕深度据苗木大小而定，深度以 $20\sim30$ cm 为宜。秋耕地或休闲地初耕可深些，春季或二次翻耕可浅些。采取秋季、春季 2 次整地，一是可促使土壤中的杂草籽粒不同时期发芽，达到清除的目的；二是利用药物、太阳强光的暴晒对土壤进行杀虫、灭菌消毒；三是增加土壤腐殖质，促使土壤团粒结构的形成，改良土壤的通透性，提高移植苗的成活率和良好生长环境，有利于苗木的培养。

(4) 做床(畦)或做垄

根据移植苗的特性和大小，确定作业方式。对于生长速率慢的阔叶树种和针叶树种苗木、以及对水分较敏感的苗木可采用高床作业方式，苗床规格参照播种苗。对于生长速率较快的苗木或规格较大的苗木可采用垄作方式或大田平作育苗方式，垄的规格据苗木特性而定，大田平作则根据设定的株行距定点挖栽植穴。苗床(或垄)的大小及方向要以便于移植作业、灌溉为宜，并与苗圃道路、灌溉系统衔接，为日后的管理创造良好的条件。

11.1.2 移植密度与次数

(1) 移植密度

移植苗的种植密度是指单位面积栽植苗木的数量，密度大小取决于移植苗的株行距。苗木的株行距与苗木生长速率、气候条件、土壤肥力、苗木年龄与规格、培育目标、培育的年限有密切关系。一般阔叶树种苗木的株行距比针叶树种苗木的大，速生树种苗木的株行距比慢生树种苗木的大，培育年限长的苗木株行距比短期培育的要大，苗冠开张，侧根和须根发达的株行距也应大(表11-1)。

由于培育目标不同，在苗木培育不同阶段对密度也有不同的要求。例如，培育目标以养干为主，特别对顶端优势弱的树种则在育苗初期可适当密植，通过密度控制促进苗木高生长，并通过密度控制侧枝(芽)的发育，以培育通直主干。

采用机械移栽的圃地，苗木移栽密度应以机械规格为准。

总之，在保证苗木有足够营养面积的前提下，必须合理密植，以充分利用土地，提高单位面积产苗量。

表 11-1　园林苗木移植株行距

苗木类型	第一次移植 (cm×cm)	第二次移植 (cm×cm)	说　　明
常绿大苗	150×150	300×300	第 1 次移植苗高可培养到 3~4m； 第 2 次移植苗高可培养到 5~8m
常绿小苗	30×20(床栽) 或 40×30	60×40 或 80×50	第 1 次移植指油松、白皮松等小苗； 第 2 次移植指培养绿篱苗或白皮松
落叶速生树	110×90 或 120×80	150×150	第 1 次移植培养到干径 4~6 cm； 第 2 次移植培养到干径 7~10 cm
落叶慢生树	80×50 或 100×80	120×120 或 150×150	第 1 次移植密植养干或养干至干径 4~6 cm； 第 2 次移植养干至干径 7~10 cm
花灌木	80×80 或 80×50		
果树类	120×50	120×100	
攀缘类	80×50 或 60×40		

注：引自张东林等，2003。

(2) 移植次数

苗圃中培育苗木的移植次数跟该树种生长速率和对苗木的规格要求有关。城市绿化的行道树、庭荫树使用的乔木树种往往要求规格较大苗木，一般应在播种或扦插苗龄满 1 年时即进行第 1 次移植，以后根据树种生长快慢和株行距的大小，每隔 2~3 年移植 1 次，并相应地扩大株行距。但对于生长慢、根系不发达且移栽后不易成活的乔木树种，播种后可留床培育 2 年，在第 3 年开始移植，以后每隔 3~4 年移植 1 次，达到规定的出圃规格即可出圃。普通的花灌木可根据树种特性只移植 1~2 次即可。

对于山地造林树种，使用大苗已成为趋势。一般应在播种或扦插苗龄满 1 年时即进行 1 次移植，阔叶树种再继续培养 2~3 年，针叶树种培育 3~4 年即可出圃造林。

11.1.3　移植时间

苗木移植的时间可根据当地气候条件和树种特性而定。原则上苗木的移植应在树木的休眠期间进行，落叶树种从秋季落叶开始到翌年春季苗木萌动之前都可进行。一般而言，常绿树种也可在雨季移植，其他树种移植多在苗木休眠期进行。近年来，随着我国城市化进程加快，绿色施工基本已经发展成全年化的现象，苗木反季节移植逐渐推广。

(1) 休眠期移植

以春季和秋季移植为主。冬季移植时有发生，但在北方冬季移植其成本往往较春季和秋季移植高 2~5 倍甚至更多(如沈阳地区)。

①春季移植　春季是北方地区最主要的移植季节。由于北方冬季寒冷，移植多选择春季。在早春土壤解冻后，枝芽尚未萌发前进行最为适宜。此时，气温逐渐回升，土温能满足苗木根系生长的要求，树液刚刚流动，枝叶蒸腾能力弱，有利于苗木体内水分保持，移栽成活率高。春季移栽的具体时间要根据树种发芽的早晚来安排。一般来讲，发芽早者先移，晚者后移；落叶者先移，长绿者后移；木本先移，宿根草本后移；大苗先移，小苗后移。

②秋季移植　秋季是苗木移植的第二个好季节。即在秋季苗木地上部分停止生长，落叶树种叶片脱落时开始，一直到土壤封冻前均可进行。此时移植主要利用苗木根系的另一次生长高峰，有利于根系伤口愈合恢复生长，提高移植成活率。注意移植时间不可过早，以减少苗木体内水分损失而影响移植成活率。

(2) 生长期移植

也叫夏季移植或雨季移植，对于裸根苗木生长期移植应慎重使用。在灌溉方便或有喷灌设施的育苗地，移栽后通过喷灌控制苗木蒸腾，或搭设遮阳网控制光照减少蒸腾，此做法对于裸根小苗可以应用，但会相应增加育苗管理成本，不建议大面积采用生长期移植。

11.1.4　移植方法与技术

(1) 裸根起苗

苗木起苗尽可能安排在无风的阴天进行，避免在强阳光天和大风天进行起苗。若苗圃地土壤过于干旱，应在起苗前1周左右适当灌水，提高土壤含水量。土壤冻结情况下禁止起苗。起苗方法分为人工起苗和机械起苗两种。

相对完整的根系是保证裸根苗移植成活率高的重要条件之一，因此，保持移植苗根系少受损伤与防止失水是裸根移植的基础。移植繁殖苗及小型花灌木时，要尽量保持根系完整；移植较大规格苗时，根系保留长度是胸径的8~10倍。人工起苗前根据苗木大小，确定侧根长度(根幅宽度)和主根长度(表11-2、表11-3)。起苗时保证主侧根不劈不裂，同时注意保护枝干和顶芽。如图11-1为大苗起苗机械。

表11-2　小规格裸根苗起苗规格要求

苗木高度(cm)	侧根幅度(cm)	主根长度(cm)
<30	12	15
31~100	17	20
101~150	20	20

表11-3　大规格裸根苗起苗规格要求

苗木胸径(cm)	侧根幅度(cm)	主根长度(cm)
3.1~4.0	35~40	25~30
4.1~5.0	45~50	35~40
5.1~6.0	50~60	40~45
6.1~8.0	70~80	45~55
8.1~10.0	85~100	55~65
10.1~12.0	100~120	65~75

起苗后要对苗木进行分级。苗木通过分级使不同等级苗木分区栽植，可以减少苗木移植后分化现象，便于苗木的经营管理，促使苗木生长均匀，整齐。苗木分级的主要依据是苗木高度、苗木地径和苗木根系。

分级往往伴随着在起苗前或起苗后进行适当的修剪，如繁殖小苗可剪除嫩枝与过长的须根，乔木可根据苗木树种的特点与苗木的状况结合实施一定的整形措施等。起苗后要对伤根和多余的须根进行修剪，保证须根的长度和数量达到要求，树冠过大的苗木要进行适当的剪叶、剪枝等处理。对有病虫危害、机械损伤的枝条也应修剪。起苗后若不立即栽植，要进行假植。

(2) 起苗后苗木活力保护

苗木失水是裸根苗移植成活率低的一个主要原因。如何防止根系失水是裸根移植成活的关键技术，在移植的各个环节如起苗、修剪、分级、运输、栽植等栽植前的各个环节，

图 11-1　各种规格裸根大苗起苗机(美国俄勒冈州 Schmidt Wholesale Nursery)
(a)适于不同规格大苗的起苗机　(b)起苗机近图

以及栽培后的管理环节都要特别注意。规格较小的裸根苗因根系幼嫩，起苗后必须放置在湿润的器具或环境中，防止根系失水(图11-2)；较大规格的裸根苗如不能及时移栽，起苗后必须假植(图11-3)或用保湿材料包扎、覆盖。在移植前蘸泥浆，也可根据需要混合使用一些生根剂、保水剂(如尿素凝胶)等辅助生根与保水的药剂，提前洇地，缩短起苗到移植的时间。

图 11-2　起苗后向苗木根系喷水(李亚江提供)

图 11-3　苗木假植(沈阳市青年苗圃)

(3)苗木移栽

栽植技术要领：首先，要掌握合适的栽植深度，栽植深度以略深于原来栽植地径痕迹的深度为宜，一般可略深2~5 cm；保证根系舒展向下，不发生窝根、翘根现象；栽植过程要边填土边踏实，土壤与根系要密切接触，尤其是根系较大的移植苗，要保证根系内部用土壤填实。此外，栽植后及时浇水，可在一定程度上对栽植时造成的损失进行弥补。

可采用穴植和沟植法。穴植是常用于大苗移栽。对地势平坦、土质疏松地块采用人工定点放线、机械挖穴的方式可大大提高工作效率和栽植质量(图11-4)。规格小的苗木可采用沟植法，即按一定的行距在育苗地上开沟，按一定株距将苗木摆放在栽植沟内，覆土镇压。较大苗木要设立支架固定，以防苗木被风吹倒。

图 11-4　机械挖掘的栽植穴和挖掘机具(沈阳盛世绿源苗圃)
(a)机械挖穴整体效果　(b)机械挖掘的单个栽植穴　(c)挖穴机旋耕器

图 11-5　苗木移植机(美国林务局落基山研究所提供)
(a)苗木移植作业　(b)机械移植苗木作业细节

对于苗圃来说，春季是使用劳动力的高峰(正是农业春播、林业造林季节)，由于手工移植效率低，劳动强度大，一般工人的平均生产率为 4 000 株/d。而移植季节只有 15 d 左右，大规模采用机械化苗木移植可节省人力物力，并提高移栽质量(图 11-5)。

近年来国外苗木换床机的发展已经相当完善，除在个别结构、附属配件、外观设计上有所变化外，作业方式、工作原理并无大的改变。

挠性圆盘式栽植器是使用较早和结构比较简单的栽植器，它利用两片可以弹性变形的挠性圆盘来夹苗、送苗，并在圆盘变开拓处松脱秧苗完成定植工作。栽植时，用人工(或输送带)将秧苗对准圆盘的中心放置在圆盘的张开处，镇压轮通过传动机构带动圆盘转动，当圆盘转到聚点位置时，便将秧苗夹紧并带至圆盘开拓处，秧苗落入沟中，此时镇压轮及时覆土镇压，完成栽植过程。此种栽植器也可用于小规格裸根苗栽植。

(4)栽后管理

栽植后，最少要浇 2~3 次透水，要注意浇水后的培土工作，待树木发芽后，有条件的 1~2 d 喷 1 次水，从而加快新芽的生长速率。树木新梢容易遭到虫害，在天气干旱时及时观察喷药，要经常除草松土，定期修剪。幼苗要注意遮阴，未成活苗木要及时补植，确保苗木规格生长一致。

11.2 带土坨移植培育

苗木的移植培育在裸根能够成活的情况下，一般尽量不采用带土坨法移植培育。带土坨移植培育主要适用于一些常绿树、少数珍贵落叶树以及规格较大苗木，根系再生困难，裸根移栽不易成活的苗木也可采用带土坨移植。此方法的优点是栽植成活率高，但施工费用也高。

11.2.1 移植时间

带土坨移植不像裸根移植对季节要求那样严格。根据移植时间的不同，可分为正常种植季节移植和非正常种植季节移植两种。正常种植季节移植又分为：春季移植、雨季移植、秋季移植。苗木移植过程中，应根据苗木生物学习性及生产实际需求选择最适宜移植时期。通常，苗木最适宜移植时期是春季，即在早春树液开始流动，但芽萌发之前进行。雨季可对常绿树种进行移植。秋季可对落叶后的乔木进行移植。

11.2.2 移植前准备

(1) 苗木的选择

苗木选择的原则是：无明显病虫害，如果是外来苗木必须经过植物检疫；无明显的机械损伤；树冠丰满，具有较好的观赏性；植株健壮，生长量正常；立地条件适宜掘苗、吊装和移栽。

(2) 苗木修剪

苗木移植前应依据苗木的生物学习性、生长状况、移植时间、挖掘方式及培育目的等进行适当的修剪。在起苗的过程中，无论如何都会对苗木根系造成一定的损伤。因此，为提高移栽成活率，保持苗木地上部分和地下部分的相对平衡是移栽成活的关键所在。对苗木地上部分进行必要的合理的修剪是提高移栽成活率的必要措施之一。

苗木移植前修剪包括断根、树冠短截、疏枝、摘叶和截冠处理等。胸径<15 cm 且易成活的苗木，在正常季节移栽，可不必进行断根处理。胸径≥15 cm 和难成活的苗木，移栽前要进行断根处理。即在移栽前 1~2 年的春季或秋季，以树干为中心，以胸径的 6~8 倍为直径画圆，向外挖宽 30~40 cm、深 50~70 cm 的环形沟。落叶乔木如槭树、白蜡、栎树、白桦等一般剪掉全冠的 1/3~1/2，银杏非正常移植季节带土坨移植时可适当摘叶处理；对生长较快、树冠恢复容易的树种等可去冠重剪如杨树、柳树等。常绿乔木要尽量保持树冠完整，只对一些枯死枝、过密枝和干裙枝等做适度修剪，修剪要考虑到树形结构以及保留枝的错落有致。粗大的剪口可涂抹伤口愈伤膏或用塑料薄膜、凡士林、石蜡等包封，以防剪口失水或被病菌感染。一般来说，起苗过程中土球破损的苗木，应将植株老根、烂根剪除，再用湿草和草袋包裹，在装车前剪除枯黄枝叶，根据土球完好程度适当剪除部分茎干，甚至可截干，或结合截枝整形等方法保其成活。

11.2.3 树穴处理

树穴大小应根据所移植苗带土坨的大小而定，一般比土坨大 30~40cm。树穴基部土壤保持疏松且呈凹面状。栽植地土壤应通透性强，排水良好，如需换土一定要将虚土夯实，并提前灌水下沉；若是盐碱地移植，必须对移植穴进行防盐处理。

11.2.4 苗木移植

11.2.4.1 人工起苗

移栽前 3~4 d，对移栽苗木进行灌水处理，使根系充分吸水。土球的规格大小与树木株高、树径有关。土坨大小根据苗木胸径的大小来确定。一般土球直径为苗木胸径（地径）的 6~8 倍，土球高度为土球直径 2/3~4/5。

具体步骤（图 11-6）：

① 以树干为中心画一个圆圈，标明土球直径的尺寸，一般应较规定稍大一些。

② 去表土：画好圆圈后，先将圈内表土（也称宝盖土）挖去一层，深度以不伤地表的苗根为度。

③ 以树干为圆心向外垂直挖掘宽 60~80 cm 的沟，深度微高于土球高度。随挖随修整土球表面，当挖到一半深度时，用锹或铲修整上半部土球，使之平滑无棱角，以不露出树根为准。土球下半部逐渐向内收缩。树根深和砂壤土的圃地，土球呈苹果形，树根浅和黏性土的圃地，土球呈扁球形。操作时不可踩土球。

④ 掏底：球面修整完好以后，再慢慢从底部向内挖，称"打包"。直径小于 50 cm 的土球可以直接掏空，将土球抱到坑外"打包"；而大于 50 cm 的土球，则应将土球底部中心保留一部分，支撑土球以便在坑内"打包"（图 11-7）。

(a) (b) (c)

图 11-6 人工起带土坨苗步骤（刘羽枫提供）
(a) 确定土坨直径 (b) 工人实际操作 (c) 修整后的土坨

土球挖掘完毕以后，用蒲包等物包严，外面用草绳捆扎牢固，称为"打包"。打包之前用水将蒲包、草绳浸泡潮湿，以增强它们的强力。包扎方式主要有：橘子包、五角包、井字包 3 种（图 11-8）。

打包时，土球直径在 50 cm 以下的可出坑（在坑外）打包，土质松散的土球，应在坑内打包。根据土球直径大小，决定缠绕强度和密度。土球直径小于 40 cm，用一道草绳[或铁线，图 11-7（a）（b）]缠绕一遍，称"单股双轴"。土球较大者，用一道草绳，沿同一方向

(a) (b)

图 11-7 带土坨苗打包方式(左图王彬提供，右图李亚江提供)

(a)土坨坑内打包 (b)用油布包装和用铁线捆绑

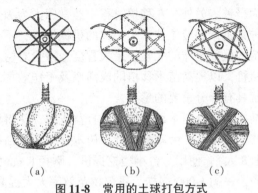

(a) (b) (c)

图 11-8 常用的土球打包方式

(a)橘子包 (b)(古钱包)(井字包) (c)五角包

缠，绕两遍称"单股双轴"。土球很大、直径超过 1m 者，需用两道草绳缠绕，称为"双股双轴"。纵向草绳缠绕完一圈后在桩基部收尾捆牢。直径超过 50 cm 的土球，纵向草绳收尾后，为保护土球，还要在土球中腰横向捆草绳称"系腰绳"。凡在坑内打包的土球，在捆好腰绳后，用蒲包、草绳将土球底部包严，称"封底"。带土坨苗打包后如不及时移栽要埋入圃地里[图 11-9(b)]。

(a) (b)

图 11-9 带土坨苗埋入圃地假植(俄勒冈州 Don Marjama Nursery)

(a)土坨苗埋入圃地个体效果 (b)土坨苗埋入圃地整体效果

注意事项：

① 土质过于松散，不能保证土球成形时，可以边掘土球边用草绳围捆，称为打"内腰绳"。然后再在内腰绳之外打包。

② 为保证土球不散，掘苗、包装全过程，不管土球大小，土球上严禁站人。

③ 雨季，土球必须抬出坑外待运，避免被水浸泡。

11.2.4.2　机械起苗

目前国内劳动力价格不断攀升，绿化行业人力老龄化程度十分严重，苗圃的机械化发展迫在眉睫。特别是近些年，城市绿化建设过程中普遍进行大规模树木移植，由于城市生态环境存在差异，移植后的成活率及生长态势也不尽相同。有的树木移植成活率很低，这不仅在一定程度上浪费了社会生态资源，而且也影响了城市绿地的建植效果。传统的人工移植成本很大，需要多种器具同时使用，同时需要的工人数量也较多，特别是在移植旺季，人工紧缺的现象更为严重。另外，在移植过程中经常因人为因素造成苗木根系的意外伤害。苗木移植机是一种集机械和液压技术为一体的机械设备，不仅可以进行挖苗、运输等作业，而且还能保证苗木根部土球的完整，最大程度地减少对树木的伤害。

研究和设计树木移植机，以提高苗木移植的成活率及工作效率，对苗木基地产业化和苗木规模化挖掘移植等都具有十分重要的意义。

随着绿化要求的逐渐提高以及树木移植技术的日益成熟，使得树木移植设备逐步具备了机械操作简便、树木移植效率高、劳动强度低、树木移植后成活率高等优点。例如，德国Rostrup苗圃的挖树组（8人），使用一台小型挖掘机，胸径8 cm的苗木，一天最多能完成220株苗木的挖掘任务，一周1 000多株。不仅挖苗效率大大提高，苗木挖掘规格一致，挖苗速度快，作业质量高，有效提高苗木移栽成活率。

国内外的树木移植机可分为很多种类。按照挖铲的形状可分为直铲式和曲面铲式；按照挖铲布局可分为外铲式和内铲式；按照挖铲的数量可分为两铲式、三铲式、四铲式和六铲式；按照配套动力的连接方式可分为车载式树木移植机、汽车拖车、轮式或履带式装载机牵引的树木移植机、拖拉机后悬挂及侧悬挂的树木移植机，还有多杆机械臂式液压驱动树木移植机。

国外对树木挖掘和移植的研究始于20世纪50年代。现有产品种类很多，主要以美国Big-John公司、英国Damcon公司、加拿大Dutchman公司等产品为主。但这些公司的产品主要针对较大胸径树木的移植，体积庞大，对移植空间要求较高，不能很好地适应环境，所以在20世纪70年代，联邦德国、荷兰、日本等国家在提高树木移植机适应性方面进行了改进，使树木移植机在相对较小的空间得以使用。

我国对树木移植的研究始于20世纪70年代，北京林业大学顾正平和张英彦采用模型铲研究了土壤下铲阻力的数学模型，为国内树木移植机的设计提供了珍贵的理论参考。在树木移栽机械研制方面，我国也有多种型号移植机研制成功。

我国对树木移植机的研究时间不长，主要是在引进国外设备的基础上进行技术改进和仿制，无法满足场需求。另外，现有机型在树木挖掘过程中，铲刀动作由液压驱动，运动缓慢，对土壤中的根须不是切断，而是拉断，容易造成根系受伤和土球松散，导致树木成活率低。目前，国外的树木移植技术相对比较成熟，各种不同树木胸径和种植条件都有对应的挖掘和移植机械设备,但价格昂贵。同时,进口园林机械在使用、维修和人员配备均会产生很多问题。另外,国外与国内的不同土质、国内苗圃的生产模式(沟壑众多、株行距较小)又会造成这些机械的"水土不服"。据调查,只有一些实力雄厚的大型苗圃在小范围内使用专业进口挖树机,如沈阳佳沅苗木繁育有限公司引进的加拿大制造的 DUTCH-MAN TREE SPADE 挖树铲(图11-10)。

(a)　　　　　　(b)　　　　　　(c)　　　　　　(d)

图 11-10　示挖树铲起苗过程

(a)作业前挖树铲　(b)作业中挖树铲工作状态

(c)苗木起出　(d)起出苗木直接运走

11.2.5　吊装和运输

对于带土坨的大规格苗木,一般采用吊车装卸、汽车运输的办法。对于距离较近、数量不大苗木,可用吊车直接吊移(图11-11)或机械起苗机直接运走移栽[图11-10(d)]。苗木装车时,要使树冠朝向车尾部;树干用草绳或其他材料包裹以保护树干,树冠用软绳适当缠拢。装、运、卸都要保证不损伤树干、树冠及根部土球。长途运输或非适宜季节移栽,还应注意喷水、遮阴、防风、防震等,遇大雨要防止土球淋散。

(a)　　　　　　(b)

图 11-11　苗木吊装和装车(刘羽枫提供)

(a)吊车吊移过程　(b)土坨苗装车摆放

11.2.6 带土坨苗木栽植

带土坨苗采用穴植方式。根据树体大小、生长快慢、培育年限等设定株行距,并按一定的株行距定点放线挖穴。树穴要规范,提前挖好,规格应根据根系、土球大小而定,树穴上下大小一致,树穴在宽度和深度上应比土球大 20~50 cm。根据圃地土壤病虫害状况定植前对穴土做适当的灭菌杀虫处理(可用 50% 百威颗粒按 0.1% 比例拌土杀虫;用 50% 甲基托布津或 50% 多菌灵粉剂按 0.1% 比例拌土杀菌)。树穴底部回填好土,有条件的可向穴内适当施入腐熟农家肥以增强土壤肥力促进苗木生长。土壤干燥时应提前浸坑,使苗木种植后有水分吸收。

种植前必须检查苗木,发现有机械损伤的应及时处理。栽植时深浅适宜,埋土深度一般超过土球表面 5~10 cm。土球栽植深浅一致,栽前剪除土球上包装物或扎绳,以利根系和土壤结合生根,树干基部多堆土,使土球稳固不动摇,过高的树要用支架稳固。种植时要栽正扶直,填土时分层回填、踏实。当土回填至土球高度 2/3 时,浇第一次水,使回填土充分吸水,待水渗完后再填满土(注意此时不要再踏实)。最后在外围修一道围堰,浇第二次水,浇足浇透。浇完水后要注意观察树干周围泥土是否下沉或开裂,如有则及时加土填平。

11.2.7 移栽后管理

(1) 设立支撑

对树体高大的苗木,栽植后要设立支架。一般采用三柱支架三角形支撑固定法,确保稳固。支架与树皮交接处要用草包等作为隔垫,以免磨伤树皮。

(2) 水分管理

浇水要掌握"不干不浇,浇则浇透"的原则。春季栽植的,视土壤墒情隔 5~7 d 浇 1 次水,连续浇 3~5 次;生长季节移栽,则要缩短间隔时间,增加浇水次数;如遇特别干旱天气,增加浇水频次。为促发新根,可结合浇水加 200 mg/L 的 NAA 或 ABT 生根粉。

(3) 树体保湿

对常绿树种或阔叶大苗,移植后可采用高压喷雾器或喷枪式喷灌对树体喷水实现树体保湿,每天喷水 2~3 次,1 周后,每天喷水 1 次,连喷 15 d。或搭设遮阳网减少阳光照射控制水分消耗提高苗木体内水分利用效率,提高栽植成活率。

(4) 输液促活

对难成活树种栽后可采用树体内部给水的方法促其成活。在植株基部用木工钻由上向下成 40° 角钻输液孔 3~5 个,深至髓心。输液孔的数量多寡和孔径大小应与树干粗细及输液器插头相匹配,输液孔水平分布均匀,垂直分布交错。输用液体配制应以水为主,同时加入微量植物激素和矿质元素,每升水溶入 ABT 6 号生根粉 0.1g 和磷酸二氢钾 0.5g。

(5) 调整树形

移栽成活后,树体会萌发出大量枝条,要根据树种特性及树形要求,及时抹除树干及主枝上一些不必要的萌芽,以形成丰满的树冠,达到理想的景观效果。

(6) 松土除草

带土坨苗木由于个体大,栽植株行距较大,适于使用机械除草(图 11-12)。苗行间使用旋耕机或专用除草机可大大提高工作效率。

(a) (b)

图 11-12　苗木除草机在除草作业（俄勒冈州 KCK Farms Nursery）

(a)除草机作业前　(b)除草机作业后

11.3　容器大苗培育

利用各种容器装入营养土或培养基质，采用播种、扦插或移植幼苗的方式，通过水肥管理等措施培育苗木，称为容器育苗。容器育苗是在 20 世纪 50 年代中期，首先在瑞典、芬兰、丹麦、挪威等北欧国家林业苗圃中发展起来的。60~70 年代，在美国、澳大利亚、新西兰以及欧洲许多经济发达国家都陆续开始采用容器方式生产苗木。至今已有非常成熟的技术。由于育苗容器在材料、形状、结构、规格等方面的差异和多样化，生产上存在多种育苗形式，如穴盘育苗、营养钵育苗、网袋育苗、控根容器育苗等；由于繁殖方式和培育目的、栽培方式不同，存在多种容器育苗形式，如播种容器育苗、扦插容器育苗、组培容器育苗、移植容器育苗(把通过播种、扦插、嫁接、组培等培育的裸根苗移植到容器中继续培养的一种育苗方式)等。在林业苗圃中，经过上述方式培育的苗木，针叶树种在苗圃培育 3~5 年，阔叶树种培育 2~3 年即可出圃造林，但在城市苗圃中，由于对苗木规格要求较高，往往还要在较大规格容器内继续培养，才能最终成为符合要求的苗木产品。因此，容器大苗培育就是在较大规格容器中培育大苗的过程。

近年来，随着我国生态环境建设的需要，城市林业的兴起，对绿化、美化提出了新的要求，对大规格苗木市场需求越来越大，但是由于培育大规格苗耗时长，占地面积大，短期效益不明显，致使苗圃大苗生产能力无法满足生态建设对大苗的需求。在这种形式下，容器大苗培育已成为未来一段时间内苗圃育苗的重要内容和苗木培育的一种新方式(图 11-13)。

与传统的大田露地栽培方式相比，容器大苗培育具有以下优点：第一，容器苗便于管理。如根据苗木的生长状况，可适时调节苗木间的距离，便于整形修剪。第二，便于运输，节省大田栽培的起苗包装的时间和费用。第三，在一年四季均可移栽，不受季节限制，且不影响苗木的品质和生长，保持原来的树形，提高绿化景观效果和绿化功能。移栽成活率大大提高。第四，便于集约化管理、机械化作用，便于销售，可促进商品化经营。因此，容器育苗与容器栽培技术是一种生产栽培方式的改变，是苗木产业现代化的产物。它不仅引起了与此相关的苗圃建设、苗木生产、管理技术、应用手段、经营观念等的重大变革，必将成为苗木生产发展的主要趋势。

图 11-13　美国俄勒冈州容器栽培
(a)常绿小苗容器栽培　(b)常绿彩叶小苗容器栽培　(c)落叶乔木容器苗按株行距摆放
(d)造型容器大苗栽培　(e)常绿大苗容器栽培　(f)落叶乔木容器苗摆放紧密

容器栽培技术在发达国家应用十分广泛。国内对容器大苗的应用和研究起步较晚，尚处在对林业发达国家先进技术的吸收、消化和提高阶段。容器大苗一般体量较大，其培育技术侧重于个体培育，育苗过程周期较长，环境对苗木的胁迫作用大，还有许多技术问题有待解决。如根据我们的国情，容器大苗适合的育苗基质材料、基质配方、水肥管理技术等问题解决不好都会增加苗木的管理成本，降低基质对苗木根系的保护或缓冲作用，最终都影响到容器大苗的实际应用效果和市场推广。但是，我国作为世界上最大的建设市场，有着大规格苗木应用的广阔前景，随着容器大苗培育技术的完善，容器栽培的生产方式也会成为培育大规格苗木的重要途径。

11.3.1　容器的种类及规格

目前容器大苗培育使用的容器主要有以下几种：

(1)硬质塑料容器

硬质塑料容器是由塑料材料通过吹塑工艺或注塑工艺加工而成，它的问世是容器育苗的一个标志性事件，极大地推进了容器育苗事业的发展。硬质塑料容器制作简单，易规模化生产，成本相对低廉，是容器大苗上常用的育苗容器(图 11-14)。硬质塑料容器多呈圆桶形或锥形，方便装填基质。由于容器制作材料本身不具透水透气性，因而常在容器的内壁和底部进行一些处理以更好地利用和扩展容器的使用功能，如开孔、设置垂直棱线和凸凹等。

(2)火箭盆控根容器

火箭盆控根容器是由澳大利亚专家于 20 世纪 80 年代初研究发明的，随后在澳大利

图 11-14 硬质塑料育苗容器
(a)容器埋入圃地　(b)容器地面摆放

亚、新西兰、美国、日本、英国等国家开始应用。90 年代中国科学院水利部水土保持研究所与澳大利亚英达克集团合作,引进该产品并在黄土高原对中国多种乔木和灌木进行了试验,之后在全国范围内进行推广。火箭盆控根容器使用聚乙烯材料,由底盘、侧壁和插杆或铆钉 3 个部件组成(图 11-15)。各部件独立制作而成,使用时将相关部件组装起来即可。选用不同部件可组装成不同规格的系列容器,容器的规格一般在$(20\sim60)$ cm $\times(21\sim62)$ cm,用于培育胸径 1.5~7 cm 的苗木,大于 7 cm 的苗木宜采用无底容器。

(3)美植袋控根容器

美植袋控根容器又称植树袋或物理袋控根容器,由非纺织聚丙烯材料经特殊加工制成,具有透水透气性,不会有水分蓄积于袋中造成根腐现象,并能允许细根的穿过(图 11-16)。材料厚度可用单位面积的重量表示,一般在 $200\sim400$ g/m^2。容器可根据实际需要进行加厚或装上手柄。它是美国俄克拉荷马州立大学 10 多年的研究成果。

以上 3 种容器可以单独使用,也可以将 2 种容器组合使用,同样可以起到好的效果,如美植袋+美植袋,美植袋+塑料容器,塑料容器+塑料容器。其中塑料容器+塑料容器,并与滴灌等相关技术结合形成双容器或盆套盆(pot-in-pot)育苗技术是容器大苗培育的一种重要方法。如盆套盆育苗技术(图 11-17),把种植有苗木的容器放置于田间的固定容器(holder pot)中栽培,结合了田间露地栽培与容器栽培两种栽培模式的优点,防风、耐热、防冻,在寒冷地区和干热地区效果较好。

11.3.2 育苗基质

(1)基质种类

基质的选择是容器苗培育成败的重要因素。基质选择应根据苗木生物学习性、材料来源、容器类型等综合选择。一般而言,按照基质的成分、质地和单位面积重量可以分为轻型、半轻型和重型基质 3 类。

轻型基质即轻基质,是以各种有机质或其他农林废弃物为主要原料经过发酵或炭化处理与泥炭、珍珠岩、蛭石等轻体矿物质组成的混合物。相对于传统育苗基质其以轻为主要特点,兼具基质的其他特性。轻基质又可分为农林废弃物类、工业固体生物质废料类和工矿企业膨化的轻体废料。为减少对草炭的过度依赖和消耗,开发利用农林废弃物类基质成

图 11-15　控根容器
(a)控根容器侧壁　(b) 控根容器底盘　(c)控根容器底部结构
(d) 组装好的控根容器　(e)乔木大苗控根容器栽植

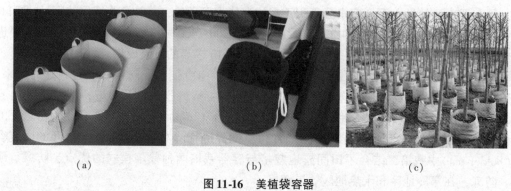

图 11-16　美植袋容器
(a)白色美植袋　(b)黑色美植袋　(c)美植袋栽培

图 11-17　美国俄勒冈州容器苗盆套盆栽培
(a)固定容器　(b)常绿苗木盆套盆　(c)落叶苗木盆套盆

为容器育苗的一种趋势。轻基质是实现工厂化育苗的重要前提，是轻基质网袋容器育苗的基础，现已广泛应用于农业育苗生产、林木容器育苗等行业。

半轻基质是营养土和各种有机质各占一定比例的基质，其质地重量介于重型基质和轻型基质之间，容重在 $0.25 \sim 0.75 \text{ g/cm}^3$。

重型基质是以各种营养土为主要成分的基质，其质地紧密，单位面积的重量较重，容重大于 0.75 g/cm^3。使用该种基质可就地取材，降低育苗成本。

目前轻型基质和半轻基质的使用越来越多。一般而言，较轻的基质有利于苗木细根比例的增加，根系的成团性较好；较重的基质与根系的接触相对紧密，对外界变化的缓冲性较好。各地应根据当地的实际情况确定基质类型，在育苗条件好、管理跟得上的地方，可偏重较轻的基质，否则宜选择较重的基质。

(2) 基质的选择和理化性质

良好的基质要能为苗木生长提供稳定、协调的水、肥、气、热等根际环境条件，具有支持、固定植物，保持水分与透气的作用。因此，基质的理化性质是栽培基质选择与配制的主要参考指标，基质的选择要因地制宜、因树制宜，兼具适用性和经济性。基质材料的选择应考虑下列特性：一是原料来源广，不受区域性资源限制，廉价易得；二是理化性状良好，吸水率大，持水力强，并具有一定的透水性，总孔隙度达35%为好，保肥性好，弱酸性；三是低肥性，以利通过外部营养供给调节苗木生长状态；四是重量较轻，便于搬运和运输；五是基质应清洁卫生，不带土传性病虫草害等。基质理化性质的不同对苗木可产生不同的效应，一些基质育苗试验还进一步证明，基质的物理性质比化学性质对容器苗的生长更为重要。容器育苗常用的基质材料有：泥炭、蛭石、珍珠岩、森林腐殖土(荒地表土)、黄心土(黄棕壤去掉表土)、未耕种的山地土、河沙、炉渣以及农林生产废弃物(秸秆、谷壳、种皮、果壳、林地枯枝落叶、锯末)等。但从科学、经济和实用的角度讲，泥炭、腐熟树皮、腐熟木鳞片是最好的容器栽培介质。

(3) 基质配比

基质的土壤结构是决定容器苗栽培效果的重要因素，其一旦确定不能在短时间内发生改变，而基质的成分及其配比与土壤结构紧密相关，基质成分的选择和配比是容器育苗中的一项基础和关键的工作。优良的育苗基质往往不只使用一种成分，而是由2种或2种以上成分按一定比例混合而成。

基质成分与配比因树种、育苗条件、原料来源和地域会发生较大的变化。泥炭与蛭石各占50%，是目前国内外应用较广泛的一种基质配方。如波兰用泥炭与枯枝落叶或树皮粉作基质，芬兰采用泥炭苔藓或矿质和堆肥的混合物作为培养基质，美国常用1:2或2:1细泥与蛭石的混合土作基质。另外，泥炭与锯末或炭化物与蛭石各占50%的混合基质以及泥炭、蛭石、锯末或土壤、炭化物、蛭石或土壤、锯末、蛭石各占1/3的混合基质育苗效果也很好。

生产上可采用机械调配和手工调配两种方法配制育苗基质。大规模或工厂化的容器苗生产，采用专门的基质处理机，可同时控制2种或3种基质的定量比例粉碎、过筛、混合，还可加入化肥或有机肥料搅拌均匀一次性完成基质的混合配制。小规模的容器育苗则可用移动式小型粉碎机或人工打碎过筛，加入肥料混合拌匀。

调配好的基质应及时测定其 pH 值，并根据培育树种的要求进行调整。一般针叶树种的 pH 值在 5.5~7.0，阔叶树种的 pH 值在 6.0~8.0 范围内。如果 pH 值偏小，可随基肥一起加入硝酸钙[$Ca(NO_3)_2$]、硝酸钠($NaNO_3$)等碱性肥料；如果 pH 值偏大，可加入硫酸铵[$(NH_4)_2SO_4$]、氯化铵(NH_4Cl)等酸性肥料。

在我国，许多容器大苗的培育是在地面上，容器容易受到环境胁迫的影响，基质成分宜选择容重偏大、稳定性较大的，以利于苗木的长期生长。因此，与容器小苗相比，容器大苗在选择育苗基质时应酌情增加当地土壤成分含量，如黄心土、森林表土或园土，这样还可以降低育苗成本。但从国内外栽培基质发展趋势看，出于经济和环境保护考虑，价廉又能循环使用且不污染环境的农林废弃物的利用，将成为栽培基质应用的主要方向。

11.3.3 育苗地选择

容器苗育苗地最好选在水源充足，地势高、排水良好的缓坡地。由于容器苗是使用栽培基质生产，因此，育苗地选择可不考虑土壤条件，可充分利用废弃地或不适宜地栽种植的地块，并在地面采用覆盖材料进行覆盖，可有效防止杂草滋生，减少管理费用。如在欧美苗圃常采用地面覆盖碎石、木屑、地布等地面管理方式，一般碎石厚度 5~10 cm。现在国内一些温室及较先进的苗圃也已采用地面铺盖，但我国废木屑较少，可考虑使用碎石、煤渣等材料进行覆盖，还有的苗圃采用遮阳网替代地布，但遮阳网长时间日照易老化碎裂，造成新一轮地面污染，不建议使用。园艺地布与长期人工除草或其他地面处理材料相比，是一种价廉物美的首选地面覆盖材料。同时，还要考虑交通便利，电力条件和通信要基本满足建圃要求。

11.3.4 容器大苗的主要培育技术

(1) 上盆(或换盆)与摆放

在容器栽培中，苗木上盆(或换盆)是指把容器育苗的幼苗及小规格苗或圃地苗床培育的裸根苗移入容器(或更换大规格容器)中继续培育的技术，是容器大苗培育的关键技术环节之一。在我国，苗木上盆工作主要是人工操作，费工费时，在国外基本是机械化作业或机械化条件下人工辅助作业。在美国，用于容器上盆或换盆的机械种类很多(图 11-18)，但操作过程基本都一样。一般是拖拉机通过装土铲把基质装入装盆设备的进料箱中，装配机内的搅拌装置不断搅动，使基质从出料口排出，工人只需准备好苗木或和容器，放到出料口的下边装盆，然后通过传送带把上盆或换盆后的容器苗传送到一定区域，由专人装车和运输，并运送到圃地摆放。机械化基质填装设备大大提高了装盆、运输的工作效率，且作业质量高。随着我国劳动力成本的增加，在容器育苗生产中实现机械化操作是必然的发展方向。

容器苗的摆放是容器栽培苗木的主要技术内容。摆放前要根据容器苗的类型对圃地进行分区，如乔木区、灌木区、垂枝苗木区、标本区等。在各大区内，还要考虑苗木特点，如苗木对水分、光照、酸碱度的不同要求分不同的小区摆放。对环境条件要求相同的苗木放置于同一区内，采用相同的管理措施，既便于管理，又有利于苗木生长发育。容器大苗

图 11-18　不同容器基质填装机械及人工辅助容器基质填装
(a) 一种容器基质填装机　(b) 另一种容器基质填装机

的摆放应根据苗木规格、培育年限和苗木速生性等设定株行距，对于大规格容器苗，由于移动较困难，应留足苗木生长空间。一般情况下，苗木培育年限在 2～3 年，此后将苗木出圃最好。对一些慢生树种或规格相对小的容器苗，容器可以轻易搬动和换盆，可不需要过多考虑预留空间，以便集中管理。

可以根据所用容器和当地具体情况采取地面、半埋和全埋 3 种方式摆放容器大苗，不同摆放形式会对苗木管理强度和控根效果产生一定程度的影响。采用半埋和全埋摆放方式的容器苗，可减少苗木的管理强度，增强苗木抵御外界环境的缓冲作用，但却弱化了苗木的控根作用。为达到较好的控根效果，一般在生产区域先铺上碎沙石或地布，再摆放上容器。

如果不是采取一次上盆定植，带上盆后的容器苗长到一定大小，容器不再能满足根系生长要求时，要更换更大规格的容器。

(2) 肥水管理

容器苗不同于裸根苗，它不能通过根系的无限延伸获得水肥补充，具有很大局限性。容器苗更多地是依赖外来水肥供给，因而肥水管理工作是容器育苗中一项重要的栽培技术措施。

容器大苗灌溉水源的水质、灌溉方式、灌水量和灌水次数等都会对容器栽培产生影响。一般来说，中性或微酸性的可溶性盐含量低的水（含盐量不超过 1.5‰），有利于苗木生长。灌溉最好使用管道灌溉，如固定喷灌和移动喷灌等，条件好的苗圃也可使用滴灌方式灌溉。灌木和株高低于 1m 的苗木多采用喷灌，摆放较稀的大苗以滴灌为主。在美国许多苗圃容器大苗采用计算机自动控制喷灌，同时设计水分回收循环利用系统，节约用水用工，且灌溉均匀，灌溉效果好。如采用自动滴灌，节水效果更为明显，自动滴灌技术还可把浇水与施肥结合。因此，从长远发展和劳动力成本不断增加的现实考虑，采用先进灌溉技术是未来发展趋势。

容器苗的用水量一般大于地栽苗。灌溉次数随季节变化而调整，通常大的容器 1～2 周浇 1 次水，小的容器一般 3～6 d 浇 1 次水。

由于容器苗根系集中在有限的容器内,给施肥工作带来不便,因而适合选用缓释性肥料。缓释性肥料能对尿素、磷酸氢铵、氯化钾等速溶性化肥进行养分控释处理,减缓养分的释放速率,提高肥料的利用率,减少施肥强度,变多次施肥为一次或少次施肥。缓释肥料一年只需施肥1~2次,大大节省了人工。可在上盆或换盆的时候直接将肥料拌到基质中,这样使用的效果好,根系生长分布均匀。也可在苗木生长期内,以追肥的方式直接将肥料施在容器内基质表面,但这样会使肥料的利用率降低。在绿化大苗的生产中,缓释肥料的使用越来越普遍。

(3) 冬季防寒

在北方寒冷地区,容器苗与地栽苗相比更容易遭受到冬季低温危害,容器苗根系会因为冻伤而影响次年生长甚至死亡,所以在冬季来临前,需要对容器苗实施防寒措施。一是可采用给苗木浇防冻水,给植株主干刷白或上防冻液,用草绳缠绕主干,用薄膜包裹或用锯末、秸秆、麦秸、稻壳等覆盖根部等;二是可采用把苗木移入温室或塑料大棚中,为节省空间,移入温室的容器苗应紧密摆放,甚至叠层摆放。此外还可以结合容器摆放,将容器苗半埋或全埋在地下。

(4) 夏季蒸腾抑制

夏季高温容易引起较强的蒸腾,导致植株失水萎蔫,甚至干枯死亡,尤其是容器苗根系接触的基质有限,只能吸收容器内基质所提供的水分,由此而引起的植株失水现象会更明显。因此,采取一定的措施来抑制夏季蒸腾作用不仅可以减少水分的消耗,还有利于植物的生长。这些措施包括:搭遮阳网,喷水降温,使用一些如苯汞乙酸、长链的醇类、硅酮、丁二烯丙烯酸等植物蒸腾抑制剂。此外,还应在夏季来临时对植株进行部分疏枝修剪,减少蒸腾面积。选择合理的容器苗摆放方式也能起到一定的保湿效果,抑制强度蒸腾。

(5) 容器苗的固定绑扎

对于容器苗的固定,在不同苗圃可根据其采用的栽培方式和栽培苗木的种类采取不同的措施,但基本都是从苗木固定与容器固定两方面进行的。地面摆放的容器苗由于很容易被风刮倒或挪动,因而首先要做好苗木的固定工作。一般需要用立柱,将苗干用塑料带或绳索绑扎于立柱上,以保证苗木直立[图11-19(a)(b)]。在北美苗圃中,苗木固定使用一种类似订书机的小型工具,操作方便、迅速。用于苗木固定的立柱主要有竹竿、钢筋等,短的长约1 m,长的长2~3 m。对于较大规格的容器苗,一般在苗行两端修建固定立柱并架设铁丝或钢丝固定苗木[图11-19(c)],或将容器用特定支架固定[图11-19(d)]。

11.4 无性繁殖大苗培育

无性繁殖苗遗传变异性小,能够保持亲本优良性状,已成为园林苗木繁育的主要方式。园林树木无性繁殖方法主要包括扦插、嫁接、压条、分株和组织培养等,由于压条、分株方法繁殖系数低,不适于大规模绿化苗木生产。通过扦插、组织培养繁殖的苗木,在培育大苗过程中,根据栽培目的的不同,可采用裸根栽植和容器栽植两种不同的方式,见本章11.1、11.3部分。现仅就嫁接繁殖大苗培育技术阐述如下。

图 11-19 容器苗的绑扎与容器固定
(a) 苗木绑缚立柱上　(b) 立柱绑缚的苗木
(c) 架铁线固定大苗　(d) 铁丝架固定容器

11.4.1　接穗的选择、采集及贮藏

根据栽培目标,选择观赏价值或经济价值高的母树剪取接穗。选取的母树应生长健壮、无病虫害,有较强的适应性,并保证母树遗传品质优良、性状稳定、品种纯正。选择接穗时,最好是用采穗圃的穗条,或者从年龄较小的树上或苗木上采集。对于大树最好是从树干下部萌发的萌生条上采集。接穗枝条应生长旺盛、发育充实、无病虫害,粗细均匀。

接穗的采集因嫁接方法不同而异,高接苗木主要以枝接为主。在母树萌动之前的休眠期内,选择距主轴枝位置较近的 1 年生枝条做为穗材,采下的接穗及时用事先准备好的材料包裹,防止枝条失水,保证接穗活力。

剪取的接穗如不立即嫁接,应妥善贮藏。短期保存可采用枝条下端浸于清水中,置于阴凉处,每天换水 1~2 次,最多保存不超过 1 周。长期保存最好将枝条的切口蘸上封蜡,然后用湿润材料将枝条包裹,放在 3~5℃ 低温条件下保存,常存于冷库、冷窖或冰箱内,控制贮藏温度防止穗条萌发是提高嫁接成活率的重要保证。嫁接时随用随取出。

11.4.2　砧木培育技术

高接苗木砧木的培育,主要是使砧木尽快达到应有的高度和粗度。一般高接时砧木高度至少要 1.5m 以上，根据使用目的不同，砧木高度可在 1~2m 内变化。嫁接部位粗度一般在 3~5 cm。对于干性强的落叶乔木树种，可采用逐年养干法培养主干。在幼苗培育过程中保护好主梢的绝对生长优势，对侧枝、侧芽及时抹除或修剪，减少主干疤节形成。对于干性不强的落叶乔木，采用先养根后养干的方式，使树干通直无弯曲，少节痕。落叶乔木为了培养通直的主干，并节约使用土地，一般采取初期密植的方式。2m 以下的萌芽全部抹除，一方面减少养分消耗；另一方面保证主干光滑少节痕。

11.4.3 嫁接方法

主要以枝接为主，常采用劈接、切接、插皮接等嫁接方法。具体见苗木无性繁殖部分。

11.4.4 嫁接苗培育及管理

嫁接完毕要及时浇水，并注意检查成活与否。嫁接 2 周后，认真检查成活情况，对成活植株要及时抹芽，不要松绑，以防风折。对未嫁接成活的苗木要及时补接。嫁接大苗的栽培可采用大田裸根栽植或容器栽植两种方式，其他管理同上。但在生长季节要注意抹除砧木上的萌芽，同时还要注意树冠的整形修剪，使其尽快成型。

（陆秀君）

复习思考题

1. 何谓移植？为什么说移植技术是大规格苗木培育的关键技术环节？
2. 裸根移植苗培育关键技术有哪些？
3. 为什么苗木移植最佳时间是休眠期？如何提高反季节移植苗的移栽成活率？
4. 带土坨移植苗移植前应做好哪些方面的准备工作？如何提高带土坨苗的起苗质量？
5. 如何提高带土坨苗移栽成活率？
6. 容器大苗培育与大田露地栽培方式相比有哪些优势？
7. 如何选择容器大苗的育苗基质？基质配比应注意哪些问题？
8. 试述容器大苗培育的主要技术及技术要点。
9. 以嫁接繁殖为例，说明无性繁殖大苗培育技术。
10. 培育移植苗的目的是什么？
11. 试述移植的关键技术。
12. 论述移植苗培育时，在移栽过程中保证成活的关键技术。

推荐阅读书目

1. 森林培育学（第 3 版）. 翟明普，沈国舫等. 中国林业出版社，2016.
2. 园林苗圃学. 成仿云等. 中国林业出版社，2012.
3. 林木种苗生产技术（第 2 版）. 邹学忠，钱拴提. 中国林业出版社，2014.

参考文献

翟明普，沈国舫，等，2016. 森林培育学[M]. 3 版. 北京：中国林业出版社.
成仿云，等，2012. 园林苗圃学[M]. 北京：中国林业出版社.

邹学忠，钱拴提，2014. 林木种苗生产技术[M]. 北京：中国林业出版社.
江德胜，包志毅，等，2004. 园林苗木生产[M]. 北京：中国林业出版社.
邓华平，杨桂娟，等，2011. 容器大苗培育技术研究现状[J]. 世界林业研究，24(2)：36-41.
王金凤，陈卓梅，等，2016. 不同基质及缓释肥对南方红豆杉容器大苗生长的影响[J]. 浙江林业科技，36(2)：74-78.

第 12 章　苗木修剪造型

【本章提要】本章主要讲述苗木修剪造型的生物学基础、苗木的修剪造型原则、苗木修剪造型方法。

修剪造型是指为了使树木构成一定的理想树形而进行的树体生长的调整工作，是对树木植株施行一定的技术措施，使之形成栽培者所需要的树体结构形态。

苗木修剪造型是为了去除影响生长的多余枝条或美观性差的枝条，培养健壮的树势，调节树木生长和发育，保证树木的健康；防止枝叶过于茂盛和树形紊乱，控制树体结构，培养良好树形；调节树木与环境的关系，提高树冠内部的通风性和透光性，减少病虫害的侵染；还可以促进老树的复壮更新。

12.1　苗木修剪造型的生物学基础

了解苗木的生物学特性有助于弄清楚修剪对苗木健康的影响。本节将讲述苗木各部分之间的相互关系。

12.1.1　根系与修剪

根系有五大方面的功能：支撑苗木的地上部分，保持苗木的稳固功能，吸收土壤中的矿物质以及水分的功能，产生一些根部微生物有机体的功能，例如根瘤菌，有利于苗木的生长，合成细胞分裂素的功能，贮存叶片光合作用产生的部分能量的贮存功能。

根系是苗木修剪的时候最容易忘记的部分。现在好多都是用大容器育苗，容器育苗有时因为空间大小的限制也会对树的根系造成损害，如偏根和环根现象，导致树体的稳定性差，容易倒伏，甚至引起苗木死亡（图 12-1）。

根系在水平方向上的分布常常是冠幅的 3 倍（图 12-2）；一半以上的根系扩展至树冠投影以外的地方。

图 12-1　容器过小导致苗木环根现象图

图 12-2　苗木根系水平分布是树冠冠幅的 3 倍

根系有缺陷的苗木需要进行修剪。例如，在容器中育苗的苗木，树体长到一定的大小后就会产生弯根现象，弯根的外侧很少发出侧根，将容器中的苗移植到园林中后根系容易只朝一侧生长，这种苗木极易倒伏。需要对树冠进行适当的疏剪，以解除盘绕，来促进根系向外伸展，增强其抗风的能力。

12.1.2　地上部与地下部相对平衡

苗木是由树冠和根系构成的对立统一的整体，苗木一经修剪，导致苗木地上部与根系之间发生变化，打破了树冠与根系之间的生理平衡状态。苗木具有再生机能强的特性，修剪后新枝便迅速生长，以求得新的平衡。枝叶的旺盛生长，又促进了根系新的生长。两者互相作用使得苗木保持旺盛的生长势。

修剪剪去了苗木地上部器官的小部分或大部分，减少了光合同化面积，使植株内的碳水化合物的含量发生明显变化，通过测定修剪植株根部的淀粉含量与对照（不修剪）相比较，修剪后的植株在较长时期内处于落后状态。这是因为修剪初期减少了光合同化面，导致剪后再生生长所需的物质还需动用根部贮藏的养分。因此，修剪对苗木的促进作用是为了减少枝叶的数量，从而改变根部原有营养和水分的分配关系，使养分集中供应给保留下来的腋芽和不定芽。同时通过修剪，改善了苗木的通风透光条件，提高了其下部叶片的光合性能，促进了这部分芽的生长，延长了生长时期，从而使新梢生长量和单叶面积增大。

树木修剪后减少地上部供给根系生长的能量和营养物质。因此，修剪对根系的生长有一定的抑制作用。一般剪后根系的生长量，随修剪深度加重而减少。当根部贮藏了足够供自身和地上部枝叶生长的养分时，修剪才能刺激根的生长。当贮藏养分不足时，修剪初期根系生长便会受到一定抑制，但剪后地上部枝叶除供自身萌发生长外，已有一定的养分可供根系生长，这时修剪不仅能使地上部复壮，而且也相应地促进根系在新的基础上进行新的生长。

12.2　苗木的修剪造型原则

苗木的修剪造型是苗木养护工作中重要的组成部分。在城市绿化时，对任何一种树木，都要根据它的功能要求，将其修剪造型成一定的形状，使之与周围环境协调，更好地发挥其观赏效果。因此，修剪造型是苗木栽植及养护中的经常性工作之一，它是调节树体结构，恢复苗木生机，促进生长平衡的重要措施。

12.2.1　总体操作程序

苗木修剪的总体操作程序，概括起来即"一知、二看、三剪、四拿、五处理、六保护"。知：参加修剪的全体技术人员，必须掌握操作规程、技术规范、安全规程及特殊要求。看：修剪前先绕树观察，对树木的修剪方法做到心中有数。剪：根据因地制宜，因树修剪的原则，做到合理修剪。拿：修剪下来的枝条，及时拿掉，集体运走，保证环境整洁。处理：剪下的枝条要及时处理，防止病虫害蔓延。保护：疏除大枝、粗枝，要保护乔木。

根据修剪方案,对要修剪的枝条、部位及修剪方式进行标记。然后按先剪下部、后剪上部,先剪内膛枝、后剪外围枝,由粗剪到细剪的顺序进行。一般从疏剪入手,把枯枝、密生枝、重叠枝等先行剪除;再按大、中、小枝的次序,对多年生枝进行回缩修剪;最后,根据造型需要,对1年生枝进行短截修剪。修剪完成后尚需检查修剪的合理性,有无漏剪、错剪,以便更正。

12.2.2 修剪造型的原则

修剪时应遵循"从整体到局部,由下到上,由内到外,去弱留强,去老留新"的基本操作原则。剪口平滑、整齐,不积水,不留残桩。大枝修剪应防止枝重下落,撕裂树皮。及时剪除病虫枝、干枯枝、徒长枝、倒生枝、阴生枝。及时修剪偏冠或过密的树枝,保持均衡、通透的树冠。

修剪时切不可不加思考,漫无次序,不按树体构成的规律乱剪。应根据被修剪苗木的树冠结构、树势、主侧枝的生长等情况进行观察分析,根据修剪目的及要求,制订具体修剪方案。

从事修剪的人员,要懂得苗木的生物学特性以及技术规范,安全操作等。修剪树木时,首先要观察分析。树势是否平衡,如果不平衡,分析是上强(弱)下弱(强),还是主枝之间不平衡,并要分析造成的原因,以便采用相应的修剪技术措施。如果是因为枝条多,特别是大枝多造成生长势强,则要进行疏枝。在疏枝前应先决定选留的大枝数及其在骨干枝上的位置,将无用的大枝先剪掉,如果先剪小枝和中枝,最后从树形要求上看,发现这条大枝是多余的、无用的,留下妨碍其他枝条的生长,又有碍树形,这时再锯除大枝,前面的工作等于是无效的。待大枝调整好以后再修剪小枝,宜从各主枝或各侧枝的上部起,向下依次进行。在这时特别要注意各主枝或各侧枝的延长枝的短截高度,通过各级同类型延长枝长度相呼应,可使枝势互相平衡最后达到平衡树势的目的。

过去一般采用把残枝等运走的办法,现在则经常应用移动式削片机在作业现场就地把树枝粉碎成木片,可节约运输量并可再利用。

12.2.2.1 根据城市绿化中的用途

不同的修剪造型措施造成不同的结果,不同的绿化目的各有其特殊的修剪要求,因此修剪造型必须明确该树的栽培目的要求。例如,槐树做行道树栽植宜修剪成杯状形,如果做庭荫树栽植则采用自然树形;圆柏,在草坪上独植观赏与做绿篱,有完全不同的修剪造型要求,因而具体的修剪造型方法也不同。

12.2.2.2 根据生长地的环境条件

生态环境不同则修剪方式不同,生长在土壤瘠薄和地下水位较高处的花木,主干应留的低,树冠也相应的小;在风口或多风地区也应采用低干矮冠,枝条要相对地稀疏;盐碱地因地下水位高,土层薄,加之大部分盐碱地区在种植树木时都经过换土(因换土的数量有限,所以土层相应的薄)更应采用低干矮冠,不然适得其反,起不到很好的观赏效果。

不同的配置环境修剪方式也不同,如果花木生长地很开阔,空间较大,在不影响周围配置的情况下,可使分枝尽可能的开张,以最大限度的扩大树冠;如果空间较小,则应通过修剪控制植株的体量，以防拥挤不堪，降低观赏效果。

同一种树种植在不同的配置环境，则修剪方式也应不同，北京市榆叶梅有3种不同的修剪方式：梅桩式造型，适合配置在建筑、山石旁；有主干圆头形，配置常绿树丛前面和园路两旁；丛状扁圆形最好种植在山坡和草坪上。

12.2.2.3 根据树木的生物学特性

(1) 生长发育时期

不同年龄时期的树木，由于生长势和发育阶段上的差异，应采用不同的修剪造型的方法和强度。

①幼年阶段　应以造型为主，为整个生命周期的生长和充分发挥其园林功能效益打下牢固的基础。造型的主要任务是配备好主侧枝，扩大树冠，形成良好的形体结构。花果类树木还应通过适当修剪促进早熟。

②中年阶段　具有完整优美的树冠，其修剪造型的目的在于保持植株的完美健壮状态，延缓衰老阶段的到来，调节生长与开花结果的矛盾，稳定丰花硕果时间。

③衰老树木　因生长势弱，生长量逐年减小，树冠处于向心更新阶段，修剪时以强剪为主，以刺激隐芽萌发，更新复壮充实内膛，恢复其生长势，并应利用徒长枝达到更新复壮的目的。

(2) 芽着生的部位，花芽的性质及开花时期

春季开花的花木，花芽通常在前一年夏秋进行分化，着生在1年枝上，因此，在休眠季修剪时必须注意到花芽着生的部位。花芽着生在枝条顶端的称为顶花芽，具有顶花芽的花木(玉兰、黄刺玫等)，在休眠季或者在花前绝不能短截(除为了更新枝势)。如花芽着生在叶腋里，称为腋花芽，根据需要可以在花前短截枝条(榆叶梅、桃花等)。

具有腋生的纯花芽的树木(连翘、桃花)在短截枝条时应注意剪口不能留花芽。因为纯花芽只能开花，不能抽生枝叶，花开过后，在此会留下一段很短的干枝，这种干枝段出现的过多，则影响观赏效果。对于观果树木，由于花上面没有枝叶作为有机营养的来源，则花后不能坐果，致使结果量减少。

夏秋开花的种类，花芽在当年抽生的新梢上形成，如紫薇、木槿等。因此，这类树木应在秋季落叶后至早春萌芽前进行修剪。北京由于冬季寒冷，春季干旱，修剪应推迟到早春气温回升即将萌芽时进行；将1年生枝基部留3~4个(对)饱满芽进行短截，剪后可萌发出苗壮的枝条，虽然花枝可能会少些，但由于营养集中，会开出较大的花朵。有些花木如希望当年开两次花，可在花后将残花剪除，加强肥水管理，可二次开花。紫薇又称百日红，就是因为去残花后可开花达百日，故此得名。

(3) 分枝特性

对于具有主轴分枝的树种，修剪时要注意控制侧枝，剪除竞争枝，促进主枝的发育，如钻天杨、毛白杨、银杏等树种呈尖塔形或圆锥形的乔木，顶端生长势强，具有明显的主干，适合采用保留中央领导干的造型方式。而具有合轴分枝的树种，易形成几个势力相当的侧枝，呈现多叉树干，如为培养主干可采用摘除其他侧枝的顶芽来削弱其顶端优势，或将顶枝短截，剪口留壮芽，同时疏去剪口下3~4个侧枝，促其加速生长。具有假二叉分枝(二歧分枝)的树种，由于树干顶梢在生长后期不能形成顶芽，下面的对生侧芽优势均

衡，影响主干的形成，可采用剥除其中一个芽的方法来培养主干。对于具有多歧分枝的树种，可采用抹芽法或用短截主枝方法重新培养中心主枝。修剪中应充分了解各类分枝的特性，注意各类枝之间的平衡，应掌握"强主枝强剪，弱主枝弱剪"的原则。因为强主枝一般长势粗壮，具有较多的新梢，叶面积大，制造的有机营养多，促使其生长更加粗壮；反之，弱主枝新梢少，营养条件差而生长衰弱。因此，修剪要平衡各种枝条之间的生长势。侧枝是开花结实的基础，生长过强或过弱均不易形成花芽。所以，对强侧枝要弱剪，目的是促使侧芽萌发，增加分枝，缓和生长势，促进形成花芽。同时花果的生长与发育对强侧枝的生长势产生抑制作用。对弱枝要强剪，使其萌发较强的枝条，这种枝条形成的花芽少，消耗的营养少，强剪则产生促进侧枝生长的效果。

12.3 苗木修剪造型方法

12.3.1 修剪季节

苗木种类很多，习性与功能各异，由于修剪目的与性质的不同，虽然各有其相适宜的修剪季节，但从总体上看，一年中的任何时候都可对树木进行修剪，而具体时间的选择应从实际出发。

苗木的修剪季节，一般分为冬季(休眠期)修剪和夏季(生长季)修剪。休眠期指苗木落叶后至翌年早春树液开始流动前(一般在12月至翌年2月)；生长期指自萌芽后至新梢或副梢生长停止前(一般在4~10月)。

12.3.1.1 冬季(休眠期)修剪

在冬季(休眠期)，树体贮藏的养分充足，地上部分修剪后，枝芽减少，可集中利用贮藏的营养。因此，新梢生长加强，剪口附近的芽长期处于优势。对于生长正常的落叶果树来说，一般要求在落叶后1个月左右修剪，不宜过迟。春季萌芽后修剪，贮藏养分已被萌动的枝芽消耗一部分，一旦已萌动的枝被剪去，下部芽重新萌动，生长推迟，长势明显减弱。整个冬季修剪，应先剪幼树，先剪效益好的树，先剪越冬能力差的树，先剪干旱地块的树。从时间安排上讲，还应首先保证技术难度较大树木的修剪。对于一些有伤流现象的树种，如葡萄，应在伤流开始前修剪。伤流是树木体内的养分与水分在树木伤口处外流的现象，流失过多会造成树势衰弱，甚至枝条枯死，因此，最好在伤流少且容易停止时进行，尤其是伤流严重的树种，应在休眠季节无伤流时进行。

12.3.1.2 夏季(生长期)修剪

夏季(生长期)修剪，可在春季萌芽后至秋季落叶后的整个生长季内进行，此期修剪的主要目的是改善树冠的通风、透光性能，一般采用轻剪，以免因剪除大量的枝叶而对苗木造成不良的影响。树木在夏季修剪，容易调节光照和枝梢密度，容易判断病虫、枯死与衰弱的枝条，也最便于把树冠修整成理想的形状。幼树造型和控制旺长，更应重视夏季修剪。

12.3.2 修剪树木的种类

12.3.2.1 落叶乔木

对于乔木树种，特别是顶端优势强的树种，如杨树类、水杉和落叶松苗木等，只要注意及时疏去根蘖条和主干 1.8 m 以下的侧枝，以后随着树干的不断增加，逐年疏去中干下部的分枝，同时疏去树冠内的过密枝及扰乱树形的枝条。对于顶端优势较弱、萌芽力较强的树种，如槐树、旱柳和悬铃木等，常采用截干法培养主干。当株高到 2.5~3.0 m 时，达到定干高度，在 1.8~2.0 m 处截干，用于培养主干和主枝。后期注意保护主干延长枝，对侧枝摘心以促进主干延长枝生长。选留 3~5 个向四周分布均匀的枝条做主枝，翌年在主枝 30~40 cm 处短截，促侧枝生长，形成基本树形。逐年疏去主干下部的分枝，同时疏去树冠内的过密枝及扰乱树形的枝条。

12.3.2.2 常绿乔木

对于主干明显的常绿乔木树种，如雪松、云杉等，这类树种干性强，且有明显的中央领导枝，主干直立不分叉，因此必须保持中心领导干向上生长的优势。若主干上出现竞争枝，应选留一强枝为中心领导干，另一个短截回缩，于第二年短截。有些苗木的主干头弯曲或软弱，势必影响植株正常生长。后续逐年修剪对象主要是枯死枝、病虫枝、过密枝或少量方位角不适宜枝等，并注意保护主干顶梢。

对于顶端优势较弱、萌芽力较强的常绿乔木树种，如广玉兰、榕树、橡皮树等，选留生长旺盛、直立的枝条做为主干，侧枝过密可以疏除，其余的枝条依情况不同进行疏除，疏除树冠上部粗壮的竞争枝、徒长枝、直立枝、下垂枝和枯死枝。夏季剪截去掉直立强壮的侧枝，根据"压强留弱，去直留平，树冠上部重剪，下部轻剪长留"的原则，分次中截。后续逐年疏去主干下部的分枝，同时疏去树冠内的过密枝及扰乱树形的枝条。

12.3.2.3 灌木

对丛生灌木，如红瑞木、绣线菊、棣棠等，萌蘖性强，耐修剪的丛生灌木，宜用整篱剪或整篱机修剪成形，即在幼苗时行强修剪，以促发新枝，以后进行日常维护树形的修剪。每年入冬至早春前，需对茂密的株丛进行必要的疏剪和短截，修剪过密枝、病虫枝、徒长枝和过弱的枝条，并且保持枝条分布均匀成形。对于低矮灌木，如月季、杜鹃、小叶黄杨等，根据应用不同，可分为灌木状修剪和树状修剪。灌木状修剪，冬季剪去残花，多留腋芽，以利早春多发新枝。主干上部枝条，长势较强，多留芽；主干下部枝条长势较弱，少留芽。夏季花后，扩展性生长的低矮灌木应留里芽；直立性生长的低矮灌木应留外芽。树状修剪，新主干长到适当高度时，摘心。在主干剪口下选留 3~4 个腋芽作主枝培养，除去干上其他腋芽。在生长期内对主枝进行摘心，促使主枝萌发二级枝。生长期要及时剪除残花、过密枝。对于树形较大的灌木，如紫薇、碧桃、桂花等，多为观形观花的灌木，整形有多种，如杯形、自然开心形、多干丛生形等，可根据具体用途对苗木进行修剪。

12.3.2.4 藤本

藤本类如紫藤、凌霄和蔓生蔷薇等，每年修剪 2 次，一般在夏季和冬季进行。选粗壮枝条作主蔓培养，将不需要的基部分蘖，随时剪除，使养分集中于主蔓，促使主蔓不断加粗。然后在主蔓上萌发的侧蔓中，选留 2~3 个壮枝作为主侧蔓，进行牵引使其附于支柱上，并留部分小侧蔓作辅养蔓。夏季对辅养蔓进行摘心，促使主侧蔓生长。至冬季短截主侧蔓至壮芽处，促使翌年在其上再萌发壮蔓顶端开花。对于主枝上的一些小侧蔓，注意恰当删剪，保留一定距离，形成主次分明、层次合理的主侧蔓结构。

12.3.3 修剪造型基本技法

12.3.3.1 树体形态结构

构成树木的主要部分(图 12-3)包括树冠、主干、中干、主枝、侧枝、花芽枝、延长枝。

树冠：主干以上枝叶部分的统称。
主干：第一个分枝点至地面的部分。
中干：主干在树冠中的延长部分。
主枝：着生在中干上面的主要枝条。
侧枝：着生在主枝上面的主要枝条。
花枝组：由开花枝和生长枝组成的一组枝条。
枝组：自侧枝分生出许多小枝而形成的枝群。
延长枝：各级骨干枝先端的延长部分。
骨干枝：组成树冠骨架永久性枝的统称，如主干、中干，主枝、侧枝等。

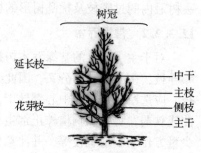

图 12-3　树木的主要部分

12.3.3.2 枝条的类型

归纳起来，在修剪造型方面，大致从以下几个方面研究分析枝条的类型：

(1)根据枝条在树体上的位置分类

可分为主干、中干、主枝、侧枝、延长枝等。

(2)根据枝条的姿势及其相互关系分类

可分为直立枝、斜生枝、水平枝、下垂枝、内向枝、重叠枝、平行枝、轮生枝、交叉枝、并生枝等。

①直立枝、斜生枝、水平枝、下垂枝、逆行枝　凡直立生长垂直地面的枝条，称为直立枝；和水平线成一定角度的枝条，称为斜生枝；和水平线平行即水平生长的枝条，称为水平枝；先端向下生长的枝条称下垂枝；倒逆姿势的枝条，称为逆行枝。

②内向枝　向树冠内生长的枝条，称为内向枝。

③重叠枝　两枝同在一个垂直面上，上下相互重叠，称为重叠枝。

④平行枝　两个枝同在一个水平面上，互相平行生长的枝，称为平行枝。

⑤轮生枝　多个枝的着生点相距很近，好似多个枝从一点抽生，并向四周呈放射性伸展，称为轮生枝。

⑥交叉枝　两个枝条相互交叉，称为交叉枝。

⑦并生枝　自节位的某一点或一个芽并生两个或两个以上的枝称为并生枝。

(3)根据在生长季内抽生的时期及先后顺序分类

可分为春梢、夏梢和秋梢；一次枝、二次枝等。

①春梢、夏梢和秋梢　早春休眠芽萌发抽生的枝梢，称为春梢；7~8月抽生的枝梢，称为夏梢；秋季抽生的枝梢称为秋梢，在落叶之前三者统称为新梢。

②一次枝、二次枝　春季萌芽后第一次抽生的枝条，称为一次枝；当年在一次枝上抽生的枝条，称为二次枝。

(4) 根据枝龄分类

可分为新梢、1年生枝、2年生枝等。

①新梢　落叶树木，凡有叶的枝或落叶以前的当年生枝，称新梢；常绿树木由春至秋当年抽生的部分称为新梢。

②1年生枝、2年生枝　当年抽生的枝自落叶以后至翌春萌芽以前，称为1年生枝；1年生枝自萌芽后到第二年春为止，称为2年生枝。

(5) 根据性质和用途分类

可分为营养枝、徒长枝、叶丛枝、开花枝(结果枝)、更新枝、辅养枝。

①营养枝　所有生长枝的总称。包括长、中、短三类生长枝、叶丛枝、徒长枝等。

②徒长枝　生长特别旺盛，枝粗叶大、节间长、芽小、含水分多，组织不充实，往往直立生长的枝条，称为徒长枝。

③叶丛枝　枝条节间短，叶片密集，常呈莲座状的短枝，称为叶丛枝。

④开花枝(结果枝)　着生花芽的枝条，观赏花木称开花枝，果树上称为结果枝。根据枝条的长短又分为长花枝(长果枝)、中花枝(中果枝)、短花枝(短果枝)及花束状枝。不同的树种划分标准不同。

⑤更新枝　用来替换衰老枝的新枝，称为更新枝。

⑥辅养枝　协助树体制造营养的枝条，如幼树主干上保留较弱的枝条，使其制造养分，促使树干充实，这种暂时保留的枝条，称为辅养枝。

12.3.4　基本造型方式

苗木的造型方式因栽培目的，配置方式和环境状况不同而有很大的不同，在实际应用中主要有以下几种方式。

12.3.4.1　自然式造型

这种树形是在树木本身特有的自然树形基础上，按照树木本身的生长发育习性，稍加人工调整和干预而形成的自然树形。该树形不仅体现苗木的自然美，同时也符合树木自身的生长发育习性，有利于树木的养护管理。行道树、庭荫树及一般风景树等基本上都采用自然式造型。长圆形，如玉兰、海棠；圆球形，如黄刺玫、榆叶梅；扁圆形，如槐树、桃树；伞形，如合欢、垂枝桃；卵圆形，如苹果、紫叶李；拱形，如连翘、迎春。

12.3.4.2　人工式造型

由于城市绿化的特殊要求，有时将树木修剪成有规则的几何形体，如方形、圆形、多边形等，或修剪成不规则的各种形体，如鸟兽等。这类造型是违背树木生长发育的自然规律，抑制强度较大；所采用的植物材料又要求萌芽力和成枝力强的种类，例如，侧柏、黄杨、榆、金雀花、罗汉松、六月花、水蜡树、紫杉、珊瑚、光叶石楠和对节白蜡等。并且只要见有枯死的枝条要立即剪除。有死的植株还要马上换掉，才能保持整齐一致，所以往往为满足特殊的观赏要求才采用此种方式。

(1) 几何形体的造型方式

按照几何形体的构成标准进行修剪造型，例如，球形、半球形、蘑菇形、圆锥形、圆柱形、正方体、长方体、葫芦形、城堡式等。

(2) 非几何形体的造型方式

①垣壁式　在庭园及建筑物附近为达到垂直绿化墙壁的目的而进行的造型。在欧洲的古典式庭园中常可见到此式。常见的形式有"U"字形、叉字、肋骨形等。

这种方式的造型方法是使主干低矮，在干上向左右两侧呈对称或放射状配列主枝，并使之保持在同一垂直面上。

②雕塑式　根据造型者的意图，创造出各种各样的形体，但应注意树木的形体要与四周园景协调，线条不宜过于烦琐，以轮廓鲜明简练为佳。

12.3.4.3　自然与人工混合式造型

①中央领导干形　有强大的中央领导干，在其上配列疏散的主枝，多呈半圆形树冠。如果主枝分层着生，则称为疏散分层形。第一层由比较邻近的 3~4 个主枝组成；第二层由 2~3 个主枝组成；第三层也有 2~3 个主枝，以后每层留 1~2 主枝，直至到 6~10 个主枝为止。各层主枝之间的距离，依次向上缩小。这种树形，中央领导枝的生长优势较强，能向外和向上扩大树冠，主侧枝分布均匀，透风透光良好，进入开花结果期较早而丰产（图 12-4）。

②杯形　即是常讲的"三股三叉十二枝"，没有中心干，但在主干一定高度处留三主枝向三方伸展。各主枝与主干的夹角约为 45°，三主枝间的夹角约为 120°。在各主枝上又留两根一级侧枝，在各一级侧枝上又再保留二根二级侧枝，依此类推，即形成类似假二叉分枝的杯状树冠（图 12-5）。这种造型方法，多用于干性较弱的树种。

图 12-4　中央领导干形

图 12-5　杯形

③自然开心形　由杯形改进而来，它没有中心主干，中心没有杯形空，但分枝比较低，三个主枝错落分布，有一定间隔，自主干向四周放射伸出，直线延长，中心开展，但主枝分生的侧枝不以假二叉分枝，而是左右错落分布，因此树冠不完全平面化（图 12-6）。这种树形的开花结果面积较大，生长枝结构较牢，能较好地利用空间，树冠内阳光通透，有利于开花结果，因此常为园林中的桃、梅、石榴等观花树木修剪造型时采用。

④多领导干形　留 2~4 个领导干，在其上分层配列侧

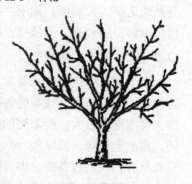

图 12-6　自然开心形

生主枝，形成匀整的树冠。此树形适用于生长较旺盛的树种，最适宜观花乔木、庭荫树的造型。其树冠优美，并可提早开花，延长小枝条寿命。

⑤丛球形　此种造型主干较短，分生多个各级主侧枝错落排列呈丛状，叶层厚，绿化、美化效果较好。本形多用于小乔木及灌木的造型，如黄杨类、杨梅、海桐等。

⑥伞形　这种造型常用于建筑物出入口两侧或规则式绿地的出入口，两两对植，起导游提示作用。在池边、路角等处也可点缀取景，效果很好。它的特点是有一明显主干，所有侧枝均下弯倒垂，逐年由上方芽继续向外延伸扩大树冠，形成伞形，如龙爪槐、垂枝樱、垂枝三角枫、垂枝榆、垂枝梅和垂枝桃等。

⑦篱架形　这种造型主要应用于城市绿地中的蔓生植物。凡有卷须（葡萄）、吸盘（薜荔）或具缠绕习性的植物（紫藤），均可依靠各种形式的栅架、廊亭等支架攀缘生长；不具备这些特性的藤蔓植物（如木香、爬藤月季等）则要靠人工搭架引缚，既便于它们延长、扩展，又可形成一定的遮阴面积，供游人休息观赏，其形状往往随人们搭架形式而定。

总括以上所述的三类造型方式，在城市绿地中以自然式应用最多，既省人力、物力又易成功。其次为自然与人工混合式造型，这是使花朵硕大、繁密或果实丰多肥美等目的而进行的造型方式，它比较费工，亦需适当配合其他栽培技术措施。关于人工形体式造型，一般言之，由于很费人工，且需有较熟练技术水平的人员，故常只在园林局部或在要求特殊美化处应用。

12.3.5　修剪方法

（1）短截

短截又称短剪，指剪去1年生枝条的一部分。短截对枝条的生长有局部刺激作用。短截是调节枝条生长势的一种重要方法。在一定范围内，短截越重，局部发芽越旺。根据短截程度可分为轻短截、中短截、重短截、极重短截（图12-7）。

①轻短截　约剪去枝梢的1/4~1/3，即轻打梢。由于剪截轻，留芽多，剪后反应是在剪口下发生几个不太强的中长枝，再向下发出许多短枝。一般生长势缓和，有利于形成果枝，促进花芽分化。

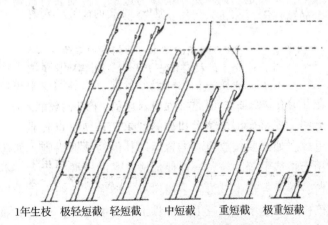

1年生枝　极轻短截　轻短截　中短截　重短截　极重短截

图12-7　短截程度对花芽分化的影响

②中短截　在枝条饱满芽处剪截，一般剪去枝条全长的1/2左右。剪后反应是剪口下萌发几个较旺的枝，再向下发出几个中短枝，短枝量比轻短截少。因此，剪截后能促进分枝，增强枝势，连续中短截能延缓花芽的形成。

③重短截　在枝条饱满芽以下剪截，约剪去枝条的2/3以上。剪截后由于留芽少，成枝力低而生长较强。有缓和生长势的作用。

④极重短截　剪至轮痕处或在枝条基部留2~3个秕芽剪截。剪后只能抽出1~3个较弱枝条，可降低枝的位置，削弱旺枝、徒长枝、直立枝的生长，以缓和枝势，促进花芽的形成。

(2) 回缩

回缩又称缩剪（图12-8），是指对2年或2年以上的枝条进行剪截。一般修剪量大，刺激较重，有更新复壮的作用。多用于枝组或骨干枝更新，以及控制树冠辅养枝等。其反应与缩剪程度、留枝强弱、伤口大小等有关。如缩剪时留强枝、直立枝，伤口较小，缩剪适度可促进生长；反之则抑制生长。前者多用于更新复壮，后者多用于控制树冠或辅养枝。

(3) 疏删

疏删指从分生处剪去枝条。一般用于疏除枯枝、病虫枝、过密枝、徒长枝、竞争枝、衰弱枝、下垂枝、交叉

图12-8　回缩修剪

枝、重叠枝及并生枝等，是减少树冠内部枝条数量的修剪方法。不仅1年生枝从基部减去称疏剪，而且2年生以上的枝条，只要是从其分生处剪除，都成为疏剪。

疏删修剪时，对将来有妨碍或遮蔽作用的非目的枝条，虽然最终也会除去，但在幼树时期，宜暂时保留，以便使树体营养良好。为了使这类枝条不致于生长过旺，可放任不剪。尤其是同一树上的下部枝比上部枝停止生长早，消耗的养分少，供给根及其他必要部分生长的营养较多，因此宜留则留，切勿过早疏除。

疏剪的应用要适量，尤其是幼树一定不能疏剪过量，否则会打乱树形，给以后的修剪带来麻烦。枝条过密的植株应逐年进行，不能急于求成。

(4) 放

营养枝不剪称甩放或长放。放是利用单枝生长势逐年递减的自然规律。长放的枝条留芽多，抽生的枝条也相对增多，致使生长前期养分分散，而多形成中短枝；生长后期积累养分较多，能促进花芽分化和结果。但是营养枝长放后，枝条增粗较快，特别是背上的直立枝，越放越粗，运用不妥，会出现树上长树的现象，必须注意防止。一般情况下，对背上的直立枝不采用甩放，如果要长放也应结合运用其他的修剪措施，如弯枝、扭伤或环剥等；长放一般多应用于长势中等的枝条，促使形成花芽的把握性较大，不会出现越放越旺的情况。通常对桃树、海棠等花木，为了平衡树势，增强生长弱的骨干枝的生长势往往采取长放的措施，使该枝条迅速增粗，赶上其他骨干枝的生长势；丛生的灌木多采用长放的修剪措施。如在修剪连翘时，为了形成潇洒飘逸的树形，在树冠的上方往往甩放3~4条长枝，远远地观赏，长枝随风摆动，效果极佳。

(5) 伤

用各种方法损伤枝条的韧皮部和木质部，以达到削弱枝条的生长势，缓和树势的方法称为伤。伤枝多在生长期内进行，对局部影响较大，而对整个树木的生长影响较小，是修剪造型的辅助措施之一，主要的方法有：

①环剥 用刀在枝干或枝条基部的适当部位，环状剥去一定宽度的树皮，以在一段时期内阻止枝梢碳水化合物向下输送，有利于环状剥皮上方枝条营养物质的积累和花芽分化，这适用于发育盛期开花结果量小的枝条。实施时应注意：

剥皮宽度要根据枝条的粗细和树种的愈伤能力而定，约为枝直径的 1/10 左右 (2~10 mm)过宽伤口不易愈合，过窄愈合过早而不能达到目的。环剥深度以达到木质部为宜，过深伤及木质部会造成环剥枝梢折断或死亡，过浅则韧皮部残留，环剥效果不明显。实施环剥的枝条上方需留有足够的枝叶量，以供正常光合作用之需。

环剥是在生长季应用的临时性修剪措施(图 12-9)，通常在开完花或结完果，在冬剪时要将环剥以上的部分逐渐剪除，所以在主干、中干、主枝上不采用。伤流过旺、易流胶的树一般不用。

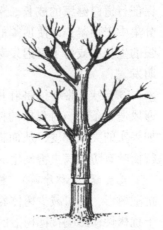

图 12-9 环剥

②刻伤 用刀在芽(或枝)的上(或下)方横切(或纵切)而深及木质部的方法，刻伤常在休眠期结合其他修剪方法施用。主要方法有：

目伤指在芽或枝的上方行刻伤，伤口形状似眼睛，伤及木质部以阻止水分和矿质养分继续向上输送，以在理想的部位萌芽抽枝；反之，在芽或枝的下方行刻伤时，可使该芽或该枝生长势减弱，但因有机营养物质的积累，有利于花芽的形成。

纵伤指在枝干上用刀纵切而深达木质部的方法，目的是为了减小树皮的机械束缚力，促进枝条的加粗生长、纵伤宜在春季树木开始生长前进行，实施时应选树皮硬化部分，小枝可行一条纵伤，粗枝可纵伤数条。

横伤指对树干或粗大主枝横切数刀的刻伤方法。其作用是阻滞有机养分的向下输送。促使枝条充实，有利于花芽分化达到促进开花结实的目的。作用机理同环剥，只是强度较低而已。

③折裂 为曲折枝条使之形成各种艺术造型，常在早春芽萌动始期进行。先用刀斜向切入，深达枝条直径的 1/3~2/3 处，然后小心地将枝弯折，并利用木质部折裂处的斜面支撑定位，为防止伤口水分损失过多，往往在伤口处进行包裹。

④扭梢和折梢(枝) 多用于生长期内将生长过旺的枝条，特别是着生在枝背上的徒长枝，扭转弯曲而未伤折者称扭梢。折伤而未断者则称折梢。扭梢和折梢均是部分损伤传导组织以阻碍水分、养分向生长点输送，削弱枝条长势以利于短花枝的形成。

⑤变 是变更枝条生长的方向和角度，以调节顶端优势为目的造型措施，并可改变树冠结构、有屈枝、弯枝、拉枝、抬枝等形式，通常结合生长季修剪进行，对枝梢施行屈曲、缚扎或扶立、支撑等技术措施。直立诱引可增强生长势；水平诱引具中等强度的抑制

作用。使组织充实易形成花芽,向下屈曲诱引则有较强的抑制作用,但枝条背上部易萌发强健新枝,须及时去除,以免适得其反。

(6)其他方法

①摘心 是摘除新梢顶端生长部位的措施,摘心后削弱了枝条的顶端优势,改变营养物质的输送方向,有利于花芽分化和结果。摘除顶芽可促使侧芽萌发,从而增加了分枝促使树冠早日形成。而适时摘心,可使枝、芽得到足够的营养,充实饱满,提高抗寒力(图12-10)。

②抹芽 把多余的芽从基部抹除。称抹芽或除芽。此措施可改善留存芽的养分供应状况,增强其生长势。如行道树每年夏季对主干上萌发的隐芽进行抹除,一方面为了使行道树主干通直,不发分枝,以免影响交通;另一方面为了减少不必要的营养消耗,保证行道树健康的成长。例如,芍药通常在花前疏去侧蕾,使养分集中于顶蕾,以使顶端的花开的大且艳。有的为了抑制顶端过强的生长势或为了延迟发芽期,将主芽抹除,而促使副芽或隐芽萌发。

图 12-10 摘心

③摘叶 带叶柄将叶片剪除,叫摘叶。摘叶可改善树冠内的通风透光条件。对观果的树木,可使果实充分见光且着色好,增加果实的美观程度,从而提高观赏效果;对枝叶过密的树冠,进行摘叶有防止病虫害发生的作用。

④去蘖(又称除萌) 榆叶梅、月季等易生根的苗木,生长季期间随时除去萌蘖,以免扰乱树形,并可减少树体养分的无效消耗。嫁接繁殖树,则需及时去除其上的萌蘖,防止干扰树性,影响接穗树冠的正常生长。

⑤摘蕾 实质上为早期进行的疏花、疏果措施,可有效调节花果量,提高存留花果的质量。如杂种香水月季,通常在花前摘除侧蕾,而使主蕾得到充足养分,开出漂亮而肥硕的花朵;聚花月季,往往要摘除侧蕾,或过密的小蕾,使花期集中,花朵大而整齐,观赏效果增强。

⑥断根 将植株的根系在一定范围内全部切断或部分切断的措施,断根后可刺激根部发生新的须根,所以在移栽珍贵的大树或移栽山野自生树时,往往在移栽前1~2年进行断根,在一定的范围内促发新的须根,有利于移栽成活。

12.3.6 修剪注意问题

(1)剪口状态

剪口向侧芽对面微倾斜,使斜面上端与芽端基本平齐或略高于芽尖0.6 cm左右,下端与芽的基部基本持平,这样的剪口面积小,伤面不致过大,很易愈合;而芽的生长也较好。如果剪口倾斜过大,伤痕面积大,水分蒸发多,并且影响对剪口芽的养分和水分的供给,会抑制剪口芽的生长,而下面一个芽的生长势则得到加强,这种切口一般只在削弱树的生长势时采用。而剪口芽的上方留一小段桩,这种剪口因养分不宜流入小桩,剪口很难愈合,常常导致干枯,影响观赏效果,一般不宜采用。

(2) 剪口芽的选择

剪口芽的强弱和选留位置不同，生长出来的枝条强弱和选留位置不同，生长出来的枝条强弱和姿势也不一样。剪口芽留壮芽，则发壮枝；剪口芽留弱芽，则发弱枝。

背上芽易发强旺枝，背下芽发枝中庸。剪口芽留在枝条外侧可向外扩张树冠，而剪口芽方向朝内则可填补内膛空位。为抑制生长过旺的枝条，应选留弱芽为剪口芽；而欲弱枝转强，剪口则需选留饱满的背上壮芽。

(3) 大枝剪除

将枯枝或无用的老枝、病虫枝等全部剪除时，为了尽量缩小伤口，应自分枝点的上部斜向下部剪下，残留分枝点下部凸起的部分伤口不大，很易愈合，隐芽萌发也不多；如果残留其枝的一部分，将来留下的一段残桩枯朽，随其母枝的长大，渐渐陷入其组织内，致伤口迟迟不愈合，很可能成为病虫的巢穴。

回缩多年生大枝时，往往会萌生徒长枝，为了防止徒长枝大量抽生，可先行疏枝和重短截，削弱其长势后再回缩。同时剪口下留弱枝当头，有助于生长势缓和，则可减少徒长枝的发生。如果多年生枝较粗必须用锯子锯除，则可先从下方浅锯伤，然后再从上方锯下，可避免锯到半途，因枝自身的重量向下而折裂，造成伤口过大，不易愈合。由于这样锯断的树枝，伤口大而表面粗糙，因此，还要用刀修削平整、以利愈合。为防止伤口的水分蒸发或因病虫侵入而引起伤口腐烂应涂保护剂或用塑料布包扎。

12.3.7 修剪伤口保护

树木修剪是必不可少的重要工作，应以不伤或少伤健康组织为原则，满足伤面光滑、轮廓匀称，保护树木自然防御系统的要求。

12.3.7.1 伤口处理修整

树木伤口的处理与敷料是为了促进愈伤组织的形成，加速伤口封闭和防止病原微生物的侵染。

(1) 损伤树皮的修整

如果只是树皮受到破坏，形成层没有受到损伤，仍具有分生能力，应将树皮重新贴在外露的形成层上，用平头钉或橡胶塑料带钉牢或绑紧，一般不使用伤口涂料，但应在树皮上覆盖 5 cm 厚的湿润而干净的水苔，用白色的塑料薄膜覆盖，上下两端再用沥青涂料封严，以防水保湿。覆盖的塑料薄膜和水苔应在 3 周内撤除。

对于树皮较厚、只有表层损伤、不妨碍形成层活动的伤口，如果立即用干净的抹布或聚乙烯薄膜覆盖，就可较快地愈合。如果形成层甚至木质部损伤，应尽可能按照伤口的自然外形修整，顺势修整成圆形、椭圆形或梭形，尽量避免伤及健康的形成层。当伤面的形成层陈旧时，应从伤口边缘切除枯死或松动的树皮，同样应避免伤及健康组织。当树干或大枝受冻害、灼伤或遭雷击时，不易确定伤口范围，最好待生长季末容易判断时再行修整。

(2) 疏剪伤口的修整

疏剪是从树干或母枝上剪除非目的枝条的方法。疏除大枝的最终切口都应在保护枝领的前提下，适当贴近树干或母枝，决不要留下长桩或凸出物，切口要平整，不应撕裂，否则会积水腐烂，难以愈合。伤口的上下端不应横向平切，而应成为长径与枝（干）长轴平行的椭圆形或圆形，否则伤口愈合比较困难。

此外，为了防止伤口因愈合组织的发育形成周围高、中央低的积水盆，修整较大的伤口时应将伤口中央的木质部修整成凸形球面，这样可预防木质部的腐烂。

12.3.7.2 伤口敷料的作用和种类

关于敷料的作用，看法并不完全一致。有人认为虽然现在涂料在促进愈伤组织的形成和伤口封闭上发挥了一定的作用，但是在减轻病原微生物的感染和蔓延中并没有很大的价值。有些研究结果表明，虽然有些涂料，如羊毛脂等确实可以促进愈合体的形成，但是对于防止木材寄生微生物向深层侵染作用很小。许多涂料能刺激愈合组织的形成，但愈合组织的形成与腐朽过程没有什么关系。树木的大伤口很少完全封闭。有的伤口外表好像已经封闭，但仍可能有很细的裂缝。研究认为，过去使用的伤口涂料很少能保持1年以上，中间经过风吹、日晒和雨淋等作用，最终都将开裂和风化。

另有研究认为，涂料的性能和涂刷质量成为是否使用伤口涂料和如何发挥涂料作用的关键。理想的伤口涂料应能对处理伤面进行消毒，防止木腐菌的侵袭和木材干裂，并能促进愈伤组织的形成；涂料还应使用方便，能使伤口过多的水分渗透蒸发，以保持伤口的相对干燥；漆膜干燥后应抗风化、不龟裂。伤口的涂抹质量要好，漆膜薄、致密而均匀，不要漏涂或因漆膜过厚而起泡。形成层区不应直接使用伤害活细胞的涂料与沥青。涂抹以后应定期检查，发现漏涂、起泡或龟裂要立即采取补救措施，这样才能取得较好的效果。

常用的伤口涂料一般有以下几种：

(1) 伤口消毒剂与激素

经修整后的伤口，应用2%~5%的硫酸铜溶液或5%石硫合剂溶液消毒。如果用0.01%~0.1%的α萘乙酸涂抹形成层区，可促进伤口愈合组织的形成。

(2) 紫胶清漆

它不会伤害活细胞，防水性能好，常用于伤口周围树皮与边材相邻接的形成层区，而且使用比较安全。紫胶的酒精溶液还是一种好的消毒剂。但是单独使用紫胶漆不耐久，还应用其他树涂剂覆盖。

(3) 杂酚涂料

这是处理已为真菌侵袭的树洞内部大伤面的最好涂料，但对活细胞有害，因此在表层新伤口上使用应特别小心。普通市售的杂酚是消灭和预防木腐菌最好的材料，但除煤焦油或热熔沥青以外，多数涂料都不易与其黏着。像杂酚涂料一样，杂酚油对活组织有害，主要用于心材的处理。

此外，杂酚油与沥青等量混合也是一种涂料，而且对活组织的毒性没有单独使用杂酚油那样有害。

(4) 接蜡

用接蜡处理小伤面效果很好。固体接蜡是用1份兽油（或植物油）加热煮沸，加入4份松香和2份黄蜡，充分熔化后倒入冷水配制而成的。这种接蜡用时要加热，使用不太方便。液体接蜡是用8份松香和1份凡士林（或猪油）同时加热熔化以后稍微冷却，加入酒精至起泡且泡又不过多而发出"滋滋"声时，再加入1份松节油，最后再加入2~3份酒精，边加边搅拌配制而成。这种接蜡可直接用毛刷涂抹，见风就干，使用方便。

(5) 沥青涂料

这一类型的涂料对树体组织的毒害比水乳剂涂料大，但干燥慢，较耐风化。其组成和配制方法是：每千克固体沥青在微火上熔化，加入约 2 500 mL 松节油或石油，充分搅拌后冷却。

(6) 羊毛脂涂料

用羊毛脂作为主要配料的树木涂料，在国际上得到了广泛的发展。它可以保护形成层和皮层组织，使愈伤组织顺利形成和扩展。

(7) 房屋涂料

外墙使用的房屋涂料是由铅和锌的氧化物与亚麻仁油混合而成的，涂刷效果很好。但是它不像沥青涂料那样耐久，同时对幼嫩组织有害，因此，在使用前应预先涂抹紫胶漆。

需要注意的是，木材干裂的大伤口是木腐菌侵袭的重要途径。这类伤口特别是木质部完好的伤口，除正常敷料外，应把油布剪成大于伤口的小块，牢牢钉在周围的健康树皮上，可进一步防止木材开裂而导致腐朽。

涂抹工作结束后，无论涂料质量的好坏，为了保证树木涂料获得较好的效果，都应对处理伤口进行定期检查。一般每年检查和重涂 1~2 次。发现涂料起泡、开裂或剥落就要及时采取措施。在对老伤口重涂时，最好先用刷子轻轻去掉全部漆泡和松散的漆皮，除愈合体外，其他暴露的伤面都应重新涂抹 1 次。

12.3.7.3 剪口保护剂

树干上因修剪造成伤口，特别是珍贵的树种，在树体主要部分的伤口应用保护剂保护，目前应用较多的保护剂有如下两种。

(1) 固体保护剂

取松香 4 份、蜂蜡 2 份、动物油 1 份(重量)，先把动物油放在锅里加火熔化，然后将旺火撤掉，立即加入松香和蜂蜡，再用文火加热并充分搅拌，待冷凝后取出，装在塑料袋密封备用。使用时，只要稍微加热令其软化，然后用油灰刀将其抹在伤口上即可，一般用来封抹大型伤口。

(2) 液体保护剂

原料为松香 10 份、动物油 2 份、酒精 6 份、松节油 1 份(重量)。先把松香和动物油一起放入锅内加温，待熔化后立即停火，稍冷却后再倒入酒精和松节油，同时随着搅拌均匀，然后倒入瓶内密封贮藏，以防酒精和松节油挥发。使用时用毛刷涂抹即可。这种液体保护剂适用于小型伤口。

(赵和文)

复习思考题

1. 苗木修剪造型的目的是什么？
2. 苗木修剪造型的方法有哪些？
3. 自然与人工混合式造型具体有哪几种方法？
4. 苗木修剪造型的生物学基础是什么？

5. 苗木伤口保护剂主要有哪几种？应如何做？

推荐阅读书目

1. 园林苗圃学．苏金乐．中国农业出版社，2003．
2. 苗木栽植养护学（第2版）．郭学望，包满珠．中国林业出版社，2004．
3. 园林植物培育学．陈其兵．中国农业出版社，2007．

参考文献

孙时轩，1992. 造林学［M］. 2版. 北京：中国林业出版社．
胡长龙，1996. 观赏花木整形修剪图说［M］. 上海：上海科学技术出版社．
张秀英，1999. 观赏花木整形修剪［M］. 北京：中国农业出版社．
孙时轩，2002. 林木育苗技术［M］. 北京：金盾出版社．
柳振亮，2005. 园林苗圃学［M］. 北京：气象出版社．
沈海龙，2009. 苗木培育学［M］. 北京：中国林业出版社．
R. KASTERN DUMROESE, 2009. Nursery Manual for Native Plants: A Guide for Tribal Nurseries［G］. U. S. Department of Agriculture, Forest Service.
成仿云，2012. 园林苗圃学［M］. 北京：中国林业出版社．
李庆卫，2011. 苗木整形修剪学［M］. 北京：中国林业出版社．
翟明普，沈国舫，2016. 森林培育学［M］. 3版. 北京：中国林业出版社．

第 13 章　植物促成培育

【本章提要】主要介绍了促成培育的理论基础以及促成培育的途径与技术。植物的生长发育及花芽分化是促成培育的理论基础，掌握植物的生长发育和花芽分化特性是进行植物促成培育的前提。本章从花芽分化的特点、过程、规律，以及花芽分化的类型、影响因素等方面进行了阐述；在此基础上，从温度、光照、植物生长调节剂、栽培技术等方面对生产上常用的促成培育途径和措施进行了说明。旨在理论结合实际，阐明植物促成培育的要点。

促成栽培是通过调控植物生长的小环境，以打破或延迟植物休眠，使之保持在活跃状态；或者形成更适合植物生长的环境，激发植物生长的潜能，从而在较短的时间内促进植物的营养生长、生殖生长或增加某些次生代谢产物等，达到提高产量、品质，提早或延迟上市时间，从而实现经济效益的最大化。

早期的促成栽培是为调节切花生产中的供不应求和供过于求，以及周年供应等问题而发展起来的栽培技术，目的是使植物提早或延迟开花。指通过人为环境条件以及采取一些特殊的栽培管理方法，使某些花卉提早或延迟开花，即使花卉在自然花期之外，按照人的意志定时开放，其中开花期比自然花期提早者，称为促成栽培；比自然花期延迟者，称为抑制栽培。促成和抑制栽培又称为催延花期或花期控制，随着市场的需求及科技的发展，其在满足花果消费的应时供应和周年供应、扩展苗木栽植区域及快速培育成品苗木等方面的应用越来越多，在园艺、园林及城市树木多样化培育方面发挥着重要作用，尤其是花果类树木的设施栽培发展迅速。

13.1　促成培育的理论基础

城市绿化苗木培育是以城市森林营建所需的树木种苗为培育对象，除了要考虑苗木将来的生态效应和绿化功能，还要考虑其将来的美学特性。除了传统林业苗木培育之外，还要应对城市林业发展提出的苗木多样化的需求。其中大苗培育是需求量较大的类型；树冠形状、观花树种修枝造型及应季开花，是提高苗木观赏价值的重要手段。促成和抑制栽培除人为调控花期之外，不仅是促进苗木快速生长，尽早成型的重要措施，也是扩展苗木栽培区域，满足苗木适时适地需求的重要手段。了解和掌握植物的生长发育尤其是开花结实特性，是利用人工参与促进或抑制植物本身的生长节律，实现促成栽培的基础。本章主要针对其开花结实特性进行学习。

花芽分化是开花结果的基础，对于任何一株个体发育阶段已经完成性成熟过程的树木，都获得了开花的能力，且以后也能保持这种能力。林木实生苗进入性成熟阶段前，不能诱导开花，此阶段称为童期或幼年期。通过童期后进入稳定而持续成花能力的阶段称成年期。通常，实生繁育的木本植物具有较长的童期，营养繁殖培育的苗木是否已经通过童期，与选用的繁殖材料有关。选用成年期树木的繁殖材料育成的苗木已具有开花潜势，但可能由于内、外条件的制约而不能开花。只要解除该制约，开花程序便可正常进行，花芽分化即可开始。在树体内外条件适宜的情况下，花芽分化就成为树木在年周期中的季节性物候现象，是树木重要的生命活动之一。花芽分化的多少和质量对于结果树栽培来说，直接关系到来年的果品产量和质量；对于城市绿化美化树木来说直接影响到第二年花的数量和质量，所以，花芽分化的好坏与经济效益和观赏效果都密切相关。在以花果为重要关注性状的林木中，为了使实生苗尽早开花、结果，就要研究缩短童期的理论与实践。对于无性系林木来说，要求尽早完成从营养生长向生殖生长的转化，每年稳定地形成数量适当、质量好的花芽才能保证早花、早果、高产、稳产和优质。因此，掌握花芽分化的规律，对于花芽分化期的养护至关重要，同时也是催延花期，以及人工促进苗木尽早进入开花结果年龄阶段的生物学基础，在以花果为重要关注性状的林木促成栽培中具有重要意义。促进和保证花芽分化的顺利进行，是花果类林木培育工作者的重要任务。

13.1.1 花芽分化的过程

花芽分化是指叶芽的生理和组织状态向花芽的生理和组织状态转化的过程，是植物由营养生长转向生殖生长的转折点。当林木经过一定营养生长，并满足成花条件后，即开始花芽分化，芽内生长点向花芽方向转变，直至雌、雄蕊完全形成为止。整个过程可分为生理分化期、形态分化期和性细胞形成期，三者顺序不可改变，缺一不可。

(1) 生理分化期

在出现形态分化之前，芽的生长点内部由叶芽的生理状态转向形成花芽的生理状态的过程，通常肉眼无法观察。在此阶段内，芽的生长点原生质处于不稳定状态，对内外影响因素有高度的敏感性，易于改变代谢方向，是控制花芽分化的关键时期，也称花芽分化临界期，一般是在花芽形态分化开始之前的几周。

(2) 形态分化期

指在花芽生理分化的基础上，从花原基最初形成至各花器官原始体形成完成的过程（图13-1、图13-2）。多数花芽形态分化初期的共同特点是生长点肥大高起略呈半球体状态，从而与叶芽区别开来，从组织形态上改变了发育方向。形态分化过程可分为从生长点突起肥大的花芽分化初期，至萼片形成期、花瓣形成期、雄蕊形成期、雌蕊形成期5个时期，这个过程的持续时间因树种而异。

(3) 性细胞形成期

花芽分化性细胞形成期是在花芽形态分化基础上进行的，其形态标志是以雄蕊产生花粉母细胞或雌蕊产生胚囊母细胞为起点，直到雄蕊形成双核花粉粒，雌蕊形成卵细胞为终点。这个阶段是随着雄蕊和雌蕊的迅速发育而不断变化的。春季开花的树木，性细胞形成多数在第二年春季萌芽以后，开花之前完成，如樱花、八仙花等，如果此时营养条件差，则引起花的败育。

13.1.2 花芽分化过程的形态标志

不同树种的花芽分化过程及形态标志各异,分化标志是研究花芽分化规律的内容之一。以仁果类树木的花芽分化为例予以说明(图13-2):

①未分化期 其标志是生长点狭小、光滑。在生长点范围内均为体积小、等径、形状相似和排列整齐的原分生组织细胞,不存在异形的和已分化的细胞。

②花芽分化初期(花序分化期) 其标志是生长点肥大隆起,为一扁平的半球体。在该生长点范围内,除原分生组织细胞外尚有大而圆、排列疏松的初生髓细胞出现。

③花蕾分化期 其标志是肥大隆起的生长点变为不圆滑的、并出现突起的形状。苹果中心突起较早、体积也较大,处于正顶部的突起是中心花蕾原基。梨的周边突起较早,体积稍大,为侧花原基。这就是为什么苹果花中心花先开放,而梨的周边花先开放的原因。应该注意的是,纯花芽的芽内无叶原始体,而紧抱生长点的是苞片原始体。

图 13-1 苹果的花芽
(引自 Faust, 1989)
1. 中心花原基 2. 侧花原基 3. 苞片
4. 真叶原基 5. 过渡叶 6. 鳞片

图 13-2 苹果花芽分化过程的形态模式图(引自郗荣庭,2011)
1. 未分化期 2. 分化初期 3. 花蕾形成 4、5. 萼片形成 6. 花瓣形成 7. 雄蕊形成 8、9. 雌蕊形成

单花的花芽内只有一个花蕾原始体,如桃树等的花芽。

④萼片分化期 花原基顶部先变平坦,然后其中心部分相对凹入而四周产生突起体,即萼片原始体。

⑤花瓣分化期 萼片内侧基部发生突起体,即花瓣原始体。

⑥雄蕊分化期 花瓣原始体内侧基部发生的突起(有的排列为上下两层),即雄蕊原始体。

⑦雌蕊分化期 在花原始体中心底部所发生的突起,即雌蕊原始体。雌蕊原始体膨大部分为子房(子房下位的果实)。

13.1.3 花芽分化的规律

掌握树木花芽分化规律,是有的放矢进行培育养护和花期调控的基础。

13.1.3.1 花芽分化的部位

花芽分化的部位因树种、品种和树龄而异。大多数林木是由新梢顶芽或腋芽的生长点分生组织细胞，在适当条件下分化而成。顶花芽要求新梢停长，营养积累到一定水平后才能分化，而腋花芽则不必新梢停长即分化。仁果类树种，如苹果、梨、海棠等主要是顶花芽，少数容易成花的品种，可以形成腋花芽，但以顶花芽结果最好；葡萄混合芽全部腋生；柑橘类、柿子、板栗的花芽在靠近梢顶的几个节位；核桃的雌花在枝顶端1~3节；核果类，如桃、李、杏、樱桃等，花芽均为腋生。

13.1.3.2 花芽分化的长期性和相对稳定性

不同树种和品种花芽分化时期很不一致，即使同一品种，甚至同一植株也因树龄、枝条类型和各种外界条件而有所差异。在一定条件下，花芽分化又相对集中和稳定。苹果和梨集中在6~9月，桃、李集中在7~8月，柑橘类集中在12月至翌年3月，柿子集中在6~8月，山楂集中在9~11月。虽然花芽分化有相对集中、稳定时期，但也具有分期分批陆续分化的长期性，有的树种一年多次发枝，多次成花，如葡萄、四季橘、枣、金橘、柠檬等。因此，栽培时，既要在花芽分化相对集中稳定时期为花芽分化创造良好的环境条件，以利花芽分化；另一方面又可利用花芽分化的长期性，控制或促进花芽分化，使树体多次开花结果。

13.1.3.3 花芽形成所需的时间

不同树种形成一个花芽所需的时间不同，从生理分化到雌蕊形成所需要的时间也不同。苹果1.5~4个月，雪柑约2个月，甜橙4个月左右；枣形成一个花朵需要5~8 d；月季形成一个花苞需要2周多。研究形成一个花芽所需要的时间，是控制花芽分化率和调节开花期的根据。南宁的菠萝用乙烯利处理后7~9 d花芽开始分化，80 d分化完成，25~30 d即可抽薹开花。因此，选择不同的日期进行处理，就有可能在预定的时间看到开花和采收到果实。

13.1.4 花芽分化的类型

由于花芽开始分化的时间及完成分化全过程所需时间的长短不同，且随树木种类、品种、地区、年份及多变的环境条件而异。不同树种花芽分化对气候条件的要求不同，根据树种花芽分化的季节特点，可分为以下几个类型：

(1) 夏秋分化类型

早春或春夏间开花的树种，如海棠、玉兰、连翘、桃、山楂、苹果、牡丹、丁香、梅花、榆叶梅等，花芽分化一年一次，于前一年的夏秋(6~9月)高温季节进行，至秋末花器官的主要部分已分化完成，第二年春天开花。也有些树种，如板栗、柿子花芽分化较晚，秋天只能分化出花原始体而看不到花器官，成花延续时间较长。这类树木要经过一段时间的低温，花芽才能进一步分化和完善。有些花芽即使在夏秋已经完成分化，但仍需经过低温后才能提高开花质量和提早开花。夏秋分化类型的花木，通过实施生产技术措施可以促使其开二次花。

(2) 冬春分化类型

原产温暖地区的某些树种，如柑橘类，花芽分化从12月至翌年1~3月完成，特点是分化时间短并连续进行。

(3) 当年一次分化的开花类型

又称当年分化当年开花类型。在当年新梢上形成花芽，于夏秋开花，一年只开一次花。例如，紫薇、木槿、木芙蓉、珍珠梅等。

(4) 一年多次分化类型

一年中多次抽梢，每抽一次梢就分化一次花芽并开花，分化多次，开花多次，这类树种有：柠檬、茉莉、月季、无花果、四季石榴、四季桂等。在一年中都可陆续分化花芽，当主茎生长达一定高度时，顶端营养生长停止，花芽逐渐形成，养分即集中于顶花芽。在顶花芽形成过程中，其他花芽又继续在基部生出的侧枝上形成，如此在四季中可以开花不绝。决定开花的早迟可根据抽梢时期和以后生长的速率而定。

(5) 不定期分化类型

此类型主要是草本。热带和亚热带的草本果树如凤梨、香蕉、菠萝等，当其达到一定的叶面积则形成花芽。一年分化一次，时间不固定，无定期。

13.1.5　影响花芽分化的因素

花芽分化是树木极其复杂的生命过程之一，受多种因素影响。

13.1.5.1　花芽形态建成的内在条件

由简单的叶芽转变成为复杂的花芽，是一种由量变到质变，有营养生长转向生殖生长的过程。根据生物学的一般规律和有关花芽分化的研究成果，认为这种转变过程需要具备如下条件：

①要有比形成叶芽更丰富的结构物质，包括光合产物、矿质盐类以及由以上两类物质转化合成的各种糖类、各种氨基酸和蛋白质等。

②要有形态建成中所需要的能源物质、能量贮藏和转化物质，如淀粉、糖类和腺苷三磷酸(ATP)等。

③形态建成中的平衡调节物质：主要是内源激素，包括生长素、赤霉素、细胞分裂素、脱落酸和乙烯等。酶类在物质调节和转化中也不可缺少。

④与花芽形态建成有关的遗传物质，脱氧核糖核酸(DNA)和核糖核酸(RNA)等。它们是代谢方式和发育方向的决定者。

从内在条件来看，花芽分化过程受遗传因子、营养物质和激素水平的影响。遗传因子决定了各个树种、品种成花的难易与早晚，营养物质为成花提供结构物质和能量物质，抑花和促花激素的平衡协调着生长与成花的进程。通常认为，在成花时芽体生长点组织的核酸含量数量上升，碳水化合物、蛋白质含量上升；在一定范围内，当生长素、赤霉素含量相对较高时，可抑制花芽分化，当脱落酸、乙烯、细胞分裂素含量相对较高时，可促进花芽分化。但是花芽分化的调控效果与树种、品种的遗传特性、年龄阶段、营养状况以及所处的环境条件等方方面面的因素有关，调控措施的效果不能一概而论。

13.1.5.2　不同器官的相互作用与花芽分化

树木的根、枝叶、花果与花芽分化均有密切的关系。

(1) 枝条生长与花芽分化

大量相关研究可以形成一点共识，无论营养繁殖的树木还是实生繁殖的树木，都必须枝叶生长繁茂,能够制造大量的光合产物,满足树体各个器官养分的需要,才能提早形成花芽。

从树体的营养生长方面来看,绝大多数树体是在新梢停长或缓慢生长时开始花芽分化的。枝条生长的减缓或停长,使营养物质的消耗减少,光合产物的积累增多,为花芽分化提供物质基础;成龄叶和老叶数目增加,相对提高了促花激素细胞分裂素、脱落酸和乙烯的含量,降低了抑花激素生长素和赤霉素的含量(生长素一般在新梢旺盛生长部位合成,赤霉素在幼叶中合成较多,脱落酸和乙烯一般在成龄叶中合成较多,细胞分裂素在根中合成较多)。对新梢摘心或去幼叶,可降低生长素和赤霉素的含量,抑制新梢生长,促进营养物质的积累,有利于花芽分化。可以看出,良好的营养生长为转向生殖生长打好物质基础,一定程度上营养生长和生殖生长需要维持一定的比例和平衡,才能促进花芽分化的进行。

(2)根系生长与花芽分化

根系生长高峰往往在新梢缓长或停长时期,此时期根系对无机营养的吸收增强,对氨基酸、蛋白质和促花激素细胞分裂素的合成增强,这都有利于花芽形成。一般认为,在根系、枝干和果实对光合产物的需要满足之后,花芽才开始分化。

(3)树体开花结果与花芽分化

开花结果要消耗营养,尤其是果实迅速发育时期,也是根系旺长时期和花芽分化相对集中时期,相互对养分的争夺比较剧烈,影响花芽营养供给。此外,挂果过多,种子形成的赤霉素含量过多,也会抑制花芽形成。

13.1.5.3 影响花芽分化的环境因素

环境因素可以影响树体内部因素的变化,并刺激开花相关基因,然后在开花相关基因的控制下合成特异蛋白质,从而促进花芽分化。

(1)光照

光是花芽形成的必需条件,光对树木花芽分化的影响主要是光强、光照时间和光质等方面。在多个树种上已证明遮光会导致花芽分化率降低。苹果在花后7周内高光强促进成花,低光强,成花率下降,但花后7周后降低光强不影响成花。6月中旬至7月下旬,桃的花芽形成量随光照强度的增加而增加。夏季遮光可影响猕猴桃第二年的花芽分化。强光对新梢内生长素的合成起抑制作用,这也是强光抑制新梢生长和向光弯曲的原因。紫外线钝化和分解生长素从而抑制新梢生长,促进花芽形成。所以,在高海拔地区,树木开花早,生长停止的早,树体矮小。

尽管许多树木对光周期并不敏感,但并不是一点关系没有。比如,春季8 h的短日照和夏季的低生长量,可使1年生的温州蜜柑在秋末成花。从中秋至冬季的长日照使翌年春梢上的花数减少,此期如果是短日照,花芽数就会增加。在受光量相同的情况下,长日照(16h)下的白玫瑰香葡萄花序原基数是短日照(8h)的3倍。松树在长日照条件下形成雄花,在短日照条件下形成雌花。

(2)温度

温度对树体一系列的生理活动有重要影响,如光合、呼吸、吸收和激素变化等,当然也会对花芽分化发生作用。高温(30℃)、低温(20℃)抑制生长素的产生,因而抑制新梢的生长，对花芽分化也有影响。

不同树种花芽分化时需要的温度不同，多数杜鹃花品种在18.3℃以上进行花芽分化，个别品种在15.6℃以上也能形成花芽，但在15.6℃以下，多保持在营养生长阶段或产生不整齐的花芽；杏树在24℃比16℃花芽分化率高40%；油橄榄必须在7℃以下才能形成花芽；苹果花芽分化的适宜温度是15~20℃，柑橘花芽分化的适宜温度是13℃。亚热带常绿果树中的柑橘、龙眼、黄皮等，花芽分化喜欢相对较低的温度。

(3) 水分

花芽生理分化之前适当控制水分有利于光合产物的积累和花芽的进一步分化。控制水分，适当干旱使营养生长受抑制，碳水化合物易于积累，会增加植物体内氨基酸，特别是精氨酸水平，从而有利于花芽发育。同时叶片脱落酸含量提高，从而抑制赤霉素和生长素的合成并抑制淀粉酶的产生，有利于花芽分化。但过度干旱也不利于花芽的分化与发育。北京黄土岗花农养梅花的经验是在6月进行"扣水"，因为在此期间节制灌水，有利于花芽分化。

(4) 矿质营养

矿质营养的多少和各种矿质元素的比例可影响花芽分化。当树木缺氮肥时，影响叶的生长，因而阻止成花。缺氮形成花芽少，杏缺氮影响花芽发育，畸形花比率增加。苹果在雄蕊或雌蕊分化期施氮可提高胚珠的生活力。氮对成花作用的关键是施氮肥的时间以及与其他元素配比是否恰当。虽然氮的功效已经被广泛检定，但它在花器分化中的确切作用还没有真正搞清楚。磷对成花的作用因树而异，苹果施磷肥促进成花，而对樱桃、梨、李、柠檬、板栗、杜鹃等无反应；缺铜可使苹果、梨等花芽减少；缺钙、镁可使柳杉花芽减少。

13.2 促成培育的途径与技术

掌握各类林木、花卉生长发育规律、生态习性以及花芽分化、花芽发育和开花、结果的习性，以及其在不同生长发育阶段对环境条件的要求，从而人为创造和控制相应的环境条件，以达到控制花期的目的。充分利用花芽分化长期性的特点，在生理分化期细胞浓度高，可塑性大，很容易受外界环境的影响，"临界期"是控制花芽分化的关键时期。幼树生长旺，花芽分化期比成年树迟2~3个月，因此，在培育措施上也应有所区别，幼树应重视磷、钾肥，少施氮肥，少灌水，注意夏剪，或施用乙烯利、B9等控制新梢生长，促进枝条生长充实和花芽分化。对成年树特别是大树，要在严格注意花芽分化临界期肥料的比例和施用量。保证水分供应。生长后期注意追肥，使树体贮藏营养丰富。选择适当的修剪时期，及控制合理叶果比。随着农业生产技术的进步，设施园艺发展迅速，设施果树的栽培，也是林木促成栽培在生产上广泛应用的领域。目前生产上常用的促成和抑制栽培措施主要体现在以下几个方面：

13.2.1 温度处理

温度是影响植物生长发育的主导环境因子，对打破休眠、春化作用、花芽分化、花芽发育、花茎伸长等均有决定性作用。根据物种特性和培育目的，可以通过加温处理或低温处理，达到促成开花，推迟开花，延长花期的目的。实际生产中，需要根据不同的植物种类、不同的环境条件以及不同的栽培目的来控制温度。

(1) 增温处理，提前开花

适用于经过了春化作用的2年生花卉(如石竹、三色堇)、宿根花卉、落叶花灌木。经过了低温休眠期春季开花的露地花木类，需要适宜的温度条件才能开花。冬季温度低，无法满足植物的开花条件，此时通过增温可实现促成开花的目的，如牡丹、杜鹃、山茶等。但是，应该注意，必须先确定花期，然后再根据花卉本身的习性确定提前加温的时间。如在20~25℃、80%湿度条件下，牡丹经30~35 d开花；杜鹃40~45 d；垂丝海棠10~15 d开花。操作时温度应逐渐升高，保持夜温15℃左右，昼温25~28℃，加温处理必须是具备开花潜力的成年期植株，并在入冬前已形成花芽，否则不会成功。

(2) 增温处理，延长花期和生长期

对于以花和果实为培养目标的林木，成花和果实的生长发育需要一定的有效积温，如果不能满足，则不能顺利开放和成熟，对于一些原产南方在北方栽培的树种，秋冬季节适当增加温度，可以保持树体生长和果实的正常成熟。原产温暖地区的花卉，开花阶段要求温度较高，我国北方地区入秋以后温度逐渐降低，无法满足其要求。此时通过增温可使其克服逆境，继续开花，并使花期延长。例如，茉莉、君子兰、美人蕉、月季等，都可通过加温使花期延长。

(3) 低温处理，提前开花

夏秋分化型的树木，以及2年生、多年生花卉，在生长发育中需要满足一定的低温需冷量，才能正常开花。若未自然满足需冷量要求，可以人为提前给予一定的低温处理，使其提前满足低温需求度过休眠期，之后再给予适宜的温度条件，可使其提前开花。如牡丹，冷室1~4℃，人工补光，通风，控制浇水，一般根据用花时间，提前1个月左右过渡至正常条件下。若欲使牡丹国庆节开花，则需提前50d左右进行2周的低温处理，然后移至相当于春季的气温下，并使温度逐渐升高。设施果树栽培中为早日满足树体的低温需冷量，会采取人工降温促眠技术，争取提早满足后续加温条件，促进果实早日上市。

(4) 低温处理，推迟花期

在春季自然气温未回暖前，对处于休眠的植株给予1~4℃的人为低温，可延长休眠期，延迟开花。根据需要开花的日期、植物的种类与当时的气候条件，推算出低温后培养至开花所需的天数，从而决定停止低温处理的日期。这种方法管理方便，开花质量好，延迟花期时间长，适用范围广，包括各种耐寒、耐阴的木本花卉、果树及宿根花卉、球根花卉等都可采用。如杜鹃、紫藤可延迟花期7个月以上，而质量不低于春天开的花。对于含苞待放和初花期的花木，也可用低温处理的方式减缓其新陈代谢，从而推迟花期。

(5) 低温处理，延长花期

原产于夏季凉爽地区的花木，在夏季高温炎热季节往往生长不良，不能正常开花，甚至进入休眠或半休眠状态，若夏季采取人为降温措施往往可以延长其花期。人为采用的温度，根据植物种类和季节不同。

13.2.2 光照处理

光照是植物生长必不可少的，在有光条件下植物不仅进行光合作用，完成形态建成，还能对光产生反应，形成一定的光周期现象，从而影响植物开花时间。植物开花前，一般需要较多的光照，但也有部分不能适应强烈光照的花卉，特别是在含苞待放之时，用遮阴网进行适当的遮阴，或移到光线较弱的地方，可延长开花时间，如杜鹃、香石竹等。对于光周期现象敏感的植物，可以利用改变光周期的方式来调控植物的生长和开花。

(1) 缩短光照，促成开花

通过缩短光照时间，使短日照花木在长日照季节里开花。用黑色的遮光材料，在白昼的两头，进行遮光处理，缩短白昼，加长黑夜，人为地将白昼缩短到 12 h 以下，这样可促使短日照植物在长日照季节开花。例如，一品红用 10 h 白昼，50~60 d 可开花；蟹爪兰用 9 h 白昼，2 个月可开花。用于短日照处理的植株，营养必须完善，枝条的长短应接近开花时的长度，腋芽和顶芽必须充实饱满。处理过程中遮光必须严密、连续；同时注意通风、降温，加强 P、K 肥的供应，并停止施 N 肥，防止徒长，否则对花芽分化和花蕾的形成不利。短日照处理还可使长日照植物延迟开花。

(2) 延长光照，促成开花

通过补光，使长日照花木在短日季节里开花。用补加人工光的方法延长每日连续光照的时间，达到 12 h 以上，可使长日照植物在短日照季节开花。如冬季栽培的唐菖蒲，在日没之前加光，使每日有 16 h 的光照，并结合加温，可使它在冬季及早春开花。

(3) 中断黑夜，延迟花期

通过打破黑夜的长日照处理方法，防止一些短日照花木在秋末和冬季开花，延迟花期。长日植物要求黑夜越短越好，反之，短日植物需要较长的黑夜，不能间断，打破则起不到短日的作用。因此，短日照植物在短日照季节形成花蕾开花，但在午夜 1:00~2:00 加光 2 h，把一个长夜分开成两个短夜，破坏了短日照的作用，就能阻止短日照植物形成花蕾开花。在停光之后，因为是处于自然的短日照季节中，植物就自然地分化花芽而开花。停光日期取决于该植物当时所处的气温条件和它在短日照季节中从分化花芽到开花所需要的天数。黑夜中断法比连续补光的方法省电。如切花菊，供应 1~2 月市场，在生产上可采取分期长日处理，从 9 月上旬开始加光至 10 月中旬停止，则供应元旦市场；若加光至 11 月中旬，则供应早春市场。

(4) 昼夜颠倒，调整花期

白天遮光处理，夜间给予光照，连续处理几天，动摇花木开花的习性。比如，昙花原本在夜间开花，经此处理可在白天开花。当昙花花蕾长到 6~8 cm 长时，白天全部遮光，夜间用强光来照明，则使其白天开花，而且还可延长开花时间。

13.2.3 生长调节物质应用

应用生长调节物质，是控制树木生长发育，调节花期的重要手段。常根际施用、叶面喷施和局部喷施。常用生长调节物质种类比较多，如赤霉素、萘乙酸、2,4-D、乙烯利等。例如，GA_3 可以完全代替或部分代替低温解除或辅助解除休眠，促进生长，在牡丹、芍药、草莓等促成栽培中有较好的应用。乙烯利滴于叶腋或叶面喷施菠萝，可促进其分化花芽进程；乙烯利在葡萄促成中促进落叶及养分回流等方面也得到了应用。多效唑处理八仙花可促进其花芽分化，提高成花率等。生长调节剂的种类、浓度、施用方式以及使用的时间因树种和品种的遗传特性、所处的发育状态及调控目的而异。

13.2.4 栽培措施

利用调节播种、扦插期或修剪、摘心及水肥管理等栽培技术措施来调节花期。前提是掌握各类林木花卉生长发育规律、生态习性、花芽分化、花芽发育和开花的习性要求，以及各类花木在不同生长发育阶段对环境条件的要求。在不同时期采取相应的栽培管理措施进行处理，才能人为创造和控制相应的环境条件，以达到控制花期的目的。

(1) 控制植株生长开始期

植物由生长至开花有一定的速度和时限，采用控制繁殖期、种植期、萌芽期、上盆期、翻盆期等常可控制花期。通常，早开始生长的早开花，晚开始生长的晚开花。四季海棠播种后12~14周开花，万寿菊在扦插后10~12周开花。3月种植的唐菖蒲6月开花，7月种植的10月开花。分批种植，则分批开花。水仙、风信子在花芽分化后，冬季随开始水养期的早迟而决定其开花期的早迟。其他花卉上盆、翻盆的迟早，对开花期也有一定的影响。

(2) 控制植株生长速度

用摘心、修剪、摘蕾、剥芽、摘叶、环刻、嫁接等措施，调节植株生长速率，对花期控制有一定的作用，摘除植株嫩茎，可推迟花期。推迟的日数依植物种类、摘取量的多少以及季节而有不同。在当年生枝条上开花的花木用修剪法控制花期，在生长季节内，早修剪则早长新枝，早开花；晚修剪则晚长新枝，晚开花。剥去侧芽、侧蕾，有利主芽开花，摘除顶芽、顶蕾，有利侧芽、侧蕾生长开花。环割使养分积聚，有利开花。秋季绑扎枝条，可促使叶片提早变色。葡萄等有二次开花能力的树种，及早采取摘心等措施可以促进二次花形成和提高二次果的利用率；月季在开花后，剪去残花，可陆续开花。9月把江南槐嫁接在刺槐上，1个月后就能开花。玉兰当年嫁接带花蕾的枝条，第二年就能在小植株上开花。

(3) 通过肥水管理控制花期

不同季节花木生长发育对水分需求不同。某些树种，在其生长期间控制水分，可促进花芽分化。人为控制水分，可强迫休眠，再于适当时期供给水分，则可解除休眠，使林木再度发芽、生长、开花。采用此法，可促使梅花、海棠、玉兰、牡丹、丁香等木本花卉在国庆开花。如梅花在生长期适当进行水分控制，形成的花芽多。石蒜在秋季使之干旱，则开花繁茂，球根在干燥环境中，分化出完善的花芽，直至供水时才伸长开花。只要掌握需水至开花的天数，就可用开始供水的日期控制花期。某些花木在春夏之交，花芽已分化完善，遇上夏季自然的高温、干旱，就落叶休眠。如人为给予干旱环境，它也会进入暂时休眠状态，此后，再供给水分，常可在当年第二次开花或结果。例如，丁香、玉兰、黄金条、海仙花、海棠、郁李等。

不同营养元素对花木生长发育的作用不同，如控制氮肥，增施磷、钾肥，能促进开花；经常产生花蕾、开花期长的花木，在开花末期，用增施氮肥的方法、延缓植株衰老，在气温适合的条件下，常可延长花期1个月，如高山积雪、兔子花。花木开花之前，如果施了过多的氮肥，枝叶徒长时，常延迟开花，甚至不开花，如菊花。但在植株进行一定营养生长后，增施磷、钾肥，有促进开花的作用。

花期控制措施途径和种类繁多，有起主导作用的，有起辅助作用的；有同时使用的，也有先后使用的。无论是哪种途径，都应建立在植物营养生长完善的基础上，必须按照植物生长发育规律，合理利用调控相关因子及外界条件综合进行；无论采取什么处理方式，都要配合其他措施以及良好的肥水管理，使植物的生长发育达到按时开花的要求，在开花时还要给予适合开花的条件，才能使之正常开花，否则达不到目的。

（侯智霞）

复习思考题

1. 简述促成栽培和抑制栽培的要点。
2. 简述植物成花的影响因素。
3. 试述促成栽培的理论基础及其对促成栽培的指导意义。
4. 促成栽培在林业中有什么方面的应用？应注意哪些问题？
5. 怎样能够使北京西山地区梅园的梅树在春节期间开花？关键技术何在？应怎样解决？

推荐阅读书目

1. 观赏园艺学(第2版). 陈发棣，郭维明. 中国农业出版社，2009.
2. 观赏植物栽培. 刘金海，王秀娟. 高等教育出版社，2009.
3. 园林树木培育与养护学. 杨秀英. 高等教育出版社，2016.
4. 果树栽培学总论(第三版). 郗荣庭. 中国农业出版社，2011.
5. 中国农业百科全书观赏园艺卷. 中国农业百科全书总编辑委员会. 农业出版社，1996.
6. 果树栽培学总论(第4版). 张玉星. 中国农业出版社，2011.

参考文献

蔡年辉，李根前，2008. 植物促成栽培研究概述[J]. 林业调查规划，33(4)：27-30.
陈发棣，郭维明，2009. 观赏园艺学[M]. 2版. 北京：中国农业出版社.
陈发棣，2010. 观赏园艺学通论[M]. 北京：中国林业出版社.
陈树国，1991. 观赏园艺学[M]. 北京：中国农业科技出版社
刘金海，王秀娟，2009. 观赏植物栽培[M]. 北京：高等教育出版社
吴少华，张钢，吕英民，2009. 花卉种苗学[M]. 北京：中国林业出版社.
郗荣庭，2011. 果树栽培学总论[M]. 3版. 北京：中国农业出版社.
杨秀英，2016. 园林树木培育与养护学[M]. 北京：高等教育出版社.
中国农业百科全书总编辑委员会，1996. 中国农业百科全书观赏园艺卷[M]. 北京：农业出版社.
张玉星，2011. 果树栽培学总论[M]. 4版. 北京：中国农业出版社
邹学忠，钱拴提，2015. 林木种苗生产技术[M]. 北京：中国林业出版社.
蔡年辉，李根前，2008. 植物促成栽培研究概述[J]. 林业调查规划，33(4)：27-30.
成仿云，张文娟，于晓南，等，2005. 赤霉素及生根粉对芍药促成栽培的影响[J]. 园艺学报，32(6)：

1129-1132.

高锦华, 1964. 赤霉素影响几种植物开花试验的初步报告[J]. 植物生理学报 (4): 34-36.

郭志刚, 五井正宪, 1995. 温度与日长对梅花芽形成的影响[J]. 北京林业大学学报(s1): 62-67.

韩宁林, 曾文胜, 1996. 银杏芽苗打顶的促成栽培效果[J]. 林业科学研究, 9(6): 661-663.

刘胜辉, 臧小平, 张秀梅, 等, 2010. 乙烯利诱导菠萝[*Ananas comosus*(L.) Merril]花芽分化过程与内源激素的关系[J]. 热带作物学报, 31(9): 1487-1492.

卢林, 王二强, 王占营, 等, 2007. 牡丹促成栽培技术研究现状[J]. 北方农业学报 (6): 93-95.

张璐萍, 唐开学, 张丽芳, 等, 2005. 温度、赤霉素、光照对彩色马蹄莲的花期调控[J]. 种子, 24(10): 36-37.

张文娟, 成仿云, 于晓南, 等, 2006. 赤霉素和生根粉对牡丹促成栽培影响的初步研究[J]. 北京林业大学学报, 28(1): 84-87.

张武, 陆晓英, 杨子祥, 等, 2013. 元谋干热河谷区乙烯利促进夏黑葡萄落叶试验[J]. 中外葡萄与葡萄酒 (3): 34-36.

EVANS M R, ANDERSON N O, WILKINS H F, 1990. Temperature and GA_3 effects on emergence and flowering of potted Paeonia lactiflora[J]. Hortscience A Publication of the American Society for Horticultural Science, 25(8): 923-924.

FAUST M, 1989. Physiology of Temperate Zone Fruit Tree[M]. Wiley-interscience Publication.

METXGER J. D, 1995. Hormones and reproductive development[M]. Davis P. G. Plant hormones, physiology, biochemistry and molecular biology. Dordrecht: Kluwer Academic, 619-648.

第14章 苗木质量评价与苗木出圃

【本章提要】本章主要介绍了苗木质量评价的指标体系、评价方法及质量控制体系；苗木调查方法；苗木出圃过程中的起苗、分级、包装运输和贮藏等内容。由于造林绿化对苗木种类需求的多样性，导致了苗木质量评价与出圃的复杂性，小规格苗木与中大规格苗木、不同生活型的苗木、裸根苗和容器苗在苗木质量评价、起苗、分级、包装运输和贮藏等方面都不相同，在生产实际中要根据具体情况具体分析，灵活运用所学知识解决实际问题，并及时把握国内外在苗木质量评价、苗木质量控制方面的新动态。

14.1 苗木质量评价

种苗是造林绿化的物质基础，苗圃的任务就是为森林营造、园林绿化培养数量多、质量好、品种对路的苗木。质量好的苗木就是通常所说的壮苗(strong seedling)。壮苗是指遗传品质好、生长发育健壮、抗逆性强、移植或造林成活率高的苗木。与普通森林营造用苗相比，城市森林培育、园林绿化用苗品种、类型多样，对苗木质量的要求各不相同，因此，需要根据不同需求，提出具体的质量指标和评价方法。

14.1.1 苗木质量评价的目的和意义

苗木质量评价的目的是保证优质苗木的生产和应用，具体说就是了解和掌握苗木的品质状况，从而向用苗者说明苗木状况、决定起苗和贮藏的措施、评价苗圃栽培措施是否合理、决定该批苗木适宜栽植的立地条件、制定合适的苗木处理和栽植措施，避免用苗不当造成的损失，决定苗木栽植顺序，分析栽植不成功的原因和影响栽植成功最重要的质量因素等。通过苗木质量评价，可以评判苗木培育中繁殖材料的遗传品质和播种品质是否优良；苗木培育的各项技术和管理措施是否得当，哪些需要舍弃，哪些需要保持，哪些需要改进；被评价的苗木是否可用于各种目的的造林绿化，适宜在哪些条件下应用，应用后会产生什么样的效果；在育苗的各个环节中应采取什么样的有效调控措施来保障苗木质量，这些问题都需要通过苗木质量评价来决定。

在长期造林绿化实践中，人们逐渐意识到苗木质量在很大程度上决定着造林的成败及森林绿化美化效果和功能的发挥。由于集约经营，苗木、整地和早期抚育费用急剧增高，为降低成本和提高成林质量，现在人们已认识到实行苗木质量科学管理的重要性。随着林木遗传改良工作的进展，苗木质量也成为林业界关心的问题。苗木质量评价和控制技术研究成为研究热点之一，并取得了长足的进步。为统一对苗木质量的认识和科学评价，1979年，国际林业研究组织联盟（IUFRO）在新西兰召开了首次"苗木质量评价技术"专题会，会议上讨论了苗木质量在造林中的作用、苗木质量评价技术、影响苗木质量的因子等问题。会后，美国、加拿大、德国、日本等国家的林业研究部门更加重视对苗木质量评价技术的研究，有些国家开展了改进育苗技术与苗木质量的研究。1994年，IUFRO的苗木生产、植物材料特性和树木生理三个工作组在加拿大安大略省联合召开苗木质量评价为主题的学术会议，对前人提出的各种苗木质量评价方法进行了科学总结，更加全面、客观地分析了苗木质量评价的复杂性，提出了各种测定方法的测定标准和应用范围，为苗木质量评价的规范化和科学化提供了进一步的依据。

我国对苗木质量与造林绿化的关系的研究始于20世纪50年代。80年代初开始，在林业部的领导下，通过定点研究，对中国主要造林树种苗木的质量，用形态品质指标制定了我国第一个苗木质量标准《主要造林树种苗木质量分级》（GB 6000—1985）；继而各省在此基础上，根据省的实际情况又制定出了地方标准，用来指导育苗工作和检验苗木的质量，对育苗技术的改进和提高，以及苗木质量评价研究的促进都起了一定的作用。1999年，在大量研究和实践基础上，修订形成新的国家标准《主要造林树种苗木质量分级》（GB 6000—1999），与1985年制定的标准相比，新标准增加了根系质量指标，苗木质量评价关注到了根系在植苗造林成活中的重要性，标志着我国苗木质量评价工作进入了新的阶段。可以看出，我国的苗木质量评价主要关注的是造林绿化用苗，大多数为1年生苗木。随着城市林业的兴起，城市森林培育和园林绿化对苗木品种、类型和规格提出了不同的要求，《主要造林树种苗木质量分级》（GB 6000—1999）的评价标准和各地制定地方苗木质量标准只适宜于大面积的宜林地造林苗木，对于城市森林培育、园林绿化需要的苗木质量评价无论是指标体系、方法、规格标准都不适宜，因此，迫切要求制定城市园林绿化苗木质量标准。目前，我国还没有一套统一的园林绿化苗木质量标准，但一些针对主要绿化树种的行业标准、适用地方的园林绿化苗木标准相继出台，如北京市制定了《城市园林绿化用植物材料木本苗》（DB11/T 211—2003）、深圳市制定了《城市园林绿化用苗木本苗木分级》（DB 440300/T 28—2006），针对树种的有《城市主要绿化竹种苗木等级》（LY/T 2345—2014）、《香樟绿化苗木培育技术规程和质量分级》（LY/T 1729—2008）、《观赏棕榈生产技术规程及质量等级 第1部分：地栽》（LY/T 1734.1—2008）、《观赏棕榈生产技术规程与质量等级 第2部分：容器栽培》（LY/T 1734.2—2008）等，这些标准的出台，将使我国苗木质量评价的内容更加丰富、完善。

14.1.2 苗木质量评价的指标体系

苗木质量是指苗木在其类型、年龄、形态、生理及活力等方面满足特定立地条件下实现造林目标的程度。质量是针对使用的具体立地条件、经营目的而言。通常描述苗木质量所采用的指标有两大类：一个是对苗木的形态或物理测量；另一个是对苗木生理或内在质量的测量。从20世纪80年以来，各国对苗木质量的研究已从单一形态品质指标逐渐过渡到形态指标和生理指标相互结合的领域，并延伸到分子水平。苗木质量评价也从育苗过程延伸至包括起苗、贮藏、栽植、直至栽植后早期生长的整个过程中。由于苗木生理质量的测量结果不直观,有些方法结果不稳定,有些方法具有破坏性,而且需要专门的仪器设备和技术,因此这类指标只适合于研究用,不适宜生产应用。如何通过研究找到各种生理指标与形态指标的相关关系,确定出各树种和各苗龄型在各个地区最能代表苗木质量的主要和辅助形态指标,以及便于测量和应用的生理指标,应用于生产实际,是苗木质量评价研究的重要任务。

14.1.2.1 形态指标

(1)小规格苗木形态指标

小规格苗木是指在原来苗床培育或移植培育不超过3年,主要用于成片植苗造林的实生苗(含容器苗)和无性繁殖苗。多数树种以1年生苗出圃,少数树种2~3年出圃。用于小规格苗木质量评价的指标主要有苗高、地径、高径比、根系指标、重量指标、茎根比、顶芽状况以及综合的质量指数。形态指标在生产上简便易行、用简单仪器就可以测定,便于直观控制,而且各形态指标都与苗木的生理生化状况、生物物理状况、活力状况及其他状况都有相关关系。因此,形态指标始终是研究和生产上都特别关注的苗木质量指标。

①苗高、地径和高径比

a. 苗高(Seedling height):指苗木根颈部(土痕处)至顶芽基部的苗木茎干长度,是最直观、最容易测定的形态指标。苗木高度能在一定程度上反映其遗传优势,同时也反映出种子播种品质好坏、生存微环境优越与否以及培育措施是否得当。一般情况下,就单株苗木而言,苗木高度反映出叶量多少,体现光合能力和蒸腾面积的大小,因此,苗高能很好地反映苗木的生长量。苗木造林成活后,一般初始高度大的苗木生长更快。

但苗木高度与造林成活率关系并不密切,在有些逆境条件下,甚至出现苗木越高,成活率越低的现象。可见,苗木并不是越高越好,只要有与粗度相称的高度即可。不同树种存在着各自适宜的高度,在适宜高度范围内,成活率和生长量都可以兼顾。生产上如马尾松造林表明,苗高15 cm以上,地径达Ⅱ级苗以上的造林成活率高,且省工省时。而超级苗造林则成活率低。其原因是同样的立地条件、造林整地规格、栽植方法,对一般合格苗存活的满足程度就高于超级苗。对超级苗,需要加大整地规格和更精细的栽植,如栽植穴小,栽植深度不够、覆土厚度不够,苗木根系扎根、水分平衡均会受到影响。因此,要求造林技术要高。

适宜的苗木高度不能一概而论,应根据树种、造林立地条件、造林时机等因素来确定。一般原则是:在保证造林苗木成活的前提下,苗木高度越高越好。但对同一块造林地上所用苗木的整体而言,为防止日后林分强烈分化,不仅要求苗木高度大小,而且要求苗木高度越整齐越好。

b. 地径(Root collar diameter-RCD):地际直径的简称,是指苗木根茎结合部位(土痕处)的直径。在所有形态指标中,地径是评价苗木质量的首要指标之一。这不仅因为其简单易测,更重要的是因为在各个形态指标中,地径包含的信息量最大。地径不仅与苗木高度、根系状况、苗木重量、苗木矿质营养与碳水化合物含量、苗木抗逆性有密切的相关关系,而且与造林成活率和造林后早期的生长有着密切的相关关系(图14-1)。因此,地径反映苗木质量的可靠性很高。多数研究表明,苗木地径大小与造林成活率呈正相关。人们在苗木生产和造林实践中总结出一条经验:"宁要矮胖子,不要瘦高个儿"。

但是，地径在提高造林成活率方面并不是无限的，当地径增高到一定程度后，造林成活率提高幅度缓慢，可以肯定随着地径进一步提高，成活率只会少量增加，或者在一条水平线上下变动，甚至出现下降。Mulin 和 Sava(1972)的研究也证实，地径对造林成活率和树木生长量的影响与苗高有相似之处，只不过地径与造林成活率的关系曲线比苗高与成活率的要平缓得多。

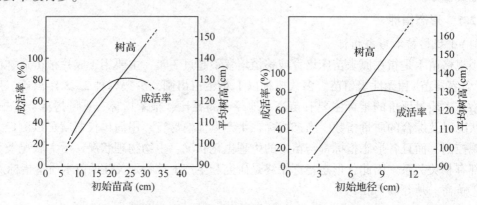

图 14-1　白云杉初始苗高、地径和造林 10 年后树高、成活率的关系
（引自 Mulin 和 Sava，1972）

众所周知，造林成活率高低除受苗木质量，影响外，还取决于栽植技术和质量，以及所处的环境条件。当地径增大到一定程度后，就不再是影响成活的限制因子。故地径与成活率的关系曲线趋于平缓，这时的成活率高低则主要受制于苗木的栽植情况和环境条件。此外，苗木各部分之间是相互联系并呈一定比例的，绝对的"矮胖子"很少，地径增加必然导致其他部分增大，所以苗高及地上部分也相应扩大，蒸腾量增加，失水快等负面影响也越来越突出，如果不能保证足够的根量和造林后根系的及时恢复，造林成活率低就难免。过粗的苗木也不利于起苗、包装、贮藏和运输、栽植。因此，与苗高一样，在保证造林成活率的前提下，苗木地径越粗越好。

c. 高径比(Height to caliper ratio)：即苗高与地径之比。由于高径比只是 1 个比值，没有单位。不同的国家因为苗高、地径的单位不一样，比值大小不同。如美国，苗高用 cm，地径用 mm，故比值多为 1 位数；我国苗高、地径都用 cm，故比值多为 2 位数。

高径比反映了苗木高度和粗度的平衡关系，将苗高和地径两个指标有机结合起来，是反映苗木抗性与造林成活率的较好指标。一般高径比越大，说明苗木越细越高，抗性弱，造林成活率低；相反，高径比越小，苗木则越粗矮，抗性强，造林成活率高。一般说，在苗高达到要求的情况下，高径比越低越好。高径比是一个计算指标，不同树种之间，适宜的高径比范围差别较大，如戴继先(1992)等，对高度基本一致的落叶松苗木，按高径比分为 3 级，40～50 为优质苗，60 为中等苗，70～80 为劣质苗，发现造林时苗木高径比不能超过 60，高径比 40～50 对提高造林成活率和幼苗高生长效果极为显著，但侧柏的高径比 70～80，仍能保证造林成活。

②根系指标　根系是树木的重要器官，对造林成活及早期生长状况起决定作用，目前

生产上采用的根系指标主要包括根系长度、根幅、侧根数等。而在科研工作中，根系指标还包括根重、根体积、根系总长度和根表面积指数等。

根系长度是指从根基部靠近地表处量到根端的主根自然长度。它是起苗时应保留的根系长度，是控制起苗深度的依据；根幅是指从主根基部靠近地表处量至四周侧根的长度，也是起苗时保留侧根的幅度。侧根数一般指达到某一长度要求（如1 cm、5 cm、10 cm等）的所有侧根数量，根系总长度是指达到某一长度要求（如1 cm、5 cm、10 cm等）的所有侧根的总长度；根表面积指数是达到某一长度规格（如1 cm、5 cm、10 cm等）的侧根数与侧根总长度的乘积；根系的体积指的是所有根系的体积。以上根系指标中，侧根数量与造林成活率和早期生长状况的关系最为紧密。我国现行的国家标准中规定的侧根数是指>5 cm一级侧根数。

③苗木重量和茎根比

a. 苗木重量(seedling weight)：又称生物量，指苗木的干重或鲜重，用干重表示更确切。干重反映的是苗木干物质积累状况，是衡量苗木质量的较好指标。苗木重量可以是苗木的总重量，也可以是各部分重量，如根重、茎重、叶重等。一般来说，生物量大的苗木枝叶繁茂，苗木质量好，反之则不好。苗木的总生物量或总干重是反映苗木竞争能力的最好的指标，因为它能反映苗木的光合面积（叶干重）、根系大小（根干重），茎和枝大小（茎和枝干重），综合体现苗木的竞争能力。除苗木总生物量外，苗木各部分的重量也很重要。它反映了生物量在各部分的分配情况，对评价苗木质量也有重要作用。但在现实生产中，苗木干重只能用于抽样调查，以估测整个苗批的质量状况。

b. 茎根比(shoot-root ratio)：苗木地上部分与地下部分重量或体积之比，也有人用根茎比，是茎根比的倒数。茎根比反映苗木茎根两部分的平衡情况，实际上就是苗木水分和养分的收支平衡问题。茎根比通常用干重比。多数研究表明，茎根比越小，越有利于造林苗木成活。但是茎根比并不是越小越好。各树种苗木都有自己适宜的茎根比，超出适宜范围会对造林后苗木生长和成活产生不利影响。不同树种苗木的适宜茎根比还有待进一步研究。

④顶芽 顶芽大小和有无对一些萌芽能力弱的针叶树种非常重要，发育正常而饱满的顶芽是合格苗木的重要条件，如马尾松、柳杉等苗木。因为顶芽越大，芽内所含原生叶数量越多，苗木的活力越高，造林后生长量越大。但对大多数阔叶树种及一些速生针叶树种而言，顶芽与苗木质量关系不大，如侧柏、湿地松、火炬松。

⑤质量指数 单个苗木形态指标常常只反映苗木的某个侧面，而对造林成活和初期生长的影响往往是各个指标的综合作用，需要苗木各个部分的协调和平衡。因此，Dickson等(1960)提出了苗木质量指数(quality index，QI)，其计算公式如下：

$$QI = \frac{苗木干重(g)}{(苗高 cm/ 地径 mm) + (茎干重 g/ 根干重 g)}$$

公式表明，苗木高径比、茎根比越小，总干重越大，QI 越大，苗木质量越高。国外的研究认为质量指数可以较好地反映苗木质量。而我国学者的研究结果则认为这个指标也存在一定局限(刘勇，1999)。

(2) 中、大规格苗木形态指标

中、大规格苗木指在原来苗床培育或移植培育3年以上，经过一定的整形修剪，断根处理等措施，具有特定冠形、干形和紧凑的根坨，主要用于城市园林绿化、风景林营造等的苗木，包括留床苗、移植苗和移植容器苗。按形状分，用于城市园林绿化的苗木包括丛生型苗木、单干型苗木、多干型苗木和匍匐型苗木；按苗木高度分，用于城市园林绿化的苗木包括小乔木、中乔木、大乔木。

园林绿化对苗木质量要求较高，高质量的园林苗木应具备以下条件：根系发达而完整，主根短直，接近根颈一定范围内要有较多的侧根和须根，起苗后大根系应无劈裂；苗木主干粗壮通直(藤本除外)，有一定适合的高度，无徒长；主侧枝分布均匀，能构成完美树冠，不偏冠。在生产上，中、大规格苗的质量指标通常选择干径、土球直径、枝下高、苗高、冠径、分枝数(或侧枝层数)作为苗木的分级质量指标。

①苗木高度　中、大规格苗木高度常用的指标有株高、枝下高、裸干高和灌高。株高是指植株从地表面到植株自然状态下最高点的垂直高度；枝下高是指乔木从地表面到树冠的最下分枝点(活枝)的垂直高度；裸干高是指棕榈类植株从地表面到最低叶鞘以下裸干的高度；灌高指从地表面至灌木正常生长顶端的垂直高度。不同类型绿化地对树木的高度要求不同。如行道树用乔木类苗木主要质量规定指标为：落叶乔木类干径不小于7.0 cm，常绿乔木树高4.0 m以上；主枝3~5个，枝下高不小于2.5 m(特殊情况下可另行掌握)。

②胸径、米径、基径与地径

a. 胸径：指乔木主干离地表面1.3 m处的直径，又可称为干径；

b. 米径：指距地面往上1.0 m处的树干直径；

c. 基径：指苗木主干离地表面0.2~0.3 m处的直径；

d. 地径：指树木根颈部(土痕处)的直径。

根据树种及用途的不同情况，树木直径测量的基准点不同，行道树要求分枝点较高，单干通直，因此行道树常用胸径作测量基准点；孤植树、观赏树等常以米径为测量基准点；自然分枝点较低(自然生长开叉较低)的树种，则常以地径作测量基准点；而一些叶片轮生、丛生，无明显主干的植物，如加拿利海枣等，则常可以按基径作为测量依据。

③冠径与蓬径

a. 冠径：指乔木树冠垂直投影面的直径；

b. 蓬径：指灌木、灌丛垂直投影面的直径。

④土球直径和土球高度

a. 土球直径：又称泥球径，指苗木移植时根部所带泥球的直径，常以"D"表示。

b. 土球高度：指土球底部至树干基部的垂直高度。通常乔木的土球直径约为树木胸径的7~10倍，高度约为土球直径的2/3；灌木的土球大小以其冠幅的1/4~1/2为标准。

⑤主蔓长度　指藤本植物的主茎长度。

⑥综合指标　包括顶芽、叶色、分枝等。

不同类型的苗木，其质量评价标准不同。乔木以胸径、枝下高、株高、冠幅、分枝数、土球直径为分级指标；棕榈、苏铁类以基径、株高、裸干高、冠幅、分枝数/叶片数、土球直径为分级指标，并要求顶芽保存完好；竹类植物以基径、每丛枝数、截干高度、土球直径为分级指标；灌木以灌高、蓬径、土球直径为分级指标；木质藤本植物以地径、主蔓长、分枝数、土球直径为分级指标。

14.1.2.2 生理指标

在苗木质量评价中，以前人们只关注形态指标，而对生理指标关注较少。而事实上，苗木的生理指标在苗木质量评价中的作用远远大于形态指标。越来越多的研究表明，用形态指标分级进行苗木质量评价有一定的局限性。

苗木形态指标和生理指标的关系是：苗木形态指标是苗木对苗圃所施培育条件所发生的各种生理反应的外在表现。当苗木生长正常时，一般用形态指标能较好地反映苗木的质量；但当苗木受到某些外界因素的影响时，苗木生理状况发生了变化，但在形态上并不能及时表现出来，此时再用苗木形态指标评价苗木质量就存在一定局限性。因此，苗木形态分级只是苗木质量评价的感性认识阶段，而真正决定苗木造林成活率和今后生长潜力的是苗木内在的生理特性，用生理指标评价苗木质量是今后苗木质量评价的发展方向。

（1）苗木水分状况

苗木水分状况(water status)与苗木质量密切相关。大量研究和生产实践也证明，造林后苗木死亡的一个重要原因就是苗木水分失调。反映苗木水分状况的指标很多，如含水量(根系和叶片)、水势、水分动态变化的 $P-V$ 曲线及其参数等。

①含水量(water content)　苗木含水量是指苗木水分占苗木干重的百分比。研究发现，在一定含水量范围内，苗木水分状况与造林成活率呈线性相关关系，随着苗木体内水分逐渐丧失，造林成活率呈下降趋势。例如，毛白杨和刺槐根系含水量平均每减少1%，其造林成活率分别减少1.5%和8.67%。但用含水量衡量苗木质量有一定局限性，在苗木体内水分完全丧失之前，其生理活动已受很大影响，甚至有时苗木已经死亡，但体内仍有不少水分，所以用含水量来衡量生理活动是不准确的。而且，该指标无法将正常苗木和吸足了水的死苗区别开。

②水势(water potential)　是反映植物水分状况最主要的指标之一，它不仅能敏感地反映出苗木在干旱胁迫下水分的变化，而且有助于解释土壤—植物—大气连续体中水分运动的规律。按照 kramer 等人(1966)的定义，一物系中的水势，是同温度下物系中的水与纯水间每摩尔体积的化学势差，单位为(Pa)。苗木的水势(φ_w)由渗透势(φ_s)和压力势(φ_p)组成，即

$$\varphi_w = \varphi_s + \varphi_p$$

压力势是对膨胀细胞壁的一个正压力，正如气球的表面对气球内的空气所产生的压力一样，随着细胞的失水，压力就会减弱。压力势是衡量苗木水分状况的一个重要指标，它对水分胁迫的反应非常敏感，如果压力势下降到一定水平，并持续较长时间，则可能对苗木产生永久伤害。渗透势是一个负压力，它是由于在势能为零的纯水中融入溶质(如糖、盐等)和其他物质而产生的，随着溶质浓度的增加，渗透势便降低。纯水的渗透势为零。

以上三者的相互关系随苗木吸水和失水而发生变化，当苗木完全吸足水分时（含水量为100%），其水势为零。这时压力势和渗透势数值相等但符号相反。随着水分的丧失，细胞膜只让水分通过，而溶质则被留在细胞内，因而细胞内溶质浓度增加，渗透势便降低。同时，由于细胞失去了原有体积，压力势也减小，最终水势降低，苗木水分胁迫增加。

实际应用中最大的问题就是水势的测定。常用的方法有小液流法、电导法、冰点降压法、压力室法（图14-2）等。但这些方法在生产上推广都较困难，目前只在科研上用。通常的做法是将苗木晾晒一段时间，测定苗木失水过程中水势以及不同失水程度苗木的造林成活率，找出决定造林成活率的临界水势值。宋廷茂等（1993）通过研究提出了一个依据π_0（细胞初始质壁分离时的渗透势）和π_{100}（苗木水分饱和时渗透压）来衡量苗木生理等级的简便方法（表14-1），其划分标准如下：

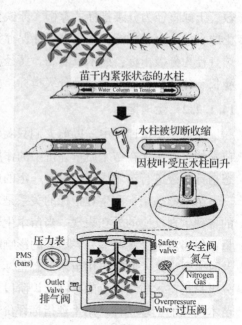

图14-2　压力室测定水势示意

（根据 Landis，2008）

$$\varphi_w \geq \pi_{100} \quad \text{Ⅰ级苗（成活率} > 80\%\text{）}$$

$$\frac{\pi_{100} + \pi_0}{2} \leq \varphi_w < \pi_{100} \quad \text{Ⅱ级苗（成活率40\% ~ 80\%）}$$

$$\pi_0 < \varphi_w < \frac{\pi_{100} + \pi_0}{2} \quad \text{Ⅲ级苗（成活率} < 40\%\text{）}$$

表14-1　不同类型苗木水势和苗木质量等级的关系

苗木类型		水势（MPa）		
		Ⅰ级苗	Ⅱ级苗	Ⅲ级苗
		成活率>80%	成活率40%~80%	成活率<40%
樟子松	1-0.5裸根苗	≥-1.45	[-1.83，-1.45]	[-2.20，-1.84]
	2-0.5裸根苗	≥-1.30	[-1.65，-1.30]	[-2.00，-1.65]
	1-1裸根苗	≥-1.65	[-2.08，-1.65]	[-2.50，-2.08]
	2-1裸根苗	≥-1.70	[-2.15，-1.70]	[-2.60，-2.15]
落叶松	1-0.5裸根苗	≥-1.55	[-1.78，-1.55]	[-2.00，-1.78]
	1-1裸根苗	≥-2.45	[-2.80，-2.45]	[-3.10，-2.80]
	2-1裸根苗	≥-2.35	[-2.60，-2.35]	[-2.85，-2.60]

注：引自宋廷茂等，1993。

③$P-V$ 曲线及其水分参数　采用压力室法在苗木逐渐失水过程中建立的 $P-V$ 曲线，对研究苗木体内水分动态变化规律十分有益。用 $P-V$ 技术还可检验出重新吸足水分的枯死苗、腐烂苗，这是含水量法和仅测定单一的水势指标所不能解决的问题。据尹伟伦(1992)的研究证明，枯死苗木根系的细胞结构已遭到破坏，失去了半透膜的控水能力，压力室稍加压力($2\sim5$ kg/cm^2)，水分几乎一次排出(占全部排水量的76%)，说明枯死苗吸足水分后的水

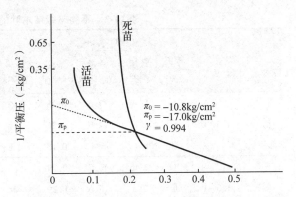

图14-3　红松正常苗与吸足水分死苗的根系 $P-V$ 曲线(引自尹伟伦，1992)

势为 $-5\sim-2\ kg/cm^2$ 以上，如继续增压，也几乎排不出更多的水分；而吸足水分的好苗，根的细胞膜完整，有很强的控水能力，水势在 $-10\sim-5\ kg/cm^2$，明显低于枯死苗。而且在压力室加压初次排出的水量很少(仅占全部水量的7.7%)。并随压增大，可以连续多次较均匀地排出水分。将测定结果反映在 $P-V$ 曲线上，枯死苗的曲线几乎垂直于横轴，表明细胞内外近乎是自由通过的无阻空间，稍加压力就一次排出近乎全部水分，再增压也几乎不出水分了(图14-3)，可以判定为枯死苗。

(2)导电能力

用导电能力衡量苗木质量的理论基础是：植物组织的水分状况以及膜受伤害的情况与组织导电能力(electro-conductibility)紧密相关。植物水分含量越高，植物的组织导电能力越强。任何逆境都会造成植物细胞膜的伤害，导致膜透性增大，电解质外渗。通过测定植物组织外渗液的导电能力，可衡量其抗逆性的强弱及其受伤害的程度。

对苗木导电力的测定通常有两种方法：一是测定植物组织外渗液导电率；二是测定植物组织的电阻率。测定植物组织外渗液导电率可用专门的电导仪测定，测定根系浸出液的电导率最能反映苗木的生命力情况；测定植物组织的电阻率用电阻仪测定，将电阻仪电极插入植物组织，快速读出其电阻率。

用苗木导电力衡量苗木质量，方法简单，快捷，不破坏苗木且测定结果可靠。但苗木导电率受树种、季节、测定时温度、水分及测定部位的影响，在评价苗木质量时应针对不同树种、不同季节和不同环境条件下的苗木导电率及其与造林成活率的关系进行细致研究，绘出苗木导电率与造林成活率的相关曲线，并根据测定时的温度进行修正，才能正确地评价苗木质量。

(3)其他指标

①矿质营养　苗木体内的矿质营养状况与苗木质量密切相关。目前，已发现至少有17种营养元素参与苗木生长和发育，任何一种元素缺乏都会引起苗木的不良反应，充足而平衡的矿质营养有利于苗木的生长。苗木体内的矿质营养状况与苗木的抗寒性、抗旱性等密切相关，并最终将影响到苗木的造林成活率和幼树生长。刘勇(1999)研究了不同等级油松、侧柏苗的矿质元素状况表明(表14-2)：苗木越大，等级越靠前，针叶内 N、P、K 含量也越大。其中Ⅰ级与Ⅱ级，Ⅱ级与Ⅲ级秒之间的差平均都在一倍以上，可见，苗木等级

表 14-2　不同等级苗木叶的矿质元素浓度与总量

苗木类型	等级	N 浓度(%)	N 总量(mg/株)	P 浓度(%)	P 总量(mg/株)	K 浓度(%)	K 总量(mg/株)	Ca 浓度(%)	Ca 总量(mg/株)	Mg 浓度(%)	Mg 总量(mg/株)
油松 1.5-0	Ⅰ	1.99	37.6	0.28	5.3	0.67	12.7	0.12	2.3	0.12	2.3
	Ⅱ	1.72	17.0	0.26	1.6	0.71	7.0	0.11	1.1	0.11	1.1
	Ⅲ	1.42	6.4	0.18	0.8	0.65	2.9	0.15	0.7	0.13	0.6
侧柏 1.5-0	Ⅰ	2.46	46.5	0.29	5.5	1.38	26.1	0.49	9.3	0.39	7.4
	Ⅱ	2.3	15.6	0.29	2	1.37	9.3	0.47	3.2	0.34	2.3
	Ⅲ	1.72	5.7	0.18	0.6	1.12	3.7	0.58	1.9	0.33	1.1

注：引自刘勇，1999。

的确反映苗木体内的矿质营养状况。

长期以来，研究者们对增加苗木体内矿质营养储存尤其是氮素的积累十分关注，探索了常规施肥、稳态营养加载(steady-state nutrition loading)和施用缓释肥(controlled-release fertilizer)等多种施肥方式对苗木矿质营养积累的效果(Quoreshi et al.，2000；李国雷，2011)。稳态营养加载被认为是能够满足苗木生长发育对养分规律需求，并可尽可能多地将养分固定在苗木体内以形成养分库，促进造林苗木根系生长，促进成活的较好的措施(Pokharel et al.，2017；Steven C. Grossnickle，2012)。有研究表明额外增加氮储备的长叶松苗在田间表现出直径(Jackson et al.，2007)和高生长(Jackson et al.，2012)增加。但也有些相反的案例，例如，在苗圃进行秋天施肥的火炬松苗在沙地的生长没有增加(South and Donald，2002)，也就是说额外增加营养储备的苗木造林后并不是始终如一地表现出正响应，归因于苗木本身内在的营养状况优于营养的额外加载(Hawkins，2011)、造林地的养分有效性(Andivia et al.，2011)，或其他立地因素限制了生长(如水分胁迫) (Wang et al.，2015)。由于苗木矿质营养与造林后表现的不确定性，矿质营养元素对苗木生理影响较为复杂，加之矿质营养含量的测定手段复杂、耗时，需要一定仪器设备，所以要用叶片营养物质含量评价苗木质量还存在不少障碍。

②碳水化合物含量　碳水化合物是苗木体内重要的营养物质，为苗木的生长提供能量和原料。从起苗到栽植后苗木进行光合作用之前，苗木依靠其体内贮藏的碳水化合物来维持生长和呼吸，如果苗木体内贮藏的碳水化合物不能满足其需要，则会死亡。因此，可以用苗木体内碳水化合物的相对含量来作为苗木的生理质量指标。碳水化合物的测定可参照相关书籍。

③叶绿素含量与叶绿素荧光　叶绿素是植物进行光合作用的重要色素，叶绿素含量的高低可以反映其光合能力的强弱，从而可以定量地反映苗木的健康状况，如苗木形态变化、苗木氮含量等。但要通过研究确定它们之间的相关关系。

从叶绿体膜反射出来的红光与光合作用的主要过程有关，包括光的吸收、能量转换的激活和光系统Ⅱ的光化学反应。叶绿素荧光反应是植物光化学反应的指示物，与物种、季节、环境、样品情况和其他影响植物生理作用的因素有关。可测定叶绿素荧光的变化来反映苗木的质量状况。

叶绿素荧光是直接测定叶绿体膜的生理状况，能与电导测定、根生长势测定和胁迫诱导挥发性物质测定等生理评价方法结合应用。这项测定所需的时间很短，具有可靠、提供瞬间结果、完全无损的特点，用于测定生长阶段苗木的生理状况优势明显。叶绿素荧光测定在以下几方面潜力很大：确定起苗时间；测定苗木贮藏后的活力；监测环境条件对光合作用的影响；测定针叶树种光化学作用的差异。

④根系活力　根系活力泛指苗木根系吸收、合成、生长的综合表现。根系活力测定通常用四唑(TTC)法测定。四唑的水溶液为无色，将苗木根系浸入无色四唑溶液中，须根活细胞中的脱氢酶产生的氢使溶液中的四唑还原生成稳定、不溶于水、不转移扩散的红色物质2，3，5-三苯基甲䐶(TTCH)。四唑的还原数量与苗木根系活力的强弱呈正比，即溶液染色越深，苗木活力越高。除此之外，根系活力还可以用 α–萘胺法测定。

⑤芽休眠　苗木休眠是苗木适应外界环境条件(如温度、水分、光照)的一种自我保护方式，适时休眠的苗木具有较强的抗逆性。相反，非休眠期苗木则易受损害。根据这一自然规律，把芽的休眠状态作为评价苗木质量的指标是有其理论依据的。芽休眠的测定方法有：芽开放速度、休眠解除指数(BRI)、低温总时数、示波器技术、有丝分裂指数、干重比值、植物激素分析技术和电阻率技术等。其中以芽开放速率法最为准确可靠。

此外，还有植物生长和调节物质、酶和蛋白质，光合作用和呼吸作用，植物温度等在反映苗木生理状况方面都有一定的作用。

(4) 功能性指标

苗木功能性指标(functional indices)是指苗木被栽植在特定环境条件下使其成活和生长的能力。前述各种形态和生理指标皆为苗木活力的各种表现，然而任何单独一种形态和生理指标又都不能完全反映苗木的活力。苗木功能性指标可以说最能代表苗木活力，因为功能性指标是苗木栽植在一定环境条件下形态和生理的综合表现。此外，苗木栽植在逆境条件下的抗逆性也是衡量苗木活力的比较好的指标。

①根生长势　根生长势(root growth potential, RGP)也被译成根生长潜力，是指将苗木栽植于最适生长环境中的发根能力。它不仅取决于苗木的生理状况，而且还与苗木形态特征、树种生物学特性及生长季节密切相关，能较好地预测苗木活力及造林成活率。所以，自 Stone(1955)提出这一概念以来，RGP 在苗木质量评价中得到广泛应用，是目前评价苗木质量最可靠的方法之一，不足之处是其测定时间较长，方法较繁琐，生产上不便于推广。

RGP 的测定方法：将苗木的所有白根尖去掉，然后置于混合基质(泥炭和蛭石)、砂壤或河沙栽植在容器中，置于最适宜根系生长的环境(白天温度25℃±3℃，光照 12~15 h，夜间温度 16℃±3℃，黑暗 9~12 h，空气相对湿度 60%~80%)下培养，保持所需水分(2~4 d浇1次水)，28d 后小心将苗木取出，洗净泥沙，统计新根生长点(颜色发白)的数量。

RGP 的表示方法有多种，常用的有新根生长点数量(TNR)，大于1cm 长新根数量($TNR>1$)、>1cm 长新根总长度($TLR>1$)，新根表面积指数($SAI = TNR>1 \times TLR>1$)、新根鲜重和新根干重等。不同指标反映的是苗木生根过程中不同的生理过程，TNR 反映苗木发根情况，$TNR>1$、$TLR>1$、SAI、新根鲜重和新根干重则反映根伸长情况。近十年来，不同类型的根系分析仪和根系分析系统等先进仪器的问世，为 RGP 的测定提供了方便，这些仪器可以对洗净后的根系图像进行多参数、批量化的自动分析。

RGP 的测定时间，原则上是 28d（4 周），但树种不同可以灵活掌握，如以 TNR 代表 RGP，侧柏由于发根快，1~2 周便可以看出结果，而油松、樟子松和落叶松则至少需要 2~3 周时间。

②苗木抗逆性　苗木栽植后可能遇到各种逆境，因此，可以通过测定苗木对逆境的耐性来衡量苗木的抗逆能力。苗木的抗逆性测定是美国俄勒冈州立大学(1984)提出的一种测定苗木性能指标的方法，又称 OSU 活力检验法。其理论依据是：苗木栽植后处于一定的逆境条件下，致使其活力降低，生命力减弱、受损直至死亡。在 OSU 活力检验法中，先将苗木暴露于人工逆境中，然后置于人为控制的环境中进行监测，如苗木生长和成活都很好，则说明这批苗木健壮，活力强，具有较高的造林成活率和生长潜力。相反，如苗木死亡，则说明抗逆性差，质量不佳。试验表明，抗逆性试验结果与造林成活率是相吻合的。苗木栽植后最容易遇到的逆境是寒冷和干旱逆境，因此，可以将苗木栽植于特定的寒冷和干旱逆境下以测定苗木的抗冻性和抗旱性。但是 OSU 活力检验法所需时间太长，一般要 2 个月才能得出结果，因而限制了其推广应用，一般在科研上用得较多。

14.1.3　苗木质量的综合评价与控制

在苗木质量评价中，单凭一二个形态、生理或功能性指标全面反映苗木质量很困难，加之苗木栽植后受造林地环境因子影响大，更增加了评价的难度。从苗木质量的定义可知，苗木质量是针对立地条件和具体培育目的而言。因此，苗木质量评价应考虑造林地立地条件，考虑苗木质量的动态性，采用多指标，建立完整的苗木质量综合评价和保证体系，这是当前和今后苗木质量研究中要解决的问题。要作好苗木质量的综合评价和控制，可参考以下几个方面。

(1) 适地适苗

适地适苗是指在造林地立地调查、立地分类基础上，适宜树种、地理种源和生态类型已确定的情况下，根据造林地立地条件选择最适于该立地的苗木类型、年龄、大小和生理状况的苗木造林。

适地适苗就是要发挥不同苗木的特长，使其更好地适应造林地的立地条件，同时将造林工作与苗圃育苗结合起来，在造林设计时就对苗木类型、年龄、大小和生理状况作出明确规定，苗圃育苗时根据要求定向育苗，从而为造林提供质量合格苗木。

造林效果是苗木质量评价的出发点和依据，即苗木质量的好坏要看它对造林地的适应程度。根据造林地立地条件对苗木质量进行评价，首先应对苗木类型进行选择。苗木类型是苗木质量的一个重要方面，不同苗木类型是经不同的繁殖材料、不同育苗方法培育出来的苗木，其在形态、生理及适应能力上都存在极大差异。因此，苗木类型的选择是适地适苗的第一步。其次，选择合适的苗木大小规格。由于苗木形态指标各样，不同指标反映了苗木生长发育的不同侧面，应根据造林地立地条件，有侧重地选择不同规格大小的苗木。如干旱地区造林应选根系发达、高径比和茎根比小，抗逆性强的苗木；在有冻害的地区宜选木质化程度高、顶芽饱满的苗木；园林绿化则要注重苗木的干形、冠形及根坨。此外，形态指标等级相同的苗木，尽量选择生理指标良好的苗木，以保证造林时的苗木活力。

(2) 多指标综合评价苗木质量

正常生长的苗木，各指标之间是有一定联系的，但苗木处于非正常条件下如干旱、寒冷、营养缺乏等，每种测试手段得出的结果只是苗木在某一单方面的反映，并不能全面反映苗木质量。因此，提倡采用多指标、多方面综合评价苗木质量。具体应考虑：种源和种子质量；苗木类型和年龄；形态指标；苗木生理状况；苗木功能表现等。

(3) 苗木质量的动态性和质量评价的阶段性

苗木是活的生物体，其形态、生理和活力都处在不断变化中，因此苗木质量具有动态性，对苗木质量的评价不能用静态的方法，只做一次检验，而应根据苗木质量的变化特点及各指标的特性，分阶段对苗木进行质量评价和控制。在苗木培育的各阶段、起苗前、出圃前和造林前都应进行评价，但各阶段控制和评价苗木质量的侧重点不同。

起苗前的侧重点是促进苗木生长，使其达到规定标准。所以，建立各主要造林树种苗木的高、地径、根系及矿质元素含量标准曲线，是科学育苗、控制苗木质量的基础。在苗木形态、木质化程度和矿质元素含量达到要求即可起苗。苗圃应掌握苗木 RGP 的变化规律，在 RGP 达到最高时起苗，可保证苗木具有较高的活力和抗逆性。

起苗后的苗木分级根据苗高、地径和根系而定，苗木出圃应考虑苗木活力保护，此阶段应注重生理指标的测定，为造林和贮藏提供重要的基础数据和信息。

(4) 建立苗木质量调控体系

目前的苗木质量只是对已育成的苗木进行质量评价，决定个体或批量淘汰，这是质量管理中的一种消极对策。而实际上，苗木质量是苗木培育过程中所施培育措施和条件的集中反映，且发育各阶段又都有因果关系。所以，在苗木培育的各阶段，可有意识地针对造林地立地条件，确定出最适宜苗木，通过环境调节和采取不同培育技术措施调控苗木生理和形态，实现形态、生理一致的高质量苗木，使苗木生产过程成为高质量苗木装配线。类似于工业生产中的分工序的全面质量管理，对苗木而言是苗木质量分阶段目标管理，使苗木质量调控变消极被动为积极主动。具体应从以下几个方面入手：

①种子质量控制　种子质量控制是苗木质量控制的前提。为了保证苗木培育成功，首先要保证育苗材料的遗传品质，其次要做好良种品质保障工作，从采种、调制、贮藏、运输、催芽（或预处理）等各个环节着手，使良种处于最优状态。

②育苗环境和培育技术控制　良好而适宜的苗木培育环境和先进而实用的苗木培育技术控制，是苗木培育成功的保证。要对苗木培育的非生物和生物环境进行集约的、动态的调控。非生物环境控制包括适宜的圃地选择、土壤耕作、土壤养分、水分控制等；生物环境调控包括有害生物控制、合理密度、接种菌根和根瘤菌等，这些措施贯穿于苗木培育的全过程，以满足不同种类、不同类型苗木在各个发育阶段的需求。

③出圃控制　苗木出圃前后的质量控制十分重要。出圃苗木质量控制包括起苗、分级、包装、运输、假植和幼林抚育等各环节，每一步的工作做得好坏都直接关系到造林后苗木的成活及生长表现。

14.2 苗木调查方法

14.2.1 调查的目的、时间及要求

苗木出圃前，为了作好出圃及制订下一阶段的生产计划，掌握培育苗木的数量和质量，必须进行苗木调查。苗木调查通常是在苗木生长停止后到苗木出圃前的时间进行，也可以在苗木生长期间进行。如为了探索苗木的生长发育规律，了解环境条件和育苗技术对苗木生长发育的影响，就需在苗木生长过程中进行定期调查。开展苗木调查，一方面可全面了解苗木的产量和质量，作好苗木出圃前的各项工作，以便有计划地供应造林所需的苗木，进行成本核算；另一方面可以衡量各种育苗措施取得的效果好坏，以便总结经验，为进一步提高育苗技术打下基础。

苗木调查中，要求选用科学的抽样方法，认真调查苗木的产量和测定苗木的质量指标，用正确的方法统计苗木产量和质量。苗木调查要求有90%可靠性，产量精度达90%，质量(地径、苗高)精度达95%，同时计算出Ⅰ、Ⅱ级苗和不合格苗的百分率，合格苗总产量。

14.2.2 苗木调查的抽样方法

苗木调查所得到的产量与质量数据可靠性的大小，是否代表苗木的实际情况，主要取决于抽样的代表性和测量苗木的准确程度。苗木调查的抽样方法必须应用数理统计的原理进行抽样，用样本数据估计总体情况。常用的抽样方法有：

(1) 简单抽样

简单抽样包括机械抽样和随机抽样。机械抽样就是在苗圃地内随机确定一个起点，每隔一定的床或行抽取一行或一床进行调查。其特点是样地或样点距离相等，分布均匀。随机抽样就是用随机数表确定样地位置，全部苗木被抽中的概率相等。

(2) 分层抽样

当苗圃地苗木在密度、长势上存在较大差异时，采用简单抽样很难获得苗木产量、质量的真实结果，因此，必须采用分层抽样。分层抽样就是把被调查苗木的生产区，根据苗木密度、质量划分为好、中、差几个等级，分别进行抽样调查。计算时分别计算各层的平均值、标准误、标准差，然后按加权的方法计算总的平均值、标准差和标准误，以总的标准差计算调查苗木的产量和质量精度。

14.2.3 调查步骤

14.2.3.1 划分调查区

凡是树种、育苗方法(或育苗种类)、苗龄、作业方式及育苗主要技术措施(播种方法、施肥时间、施肥量、灌溉次数与灌溉量等)都相同的可划分为一个调查区，同一调查区的苗床要统一编号。

14.2.3.2 确定样地的种类和规格

常用的样地种类有样方和样段,有时也用样圆。样方是以长方形或正方形地段做调查单元,通常为 1 m×1m。样段是以一条线形地段作为调查单元(样行),适于条播、插条、移植和点播的苗木。为了提高精度,减少调查和计算工作量,还可以设样群,即以 1 个主样方加 2 个或 2 个以上样方组成样地群,以样群作为 1 个统计单位。此法适于苗木密度变动大,生长不整齐,又无明显变化的育苗地。

样地的大小取决于苗木密度、育苗方法和要求测量的苗木株数等条件。例如,苗木密植的宜小,苗木密度稀的宜大;播种苗宜小,插条、移植苗宜大;要求测定株数少的宜小,株数多的宜大。一般播种苗要保证 1 个样方有 20~50 株苗木;针叶树播种苗 30~50 株苗;插条苗、移植苗 15~30 株苗。确定样段长度原则与此相同。

14.2.3.3 确定样地数量

样地数量的多少直接影响到调查的精度和工作量。样地多,调查结果精度高,但工作量大;样地少,精度达不到要求,往往需补设样地,反而增加了工作量,因此,确定样地数量至关重要。样地数量受苗木密度的均匀度、苗木质量的整齐度等条件的影响。苗木均匀、苗木生长整齐则样地数量少;否则样地宜多。

确定样地数量的方法有以下两种:

(1) 经验数据法

长期苗木调查的经验表明:一般情况下,初设样地 20~50 个,能达到产量精度 90%,质量精度 95% 的要求。如变动系数 <25%,20 个样地可达到要求;变动系数 25%~40%,40 多个样地可达到要求。

在实际工作中,苗木的密度和生长情况如果差异不大,初设样地不小于 20 个,一般能达到精度要求。如达不到要求,则需补设样地,补设样地数按下式计算:

$$\text{实际需样地数} = \left(\frac{t \times c}{E}\right)^2$$

式中　t——可靠性指标,可靠性 90%,$t=1.7$;可靠性 95%,$t=1.96$;

　　　c——变动系数,根据调查样地的结果计算;

　　　E——允许误差百分率(精度 95%,$E=5\%$)。

(2) 极差估算法

样方规格确定后,根据样方面积在要调查的生产区内选择苗木密度比较密的地段($N_{密}$)和比较稀的地段($N_{稀}$)(注意不要选最密的和最稀的),分别量出与样方面积相等的地段,统计其苗木株数,计算极差。

预估极差:
$$R = N_{密} - N_{稀}$$

预估标准差:
$$S = \frac{R}{5}$$

预估平均数:
$$\overline{N} = \frac{N_{密} + N_{稀}}{2}$$

预估变动系数:
$$C\% = \frac{S}{\overline{N}} \times 100\%$$

预估样地数：
$$n = \left(\frac{t \times c}{E}\right)^2$$

根据正态分布特征，极差可近似认为是5倍标准差；因为苗木质量精度要求95%，因此，$E=5\%$。

14.2.3.4 样地的设置

将粗估样地数落实在调查区内，样地设置的关键是分布均匀，有代表性。机械抽样是机械布点，每隔一定的床或行设置一个样点。其步骤如下：

(1) 计算样地间距(d)

调查区苗行总长 = 平均苗行长度 × 平均每床苗行数 × 苗床数

假设调查区苗床总长度为200 m，粗设样行数为15行，每行约30株，样行长度为1 m。

间距 d = 苗行总长/样行数 = 200/15 ≈ 13.3 m，即每隔13 m测1行。

(2) 计算测量苗木的间隔株数(n)

n = 样行平均株数 × 样行数 ÷ 计划测量苗数 − 1

= 30 × 15 ÷ 200 − 1 = 1.25（设计划测量苗数 = 200株）

即在样行中，每隔1株测定1株，上一行不够，可累积到下一行。

如设样方，有2种做法：一种是先计算间隔苗床数 N = 苗床总数/样地数，然后按上面的方法计算苗木间隔株数；另一种是拉对角线，计算对角线总长，然后计算间距。

【例】对角线总长180 m，样方数为20，样方平均株数60株，预测苗木300株，则计算如下：

间距 d = 180/20 = 9 m，即每隔9 m设1个样方，样方面积1 m²。

间隔株数 n = 60 × 20 ÷ 300 − 1 = 3，即在样方中每隔3株测定1株。

(3) 样方起点的确定

为了避免人的主观定点，一般采用随机定点的办法，如用小石块向调查区中央随意一抛，其落点即为起点。如石块落在样行100 m处，即在100 m处设样行，然后每隔一定样行长（如13 m）设定一个样行，依此类推，样方也是如此。起点的确定也可以采用随机数表法。

14.2.3.5 苗木产量、质量调查

统计每1个样方或样行的全部苗木株数，同时将有病虫害、机械损伤、畸形、双顶芽等苗木分别记录在苗木调查表备注中，以便统计各种苗木的百分率。然后按间隔株数要求测定苗木质量指标。2 m以下的苗木高度用卷尺测定，2 m以上用直尺。自根颈处量至顶芽基部，测量精度0.1 cm；地径用游标卡尺测定，测量精度0.05 cm（有些为0.02 cm，电子游标卡尺为0.01 cm）。播种苗、移植苗测定土痕处，土痕处膨大的测其上部；营养繁殖苗落叶树种测定插穗以上新萌发的主干基部直径，基部膨大的测苗干起始正常处；常绿树种插条苗量土印处直径。同时完整挖取样株测定主根长度、根幅和≥5 cm长一级侧根数。调查数据填入表14-3中。

表 14-3 苗木调查记录表

树种(品种)：_____ 苗木种类：_____ 编号：_____
样地号：_____ 调查苗木数量：_____株 苗龄：_____
苗木生产单位：_____

株号	地径(cm)	苗高(cm)	根系长(cm)	≥5 cm I 级侧根数	根幅(cm)	综合质量状况	质量等级		
							I	II	不合格

14.2.3.6 苗木产量与质量精度及总产苗量计算

(1) 苗木产量与质量精度计算

第一步，根据具体测定值(X_i)和样本数(n)计算各指标平均数$\bar{X}$和标准差S：

$$\bar{X} = \frac{\sum_{i=1}^{n} X_i}{n} \tag{1}$$

$$S = \sqrt{\frac{\sum_{i=1}^{n} X_i^2 - n\bar{X}^2}{n-1}} \tag{2}$$

第二步，计算各指标标准差($S_{\bar{X}}$)和误差百分数($E\%$)：

$$S_{\bar{X}} = \frac{S}{\sqrt{n}} \tag{3}$$

$$E\% = \frac{t \cdot S_{\bar{X}}}{\bar{X}} \tag{4}$$

第三步，计算各指标调查精度(P)：

$$P = 1 - E\%$$

若精度没有达到规定要求，则需补设样地。按前述方法计算补设样地数，补测后重新计算精度，达到精度要求即可。

(2) 计算苗木产量

若精度达到要求，各项质量指标的平均值即为苗木质量指标；根据调查苗木的质量指标数据，根据国家标准或地方标准计算 I、II 级苗木百分率；以样地调查的平均密度可作为调查区苗木密度，并以此计算调查区苗木产量。产苗量计算如下：

毛面积 = 调查面积 = 长×宽×1/667(亩)

净面积 = 平均床长×床宽×苗床数×1/667(亩)

样方面积 = 样方长×宽(m²)

$$总产苗量 = \frac{净面积}{样方面积} \times 样方平均株$$

每亩产苗量 = 总产苗量 ÷ 毛面积(株/亩)

合格苗产量 = Ⅰ级苗百分率 × 总产苗量 + Ⅱ级苗百分率 × 总产苗量

上述产量质量调查方法主要用于小规格造林苗木的调查，对于园林绿化用的小规格藤本苗、灌木等可按相同的方法调查，但测量的质量指标按照藤本、灌木的形态指标进行测定。对于园林绿化大苗、珍贵树种的成片大苗，则可采用标准段或标准地调查，标准段50~100 m，标准地≥100 m²，并根据苗木特性和需要测定相应的形态指标，如胸径(或基径、米径)、株高(裸干高或灌高)、枝下高、冠幅(冠径或蓬径)等，再推算出全生产区苗木产量和质量。

对于数量较少或较为珍贵的苗木的调查，常按照种植行清点株数，抽样测量苗木各项质量指标并求出各类苗木的平均质量指标，以掌握苗木的数量和质量状况。

14.3 起苗分级及包装运输

苗木出圃是育苗的最后收获阶段，也是育苗工作的结束阶段。这一工作做得好，能保证已培育的苗木质量和合格苗产量，否则，会严重降低苗木的质量和合格苗产量，甚至出现大量废苗，造成丰产不丰收。因此，苗木出圃工作也是育苗的关键环节，应把好苗木出圃的各环节(起苗、苗木分级和统计、苗木包装、运输等)，重点是苗木活力保护。

14.3.1 起苗后的苗木水分生理

苗木生命活动在很大程度上取决于苗木体内的水分状况，正常生长的苗木，从土壤中吸收水分，进行光合作用，通过蒸腾作用和蒸发将水分散失到大气中去，形成土壤—植物—大气连续体(SPAC 系统)。植物要维持正常的生命活动，必须维持体内水分平衡，保持 SPAC 系统的正常水分运转。但起苗后，这种系统遭受破坏，苗木体内水分只出不进，失水速度的快慢与多少决定了苗木所能维持活力的时间。

苗木失水的部位包括地上部分和地下部分。地上部分即苗木的茎和叶，为保护苗木不受外界环境剧烈变化的影响，茎和叶在长期适应过程中，在形态解剖上形成了一定的适应特征，如通过木栓层、角质层和气孔等蒸腾作用调节组织，抑制苗木体内水分散失。地下部分即根系一直生活在环境条件变化比较小的土壤中，土壤水分充足，气温变化小，无风的影响，因而水分蒸散调节组织不如茎叶发达。相反，为了使土壤水分进入根部组织，根的表皮细胞很薄，细胞排列疏松，细胞膜比较薄，水分易于蒸腾。起苗后苗木如处于露天情况下，由薄壁细胞组成的根毛、未木质化的须根容易失水枯萎脱落。根部失水导致水势降低，由于水分运输是从高水势到低水势，致使水势高的茎叶水分倒流入根部，引起苗木失水死亡。可见，根系是起苗后失水的主要部位。

根系失水的本质是引起细胞膜结构的损伤，增加膜透性，从而减弱对水和离子的控制能力。从失水的潜力看，须根多，根系大，失水速率高，粗根的失水潜力小于细根。因此，起苗后苗木活力的保护关键在于保护根系，减少根系失水；并通过修剪适当减少须根、细根的数量，从而使苗木保持水分。据研究，根部含水量如降低到根部原含水量的50%时，苗木的生活力便急剧下降；降到30%时，由于水分不足，苗木便失去再生能力。

14.3.2 起苗

起苗要注意对苗木根系活力的保护，尽可能保持根系完整，减少对根系的损伤。一般来说，随起苗随造林能够保证苗木根系活力，有利于提高造林成活率。但生产上起苗时间和造林时间常常不能正好吻合，这就需要提前起苗过程中要保护好苗木根系。

14.3.2.1 起苗季节和时间

起苗时间一般在秋季树木休眠后至春季芽萌动之前进行。确定适宜的起苗季节应注意考虑与造林时间的衔接、苗圃地的生产安排、当地气候条件、苗木的耐贮藏能力及贮藏效果等多方面因素。

(1) 春季起苗

大多数树种苗木适合在早春起苗，起苗后立即移栽，苗木不需贮藏，便于保持苗木活力，栽植成活率高。一些不适宜在秋季起苗移栽的树种更适宜在春季起苗，如常绿树种和不易假植贮藏的较大苗木。春季起苗的缺点是如果苗圃休闲地安排不合理，春季容易造成苗圃育苗生产被动。春季起苗必须赶在芽萌动之前，否则会影响造林成活率。

(2) 秋季起苗

秋季起苗要在苗木地上部分休眠、落叶树种树叶脱落后进行。秋季起苗有两种情况：一是随起随栽，主要适宜于南方温暖地区，秋季苗木地上部分停止生长，但起苗栽植后土温还较高，有利于苗木根系恢复和生长，为第二年的快速生长创造有利条件；二是起苗后贮藏，主要适宜于北方地区。起苗后小苗可以窖藏，而大苗可以越冬假植。如果贮藏条件好、贮藏工作做得好，一般说落叶树种秋季起苗后贮藏与春季起苗对苗木活力的影响没有明显差异，但常绿树种不易贮藏，有些会造成苗木活力降低，不宜越冬贮藏。一些根系含水量高的苗木如枫杨、泡桐也不适宜越冬贮藏。秋季起苗的优点是有利于苗圃地再利用，便于安排育苗生产。

(3) 雨季起苗

春季干旱严重的地区，造林不易成活，可于雨季起苗造林。适宜树种有侧柏、油松、马尾松、云南松、核桃秋、樟树等。

具体的起苗时间：无论落叶树种还是常绿树种，最好在苗木休眠期起苗，以芽是否萌动判断标准。最好在无风的阴天起苗，此时苗木水势高，失水速度慢。同时要考虑土壤含水量，土壤水分过多，不便于操作，并造成土壤结构的破坏。最好在土壤含水量为饱和含水量的60%时起苗效果好，土壤过干，应在起苗前1周适当浇水，使土壤湿润。

14.3.2.2 起苗规格

起苗规格主要是指根据苗木根系质量要求或胸径大小确定的起苗深度和宽度。苗木根系是苗木的重要器官，受伤的、不完整的根系将影响苗木的生长和苗木成活，起苗规格达不到要求，会降低苗木质量。苗木类型、规格不同，起苗的规格要求不尽相同。

(1) 裸根起苗

主要适用于小规格苗木。对于1~3年生小规格苗木，起苗的深度要有利于保证苗木根系质量达标。一般要求起苗深度要比合格苗根系长 2~5 cm。一般针叶树苗的起苗深度 18~28 cm，阔叶树播种苗、插条苗和移植苗为 25~40 cm；起苗根幅影响到苗木的侧根及须根数量是否达标，一般针叶树苗起苗宽度 20~30 cm，阔叶树播种苗 25~35 cm，插条苗和移植苗 40~60 cm。也可参照表 14-4 的要求进行。中、大规格的苗木如果采用裸根起苗，起苗的深度和根幅参照《城市园林苗木育苗技术规程》进行(表 14-4)。

（2）带土球起苗

带土球起苗适宜于园林绿化用的中、大规格苗木。此类苗木起苗规格可遵照 1986 年城乡建设环境保护部发布的部颁标准《城市园林苗木育苗技术规程》中的起苗规格进行(表 14-4)。

表 14-4 园林苗木掘苗规格

小苗		
苗木高度(cm)	应留根系长度(cm)	
	侧根(幅度)	直根
<30	12	15
30~100	17	20
101~105	20	20
大、中苗		
苗木胸径(cm)	应留根系长度(cm)	
	侧根(幅度)	直根
3.1~4.0	35~40	25~30
4.1~5.0	45~50	35~40
5.1~6.0	50~60	40~45
6.1~8.0	70~80	45~55
8.1~10.0	85~100	55~65
10.1~12.0	100~120	65~75
带土球苗		
苗木高度(cm)	土球规格(cm)	
	横径	纵径
<100	30	20
101~200	40~50	30~40
201~300	50~70	40~60
301~400	70~90	60~80
401~500	90~110	80~90

对于根系延伸较远的大苗或未经移植的大苗，吸收根群延伸到树冠投影范围以外，因而起土球时常带不到大量须根，必须断根缩土球。土球大小除按《城市园林苗木育苗技术规程》的规定外，也可以按树木胸径来确定。通常土球的直径约为树木胸径的 5~10 倍，高度约为土球直径的 2/3；灌木的土球大小以其冠幅的 1/4~1/2 为标准。缩土球的方法是：起苗前 1~2 年，在树干周围开沟，沟离干基的距离，落叶树种约为树木胸径的 5 倍，常绿树种须根较落叶树种集中，围根半径可稍微小些。沟的形状围成方形或圆形，但需将

其周长分成4~6等份，沟宽应便于操作，通常为30~40 cm，根据根的深度来确定沟的深度，通常为50~70 cm。沟内露出的根系用利剪（锯）切断，与沟的内壁相平，伤口避免凹凸不平，要平整光滑，大伤口要涂防腐剂。然后用沃土（最好是砂壤土或壤土）填平，分层踩实，定期浇水，这样便会在沟中长出许多须根。到第二年的春季或秋季再以同样的方法挖掘另外相对的两面，到第三年时，四周沟中均长满了须根，这时便可将苗木移走（图14-4）。挖掘时应从沟的外缘开挖，断根的时间根据各地气候条件有所不同。

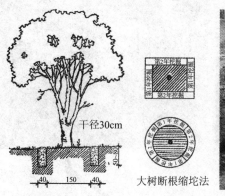

图 14-4　大树断根缩坨示意

14.3.2.3　起苗方法

（1）人工起苗

人工起苗要注意尽量减少根系损伤，起苗前若土壤墒情差，一定要提前2~3 d 浇水，使根系分布层的土壤湿润，便于起苗。

① 裸根起苗　大多数落叶树种和常绿树种的小苗可以裸根起苗。起苗时，沿苗行方向距离苗木规定距离挖一道沟，距离视苗木和根系大小而定，要在主要根系分布区之外，沟深与主要根系深度相同。正式起苗前可以此方法先试挖，观察并确定距苗的距离和沟深。在沟壁苗方一侧挖一斜槽，根据要求的根系长度截断根系，再从苗的另一侧垂直下锹，截断过长的根系，将苗木推到沟中即可取苗，待根系完全截断再取苗，不可硬拔，否则易损伤根系（图14-5）。

大规格裸根苗起苗方法与上述方法基本相同。但由于根系较大，挖槽的距离、深度均要加大，沟要围着苗干，截断多余的根，然后从一旁斜着下锹，按要求截断主根，把苗取出，起苗时防止苗根劈裂。苗木根系较大，带土较多，可轻轻将土敲下，不要重打，以免损伤根系，亦可保留部分宿土。

② 带土球起苗　较大的常绿树苗、珍贵树种和大的灌木，为了提高栽植成活率，需要带土球起苗，具体方法见第11章11.2.4.1。

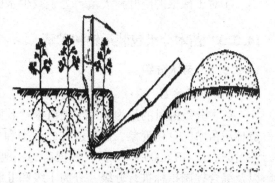

图 14-5　小规格裸根苗起苗示意

(2) 机械起苗

机械起苗效率高,质量好。目前常用的有"U"形犁或专门设计的起苗机起苗(图14-6),能减轻劳动强度,提高工作效率十至几十倍,而且起苗的质量好,根长与根幅比较一致。

对于大苗的机械起苗,见第11章11.2.4.2节内容。

图14-6　不同类型的起苗机(引自 https://image.baidu.com, 2017.9.9)

(3) 起苗作业注意事项

①遇干旱、土壤干燥,起苗前2~3d应灌水,使土壤疏松,减少对根系的损坏。

②起苗应尽量选择无风多云天气,防止太阳暴晒;为防苗木根系失水,起苗要边起、边拣、边分级、边假植。注意保护顶芽(尤其是萌芽力弱的针叶树),根系可蘸泥浆或保水剂。

③保证苗木有规定长度的根系,粗根界面要平滑,不劈裂。

④对于裸根的阔叶树大苗,为了减少水分损失,可先行适当疏枝、短截。

14.3.3　苗木分级包装运输和贮藏

14.3.3.1　苗木分级

(1) 小规格苗

苗木分级的目的是为了使出圃苗木达到国家规定的苗木标准,保证用壮苗造林,减少造林后苗木的分化现象,提高造林成活率和林木生长量。我国制定了《主要造林树种苗木质量分级》(GB 6000—1999),根据苗高、地径、根系情况(根长、>5 cm 侧根数和根幅)以及综合控制指标进行分级,分为Ⅰ级和Ⅱ级苗。具体分级规定是:

分级时,首先看根系指标,以根系所达到的级别确定苗木级别,如根系达到Ⅰ级苗要求,苗木可为Ⅰ级或Ⅱ级;如根系只达到Ⅱ级,该苗木最高也只为Ⅱ级;在根系达到要求后按地径和苗高指标分级，如根系达不到要求即为不合格苗。

合格苗分Ⅰ、Ⅱ两个等级，由地径和苗高两项指标确定，在苗高与地径不属于同一级别时，以地径所属级别为准。容器苗的质量分级参照《容器育苗技术》（LY/T 1000—2013）的规定执行。

分级过程中苗木活力的保护措施：在背风庇荫处，能保持低温和湿润的室内条件最理想，分级速度要快，尽量减少苗木根系裸露的时间，以防止失水，分级后立即包装或贮藏。

（2）中、大规格苗的分级

在生产上，中、大规格苗的质量指标通常选择干径、土球直径、枝下高、苗高、冠径、分枝数（或侧枝层数）作为苗木的分级质量指标。但不同类型的苗木其分级的指标、标准不同，目前尚无统一的中、大规格苗木分级标准，只有一些地方制定的分级标准，且苗木质量只规定了基本要求，不划分等级。

乔木类苗木质量要求：以干径、树高、冠径、主枝长度、分枝点高和移植次数为规定指标，具主轴的应有主干，主枝3~5个，主枝分布均匀；落叶大乔木慢生树干径5.0 cm以上，速生树干径7.0 cm以上；落叶小乔木干径3.0 cm以上；常绿乔木树高2.5 m以上；高接乔木嫁接时间应在3年以上，接口平整、牢固（表14-5、表14-6）。

灌木类苗木质量要求：丛生型灌木要求灌丛丰满，主侧枝分布均匀，主枝数不少于5个，主枝平均高度达到1.0 m以上；匍匐型灌木要求应有3个以上主枝达到0.5 m以上；单干型灌木要求具主干，分枝均匀，基径在2.0 cm以上，树高1.2 m以上；绿篱（植篱）用灌木类要求冠丛丰满，分枝均匀，下部枝叶无光秃，苗龄3年生以上（表14-7）。

藤本类苗木质量标准要求分枝数不少于3个，主蔓直径应在0.3 cm以上，主蔓长度应在1.0m以上（表14-8）。

竹类苗木质量标准：以苗龄、竹叶盘数、土坨大小和竹秆个数为规定指标；母竹为2~5年生苗龄；散生竹类苗木要求大中型竹苗具有竹秆1~2个；小型竹苗具有竹秆5个以上；丛生竹类苗木每丛竹具有竹秆5个以上（表14-9）。

表14-5 北京市城市园林绿化常用落叶乔木主要规格质量标准（部分）

树种（品种）	学 名	干径（≥cm）	修剪后主枝长度（≥m）	冠径（≥m）	分枝点高（≥m）	移植次数（≥次）
水杉	Metasequoia glyptostroboides			1.2		3
枫杨	Pterocarya stenoptera	7	0.4			2
栓皮栎	Ouercus variabilis	5		1.2		3
白榆	Ulmus pumila	7	0.5			2
榉树	Zelkova schneideriana	5	0.4			3
青檀	Pteroceltis tatarinowii	5	0.4			2
玉兰	Magnolia denudata	4		1		3
望春玉兰	Magnoia biondii	5				3
二乔玉兰	Magnolia × soulangeana	4		1		3
杜仲	Eucommia ulmoides	7	0.4			2

表 14-6　北京市城市园林绿化常用常绿乔木主要规格质量标准（部分）

树种（品种）	学　名	树高（≥m）	干径（≥m）	冠径（≥m）	分枝点高（≥m）	移植次数（≥次）
雪松	*Cedrus deodara*	4		2		3
油松	*Pinus tabulaeformis*	4		1.5		3
白皮松	*Pinus bungeana*	3		1.5		3
华山松	*Pinus armandii*	3		1.5		3
侧柏	*Platycladus orientalis*	3		1.2		2
圆柏	*Sabina chinensis*	4		1		3
龙柏	*Sabina chinensis* 'Kaizuca'	2.5		1		2
女贞	*Ligustrum lucidum*		4	1.2		2

表 14-7　北京市城市园林绿化常用灌木主要规格质量标准（部分）

树种（品种）	学　名	主枝数（≥个）	蓬径（≥m）	苗龄（≥a）	灌高（≥m）	主条长度（≥m）	基径（≥cm）	移植次数（≥次）
牡丹	*Paeonia suffruticosa*	5	0.5	6	0.8			2
紫叶小檗	*Berberis thunbergii*	6	1.5	3	0.8	0.8		
腊梅	*Chimonanthus praecox*				1.5			1
绣线菊类	*Spiraea*	5	0.8	4	1			1
珍珠梅	*Sorbaria kirilowii*	6	0.8	4	1.2	1		1
贴梗海棠	*Chaenomeles speciosa*	5	0.8	5	1			1
重瓣黄刺玫	*Rosa xanthina*	6	0.8	4	1.2	1		1
重瓣棣棠	*Kerria japonica* var. *pleniflora*	6	0.8	6	1	0.8		1

表 14-8　北京市城市园林绿化常用藤木主要规格质量标准（部分）

种类	树种	学　名	苗龄（≥a）	分枝数（≥个）	主蔓径（≥cm）	主蔓长（≥m）	移植次数（≥次）
常绿藤木	小叶扶芳藤	*Euonymus fortunei*	4	3	1	1	1
	大叶扶芳藤	*Euonymus fortunei* var. *radicans*	3	3	1	1	1
	常春藤类	*Hedera*	3	3	0.3	1	1
	山荞麦	*Fagopyrum esculentum*	2	4	0.3	1	1
	蔷薇	*Rosa multiflora*	3	3	1	1.5	1
	白玉棠	*Rosa multiflora* var. *albo-plena*	3	3	1	1.5	1
落叶藤木	木香	*Rosa banksiae*	3	3	1	1.2	1
	藤本月季	Climbing Rose	3	3	1	1	1
	紫藤	*Wisteria sinensis*	5	4	2	1.5	2
	南蛇藤	*Gelastrus orbiculatus*	3	4	0.5	1	1
	山葡萄	*Vitis amurensis*	3	3	1	1.5	1

表 14-9　北京市城市园林绿化常用竹类主要规格质量标准

树种	学名	苗龄(≥a)	母竹分枝数(≥支)	竹鞭长(≥m)	竹鞭个数(≥个)	竹鞭芽眼数(≥个)
早园竹	*Phyllostachys propinqua*	3	2	0.3	2	2
紫竹	*Phyllostachys nigra*	3	2	0.3	2	2
黄金间碧玉	*Bambosa vulgaris* var. *striata*	3	2	0.3	2	2
黄槽竹	*Phyllostachys aureosulcata*	3	2	0.3	2	2
箬竹	*Indocalamus tessllatus*	3	2	0.3	2	

14.3.3.2　苗木检验方法及标签

（1）抽样

起苗后苗木质量检验要在一个苗批内进行，采取随机抽样方法。按表14-10的规则抽样。成捆苗木先抽样捆，再在每个样捆内各抽10株，不成捆苗木直接取样株。

（2）检测

一般造林苗木按照《主要造林树种苗木质量分级》（GB 6000—1999）规定的方法进行检测，园林绿化大苗可参照地方标准进行检测。苗木检验允许范围，同一批苗木中，低于该等级的苗木数量不得超过5%。检验结果不符合上述规定，应进行复检。检验结束后填写苗木检验证书。凡出圃的苗木，均应附苗木检验证书，向外县调运的苗木要经过检疫并附检疫证书。

表 14-10　苗木检测抽样数量

苗木株数	检测株数
500~1 000	50
1 001~10 000	100
10 001~50 000	250
50 001~100 000	350
100 001~500 000	500
500 001 以上	750

（3）苗木标签

苗木销售必须具备"两证一签"。"两证一签"是指在林木种苗的出圃、调运、使用过程中需持有"苗木检验证""苗木检疫证""苗木产地标签"。"苗木检验证"是由县级以上林木种苗管理机构的质检员签发、为苗木使用者提供有关苗木质量确切信息的证书。通过这一检验证明，可使所用苗木的质量得到保证。"苗木检疫证"是对需要向外县（市、区）调运的苗木由当地森林病虫害防治检疫部门签发的证书，可有效防止危险性病、虫、杂草的传播蔓延。"苗木产地标签"内容包括：苗木类别、树种或品种名称、产地、质量指标、苗龄、植物检疫证书编号、数量、苗木生产许可证或经营许可证编号、生产日期、生产者或经营者名称、地址。

14.3.3.3　苗木包装

分级后，苗木要及时包装，一般分别苗木级别，按一定数量进行包装。

（1）包装前苗木根系处理

包装前苗木根系处理的目的是较长时间保持苗木水分平衡，为苗木贮藏或运输至栽植前创造一个较好的保水环境，尽量延长苗木活力。根系处理方法如下：

①蘸泥浆　把根系放在泥浆中蘸浆使根系形成湿润保护层，保护苗木活力。

②保水剂处理　保水剂是一种吸水能力特别强的功能高分子材料，无毒无害，可反复

释水、吸水、保水能力非常强。目前国内外的保水剂共分为两大类：一类是丙烯酰胺—丙烯酸盐共聚交联物(聚丙烯酰胺、聚丙烯酸钠、聚丙烯酸钾、聚丙烯酸铵等)；另一类是淀粉接枝丙烯酸盐共聚交联物(淀粉接枝丙烯酸盐)。通常用1份保水剂加400~600倍重量的水搅拌成凝胶状，然后把苗根浸入使凝胶附着在根系表面，形成一层保护层，防止水分蒸发。

(2)包装材料和方法

目前，常采用的包装材料有草包、麻袋、尼龙袋、塑料袋、纸箱等。包装过程一般是：将包装材料铺在地上，上面放上湿润稻草、麦秸等，把苗木根对根放在上面，并在根之间加湿润物，将苗木卷成捆，用绳子捆住，捆时不要太紧，以利空气通透。

容器苗包装通常采用纸箱、塑料筐或塑料袋。装框(箱或袋)时要分层放置，注意避免苗木之间挤压，以免伤到顶芽和枝叶。运输时间长的要适当浇些水，避免失水散坨。

大苗在起苗时就应做好包装，重点是包装根部，用草绳、草包或麻袋包装，包装方法有橘子包、井字包和五角包。

14.3.3.4 苗木运输与贮藏

(1)苗木装车与运输

裸根苗装车时在车内底板上应用草袋、蒲包铺垫，既避免苗木损伤，又能起到保持水分的作用。小规格苗木直接将捆好的包装车。

由于容器苗必须带容器运输，致使车厢容量空间较为紧张，为了保证容器苗在运输途中无损伤(特别是长途运输)，应将容器小心码放。既要注意不损伤苗木，又要尽量利用空间，减少运输成本。可配备专门设计的容器苗运输车，车内设计分层的层架结构，既可以有效防止运输过程中苗木的损伤，又方便装车与卸车。要注意苗木装载整齐，防止互相挤压。在运输过程中要注意缓行与避开大风下雨的天气。

带土球苗在进行装车时，高度2.0 m以下苗木可立装，高大的苗木必须放倒，可选择平放或斜放。一般土球向前，树梢向后，枝梢过长的要用绳子围拢吊起来，不要拖到地上；并用支架将树冠架稳，避免树冠与车辆摩擦造成损伤。根据土球规格决定堆放层数，土球直径大于50 cm的苗木一般只装一层，小一些的土球可码2~3层，土球之间必须码紧密，以防车开时摇摆而弄散土球。运输过程中土球周围不准站人或放置重物。运输车辆最好有篷布遮盖，既防日晒雨淋，又可防寒防冻。

不论什么苗木，必须有专人在苗木运输中跟车押运，并带有当地检疫部门的检疫证明。在途中要注意检查，尤其是长途运输，要注意检查覆盖是否被风吹开，根系是否失水，必要时浇水保湿。

(2)苗木贮藏

常用的苗木贮藏方式有假植、窖藏、坑藏、垛藏和低温库贮藏。这里主要介绍假植和低温贮藏。

①假植　是将苗木根系用湿润土壤进行暂时埋植，以防根系干燥，保护苗木活力的方法。假植分为临时假植和越冬假植。在起苗后造林前的短期假植，称为临时假植。凡秋季起苗后当年不能造林，而要越冬贮藏的称为越冬假植。

裸根苗假植：假植地应选在地势高、排水良好、背风不育苗的地段。平地挖假植沟，沟深20~100 cm(视苗木大小而定)，沟宽100~200 cm，沟土要湿润。阔叶树苗木单株排列在沟内，每排数量相同，以便统计，苗梢向下风方向倾斜。苗干下部和根系要用湿润土壤埋好，踏实。应掌握"疏排、深埋、实踩"的要求，防止干风侵袭。针叶树小苗50或100株一捆，在假植沟内摆放整齐，根部用砂土相隔，越冬假植在苗木上方覆盖10~30 cm土壤，以防风干和霉烂(图14-7)。

图14-7　不同的假植方式(引自 https：//image baidu.com，2017.7.9)

带土球苗木假植：带土球的苗木挖沟方法同裸根苗，但沟的深度及宽度应根据土球大小适当加大。假植时应注意株距，株距以树干侧枝不相互干扰、便于假植期间的养护管理、取用及装车方便。临时假植时应培土至土球高度1/3处左右，并用铁锹拍实，记住切忌将土球全部埋住，防止包装材料腐烂。还应设立支柱，避免树木出现歪斜，使其保持直立。越冬假植时苗木要排列规整，树冠紧靠，直立假植于沟中，覆土厚度以刚好盖住土球为准，并在覆土后浇水。如冬季有大风天气时，要用草袋、秸秆等将假植苗地上部分覆盖。为防止茎干受冻害，茎干也要做好保护措施。

假植后要插上标牌，注明树种、苗龄和数量。假植期间要经常检查，特别是早春不能及时出圃时，应采取降温措施，抑制萌发。

②低温贮藏　低温能使苗木保持休眠状态，降低生理活动强度，减少水分的消耗和散失。既能保持苗木活力，又能推迟苗木的萌发，延长造林时间。低温贮藏的温度要控制在0~3℃，空气相对湿度保持85%~90%，并有通风设施。低温贮藏苗木较好的方法是地窖和低温库。

(韦小丽)

复习思考题

1. 论述苗木形态指标和生理指标的关系。
2. 如何全面评价苗木质量？
3. 如何进行小规格苗木的质量分级？
4. 中、大规格苗木质量评价的形态指标有哪些？
5. 苗木出圃过程中，如何才能保证苗木活力不受影响？
6. 从起苗到造林过程中，应采取哪些措施保护苗木活力？

推荐阅读书目

1. 森林培育学(第2版). 沈国舫，翟明普. 中国林业出版社，2011.

2. 苗木培育学. 沈海龙, 丁贵杰. 中国林业出版社, 2009.

3. 造林学(第2版). 孙时轩. 中国林业出版社, 1992.

4. 苗木质量调控理论与技术. 刘勇等. 中国林业出版社, 1999.

5. 主要造林树种苗木质量分级(GB 6000—1999). 中华人民共和国国家标准. 中国标准出版社, 2000.

6. 城市主要绿化竹种苗木等级(LY/T 2345—2014). 中华人民共和国林业行业标准. 中国标准出版社, 2014.

7. 容器育苗技术(LY/T 1000—2013). 中华人民共和国林业行业标准. 中国标准出版社, 2013.

8. 城市园林绿化用植物材料木本苗(DB11/T 211—2003). 北京市地方标准. 北京市质量技术监督局, 2003.

参考文献

李国雷, 刘勇, 祝燕, 等, 2011. 苗木稳态营养加载技术研究进展[J]. 南京林业大学学报(自然科学版): 35(2): 117-123.

刘勇, 等, 1999. 苗木质量调控理论与技术[M]. 北京: 中国林业出版社.

宋廷茂, 张建国, 刘勇, 等, 1993. 大兴安岭地区主要针叶树种苗木活力的研究[J]. 北京林业大学学报, 15(增刊1): 1-17.

尹伟伦, 王沙生, 等, 1992. 评价苗木质量的生理指标研究及植物活力测定仪的研制[R]. 北京林业大学.

ANDIVIA E, FERNANDEZ M, VAZQUEZ-PIQUE J, 2011. Autumn fertilization of Quercus ilex ssp. ballota (Desf.) Samp. Nursery seedlings: effects on morpho-physiology and field performance[J]. Annals of Forest Science, 68(3): 543-553.

GROSSNICKLE S C, 2012. Why seedlings survive: Importance of plant attributes[J]. New Forests, 43(5-6): 711-738.

HAWKINS B J, 2011. Seedling mineral nutrition, the root of the matter[J]. Riley LE, Haase, D, L, PINTO JR, tech. coords. National Proceedings, Forest and Conservation Nursery Associations-2010. Gen. Tech. Rep. RMRS-P-65. Fort Collins, CO: U. S. Department of Agriculture, Forest Service: 87-97.

JACKSON D P, DUMROESE K R, BARNETT J P, 2012. Nursery response of container Pinus palustris seedlings to nitrogen supply and subsequent effects on outplanting performance[J]. Forest Ecology and Management, 265(1): 1-12.

JACKSON D P, BARNETT, J P, DUMROESE R K, et al., 2007. Container longleaf pine seedling morphology in response to varying rates of nitrogen fertilization in the nursery and subsequent growth after outplanting [J]. Gen. Tech. Rep. RMRS-P-50. Fort Collins, CO: U. S. Department of Agriculture, Forest Service: 114-119.

MULLIN R E, SVATON J, 1972. A grading: Study with white spruce nursery stock[J]. Commonw, Forestry Review, 51(1): 62-69.

POKHAREL PREM, KWAK, JIN-HYEOB, CHANG, SCOTT X., 2017. Growth and nitrogen uptake of jack pine seedlings in response to exponential fertilization and weed control in reclaimed soil[J]. Biology and Fertility of Soils, 53(6): 701-713.

QUORESHI A M, TIMMER, V R, 2000. Early outplanting performance of nutrient-loaded containerized black spruce seedlings inoculated with Laccaria bicolor: A bioassay study[J]. Canadian Journal of Forest Research, 30: 744-752.

SOUTH D B, DONALD D G M, 2002. Effect of nursery conditioning treatments and fall fertilization on survival and early growth of Pinustaeda seedlings in Alabama[J]. U. S. A. Canadian Journal of Forest Research, 32 (7): 1171-1179.

STEVEN C GROSSNICKLE, 2012. Why seedlings survive: influence of plant attributes[J]. New Forests, 43: 711-738.

WANG J, LI G, PINTO J R, *et al.*, 2015. Both nursery and field performance determine suitable nitrogen supply of nursery-grown, exponentially fertilized Chinese pine[J]. Silva Fennica, 49(3): [article 1295] 13 p.

第 15 章　苗圃管理

【本章提要】 苗圃管理涉及苗圃科学，包括了苗圃的目标管理、人力资源管理、生产管理、销售管理和档案管理等方面。无论是大中型苗圃，还是小型苗圃，苗圃的成功取决于精心的策划和良好的管理，能够生产出优质的苗木，满足森林营造、园林绿化的需要。管理一个苗圃，是一门科学也是一门艺术，艺术方面会从经验中学习。观察的技能、灵活的管理风格和愿意，以及对苗木负责是成功管理者的重要特征。良好管理的一个重要方面是有一个明确的责任且有良好结构的组织，有愿意为苗木负责的管理者。客户和员工的反馈，从试验和日常记录中获得的信息，以及持续的研究和教育，将始终是理解和改进苗木生产的基础。

企业管理是社会化大生产的客观要求和必然产物。随着企业经营规模的不断扩大和社会分工的变化，管理活动是一种为使企业实现其目标和发展其职能的重要的组织活动。科学管理的主要任务是，研究认识企业管理活动的现象和规律，以指导管理活动的发展。

苗圃是从事苗木生产经营活动的法人单位，大多数国有苗圃被定为事业单位。《国营苗圃经营管理试行办法》指出，苗圃属社会主义全民所有制，是为发展林业提供优良苗木的基地。是生产性质的事业单位，在单位内部，要按照企业化管理，实行经济核算。苗圃的主要任务是：繁殖、推广优良树种，培育当地造林、绿化需要的优质壮苗；开展科学试验，实行科学育苗，提高育苗技术水平，示范、指导社队育苗；利用苗圃条件积极开展多种经营。涵盖了"组织领导""计划管理""财务管理""劳动管理""技术管理""机务管理"等内容。苗圃除了大中型的国有苗圃，还有股份制的苗圃及小型的个人苗圃。

苗圃管理是对苗圃所拥有的资源进行有效整合以达到既定目标与履行责任的动态创造性活动。核心在于对人、财、物的优化配置，目的在于实现经营目标。

15.1　苗圃定位与目标管理

15.1.1　苗圃的定位

企业定位，即企业战略定位，对苗圃企业来说就是苗圃的总目标是什么，要把苗圃带到何处，苗圃的未来发展愿景是什么。企业定位要解决三个问题：我是谁，我现在在哪里，我要到哪里去。苗圃的特色包括规模、树种及其品种、苗木生产的长短线结合。特色的定位是在市场调查的基础上，结合本身的实际情况来确定。苗木生产规模受到经济状况的限制，最值得引起重视和最容易发挥优势的是树种、品种的选择和苗木生产的长短线搭配的确定。

作为一个经营者,在经营一个苗圃之前,必须将苗圃进行大致的功能划分,进行苗圃的功能定位。只有这样,才能做到有的放矢,从苗圃管理来看,投资苗圃要做好分类定位。苗圃的选址最适应在主要苗木种植区附近。一般中部省份主要集中在省会城市,沿海省份情况则不一样,不宜选择在偏远县城或者离苗木种植区很远的地方。选择在苗木种植区集散中心地,或者市场里面。

15.1.2 苗圃的目标管理

目标管理指组织的最高领导层根据组织面临的形势和社会需要,制定出一定时期内组织经营活动所要达到的总目标,然后层层落实,要求下属各部门主管人员以至每个员工根据上级制定的目标和保证措施,形成一个目标体系,并把目标完成的情况作为各部门或个人考核的依据。其主要优点是能改进苗圃的各级管理,各级部门按照预定的目标进行管理,个人、部门和多部门的组织各有目标,为实现目标制订计划,去努力实现其目标。

15.1.2.1 制定目标应考虑的因素

①制定的目标是否很具体?如对于苗圃的生产部门生产多少种苗木?有多少种规格?各种规格有多少数量?②这些目标是否能实现?③如何实现这些目标?④这些目标什么时间实现?⑤这些目标的完成是否可以通过验证?

一个苗圃的总目标的设定是目标管理制度的起点,由总目标产生分项目标,按组织层级发展下去,形成目标网。

15.1.2.2 目标管理中的基础工作

(1)提高苗圃员工对目标管理的认识

①使苗圃员工确定正确的苗圃发展目标和保证目标实现的意义;②使员工懂得建立合理的目标体系,是目标管理得以顺利进行的依据;③使员工认识到实现目标是全体员工的事,建立"参与式管理"的民主气氛和主人翁的责任感;④使员工掌握目标管理的基本理论和方法,培养一批具有一定管理能力,能较熟练地运用现代管理技术方法的人员。

(2)加强标准化工作,打好量化基础

标准按其内容,分为技术标准和管理标准。技术标准指苗圃生产的苗木质量、为各种苗圃机械设备的维修和使用而制定的标准;管理标准指为建立苗圃正常的工作秩序而制定的标准。又分为苗圃主管部门统一规定的管理标准;各级部门根据自己的情况制定的管理标准。

(3)加强统计工作,打好信息基础

①建立必要的统计制度;②规定统一的统计报表;③提高原始记录的统计质量。

15.1.2.3 苗圃目标的制定

(1)目标制定的内容

①制定目标方针 目标方针具有方向性、全局性、激励性等特征,要方向明确,高度概括,求实、创新,催人奋进。

②制定目标项目 按苗圃制定的目标性质分为战略性目标和战术性目标。按苗圃发展目标实现的时间分为长期目标、中期目标和短期目标。

③制定目标值 表示各项目标应达到的标准和程度,是各项目标进一步的具体化和数

量化。

(2) 目标制定的原则

包括全面性原则、重点性原则、先进性原则、可行性原则和灵活性原则。

(3) 目标制定的依据

要根据国家的方针、政策及经济发展和苗圃的具体情况相结合，不能违背自然环境条件。

15.2 苗圃人力资源管理

15.2.1 组织与组织设计

组织原则与组织结构包括：①组织必须具有目标；②组织必须有层次和结构；③组织是一个人工系统；④组织要有保证、监督其运转过程。

组织设计就是对组织活动和组织结构的设计过程，是一种把任务、责任、权力和利益进行有效组合和协调的活动。其目的是协调组织中人与事、人与人的关系，充分发挥人的积极性，提高工作绩效，更好地实现组织目标。

组织设计应遵循的原则：①系统整体原则；②统一指挥原则；③责权对应原则；④有效管理幅度原则。

组织结构的基本模式主要有直线制、职能制、直线职能制、事业部制、模拟分权制、矩阵制、超事业部制、新矩阵制、多维结构制等。

苗圃的组织结构比较简单，较大型的国有苗圃一般采用直线制（图15-1），而一些股份制的苗圃则多采用事业部制（图15-2）。一些小型的个人苗圃，组织结构松散，一人多职、多能，没有固定的组织模式。

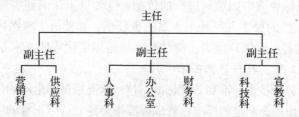

图 15-1　直线制组织结构形式示意（引自苏金乐，2010）

15.2.2 苗圃的人力管理

人力管理包括技能管理和知能管理。技能管理针对操作人员进行，与技能管理密切相关的人文变量主要有：体质、特长、经验和个人覆盖度。知能管理是为了保证并提高管理人员的工作效率，或为了保证并提高工艺、流程的质量、调度水平及进度水平而进行的程序制定、执行与调节，与知能管理相关的人文变量主要是：学历、资历、实绩、应变能力等。

15.2.3 苗圃的人才管理

人才管理是为了使单位时间的有效生产量大幅增长，或为了大幅减少无效消耗量，提

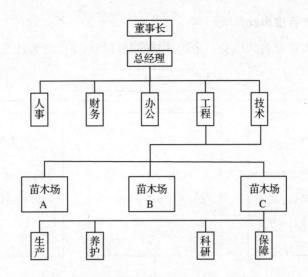

图 15-2 事业部制组织结构形式示意(引自苏金乐，2010)

高实现效益量，而对特殊人员即人才所进行的程序制定、执行和调节。人才管理主要包括人才的发现、使用和控制。现在的识才是靠一种动态的人才选拔机制，在企业内部创造一种人才竞争的机制，使其在"公平""公正"的环境下竞争并得到选拔。

与人才的发现、选拔相比，人才的使用能更好地发挥人才的作用，在人才管理中具有更为重要的意义。对人才的控制包括制度约束和鼓励竞争。对人才实施较好的控制，要求管理者本人即是本行业一流的人才；制定完善、科学合理的规章制度或与其签订相关的合同，对其行为进行约束，防止人才外流或"吃里爬外"甚至经济犯罪；在人才使用上，要鼓励竞争，能者上、庸者下，要建立人才梯队，减少对个别人的依赖，使人才在公平竞争的环境下发挥其更大的作用。

15.3 苗圃生产管理

15.3.1 苗圃生产管理的任务和内容

15.3.1.1 苗圃生产管理的任务

(1) 苗圃的生产管理

生产满足社会需要的苗木种类、规格和数量，成为苗圃生产管理的目标。

(2) 生产要素管理

包括人、财、物、信息等。对这些生产要素合理调配，充分利用，以实现苗圃的效益最大化。

(3) 生产过程管理

包括生产计划的制订、生产资料的采购及苗木的繁殖栽培及扩大再生产。

(4) 反馈管理

生产计划实施过程中，要不断对出现的问题及时解决，及时调整生产计划，使计划更完善，顺利实现苗圃制定的生产目标。

15.3.1.2 苗圃生产管理内容

主要包括苗圃生产资料的准备、生产计划的制订和对生产过程的管理(图15-3)。

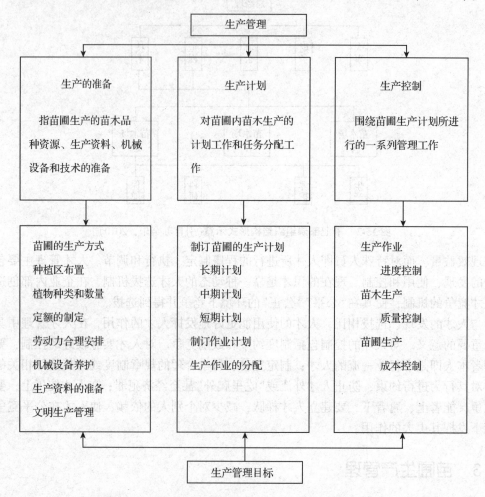

图 15-3 现代苗圃生产管理内容图(引自韩玉林，2008)

15.3.2 苗圃苗木生产的质量管理

15.3.2.1 全面质量管理("三全一多"法)

(1) 全员的质量管理

苗圃必须把所有人员的积极性和创造性充分调动起来，不断提高素质，人人关心苗木质量，人人做好工作，全体参加质量管理活动。

①抓好全员的质量教育，增强质量意识，牢固树立质量第一的思想，自觉参加质量管理工作；②制定质量责任制，明确每个人在质量责任制中的责任和权限，各司其职，密切配合；③开展多种形式的群众性质量管理活动，充分发挥每个人的聪明才智和当家作主的进取精神。

(2) 全过程的质量管理

包括从市场调查、树种(品种)设计开发、生产、销售直到服务的全过程的质量管理。把苗木质量形成全过程的各个环节和有关因素控制起来，做到预防为主，防检结合，把不合格苗木消灭在其形成过程中，做到防患于未然。

(3) 全苗圃的质量管理

要求苗圃各个管理层都有明确的质量管理活动内容。管理层侧重质量决策、制定苗圃的质量方针、质量目标、质量政策和质量计划并加强监督检查。苗圃员工要严格按标准、按规程进行生产，相互间进行分工协作，开展合理化建议活动，不断进行作业改善。

(4) 多方法的质量管理

影响苗木质量的因素，既有物的因素，又有人的因素；既有技术因素，也有管理因素；既有苗圃内部因素，还有苗圃外部因素。要把这一系列因素系统地控制起来，全面管好，就必须根据不同情况，区别不同的影响因素，广泛、灵活地使用多种多样的现代管理方法来解决质量问题。不管采取哪种方法都要遵循计划、执行、检查、总结的工作程序。

15.3.2.2 全面质量管理应注意的问题

(1) 严把种子质量关

首先，要培育良种壮苗。选择繁殖材料是保证苗木质量的第一关。选择良种要注意其时间性和地域性，选最新培育出来的良种，做到适地适苗。其次，要对种子的播种品质进行检验，做好播种前的选种、分级工作，不同等级的种子分别播种育苗，确保出苗率高，出苗整齐，生长健壮。对种条要检验其生活力，即是否失水，净度是否基本一致，提高出苗整齐度。

(2) 实行育苗全过程质量管理

从苗圃整地、播种(扦插或嫁接)、浇水、施肥、中耕除草、间苗、病虫害防治到苗木调查和出圃等整个生产过程，都严格按照生产技术规程进行集约经营。严格控制各个时期苗木密度，强化间苗措施，保证合理的产苗数量，提高Ⅰ级苗出苗率。根据土壤条件和所育苗木特性制定合理的灌溉制度。

(3) 重视和抓好标准化工作

标准包括苗木标准、检查标准、作业标准等技术标准，还包括管理工作方法、程序和权责等管理标准。

15.3.3 苗木生产内部控制

控制指监视各项活动以保证按计划进行并纠正各种重要偏差的过程。苗圃实施控制的重点是计划的控制、质量的控制和成本的控制。

要实现有效控制，必须做到以下几点：

(1) 科学的计划

计划把苗圃的活动限制在一定范围内，本身就是一种控制，有了计划才有控制。但是计划不等于控制。

①苗圃计划是控制的总体目标。完成计划实现目标是控制的最终目的。计划制定得越详细、明确、可行，控制也越容易、有效；②管理控制本身也要制订计划。实施有效控制

一要建立控制标准、控制程序；二要明确控制工作的重点、方法和目标。

(2) 及时收集准确的信息

信息是控制的基础和前提。只有通过信息的及时传递和反馈，控制才能进行；只有准确、可靠、及时的信息，才能达到控制的目的。

(3) 建立明确的责任制

有效控制必须建立明确的责任制，才能使每一个人都明确自己的职责和要达到的标准，才能在工作中自觉地履行职责，按标准完成任务。

(4) 建立严密的组织

明确专人负责，就是落实由谁来控制，解决缺位问题。按照苗圃整个经营管理过程，控制工作可分为以下三个阶段：

①预先控制　又称事前控制。为了避免事后造成损失，在计划执行之前对执行中可能出现的潜在问题及产生的偏差进行预测和估计，并采取防范措施，在问题产生之前将其消除。

②现场控制　又称即时控制、过程控制。是在生产经营过程中的控制，当出现问题时，及时补救。一是做好监督，二是及时纠正。

③事后控制　又称成果控制。将执行的结果与预期计划、标准进行对比，然后进行分析评价，采取措施，改进。事后控制造成的损失不可挽回。

15.3.4 "PDCA"工作法

实施有效的管理，应该采取科学的工作方法，"PDCA"工作法是一种常用的管理方式，是 Plan、Do、Check、Action 单词的第一个字母的缩写，表示：计划，即明确为什么干？干什么？在哪儿干？什么时候干？由谁来干？如何干？目的是把目标落到实处。实施，即按已经制订的计划和措施，具体地组织实施和执行。检查，即把执行的结果与计划目标进行比较，检查计划的执行情况。处理，即总结经验教训，成功的地方巩固下来，形成标准；失败的地方，制定防范措施；遗留的问题，转入下一个循环。"PDCA"工作法是四个阶段反复循环的工作程序。四个阶段不能少，先后次序不能变，不断循环。

要做到科学操作"PDCA"须制定行之有效的措施，苗木生产管理中采用"5W1H"工作法。即，Why(为什么制定这些措施或手段)；What(这些措施的实施应达到什么目的)；Where(这些措施应实施于哪个工序、哪个部门)；When(什么时间内完成)；Who(由谁来执行)，How(实际施工中如何贯彻落实这些措施)。"5W1H"工作法的实施保证了"PDCA"的实现，提高了苗圃生产效率和保证苗木的质量，最终达到苗圃生产管理的目标。

15.3.5 苗圃管理案例

15.3.5.1 谁负责

一个苗圃的管理者，要培养自己的以下特质：①敏锐的观察能力；②灵活的管理风格（调度不一定死板，而是适应日益生长的植物不断变化的需求）；③"像植物一样思考"的能力(对植物有"感觉"的人，可能比作为一名管理者更严格地从工程角度对待植物的人做得更好)；④愿意对苗圃中的植物负责。

15.3.5.2　需要做什么

（1）周计划

周或未来数月的战略计划包括如下任务：①总结需要做的事情；②查看苗木生长时间表、设施安排时间表及其截止日期；③评估苗木的发育和所需的养护；④评估潜在的问题；⑤制定一周和一个月的时间表；⑥对任务合理排序；⑦委派任务；⑧跟进确保任务完成；⑨进行总结，计划下一步任务；⑩进行长远规划（未来远景和目标及其步骤）。

查阅每周的日志、植物生长发育记录以及其他的观察将有助于工作的轻重缓急。苗木正在发生什么？正处于何种生长阶段：成活期、速生期和木质化期？各个阶段是否按期进行？下步工作需做什么：移植、改变施肥量？发现任何可能出现的潜在问题，如潜在病虫害的出现？客户需要更新其苗木和时间表的进程吗？一旦该列表完成，对列表的任务从最重要到最不重要安排工作，指定适宜的员工的角色和任务。

（2）日常任务

①浇水；②养护（如除草、防病虫、施肥等）；③苗木检查与监测；④注意植物发育记录中每日或每周的苗木进展情况；⑤在日志上记录常规的观察和活动。

保持每天的日志是一项必不可少的苗圃工作。在经理的办公桌上，可以随时得到这本日志，并且养成每天都在日志记录的习惯。今天做了什么？所有的供应材料都购买了吗？在某一苗木所花费的工时是多少？管理工作（如灌溉）所花费的时间？下个苗木要安排的工作是什么？苗木或苗圃管理需要进行的观察？什么苗木可以销售，价格是多少？随着苗圃规模和复杂性的增加，将这些信息输入计算机（甚至是简单的电子表格）将使信息更易于追踪。

下列信息对于做出任何决定是至关重要的：①预算资金；②未来苗木生产的预计时间表；③确定节省劳力的设备可能给成本带来的最大好处；④分析苗圃费用；⑤提高利润或生产；⑥对培育成功的苗木进行复制。

植物生长发育的记录是另一个关键的记录工具，它能提高意识，锤炼良好的观察技巧。每天观测苗木能够确保在潜在的问题出现之前就捕捉到。

观测包括：①外貌。这些苗木看起来怎样？该阶段的茎根比是否合适？根或叶的养分或病害症状是否可见？在根系可见共生微生物？苗木是否按预期发育，是否进入移植时间？②气味。有经验的种植者可分辨一些问题如灰霉病，及早发现，可以避免大爆发。过热电机、风扇断裂等因素也可以通过嗅觉检测出来；③噪音。发动机需要加油吗？水发生径流吗？在何时或何地不应该发生径流？④触觉。温度和湿度在正常范围吗？根系水分是否适宜，是否出现过湿？

（3）每周或每季苗木生产任务

①查看需要播种、移植、施肥、装运等的苗木生长时间表和设施安排时间表；②下达任务（如准备生长基质、播种、接种菌根等）；③速生期初期的任务（如施肥、测定等）；④木质化期的任务（如改变施肥和光照）；⑤更新客户关于植物发育的意见；⑥包装和运输；⑦分级和清理。

苗木生产过程包括：①了解苗木生长的3个生长阶段（成活期、速生期和木质化期）以及每个阶段的明确要求；②制订从种子采购到造林，生长周期的细节变化的苗木生长计划；③列出在生长的三个阶段中支持苗木的空间、劳力、设备和供应材料；④保持日志和植物发育记录；⑤开发精确的繁殖方案，以便下次可以复制该苗木的成功经验。

(4) 记录保存

苗圃有两种主要的记录：生产记录和资金记录。

①生产记录　维持每天的日志(如环境条件、劳力、日活动情况)，记录每种苗木的发育情况，建立和更新苗木生长时间表和设施安排时间表，更新和修改苗木计划，进行苗木库存评估和更新(包括：苗圃中的所有苗木按苗床编号，苗木现发育阶段)，交货细节(立地、客户名称、种源和预期交货日期)。

②资金记录　所需劳力和时间，材料费用，间接费用(如公共事业费)，成本估计(进行预算和/或适当收费)，收入监控，生产和养护材料库存清单(如生长基质、肥料、容器和穴盘、灌溉零件等)，季节性清理(清除遗留的苗木，清洁苗床、育苗台等，清理和消毒容器，检查修理设备和基础设施)。

维持苗圃长期繁荣，保持资金记录是关键。保持资金记录需确保如下因素：①苗木规格；②生长时间；③各阶段需劳力(以人/时计)；④所需材料及其费用(如种子、生长基质)；⑤习俗文化的需要(如特殊容器)；⑥营业间接成本(如设备)；⑦随着时间推移的成本膨胀；⑧典型的损失(不合格苗比例)。

(5) 季节性的清理

每2～6个月，在运出大量订单后，或在每个季节结束时，都有机会完成以下任务：①处理遗留的苗木；②清洁和用水管冲洗地板和桌子(如果没有植物，用稀漂白剂或其他清洁剂)；③清洁和消毒容器；④冲洗灌溉系统和进行感兴趣的试验；⑤进行其他设备检查和修理；⑥必要的话，更换温室顶塑料。

(6) 培训、试验和解决问题

①培训　参加培训和会议，向其他苗圃学习，接待和参加实地考察和访问，阅读已发表的文献(如当地的植物期刊)。

②试验　确定最重要的问题以便安排优先考虑的试验和研究，设计并开展试验，评估试验数据和记录结果，排除故障并解决问题(系统地处理问题：确认问题，分析问题，知道该找谁寻求帮助，如其他苗圃、土壤专家、病虫害防治专家、灌溉专家，激发创意，开发和测试假设，实施解决方案)。

③解决问题　可采取五步骤系统法(图15-4)：步骤1：确认问题。确实是个问题吗？有什么不对的地方吗？步骤2：分析问题。到底发

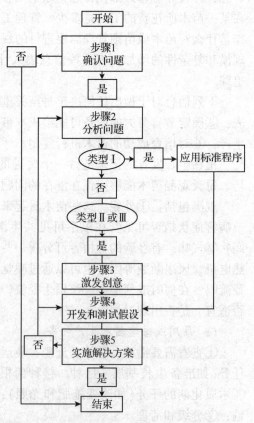

图15-4　解决问题示意

(引自 R K Dumroese, 2009)

生了什么？什么时候开始的？步骤3：激发创意。找出问题的潜在来源，咨询文献、其他苗圃、工作人员或寻求外部的帮助，如推广代理人或专家，可以帮助收集信息；步骤4：开发和测试假设。在某些时候，必须决定这个问题的来源并采取行动；步骤5：实施解决方案。决定这个问题的解决方法。最后要认真地观察结果，如果该问题未解决，再从步骤2开始。

15.4 苗圃销售管理

15.4.1 影响消费者购买的因素

15.4.1.1 影响消费者购买的内在因素

(1) 消费需要

消费需要是消费者感到某种缺乏而形成期待的心理紧张状态。消费需要促进消费者产生购买行动，进而解决或缓冲所感受到的缺乏。按照需要层次分成五类：

① 生理需要　指人为了维持自身的生存而产生的需要，购买会产生求廉心里。在苗圃产品的营销中，对于这样的群体，首先考虑的应是为其推荐食用花卉、果树等产品。

② 安全需要　指人从长远考虑，为了更好地生存所产生的需要，购买会产生求实心里。在一些单位或个人的庭院中，栽植一些树篱、刺篱、花篱等，其一部分功能便是安全与防范需要。

③ 社会需要　人在生理和安全需要得到满足以后，就要从社会交往中体现生存的意义，产生社会需要，购买会产生求美心里。花卉、盆景在人们友谊、沟通、爱情等社会交往中的作用日益明显。

④ 尊重需要　指人们为了使自己在社会上能引起周围人的注意，受到重视、羡慕所产生的需要，购买会产生求奇心理。高档的盆景、盆花往往是一些"款爷""官爷"和"白领"阶层购买的对象。

⑤ 自我实现需要　指人们为了充分发挥自己的才能和实现自己的理想而产生的需要，购买会产生求癖心理。不少花卉盆景爱好者通过自己的创作造型，获得自己满意的"作品"就是自我实现需要的体现。

(2) 消费者个性

人的个性包括才能、气质、性格三个方面，从表现形式上分为下列几类：

① 信誉型　包括名牌信誉型、企业信誉型和营业信誉型等。苗圃企业只有依靠科技，狠抓特色，创造规模效益，才能树立信誉，创出品牌。

② 习惯型　在苗木、花卉的营销过程中，要注重用良好的质量、适当的价格、优质的服务来面向市场、面向客户。让新客户对你的产品满意并形成消费习惯，成为"回头客"。

③ 情感型　在苗木的营销中要用细致的工作、精彩的设计、优质服务来打动决策者，从而为森林工程的实施和苗木的销售铺平道路。

④ 选购型　是一种理智的购物形式，要用过硬的产品质量、优惠的价格和周到的服务打动用户。

⑤随机型　易受销售环境的影响。为随机型客户创造适宜的购物环境，使其产生购买兴趣，是产品营销的成功所在。

⑥冲动型　对这类客户，事先要把产品的特点和功能，尤其是产品的适用范围和缺点逐一讲清楚。对较大的"买卖"最好先签订一个合同，以使其"不反悔"。

⑦执行性　对于这种"执行者"不可小视，他们虽然没有买与不买的决定权，但他们却可以传递信息，影响决策者。

15.4.1.2　影响消费者购买的外在因素

(1) 家庭

富足的家庭可以用大量的花卉盆景装饰自己的厅堂，甚至动用大量的花草树木建设园林式庭院。

(2) 参照群体

可以提供消费模式，提供信息评价，引起效仿的欲望，坚定消费者的信心，也可以产生"一致化"的压力，使人追逐潮流，促进消费。从巴西木(香龙血树)、发财树(马拉巴栗)到金琥、开运竹等不一而足，正是参照群体所起的作用。

(3) 社会等级

不同阶层人的喜好与追求不尽相同，经商者乐买"发财树"，文人们喜欢文竹与荷花，从政者更偏爱牡丹、"开运竹"之类的花卉。

(4) 文化

即民族和社会的风俗、习惯、艺术、道德、宗教、信仰、法律等意识形态的总和。不同的民族、不同的宗教，对苗木产品的颜色和种类都有着不同的喜好。

(5) 促销活动

通过促销活动使消费者频繁接触某些信息，对消费者购买动机产生强烈的刺激作用，使其潜在的需求显现出来。如各种苗木、花卉展览和交易会，在社会上造成很大的声势，为产品起到了很好的促销作用。

15.4.2　苗木的市场营销策略

15.4.2.1　市场营销调研与市场信息的收集

(1) 市场营销调研

市场营销调研方法有：

①观察法　直接观察和测量观察。

②深度小组访问法　有选择地邀请数人，用数小时，对某一企业、产品、服务、营销等话题进行讨论。

③调查法　包括个案调查法、重点调查法、抽样调查法、专家调查法、全面调查法、典型调查法、学校调查法等。

④实验法　通过小规模的市场进行实验，并采用适当方法收集、分析实验数据资料，了解市场的方法。包括包装实验、新产品实验、价格实验等。

(2) 市场信息的收集

市场信息是企业所处的宏观和微观环境的各要素发展变化和特征的真实反映，是反映他们的实际状况、特征、相关关系的各种消息、资料、数据、情报等的统称。

15.4.2.2 市场预测方法

（1）定性预测法

通过社会调查，用少量的数据和直观材料，结合经验加以综合分析，做出判断和预测。优点是简便易行，易于普及和推广。采用的方法有购买者意向调查法、销售人员意见综合法、专家意见法、市场试销法等。

（2）定量预测法

①时间序列预测法　将某种经济指标的统计数值，按时间先后顺序排列所成的序列。发展趋势配合相关的曲线分析。有水平式发展趋势、线性变化趋势、二次曲线趋势、对数直线趋势、修正指数曲线趋势等。

②因果分析预测法　以事物之间的相互联系、相互依存关系为根据的预测方法。在定性研究基础上，确定影响预测对象（因变量）的主要因素（自变量），建立回归方程，并由自变量的变化推测因变量的变化。

15.4.2.3 市场竞争策略

市场竞争策略的成功形式有以下几种：

（1）差别市场策略

在同类产品销售活动中，充分展示产品或销售策略与众不同的特征，对消费者产生强大的吸引力。

（2）求异市场策略

采用与其他企业完全不同的策略，突出与众不同的特色，赢得市场竞争优势。

（3）创先市场策略

采用同样销售策略，力争创先、争一，提高企业知名度、竞争力。如观赏植物以观赏为主，突出新、奇、特。

（4）诱导市场策略

采用某种销售方式实现引导消费、刺激需求和创造市场的效果，再广泛地销售产品。如苗木销售中，先将少量产品免费赠送，再大量销售。

（5）时效市场策略

抓住某种市场需求苗头，及时组织生产，使产品赶在需求高峰前上市，利用时间差赢得效益。

（6）攻势市场策略

突破客观存在的某种市场限制，把某种被禁锢的市场需求释放出来。

（7）填充市场策略

企业用自己的产品和劳务填充某种市场需求的空白。

（8）迂回市场策略

企业在经营活动中遇到一时难以逾越的障碍时，采取一些措施避开某种限制，使企业的目标得以实现。

（9）逆向市场策略

企业在某种产品滞销积压，其他企业转产或倒闭下，逆流而上，渡过难关，保持住产销势头。

(10) 饥饿市场策略

企业为使自己的产品保持传统市场上的销售优势,主动适当减少在传统市场上的销售量,使其处于"饥饿"状态,同时又在不断地开拓新市场。

(11) 联合市场策略

有些市场需求存在对产品的特殊要求,或某种产品在某地销售存在不利因素,可考虑采用该策略排除销售障碍,开辟新销售市场。如配套销售、相关产品联合销售等。

15.4.3 网络信息销售系统

苗圃应建立和开发适合的苗圃库存销售信息系统,把生产、库存和销售抽象成不同的数据模型并将其整合在一个信息系统中,按照生产流程模拟和控制数据流的运动方向,方便快捷地实现库存销售浏览、查询、统计和报表等功能,提高苗圃数据处理效率,多方面满足苗圃的需求,加快苗圃的信息化建设步伐。

苗圃库存销售系统主要指面向单个大型苗圃开发的以实现库存盘点和销售信息处理为主要目的的软件系统,可以有效提高苗圃数据处理效率。苗圃库存是苗圃中所有苗木及其花卉数量的总和,是可以出售的商品数量总和,而不涉及原料等其他库存。

库存销售系统是以苗圃的现有苗木和花卉不同生长时期不同规格及数量为基础,按照实际生产流程进行科学规划,将生产、库存和销售整合到一个系统中,随时监控三者之间明细动态变化,并将重要的明细变动进行单独的存储和备份,以实现苗圃数据管理信息化。

系统开发的原则是整体性、实用性、先进性、开发可扩充性、安全保密性和经济性原则。

系统整体目标是建立一个实用化的信息管理系统,为苗圃生产和经营提供一个管理和支持工具,提高苗圃运行和管理效率,加快苗圃信息化进程。根据管理信息系统的特点和对用户调查需求,系统设计所追求的目标是系统的可靠性、可维护性、用户友好性和高工作效率。

总之,在互联网经济时代,网络销售是借助于互联网来实现一定销售目标的营销手段。利用网络开展的电子商务,减少了中间环节,更加便利、快捷。苗圃要充分利用互联网的信息量大、覆盖面广、成本低、效率高、效果好的特点,把苗圃全面搬到互联网,以达到实现宣传推广和销售苗木的目的。

15.4.4 与客户签署合同

客户和苗圃的代表应签署合同,各方都应保持一份。该合同的条款应包括以下内容:①要提供的苗木的描述(例如,种类、容器类型、苗木规格);②预期进度表;③可以提供苗木的数量;④订单的单价和总价;⑤何时以及如何付款;⑥在某些情况下会发生什么,例如,如果客户拖欠付款;如果客户晚收到苗木或未收到苗木;如果苗圃不能提供所描述的苗木等。

合同应该满足特定的苗圃的需要,最好是咨询法律专家以确保合同保护苗圃权益并符合当地法律法规。

15.5 苗圃档案管理

种苗是进行城市森林、园林绿化和生态环境建设的最基本的生产资料,是保证城市森林、园林绿化和生态环境建设的重要物质基础。为了不断提高苗圃的经营管理水平,应建立与完善苗圃经营档案并进行标准化、信息化管理。

15.5.1 苗圃技术档案的定义

苗圃技术档案是对苗圃土地、劳力、机具、物料、药料、肥料、种子等的利用情况,各项育苗技术措施应用情况,各种苗木生长发育状况以及苗圃其他经营活动等,连续不断地进行记录整理、统计分析和总结。是苗圃生产经营活动的真实记录、观察与研究的基础,是苗圃档案的中心内容,是确保苗圃技术进步与创新的基础工作。

15.5.2 建立苗圃技术档案的意义

技术档案对苗圃生产、试验和经营管理进行记载。从苗圃开始建设起,即应作为苗圃生产经营的内容之一,建立苗圃的技术档案。苗圃技术档案一是能及时准确、全面地掌握培育苗木的种类、数量和质量及苗木的生长发育规律,分析总结育苗技术经验;二是探索土地、劳力、机具和物料、药料、肥料、种子等的合理使用的主要依据;三是有效地进行劳动组织管理、制定生产定额和实行科学管理的重要依据。

15.5.3 苗圃技术档案的建立

15.5.3.1 建立苗圃技术档案的基本要求

①对苗圃生产、试验和经营管理的记载,必须长期坚持,实事求是,保证资料的系统性,完整性和准确性。

②在每一生产年度末,应收集汇总各类记载资料,进行整理和统计分析,为下一年度生产经营提供准确的数据和报告。

③设专职和兼职档案管理人员,专门负责苗圃技术档案工作。人员应保持稳定,如有工作变动,要及时做好交接工作。

15.5.3.2 苗圃技术档案的内容

(1)苗圃基本情况档案

主要包括苗圃的位置、面积、经营条件、自然条件、地形图、土壤分布图、苗圃区划图、固定资产、仪器设备、机具、车辆、生产工具以及人员、组织机构等情况。

(2)苗圃土地利用档案

以作业区为单位,主要记载各作业区的面积、苗木种类、育苗方法、整地、改良土壤、灌溉、施肥、除草、病虫害防治以及苗木生长质量等基本情况。以便从中分析圃地土壤肥力的变化与耕作、施肥之间的关系,为实行合理的轮作和科学施肥、改良土壤等提供依据(表15-1)。

表 15-1　苗圃土地利用表

作业区号：　　　　　　　　作业区面积：　　　　　　　　土壤质量：

年度	树种	育苗方法	作业方式	整地	施肥	除草	灌溉	病虫	苗木质量	备注

填表人：

(3) 苗圃作业档案

以日为单位，主要记载每日进行的各项生产活动，可以了解每天所做的工作，便于查阅总结，还可以根据作业日记统计各树种的用工量、机具的利用和物料、药料、肥料的使用情况，核算成本，制定合理定额，加强计划管理，更好地组织生产(表 15-2)。

表 15-2　苗圃作业日记

　　　　　　　　　　　　　　　　　　　　　　　　年　　　月　　　日　　　星期

树种	作业区号	育苗方法	作业方式	作业项目	人工	机具		作业量		物料使用量			工作质量	备注
						名称	数量	单位	数量	名称	单位	数量		
总计														
记事														

填表人：

(4) 育苗技术措施档案

以树种为单位，主要记载每年苗圃内各种苗木的整个培育过程，即从种子、插条、接穗等繁殖材料的处理开始，地栽苗圃直到起苗、假植、包装、出圃为止，容器生产苗直到换盆养护或销售出圃为止等育苗操作所采取的一切技术措施的全过程(表 15-3)。

表 15-3　育苗技术措施表

树种：　　　　　　　　　　　　　　　　育苗年度：
育苗面积：　　　　　　　苗龄：　　　　　　　　　前茬：

繁殖方法	实生苗	种子来源	贮藏方法	贮藏时间	催芽方法
		播种方法	播种量	覆土厚度	覆盖物
		覆盖起止日期	出苗率	间苗时间	留苗密度
	扦插苗	插条来源	贮藏方法	扦插方法	扦插密度
		成活率			
	嫁接苗	砧木名称	来源	接穗名称	来源
		嫁接日期	嫁接方法	绑缚材料	解缚日期
		成活率			
	移植苗	移植日期	移植苗龄	移植次数	移植株行距
		移植苗来源	移植成活率		

(续)

整地	耕地日期		耕地深度			作畦日期	
施肥		施肥日期	肥料种类		施肥量	施肥方法	
	基肥						
	追肥						
灌溉	次数			日期			
中耕	次数			日期		深度	
病虫害		名称	发生日期	防治日期	药剂名称	浓度	方法	效果
	病害							
	虫害							
出圃		日期	面积	单位面积产量	合格苗率	起苗方法	包装
	实生苗						
	扦插苗						
	嫁接苗						
新技术应用情况							
存在问题和改进意见							

填表人：

(5) 苗木生长发育调查档案

以年度为单位，主要对各种苗木的生长发育情况进行定期观测，记载各种苗木的整个生长发育过程，以便掌握其生长发育周期以及自然条件和培育管理对苗木生长发育的影响，确定适时而有效的培育技术措施（表15-4、表15-5）。

表15-4 苗木生长总表（_____年度）

树种_____ 播种（扦插、嫁接、移植）期_____；播种量（kg/hm², 粒/m²）_____种子催芽方法
_____；发芽日期：自___月___日至___月___日；发芽最盛期：自___月___日至___月___日；
耕作方式_____ 土壤_____ 酸碱度_____ 厚度_____ 坡向_____ 坡度_____
施肥种类_____ 施肥量（kg/hm²）_____施肥时间_____

调查次序	调查月日	标准地			前次调查各点合计株数	损失株数				现存株数	生长情况											灾害发展情况摘记
		行数	标准地	合计面积		病害	虫害	间苗	作业损失		苗高			苗径			苗根		冠幅				
											较高	一般	较低	较粗	一般	较细	根长	根幅	较宽	一般	较窄		

填表人：

表 15-5　苗木生长发育调查表

育苗年度

树种：　　　　　　苗龄：　　　　　　繁殖方法：　　　　　　移植次数：

开始出苗					大量出苗					
芽膨大					芽展开					
顶芽形成					叶变色					
开始落叶					完全落叶					

	生长量									
	日/月	日/月	日/月	日/月	日/月	日/月	日/月	日/月	日/月	日/月
苗高										
地径										
根系										

	级别		分级标准	单产	总产
出圃	一级	高度			
		地径			
		根系			
		冠幅			
	二级	高度			
		地径			
		根系			
		冠幅			
	三级	高度			
		地径			
		根系			
		冠幅			
	等外级				
	其他				
备注				合计	

填表人：

(6) 气象观测档案

以日为单位，主要记载苗圃所在地每日的日照长度、温度、湿度、风向、风力等气象情况（表15-6）。（可抄录当地气象台的观测资料）

(7) 科学试验档案

以试验项目为单位，主要记载试验的目的、试验设计、试验方法、试验结果、结果分析、年度总结以及项目完成的总结报告等。

(8) 苗木销售档案

主要记载各年度销售苗木的种类、规格、数量、价格、日期、购苗单位及用途等。

表 15-6　气象记录表

年份

月份	平均气温(℃)				平均地表温(℃)				蒸发量(mm)				降水量(mm)				相对湿度(%)				日照			
	平均	上旬	中旬	下旬	平均	上旬	中旬	下旬	平均	上旬	中旬	下旬	平均	上旬	中旬	下旬	平均	上旬	中旬	下旬	平均	上旬	中旬	下旬
全年																								
1月																								
⋮																								
12月																								

全年霜日____天，初霜出现____月____日，晚霜出现____月____日；冰日____天，冰日出现____月____日，终冰出现____月____日；全年极端高温____℃出现____月____日；地表温____℃出现____月____日；极端低温____℃出现____月____日，地表温____℃出现____月____日；全年气温稳定通过10℃初期____月____日，终期____月____日，大于10℃的年积温为____℃；通过15℃初期____月____日，终期____月____日；通过20℃初期____月____日，终期____月____日。

填表人：

15.5.4　建立苗木技术档案的要求

包括：连续性、完整性；专职管理；实事求是、及时准确；进行汇总、整理、统计和分析，以便揭示规律；整理、装订、造册；管理人员保持稳定；标准化、信息化。

15.5.5　苗圃管理的信息化

管理信息系统是一个由人、计算机等组成的能进行信息的收集、传送、储存、维护和使用的系统，能够实测企业的各种运行情况，并利用过去的历史数据预测未来，从企业全局的角度出发辅助企业进行决策，利用信息控制企业的行为，帮助企业实现其规划目标。

欧美等发达国家在20世纪80年代就出现了将苗圃管理信息系统引入到实际工作。信息化系统的引入可以加强管理者对苗圃的管理力度，并且增加苗圃苗木的产量。苗圃管理信息系统主要从采购、苗圃日常工作、外出作业以及库存四个方面进行，为管理者提供翔实的数据展示及分析，提高工作效率。

苗圃的信息化是苗圃由传统的单一生产性苗圃向信息化苗圃转化发展的动态过程，体现在苗圃经营过程中数字化管理、电子制图、网络预览等方面。涉及的范围包括苗圃中的所有人员、流程、业务和各部门，以及和苗圃正常运作的利益相关者。

（张　钢）

复习思考题

1. 什么是苗圃的目标管理？目标管理应考虑哪些因素？
2. 苗圃生产管理的任务和内容是什么？
3. 苗圃全面质量管理的方法及应注意的问题。
4. 简述解决问题的五步骤系统法。
5. 影响消费者购买的内外因素有哪些？
6. 有哪些市场预测方法？能够应用这些方法进行市场预测。

7. 苗圃技术档案包含哪些方面的内容？
8. 简述我国苗圃经营管理中存在的问题及解决的方法。

推荐阅读书目

1. 园林苗圃学(第2版). 苏金乐. 中国农业出版社, 2013.
2. 现代园林苗圃生产与管理研究. 韩玉林. 中国农业出版社, 2008.
3. 园林苗圃学. 成仿云. 中国林业出版社, 2012.

参考文献

苏金乐, 2013. 园林苗圃学[M]. 2版. 北京：中国农业出版社.
韩玉林, 2008. 现代园林苗圃生产与管理研究[M]. 北京：中国农业出版社.
成仿云, 2012. 园林苗圃学[M]. 北京：中国林业出版社.
沈海龙, 2009. 苗木培育学[M]. 北京：中国林业出版社.
汪民, 2015. 苗圃经营与管理[M]. 北京：中国林业出版社.
王晓磊, 2013. 苗圃管理信息系统设计与实现[D]. 大连：大连理工大学.
特列吾汗·肯杰汗, 2016. 基于三维GIS的苗圃信息管理系统[D]. 北京：北京林业大学.
于百川, 2002. 北京市林木种苗管理信息系统的设计与实现[D]. 北京：北京林业大学.
齐涛, 2005. 北方国家级林木种苗示范基地库存销售系统的研建[D]. 北京：北京林业大学.
DUMROESE R K, 2009. Nursery Manual for Native Plants: A Guide for Tribal Nurseries [G]. U. S. Department of Agriculture, Forest Service.

第 16 章 林木种苗培育典型案例

【本章提要】 我国用于造林绿化的树种非常多,限于篇幅。不可能在本章节中一一详述它们的育苗方式和育苗技术。这里按照观赏树木的分类如观叶、观花、观果、观姿、芳香型和造林绿化树种,选择少数具有全国或大地区意义上的典型树种,对它们的播种、扦插、嫁接等育苗方式和育苗技术进行简要概述,供读者学习参考。

16.1 观叶型树种育苗典型实例

凡植物的叶型、叶色美丽而具有观赏价值者,统称为观叶植物。观叶植物一样能开花,但通常观叶价值胜于观花价值。近年来,种苗市场的一大亮点是彩叶树发展迅速。发达国家在城乡绿化过程中,十分重视彩叶树的搭配和使用,目前季节色相明显的彩叶树约占 30% 左右,而我国彩叶树比例目前还不足 10%,即使大城市主要景观带也不足 20%。彩叶树大致可以分为红叶、黄叶、蓝叶、紫叶和花叶等(图 16-1)。

图 16-1 彩叶树银杏(左)、红枫(中)和蓝粉云杉(右)(摄影:刘勇)

本小节选取我国城市种植的 3 种观叶树种:山乌桕、银杏和紫叶李作为典型案例讲解播种、扦插和芽接育苗方式。

16.1.1 山乌桕播种育苗

山乌桕(*Sapium discolor*)为大戟科落叶中乔木,冬季落叶前,叶色转鲜红或暗红,颇为出色耀目,有"秋霞落尽处,艳染乌桕叶"一说法,是良好的城市景观树种。

(1) 种子的采集、调制、贮藏

山乌桕每年 4~6 月开花,6~9 月结果,果熟期为 10 月。当果皮呈黑褐色,干裂,露出固着于中轴上洁白的种子时即可采收,采收的果实先除去杂质,晒 1~2 d 后装木桶或布袋中,置于通风干燥室内储藏,在储藏中要防止发热和鼠害。

(2) 育苗地选择

选择排灌良好的壤土或砂壤土作圃地,冬季深翻一遍。用硫酸亚铁消毒后,以腐熟农家肥牛栏粪或猪粪 15 t/hm² 作基肥。圃地需三犁三耙,苗床高 20 cm,宽 1.2 m,南北向,自然长,床面土块打碎。

(3) 种子准备

山乌桕种子外被蜡质,播种前要脱蜡,一般方法是用 60~80℃ 热水浸泡,自然冷却,再用冷水浸种 3 d,取出种子除去蜡皮,晾干后即可播种。还有一种快速去蜡皮的方法:每 10~20 kg 种子,用 1 kg 生石灰配成石灰水,再加少许洗衣粉浸泡 7~8 h,然后用清水洗干净装入竹筐,放在活水或池塘里浸泡 24 h 后晾干播种。种子播前用多菌灵或 0.2% 高锰酸钾消毒,然后用 50℃ 温水浸种 10 h。

(4) 播种作业

山乌桕宜点播,2 月中下旬选择晴好天气播种,行距 15 cm,株距 10 cm,播种沟深 5~8 cm。播后用无菌黄心土覆盖,厚 1 cm,然后盖稻草,用洒水壶洒水浇透土壤。山乌桕种子细小,62.5 千粒重/g,每亩播种量为 1.5~2.0 kg。

(5) 苗期管理

播种后 15~20 d 即可发芽,此后 1 周左右基本出齐。幼苗生长很快,速生期在 7~8 月,此阶段生长量占一年的 70%~80%,8 月份开始长侧枝,9 月中下旬苗木转入粗生长期,到 10 月底,基本停止生长,随着气温的下降开始落叶。

苗高 30~40 cm,可出圃定植。定植后进行一般的幼林管护,注意灌水,每年追肥 2~3 次,成株后则可放任生长。必要时于冬季落叶后修剪整枝,促使树冠均衡美观。性喜高温多湿,生育适温为 22~30℃。

(6) 移植苗和大苗培育

①移栽宜在春季进行,萌芽前和萌芽后都可栽植,但在实践中萌芽时移栽的成活率相对于萌芽前、后移栽要低。

②移栽时须带土球。栽植时要大穴浅栽,在穴底部施入腐熟的有机肥,回填入好土,再放入苗木,栽植深度掌握在表层覆土距苗木根际处 5~10 cm。栽后上好支撑架,再浇 1 次透水,3 d 再浇 1 次水,以后视土壤墒情确定。

③栽后管理

a. 山乌桕较为耐旱,但水肥充足时生长更快,因此要保持土壤湿润,特别是高温干旱的 7~8 月,要注意灌水保湿。

b. 除草:本着"除小、除早、除了"的原则进行。除草 3~4 次,7 月底苗木即可郁闭封行,此后无须除草。

c. 病虫害防治:山乌桕病虫害较少,主要有老鼠咬食种子和小地老虎咬食幼苗根茎部位。可采用呋喃丹拌种和喷施防地下害虫的农药进行防治。

16.1.2 银杏硬枝扦插育苗

银杏（Ginkgo biloba）夏天遒劲葱绿，秋季金黄可掬，给人以峻峭雄奇、华贵高雅之感，被誉为"有生命的艺雕"。银杏扦插育苗不仅可以节省种子、降低育苗成本，还可以加快苗木繁育速度和保持品种的优良特性。硬枝扦插就是用木质化程度较高的1年生以上的枝条作插穗的一种扦插育苗方法，硬枝扦插后的常规管理要比嫩枝扦插容易得多。

（1）基质准备

银杏扦插常用的基质有河沙、砂壤土、砂土等。其中砂壤土、砂土生根率较低，多用于大面积春季扦插，河沙生根率极高，材料极易获得，被广泛应用于扦插育苗。

（2）插床的准备

将插床整理成长10~20 m，宽1~1.2 m，插床上铺一层厚度在20 cm左右的细河沙，插前1周用0.3%的高锰酸钾溶液消毒，每平方米用5~10 kg药液，与0.3%的甲醛液交替使用效果更好。喷药后用塑料薄膜封盖起来，两天后用清水漫灌冲洗2~3次，即可扦插。

（3）插穗选择和处理

选择20年生以下的幼树上的1~3年生枝条作插条，要求枝条无病虫害、健壮、芽饱满。插条一般在秋末冬初落叶后采集，或春季在扦插前1周结合修剪时采集。将插条剪成15 cm长，含3个以上饱满芽，剪好的插条上端为平口，下端为斜口。注意芽的方向不要颠倒，每50枝一捆，下端对齐，浸泡在100 mg/kg的萘乙酸液中1 h，下端浸入5~7 cm。秋冬季采的枝条，捆成捆进行沙藏越冬。

（4）扦插

常规扦插以春季扦插为主，一般在3月中下旬扦插，在塑料大棚中春插可适当提早。扦插时先开沟，再插入插穗，地面露出1~2个芽，盖土踩实，株行距为10 cm × 30 cm。插后喷洒清水，使插穗与砂土密切接触。

（5）插后管理

①遮阴　苗床需用遮阳网或帘子遮阴，气候干旱时需扣塑料棚保湿，要求基质保持湿润，不能积水，空气相对湿度保持在90%左右，以减少插条蒸腾失水。

②喷水　扦插后除立即灌1次透水外，连续晴天的要在早晚各喷水1次，1月后逐渐减少喷水次数和喷水量。

③喷肥　5~6月插条生根后，用0.1%的尿素和0.2%的磷酸二氢钾液进行叶面喷肥。

④移栽　露地扦插的落叶后至翌年萌芽前直接进行疏移；大棚扦插苗要经炼苗后再移栽。银杏寿命长，一次栽植长期受益，因此土地选择非常重要。银杏属喜光树种，应选择坡度不大的阳坡为造林地。对土壤条件要求不严，但以上层厚、土壤湿润肥沃、排水良好的中性或微酸性土为好。

⑤病虫害防治　银杏扦插育苗苗圃地的主要病虫害有地下害虫、食叶类害虫和茎腐病。可用40%甲基异柳磷1 000倍液于下午灌在苗根部，杀灭地老虎达90%以上，还可兼治蛴螬、金针虫。也可用0.2%的呋喃丹兑水或2.5%的敌杀死2 000倍液，满地喷洒防治

地下害虫；用2.5%的敌杀死3 000倍液或40%氧化乐果乳油500倍液防治食叶类害虫；从6月起每隔20 d喷1次5%的硫酸亚铁溶液，还可喷洒多菌灵、波尔多液等杀菌剂预防茎腐病。

(6) 移植苗和大苗培育

①培植银杏大苗年限长，需多次移植，每次移植的缓苗期为0.5~2a。

②移栽时间以深秋为宜。主要原因是秋季较春季空气湿度大、风小，苗木移栽时根系失水较轻。另外，秋季移栽可使根系通过秋冬时期与根际土壤吻合，有利于根系尽快、尽早地从土壤中吸收水分和养分，缩短缓苗期。在北方严寒地区，为了防止冬季冻伤根系，苗木移栽后在树干基部高培土，为30~50 cm，春天及时把培土撤除，可有效地保证根系安全越冬。

③带土移栽：苗木带土移栽有效地保留了一部分根，移栽后仍能保持一定的吸收水分、养分的能力，有利于苗木的成活及缩短缓苗期。另外，带原土移植还有利于苗木对异地新环境的适应。

④移植深度：栽的过深往往使根系呼吸缺氧，减弱了根系的吸收能力，使苗木成活后长期不能旺盛生长；栽的过浅，则不利于苗木抗旱。正确的做法是，栽完后让苗木根颈处仍保持与地面相平。

⑤原方向栽植：有利于苗木地上、地下对环境方位的适应，有利于尽快恢复正常生长。

⑥重截树冠主枝及侧枝：为减少地上水分蒸发，并避免风对树冠的摇晃，应于起苗后、栽植前对树冠主、侧枝进行短截。

⑦栽植前根系充分吸水：为增加苗木含水量，提高苗木栽植后抗旱能力，栽植前，可将苗木根系在清水中浸泡8~12 h，有条件时可放在流动的水中。

16.1.3 紫叶李芽接育苗

紫叶李(*Prunus cerasifera* Ehrhar f. *atropurpurea*)，别名：红叶李、樱桃李，蔷薇科李属落叶小乔木，我国华北及以南地区广为种植。叶常年紫红色，为著名观叶树种。

(1) 选择砧木

紫叶李嫁接繁殖一般用桃、李、梅、杏或山桃作砧木，不同的砧木对接穗的影响不同：山桃砧木生长势特别旺盛，但怕涝；山杏砧有较强的耐涝性，且耐寒性强，但生长不如山桃旺盛；李砧较耐涝；杏、梅砧寿命长，接口好。因此，可根据实际情况选择不同的砧木。华北地区以杏、毛桃和山桃作砧木最常见。

(2) 接穗采集

采穗时选叶芽饱满、无病虫害、生长良好的半木质化，粗度约为0.5 cm的穗条。最好选择多云或晴好天气上午10：30前采穗，要随采随接。

(3) 嫁接时间

嫁接时间一般在7~9月。一般采用芽接法，芽接不只方法简便，易于操作，而且只需培养3~4年就可成株、开花。嫁接的砧木一般选用2年生的毛桃，最好是专门用来做砧木培养的，嫁接前要事先截断，只保存地表上的5~7 cm的树桩，在事先选做接穗的枝条上定好芽位，接芽需饱满、肥实，无干尖和病虫害。

(4) 芽接

用经消毒的芽接刀在芽位下 2 cm 处向上呈 30°角斜切入木质部，直至芽位上 1 cm 处，然后在芽位上方(1 cm 处)横切一刀，削成上宽下窄盾形芽片，将接芽轻轻取下，再在砧木距地 3 cm 处，用刀在树皮上切一个"T"形切口，用刀在"T"形切口交叉处撬开，把芽片插入切口，芽片上边与"T"形切口对齐，使接芽和砧木紧密结合，再用塑料条绑好即可。嫁接后，接芽在 7 d 左右没有萎蔫，说明已经成活，25 d 左右就可将塑料带拆除。

(5) 嫁接苗管理

嫁接后不能立即灌水，5~7 d 后砧木与接穗基本愈合，再开始浇水，苗木生长期结合浇水追复合肥 1~2 次并及时中耕除草。芽接的苗木以休眠芽越冬，到翌年春季再剪除嫁接部位以下的砧木萌条。

(6) 移植苗和大苗培育

①在移植前要进行截干、疏枝、摘叶等修剪。大规格紫叶李在移植前要进行以中短截和疏枝为主的修剪，对主枝进行中短截，只保留原有枝条长度的一半，对侧枝应进行疏除，保留一些辅养枝即可。主枝短截后要及时用油漆或乳胶漆涂抹，以免伤口腐烂，对树体造成不必要的伤害，给病虫侵入提供条件。也可用塑料袋从锯口顶部往下包扎 3~5cm，以减少伤口处水分和养分散失及感染。

②起苗前 1 周浇 1 次透水，利于挖掘和土坨成团。

③挖坑应在起苗前 10~15 d，栽植土(底土和表土)要拌入适量的腐熟圈肥。

④栽植时要注意调整好树木的主要观赏面。土坨入穴前要踏实穴底松土，将土坨放稳，使树干直立。根部喷洒生根剂，以利于新植树木发芽生根。栽后要设立支架对树木进行支撑，以防止浇水或者风吹造成树干歪斜、倾倒或晃动而影响成活。

⑤栽植后马上浇头遍水，5 d 左右浇第二遍水，这两遍水必须浇足浇透，防止浇半截水(既上湿下干)。在整个生长季节，要随时观察土壤水分状况，随时浇水。雨水较多时应及时排水，防止水大烂根。每年开春和秋后霜降前各浇 1 次解冻水和封冻水，平时如果天气不是过于干旱则不用浇水。紫叶李喜肥，除栽植时在坑底施入适量腐熟的厩肥外，以后每年在浇封冻水前施入一些农家肥，可使植株生长旺盛，叶片鲜亮。

16.2 观花型树种育苗典型实例

观花树木是城市树木中以树木的观赏类型分类中的一种，指在城市中主要以观花为主的树种，多是花型好看、花期长、多年生乔木(图 16-2)。本小节选取我国城市种植的洋紫荆、紫玉兰和合欢作为典型案例讲解观花树种的扦插、嫁接和播种育苗方式和育苗技术要点。

16.2.1 洋紫荆扦插育苗

洋紫荆(*Bauhinia variegata*)，为豆科羊蹄甲属，落叶乔木，花美丽而略有香味，花期长，生长快，为良好的观赏及蜜源植物，在热带、亚热带地区广泛栽培。此树虽然满树红

图 16-2　观花树种海棠(左)、紫玉兰(中)和腊梅(右)（摄影：刘勇）

花，但由于雌蕊的柱头已退化，不能授粉育种，故"花而不实"，无种子繁殖。因此，在育苗上多采用无性繁殖，最好的方法是扦插育苗。

(1) 苗床准备

每公顷施腐熟的圈肥 15~18 t、三元复合肥 75~149 kg，床面长不限、宽 1.0~1.2 m，开沟深 6~8 cm。给床面浇透水，并用 50% 多菌灵可湿性粉剂与 40% 辛硫磷液混合，按 1∶1 000 的比例对水对床面进行杀菌灭虫处理。

(2) 插条准备

春季至秋季，选择 1 年生健壮枝条剪成长 10~12 cm，并带有 3~4 个节，插穗下部叶片剪去，仅留顶端两个叶片，用 50% 多菌灵可湿性粉剂 500 倍液杀菌消毒 0.5h 左右，捞出晾干，然后放入 300~500 mg/kg 的生根粉溶液中泡 6~8 h。

(3) 扦插

扦插繁殖是在 3~4 月间，扦插时，插入泥土的部分为插条本身长度的 1/3~1/2，株行距为 5 cm × 7 cm。插后及时喷水，用塑料膜覆盖。在气温 18~25℃条件下，约 10 d 可长出愈伤组织，50 d 左右便可生根、发芽。成活约 1 年后，苗木即可达 1 m 左右，于翌春移栽于圃地培育。

(4) 苗期管理

①浇水　扦插结束后，要浇透水，1 个月内晴天早晚各淋 1 次水，雨天注意排水防涝。

②施肥　扦插长芽后，每隔 15 d 用磷酸二氢钾 1 000 倍液或清粪水喷施 1 次，并做好锄草工作。

③移栽　移栽时，最好选择阴雨天，亩施农家肥 1 000~1 500 kg，株行距为 1.2 m × 1.5 m，栽后浇透定根水。

(5) 移植苗和大苗培育

大苗移栽前必须进行截干处理，一般截断留取主干 3~5 m，并保持一定树形。适当疏枝和截短，留分支在 0.2~1.0 m 便可。移栽大苗需带土球，栽植不宜过深，否则会引起烂根，影响成活；种植后须设立支架保护。

16.2.2　紫玉兰嫁接育苗

紫玉兰(*Magnolia liliiflora*)，木兰科木兰属，又名木兰、辛夷，为中国特有植物。紫玉兰花朵艳丽怡人，芳香淡雅，孤植或丛植都很美观，树形婀娜，枝繁花茂，是优良的城市景观树种。

(1) 砧木的选择和处理

紫玉兰嫁接时应选择2~3年生的木兰实生苗作砧木。先将树冠从主枝锯去。距地面的水平高度要相近，避免因顶端优势而造成各主枝势力的不均衡，上层主枝要比下一枝主枝短，主干的高度宜稍高于最上一层主枝。接口应选在平滑处，锯口要用切接刀削平。

(2) 接穗的选择与处理

接穗应选品种优良的单株，选择生长健壮、发育充实、无病虫害的1年生枝条，随接随采。

(3) 嫁接

嫁接时间以春季萌芽前后至展叶期进行为宜。一般为3月中下旬，只要腋芽不萌发，时间还可延长。嫁接方法有：劈接、切接和芽接。

①劈接多用于粗枝。先用劈接刀或利斧从接口处劈开，劈口中心插上木楔，把接穗截成长10 cm左右，基部削成楔形，插入劈口中，使外侧的形成层相互对齐。每劈口两边可各接一个接穗。接后，轻轻拔出木楔。

②切接是在切口处稍带木质部纵切一刀，将接穗截成长5 cm左右，把基部两侧削成一长一短两个削面(长面约3 cm，短面约1.5 cm)，将短面朝外插入切口内，紧靠一端对齐形成层。

③芽接是在枝组内缺枝处利用芽接填补空缺，使枝组完整。

(4) 嫁接后管理

嫁接后20 d左右接穗成活后，即可抽枝展叶。要注意，及时把砧木上萌发芽摘除。没成活的，应在砧木上位置合适处进行夏季芽接。当接穗新梢长50 cm时可以摘心，以增加分枝，及早形成树冠。

(5) 移植苗和大苗培育

①紫玉兰不耐移植，加之其又是肉质根，故移栽时必须要带土球。

②移栽时间要适宜，一般来说在其开花之前进行栽植比较适宜，若等到其长出新叶，则成活率会大打折扣，即使是带土球的苗子，成活率也不如未萌芽前高。

③要选择通透性比较好的沙质壤土，移植地的酸碱度要适宜，玉兰喜酸性土壤；玉兰是喜光树种，在遮阴处多生长不良，所以，不可将玉兰栽植在背阴处。

④移植过程中，根系受到较大的损伤，吸水能力大大降低。树体常常因供水不足，水分代谢失去平衡而枯萎，甚至死亡。因此，保持树体水分代谢平衡是新植紫玉兰树养护管理、提高移植成活率的关键。用草绳、蒲包、苔藓等材料严密包裹树干和比较粗壮的分枝。经包干处理后，可以避免阳光直射和干风吹袭，从而减少树干、树枝的水分蒸发，且可贮存一定水分，使枝干保持湿润，还调节枝干的温度，减少高温和低温对枝干的伤害，效果较好。

16.2.3 合欢播种育苗

合欢(*Albizia julibrissin*)，含羞草科合欢属，为落叶乔木。花朵粉红色，在夏季，满树如雏鸡的绒毛般柔软轻盈、如一把把粉红色的小伞圆整舒展。合欢树姿态美观叶形雅致，花色艳丽，气味芳香，是理想的城市景观树种。

(1) 种子的采集、调制、贮藏

合欢常采用播种繁殖，于9~10月间采种，采种时要选择子粒饱满、无病虫害的荚果，将其晾晒脱粒，干藏于干燥通风处，以防发霉。

(2) 种子处理

于翌年3~4月间，将种子作处理后方可播种。由于合欢种皮坚硬，为使种子发芽整齐，出土迅速，播前需用0.5%的高锰酸钾冷水溶液浸泡2 h，捞出后用清水冲洗干净置于80℃左右的热水中浸种30 s(最长不能超过1 min，否则影响发芽率)，冷水浸种24 h后即可进行播种。利用这种方法催芽，发芽率可达80%~90%，且出苗后生长健壮不易发病。

(3) 播种

育苗方法有营养钵育苗和圃地育苗。

①营养钵育苗 常用的营养土有2种：一种是焦泥灰60%~70%、园土20%~30%、垃圾或栏肥9.5%、钙镁磷肥0.5%，混拌均匀；另一种是肥沃表土90%、草木灰7%、骨粉1%、腐熟畜肥2%，捣碎拌匀。每杯播种2~3粒经过催芽处理的种子，播种后上面盖些泥灰或细土1 cm，有条件的再撒上一些松针。把已播种的营养杯排成宽1 cm、长度不定的畦，畦四周培土与杯等高，以保持水分，约排18万只/hm²左右，播后1周即发芽出苗。

②圃地育苗 圃地要选背风向阳、土层深厚、砂壤或壤土、排灌溉方便的地方。翻松土壤，锄碎土块，做成东西向、宽1 m、表面平整的苗床。播种前在畦上先施腐熟人粪尿和钙镁磷肥，再盖上一层细园土。采用宽幅条播或撒播，播种后盖一层约0.5 cm厚的细泥灰，然后覆盖稻草，用水浇湿，保持土壤湿润。用种量，需移苗栽植的播45~60 kg/hm²，不移苗的播30~37.5 kg/hm²。播种后7 d内，晴天要喷1~2次水，保持苗床湿润。幼苗出土后逐步揭除覆盖物，第一片真叶普遍抽出后全部揭去覆盖物，并拔除杂草。

(4) 移植

合欢密植才能保证主干通直，育苗期要及时修剪侧枝，发现有侧枝要趁早用手从枝根部抹去，因为用刀剪削侧枝往往不彻底，导致侧芽再度萌发。主干倾斜的小苗，第2年可齐地截干，促生粗壮、通直主干；小苗移栽要在萌芽之前进行，移栽大苗要带足土球。移植时间宜在春、秋两季。春季移栽宜在萌芽前，树液尚未流动时；秋季栽植可在合欢落叶之后至土壤封冻前。同时，要及时浇水、设立支架，以防风吹倒伏。管理上每年应予修剪，调整树态，保持其观赏效果。另外，还要于每年的秋末冬初时节施入基肥，促使来年生长繁茂，着花更盛。绿化工程栽植时，要去掉侧枝叶，仅留主干，以保成活，晚秋时可在树干周围开沟施肥1次，保证来年生长肥力充足。

(5) 大苗培育

①移植时间 以春季为好，达到"随挖、随栽、随浇"的要求。在移栽过程中要注意保护根系，必要时可撑杆或拉绳扶植，以防止被风刮歪或倾斜生长；为保证成活，需去掉苗木侧枝，仅留主干，定干高度根据不同栽植要求，灵活掌握，一般在3 m左右，移栽时要带足土球，并设立支架，防风吹倒伏。

②树穴处理　a. 树穴大小一般为 1.5m×1.5m×1.2 m(长×宽×高)，准备好足够的回填土及有机肥(每株树施磷酸二氢钾 2 kg，腐熟的牛粪 5 kg)，并把土肥拌均；b. 树穴底部回填 15~20 cm 厚的粗砂作为隔离层，起隔盐的作用；c. 取 4 个直径 10 cm，长度为 1.1 m 的塑料管(两端不封口)，竖直插放在树穴的四个角。然后向塑料管内灌粗沙，与底部的沙子结合在一起，起通气作用。

③栽植　a. 回填底层土，其厚度为树穴深度减去粗砂隔离层厚度，再减去树根高度；b. 苗木吊到树穴内在未落地前，用人力旋转根部，使其位置、朝向合理，后向根部喷 100 mg/L 的 ABT 3 号生根粉；c. 适当浅栽，树根基部保持在原地表土层上 10 cm 处，回填掺肥的种植土，并分层夯时，根部培土成馒头状，做好水堰，浇透水。

④移植后管理　要适当增加浇水次数，秋季施足底肥，有利于根系生长和来年花叶繁茂。为满足人们对合欢观赏性的要求，每年冬末需进行修剪，去除病虫枝、细弱枝，并对侧枝适量修剪调整，以达到主干端正，树姿优美的效果。

16.3　观果型树种育苗典型实例

观果植物主要以果实供观赏的植物。其中，有的色彩鲜艳，有的形状奇特，有的香气浓郁，有的着果丰硕，有的则兼具多种观赏性能。常用以点缀城市风景，以花后不断成熟的果实弥补观花植物的不足。观果植物的栽培管理着重于促进果实的生长发育，以达到果繁、色鲜等目的。此外，病虫害防治和整形修剪等措施也甚重要。

本小节选取我国城市种植的 2 种典型观果树种杧果和柿树(图 16-3)作为典型案例讲解空中压条、播种、嫁接和方块芽接育苗。

图 16-3　观果树种杧果(左)和柿树(右)(摄影：刘勇)

16.3.1　杧果嫁接育苗

杧果(*Mangifera indica*)，无患子目漆树科杧果属。园林中常用于路边、建筑物旁栽培，也可作行道树。生产上主要用嫁接的方法繁殖苗木。

(1) 砧木选择

嫁接杧果选择优良的砧木品种，如当地 3 年以上的杧果或野生小芒果，这些品种抗逆性强，树形紧凑，根系发达。

(2) 接穗选择

从良种母本园或成年母树优良单株上采接穗，母株要求品种纯正、丰产、稳产、优质无检疫性病虫害；选取枝条为生长健壮、充实、芽饱满、无病虫的1年生或2年生枝，一般秋接用当年春夏梢，春夏接以秋梢或当年春梢，可提前10~15 d去叶，待叶柄脱落后采下的接穗用1 000倍多菌灵催浸3 min，晾干后即接，可提高成活率；如外地采穗则用湿纸或湿布包好，放入垫塑料薄膜的纸箱中。运输中注意防暴晒发热或失水干缩。

(3) 嫁接时间

当气温低于20℃时，嫁接成活率随气温下降而降低，一年当中以3~4月嫁接为好，8~10月次之。

(4) 嫁接

①开芽接口 在砧木离地15~20 cm处，选择表皮光滑，无叶芽的部位，开芽接口，用芽接刀削长3~5 cm、宽1.0~1.5 cm的长方形，用刀尖在上方一角挑开树皮拉下1/3。

②削芽片选择穗上的叶芽或茎节芽，用锋利的芽接刀削取芽片，芽片修削成比接口稍小的长方形，然后跟皮层和木质部分开。削芽片时，用两手的中指夹住木质的芽片下部，两手向上和左右用刀掰开，取出芽片。

③贴芽与缚扎 将砧木芽接位的树皮全撕下，贴上芽片，用0.006 mm的塑料薄膜自下而上牢牢缚紧，不能让芽片外露。如果砧木茎粗在3.5 cm以上，树皮比芽片厚，用塑料不易扎紧树，砧木与接穗形成层不能充分接合时，可把砧木树皮撕开而不切断，放入芽片，再把树皮盖上，用麻皮或小绳缚紧。

④解缚和切砧芽接 20~30 d后接口愈合紧密，即可解缚。在高温多雨季节，苗木生长愈合快，可提前解缚。解缚后3~5 d，当芽片接口愈合时，便可在接口上3~4 cm处剪砧，如计划芽接桩出圃，可在起苗前2~3 d剪砧。剪砧后，经常检查接穗抽芽情况，及时抹去砧处的萌发芽，促进接穗抽芽和速生，适时做好管理和预防病害及夜蛾危害。

(5) 移植苗和大苗培育

①杧果移植前处理程序主要是大幅修剪与断根处理，建议最好做两次断根处理，第一次断根处理在移植前六个月，将树木根系数量截断40%，并将地上部枝叶修剪掉40%。第二次断根处理在移植前三个月，再将树木根系数量截断40%，地上部枝叶再修剪40%，到了移植前夕，再将地上部枝叶修减至只剩10%。若临时必须移植者，则建议在移植前，先将树木所有叶片修剪掉，移植时基部要带着含树心的土球，土球表面可见截断根系的伤口，以利刃将伤口削修平整，以利愈合。

②移植后种植入土，必须将种植位置的土壤压实，并充分浇水，地上部位用黑网遮盖，日后浇水应从基部树心给水，1~2 d供水1次。

③移植后培育：a. 杧果喜温暖，不耐寒霜，防止大树严重受冻，尤其是南树北种，需要注意温度对其影响；b. 保证足够光照，杧果为喜光果树，充足的光照可促进花芽分化、开花坐果和提高果实品质，改善外观。枝叶过多、树冠郁闭、光照不足的杧果，开花结果少，果实外观和品质均差；c. 宜选择土层深厚，地下水位低，有机质丰富，排水良好，pH值5.5~7.5的壤土或沙质壤土为宜。

16.3.2 柿树嫁接育苗

柿(*Diospyros kaki*)为柿科柿属植物，一般采用嫁接法繁殖，中国北部地区以君迁子为主要砧木。

(1) 砧木苗培育

君迁子 11~12 月充分成熟后采收、堆沤，待果肉腐烂后洗净，阴干沙藏，发芽率 80%~90%。春季播种，多采用条播，条距 25~30 cm。播种后覆土 1~2 cm。幼苗出现 2~3 片真叶时，进行间苗，6 月和 8 月各结合灌水 1 次，以促进苗木健壮生长。幼苗直径 1 cm 左右时，即可进行嫁接。

(2) 接穗的选择

从优良品种的母株身上，选择 1 年生的秋梢或当年的春梢，粗约 0.3~0.5 cm，芽充实饱满的枝条作插穗，要剪去叶片，保留部分叶柄，取中段，用湿布、湿草保护，严防风吹日晒，尽量做到随采随接。

(3) 嫁接时间

在华北地区以清明节前后最为适宜。

(4) 嫁接技术

柿树一般采用芽接法，在柿树整个生长期均可进行。其中以新梢接近停止生长时进行芽接成活率最高。

柿树芽接多采用方块芽接、双开门芽接及套接法，其中以方块芽接成活率最高。选用优良品种的结果母株基部未萌发的休眠芽作接芽。用芽接刀或双刃刀将接芽切成 1.5 cm 见方的芽片，使接芽位于芽片中央，然后取下接芽。用 1~3 年生的君迁子作砧木，在砧木距地面 30 cm 处光滑的一面，切去与接芽片大小的方块皮层，然后把所取芽片贴在砧木切口上，使四边紧密结合，然后用麻皮或塑料条，将接口绑紧即可。此法的优点是，加大接芽的面积，使芽能维持较长的生机，增强砧木接穗的愈合能力，提高成活率。若采用蜡封接穗皮下接，成活率可达 95% 以上。

(5) 栽培

芽接成活后，应及时剪砧促使接芽抽枝生长。柿树嫁接苗，第二年春季可移植在苗圃内培养大苗，应注意食叶害虫的防治。

(6) 移植苗和大苗培育

①移植时间一般在树叶落完至大地封冻前进行。

②挖 50~80 cm 见方栽植坑。挖穴时表土、心土要分开堆放，每穴施入土杂肥 10 kg 左右，肥料与表土混匀后，一半回填穴中，另一半留于穴边。

③采用"泥浆法"成活率高：将一半表土填入穴中，浇足量水(一般每穴至少 1 桶水)，将坑内土和水搅成稀粥状。然后放苗，晃动一下，使树苗根系伸展，而后将剩余表土回填入坑内，水渗后 2~3 h 封掩。栽植深度一般以超过苗木栽培痕迹 3~5 cm 为宜。

④移植后管理：苗木移植后，覆盖地膜，这样可以保墒防寒，提高地温，加快根系愈合速度和根系生长时间。入冬前要对苗木进行定干，剪去苗木上部的不充实部分，定干高度要因树木品种而异，果树一般定干高度为 70~80 cm，观赏树可保留原干。修剪处涂抹

铅,防止水分蒸发而抽干。翌年春季,清明后揭开地膜,浇1次催芽水,浇水后要及时中耕松土和覆膜,以利于保墒和地温,促进苗木发芽成活。

16.4 观干型树种育苗典型实例

树木的枝干因其自然生长特性及具体生境,往往会呈现老干虬枝、龟裂斑驳、盘绕扭曲的形态,此外树干的皮色呈暗绿色、古铜色、斑驳色等,不一而足,颇具观赏价值。本小节选取二球悬铃木、金枝垂柳、白桦和龙爪槐(图16-4),探讨城市景观观干树种的扦插、播种和嫁接育苗。

图16-4 观干树种悬铃木(左上)、金枝柳(右上)、白桦(左下)、龙爪槐(右下)
(摄影:刘勇)

16.4.1 二球悬铃木插条育苗

二球悬铃木(*Platanus acerifolia*),有"行道树之王"的美称,以其生长迅速、株型美观、适应性较强等特点广泛分布于全球的各个城市。

(1) 采条

秋季选择枝芽饱满、无病虫害、粗细均匀的健壮枝条剪穗,可结合当年秋季树木整形进行,在11月中旬气温下降后、秋末冬初进行采条。

(2) 剪穗

剪穗应在避风阴凉处或室内进行。插穗长15~18 cm,剪口平滑,防止裂皮、创伤,每个插穗保留2个节、3个饱满芽苞,上下切口一般离芽1 cm,每50根1捆,捆扎整齐,选排水良好的背风向阳处挖一深1 m、宽1.2 m的坑,坑长按插穗多少确定,将插穗基部朝下,直立排放于坑内覆土,这样有利于切口的自然愈合,以便翌年取出扦插。坑内覆土厚度应视温度变化进行增土或减土,避免覆土过厚或过少引起"发烧"和冻害现象。

(3) 扦插

根据气温条件,在4月中下旬,气温回升,地温上升后进行。扦插地要排水良好、土质肥沃、土地平整。可用萘乙酸10 mg/L浸泡3 h,以提高生根效果。按株行距20~30 cm进行扦插,先用引插棍扎出孔再插入插条,深度为条长的1/2左右,扦插深度以露头3~4 cm为宜。

(4) 扦插后管理

扦插后及时浇足头水,过10~15 d浇足第2水。适时松土除草以提高地温,促进早发芽,早生根,提高育苗成活率。在夏季苗木管理中,要特别抓住6~8月上旬二球悬铃木速生期,在速生期到来之前5~7 d开始,分多次追施氮肥,多灌水,以提高二球悬铃木苗木质量。8月下旬之后不可再追肥、灌水,否则秋梢伸长,推迟落叶期,冬春两季易冻梢,影响苗木和绿化质量。对当年扦插苗,因较弱小,不便于包扎处理,可在翌年春季后视生长状况,剪除冻枝、去弱留强,保留健壮枝条。经1年生长直径可达1 cm左右,在秋季用石灰和食盐混合液刷干,及时冬灌,可起到较好的防冻效果。

(5) 移植苗和大苗培育

①移植宜在秋季落叶后至春节萌芽前,可裸根移植。

②根系浅,不耐积水,应注意移植点的地下水位高低,也因根系浅易被风吹倒,特别是台风季节尤为注意。

③移植后培育:a. 移植后注意害虫的防控,像星天牛、光肩星天牛、六星黑点蠹蛾、美国白蛾、褐边绿刺蛾等害虫,防治上多采用人工捕捉或黑光灯诱杀成虫、杀卵、剪除虫枝、集中处理等方法;b. 悬铃木方翅网蝽是中国新发现的一种危害悬铃木属植物的危险性有害生物,危险性大,且其危害具有隐蔽性,因此防治和检疫难度较大。

16.4.2 金丝垂柳扦插育苗

金丝垂柳($Salix\ babylonica \times S.\ alba\text{-}vitellina$),杨柳科柳属落叶乔木,生长速率快,树冠长卵圆形或卵圆形,枝条细长下垂,小枝黄色或金黄色,叶狭长披针形,是优良的城市景观树种。

(1) 圃地的选择和准备

圃地应选在地面较高、地势平坦、旱能浇涝能排、且无检疫性病虫害的地块,以生茬地为好,若长期连续育苗的,在育苗3~4a后,应进行轮作1次茬口。这样既有利于培育金丝垂柳壮苗,又能调节田间养分,从而降低病虫的危害程度。

育苗土壤应旋耕打碎,整地作平畦,以利灌溉。根据土壤肥力,施用适量底肥,如腐熟的畜禽粪等,粪与土耙匀。

(2) 插条采集与处理

选择木质化程度好、无病虫害的优质壮条,一般用1年生扦插苗干为宜。生长健壮、发育较好的侧壮枝或幼树上的壮条也可采用,粗度以0.8~1.5 cm为宜。

秋季落叶后(大约在11月中下旬)采取1年生扦插苗,苗干可整株假植于宽90 cm、深60 cm的假植沟中,翌年春季挖出剪成10~15 cm的插条,每根最少保证有3个芽,顶端第一芽距剪切处1 cm进行扦插;或将苗干直接剪成10~15 cm的插条,30根或50根一捆进行沙藏。沙藏沟深80~100 cm,宽100 cm,沟底铺10 cm河沙,将成捆的插条头向上竖立排放于沟中。一层插条一层沙子,沙子含水量为饱和含水量的60%。沟上复盖草帘防寒。翌年春季取出扦插。

春季采集木质化程度较好、较充实的侧枝剪成10~15 cm长的插条,在水中泡1~2 d,扦插于育苗地或营养钵中,放于大棚内育苗,等生根后再移栽大田。

(3)扦插

按株行距35 cm×60 cm进行扦插,每亩插条3 500~4 000根最适宜,这一扦插密度可充分发挥最佳的经济效益,保证苗木数量和质量。如耕地较硬可用木棍或叉子开缝然后扦插。扦插时梢在上,顺畦微斜插入土中,插条入土以第一芽似露不露为准,注意不要将插条上下颠倒。扦插后每根插条都要浇到水,用脚将插条周围的土踩实,以促进插条生根发芽提高成苗率。春插一般在3~4月芽萌发前进行。秋季扦插后覆土6~10 cm,以保证插条安全越冬,翌春发芽前将覆土刨开。

(4)插后管理

金丝垂柳扦插后需加强管理。土壤封冻后,用地表素土将土缝弥合。早春土壤解冻时,浇解冻水。萌芽后,在长到10 cm时抹芽,选1个壮芽定苗。新梢长至30 cm左右时,追施尿素299~448 kg/hm^2。长至100 cm时,施尿素448~746 kg/hm^2,可掺些速效磷肥;以后根据生长情况,追施速效肥数次。全年分3~4次去除副梢:在长到80 cm时,疏除20~30 cm的副梢;长到150~160 cm时疏除50~60 cm的副梢;长到240~270 cm时疏除120~140 cm副梢;长到350~400 cm时疏除200~250 cm副梢。副梢用剪子从基部剪除,这样有利树体通直生长。

(5)移植苗和大苗培育

①土球移植,土球大小要与树高相适应,一般树高与土球大小比例为5∶1左右。土球的形状应上大下小,底部削成锅底状,整个土球应平整、圆滑。

②若苗木不能及时栽植,必须进行假植,防止苗木失水而丧失生命力。假植时将苗木根部或土球全部埋入土中,并使根与土壤紧密接触,定时浇水,使苗木充分吸收水分,保持良好的生命力。条件允许时应尽量随起、随运、随栽,提高苗木成活率。

③栽植前,则先灌足水,2~3 d后,深翻,整地做床,使土壤疏松,具有良好的通透性。若是造林绿化,则要按要求整地打坑。

④移植后管理:a. 柳树性喜湿润,要培育壮苗,一定要保证水分供应;b. 在新梢长到20~30 cm时,进行初次打杈,剪去多余的萌条。为防止机械损伤或虫咬造成废苗,同时为多留些叶子进行光合作用,制造养分,促进根系的发育;c. 危害柳树的虫害主要有柳树金花虫和蚜虫。两者都是食叶性害虫。可在3月上中旬喷3~5次石硫合剂,4月上中旬喷25%灭幼脲3号2 000倍液防治。

16.4.3 白桦播种育苗

白桦(*Betula platyphylla*),桦木科山毛榉属,孤植、丛植于庭园、公园的草坪、池畔、湖滨或列植于道旁均颇美观，是著名的景观树种。

(1) 育苗地的选择

白桦育苗地应选择地势较平坦，排水良好，灌溉方便，土质疏松、肥沃的砂壤土或轻壤土和壤土为宜。避免选在高燥、低洼和黏重的地方。

(2) 整地与施肥

育苗地采取秋翻春耙。秋季深翻 20~25 cm，施厩肥 75 t/hm²，翌春土壤解冻后，要耙细整平，土壤细碎、疏松。随后做床(垄)，床(垄)面要平坦、细致，同时再施厩肥 37 t/hm²，有条件可施过磷酸钙 75~120 kg/hm²。做到深耕细耙，分层施肥。

(3) 种子处理

白桦种子粒小且轻，空粒较多，采取风选又不易选出，一般采取浸种催芽后水选。在播种前 10~15 d，用温水 35~40℃ 浸种 1 昼夜后，捞出种子混以 2~3 倍的湿润细沙(沙子湿度保持在饱和持水量的 60%)，放置在温暖室内的筐篓中，上面盖上湿草帘。种沙温度保持在 20℃ 左右，每日翻倒 2~3 次，并洒水保持湿润。待种子大部分萌动，开始裂嘴时，筛出沙子，将种子放入已装一半水的缸里，用木棒搅拌，静置数分钟后，饱满种子下沉，空粒上浮，捞除空粒种子。经过水选催芽处理的种子发芽率可达 85% 以上。

也可采取混沙埋藏催芽。土壤结冻前 11 月上中旬(立冬前后)先挖好埋藏坑，坑深、宽各 50 cm，长度不限。将经过温水浸泡 1 昼夜的种子与 2~3 倍细湿沙混拌均匀放入埋藏坑内。坑底铺 5 cm 厚细沙，种子上部盖以 10 cm 细沙，再堆丘状，盖上草帘。翌春解冻后经常进行检查，播前 1 周取出种子，筛出细沙，然后进行水选，将饱满种子捞出阴干后即可播种。

(4) 播种

由于白桦种粒较小，要求管理细致。因此，目前生产上多采取床作撒播，而且以春播为主。经催芽处理的种子很快萌发，但幼苗出土较慢。因此，播种前苗床必须浇透底水。

春播时间一般在 4 月中下旬，将床面搂成麻面，把种子均匀地撒播在床面上，再用木磙镇压一遍，使种子与土壤密切结合，这样有利于幼苗扎根入土。播种后直接覆盖一层薄薄稻草，以不露床面为度(约 0.5 kg/m² 稻草或及时覆盖 0.2 cm 细沙，以不见种子为度(用标准绳控制播种 37.5~45.0 kg/hm²)。

(5) 苗期抚育管理

①浇水 由于白桦种胚很小，萌芽力弱，虽经催芽处理种子易于萌发，但出土后根部幼嫩，地茎细小纤弱，经不起干旱、大风危害。因此，出苗后的生长初期需要适时适量的用细眼喷壶或喷头细致少量浇水，每天 4~5 次，以保持床面湿润为宜。浇水一方面供给苗木充足的水分；另一方面可以适当降低地表温度，减免日灼危害。当幼苗主根扎下 5~6 cm，生出侧根，地上部也长出 5~6 个真叶时，苗木抗性增强，浇水可以少次多量，一次浇透，利用大眼喷壶和粗喷头水车浇水或人工降雨喷灌均可，可以提高工效，满足苗木对水分的大量需要。

②除草 幼苗出土 50% 左右时，开始第一次撤除覆草，3~5 d 后，再将床面全部覆草撤除。

③病虫害防治 幼苗出齐后，大部分长出真叶时，为了预防苗期病害，要定期喷洒

0.5%~1%波尔多液,每隔7~10 d喷洒1次,连续进行3~4次。

④间苗　为了使苗木分布均匀,疏密适中,提高苗木质量,当幼苗长出3片真叶以后,即开始分两次间苗,第一次间苗后1周定苗,间除过密的细弱苗、病虫害苗、双株苗和特大苗等,使苗木分布均匀,生长发育均衡,留苗100~150株/m^2。

(6)移植苗和大苗培育

①春季移植,移植时要带土坨,不要打散土坨的完整性。

②运输时应注意保护树冠和树干,运输前可以喷施适当的抑制生长素,减缓植物生长,减慢蒸腾作用。

③工程量大不能马上移植应该先进行假植,假植选择背阴的排水良好的地方进行假植,可以原地推土假植,也可以挖坑假植。

④移植后管理:a. 移植后立即浇水,喷施生长素,解除抑制生长素,使植物进入正常的生长循环,并立支柱。b. 如果根部不能吸收足够的氮,严重影响白桦的成活率,因此,栽植后注意进行氮肥的追施。c. 越冬时进行缠绳防寒,也可在落叶前喷施磷酸二氢钾增加钾肥含量,停施氮肥,减少氮肥含量提高植物自身的抗寒性。

16.4.4　龙爪槐嫁接育苗

龙爪槐(*Sophora japonica* var. *japonica* f. *pendula*)是槐树的芽变品种,落叶乔木,喜光、稍耐阴,能适应干冷气候。树冠优美,花芳香,是优良景观树木。

(1)砧木的选取

龙爪槐以槐树为砧木进行嫁接育苗,春天在苗圃中选择胸径5 cm以上的苗木留1.5~2.5 m定干(也可以根据具体要求来确定干的高度)。当新枝长到10 cm左右时,选留6~8个不同方位且分布均匀的枝条。其余的从基部抹除。第2年3月底至4月初按株行距1.5 m×2.0 m进行带土移栽,移栽后浇水,待接。

(2)接穗选择

选择树体优美、无病虫害的龙爪槐树的外围1年生枝条,在嫁接的头年秋后采集龙爪槐接穗,穗长10~12 cm,粗0.4~0.6 cm,每穗保留3~4个芽,然后进行蘸蜡处理,即将接穗在60~80℃溶解的石蜡中速蘸,使接穗表面全部蒙上一层薄薄的蜡膜。

(3)嫁接方法

先在接穗第一个芽的背面,离芽2~3 cm处下刀,削一个约2 cm长的斜面,然后在其对面下刀,削成一个楔形。在准备好的砧木上口,垂直向下直切,切口在形成层的内侧稍带木质部,长度与接穗长度相等。将接穗插入砧木,使两侧或一侧的形成层对齐,用麻绳或塑料条绑好,每株宜接3~5个接穗,以便早日形成树冠。接后20 d检查,接穗萌动者即成活。成活后注意抹去砧木的新芽,促进接穗生长。不成活者,保留砧木3~5个壮芽,留待5~6月芽接。

(4)苗期抚育管理

嫁接成活后,要辅以支架,将萌条放在支架上,使其平展向外生长。第一年冬剪时进行重短截,剪口留上芽,发芽后如果剪口处向下的芽萌发,应及时疏除,以促使芽生长形成较大树冠。第二年冬剪时仍进行重短截,再留向上的剪口芽,疏除向下的芽,如此下去即可逐步扩大冠幅，形成理想的冠形。

(5) 移植苗和大苗培育

①春季进行移植，起苗前剪除萌发的砧木枝条，起苗的土球直径为龙爪槐胸径的3~4倍，并保持土球湿度在65%~75%，采用浸湿的网绳夹一层苫布将土球包裹起来，假植3~5 d，到第2天或第3天浇透1次水，假植后将龙爪槐置于新穴中，分次填土并踩平实土面，浇透1次水。移栽到新穴后的第5天再浇第二遍透水。

②移植后管理：a. 根据树的生长状况，在枝条的下垂处重摘心，促发枝量。一般摘心2次；b. 6月中旬至7月中旬追肥2次，以氮肥为主，并结合追肥浇水。及时防治病虫害和清除杂草。

16.5 芳香型树种育苗典型实例

芳香植物是兼有药用植物和天然香料植物共有属性的植物类群，其组织、器官中含有香精油、挥发油或难挥发树胶，具有芳香的气味。本小节选取白兰、樟树、桂花（图16-5），探讨芳香型树种的嫁接、播种和扦插育苗。

图16-5 芳香型树种白兰花(左)(摄影：张志翔)、香樟树(中)、桂花(右)(摄影：刘勇)

16.5.1 白兰嫁接育苗

白兰(*Michelia alba*)，木兰科含笑属的乔木，花洁白清香、夏秋间开放，花期长，叶色浓绿，为著名的城市景观树种，多栽为行道树。

(1) 砧木选取

凡属木兰科的植物均可作为嫁接白兰花的砧木，本文选取火力楠为嫁接砧木。火力楠种子10月下旬采收，可随采随播，播后40~60 d即可发芽出土，出土后注意浇水，适时进行中耕除草、间苗、施肥。定苗后行间距保持7~8 cm，每亩产苗量2.5万~3万株；一般1年生苗木平均高85~100 cm，平均地径0.8~1.0 cm，即可进行嫁接。

(2) 嫁接时间

白兰春、秋均可嫁接，春季以3~5月、秋季以8~10月为宜，尤以春季4月嫁接成活率最高。

(3) 嫁接方法

白兰嫁接方法因季节不同而异，春季宜采用靠接法、秋季宜采用嵌合芽接法。

①靠接法　选2年生健壮枝条作接穗，留最上面的2~3片叶子；然后，从顶端往下数，在第3~4个芽处侧切一个7~9 cm切口；将砧木苗下面的叶子剪掉，从苗木露出土面的部位，向上7~9 cm左右的地方切一个相同大小的切口，然后将两个切口对准，再拿一个竹条将它们绑好，捆绑到一半时，要用一片叶子将切口包住，再继续用竹条捆绑好。这样做的目的有利于切口的愈合。

②嵌合芽接法　取1年生木质化、生长健壮枝条，剪除叶片保留叶柄；嫁接前取下芽片作接穗。选1~2年生砧木苗，在离地面15 cm平直光滑处，切一长宽与芽片相等的树皮，将其撬开，嵌入芽片，用塑料带绑扎严密，松紧适度。

(4)嫁接后的管理

①摘除砧芽、截顶和解带　嫁接成活后，当接穗芽眼露出幼芽时，应在接芽的上方10 cm处截去砧木顶梢。截顶后，根系与枝叶的生理活动机能失去平衡，促进了砧木根颈上潜伏芽和接口上方的腋芽萌发。此时，若不及时摘除砧芽，大部分水分、无机盐及有机养料就会被砧芽吸收，使接芽不能及时得到必须养分和水分而枯死。当接芽长至5~10 cm时，应及时解带。

②加强肥水管理　形成层细胞旺盛的分裂活动，可促进接口的愈合；而旺盛的分裂活动需要充足的水分和养分。因此，从嫁接到接芽生长过程，应及时浇水，增施有机肥料，改善接芽的营养条件，从而提高成活率。

待幼芽长至10 cm以上时，应及时扶直绑扎好嫁接植株，以免风折。

(5)移植苗和大苗培育

①移植时间以早春发芽前10 d或花谢后展叶前栽植最为适宜。

②移栽时根须均需带着泥团，并注意尽量不要损伤根系。以求确保成活栽植前，应在穴内施足充分腐熟的有机肥作底肥，栽好后封土压紧。

③白兰花较喜肥，但忌大肥；生长期一般施两次肥即可有利于花芽分化和促进生长。一次是在早春时施，另一次是在5~6月进行。肥料多用充分腐熟的有机肥。新栽植的树苗可不必施肥，待落叶后或翌年春天再施肥。白兰花的根系肉质根，不耐积水。

④采用堆土种植法，在预先指定的地点栽培移植过来的白兰树，在已经挖好的坑底部先施适量基肥，坑的直径大小要比土球直径大30~40 cm，深度比土球高度深30~40 cm，然后将白兰树土球缓缓埋入坑中。树木定位后，拆除草绳等包装材料，然后均匀填入预先准备好适合白兰树生长的土壤，分层夯实，填土至2/3时浇水，如发现空洞，应及时填入捣实，待水渗下后再加土，然后堆土成山丘状。

⑤移植后培育：a. 浇水要作到适时浇水，并且还要根据树种和天气情况进行喷水雾保湿或树干包裹；b. 在养护管理中，适时适当的施肥；c. 夏防日灼冬防寒；d. 应定期、分次进行剥芽以及除萌，用以减少养分消耗，保证树冠在较短的时期内快速形成；e. 加强病虫害防治。

16.5.2　樟树播种育苗

樟树(*Cinnamomum camphora*)，植物全株均有樟脑香气，可提制樟脑和提取樟油。木材坚硬美观，又名绿化树、行道树，香味可驱害虫。

(1) 种子采集

采种时间每年 10~11 月，当果实由青变紫黑色时，选择生长迅速、健壮、主干明显通直、分枝高、树冠发达、无病虫害、结实多的 40~60 年生母树，用纱网或塑料布沿树冠范围铺一周，用竹竿敲打树枝，成熟浆果落下收集即可。

(2) 种子调制和贮藏

将采集的种子放在清水中浸泡 2~3 d，用手揉搓或棍棒捣碎果皮，淘洗种子，再拌草木灰脱脂 12~24 h，洗净阴干，筛去杂质即可贮藏。樟树种子含水量高，宜采用混沙贮藏。

(3) 苗圃地选择

选择地势平坦水源充足，避风的地块。土层深厚肥沃、排水良好、光照充足的砂壤土或壤土，地下水位在 60 cm 以下。

(4) 整地

在初冬进行第 1 次耕耙，播种前进行第 2 次耕耙，并施足基肥，基肥一般用腐熟厩肥，22.5~30 t/hm² 或碳酸氢铵 0.75 t/hm²，磷肥 0.75 t/hm²、菜饼肥 2.25 t/hm²，筑成高床，一般床高 20~25 cm、床宽 1.2 m。

(5) 催芽

3 月初樟树播前需催芽，可用 50℃ 的温水浸种，当温水冷却后再换 50℃ 水重复浸种 3~4 次，可使种子提早发芽 10~15 d。

(6) 播种

在 2 月末至 3 月中旬，采用条播。条播行距 20 cm 左右，播种量 150~225 kg/hm²，播后覆土盖稻草或地膜，保持苗床表土湿润，以利种子发芽。

(7) 苗期抚育管理

幼苗出土 1/3 后开始揭除覆盖，出土 1/2 后全部揭除。待幼苗长出 4 片以上真叶，苗高 5 cm 左右就可以开始间苗，留苗 30 万株/hm² 左右，防止幼苗过密而徒长。5 月末至 6 月初追肥 1 次，以尿素为宜，追肥量为 70.5 kg/hm²，沟施。速生期可每隔 20 d 左右施尿素 1 次，施肥量为 70.5 kg/hm²。速生期后期停施氮肥，适当追施磷肥，促进木质化，同时注意中耕除草。速生期苗木易遭地老虎危害，可用 75% 辛硫磷乳油 1 000 倍液灌根防除。樟树主根性强，可在幼苗期进行切根，以促进侧须根生长。用锋利的切根铲与幼苗成 45°角切入切断主根，深度 5~6 cm，切根后浇水使幼苗与土壤紧密结合。

(8) 移栽

移栽时间在 3 月中下旬至 4 月上中旬较为适宜，移植密度每亩 1 500 株左右。随起随移，移栽后离地 10 cm 左右截干，当芽长到 10 cm 左右可定主干，剪去多余枝芽，留一个比较粗壮的枝。冬季床面施厩肥 2 000 kg。这样 3 年生苗木胸径可达 3 cm 以上。当移植时要注意保持土壤湿度，水涝容易导致烂根缺氧而死，但不耐干旱、瘠薄和盐碱土。

(9) 移植苗和大苗培育

①在移植前应在苗圃地上挖一定的栽植穴，栽植穴的规格应该根据大苗的土球直径进行确定，一般比土球直径大 40 cm、深 20~30 cm 即可，挖好移植穴后应及时回填 20~30 cm 的泥土，并在底部施加适量的腐熟农家肥，为香樟大苗提供足够的养分。可将黄土与沙子

按 2∶1 比例混合作为栽植土。在将樟树大苗入穴时，应该将土球竖立在土堆上，尽量将其生长方向与原生长方向保持一致，待大苗入穴后，使用木杆对其进行固定，并除去草绳等，然后使用栽植土对其进行回填，将土球与穴壁之间的间隙填实。

②大苗移植后管理：a. 为了防止樟树大苗因风吹出现歪斜，可使用三柱支架将其进行固定，应该在树体与支架之间加上防护层，防止支架对树干造成伤害；b. 由于香樟在移植后根系吸水能力较弱，为了减少因蒸腾作用而挥发的水分，可使用湿润的草绳对大苗主要树干进行环绕，并经常对其喷洒适量的水分，以减少蒸腾失水；c. 移植后的大苗在生根后会出现全树萌发的现象，因此应除去树干 2.5 m 以下的萌芽，同时对树形进行整形，除去病枝、长枝，促进大苗生长；d. 在移栽后应对其浇足定根水，可以在浇水时适量添加一些生根液促进移植大苗生根，第 2 次浇水可在 2~3 d 后进行，以后可根据土地墒情进行适时浇水；e. 由于整地时施加了适量的农家肥，第 1 年可以不用施肥，在第 2 年可以根据土壤肥力适时进行施肥，也可以和浇水一起进行；f. 为了防止病虫害的发生，可用多菌灵或敌杀死进行喷洒，冬季在树干上涂上石硫合剂或生石灰进行防虫。

16.5.3 桂花扦插育苗

桂花(*Osmanthus frragrans*)中国传统十大名花之一，集绿化、美化、香化于一体的观赏与实用兼备的优良园林树种，桂花清可绝尘，浓香远溢，堪称一绝。

(1)插穗的选择与处理

选择品质优良、生长健壮、无病虫害的幼龄桂花树作为母树，选择树体中上部与外围芽体饱满、生长势强和无病虫害的当年生半木质化的嫩枝或已木质化的健壮枝条作插穗。在晴天的早晨或阴天进行采穗，插穗剪成 8~10 cm 长，上部保留剪去一半的叶片 2 枚。上端剪成平口，基部削成斜口，按 30~50 株为一捆的标准，将全部插条捆扎好。然后将插条基部 3 cm 整齐竖排在配制好的 100 mg/L 浓度的萘乙酸溶液或 ABT 生根粉溶液中，浸泡 6~8 h。然后取出，用清水清洗下部后，即可扦插。这样处理可大大提高扦插成活率。

(2)插床准备

扦插中常用的基质有蛭石、珍珠岩和黄沙等几种，其中以蛭石和黄沙混合体效果较好。混合体由 20 cm 厚的下部黄沙和 10 cm 厚的上部蛭石组成，可以形成既保水又透气的双层结构，同时还能在一定程度上防止基质湿度过大，因下层黄沙渗水性能较好。露地插床可选用微酸性、疏松、通气和保水力好的土壤作扦插基质。插床高 20 cm。床面要平整，土粒要细碎，并反复翻动，翻晒几天。在插床四周要开好排水沟，防止积水。在扦插前一个月，可用 800~1 000 倍敌百虫药液喷洒土壤，以消灭线虫。插前半个月，用 1∶100 倍福尔马林药液对土壤进行消毒，以防止插条感染病菌而腐烂。施药后，土表盖上塑料薄膜。10 d 后将塑料薄膜揭除，以散发余药，防止药害。临插前 2 d，再用清水浇透苗床，待水渗干后，整平床面待插。

(3)扦插时间

桂花的扦插育苗，一般以夏季和秋季两个季节扦插最容易成活。尤以 6 月和 7 月为佳，这时桂花新梢已停止生长，但是还没有老熟，处于半木质化状态，花芽也刚开始发育，秋梢尚未萌发，枝条内部细胞分裂活跃，同时温度适宜，容易生根成活。此时，用当年生半木质化枝条进行带踵扦插,成活率高。

(4) 扦插

扦插时,插条入土的深度一般为插条的 1/2~2/3 为宜。扦插的株行距为 5 cm × 10 cm,以叶片不互相重叠为宜,直插于土壤中(也可进行斜插),插后将土压实,浇透水,使插条与土壤能够紧密结合,并保持湿润,接着用塑料小拱棚罩住,以保证生长所需要的湿度和温度、并防止雨淋积水。

(5) 苗期管理

扦插后,还要搭上遮阳网,以防止阳光直射,减轻日照强度。其透光度以 30%~50% 为好。荫棚内的温度要求保持在 20~25℃,相对湿度保持在 80%~90%。如果高棚内的温度在 28℃ 以上,可在插床上再搭建便于揭盖的低层荫棚。此棚遮阳平时要做到两揭两盖,即早上盖,晚上揭;晴天盖,阴天揭。扦插一般在上午 10:00 以前或下午 16:00 以后进行;当天采集的插条,要求当天插完,以防止枝条失水而萎蔫,保证扦插的成活率。扦插后每隔 7 d 喷多菌灵 2 000 倍液 1 次。

(6) 移植苗和大苗培育

① 挖树坑 移栽前 1 周左右应将新栽地的树坑挖好,预挖树坑直径要比移栽树的包装直径大 1 m 左右,高度与移栽包装高度水平即可。挖出的表层土和下层土分开放置,把土摊开晾晒,同时将土中的砖头、瓦块等杂质清理干净。再按 10:1 配合比拌入硫酸亚铁,这样增加了土壤的酸度,又对土壤进行了消毒,同时增强了肥力。

② 修剪 大桂花的修剪是移栽成活的关键之一。因大桂花萌蘖能力不强,所以截干、截枝是不可取的。只能修剪桂花的叶片,用剪刀剪下叶片,留下叶柄,保护腋芽,保留原树叶数量的 1/3。这样既可减少水分的蒸发,又保留原树冠的美观。

③ 起苗 大桂花的移栽用硬包装最好。对要移栽的大桂花树提前 1 周浇 1 次透水,使其根系吸收足够的水分。土球直径应是植株地上 1 m 高度树干直径的 6~8 倍,高度是土球直径的 70%。挖土球时需断除的大根要用手锯锯断,不要用其他工具劈砍,根的断面用硫黄粉和 ABT 生根剂按 3:2 的比例调成糊状进行处理。土球挖好迅速把模板扣上,用穿丝拉紧,树干用草绳包装好后吊装。

④ 栽植 栽植前要对预先挖好的树坑用运输桂花树带的原土回填土 10~15 cm。因桂花树不耐水淹,所以栽植的桂花深度要比原地面高出 10~15 cm。首先吊下桂花树按原来生长的朝向放好,然后在树坑的四个角各放入塑料管一条,树坑填完土后增加根部透气性。再按顺序把模板去掉的同时回填土到土球高度的 1/3,紧贴土球的周围填原土,填一层踏实一层,防止土球破裂。树坑全部填完踏实,围堰,打支撑,浇第一次透水。

⑤ 移植后管理 a. 距第一次浇水 3~4 d 再浇 1 次透水;b. 待水全部阴干后,把原来树坑周围剩余的土围在树根的周围,形成中间高四周低的土堆,这样桂花树不会因积水而被淹死;c. 翌年春天一定要浇 1 次开春水;d. 在平均气温 20℃ 左右用磷酸二氢钾和杀菌剂(多菌灵等)的混合液每隔半月喷洒 1 次树叶、树枝,既给桂花树实施了叶面追肥,又起到了杀菌作用。

16.6 用材林和生态林造林树种育苗典型实例

用材林和生态林是我国大规模造林的两个主要林种,对保障我国木材生产和改善生态环境有重要作用。本小节选取杉木、油松、马尾松、桉树、杨树(图16-6),探讨造林绿化树种的播种和扦插育苗。

图16-6 造林绿化树种杉木(左上)、马尾松(右上)、桉树(左下)、杨树(右下)(摄影:刘勇)

16.6.1 杉木播种育苗

杉木(*Cunninghamia lanceolata*)是杉科杉木属乔木,为我国南方特有的造林绿化树种。

(1)种子采集、调制和贮藏

杉木一般在3~4月开花,10月下旬至11月上旬种球由青绿色转为黄褐色时即可采收。最好在母树林或种子园采收,也可选择15~30年生,生长良好的优树上采种。采后及时摊晒脱粒,人工脱粒温度不宜超过50℃,然后净种分级。当年使用的种子放在通风干燥处贮藏。若种子要备用2年以上，则宜将种子含水量降低至5%~6%，在密封和低温条件下贮藏。

(2) 育苗地选择

选择水源条件好、排灌方便，土壤深厚肥沃、含砂砾石少的黄壤土或沙质壤土作苗圃地。

(3) 种子准备

种子用0.5%的高锰酸钾浸30 min，用无菌水冲洗残留的药液，用40~45℃温水浸种、自然冷却至25℃，1 d后播种，可缩短出苗期，提高苗木整齐度。

(4) 播种

细致整地，做好土壤消毒，以防病虫害特别是猝倒病的发生。施足基肥，提倡施用有机肥。适当早播，冬播以12月至翌年1月上旬为宜，春播最迟不宜超过3月下旬。播种方法以条播为好，行距18~25 cm，沟深1 cm，宽2~3 cm，播后覆细肥土，轻轻镇压，盖草。播种量150 kg/hm^2。

(5) 苗期管理

当种子发芽出土达60%~70%时，及时分2~3次撤除覆盖物，每次间隔3~5 d。揭草后应采取遮阴措施，透光度保持40%~50%，遮阴期为6~9月，立秋后应适时拆去遮阴棚。

防猝倒病可用1%~2%的硫酸亚铁溶液，按1 125 kg/hm^{2}量连续喷洒4~7次，每隔7 d 1次。每次喷洒完后要立即用清水清洗幼苗，以防幼苗产生药害。也可用0.3%漂白粉、1%波尔多液或0.1%~0.5%敌克松喷洒苗木。

幼苗全部出土后要及时除草松土，整个苗期要除草8~10次，同时要适时追施速效性肥料，雨后及时清沟排渍，干旱季节及时浇水和抗旱保苗，并分次做好间苗工作。

(6) 移植苗和大苗培育

①移植地　土壤要疏松肥沃湿润，呈微酸性(pH值为4.5~6.5)，质地以砂壤土至轻黏壤土为宜，排灌容易。

②栽植时间　以12月至翌年2月效果较好，但在冬季干旱或有严寒的地方，则以春季栽植为妥。栽植宜穴大而深，使根系舒展，苗梢宜向下坡(俗称不反山)，适当深栽，分层覆土打实，才能保证成活和生长良好。

16.6.2　油松容器育苗

油松(*Pinus tabuliformis*)是松科松属常绿乔木，为我国特有造林绿化树种，一般容器苗造林成活率高于裸根苗。

(1) 种子采集

油松的种子在9月上、中旬成熟，当球果由绿色变为黄绿色，就应及时采收。选择林龄为20年以上，发育健壮、干形好、抗性强、无病虫害的树木作为采种母树。采后球果放在通风良好的场地摊晒，每天翻动1次。几天后球果鳞片卷曲自行裂开，再用木棍轻轻敲打并来回翻动，种子就自动脱出。将收集的种子经过搓揉去翅，筛选去杂，晒干后即可贮藏。

(2) 催芽处理

油松种子容易发芽，催芽的目的主要是为了使种子发芽整齐，出苗均匀一致。采用低温层积催芽效果较好。一般是在播种前 30~40 d，将种子用 0.50% 高锰酸钾溶液消毒后，浸水 24 h，混以 2~3 倍洁净的湿沙，置背阴低温处层积，播种前取出，除去沙粒，即可播种。此外，还可以用温水浸种催芽。即播种前用 45~60℃ 温水浸种 24 h，捞出放在温暖的地方，摊放在湿麻袋或草袋上，覆盖，每天撒水和翻拌一次，当种子裂嘴达 30% 以上即可播种。

(3) 育苗地选择

无论是露地还是温室，育苗时尽量不要将容器直接码放在土壤上，因为容器底部是空的，一旦根系长出，伸入土壤，就会在土壤中形成较大根系；相反在容器中由于空间小，营养少，不利于形成根系发达的根团。在起苗时又不可能带走土壤中的根系，只能将其切断，从而造成苗木根系不发达，影响造林成活率。所以，最好将容器放在离地面 20~100 cm 左右的架子上，使容器苗底部保持良好的通风条件，当根系长出容器时，根尖暴露在空气中，会停止生长，起到空气修根的作用。

(4) 培养基配制

培养基应该有较好的保湿、通气、排水性能，且无病原菌。油松苗培育要求 pH 4.5~5.5 为好，配制培养基以（体积比）泥炭：珍珠岩 = 3∶1；或泥炭：珍珠岩：园林废弃物堆肥 = 55%∶25%∶20%；或泥炭：珍珠岩：蘑菇渣堆肥 = 45%∶25%∶30% 配制，并用 3% $FeSO_4$ 消毒。

(5) 容器类型

以硬塑料容器，上口直径 3.8 cm，高度 21 cm 为最佳。

(6) 播种

播种时间一般在 4 月上旬，种子应播在容器中央，每个容器内播 3~5 粒，深度 2 cm。然后覆沙，厚度以刚盖住种子为宜，最后洒水保持表面潮湿。

(7) 苗期管理

①浇水　播种后要及时灌足第 1 次水，以湿透全部培养基为度，以后视天气情况，每 3~5 d 喷水 1 次。科学的灌水参数是当基质含水量降至饱和含水量的一定比例时进行灌溉，既能促进苗木生长，又可节约用水。灌水参数根据苗木的不同时期而定，幼苗期：当基质含水量降至饱和含水量的 80%~85% 以下时浇水；速生期：70%~75%；木质化期：60%~70%。

②施肥　采用 N∶P∶K = 14∶13∶13 的缓释肥，施肥量为 100 mg N/株，在培养基配制时将其均匀混入。

③间苗与除草　苗木出齐后 1~2 周进行间苗，每个容器保留 1 株苗木。容器中如有杂草应及时拔草，做到"除早，除小、除了"。

④病虫害防治　幼苗出齐 1 周后，用浓度 0.1% 的多菌灵喷洒，每周 1 次，共 4~5 次。

⑤补光　延长光照时间可大幅度促进苗木生长，提高苗木质量。可采用日光灯，在太阳落山后延长光照 3~5 h。

16.6.3 马尾松播种育苗

马尾松(*Pinus massoniana*)是南方典型的造林绿化先锋树种。

(1) 种子采集

采种时,应选择冠形匀称、干形通直、生长健壮的15~40年生的母树,球果10月中旬至11月上旬成熟,当球果由青绿色变为黄褐色、鳞片尚未开裂时采收,且应采大型球果。球果采回后,一般用堆沤脱脂或用人工干燥法处理。种子去翅除杂后,放在通风干燥处干藏。

(2) 圃地选择

马尾松幼苗喜光、怕水涝、易感病。圃地应选在地势较平坦、易于排水、土层深厚肥沃、靠近水源、阳光充足、土壤pH 5.0~6.0的砂壤土或轻壤土。

(3) 整地、作床

整地是马尾松育苗的关键环节之一,马尾松种子细小,破土力弱,整地力求精细。将选好的苗圃地在上一年冬天深翻20~25 cm,翻后不耙不压以利于土壤充分凌冻和风化,以减少翌年育苗虫害。细致整地后,可用五氯硝基苯与敌克松、苏化911、代森锌等混合使用进行土壤消毒,也可用碾碎的硫酸亚铁($22.5~37.5$ kg/hm^2)拌成药土撒施消毒;用50%辛硫磷杀虫。

高床育苗,床面略呈弧形,以利于床面排水。作床的同时施足以磷为主的基肥。马尾松育苗最怕积水,因此,在圃地的四周和圃地之中都要挖好排水沟,以利于排水。圃地应沿等高线耕作。

(4) 种子准备

一般在播种前用30℃温水或冷水浸种12~24 h,同时,为预防病害,有条件的还可用0.3%的福尔马林喷洒种子进行消毒,处理后的种子沥干能够撒开即可播种。

(5) 播种

以当地气温稳定在10℃的春季播种为好。种子纯度及发芽率在75%以上,千粒重在10~12 g,条播,播种量以60 kg/hm^{2}为宜。行距15~20 cm,沟深0.5~0.8 cm,条幅10~15 cm,播种后将沟覆平,覆土厚度0.5~0.6 cm,并稍加镇压和盖草。

(6) 苗期管理

①撒草应在阴天或晴天的傍晚,分2次进行,第一次是在种子发芽出土50%~60%时揭除70%左右的覆盖,第二次在种子发芽出土80%时揭除全部覆盖物。撒草后,应采取适当遮阴措施,透光度50%~70%。久晴不雨或夏季高温土壤干燥时,要适时进行灌溉。大雨或灌溉后,应及时清理积水。

②出苗前用化学除草,出苗后用毒土法。整个苗期要除草7~10次。

③幼苗期要特别注意防猝倒病。用1%~2%浓度的硫酸亚铁溶液按照1 025 kg/hm^{2}量,每隔7 d喷洒1次,连续喷洒4~7次。每次喷后要立即用清水清洗幼苗,以免产生药害。也可用0.3%漂白粉、1%波尔多液或0.1%~0.5%敌克松喷洒苗木及周围土壤。

④在苗高3~5 cm时,进行第一次间苗,1个月后定苗。

⑤苗木生长初期可追施过磷酸钙1~2次,用量80~105 kg/hm^2;速生期到来前,追

施氮肥,有效氮用量控制在 22.5~37.5 kg/hm²;在 8 月中下旬进入速生期时,可施 1 次草木灰(钾肥),以促进苗木木质化,按期封顶。干施化肥后一定要及时用树枝清扫苗木,在雨后或苗木针叶持水时不能干施。水施后要用清水冲洗苗叶。

(7)移植苗和大苗培育

①确保移栽成活率 必须对其切根处理,促使多发须根,切根需在移植之前两年的春秋季进行,切口要平滑,利于伤口愈合和生长须根。

②起挖树体 挖掘时应保证马尾松具有应有的根系直径和深度,为了避免震动树兜四周的土壤,遇有粗根时要用快刀和锯切断。

③移栽时间 一般选择在阴天或者多云无风天气下,选择酸性土壤。定植穴挖好后,在树穴底部填 15 cm 厚度的酸黄泥土,中间稍稍隆起。

④移植方法 要随起随栽,当填土与土球厚度基本持平时,浇 1 次透水,使土球吸足水分,待水分全部渗入后,再将土填满,此时不宜再踏实。

⑤移植后管理 栽好后一般要连浇 3 次透水,栽后当天浇第一次水,第二天再浇 1 次水,1 周后浇第三次水;树干包扎,减少树体水分蒸腾和防止日灼及运输碰伤树皮的一种有效方法;因新栽树木尚未扎根,栽植后应及时搭架支撑,稳定树干,不使根部松动而影响成活。

16.6.4 桉树组培育苗

桉树(*Eucalyptus* spp.)是桃金娘科桉属植物的总称,原产澳洲,19 世纪引种至世界各地,现已成为我国三大造林树种之一,我国桉树人工林面积仅次于巴西,居世界第二位。桉树组培育苗已在生产中广泛应用。

(1)外植体选取和消毒

①外植体选取 桉树与其他多年生植物一样,有明显的生长期和休眠期,因此外植体的采集应在植株生长的旺盛时期。通常以夏季取材灭菌容易成活,秋冬季取材再生能力差、不易成活,雨季或湿热季取材容易染菌、消毒不易成功。因此,选取病虫害少、生理年龄小、再生能力强的芽或茎段作为组培的外植体,即取顶芽以下第 4~6 位腋芽和半木质化茎段。

②外植体消毒 为了降低污染程度,目前最常用的方法是先用自来水冲洗干净,再用 70 % 酒精消毒 30 s,后用 0.1 % 升汞消毒 1~10 min,每次消毒后均用无菌水冲洗 3~5 次。

(2)培养基与激素配比

目前所用基本培养基有 MS、改良 MS、1/2MS、1/3MS、改良 1/2MS、改良 H、VPW、改良 VPW、F、EU 等。具体应根据桉树品种特性,培养阶段及目的,以及药品的不同批号而定。

①初代诱导培养 桉树初代培养所用的主要细胞分裂素种类为 BA,浓度为 0~2.0 mg/L;生长素种类为 NAA 和 IBA,浓度分别为 0~1.0 mg/L 和 0.3~1.0 mg/L。配比为:柳桉最佳的初代启动培养为 MS + BA 2.0 mg/L;柳窿桉为 MS + BA 1.0 mg/L + NAA 0.2 mg/L;尾细桉为 EU + BA 0.5 mg/L + NAA 0.2 mg/L 等。

②继代增值培养 桉树继代增殖培养常用的细胞分裂素有 6-BA 和 KT，生长素有 NAA 和 IBA，不同的品种差异较大，如：赤桉继代增殖培养基为 MS + 6-BA 1.5 mg/L + NAA 0.1 mg/L，增殖系数为 4.2；尾赤桉为 MS + 6-BA 0.3 mg/L + NAA 0.2 mg/L，增殖系数为 4.0。多数情况下，继代增殖培养基中的 BA 浓度低于初代诱导培养基，赤桉例外。

③生根培养 当继代芽增殖到一定数量时，将株高 3~4 cm 的丛生芽切成单株后进行生根培养。生长类激素如 IAA、IBA 和 NAA 等对组培苗生根有良好的促进作用。在桉树生根培养中，有些品种单一使用 IBA 或 NAA 就能达到良好的生根效果，如尾细桉 1/2 MS + NAA 0.2 mg/L 或 1/2 MS + IBA 0.2 mg/L；本泌桉 IBA 0.1~0.3 mg/L；边沁桉 IBA 1.5 mg/L；赤桉最佳生根培养基为 1/2 MS + IBA 1.0mg/L + NAA 0.5 mg/L；巨尾桉为改良 1/2 MS + IBA 1.5 mg/L + NAA 2.0 mg/L。

(3) 培养条件

培养基凝固剂、蔗糖含量和 pH 值，以及培养环境的温度和光照，也是桉树组培苗能够正常生长的重要因素。这些参数通常为：琼脂 0.4%~0.7%，蔗糖 2%~4%，pH5.8，培养温度 24~28℃，光照强度 20~60 μmol/(m²·s)、光照时间 12 h/d。

(4) 生根苗的处理

①清洗 从培养器皿中取出幼苗，放入装满清水的大塑料盆内，洗净根部的培养基，幼苗捞起后放在塑料筛筐中。

②消毒 先配制 0.2% 高锰酸钾溶液，放于塑料盆中，将装有幼苗的塑料筐直接放于溶液中浸泡 2 min 消毒，取出后用清水冲洗干净。

③浸苗 先用配制的 1 号 ABT 生根粉 1% 浓度溶液，放于塑料盆中，将装有幼苗的塑料筐放于溶液中浸泡 10 min，取出后用湿毛巾覆盖幼苗，送至圃地移栽。

(5) 瓶苗移栽

①移栽季节 一般在 3 月初，气温在 12 ℃ 以上为好，移栽当天以阴天、多云天气为好。

②移栽操作 右手持一把一端是鸭嘴形的小竹片，将营养土挖个小穴（深 1.5 cm 左右），左手轻轻地提苗放于穴内，使根系舒展，右手再用竹片插入幼苗根际外营养土 2 cm 左右，向幼苗方向挤压实，即完成移栽工序。防止栽植过深、窝根或露根，每个容器袋只栽 1 株幼苗。

③浇水、搭架 移植后随即浇透水。用竹片作拱架，间隔 1 m 插一根。

④覆盖薄膜和遮阳网 移栽浇水后要立即覆盖塑料薄膜，边缘培土压紧，防止漏气，一畦作业完成时再盖上遮阳网 (75% 透光度)，两头用石块或泥土压紧。

(6) 苗期管理

①前期管理 1~30 d。移栽后 1 周，揭开薄膜、遮阳网，喷洒杀菌剂预防苗木茎腐病，每隔 10 d 喷洒 1 次。如遇晴天，中午气温高，应揭开苗床两端的薄膜及遮阳网，让其通气 2~3 h 后盖上。阴天、多云时全天覆盖。移栽 15 d 后，幼苗已成活，可揭除薄膜、遮阳网。且在移栽 15 d 后开始施肥，喷施 0.3% 复合肥 (N:P:K 各 16%) 溶液，隔 15 d 再喷施 1 次。移栽 15 d 后，由于容器袋内的营养土已浇透了水，加上薄膜覆盖，苗床内湿度

相对较大,可以不浇水。后半个月薄膜已揭开,水分损失较多,要视营养土湿度情况浇水。

②中期管理 31~60 d。按前期管理10 d定量喷药1次,共喷3次。当营养土表面干燥时及时浇水。每10 d喷施1次0.3%复合肥加0.1%尿素及高乐。

③后期管理 61~90 d。本期主要技术措施是加强病虫害防治(按照前期管理),控制水、肥供给和炼苗。每15 d施肥1次,为0.4%复合肥加0.1%尿素及高乐。由于揭开遮阳网炼苗,营养土水分明显减少,因此应视缺水程度确定浇水次数。炼苗的原则是:逐渐揭网炼苗,晴天上午、下午炼苗,1周后全部揭开遮阳网炼苗。

(7) 出圃

为保证造林成活,在苗木出圃前(苗高15 cm左右)需要进行苗木分级管理,可于出圃前15 d进行。先把不合格与合格苗1次分开摆放,即把合格苗集中假植于一畦内,浇透水,待出圃;再把不合格苗集中栽植于一畦,进行水、肥、药管理,继续培育成合格苗。

16.6.5 杨树硬枝扦插育苗

杨树(*Populus* spp.)是杨柳科杨属植物落叶乔木的通称,是我国重要的造林绿化树种。杨树品种中属于黑杨派的欧美杨无性系、美洲黑杨无性系和黑杨派与青杨派的杂种无性系在我国杨树人工林中应用最为广泛。这些品种无性繁殖能力强,主要应用硬质扦插进行繁殖。

(1) 圃地的选择和准备

圃地应选在地势平坦、背风向阳、排水良好、浇灌便利,并且土层深厚、肥沃疏松的砂壤土、壤土或轻壤土上。不宜选择盐碱地。做床做垄前必须对土壤进行消毒,一般采用多菌灵。圃地一定要整平、整细,以免灌水时发生高处干旱、低处积水现象,使新萌的幼叶蘸泥,经太阳照而死亡。

(2) 种条的假植或窖藏

选用生长健壮、无病虫害、木质化程度高的1年生苗的苗干作种条。在秋季苗木落叶后立即采条,此时枝条内营养物质积累丰富,经冬季适宜条件贮藏,可促进插条形成愈伤组织,有利于插条生根。但对于欧美杨、美洲黑杨与白杨派和青杨派的杂种无性系,最好是春季随采随插。

冬季起苗后,要带根假植于假植沟中,沟深70 cm、宽60 cm(在寒冷地区深度90 cm,以覆土后不受冻害为度),长度视苗木与沟中土壤紧密接触,不留空隙,以免冬季风干。在寒冷地区,仅将苗木1/5~1/4的梢部露出土外,然后灌水封土,最好再覆盖草帘,以免发生冻害,待翌年春季育苗时,挖出后剪切插穗。

如果采用窖藏,选地势较高、排水方便的向阳地段挖窖,窖深60~70 cm,宽1 m左右,长度依种条数量而定。窖底铺一层10 cm厚细沙,并使之保持湿润。在窖底埋条时,每隔1~2 m插入一竖直草把,以利通风。严冬季节要及时采取保暖措施。要经常抽查窖藏种条,发现种条发热应及时翻倒;沙层失水干燥时,可适当喷水,以保持湿润。经常观察坑内土壤水分状况,土壤过干,种条容易失水;土壤过湿,种条容易发霉。

(3) 插穗截制

剪插穗前,先将苗根剪下堆在一起,用土埋好待用。对于以愈伤组织生根为主的无性系，插穗以上下切口平截，且要平滑，以利于愈合组织的形成，提高成活率。要特别注意使插穗最上端保持一个发育正常的芽，上切口取在这个芽以上 1 cm 处，如苗干缺少正常的侧芽，副芽仍可发芽成苗。下切口的上端宜选在一个芽的基部，此处养分集中，较易生根。插穗长度按"粗条稍短、细条稍长，黏土地插穗稍短、砂土地插穗稍长"的原则，由种条基部开始截制，插穗长度 12~15 cm。剪切的插穗应按种条基部、上部分别处置，分清上下，50 根一捆，用湿沙立即贮藏好，尽量减少阳光暴晒以免风干，然后用塑料布覆盖，随用随取。

(4) 插穗的处理

越冬保存的欧美杨无性系种条，可不经任何处理，直接扦插。保存中失水较重和北方干旱地区春季采条截制的插穗，在扦插前须在活水中浸泡一昼夜，使插穗吸足水分。也可溶去插穗中的生根抑制剂，可提高扦插成活率。对于从外地调进的种条浸水尤其重要。为防止插穗水分散失，影响成活率，可把浸水后的插穗用融化的石蜡封顶，基部用生根粉溶液处理。

(5) 扦插时间

在冬季较温暖湿润的地方，苗木落叶后随采种条随制穗随扦插。冬季寒冷或干旱地区，土壤解冻后春插。必要时，扦插后可以覆盖地膜。

(6) 扦插

种条基部和中部截取的插穗要分床扦插。扦插行距 20 cm×60 cm，45 000 株/hm²，具体根据培育苗木规格、品种无性系特性、苗圃土壤情况、抚育管理强度而定。

插穗直插为主。扦插后插穗上部应露出 4~5 cm。扦插时注意保护插穗下切口的皮层和已经形成的愈伤组织。插穗上部的芽应向上、向阳。扦插后覆土 1 cm 盖严插穗。之后立即灌溉。

(7) 苗期管理

插条育苗的管理工作较播种育苗简单，主要是除草、松土。干旱时灌溉必要时追肥。有些品种需要除蘖(抹芽)。苗高速生期开始时，只保留 1 个健壮萌条，其余全部抹去。除蘖次数以品种特性而定。

(8) 移植苗和大苗培育

①栽植时间为春季和秋末冬初(10 月底至 11 月中旬)，冬季杨树落叶后及土壤封冻前，春季萌芽前，均适宜杨树移栽。

②在起苗、运苗、栽植的各个环节，都要防止苗木失水。在苗田应遵循先灌水后起苗的原则，苗木起运中要注意保护好根系，使根系完整、新鲜、湿润，尽量做到随起、随运、随栽。不能及时栽植的苗木，要妥善假植，美洲黑杨的一些无性系，在栽植前，用清水浸泡 1~2 d。

③栽植时应掌握"五大一深一泡"技术，即大苗：苗高 3.5 m，粗 3 cm；大塘：塘 80 cm³；大肥，每塘放有机肥 1/3 高度；大株行距，4 m×5 m 以上；大水，一栽好即浇一桶足水；一深，即深栽，栽植深度为 50 cm 左右；一泡，在栽前把根泡在水中 1 d 左右，使其吸足水。

④栽后管理：a. 应及时修剪苗木生长过程中出现的竞争枝和侧枝，避免杂枝与主干争

取养分,以促进主干生长。这一操作最好在农历春节前后进行;b. 针对截干移植的杨树苗木,当萌条生长至约 20 cm 时,确定留下一条直立、健壮的萌条,去除其余萌条;c. 如在杨树大苗成长过程中发现苗木干形不正,与要求差距较大,或地上树干部分遭遇较为严重的损伤,可在春季树木发芽前进行齐地面平茬处理,使树苗重新长出符合标准的树干。

16.7 种苗培育相关技术标准目录

银杏:LY/T 2128—2013 银杏栽培技术规程。
　　　LY/T 2438—2015 观赏银杏苗木繁殖技术规程。
紫玉兰(又名木兰、辛夷):LY/T 1686—2007 辛夷栽培技术规程。
杧果:NY/T 880—2004 杧果栽培技术规程。
二球悬铃木:LY/T 2047—2012 悬铃木育苗技术规程。
樟树:LY/T 2460—2015 樟树培育技术规程。
桂花:LY/T 1910—2010 食用桂花栽培技术规程。
杉木:GB/T 8822.2—1988 中国林木种子区 杉木种子区。
马尾松:GB/T 8822.6—1988 中国林木种子区 马尾松种子区。
杨树:LY/T 1895—2010 杨树速生丰产用材林定向培育技术规程。
　　　LY/T 1716—2007 杨树栽培技术规程。
GB 6000—1985 主要造林树种苗木。
GB 6001—1985 育苗技术规程。

16.8 国内外种苗产业相关网站目

国家种苗网:http://www.lmzm.org/.
中国种苗网:http://www.zgzm.com.cn/.
大园林网:http://www.dayuanlin.cn/.
中国花木网:http://www.huamu.com/.
全球花木网:http://www.huamu.cn/.
International Seed Federation:http://www.worldseed.org/.
The WorldSeeds website:http://www.theworldseeds.com/.
International Association of Horticultural Producers:http://aiph.org/.
美国 Bailey 苗圃:http://www.baileynurseries.com/.
意大利 Vannucci 苗圃:http://www.vannuccipiante.it/cosa-facciamo/produzione.
日本 SAKATA 坂田种苗公司:http://www.sakataseed.cn/.

(林　娜)

复习思考题

与前面各章学习相互参照,理解掌握典型观赏树种的育苗方式的育苗技术要点。

推荐阅读书目

1. 中国林木植物种子. 国家林业局国有林场和林木种苗工作总站. 中国林业出版社, 2001.
2. 中国主要树种造林技术. 中国树木志编委会. 中国林业出版社, 1987.

参考文献

翟明普, 沈国舫, 等, 2016. 森林培育学 [M]. 3版. 北京: 中国林业出版社.
沈海龙, 等, 2009. 苗木培育学 [M]. 北京: 中国林业出版社.
成仿云, 等, 2012. 园林苗圃学 [M]. 北京: 中国林业出版社.
刘勇, 等, 2017. 城市树木栽植技术[M]. 北京: 中国林业出版社.
刘勇, 等, 2017. 城市树木整形修剪技术[M]. 北京: 中国林业出版社.
刘勇, 等, 2017. 城市树木管护技术[M]. 北京: 中国林业出版社.
付少平, 王海涛, 2012. 紫叶李栽培技术[J]. 现代化农业(6): 24-25.
郭亚丹, 2013. 白桦树种植与养护技术[J]. 吉林农业(11): 75.
秦伟英, 2017. 半干旱区园林绿化树种龙爪槐大苗培育技术[J]. 中国园艺文摘, 33(11): 180-181.
李多祥, 2015. 白玉兰培育技术与管理[J]. 现代园艺(5): 67.
梁慧, 2016. 香樟大苗移植及培育技术[J]. 现代农业科技(2): 183-185.
陈勇, 唐昌亮, 吴忠锋, 等, 2016. 洋紫荆资源培育及其应用[J]. 中国城市林业, 14(6): 43-46.
李广文, 2003. 金丝垂柳无性繁殖育苗及栽培技术[J]. 山西林业(4): 14-15.
田士林, 李莉, 郑芳, 2007. 提高悬铃木大树移栽成活率的研究[J]. 安徽农业科学(12): 3537-3586.